기본적 인권 및 자유의 국제적 해석

-유럽인권법원 판례를 중심으로-

법학박사 김성준

EUROPEAN COURT OF HUMAN RIGHTS
COUR EUROPÉENNE DES DROITS DE L'HOMME

기본적 인권 및 자유의 국제적 해석

-유럽인권법원 판례를 중심으로-

들어가는 글
: 유럽인권법원 판례 소개의 의미

1. 왜 유럽인권법원 판례인가

해외의 인권관련판례중 비교적 접근하기 용이한 것은 대표적으로 독일 헌법재판소 판례, 미국 연방대법원 판례 등 주요 선진국의 판례도 있으나, 이러한 것들을 뛰어 넘어, 국제적인 기준과 해석을 제시하는 판례는 우리나라가 가입한 "시민적 및 정치적 권리에 관한 국제규약"(일명 B규약)의 결정례, 지역적 인권조약으로 "유럽인권협약"의 판례가 있다.

유럽인권협약도 세계인권선언을 토대로 이를 구현하기 위하여 만들어졌고, B규약도 같은 취지로 범세계적 적용을 위해 UN에서 채택되었다. 양 조약의 인권관련 실체적 조항은 대동소이할 정도로 모든 면에서 사실상 같다고 할 수 있다(본문 뒤의 대비표 참조). 이것은 우리 헌법상 인권 및 기본적 자유의 해석에 있어서 B규약상 보장되는 인권 및 기본적 자유에 대한 B규약 인권위원회의 해석이나 법리뿐만 아니라, 유럽인권법원의 해석이나 법리를 충분히 수용할 수 있다는 의미가 되기도 한다.

B규약의 사례를 보건대, 동 결정은 권고적 효력을 가지나, 동 위원회의 구성이나 지금까지의 활동성과, 동 위원회 구성의 지역적 안배 등에 따른 정치성과 선후진국의 혼재 등으로 좋은 선례를 많이 남기지 못하고 있는 실정이고, B규약의 보편성에도 불구하고 동 위원회의 비상설성 등이 그 한계로 지적될 수 있다.

반면에, 1998년부터 완전한 법원의 형태를 갖고 개인제소를 직접 접수하는 유럽인권법원의 경우 매년 5~6만 건의 사건을 접수하고 이를 심리한다(물론 본안심리를 하는 사건 수는 국내적 구제절차의 완료 등 필요한 절차 요건을 갖추지 못해 93~97% 정도는 각하되고 있다). 그 처리하는 사건 수에서 비상설적인 B규약 인권위원회와는 엄청난 차이를 보이고 있고, 그 판결은 집행력이 담보되어 있고, 어느 정도 동질의 가치관에서 출발하였다. 또한 최근 러시아를 비롯한 동유럽 국가의 대거 가입과, 동 국가 국민들의 개인제소가 급증하는 양상을 보이고 있는 등, 지역적으로는 유럽에 한정되고 있으나, B규약의 내용과 동일한 내용을 갖는 유럽인권협약상 인권 및 기본적 자유에 대한 유럽인권법원의 판례는 그 깊이와 넓이는 대단하다고 할 수밖에 없다.

2. 인권 및 기본적 자유의 해석에 대한 국제적 시각의 향상

우리나라의 법원에서 B규약에 기한 주장 내지 동 인권위원회의 판례법이나 해석 등을 원용한 사례는 없다고 할 정도로 국내에서 B규약은 상징적 내지 형식적 의미 이상의 의미를 지니고 있지 못한 듯하다.

국내의 학계나 연구계 등에 게재되는 글이나 논문만 보더라도 인권조약의 체계, 이행시스템 등 매우 초보적인 수준에 머물고 인권조약 판례 등에 대한 분석이 거의 없는 실정이며, B규약의 국내적용 가능성 등 이라는 매우 추상적 주제의 논의에서 벗어나지 못하고 있다. B규약의 내용은 우리 헌법에 그 대응 조항을 대체로 찾을 수 있고, 그런 점에서 달리 B규약이 직접 적용되느냐 여부를 논하는 것은 지금으로선 아무런 실익도 없는 논의이다. 문제는 B규약의 조항을 해석할 때, 우리 헌법에 대한 헌법재판소의 관점에서 벗어나, 국제적인 흐름 속에서 이를 파악하는 것이다. 그것은 B규약 인권위원회의 결정례와 유럽인권법원의 판결에서 읽을 수 있는 것이다.

3. 유럽인권법원 판례의 인간적 접근

유럽인권법원의 판례에서는 간혹 매우 인간적인 접근도 눈에 띈다. 가령 *Vogt v. Germany* 사건에서 유럽인권법원은 독일공산당을 위한 매우 적극적 활동을 하여 헌법에의 충성의무 위반을 이유로 고교 독일어 및 불어교사로 재직하던 보크트 씨를 해임한 조치가 생계수단의 상실을 가져오고 공무원신분인 교사직을 달리 어디서 얻을 수 없다는 이유로, 해임조치는 과도하다고 하였던 것이다. 한편 *Steel and Morris v. the United Kingdom* 사건에서는 主流에서 벗어나 있는 소수자 그룹의 표현의 자유를 최대한 보장하려고 했던 점이 그러한 예이다.

4. 판결기준으로서의 인권침해행위의 "민주사회에서의 필요성" 여부

유럽인권법원의 판결 기준은 비교적 소박하다. 먼저 기본적 인권 및 자유에 대한 침해행위의 존부를 보고, 침해행위의 정당성 여부를 판단한다. 협약 규정상 침해행위는 법률에 의하여야 한다. 해당 침해행위가 법률에 의한 침해행위로 인정되면 제기된 사안에서 그 침해행위가 합법적 목적을 갖는지를 판단한다. 여기에는 해당 법률이 추구하는 합법적 목적에 비례하여 침해행위가 이루어졌는지, 그 침해행위의 이유가 적절하고 충분한지를 보게 된다.

그리고 어쩌면 가장 엄격한 기준이라고 할 수 있는 것이 그 침해행위가 과연 "민주사회에서 필요한" 것인지 하는 것이다. 이 필요성 개념은 판례에서는 "강력한 사회적 요구(pressing social needs)"라는 표현으로 등장을 하곤 하는데, 단순히 침해의 필요성이 있다고만 해서는 안 되고, 사안 전체적인 맥락에서 그 침해행위를 정당화할 만한 압도적이거나 강력한 사회적 필요성을 요구한다는 것이다. 이 점에서 유럽인권법원의 재판관들은 제 심사기준을 개별 적용 후, 전체적으로 사건을 다시 조망하여 판단하는 것이다. 필요성 개념은 따라서 그 문제된 행위에 대한 가치판단기준으로서 사회 저변에 깔린 콘센서스가 있어야 한다는 것이다. 여기서 유럽인권법원의 판결은 현학적인 모습이 아니라 인간적인 모습으로 다가오게 됨을 필자는 종종 느끼고 있었다.

5. 판례 소개의 방법

본안 판단에 이르는 사건은 수많은 청구건 중 3~7% 정도에 불과하다. 국제절차의 특성상 기본적으로 각 조약당사국내에서 더 이상의 구제절차가 없을 때 국제절차의 이용이 가능하다. 국내에서의 최종심의 이용을 포함해서 국제절차에서의 최종 판단까지 개인의 기본적 인권의 침해의 구제에는 많은 시간이 필요하다. 어쩌면 국제절차는 개인에게는 매우 힘들고 지난한 과정일 수밖에 없다. 그렇지만 이러한 국제절차를 통해서 나오는 결과는 기본적 인권 및 자유의 보호를 위한 매우 귀중한 인류의 자산이 된다는 점을 우리가 인식한다면 이 체제에 속하지 않은 우리에게도 큰 도움이 될 것임은 자명하다.

본고에 나오는 판례 대부분은 기존의 질서 내지 선입관을 깨는 그러한 사례들이고 거의 국내법원의 판결을 깨는 인용건을 중심으로 다루었다. 이에 따라 본고에서는 가급적 토픽성 기술방식은 가급적 지양하였고, 사건의 내용도 중요하지만, 유럽인권법원이 사건을 어떻게 어떤 관점에서 접근하고 풀어나가는지 그 논리적 과정을 최대한 소개하려고 하였다. 또한 다양한 기본권을 범주대로 가급적 균형을 맞추려고 하였다. 이를 통해서 우리나라에서 기본적 인권 및 자유의 보호에 대해 어떻게 접근해야 하는지 시사하는 점이 매우 많이 있을 것으로 보인다.

6. 맺으면서

본서에 실린 판례는 2003년부터 조금씩 관심을 갖고 보아 왔던 판례들이다. 2012년 12월까지 최근 판례를 중심으로 전개하였다. 필자는 2002년부터 국가인권위에서 근무하면서 여러 현실과 이상 사이에서 그리고 개인과 국가 사이에서 지혜로운 결론을 어떻게 얻을 것인가 하는 문제에 늘 봉착해 있었다. 과거 피상적으로 배우고 봤던 인권 문제가 현실의 문제, 나의 문제로 다가와 있었다. 1992년도의 필자의 박사학위 논문은 인권조약을 통한 국제적 구제절차에서 개인이 봉착하는 국내적 구제절차의 완료를 다루고 있었다. 이것은 전통 국제법의 맥락에서 일면 국가의 최고성 내지 완전성을 전제로 하는 이론이다.

필자는 헌법을 전공하지는 않았지만 기본적 인권에 대한 관심은 늘 있었고 현실에서 현장에서 많은 외침과 요구를 들을 수 있었다. 국제적 시각에서 그리고 보편적이고 합리적 시각에서 도그마적 주의 주장을 따름이 없이 자유민주주의 사회에서 국가는 국민에게 어떤 존재여야 하는가의 생각이 늘 머릿속에 있었다.

이제 헌법상 기본권 내지 인권은 어린 학생부터 노년에 이르기까지 거침없이 주장하고 있는 현실에서, 과연 기본적 인권이나 자유를 어떻게 이해하고 수용할 것인가. 일간 신문에 또는 인터넷에 우리 헌법재판소의 중요한 결정이 종종 관심을 끌기는 하지만, 아직 우리 현실은 유럽적 수준에는 이르진 못한 것 같다. 그래서 필자는 유럽인권법원 판례를 보면서 참으로 이런 것이 널리 알려지고 그래서 우리 사회가 보다 성숙될 수 있다면 하는 마음으로 이 책을 간행하게 되었다.

끝으로 수요가 많지 않은 이 분야에서 출판을 쾌히 수락해 주신 연경문화사 이정수 대표께 깊은 감사를 드린다.

우면산 기슭에서 김성준

일러두기

총 113개 표제 항목의 사례중 유럽인권법원 사례는 104건, B규약인권위원회 사례는 9건 수록됨.

유럽인권법원은 회원국 47개국에서 선출된 47명의 법관으로 구성되고, 재판부는 5개 지정재판부(Chamber)와 대재판부(Grand Chamber)로 나뉘고, 각 지정재판부는 9인 내지 10인으로 구성되고, 대재판부는 법원장, 부법원장, 각 지정재판부 재판장, 사건발생국 재판관 및 나머지 추첨에 의한 재판관 등 17인으로 구성됨. 대재판부는 지정재판부의 판결에 불복하는 당사자의 신청사건을 처리함.

– Application no. 유럽인권법원 사건 번호
– Communication no. 시민적 및 정치적 권리에 관한 국제규약에 의한 인권위원회의 사건 번호
– 본서의 유럽인권법원 판례는 HUDOC database, http://www.echr.coe.int에서 전문 검색 가능

차례

제1장 생명권

유럽인권협약 제2조

1. 모든 사람의 생명에 대한 권리는 법률에 의하여 보호받는다. 어느 누구도 법률이 정하는 범죄에 대한 법원의 유죄 인정에 따른 법원의 판결의 집행을 제외하고는 고의로 그 생명을 박탈당하지 않는다.
2. 생명의 박탈은 그것이 다음의 목적을 위해서 절대적으로 필요하고 무력행사의 결과인 때에는 이 조문에 위반하여 행하여진 것으로 간주되지 않는다.

(a) 불법적 폭력으로부터의 사람의 방어.

(b) 합법적인 체포를 하거나 또는 합법적으로 구금한 자의 도주를 방지하기 위해서.

(c) 폭동 또는 반란을 합법적으로 진압하기 위해서.

시민적 및 정치적 권리에 관한 국제규약 (이하 "B규약") 제6조

1. 모든 인간은 고유한 생명권을 가진다. 이 권리는 법률에 의하여 보호된다. 어느 누구도 자의적으로 자신의 생명을 박탈당하지 아니한다.
2. 사형을 폐지하지 아니하고 있는 국가에 있어서 사형은 범죄 당시의 현행법에 따라서 또한 이 규약의 규정과 집단살해죄의 방지 및 처벌에 관한 협약에 저촉되지 아니하는 법률에 의하여 가장 중한 범죄에 대해서만 선고될 수 있다. 이 형벌은 권한 있는 법원이 내린 최종판결에 의하여서만 집행될 수 있다.
3. 생명의 박탈이 집단살해죄를 구성하는 경우에는 이 조의 어떠한 규정도 이 규약의 당사국이 집단살해죄의 방지 및 처벌에 관한 협약의 규정에 따라 지고 있는 의무를 어떠한

방법으로도 위반하는 것을 허용하는 것은 아니라고 이해한다.

4. 사형을 선고받은 사람은 누구나 사면 또는 감형을 청구할 권리를 가진다. 사형선고에 대한 일반사면 특별사면 또는 감형은 모든 경우에 부여될 수 있다.
5. 사형선고는 18세 미만의 자가 범한 범죄에 대하여 과하여져서는 아니 되며 또한 임산부에 대하여 집행되어서는 아니 된다.
6. 이 규약의 어떠한 규정도 이 규약의 당사국에 의하여 사형의 폐지를 지연시키거나 또는 방해하기 위하여 원용되어서는 아니 된다.

[1] 태아의 지위 Vo v. France

Application no. 53924/00, 2004.7.8. 선고 (대재판부)

협약 제2조(생명권) 비위반

의사의 환자신원확인상 과실 등으로 임신 20주 내지 21주 된 태아의 치료상 낙태를 불가피하게 만든 의사의 과실에 대해 프랑스형법상 "사람"에 대한 과실치사로 볼 수 있느냐에 대해 프랑스 국내법원은 최종적으로 무죄를 선고하였는바, 청구인은 프랑스가 이러한 행위를 처벌하지 못하는 것이 협약상 생명권 조항을 침해하는 것이라 주장한 사건에서, 유럽인권법원은 배아나 태아의 지위에 관해 이를 사람으로 보호해야 하느냐에 관해 유럽차원의 어떤 합의도 이루어지지 않았다는 점, 협약상 사람의 생명권과 동일하게 인정하기 어렵다는 판단을 하고 생명권 침해 주장을 기각하였다.

1. 주요 사실

청구인인 프랑스 국민 티노 보 씨(베트남 출신)는 임신 6개월째 예정되어 있는 의료검사를 받기 위해 1991.11.27. 리온 종합병원에 들렀다. 같은 날 또 다른 여성인 티노 보 씨는 이 병원에서 코일을 제거하기로 예약되어 있었다. 두 사람은 모두 같은 의사에게 예약되어 있었다. 코일을 제거하려 했던 의사가 대기실의 "Mrs. Vo" 하고 호명하였을 때, 청구인이 대답하였다.

잠깐의 문진에서 담당의는 청구인이 불어소통에 지장이 있다는 것을 알았다. 의료파일을 보고 담당의는 사전 검사 없이 코일을 제거하기로 하였다. 이렇게 처치하는 중에 담당의는 자궁막을 찢게 되어 상당량의 양수가 터져 나왔다. 비로소 담당의는 사람이 바뀐 것을 알게 되었다. 청구인은 즉시 병원에 입원조치 되었다.

그리고 담당의는 티노 보 씨를 시술하려고 했으나 실패하자, 다음 날 아침 마취상태에서의 수술을 계획하였다. 그러나 다시 티노 보 씨 대신에 청구인이 수술실로 옮겨지는 사고가 발생했다. 청구인이 항의하고 마취의가 확인한 후에 가까스로 수술을 면할 수 있었다.

청구인은 1991.11.29. 퇴원하고, 추가 테스트를 위해 1991.12.4. 병원을 다시 방문했다. 의사들은 임신을 계속할 수 없다고 판단했다. 1991.12.5. 건강상 이유로 임신중절수술을 했다.

1991.12.11. 청구인과 그 남편은 고소를 하고 과실상해죄의 절차에 사소(私訴)당사자로 참여 신청을 냈다. 이 건에 대해 3명의 전문 감정인의 감정의견이 나왔다.

첫 번째 감정의견(1992.1.16)은 태아에 관한 것으로, 태아는 여자이고 임신 20주 내지 21주이고 체중은 375그램, 키는 28센티미터로, 태아는 폭력으로 희생되었다거나 기형이라든지 그 사항이 신체조직에 대한 상해로 인한 것이 아니라고 하였고, 두 번째 감정의견은 청구인 자체의 피해에 관한 것으로 노동능력 등에 대해 특별한 피해가 없다는 것이고, 세 번째 감정의견(1992.9.29)은 병원 측에 대하여는 외국출신 환자들의 경우 이름 혼동은 흔히 일어나고 혼동의 위험이 있는데 이는 환자가 불어에 익숙하지 않은 경우 더욱 증대하고, 병원 측을 비난할 일은 아니라고 하고, 담당의에 대하여는 낙태에 이르게 된 책임을 인정했다.

담당의사는 과실상해죄로 기소되고 다시 과실에 의한 살인죄가 추가되었다. 1996.6.3. 리용 형사지방법원은 담당 의사를 무죄 석방하였다. 동 법원은 피고인이 근로능력의 3개월 미만의 손실을 초래하는 상해를 과실에 의하여 발생케 한 범행에 대해 1995.8.3. 사면법상 사면권을 부여받는다고 인정하였다. 태아에 대한 과실치사범죄에 관하여 동 법원은 제기된 쟁점은 태아에 대한 과실치사죄 또는 태아 생명의 과실에 의한 제거행위는 20주 내지 21주 된 태아의 생명이 형법(제221-6조)의 사람에 포섭되느냐에 따라 결정된다고 보았으나, 태아가 6개월이 되었을 때 생명력을 갖는 것이어서, 20주 내지 21주의 태아는 생명력이 없고 형법상 사람으로 볼 수 없다고 하여 무죄를 선고하였다.

청구인은 이에 상소하고 1997.3.13. 리용 항소법원은 형사법원의 판결을 파기하고 과실치사죄를 인정하여 6개월의 형과 집행유예를 선고하고 벌금 1만 프랑을 명하였다. 동 항소법원은 태아의 연령을 종합한 결과 20주 내지 24주에 달한 것을 보고, 당시 태아 사진이 미국에서의 기준으로 보면, 소생시킬 수 있을 정도의 신체적으로 완전한 형상을 갖춘 것으로 보고 태아의 생명을 잃게 한 의사의 행위는 과실치사죄에 해당한다고 보았다.

1999.6.30. 파기원은 항소법원의 판결을 파기하였다. 이 사건의 경우 과실치사죄를 구성하지 않는다는 것이었다. 이렇게 함으로써 파기원은 태아가 형법의 보호대상이 되는 사람으로 보지 않았다. 파기원은 형법 조문을 해석함에 있어 형법규정은 엄격하게 해석하여야 한다고 하였다. 과실치사의 유죄를 인정함에 있어, 리용 항소법원은 유럽인권협약 제2조, B규약 제6조가 법률에 의하여 보호받아야 할 생명권의 존재를 인정하다는 점을 유념하였고, 또한 프랑스의 1975.1.17. 임신중절법이 모든 사람의 생명은 생명의 초기부터 존중되어야 한다는 원칙을 확립했다고 했지만, 파기원은 기소된 죄목이 형법상 규정된 범죄 정의에 해당하지 않는다고 하여 유죄선고를 파기하였다.

2. 청구 요지

협약 제2조에 근거하여, 청구인은 태아의 비의도적 살인을 본의 아닌 살인으로 보지 않는 당국의 행위를 고소하였다. 청구인은 프랑스는 그러한 행위를 형사범죄로 처벌하는 법률을 제정할 의무가 있다고 주장했다.

3. 법원의 판단

미주인권협약 제4조의 경우 생명권은 수태시부터 일반적으로 보호된다고 규정하나, 유럽인권협약 제2조는 생명권의 시간적 제약에 관해 침묵하고 있고, 제2조의 "모든 사람의 생명에 대한 권리" 표현에서 "모든 사람"과 "생명"에 대한 정의가 없다. 현재까지 협약상 여러 판례법을 종합하여도 낙태에 관한 여러 법률들에 있어서 태아는 협약 제2조에 의하여 직접 보호되는 "사람"으로 간주되지 않으며 태아가 "생명"에 대한 "권리"를 갖는다 하더라도 이는 모의 권리와 이익에 의하여 묵시적으로 제한된다. 다만 일정한 상황에서 태아에게도 보호조치가 확장 적용할 가능성은 협약이 배제하지는 않는다.

법원은 생명권의 시기(始期)가 언제인지의 쟁점은 국내적 수준에서 결정할 문제라고 보았다. 왜냐하면 첫째, 이 쟁점은 협약을 비준한 다수 국가에서도 그렇고, 특히 이 문제의 공적 논의의 중심이 된 프랑스에 있어서도 결정되지 않았다. 둘째, 생명의 시기에 관해 과학적 · 법적 개념정의에 관해 유럽에 어떤 콘센서스도 형성되지 않았기 때문이다.

임신의 비자발적 중단을 범죄로 처벌해야 하느냐의 문제에 관해 프랑스 법원의 판례법과 최근의 의회에서의 논의를 보면 배아 및 태아의 성격과 법적지위는 현재 프랑스에서 정의되지 않았고 보호받는 방식도 프랑스 사회의 매우 다양한 계층에 의하여 결정되어야 한다는 점은 명백하다.

유럽차원에서는 배아 및 태아의 성격과 지위에 관해 어떤 합의도 이루어지지 않았다. 배아/태아는 인종에 속한다고 보는 것이 국가들 간의 최소한의 공통분모이다. 사람이 되는 잠재성과 능력은 제2조의 생명권을 갖는 사람으로 보느냐의 여부와 관계없이 인간의 존엄성이라는 이름으로 보호를 요한다.

이러한 요소들을 고려하여, 법원은 태아나지 않은 아동이 협약 제2조의 목적상 사람이냐의 문제를 추상적으로 답변하는 것은 바람직하지도 않거니와 문제의 성질상 가능하지도 않다.

법원은 청구인의 임신상태의 돌연한 중단이 제2조의 범위에 해당하느냐의 여부를 심사할 필요는 없다고 보았다. 동 조항이 적용될 수 있다고 가정하더라도 프랑스 측에서 공중보건 영역에서 생명의 유지와 관련된 요건을 준수하는 데 전혀 과실이 없었다고 보았다. 태아는 프랑스법상 모든 보호가 박탈되지 않았다. 보 씨가 제출한 진술과는 반대로, 국가의 적극적 의무 —공중보건 영역에서는 환자의 생명보호를 위하여 적절한 조치를 채택하고 사망원인을 조사하는 것— 는 형법상 구제의 제공을 반드시 요하는 것은 아니다.

이 사건에서 청구인이 의사를 상대로 자신에 대한 과실상해를 이유로 고소한 형사소송 외에도 청구인은 제소한다면 승소가망성이 있는 행정법원에서의 손해배상청구소송을 제기할 수도 있었다. 이러한 소송은 청구인이 의사의 의료과실을 입증하고 또한 발생한 손해에 대해 충분한 구제를 얻을 수 있는 것이었다. 따라서 형사고소를 제기할 필요는 없었다.

따라서 법원은 제2조가 이 사건에 적용될 수 있다고 하더라도 동 조의 위반을 인정하지 않았다.

[2] 경찰의 과도한 무력 사용 Makaratzis v. Greece

Application no. 50385/99, 2004.12.20. 선고

제2조 (생명권) 위반

마카라찌스 씨는 아테네시 미국대사관 근처에서 붉은 신호등을 무시하고 운전하다 경찰의 추적을 받게 되면서 여러 개의 도로 바리케이드를 무시하고 계속 도망치자 수십 명의 경찰이 순차적으로 총격을 가하면서 총상을 입게 된 바, 그리스 검찰은 총상을 입힌 것으로 혐의가 있는 여러 명의 경찰관을 기소했으나 그리스 법원은 증거불충분으로 무죄를 선고하였다.

이에 청구인은 경찰관들이 자신에게 총상을 입힌 행위는 협약의 생명권을 침해하는 행위라고 하면서, 그리스 검찰이 수사를 제대로 하지 않은 것도 함께 제소하였다. 유럽인권법원은 협약 제2조의 생명권의 침해가 있었음을 인정하고 그리스 정부가 청구인에게 정신적 손해로 15,000 유로의 보상을 하도록 명했다.

1. 주요 사실

1995.10.13. 저녁, 경찰은 아테네시 중심부, 미국 대사관 근처에서 붉은 신호등을 무시하고 달리는 청구인을 정지시키려 하였다. 청구인이 운전한 차는 더욱 속도를 냈다. 몇 대의 경찰차와 경찰오토바이가 추격하였다. 추격중에 청구인의 차는 다른 자동차와 충돌했고, 2명의 운전자가 상해를 입었다. 청구인이 경찰이 설치한 도로블록 5개를 돌파하자 경찰관들이 그의 자동차에 사격을 가했다. 청구인은 경찰이 자동차의 좌석을 행해 발사했다고 주장하는 반면, 그리스 정부는 경찰이 타이어를 조준 사격했다고 주장한다.

마침내 청구인이 주유소에 정차했으나, 청구인은 바로 밖으로 나오지 않았다. 경찰은 계속해서 사격을 가했다. 청구인은 경찰이 엎드려서 자신에게 총격을 가했다고 주장한 반면 그리스 정부는 특히 주유기의 폭발위험 때문에 허공에 총격을 가했다고 주장했다. 청구인은 마침내 체포되었다 청구인은 즉시 병원으로 호송되었다. 병원에서 9일을 보냈다. 청구인은 오른 팔, 오른 발, 왼쪽 엉덩이 및 오른쪽 가슴에 상해를 입었다. 발에서 총탄 한 발

을 제거했고, 엉덩이 안쪽에 총탄이 박혀 있다. 이 사고 이후로 청구인의 정신건강은 상당히 열화 되었다.

일부 경찰은 신원을 밝히지 않고 사용한 무기에 관한 필요 정보를 밝히지 않은 채 현장을 떠났다. 검찰관은 7명의 경찰관을 상대로 공소를 제기했으나 무죄 선고되었다. 이 사건에 관련된 모든 공무원들의 신원이 확인되지 않았기에, 형사법원은 7명의 피고인이 청구인에게 총격을 가한 사람들이라고 할 정도의 합리적 의심의 여지가 없는 정도로 이를 확인할 수 없다는 이유로 무죄를 선고하였던 것이다.

2. 청구 요지

청구인은 경찰관들이 자신에게 과도한 무력을 행사하여 생명을 위험에 처하게 했다고 하면서 협약 제2조, 제3조, 제13조 위반을 주장하였다. 또한 그는 이 사건에 대한 충분한 수사가 이루어지지 않았다는 주장도 함께 하였다.

3. 법원의 판단

가. 협약 제2조의 적용

이 사건에서 청구인에 대한 총기 사용이 치명상을 입히지는 않았지만, 그렇다고 하여 협약 제2조의 생명권에 기한 청구인의 제소에 대한 심사를 원칙적으로 배제하지는 못한다. 국가공무원에 의한 신체적 학대가 사망에 이르지 않은 경우라 하더라도 이것이 협약 제2조의 위반이 될 수 있는 예외적 상황이 있을 수 있다는 것은 유럽인권법원의 판례가 이를 입증하고 있다.

이 사건에서 법원이 판단해야 하는 것은 청구인에 대한 총기 사용이 잠재적으로 치명적인 것이었는지 그리고 관계 경찰관들의 행위가 청구인의 신체적 완전성뿐만 아니라 생명권이 보호하고자 의도하는 이익에 어떠한 영향을 미쳤는지 하는 것이다. 경찰의 무기사용이 청구인의 차를 멈추고 청구인을 체포하려 한 것이지 살해하려는 의도가 없었다는 그리스 정부의 주장은 수용하지만, 권총과 소총 등의 공격으로 청구인이 죽지 않았다는 사실이 우연한 것으로 보인다(29명의 경찰관이 추격에 가담하고, 30정 이상의 권총 및 소총이 사용되고, 청구인의 차량에 대한 검사결과에 따르면 16개소의 총탄 자국 및 뒤창에서 앞창으로 관통한 3개의 총탄 자국이 있었다).

사건의 사정과 사용된 무기의 종류 등을 고려하여, 유럽인권법원은 경찰이 실제 청구인을 살해할 의도가 있었는지 여부에 관계없이 청구인은 이 사건에서 비록 목숨은 연명했지만 자신의 목숨을 위험에 처하게 했던 행위의 피해자였다. 협약 제2조가 적용된다.

나. 청구인의 생명권을 보호할 당국의 의무불이행

그리스가 경찰의 총기사용을 규제하는 새로운 법률을 2003년도에 통과시켰지만, 이 사건 발생 당시에 적용할 법률은 그리스가 독일군에 의하여 점령당했던 2차 세계대전 때의 법률이었다. 그리스 법률은 총기사용을 규율하는 규정이나 경찰 작전의 기획과 통제에 관한 지침을 규정하지 않았다.

청구인의 범죄행위와 외국 목표물에 대한 테러행위 등 당시의 정황을 고려하여, 법원은 청구인에 대한 총기사용은 당시에는 상당한 이유로 타당한 것으로 수용될 수 있었던 순수한 신념에 기한 것이었음을 받아들였다. 하지만 법원은 경찰의 무기사용과, 경찰작전의 행동과 조직이 심각한 문제를 노정시키는 무질서한 방법으로 이루어졌다는 점에 유념한다.

이 사건에 관련된 경찰관들이 사건 상황의 모든 면을 평가하기에는 충분한 시간이 없었고 또한 주의 깊게 작전을 개시할 수 없었음을 인정하지만, 법원은 이러한 상황의 악화는 주로 개별 경찰관들 때문이거나 아니면 경찰의 집단적 작전인 추격행위 때문이 아니라, 국내법과 관행으로 마땅히 제공했어야 했을 적절한 시스템이 없었다는 사실에 기인한 것으로 판단한다.

동시에 경찰관의 무기사용이 현대의 민주사회에서 본다면 뒤쳐진 낡고 불완전한 법률에 의하여 여전히 규율되고 있었다. 문제의 총기사용 제도는 법집행공무원에게 평시의 무기사용에 관한 지침이나 기준을 제공하지 못했다. 따라서 관련 경찰관들은 더욱 큰 행동의 자유를 부여받았고 사려 깊지 못한 행동을 할 수 있었다. 적절한 훈련과 교육이 있었더라면 어쩌면 이러한 사건은 발생하지 않았을 것이다.

결과적으로 법원은 그리스 당국이 충분한 법률적 및 행정적 토대를 구축해야 하는 적극적 의무를 이행하지 못한 것이고, 시민들에게 협약 제2조에 의하여 합리적으로 그 기대가 요구되는 보호수준을 충족하지 못하였다. 따라서 청구인은 협약 제2조 위반의 피해자였다.

다. 수사의 부실

이 사건 발생 직후 수사가 있었지만, 법원은 수사에 있어서 현저한 불비가 있었음을 보게 된다. 특히 법원은 이 사건의 추적과정에 관여했던 모든 경찰관의 신원을 국내당국이 확인하지 않은 사실에 상당한 비중을 두었다. 일부 경찰관은 자신의 신원을 밝히지 않은 채 현장을 떠나기도 하고, 일부는 사용한 무기를 넘겨주지 않아 어떤 종류의 무기가 사용됐는지조차 보고되지 않았다. 또한 사건이 발생한 지역에서 근무중이었던 경찰관들의 신원조차 확인되지 않은 것으로 보였다. 더욱이 단 3발의 총탄만이 수거되었는데, 이것도 다름 아닌 마카라찌스 씨의 발에서 제거된 총탄, 엉덩이에 여전히 박혀있는 총탄 등이었는데 경찰은 청구인을 가해한 다른 총탄은 발견도 하지 못했고 이를 확인하지도 않았다.

이러한 수사의 미숙은 그리스 법원이 달리 확인할 수도 있었을 사실을 완전히 파악하는 것을 방해하였고, 그 결과 청구인에게 총상을 입힌 경찰관들에 대하여 합리적 의심의 여지가 없는 정도로 입증을 하지 못하여 무죄선고가 나오게 하였다.

이러한 상황에서, 법원은 그리스 국내당국이 이 건에 대해 효과적인 수사를 하지 않았다고 결론을 내린다. 미숙하고 불충분한 수사는 당 법원 앞에서조차도, 그리스 정부는 청구인에게 총격을 가하고 부상을 입힌 모든 관련 경찰관들의 신원을 파악하지 못했다는 사실로 더욱 강조된다. 법원은 따라서 이점에 관하여 협약 제2조의 위반이 있었다고 결론을 내린다. 이러한 결론을 고려하여, 법원은 이 사건에서 신원을 확인하지 않은 행위가 청구인이 주장하는 것처럼 그리스 당국에 의하여 채택된 관행의 일부인지 아닌지 이를 판단할 필요는 없다고 본다.

법원은 협약 제3조(고문 또는 비인도적 처우 등) 및 제13조(효과적 구제를 받을 권리)와 관련하여서는 별도로 이를 심리할 필요가 없다고 보았다.

라. 보상

청구인은 사고 이후 20개월의 소득손실과 향후 20년간의 소득의 감액으로 인한 총 손실액으로 6만 유로를 청구했으나, 그리스 정부는 부당하다고 하면서 이 건 사고 전에 청구인이 근로를 못할 정도의 정신적 문제가 있다고 주장했다.

법원은 사고 후 20개월간의 소득 상실 및 미래 수입의 감소와 관련한 금전적 손해배상 청구에 대하여 이를 입증할 어떤 자료도 제출되지 않았고 주로 가상적인 것이라 보아 재산상 손해배상은 인정하지 않았다.

비금전적 손해, 즉 정신적 손해로 청구인은 75,000 유로를 청구했고, 법원은 15,000 유로를 인정했다.

[3] 비무장 탈영병에 대한 총기 사용 Nachova and Others v. Bulgaria

Application nos. 43577/98 and 43579/98, 2004. 2. 26. 선고

제2조 (생명권) 위반

제14조 (차별금지) 위반

집시출신의 2명의 탈영병을 체포하는 과정에서 불가리아 헌병들이 총기를 발사하여 사망케 한 행위에 대해, 불가리아 수사당국이 규칙 등에 따른 정당한 행위로 인정하고 이를 기소하지 않은 것에 대해, 유럽인권법원은 이 사건에서 동 탈영병들이 비무장상태임을 이미 알고 있었고, 그들이 포악한 범죄를 범한 사람들이 아닌데도, 한 명은 가슴 정면에서, 다른 한 명은 등

뒤에서 총을 발사하고, "빌어먹을 집시"라고 하는 언동이 목격되었음에도, 그러한 인종차별적 인식이 총기 발사와 관련 있는 지 여부 등을 조사하지 아니한 불가리아 정부는 생명의 침해 및 차별금지의무 위반에 대해 그 책임이 있다.

1. 주요 사실

청구인 나코바 외 4인은 로마출생의 불가리아 국민이다. 이 사건은 1996.7.19. 청구인의 친척인 안겔로프와 페트코브 2명이 헌병들의 체포과정에서 살해된 사건이다. 1996.7.15. 그들은 군공병으로 징집된 군인으로 1996년 초 허가 없이 근무지를 이탈한 혐의로 체포되었었다. 1996.5.22. 안겔로프는 9개월의 징역형을 선고 받았고 페트코브는 5개월의 징역형을 선고받았다. 둘 다 과거에 절도의 전력이 있었다.

1996.7.15. 그들은 복역지 건설현장을 이탈하여 안겔로프의 조모집으로 갔다. 둘 다 비무장상태였다.

1996.7.19. 헌병사령관이 4명의 헌병을 보내 소령 G의 지시 아래 그들을 체포하도록 하였다. 헌병중 적어도 2명은 안겔로프와 페트고프 모두 또는 그 중 한 사람을 알고 있었다. 연대장은 헌병들에게 "규칙에 따라" 그들이 권총과 자동소총 무장 및 방탄복을 착용토록 하였다. 그는 안겔로프와 페트고프가 "범죄지향적"(전과자나 범죄혐의자를 지칭하는 의미로 사용되는 완곡어법)이고 구금상태에서 탈출했다고 알려줬다. 헌병들은 그들을 체포하기 위해 필요한 일체의 수단을 사용하도록 지시받았다.

헌병이 안겔로프 조모의 집에 도착했을 때 두 사람은 탈출을 시도했다. 복종하지 않으면 총을 발사하겠다고 경고한 후, G 소령이 그들을 향해 발포하였다. 그들은 브라스트바 병원으로 호송되고 도착 즉시 사망판정이 났다.

한 목격자가 발포 당시 그 안에 할머니의 손자(소년)가 있었기 때문에 소년은 G 소령에게 위험지역에서 벗어나게 해달라고 한 사실을 주장하였다. G 소령은 그 소년에게 총을 겨누고 "빌어먹을 집시!"라고 말하였다.

사망에 대한 범죄수사가 당일 개시되었다. 검시보고서에는 두 명의 남자가 지근거리에서 자동소총의 발포로 가슴부상으로 사망했다고 기재되었다. 페트코프의 경우에는 가슴 앞에서 등 방향으로 총기가 발사되었고, 안겔로프의 경우에는 등 뒤에서 앞으로 발사되었다. 수사보고서에는 G 소령이 헌병규칙 제45조에 따라 행동했다고 결론을 내렸다. G 소령은 수차에 걸쳐 2명에게 경고했고 공중을 향해 총기를 발사했으나 그들이 도주할 위험성이 있고 투항하지 않아 발사했으며 또한 치명상을 피하려고 했다고 주장하였다.

청구인들은 불복했으나 모두 성공하지 못했다.

2. 청구 요지

청구인들은 그들의 친척이 절대적 필요성이 없는 치명적 무기의 사용을 허용하는 결함 있는 법과 관행의 결과로서 협약 제2조의 생명권의 침해로 생명이 박탈되었다고 주장하였다. 그들은 또한 당국이 그 죽음에 대해 효과적인 수사를 태만히 함으로써 협약 제2조 및 제13조(효과적 구제를 받을 권리)를 위반했다고 제소하였다.

나아가 청구인들은 로마 출신 사람들에 대한 편견과 적대적 태도가 총기발사 사건에서 결정적 역할을 했고 협약 제2조와 관련하여 협약 제14조의 차별금지를 원용하면서 결코 의미 있는 수사가 이루어지지 않았다는 사실도 주장하였다.

3. 법원의 판단

가. 제2조(생명권)

(1) 생명의 박탈

법원은 안겔로프와 페트코프가 비폭력적 범죄로 단기 형기를 복역한 사실을 유념한다. 그들은 폭력을 사용하지 않고 탈출하였다. 누구도 무장상태가 아니었으며 폭력전과의 기록도 없었다. 그들은 과거의 탈출에서도 안겔로프가 동일한 주소에서 발견된 적이 있었으므로 군 당국에는 예견되었음이 틀림없다. 체포 헌병들은 안겔로프와 페트코프가 무장상태가 아니고 위험하지도 않다는 것을 충분히 인식하고 있었음이 증거상으로 드러난다. 그럼에도 불구하고 G 소령이 그들에게 총기를 발사해 치명상을 입혔다. 법원은 적법한 체포를 완수하기 위한 합법적 목적이 있다고 하더라도 도망자가 비폭력적 범죄를 범하였고 어느 누구에게도 위해를 하지 않는 경우에 사람의 생명에 위험을 주는 행위를 정당화할 수 없다고 본다.

치명상을 줄 수 있는 무기의 사용은 그 위험을 최소화하기 위해 만들어진 규칙이 있다고 하더라도 필연적으로 사람의 생명을 위험하게 할 수 있다. 따라서 법원은 심지어 무기를 사용하지 않음으로써 도망자를 놓치는 결과가 나오더라도, 위해를 가하지 않는 비폭력적 범죄의 혐의자를 체포하기 위해 무기를 사용하는 것은 어떤 상황에서도 결코 필요하지 않다고 본다. 이 사건에서 무기의 사용은 "절대적으로 필요한" 것이 아니었고 따라서 협약 제2조에 의하여 금지된 것이다.

법원은 또한 불필요하게 과도한 강제력이 사용되었음을 인정한다.

체포의 계획과 통제에 관하여, 범행의 성격과 두 사람이 위험을 야기하지 않은 사실이 고려되지 않았기 때문에 생명 손실 위험을 최소화하기 위한 의무를 수사당국이 준수하지 못했다. 마찬가지로 결함투성이 무기사용 규칙과 충분한 훈련의 부족을 그 원인으로 돌릴 수 있음에도 무기의 사용이 예상되었던 상황이 논란이 되지 않았다.

그러므로 법원은 불가리아가 제2조를 침해하여 생명의 박탈에 책임이 있음을 인정한다. 즉 비폭력 범죄의 혐의자인 2명을 체포하기 위해 무기가 사용되었으나, 그들은 비무장 상태였고 체포 헌병들이나 타인에게 어떤 위협도 가하지 않았던 것이다. 협약 제2조의 위반은 무기의 과도 사용 사실에 의해서도 보강된다. 또한 불가리아는 협약 제2조에 일치하는 방법으로 사람을 체포하기 위한 작전을 계획하고 통제하는 데 실패한 책임이 있다.

(2) 수사의 효율성

법원은 불가리아 당국이 총기 사용 관련 규정이 준수되었다고 봄에 따라 기소하지 않은 사실을 주목한다. 법원은 이러한 결론은 의심스러운 사실인정에 기초하였다고 본다. 즉 그러한 사실인정은 두 사람에게 사용된 무력이 "절대적으로 필요한 것 이상의 아무 것도 아닌 것"으로 결론을 낸 근거로서 볼 수 없다.

불가리아 수사당국은 그들이 체포 헌병들이나 제3자에게 어떤 위협도 가하지 않았고 비폭력적 범죄를 범했다는 사실을 기초로 무기의 사용이 정당화되지 않는다고 결론을 내려야 했었다. 또한 사령관이 생명 박탈의 위험을 최소화할 수 있도록 절절히 행동했는지의 문제를 포함하여 체포 작전의 계획과 그 규제를 수사할 필요가 있었다. 이러한 쟁점중 어느 것도 수사당국이 체크하지 않았다. 그러므로 법원은 두 사람의 사망에 대한 수사가 협약 제2조 제2항에서 요구하는 "절대적으로 필요한" 기준에 상당하는 기준을 적용하지 않았다는 점에서 흠결이 있었다고 본다.

증거의 수집과 평가에 관하여, 법원은 현장의 증거를 보전하고 일체의 관련된 조치를 취하는 등의 중요한 초동조치들이 무시되었음을 유념한다. 수사당국이 의존한 개략적 사건 지도 역시 그 세밀성이 충분치 않았다. 사건의 재구성 및 상세한 기술을 통해서 얻을 수 있는 정보는 G 소령이 범죄를 범했느냐를 확인하기 위해서는 특히 중대하다. 수사관과 검사가 G 소령의 진술과 모순되는 것으로 보이는 다수의 사실에 관해 평가를 하지 않은 사실은 매우 의미심장하다. 적절한 설명도 없이, 수사당국은 단지 G 소령의 진술만을 수용하였다. 그러므로 법원은 동수사가 여러 가지의 중대한 태만이 그 특징이었음을 인정한다. 사실에 대한 주의 깊은 분석에 의하여 증빙되지 않는 결론 및 일관성이 없는 결정으로 수사가 종결되었다.

수사관과 검사는 여러 단계에서 일정한 사실들을 무시했고, 사건의 모든 과정을 명료하게 해줄 수 있을 여러 증거를 수집하지 않았으며 문제될 수 있는 사실에 대하여는 이를 누락하였던 것이다. 결과적으로 안겔로프와 페트코프의 살해는 의심스러운 근거에서 합법적이라는 표지가 달리게 되었고 관련 헌병과 상급자는 기소에서 면책되었고 그들 중 적어도 1인을 기소할 수 있는 분명한 근거가 있었음에도 책임을 면하였다.

법원은 수사당국의 그러한 행위는 관련 수사관과 검사의 객관성과 공정성에 심각한 의심을 야기하는 특별한 관심사항이라고 본다.

법원은 동수사와 검사가 내린 결론이 설명되지 않는 심각한 부작위(태만)와 모순이 그 특징임을 인정하며 그 접근방식 역시 흠결이 있었다고 인정한다. 그러므로 협약 제2조 제1항에 의하여 생명의 침해를 효과적으로 수사해야 할 불가리아의 의무 위반이 있었다.

(3) 법률에 의하여 생명을 보호할 의무

법원은 법률에 의하여 생명을 보호해야 하는 불가리아의 일반적 의무 위반이 있었다는 주장에 대하여는 별도로 이를 심리할 필요가 없음을 인정한다.

나. 제13조

법원은 제13조에 의해 별도의 쟁점이 제기된다고 보지 않는다.

다. 제14조

(1) 차별행위가 총격행위에 어떤 역할을 하였는지에 대한 수사 태만

법원은 수사당국에 경종을 울릴 수도 있었고 인종주의적 동기를 주의 깊게 수사하도록 촉구하였을 일정한 사실들이 심사되지 않은 점을 본다. G 소령이 주거지역에서 두 명의 비무장의 비폭력의 도망자들에게 발포하였고, 희생자 중 1명은 등이 아닌 가슴에 상처를 입었다는 사실에 대해 수사에서 어떤 관심도 보이지 않았다. 사용한 무력은 어떤 경우라 하더라도 비례성이 없고 불필요한 것이었다.

더욱이 G 소령이 그 마을 주민들의 일부를 알고 있었다는 정보에도 불구하고 이 총격사건에서 개인적 적대감이 어떤 역할로 작용했는지 여부를 수사하려는 어떤 노력도 없었다. 총격 후 소년에게 총을 잠시 겨누면서 G 소령이 "빌어먹을 집시"라고 했다는 증언은 무시되었다.

법원은 인종적 또는 기타 소수자에 속한 사람에 대한 무력사용을 포함한 작전중에 법집행공무원이 인종차별적 언사를 남용한 증거는 불법적이고, 증오를 유발하는 폭력행위가 발생했는지의 문제에 대해 매우 중대한 것이라고 본다. 그러한 증거가 수사중에 드러난 경우에, 이를 반드시 확인하여야 하며, 만약 확인된다면 여하한 인종차별적 동기를 밝히기 위하여 철저한 사실조사가 이루어져야 한다. 그렇지만 이러한 조사가 없었다.

그러므로 법원은 불가리아 수사당국이 차별적 태도가 이 사건에 어떤 작용을 했는지 이를 확인하기 위한 일체의 가능한 조치를 취하지 않음으로써, 제2조와 관련하여 제14조에 따른 의무를 이행하지 않았음을 인정한다.

(2) 차별행위가 총격에 작용을 했는지 여부

법원은 불가리아 수사당국이 차별적 행위에 대한 수사를 개시하게 하였을 증거가 제시되었음에도 불구하고, 그러한 차별적 태도가 살해에 어떤 작용을 미쳤는지 이에 대한 수사 시도가 없었음을 재차 반복한다. 법원은 그러므로 불가리아 정부는 문제된 사건이 불가리아 수사당국 측의 금지된 차별행위에 의하여 나타난 것이 아니라는 추가적인 증거나 설득력 있는 해명을 근거로 법원을 만족시키지 않으면 안 된다고 본다. 그렇지만 불가리아 정부는 그렇게 하지 못했다.

법원은 불가리아 법집행공무원들이 로마출신인들에게 폭력을 행사해 사망에 이르게 한 사실을 인정한 것이 이 건이 처음은 아니라는 점을 매우 중시한다. Elikova와 Anguelova 사건의 판결에서, 법원은 경찰구금상태에서 두 명의 로마인을 인종적 동기로 살해했다는 제소가 "진지한 논거"에 근거하고 있음을 인정한 바 있다. 불가리아에서 로마인에 대한 경찰의 잔학행위에 대하여는 "인종주의와 비관용에 대한 유럽위원회", 유럽고문방지위원회, 국제연합 기구들과 기타 비정부조직들에 의하여 보고된 사건들이 있다. 그러한 보고중 일부에 대하여는 불가리아 정부가 반박하지 못한 것으로 보인다. 동기구들은 로마출신에 대한 차별에 대응하는 조치의 채택 필요성을 분명히 인정하였던 것이다.

요컨대, G 소령의 차별적 언행을 고려하고, 인종차별적 동기의 가능성에 대한 수사당국의 수사 불이행, 불가리아에서 로마 출신 사람들이 국가기관의 공무원들의 인종차별적 폭력의 희생자로 주장된 사건이 처음이 아니라는 사실 등을 고려하고, 불가리아 정부가 동 사건들에 대해 만족스러운 해명을 하지 못하고 있다는 사실을 유념하여, 법원은 협약 제2

조와 함께 제14조의 위반이 있었음을 인정한다.

라. 보상

이 사건에서 법원은 안겔로프의 처와 딸에게 금전상 손해 및 정신적 손해로 25,000 유로, 페트코프의 부모에게는 22,000 유로, 그리고 모든 청구인에게 비용 및 경비로 3,740 유로를 지급하도록 하였다.

[4] **교도소내 자살** Renolde v. France

Application no. 5608/05, 2008.10.16. 선고

제2조 (생명권) 위반

제3조 (비인간적 또는 굴욕적 처우 금지) 위반

수감자의 자살 시도 후 의료 모니터링이 가능한 특별 감방에 배치되고 향정신성 투약치료를 받는 상태에서 수감자가 교도관을 공격한 사건이 발생하여 징계위원회는 동수감자에게 45일간의 징벌실 입실을 명하게 되었다. 징벌실 입실 후 변호인은 징벌실 구금을 감당할 수 있는지 정신과 검진을 요청했으나 수용되지 않았고, 며칠 지나지 않아 수감자가 목을 매어 자살하게 되었다.

프랑스 내 소송에서 교도소 측의 주의의무 위반이나 명백한 고의적 의무 위반이 인정되지 않아 어떤 책임도 묻지 못했다.

법원은 이 사건을 다루면서 동 수감자에 대해 정신병원 입원 여부에 대해 교도소 측에서 어떤 논의도 없었다는 사실에 대해 놀라움을 표시했다. 그의 정신 상태에 대한 어떤 고려도 없어서 이것이 자살 위험을 배가시켰으며 국가의 생명보호 책임을 위반한 것이고, 징벌실에 입실시킨 행위는 비인간적 처우라고 판단하였다.

1. 주요 사실

청구인 헬레네 리놀드 씨는 1962년 출생의 프랑스인으로 프랑스 샤토에 거주한다. 그녀는 호셀리토 리놀드의 누이이며 호셀리토 리놀드는 1964년 8월 17일 생으로 공판 전 구금상태에서 브와닥시 교도소 방에서 스스로 목을 매달아 2000.7.20. 사망하였다. 그들은 여행자가족(a family of Travellers) 일원이었다.

2000. 4월 호셀리토 리놀드 씨는 조사중이었으며 전배우자와 그들의 13세 딸에 대한 흉기 공격 및 형사상 손해와 절도 혐의로 공판 전까지 구금상태에 있었다.

2000.7.2. 호셀리토 리놀드 씨는 면도기로 팔을 그어 자살을 기도했었다. 정신과 응급팀은 고도의 혼미상태에 있다고 진단하고 향정신적 신경이완제를 처치하였다. 그때에 호셀리토 리놀드 씨는 자신의 정신과적 질환을 얘기하고 과거에 정신병원에 입원하고 신경이완 치료를 받았다고 하였다. 2000.7.3 이후로 그는 교도소내 의료 및 정신과 서비스가 모니터링 하였고, 특별감독 상태에서 감방에 배치되었다. 이곳은 순찰이 보다 강화된 감방이었다. 그는 향정신성 투약치료를 계속 받았다. 당시 그가 실제로 약을 복용하는지 여부에 대해 교도소 의료진의 감독 없이 일주에 두 차례 약이 건네졌다.

2000.7.5. 교도관을 공격한 후, 징계위원회는 그가 "매우 소동을 일으키는 자"라고 하여 45일간 징벌실에 있을 것을 명하였다.

2000.7.6. 그가 자신의 누이에게 쓴 편지에서 그는 "한계점"에 있고 자신의 방을 무덤에 필적한다고 하면서 자신을 십자가에 못 박히는 것으로 묘사하였다. 2000.7.12. 그의 변호인은 그의 정신상태가 징벌실의 구금을 감당할 수 있는지 이를 확인하기 위한 정신과적 검진을 받아야 한다고 요구하였다.

2000.7.20. 교도관이 호세리토 리놀드 씨가 침대 시트로 그의 창살에 목을 맨 것을 발견하였다. 응급처치로 그를 소생시킬 수 없었다. 전문의료보고서에는 사망 당시 호셀리토 리놀드 씨는 적어도 2~3일 간은 신경이완제를 복용하지 않았음을 적시하였다.

이 사망 사건에 대한 수사중에, 판사는 정신과 보고서 작성을 명했는데, 동 보고서는 호세리토 리놀드 씨는 극심한 정신질환으로 고통을 당하고 있었으며 그의 자살은 우울증으로 인한 것이 아니라 그가 처방받은 약을 제때에 복용하지 않은 경우 그러한 정신질환과 연결된 행동화 과정의 결과로 보인다고 결론을 내리고 있었다.

2005. 1월 베르사이유 항소법원은 의료진이 처방약 복용을 감독하지 않은 것에 대해 과실이 없었다고 판시하면서 수사판사의 결정을 지지하였다. 즉 동 수사와 추가적인 조사에서 교도관들 측에 잠재적 과실의 증거를 찾지 못했으며, 징계적 제재조치의 부과나 약 복용여부를 체크하지 않았다는 사실이 주의의무의 명백한 고의적 위반도 아니라는 것이었다.

2. 청구 요지

제2조(생명권) 및 제3조(비인간적 또는 비열한 처우의 금지)에 근거하여 청구인은 프랑스 당국이 그녀 남동생의 생명을 보호하기 위한 필요한 조치를 취하지 않았으며 45일간의 징벌실 배정조치는 그의 정신적 허약성에 비추어 과도했다는 것이다.

3. 법원의 판단

가. 제2조

법원은 2000.7.2.부터 계속해서 프랑스 당국이 호셀리토 리놀드 씨가 정신질환으로 인해 자해 행위를 야기할 수 있는 등의 고통 받고 있다는 사실을 알고 있었다고 본다. 그의 상태와 새롭게 자살을 시도할 위험의 급박성이 변하였다고 해도 법원은 그러한 위험은 현실적이었으며 호세리토 리놀드 씨는 어떤 갑작스러운 악화에 대비해 주의 깊은 모니터링이 필요했다고 본다.

프랑스 당국이 그러한 위험을 피하기 위하여 합리적으로 기대할 수 있었던 모든 것을 다하였는지에 대해서, 법원은 프랑스 당국이 그러한 목적을 위해서 부인할 수 없는 노력들을 했음을 주목한다. 즉 리놀드 씨를 개인 방으로 옮겼고 그를 특별감독 대상으로 하고 의료적 관찰 대상으로 놓았다.

그러나 법원은 리놀드 씨의 자살 기도와 그의 정신적 상태의 진단에도 불구하고 그를 정신병원으로 입원시킬지 여부에 대해 어떤 논의가 있었다는 것이 나타나지 않았다는 사실에 놀란다.

생명이 경각에 달린 개인을 보호하기 위해서는 국가가 예방적 조치를 취할 의무가 있다는 점에 비추어, 심각한 정신질환으로 고통을 당하고 자살 위험에 놓인 수용자를 처리함에 있어서 구금을 계속하기 위해서는 그의 상태에 적합한 특별조치를 취했어야 할 것이다.

법원의 견해로는, 프랑스 당국이 리놀드 씨를 정신병원에 입원시키지 않은 것을 보면서, 그의 상태의 심각성에 비추어 그에게 의료 처우를 최소한이나마 제공했어야 했다. 그러나 전문가에 따르면 약복용을 제대로 하지 않은 것이 정신착란상태에서 그가 자살을 감행하는데 기여했을 수 있다는 점을 주목한다. 교도소 환경에서 근무하는 사람들이 당면하는 어려움을 간과하지 않더라도 법원은 정신착란으로 고통을 겪는 사실이 알려진 수용자가 어떤 감독도 없이 매일 매일 약을 혼자 복용하도록 방치하는 것의 바람직성에 대해서 심각한 의문을 갖게 된다.

무엇이 리놀드 씨로 하여금 자살에 이르게 했는지는 알 수 없지만 법원은 그의 매일 매일의 약 복용의 감독 결여가 그의 사망에 일부 작용했다고 결론을 내린다.

끝으로, 법원은 그가 자살 시도 후 3일 후에 징계위원회에서 45일간의 징벌실 배정이라는 최대 징벌을 준 것을 주목한다. 그가 교도관 폭행 사건의 조사중 앞뒤가 맞지 않는 진술을 하고 "매우 착란 된 상태"라고 기술되었음에도 불구하고 그의 정신 상태에 대한 어떤 고려도 없었던 것으로 보인다.

법원은 징벌실 배정은 방문기회와 모든 활동을 박탈함으로써 수용자를 고립시키고 이것이 자살 위험을 배가 시키는 것으로 보인다고 하는 의견을 갖는다.

법원은 정신적 질환에 노출되기 쉬운 사람들은 특별한 보호가 요구된다는 점을 누차 강조하여 왔다. 이것은 무엇보다도 심각한 정신착란으로 고통 받는 수용자의 경우에는, 이 사건에서처럼 장기간에 걸쳐 유폐되고 징벌실에 있고 실제 자살 수일 전에 그러한 자살을 기도했다는 점에서 더욱 그러하다.

그러므로 법원은 프랑스 당국이 제2조를 위반하여 리놀드 씨의 생명권을 보호할 책무를 이행하지 않았다고 결론을 내린다.

나. 제3조

교정당국이 직면한 어려움과 교도관에 대한 공격행위를 처벌할 필요성을 고려하였지만, 법원은 리놀드 씨가 가장 중한 공격에 대한 최고 벌칙을 받을 때 그의 정신 상태 내지 그 범행이 처음이었다는 사실에 대한 고려가 전혀 없었다는 점에 충격을 받는다.

법원은 이런 유형의 벌칙은 모든 면회의 금지와 다른 수용자와의 일체의 접촉이 금지된다는 점을 알고 있다. 또한 리놀드 씨가 그의 누이에게 2000.7.6. 보낸 편지에서 증명되는 것처럼 이 기간 중 극심한 정신적 고통을 당하고 있었다는 증거로부터도 나타난다. 그 벌칙은 중하였고 그의 신체적 및 정신적 저항을 위협하였을 것이다.

법원은 심각한 정신적 착란을 겪는 것으로 알려져 있고 또한 자살 위험에 노출된 수용자들은 인간적 처우의 요구에 부응토록 그들의 상태에 알맞은 특별한 조치가 요구된다는 점을 다시 강조한다.

법원은 부과된 벌칙이 정신적 질환이 있는 사람에 대해서 요구되는 처우기준에 부합하지 않았으며 또한 제3조를 위반하여 비인간적이고, 비열한 처우 내지 처벌을 구성한다고 본다.

[5] 정신건강과 교도소내 자살 Ketreb v. France

Application no. 38447/09, 2012.7.19. 선고

제2조 (생명권) 위반

제3조 (비인간적 또는 비열한 처우 금지)

이 사건은 무기소지 폭력으로 유죄 인정된 마약중독자가 교도소에서 목을 매어 자살한 사

건에 관한 것이다. 법원은 이미 두 차례나 자살을 시도하고 정신과적인 치료를 받는 취약한 처지의 수용자에게 징벌실 입실 징계까지 하고, 자살을 하지 못하도록 이를 방지하기 위해 특별히 경계할 의무를 다하지 못했다고 판단했다.

1. 주요 사실

청구인 세르기네, 케트렙, 노라 키아트, 네 케트랩은 프랑스 국민들로 각 1969년 및 1975년 생으로 프랑스에 거주한다. 그들은 카멜 케트랩의 누이들이다. 1998.6.10. 카멜 케트렙은 그의 동거자가 8일 이상 일을 못하게 한 결과를 초래한 무기공격 혐의의 재범으로 라상테 교도소에 재구속 되었다. 다음 날 수년간 다종 마약을 복용하였던 그는 교도소 관할 지역 의료 및 정신보건청의 정신과 의사의 진단을 받고, 그 후 한 달에 한번 내지 두 번 지속적으로 의사의 진료를 받기로 했었다. 1998. 7월부터 그는 일주일에 한 번 내지 세 번 정신과 의사의 진료를 받았다. 1998.10.4. 그는 교도관과의 마찰이 있은 후 징벌방에 배정되었다.

1999.1.8. 그는 교도관을 공격한 혐의로 10일간의 징벌을 받았고 같은 날 의사는 그에게 모가든과 바리움 주사를 처방했고 그를 위해 정신과 의사와의 진료일정을 잡았다. 의사는 교도관에 의하면 카멜 케트랩은 이미 자살을 두 차례 기도한 적이 있다고 진료기록에 기술하였다. 1999.1.13. 의료 및 정신 보건청의 정신과의 의사는 그가 "결코 좋은 상태가 아니며 자살 충동을 실행에 옮길 가능성이 있는 것으로 보인다"는 소견을 내었다.

1999.3.16. 카멜 케트랩은 5년의 징역형을 선고받았다. 1999.5.20. 그는 깨진 유리로 동료 수용자를 부상케 하고 2명의 교도관을 공격한 혐의로 징계위원회에 회부되었다. 또한 그는 의료용 마약을 사재기한 혐의도 추가되었다. 그는 징벌실에 2주간 유치되었다.

징벌실에서의 첫날 그는 아크릴 유리 창문을 부수자 다른 방으로 이감했다. 새방에서 그는 콘크리트로 만든 테이블을 부분적으로 들어 옮기고 위생용구를 부수고 창문의 콘크리트 더미를 집어던졌다.

1999.5.21. 그는 그의 자매 한 명이 면회 왔을 때, 면회실 문의 창문을 부수고 팔뚝과

손을 거기에 그었다. 이 사건 이후 그는 외래환자실의 한 의사의 검진을 받고 불안완화제가 투여되었다. 1999.5.23. 외래환자실 의사는 그가 평온치 않음을 확인했다.

1999.5.24. 오후 8시부터 8시 20분 사이에 순찰하던 교도관은 케트랩이 방안 중간에 서있었음을 목격했다고 말했다. 오후 9시 15분에 같은 교도관은 금속 버클로 동여맨 직물 벨트로 그가 방안의 내부 문의 빗장에 매달려 있는 것을 발견했다. 교도소 의료진과 응급의료팀이 소생술을 시도했으나 소생하지 못했다. 그의 사망 시각은 오후 9시 30분이었다.

2. 청구요지

청구인들은 협약 제2조(생명권)에 근거하여 관련 당국이 자신의 동생이 라상테 교도소 징벌실에 구금되었을 때 그 생명을 보호하기 위한 적절한 조치를 취하지 못했다고 제소하였다.

제3조(비인간적 또는 비열한 처우)에 근거하여 그들은 징벌조치가 그러한 상태의 사람에게는 부적합했다고 주장하였다.

이 청구는 2009.6.3. 인권법원에 접수되었다.

3. 법원의 판단

가. 제2조

법원은 구금상태에 있는 사람은 취약한 위치에 있으며 관계 당국은 그들을 보호할 책무가 있다는 점을 과거의 사건에서 누차 강조하여 왔었다. 개인의 자율성을 침해하지 않고서도 자해를 감소시킬 수 있는 일반적 조치 내지 예방책이 있었다. 끝으로 법원은 정신질환이 있는 사람의 경우에 그들의 취약성을 특별히 고려할 필요가 있었다는 점을 누차 강조하여 왔다.

법원은 그가 체포된 다음 날인 1998.6.11.부터 케트랩 씨는 지역 의료 및 정신청의 정신과의의 진찰을 받았고 또한 심리학자의 접견도 있었음에 주목한다. 법원은 나아가 자살하기 수개월 전에 케트렙 씨는 이미 징벌방에 구금된 중에도 두 차례 자살을 기도한 사실이 있었음을 주목한다. 1999.1.13. 정신과의는 그가 자살할 의도가 있다는 것에 대해 비교적 솔직히 얘기했던 사실을 유념하였다. 자살하기까지의 기간 중 폭력사건의 증후가 있었고 이것이 비록 심각한 심리적 위기까지는 아니었지만 적어도 그의 건강상태의 저하에 대해 경종을 울리는 정도는 되었다. 전문가들에 따르면 징벌실로 보냈을 때 그의 정신적 균형이 이미 망가진 상태였던 것으로 추정한다. 그들의 의견에 의하면 징벌실에서의 구금상황 및 5년형의 선고가 그를 압박하여 자신의 생을 조기에 끊으려고 했다는 것이다.

법원은 관계 당국이 새로운 자살 시도의 위험을 방지하기 위해 합리적으로 기대할 수 있었던 모든 것을 다했는지 여부를 판단해야 한다. 법원은 그가 재구속 되었을 당시부터 케트랩은 일반의와 전문의의 진료를 받은 사실을 주목했다. 그는 지역 의료 및 정신보건청의 마약중독과 담당의에 의해 모니터되었다. 진료상담은 그의 마음의 변화에 따라 다소 빈번했으며 또한 일주일에 두 세 차례 심리학자의 상담을 받았다. 또한 수사판사가 지명한 전문가 의견과 제2차 의견에서는 그러한 처방조치가 그의 정신상태 및 흥분상태에 비추어 정당하다고 하였다.

그렇지만 법원은 여러 가지 부족한 점도 있음을 인정한다. 수용자를 징벌실에 가두는 결정시 또는 결정 전에 권한 있는 의료진에 어떤 특별한 통보도 없었으며 또한 그러한 징계조치가 케트렙의 정신건강에 적합한지 여부를 보기 위한 어떤 특별한 감시 지도도 없었다. 법원은 유럽이사회 각료위원회의 권고 R(98)7 이 자살위험은 의료진 및 구금시설 측의 항시적인 평가를 요한다고 한 점을 지적한다.

법원은 케트랩이 징벌실에 있을 때인 1999. 1월에 목을 매단 2건의 자살시도, 그의 자기훼손 및 행태는 그 정신적 취약성에 대해 당국에 경고를 준 것임을 유념한다. 법원은 지역 의료 및 정신 보건청이 실제로 수용자의 정신 건강을 모니터 하는 데 책임이 있는 기관으로서 그 기관의 정신과와 협의를 하지 않은 것을 정당화 시킬 어떤 명분도 없다고 본다. 자살하기 수일 전 외래 의료진이 징벌방에 구금된 케트랩을 진료하고 그의 상태가 안 좋다는 것을 발견했다. 그렇지만 그들은 지역 의료 및 정신청에 이를 통보하지 않았고 또한 외부 정신과의의 긴급 지원도 요청하지 않았다.

교정당국과 의료진 모두 케트랩의 상태가 심각하다는 점은 자명했고 그를 징벌실에 구금하는 것이 상황을 더욱 악화시킬 뿐이라는 점을 알고 있었던 것이다. 이러한 사실은 관계 당국들이 자살 충동을 예상할 수 있게 만들었던 것인데, 이미 징벌실에서 수개월 전에 목도했던 것이다. 관계 당국들은 적절한 감시를 하거나 아니면 자살에 이용될 수 있는 벨트를 발견하는 등의 통상적 검색조치와 같은 어떤 특별한 조치도 취하지 않았다.

법원은 관계 당국들이 카멜 케트랩의 생명권을 보호하기 위한 적극적 의무를 취하지 못하였다. 그러므로 협약 제2조의 위반이 있었다.

나. 제3조

관련된 처우나 처벌이 제3조의 제반 기준과 양립할 수 있었느냐에 대한 평가는 정신적으로 질환이 있는 사람의 경우에는 그들의 취약성 및 그들의 무능력에 대한 고려도 해야 한다.

전문가들의 소견에 카멜 케트랩이 만성 정신질환 또는 급성 정신질환 증상을 갖고 있지 않다고는 했지만, 그의 자살 기도 전력, 의사들이 "경계선" 상에 있다고 진단하였던 심리적 상태 및 그의 극단적인 폭력적 행태가 관계 당국의 특별한 감시를 필요로 하였으므로 그는 적어도 징벌방에 구금하기 전에 정신과의의 진단이 필요했고 또한 징벌실에 있는 중에는 적절한 감독하에 있었어야 한다.

법원은 2주간 징벌실에 구금한 것은 그렇게 정신적으로 착란된 사람에 관하여 필요한 처우의 수준과 양립할 수 없다고 보았다. 그러므로 제3조 위반이 있었다.

다. 보상 (제41조)

법원은 프랑스가 청구인들에게 비재산적 손해로 4만 유로를 지급할 것을 명했다.

[6] 범죄인인도 Roger Judge A v. Canada

Communication no. 829/1998, 2003. 10. 20. 결정

생명권(제6조 제1항), 잔혹한 형벌의 금지 등(제7조), 효과적 구제를 받을 권리(제2조 제3항) 등[1]

통보인은 미국시민으로 사형제도가 있는 펜실베니아주에서 살인혐의로 유죄평결을 받고 사형이 선고되었던 자로, 캐나다로 도주하였고, 캐나다에서도 강도죄로 10년의 징역형이 부과되어 형기종료후, 캐나다가 통보인을 추방형식으로 미국에 신병인도하였다.

통보인은 캐나다가 사형폐지국가인데 자신을 미국으로 추방한 것은 B규약 제6조 제1항의 생명권을 침해한 행위이며, 아울러 캐나다에서 효과적 구제를 받지 못한 것은 제2조 제3항 위반이라고 주장한 사건.

이 사건에서 규약 제6조의 해석에 관해 위원회는 제6조 제1항의 생명권 규정과 동 조 제2항의 사형부과 가능규정이 양립되어 있는 것과 관련, 사형폐지국가와 존치국가는 서로 다르게 취급할 수 있다고 하여, 사형폐지국인 캐나다가 통보인을 사형이 집행될 수 있는 미국으로 추방한 것은 생명권을 침해한 것으로 인정하였다.

이 사건은 대체로 터프한 다른 B규약 사례에 비해 매우 치밀한 법리적 논거가 제시되고 있다. 만약 이와 유사한 사건이 유럽인권법원에 제소되었다면 다른 결과가 나왔을 가능성도 배제할 수 없을 정도로 매우 리버럴한 논리를 읽을 수 있어 이를 비교적 상세히 소개하고자 한다.

1. 주요 사실

1987.4.15. 통보인은 펜실베니아주 필라델피아 법원에서 1급 살인혐의로 유죄평결이 있었고, 1987.6.12. 전기의자에 의한 사형이 선고되었다. 1987.6.14. 통보인은 교도소를 도주하여 캐나다로 도망하였다.

---

1) 決定文 다음 참조
http://www.unhchr.ch/tbs/doc.nsf/(Symbol)/cb752ca5a0c62b61c1256dbb002a67fe?Opendocument

1988.7.13. 통보인은 캐나다 밴쿠버에서 2건의 강도죄로 유죄평결되었고, 1988.8.8. 10년의 징역형이 선고되었다.

1993.6.15. 통보인에게 추방명령이 내려졌다. 그러나 난민지위를 신청하려는 의도를 이미 표명했기 때문에 이 명령은 조건부였다. 1994.6.8. 통보인은 난민지위신청을 철회했고, 즉시 추방명령이 적용되게 되었다.

1995.1.26. 캐나다 교정청의 권고에 기하여 그의 사건은 은전위원회에서 심사되었고, 여기에서 형기가 끝나는 1998.8.8.까지 수감하도록 했다.

1997.11.10. 통보인은 캐나다 국적 및 이민장관에게 미국의 범죄인인도요청이 있을 때까지 추방명령의 집행을 보류해달라고 요구했다. 만약 범죄인인도조약에 의하여 송환된다면, 캐나다는 미국이 사형을 집행하지 않는다는 보증을 요구할 수 있었다. 1998.2.18.자 서한으로 이민장관은 그 요구를 거부했다.

통보인은 이민장관의 거부처분에 대한 사법심사를 개시하기 위한 허가를 캐나다 연방법원에 신청했다. 이 신청에서 통보인은 범죄인인도절차에 따른 인도시까지 동 추방명령의 집행연기를 구하고 캐나다에서의 자신의 구금과 미국으로의 추방이 캐나다 헌장상의 자신의 권리를 침해한다는 선언을 구한 것이다. 통보인의 허가신청은 1998.6.23. 거부되었다. 거부사유는 전혀 제공되지 않았다. 허가신청의 거부에 대한 어떤 불복절차도 가능하지 않았다.

2. B규약 인권위원회(이하 인권위원회)의 판단

가. 통보인 주장

통보인은 캐나다가 10년 동안 자신을 구금시키고, 그 기간중 형기가 만료될 때 사형집행이 경각에 달려 있도록 한 것은 자신에게 잔혹하고, 비인간적이고 가치저하적인 처우 또는 형벌에 해당하는 정신적 고통을 과하는 것이어서, 이것이 B규약 제7조의 위반에 해당한다고 주장한다.

통보인은 캐나다에서 복역중 "사형수 대기현상(death row phenomenon)"으로 고통을 받았고, 규약 제10조에 위반하여 인간의 존엄성이 존중받지 못한다고 주장한다.

형기 만료시 사형집행에 직면하게 되는 사실에도 불구하고 10년간이나 구금시키고 미국으로 이제 인도하려고 함으로써 캐나다는 규약 제6조에 위반하여 자신의 생명권을 침해한다고 주장한다.

도망범죄인의 지위 때문에 자신이 미국 펜실베니아주법상 완전한 항소권을 부인당하고 있고 이에 따라서 미국으로 송환됨으로써 캐나다는 규약 제14조 제5항을 위반하게 된다고 주장한다. 이 점과 관련해, 통보인은 사실심 판사가 배심원에게 법률설시를 함에 있어서 착오를 일으키게 했고, 이것은 유죄평결과 형의 선고 양자에 대해 상소이유를 제공하는 것이라 주장한다.

나. 당사국의 항변

제7조 및 제10조 위반 주장에 관해, 당사국은 "사형수 감방 현상"은 사형선고를 받은 수용자가 경험하는 유일한 심리적 스트레스는 아니며 집행일자의 확정, 집행의 유예, 신체의 혹사, 불충분한 음식 및 격리 등을 포함한 기타 조건과 관련되어 나타난다.

캐나다가 범죄인인도청구를 접수하고 사형이 집행되지 않도록 하는 보증을 받기 까지는 자신의 추방을 연기해 달라는 요청에 관해, 캐나다 정부는 미국이 도망범죄인의 신병인도를 청구할 의무도 없고 더욱이 사형을 집행하지 않겠다는 보증을 할 의무도 존재하지 않는다고 진술한다. 캐나다 정부는 미국의 범죄인인도청구를 기다리고 미국으로 도망범죄인을 송환하기 전에 사형집행을 안한다는 보증의 부여를 기대할 수 없다. 도망범죄인이 불처벌상태로 되는 위험성, 범죄인인도청구를 기다리는 중에 통보인을 구속하는 권한의 결여 그리고 살인죄의 피고인 또는 유죄판결을 받은 자에게 피난처를 제공하지 않는 것의 중대성은 통보인이 주장하는 그러한 의무의 존재와는 상반되는 것이다. 더욱이 이민장관은 그 추방명령을 집행해야 하는 제정법상의 책무가 있다.

제6조 위반 주장 및 펜실베니아주에서의 재판중의 오심 주장에 관해, 당사국은 그 재판이 자의적이라거나 재판의 거부에 해당한다는 점을 입증할 수 없는 한 위원회가 이를 심사

할 수 없다고 진술한다. 특히 캐나다 아닌 미국에서의 재판을 재심리 하는 책무를 위원회에 부담시키는 것은 적절치 않다.

제14조 제5항 위반주장에 대해, 당사국은 어떤 유형의 심리가 요구되는 것인지 이것이 조문에 명시되지 않았음을 지적한다.

다. 본안전 판단

캐나다에서의 형기 종료시 미국으로 송환되어 사형집행이 예정된 상태에서 캐나다에서 구금되어 있는 것과 관련하여 규약 제7조 및 제10조를 위반한다는 주장에 대해, 위원회는 통보인이 캐나다에서 사형수 감방에 구금되어 있던 것이 아니라 강도죄로 10년의 형을 복역하고 있었음을 인정한다. 결과적으로 통보인은 이 점에 관해 제7조 및 제10조에 의한 문제제기에 실패했고 통보의 이 부분은 선택의정서 제2조 및 제3조에 의해 허용될 수 없다고 인정한다.

캐나다에서의 강도죄로 캐나다에서 구금되어 있었던 것에 대해 제6조(생명권)의 위반이라는 주장에 관해, 위원회는 통보인의 생명권이 위 강도죄로 인한 캐나다에서의 복역으로 어떻게 침해되었는지 이를 증빙하지 못한다고 보고 선택의정서 제2조에 따라 이를 허용할 수 없다.

재심받을 권리를 규정한 규약 제14조 제5항 위반 주장 및 캐나다가 통보인을 추방함으로써 제6조를 위반했다는 주장에 관해, 위원회는 통보인이 펜실베니아주법상 유죄평결과 형의 선고에 대해 완전한 상소권을 가진다는 점을 인정했다. 또한 위원회는 통보인이 도주한 이후로는 그 상소권의 범위가 제한되지만, 사형의 경우에는 반드시 이를 펜실베니아주대법원이 재심리하도록 하는 규정에 따라 재심리하도록 한다는 점을 인정한다. 관련 문서에 의하면, 통보인은 변호인에 의하여 대리되었고 주대법원은 일급살인의 유죄평결과 사형의 선고를 내리게 된 증거 및 법률 양자를 심리했다. 위원회는 통보인이 주장하는 제14조 제5항의 권리가 침해되었고 따라서 캐나다로부터의 추방이 규약 제6조 위반이라는 통보인의 주장을 증빙하지 못하였다고 본다.

위원회는 제14조 제5항에 근거한 주장이 허용되지 않는다는 결정에도 불구하고, 위원회 앞에 제기된 사실이 규약상 다음 2건의 문제를 제기하는 것으로 보았다.

1. 캐나다는 사형제도를 폐지하였으므로, 캐나다는 제6조의 생명권, 제7조의 고문 또는 잔혹한 처우나 형벌을 받지 아니할 권리, 또는 사형이 집행되지 않는다는 보증 없이 사형이 집행되는 국가로 추방함으로써 규약 제2조 제3항의 효과적 구제를 받을 권리를 위반한 것인지?
2. 당사국은 통보인이 추방연기신청 거부처분에 대해 이를 퀘백주 항소법원에서 다툴 수 있는 권리를 행사하기 전에 미국으로 추방하는 것을 인정했었다. 그 결과로서, 통보인은 혹시 이용할 수 있었을지도 모르는 추후의 구제수단을 추구할 수 없게 되었다. 추방에 대한 이의제기를 하는 모든 권리를 행사하기 전에 사형제도가 있는 미국으로 통보인을 추방함으로써 캐나다는 규약 제6조, 제7조 및 제2조의 권리를 침해하였는가?

위원회는 이 문제의 중대성을 고려하여 각 당사자가 이에 대한 의견을 진술할 기회를 부여받아야 할 것으로 보고, 각 당사자가 미국에서의 통보인의 현재 절차상 상황 및 통보인이 추구할 수 있는 장래의 불복절차에 관하여 정보를 제공하도록 한다. 캐나다는 위 질문에 별도 의견서의 제출을 요구받았다.

라. 인권위원회의 질의 사항에 대한 캐나다의 입장

1. 사형이 집행되지 않는다는 보증을 구하지 못함으로써 캐나다가 규약을 위반했는지 여부

제6조 제1항은 모든 인간은 생명권을 가지며 어느 누구도 자의적으로 생명이 박탈되지 않는다고 천명한다. 사형부과에 관하여 제6조 제2항은 사형을 폐지하지 않은 국가에 있어서 그 적용을 특별히 규정하고 있으나 제6조에 규정된 조건을 준수하는 방법에 의해서만 사형이 부과될 것을 요구한다.

제6조는 사형이 부과될 수 있는 다른 국가로 범죄인을 인도하는 경우의 사정에 대해서는 특별히 언급하고 있지 않다. 하지만, "당사국이 그 관할내에 있는 사람에 대한 결정을 내릴 때, 그 당연하고 예측 가능한 결과로서 규약상의 사람의 권리가 다른 관할내에서 침해될 수 있는 경우에는, 당사국 자체가 규약을 위반할 수도 있다"는 위원회의 판시를 유념하고 있다. 따라서 당사국이 특정인을 사형집행이 가능한 국가로 인도 또는 추방하고자 하는 경우에 제6조가 적용된다는 점을 위원회는 인정했었다.

제6조의 사형부과에 관한 조건이 충족되는 한에서는, 사형이 부과될 수 있는 국가로 당사국이 개인을 인도 또는 추방하는 것은 제6조의 규정이 허용한다. 캐나다는 이 사건에서 미국에서의 사형의 부과가 제6조에 규정된 조건을 충족하는지를 묻는 것은 아닌 것으로 본다고 주장한다. 오히려 위원회는 사형이 통보인에 대하여 집행되지 않을 것이라는 보증을 캐나다가 구하지 않음으로써 규약을 위반했는지 묻는 것이다.

당사국에 의하면 규약 제6조에 관한 위원회 일반지침 제14호는 보증을 구하는 문제에 대하여 침묵하고 있고, 사형폐지국가가 국제법상 반드시 그러한 보증을 구해야 한다는 가정을 지지하는 법적 근거도 없다. 이러한 경우 제6조의 요건을 적용한다면, 조약은 조약의 문언에 표시된 대로 당사국의 의도에 비추어 해석되어야 한다는 원칙이나 또는 조약해석의 일반원칙에서 현저히 벗어나게 될 것이다.

위원회는 규약을 비준한 사형폐지국가가 사형제를 존치하고 있는 국가로 범죄인을 인도해야 하는 경우 반드시 사형집행을 하지 않는다는 보증을 구하거나 그렇지 않으면 인도하지 않아야 한다는 가정에 대해 과거 수차례의 사건에서 이를 기각한 사례가 있다.

사형폐지에 관한 B규약 제2선택의정서에서도, 범죄인 인도시 사형집행을 않는다는 보증에 관하여 침묵하고 있음을 지적한다.

1998.8.7. 통보인을 미국으로 추방할 때에 캐나다가 미국으로부터 그에 대해 사형을 집행하지 않는다는 보증을 구해야 할 어떠한 국내법적 요건도 존재하지 않았다.

당사국의 행위는 조약 위반주장이 발생한 시점에서 적용 가능한 법률에 비추어 판단해야 한다. 즉 통보인의 추방시에 캐나다가 그에 대해 사형을 집행하지 않는다는 보증을 구했어야 한다는 어떤 국제법적 요건도 존재하지 않았다. 더욱이 UN 범죄인인도모델조약에서도 사형집행을 하지 않겠다는 보증의 부존재를 인도거절의 의무규정으로 하는 것이 아니라 선택규정으로 하고 있다. 또한 사형폐지국가가 사형에 직면한 자를 사형존치국가로 인도 또는 추방하는 모든 경우에 보증을 구해야 하는지 여부는 국가정책의 문제이지 규약의 법적요구는 아니다.

사형선고를 받은 국가로 통보인을 추방하는 것이 규약 제7조를 위반하느냐의 문제에 관하여, 위원회는 제6조 제2항의 범위 내에서 사형이 과하여질 수 있는 자의 인도 또는 송환은 그 자체로는 제7조의 위반이 되지 않는다고 한 사례도 있다.

이 사건에서 제기되는 유일한 쟁점은 사형을 집행하지 않는다는 보증을 캐나다가 구하지 않은 행위가 제7조의 규정에 의한 통보인의 권리를 침해하느냐 하는 것이다. 제6조 제2항의 요건범위 내에서의 사형의 부과가 제7조에 위반되지 않는다면, 사형을 부과하지 않는다는 보증을 구하지 않은 행위는 제7조에 위반되지 않는다. 이를 달리 말하면, X국이 제6조 제2항의 요건내에서 사형을 과하는 행위는 고문, 잔혹한, 비인간적 또는 경멸적 처우나 처벌에 해당하지는 않으나, 사형을 집행하지 않는다는 보증을 구하지 않고 X국으로 범죄인을 인도하는 국가는 고문, 잔혹한, 비인간적 또는 경멸적인 처우나 처벌의 위험에 개인을 놓이게 하는 것으로 인정된다는 것을 의미한다. 따라서 캐나다는 제7조에 대한 이러한 해석이 수용할 수 없는 것이라 본다. 이러한 이유로 보증을 구하지 않고 미국으로 통보인을 추방한 행위는 제7조 위반이 아니다.

규약 제2조 제3항은 당사국이 규약상 권리와 자유가 침해당한 사람이 효과적 구제수단을 가질 수 있도록 요구하고, 권리 침해 주장이 소관 당국 앞에서 심리될 수 있도록 하고 그 구제수단이 집행될 수 있도록 하는 규정이다. 캐나다는 제6조 및 제7조에 관하여 제출한 의견처럼 규약상 통보인의 권리를 침해하지 않았다. 따라서 캐나다의 규약 제2조 제3항 a 및 c 에 따른 의무는 이 사건에서 발생하지 않는다.

2. 강제추방에 불복하는 권리를 행사하기 전에 사형선고를 받은 국가로 통보인을 추방하는 행위가 규약 제6조, 제7조 및 제2조에 의한 통보인의 권리를 침해하는가?

이 질문에 대해서도 제1항의 질문에 대한 답변을 준용한다. 캐나다는 제6조 제4항(사형수의 사면권), 제14조 제5항(상소할 권리)은 사형을 과하려는 국가에 대해서는 중요한 안전장치를 제공하나, 사형이 선고된 국가로 범죄인을 추방하거나 인도하는 국가에는 적용되지 않는다.

캐나다 이민법 제48조는 추방명령은 법률상 또는 사법적 처분에 의한 유예의 경우 외에는 바로 집행하도록 규정되어 있다. 집행에 대해 유예를 하지 않는 한, 추방명령은 이민장관이 가능한 한 신속히 이를 집행할 법적 의무가 있는 강제적인 것이며 이 점에 관해 재량의 여지가 없다. 이 사건에 대해 이민법상 처분을 유예할 수 있는 어떤 조항도 통보인에게 적용될 수 없었고, 처분의 유예를 위한 재판상 신청도 해당 법원에 의하여 각하되었다.

제7조 위반여부에 관하여, 캐나다는 제1항의 질문에 대한 답변을 준용한다. 특히 제6조 제2항의 요건 내에서의 사형의 부과가 제7조에 위반되지 않는다면, 사형을 과하는 국가로 추방하기 전에 모든 사법적 구제수단을 이용할 가능성을 개인에게 허용하지 않는다고 하여 이것이 제7조에 위반될 수 없다. 핵심적인 문제는 사형을 과하는 국가는 제6조 및 규약의 다른 관련규정에 명시된 기준을 충족하였는지 또한 사형을 선고한 국가로 추방하는 당사국이 추방결정에 대해 이를 사법적으로 심사할 수 있는 충분한 기회를 제공하였는지 하는 것이다.

규약 제2조 제3항에 관하여, 미국으로 추방하기 전에, 통보인이 그 추방명령에 대해 충분한 사법적 심사를 향유했고, 그 추방행위가 인권을 침해하느냐의 문제에 대해서도 심사를 받았기 때문에 통보인의 규약상 권리를 침해한 것은 아니다.

통보인이 현재 펜실베니아주 교정시설에 구금되어 있고 사형집행일자는 아직 확정되지 않았다는 사실을 펜실베니아주 지방검찰청에서 통보받았다.

2002.5.23. 펜실베니아주 대법원은 통보인의 사후구제신청을 각하했다. 통보인은 최근 연방지방법원에 인신보호영장을 청구했다. 이에 대한 지방법원의 불리한 결정에 대하여는 미연방대법원에 항고할 수 있다. 연방법원에서도 거부되는 경우 주지사에게 은전신청이 가능하다. 더욱이 펜실베니아주에서는 1976년도에 사형제의 재도입 이래 불과 3명에 대해서만 사형이 집행되었다.

마. 인권위원회의 판단

질의 1. 캐나다는 사형제를 폐지했기 때문에 사형을 집행하지 않는다는 보증을 구하지 않고, 사형을 선고한 국가로 추방함으로써 제6조의 생명권, 제7조의 고문 또는 잔혹한, 비인간적 또는 경멸적 처우 또는 처벌을 받지 아니할 권리 또는 제2조 제3항의 효과적 구제를 받을 권리를 침해한 것인지

사형선고를 행한 다른 국가로 사람을 추방함에 있어서, 사형제를 폐지한 당사국으로서 캐나다의 의무를 고려함에 있어, 위원회는 사형을 폐지한 국가에서 사형제가 있는 국가로 사람을 추방하는 행위는 그 자체로는 규약 제6조의 위반에 해당하지 않는다는 *Kindler v. Canada* 사건의 법리를 상기한다. 이 결정에서 위원회의 이론적 근거는 제6조 제1항을, 가장 중대한 범죄에 대한 사형의 부과를 금지하지 않는다는 제6조 제2항과 함께 해석하는 규약해석에 근거한 것이었다. 캐나다 자신은 사형을 과하진 않았지만 사형제를 존치시키는 미국으로 통보인의 신병을 인도하였기 때문에 신병인도 그 자체는, 통보인의 규약상 권리가 미국에서 침해될 진정한 위험이 없는 한 이는 캐나다에 의한 규약위반에 해당하지는 않을 것이다.

보증의 문제에 관하여, 위원회는 제6조의 문언은 캐나다가 인도를 거절해야한다든지 아니면 보증을 구하도록 이를 반드시 요구하는 것은 아니나, 그러한 요구는 적어도 추방시키는 국가에서는 고려해야 할 것이다.

위원회는 위원회 자체의 법리의 일관성과 통일성 이 모두를 확보해야 하면서도, 규약상 보호되는 권리의 적용범위에 대하여 그 심사가 요구되는 예외적 상황이 있을 수 있음을 유념한다. 가령 규약 위반 주장이 생명권과 같은 가장 근본적인 권리, 특히 제기되는 쟁점에 관해 현저한 국제적 의견의 변화와 사실상 및 법적 발전이 있는 경우에 그러하다. 위원회는 위에 언급한 법리는 10년 전에 확립된 것이고, 그 이래로 사형제도 폐지에 우호적인 광범위한 국제적 콘센서스가 형성되었고 또한 사형제도를 유지하는 국가에 있어서도 이를 집행하지 아니하는 광범위한 콘센서스가 형성되었다는 사실을 명심한다. *Kindler* 사건 이후, 캐나다는 자국으로부터 해외로 인도되는 사람들의 보호를 위해 국내법의 개정 필요성을 인정한 바 있음을 유념한다. 캐나다 대법원은 사형에 직면할 수 있는 국가로 범죄인을 인도하는 경우에는, 극히 예외적인 경우를 제외하고는 사전에 사형이 집행되지 않도록 반드시 그러한 보증을 구해야 한다고 판시하였다. 동 판결에서 "기타 사형폐지국가들은 일반적으로 사형을 집행하지 않는다는 보증을 받지 않고는 범죄인을 인도하지 않는다"고 판시한 점을 유념하는 것은 이 사건에 있어서 적절하다. 규약은 살아있는 문서로서 해석되어야 하고 또한 규약에 의하여 보호되는 권리들은 현 상황의 맥락에서 적용되어야 한다.

제6조의 적용을 심리함에 있어서 위원회는, 비엔나조약법조약이 정하는 것처럼 조약은 그 목적과 조약의 대상 및 목적에 비추어 조약의 문언에 부여된 통상적 의미에 의거하여 성실하게 해석되어야 한다는 점을 유념한다. "모든 인간은 고유한 생명권을 가진다"고 규정한 제6조 제1항은 일반적 규칙이다. 동 규정의 목적은 생명을 보호하는 것이다. 사형제도를 폐지한 당사국들은 이 조문에 의거하여 모든 상황에서 이를 보호할 의무를 진다. 제6조 제2항 내지 제6항은 사형제도를 폐지한 것으로 이해될 수 있는 제6조 제1항의 해석을 피하기 위한 것이 분명하다. 제6조의 이러한 해석은 제2항의 "사형제도를 폐지하지 아니한 국가에 있어서는…" 구절과 제6항 "이 조의 어느 규정도 이 규약 당사국에 의한 사형의 폐지를 연기하거나 또는 금지하는 것으로 원용되어서는 안 된다"는 문장에 의하여 강화된다. 요컨대 제2항 내지 제6항은 사형에 관하여는 생명권에 대한 예외를 인정하면서도 그러한 예외의 범위를 제한하는 이중적 기능을 가진다. 특정의 요소가 존재하는 때 선고된 사형만이 예외의 이익을 누릴 수 있다. 제2항의 서문, 즉 "사형을 폐지하지 아니한" 당사국만이 제2항에서 제6항에 규정된 예외를 이용할 수 있다. 사형제를 폐지한 국가는 사형 집행의 현실적 위험에 사람을 노출시키지 아니할 의무가 존재한다. 그러므로 추방형식이건 범죄인인도형식이건, 사형을 집행하지 않겠다는 보증 없이는, 사형에 처할 수 있다고 합리적으로 예상할 수 있는 경우라면 자신의 관할내에 있는 개인을 신병인도할 수 없다.

위원회는 이러한 방법으로 제6조 제1항 및 제2항을 해석함으로써 사형제도를 존치시키는 당사국과 폐지한 당사국이 다르게 취급된다는 점을 인정한다. 그러나 이것은 조약 규정 자체의 필연적 결과로 볼 수 있다. 조약 준비문서에서 분명히 드러나는 것이지만, 규정 작성자들 간에 타협하기 위한 노력에서 사형제도에 관한 다양한 견해를 수용하려 했던 것이다. 규약의 주요 원칙주의 하나는 사형을 폐지해야 한다는 것이지만, 다른 한편으론 일정 국가에서는 사형이 존치되고 있어 그 폐지는 그러한 국가에서는 곤란을 발생시킬 수 있다는 점이 규약 준비문서에 나타나 있다. 규약 준비과정에 참여했던 대다수 대표와 기구들은 사형을 "변칙적인 것"이라거나 "필요악"으로 보았다. 따라서 제6조 제1항의 원칙은 넓게 해석하고, 사형제도를 규정하고 있는 제2항은 좁게 해석하는 것이 논리적일 것이다.

이러한 이유로, 위원회는 사형제를 폐지한 당사국으로서의 캐나다는 사형제폐지에 관한 제2선택의정서 비준여부에 관계없이, 사형집행을 하지 않겠다는 보증을 받음이 없이 사형선고를 한 미국으로 통보인을 추방함으로써 제6조 제1항에 의한 통보인의 생명권을 침해하였다고 본다. 위원회는 캐나다 자신이 통보인에게 사형을 과하진 않았지만 사형선고를 받은 국가로 통보인을 추방함으로써 캐나다는 통보인에 대한 사형집행을 가능하게 할 수 있는 우연한 사슬의 결정적 고리를 제공하였다.

조약 침해는 그 침해가 발생할 당시에 적용가능한 법에 비추어 그 행위가 평가되어야 한다는 당사국의 주장에 대해서, 위원회는 인권의 보호는 발전하고 있고 규약상 권리의 의미는 원칙적으로 심사시점의 의미로 해석해야 할 것이지 주장된 침해가 발생한 시점 당시의 의미로 해석되지 않는다고 본다. 미국으로 통보인을 추방하기 전의 시점에서, 위원회의 입장은 사형제도를 폐지한 당사국에 관해 입장의 변화가 있었다. 즉 다른 국가로 추방함에 따라 이루어진 사형집행은 규약을 위반하는 것인지 여부에서 사형 자체의 진정한 위험이 있는지 여부로 변경이 있었다. 더욱이 이러한 접근방식에 내포된 가능한 소급효력에 대한 당사국의 관심은 다음의 두 번째 질문의 별도의 쟁점에 대해 어떤 관련도 갖지 않는다.

질의 2. 당사국은 통보인이 추방연기신청거부처분에 대해 이를 퀘백주 항소법원에서 다툴 수 있는 권리를 행사하기 전에 미국으로 추방하는 것을 용인했었다. 그 결과로서, 통보인은 혹시 이용할 수 있었을지도 모르는 추후의 구제수단을 추구할 수 없게 되었다. 추방에 대한 이의제기를 하는 모든 권리를 행사하기 전에 사형제도가 있는 미국으로 통보인을 추방함으로써 캐나다는 규약 제6조, 제7조 및 제2조의 권리를 침해하였는가?

추방명령에 대한 통보인의 연기신청에 대한 거부처분에 대해 이를 퀘백주 항소법원에서 다툴 수 있는 권리를 행사하기 전에 사형선고를 한 미국으로 추방함으로써 더 이상의 이용 가능한 구제절차를 추구할 수 없게 되어, 제6조 및 제2조 제3항에 의한 통보인의 권리를 당사국이 침해했는지 여부에 관해, 위원회는 퀘백주 지방법원의 결정이 있은 직후 수 시간 만에 통보인을 추방하였고, 이런 점에서 당사국이 항소법원에의 그의 항소권 행사를 방해하기 위한 의도가 있었던 것으로 보인다. 위원회 앞에 제출된 진술서만으로는 항소법원이 어느 범위에서 통보인의 사건을 심리했는지 명확하지 않다. 하지만 당사국 자신은 통보인의 신청이 절차상 및 실체상의 이유로 지방법원에서 기각되었기 때문에 항소법원이 본안에 대해 이를 심리할 수도 있었을 것이다.

위원회는 통보인이 국내법상 자신에게 이용 가능한 불복수단의 이용을 방해함으로써, 사형의 집행에 직면하게 될 국가로 추방하는 것이 생명권을 침해하는 것이라는 통보인의 주장이 충분히 심리되었다고 이를 증명하지 못한 것이다. 당사국은 통보인의 권리 특히 가장 근본적인 권리인 생명권을 보장하기 위해 그 불복절차를 이용할 수 있도록 해야 한다. 당사국이 사형제도를 폐지한 사실을 고려하여, 이용 가능한 불복절차를 이용할 기회를 제공하지 않고 사형선고를 받은 국가로 통보인을 추방하도록 하는 결정은 자의적인 것으로서 규약 제6조 및 제2조 제3항에 위반한 것이다.

제6조 제1항 단독으로 그리고 이와 관련하여 제2조 제3항의 위반을 인정하므로, 별도로 이러한 동일한 사실이 규약 제7조의 위반에 해당하는지 여부에 대하여는 심리할 필요가 없다.

위원회 앞에서 인정된 사실들이 단독으로는 제6조 제1항의 위반 그리고 이와 관련하여 제2조 제3항의 위반이 있다는 의견을 갖는다.

제2장 고문·잔혹한 처우의 금지

유럽인권협약 제3조 (고문의 금지)

어느 누구도 고문, 비인간적이거나 굴욕적인 처우나 처벌을 받아서는 아니 된다.

B규약 제7조

어느 누구도 고문 또는 잔혹한 비인도적인 또는 굴욕적인 취급 또는 형벌을 받지 아니한다. 특히 누구든지 자신의 자유로운 동의 없이 의학적 또는 과학적 실험을 받지 아니한다.

[7] 피의자의 방어권 Salduz v. Turkey

Application no. 36391/02, 2008.11.27 선고

협약 제6조 제3항 (c) (법률적 조력을 받을 권리) 위반

– 경찰서 구금중 청구인에 대한 법률적 조력이 없었음.

협약 제6조 제1항 (공정한 재판을 받을 권리) 위반

– 파기원에서의 담당 검사의 서면의견서를 청구인에게 제공하지 아니함.

협약 제41조에 의한 보상으로 법원은 가장 적절한 구제형태는 협약 제6조 제1항에 따른 재심이라고 보았다. 나머지 부분에 대해서 법원은 비재산적 손해로 2,000 유로, 그리고 비용 및 경비로 1,000 유로의 지급을 명했다.

경찰서 구금중 변호인을 접견하지 못하고, 또한 변호인이 없는 상태에서의 경찰심문 중 자백이 유죄의 유일한 증거로 이용되었다면 피의자의 방어권이 침해된 것이며, 특히 구금중인 자가 미성년자였다면 변호인의 조력은 그 이상으로 중요함.

1. 주요 사실

청구인 살두즈 씨는 1984년생 터키 국민으로 터키 내 이즈미르에 거주한다.

그는 경찰서 구금중에 법률적 조력을 거부당했으며 파기원에서 담당 검사의 서면 의견서를 볼 수 없었다고 주장한다.

2001.5.29. 청구인은 PKK(쿠르디스탄 노동당, 불법 조직)의 투옥된 지도자를 지지하기 위한 불법적 시위에 가담한 혐의로 체포되었다. 또한 다리에 불법적 깃발을 걸은 혐의로 기소되었다.

2001.5.30. 경찰은 변호인이 입회하지 않은 상태에서 청구인에게서 진술조서를 받았다. 동 조서에는 시위에 가담한 것을 인정하고 있었고 그 깃발의 구호를 썼었다고 인정하고 있다. 청구인은 강박 상태에서 그 진술이 나왔다고 주장하면서 경찰서에서의 진술 내용을 부인하였다. 수사 판사는 청구인을 재유치하도록 하고 그때서야 비로소 변호인 접견이

허용되었다.

이즈미르 지방 보안 법원 앞에서 청구인은 다시 강박상태에서 그 진술이 나온 것이라 주장하면서 경찰서에서의 진술 내용을 부인하였다.

2001.12.5. 지방 보안 법원은 청구인이 PKK를 지원, 교사한 혐의로 유죄를 인정하고 4년 6개월의 징역형을 선고하였다. 그가 범행 당시 18세 미만이었다는 이유로 후에 그의 형량은 2년 6개월로 감형되었다.

지방 보안 법원의 판단은 경찰서에서의 진술, 검사 앞에서의 진술 및 수사 판사 앞에서의 진술을 고려하였다. 또한 공범자가 검사에게 한 진술 및 다른 2건의 증거를 고려하였다. 결론적으로 동 법원은 청구인의 자백이 진정한 것이라 보았다.

2002.3.27. 파기원 앞에서 담당 검사는 지방 보안 법원의 판결 인정을 요구하면서 서면 의견서를 동 법원에 제출하였다. 당시 청구인이나 변호인은 동 의견서를 볼 수 없었다. 2002.6.10. 파기원은 청구인의 항소를 기각하였다.

2. 청구 요지

살두즈 씨는 자신에 대한 형사절차에 있어서 경찰서 구금중 변호인의 접견권이 부인당했으며 파기원 앞에서의 형사절차의 마지막 단계에서 담당 검사의 서면 의견서 사본을 얻지 못했다고 주장한다.

청구인은 2002.8.8. 유럽인권법원에 제소하였고 2006.3.28. 부분적으로 비허용 판단을 받게 되었다.

2007.4.26. 지정 재판부는 검사의 서면의견서를 청구인에게 알리지 않았다는 이유로 협약 제6조 제1항의 침해가 있었다고 만장일치로 결정하고 경찰서 구금중에 법률적 조력이 없었다는 부분에 대해서는 5대2로 협약 제6조 제3항 (c)의 위반이 없었다고 선언하였다.

2007.7.20. 청구인은 이 사건을 대재판부로 이송할 것을 요청하였다. 2007.9.24. 대재판부는 그 요청을 수락하는 것으로 결정하였다.

3. 법원의 판단

가. 경찰서 구금중 변호인의 접견

법원은 협약 제6조 제1항에 의한 공정한 재판에 대한 권리가 충분히 "현실적이고 효과적"으로 작동하기 위해서는 변호인에 대한 접견권은, 이를 제한할 만한 무시할 수 없는 이유가 있었다는 특정한 사정이 제시되지 않는 한 원칙적으로 경찰서에서의 심문시 반드시 제공되어야 한다는 점을 인정한다. 만약 변호인에 대한 접견권을 부인할 정도의 무시할 수 없는 이유가 예외적으로 이를 정당화 시킨다 하더라도, 협약 제6조에 의한 피의자의 권리를 부당히 침해해서는 안 된다. 자신의 죄를 인정하는 진술이 변호인의 접견 없이 경찰 심문중에 일어나고 또한 이것이 유죄의 단일한 증거로 이용되는 경우에 피의자의 방어권은 원칙적으로 회복할 수 없는 피해를 입게 될 것이다.

터키 정부는 청구인에게 변호인 접견권을 부인한 것이 관련 법규정의 체계적 근거에 의해서 이뤄진 것이라고 하는 외에는 어떤 정당화 사유도 이를 제시하지 않았다. 이러한 경우 이것은 이미 협약 제6조의 요건을 결여한 것이다.

더욱이 법원은 지방 보안 법원이 청구인의 경찰서에서의 진술에 대해 청구인이 그 정확성을 부인함에도 불구하고 그를 유죄로 인정한 주요한 증거로 이용했음을 보게 된다. 법원의 입장으로는, 청구인의 경찰서에서의 진술이 그의 유죄 인정을 위해 이용되었다는 점에서 변호인의 접견권 제한으로 인하여 청구인은 의심할 여지없이 영향을 받았던 것이다. 나중에 변호인이 조력했다는 것이나 형사절차의 대심적 성격은 이미 경찰서 구금중에 발생한 결함을 치유할 수 없다.

끝으로 법원은 이 사건의 특별한 요소중의 하나로 청구인의 연령을 주목한다. 경찰서 구금중인 미성년자에 대한 법률적 지원에 관한 중요한 관련 국제법 문서를 고려해보건대, 법원은 경찰 구금중인 사람이 미성년자인 경우에 변호인 조력의 근본적 중대성을 강조한다.

요컨대, 법원은 청구인이 공판중에 증거를 다툴 기회가 있었고 나중에 항소를 할 수 있었다 하더라도, 경찰서 구금중 변호인의 부재는 그의 방어권 행사에 돌이킬 수 없는 영향을 미쳤던 것이다. 그러므로 협약 제6조 제1항과 관련하여 제6조 제3항의 위반이 있었다.

나. 파기원 앞에서의 검사의 서면 의견서의 비공개

법원은 지정 재판부가 2007.4.26. 내린 판결이유에서 청구인의 대심적 권리 침해당했다고 본다. 그러므로 제6조 제1항의 위반이 있었다.

[8] 묵비권, 자기부죄의 권리 Brusco v. France

Application no. 1466/07, 2010.10.14. 선고

제6조 제1항 위반

제6조 제3항 위반

피해자의 고소로 혐의자로 지목된 사람이 경찰의 구금 수사에서 증인의 자격으로 심문을 받았다. 이때 작성된 선서진술서는 후에 형사재판의 결정적 증거로 채택되어 유죄가 인정되었다.

법원은 당시 수사에서 청구인은 사실상 피의자 신분이기 때문에 피의자로서의 묵비권과 자기부죄권을 가져야 하고, 이를 알려야 했었다는 점에서 공정한 재판을 받을 권리가 침해되었다고 판단하였다.

1. 주요 사실

청구인은 1952년생 프랑스 국민으로 프랑스 내 예르에 거주한다. 1998년 12월 파리의 자신의 아파트 지하 주차장에서 복면을 쓴 2인에게 공격당한 후, B.M. 씨는 자신의 부인과 부르스코를 상대로 고소하였다. 부르스코 씨는 그 사건에 대해 경찰의 심문을 받았

다. 1999.6.2.~3일, 2명의 공격용의자가 경찰에 구금되어 수사가 개시되었다. 그들 중 한 명이 부르스코 씨가 그 공격을 주모했다고 고소하였다. 수사 판사는 영장을 발부하여 경찰이 증인을 심문하고 사실을 밝히기 위해 필요한 모든 수사를 수행하도록 하였다. 1999.6.7. 오후 5:50에 부르스코 씨는 검문을 당하고 경찰 구금상태에 들어갔다. 그는 형사소송법 제153조에 의해 증인으로서 요구되는 "진실만을 말하며 진실이 아닌 것은 말하지 않는다"라고 선서하였다. 그리고서 경찰의 심문이 이어졌다. 그는 그 사건에 B.M 씨를 "위협"하려고 2명의 남자를 고용하였음을 자백하였다. 그는 약 15,000 유로를 대가로 지불한 것도 시인했다. 그러나 그는 B.M. 씨에 대한 물리적 폭력 사용 요구 부분에 대해서는 강하게 부인하였다. 1999.6.8. 오후 2:10경 그는 변호인 면담이 허용되었다.

경찰 구금이 끝날 때쯤 브루스코 씨는 살인미수의 원조 및 교사죄로 수사를 받게 되었다. 그리고 재구금 되었다. 그는 파리 항소법원 기소부에 경찰 구금중의 심문기록을 부인하는 신청을 하였다. 그의 신청은 2001.6.28. 기각되었다. 즉 증인으로서 또한 선서를 한 이후 부르스코 씨에 대한 심문은 완벽하게 합법적이었다는 것이다. 그가 동 범행을 사주한 혐의가 있지만 실제로 폭력 사용을 교사했다는 어떤 증거도 없었다. 2002.3.1. 브루스코 씨는 파리 형사법원에 송치되었다. 2002.10.31. 동 법원은 선서한 상태에서의 심문에 대한 무효화 주장을 기각하고 무엇보다도 그로부터 그렇게 하여 얻은 진술에 근거하여 그에게 5년의 징역형을 선고했다. 2004.10.26. 동 판결은 파리고등법원에 의해서 인정되었다. 2006.7.27. 파기원은 부르스코 씨의 다른 항소도 기각하였다. 2004.3.9. 법률은 수사판사가 발부한 영장에 의하여 경찰 구금중인 사람이 선서하에 증언을 하도록 하는 의무를 폐지하였다.

2. 청구 요지

협약 제6조 제1항 및 제3항에 특별히 근거하여 브루스코 씨는 자신이 심문을 받기 전에 선서를 해야 했으며 묵비권을 행사할 권리와 자기부죄의 권리가 박탈되었다고 주장한다.

3. 법원의 판단

법원은 묵비권과 자기부죄권의 중요성을 강조한다. 이는 공정한 재판의 심장에 해당하는 일반적으로 승인된 국제적 법적 원칙이다.

그리고 법원은 브루스코 씨가 "진실만을 말하며 진실이 아닌 것은 말하지 않는다"고 선서를 하도록 했을 때 경찰 구금중이었음을 주목한다(당시에는 "확실한, 일관된 증거" 없이도 또한 범죄를 범했다는 "합리적인 의심" 없이도 개인을 경찰 구금 상태에 놓을 수 있었다). 그러나 브루스코 씨가 경찰 구금중 심문을 받을 때에 이미 폭행 용의자중 한 명이 그 공격 배후로 그를 주모자로 지적했었고 피해자는 그를 고소하였었다. 그러므로 당국은 그가 공격에 가담한 혐의를 인정할 이유가 있었다. 따라서 법원의 의견으로는 브루스코 씨가 단지 증인이었다는 주장은 전적으로 형식적이며 설득력이 없다. 실제에 있어서 브루스코 씨가 구금상태에 들어가고, 선서하에 증언을 하게 될 때 이미 그에 대한 "범죄혐의"가 있었고, 따라서 그는 협약 제6조 제1항 및 제3항에 의하여 보장되는 묵비권 및 자기부죄권을 가져야만 했었다.

브루스코 씨는 선서하에 행한 진술을 토대로 유죄인정이 됐다. 법원은 경찰의 심문에 답변하기 전에 선서를 하게 했다는 사실이 청구인에게는 일종의 압력에 해당한 것임을 인정하며 또한 위증죄를 범한 것으로 인정될 경우의 형사절차의 압박이 보다 더 큰 압력으로 그에게 작용했다고 인정한다. 또한 법원은 그 법률은 2004년에 개정되었고 선서하에 증언할 의무 및 심문에 답변할 의무는 수사 판사가 발부한 영장에 의하여 경찰 구금중인 상태의 사람에게는 더 이상 적용되지 않게 되었음을 주목한다. 더욱이 브루스코 씨는 심문 초기에 침묵하거나 심문에 답변하지 아니할 권리나 또는 대답하기를 원하는 질문에만 답변할 권리가 있다는 얘기를 듣지 못했다. 이에 덧붙여 그는 경찰에 구금된 지 20시간이 지난 후에 비로소 변호인의 조력을 허용 받았다. 그의 변호인은 따라서 청구인이 심문받기 전에 묵비권이나 자기부죄권, 자신의 조력을 받을 권리 등에 대해 청구인에게 알려줄 수가 없었다.

그 결과 제6조 제1항 및 제3항을 위반하여 브루스코 씨의 묵비권 및 자기부죄권의 침해가 있었다.

프랑스는 청구인에게 비재산적 손해로 5,000 유로 및 비용과 경비로 7,000 유로를 지급할 것을 명한다.

[9] 강간죄의 재정의 M.C. v. Bulgaria

Application no. 39272/98, 2003.12.4. 선고

제3조 (굴욕적 처우의 금지) 위반

제8조 (사생활을 존중받을 권리) 위반

피해자가 적극적으로 저항하지 아니하였다고 하여 강간피의자를 불기소처분한 불가리아 당국에 대해 유럽인권법원은 강간죄의 구성요건이 가해자의 물리적 폭력이나 위협 그리고 피해자의 적극적 저항 유무에 의존하던 법률이나 판례법은 이제 여성의 보호를 위해서 강간죄 성립에 있어서 "동의" 여부가 중시되어야 한다고 판시함.

1. 주요 사실

청구인 M.C.는 14세 10개월 되던 때인 1995.7.31, 8.1. 각 20세, 21세의 A씨와 P씨에 의해 강간당했다고 주장한다. 불가리아에서 14세는 성관계를 동의할 수 있는 연령이다.

1995.7.31. 청구인과 그녀의 친구가 K디스코바에 입장하기 위해 대기하고 있었다. 이때 P씨와 A씨가 도착했다. 청구인은 P씨를 과거 동 디스코바에서 만난 적이 있었으며 A씨는 자신의 동급생의 오빠로 춤을 같이 춘 적이 있어 이들을 알고 있었다. A씨는 청구인과 청구인의 친구를 초대해 P씨 소유의 차량으로 그곳에서 17킬로미터 떨어진 디스코바에 갔다.

밤늦게 돌아오는 길에 교통경관의 검문이 있자, 검문 받은 후 A씨는 근처 저수지에서 수영을 한다고 차를 멈추자고 했다. M.C.는 반대했으나, 차는 멈추고, 남자들은 저수지로

가고 M.C.는 차안에 머물렀다. M.C.의 주장에 의하면, 잠시 후 P씨가 먼저 차에 돌아와서 강제로 M.C.를 성폭행하였다. M.C.는 매우 착란된 상태로 수 시간을 울었고, 다음날 이른 새벽 3시 당시 동행했던 V.A라는 남자의 친척집에 들어가서는 이곳에서 A씨가 M.C.를 성폭행하였다. 당일 아침 7시 M.C.가 어머니에 의해 발견되고 바로 근처 병원에서 처녀막 파열을 확인했다.

1995.8.11. 청구인은 위 강간죄로 A씨와 P씨를 고소하고, 두 사람은 바로 체포되었으나, 그들은 M.C.와의 성관계는 임의로 이루어진 것이라 진술하고 석방되었다. 이후 이 사건은 기소되지 않았다.

1995.8.24. 거꾸로 P씨와 A씨는 위증죄로 M.C.와 그 어머니를 고소하였다.

1996.12.18. 강간사건에 대해 수사관은 P씨와 A씨가 위협 또는 폭력을 사용한 증거가 없으므로 사건을 종결해야 한다는 최종보고서를 작성했다. 1997.1.7. 담당검사는 수사가 객관적이거나, 완전하거나 완벽하지 않다는 이유로 추가조사를 명했으나, 결국 1997.3.17. 담당검사는 폭력이나 위력의 사용이 의심의 여지가 없을 정도로 입증되지 않는다고 하고, 특히 청구인이 저항하지 않았고 다른 사람으로부터 도움을 받고자 했던 노력도 입증되지 않는다고 하면서 이 사건을 종결하였다. 이에 대한 항고, 재항고 역시 모두 기각되었다.

M.C.가 유럽인권법원에 제출한 전문감정인 의견서에는 강간사건에서 가장 일반적인 반응으로서 "얼어붙는 공포"(정신적쇼크에 의한 심리적 발육부전 증후군)에 의해 저항을 하지 못하고 또한 자신에게 강간이 발생하지 않았던 것처럼 자신이 강간당했다는 사실로부터 심리적으로 해리(解離)하고자 하는 경향이 나타난다고 지적하고 있다.

M.C.는 강간 등 성폭행에 대해 적극적으로 저항하는 경우에만 기소가 되기 때문에 불가리아 법률과 관행이 효과적인 구제를 제공하지 못한다는 점도 지적하였다.

2. 청구 요지

청구인은 불가리아가 유럽인권협약상 개인의 신체적 완전성과 사생활을 보호하고 이에 대해 효과적인 구제를 제공할 적극적인 책무를 지니고 있음을 지적했다. 아울러 불가리아 당국이 이 사건을 효과적으로 수사하지 못했음도 고소하였다. 이러한 점에 대해, 청구인은 협약 제3조(잔혹한 처우의 금지), 제8조(사생활을 존중받을 권리), 제13조(효과적 구제를 받을 권리) 및 제14조(차별금지)를 원용하였다.

3. 법원의 판단

법원은 협약 제3조와 제8조와 관련하여 당사국은 강간을 효과적으로 처벌하기 위한 형사입법과 이 입법이 효과적 수사와 기소를 통해서 적용될 수 있도록 할 적극적 책무를 지닌다는 점을 강조한다.

법원은 역사적으로 강간범의 물리적 위력의 사용과 피해자 측의 물리적 저항의 입증이 다수 국가에서 강간사건에 국내법과 관행으로 요구된다는 점을 인정한다. 그러나 이러한 사정이 유럽지역 국가에서 더 이상 요구되어서는 안 되는 것으로 보인다. 보통법계 국가나, 유럽 그리고 기타 지역에서 물리적 폭력의 요건은 입법과 판례법에서 제거되었다. 과거 대륙법적 전통의 영향을 받은 유럽지역 국가에서 강간죄의 정의가 판례법이나 법 이론상 행위자의 폭력의 사용 또는 폭력의 위협을 요건으로 하고 있지만, 강간죄를 정의함에 있어서 중요한 것은 폭력이 아니라 동의의 결여인 것이다.

법원은 또한 유럽이사회 가맹국들이 피해자의 저항 여부에 관계없이 동의에 기초하지 않은 성적 행위를 처벌하는 것이 여성을 폭력으로부터 효과적으로 보호하기 위해 필요한 것이라는 데 합의했었고 이 분야에서의 개혁을 촉구한 적이 있음을 상기했다.

또한 구유고형사재판소가 최근 국제형법에 있어서 동의의 결여를 강간죄나 성폭력의 의 필수적 요건으로 보는 보편적 경향을 반영하여, 피해자의 동의 없는 성적 가해행위는 강간죄를 구성한다고 인정했다.

NGO인 Interights(영국 런던 소재 시민단체로, 유럽인권협약 제36조 제2항과 구절차규칙에 의거 재판장에 의해 서면진술이 허용되었음)의 진술서에 나온 것처럼, 성폭력 피해자 특히 성인이 되기 전의 소녀들은 여러 가지 심리적 이유로 저항을 포기하거나 가해자로부터의 향후 폭력을 두려워하여 저항하지 못한다. 일반적으로 강간죄에 관한 법률과 관행은 개인의 성적 자기결정권과 평등성에 대한 존중을 요구하도록 하는 사회적 태도의 변화를 반영하여 발전하고 있다. 현 상태에서 협약 제3조와 제8조에 대한 회원국들의 적극적 책무는 피해자가 물리적으로 저항하지 않은 경우라 할지라도, 동의가 없는 성적 행위의 범죄화와 이를 효과적으로 기소하는 것이다.

청구인은 자신의 사건에 대한 당국의 태도는 결함 있는 법제, 상당한 정도의 물리적 저항의 증거가 있는 때에만 강간자를 기소하는 관행에 근거하고 있다고 주장했다. 이 문제를 다루기 위한 명시적인 판례법이 없는 상태에서, 법원은 이 쟁점에 관해 안전한 일반적 결론에 도달하는 것이 지난하다고 보았다. 하지만, 불가리아 정부는 청구인 강간범의 기소에 있어서 제한적으로 접근하고 있다는 청구인의 주장을 분명히 반증할만한 자신의 판결문이나 코멘터리를 제공하지 않았다. 따라서 청구인의 주장은 반증되지 않은 합리적 논거에 기초했다.

사실관계에 관한 2개의 용납할 수 없는 진술의 존재는 해당 진술의 신빙성의 평가와 모든 주변 정황에 대한 검증을 요한다. 하지만 14세의 청구인이 처음으로 남자와의 관계 후 수 분 동안 A씨를 애무했다는, A씨의 주장과 같이 P씨와 A씨의 진술의 신빙성에 대해 거의 테스트도 하지 않았고 또한 피의자들이 내세운 증인의 증언의 신빙성이나 사건의 정확한 시각에 관해서도 거의 검증이 이루어지지 않았다. 청구인이나 그의 대리인은 그들이 후에 위증으로 고소했던 증인을 신문할 기회도 없었다. 그러므로 불가리아 당국은 모든 주변 정황을 확인하는 데 소홀히 하였으며 상반된 진술의 신빙성을 충분하게 평가하지 못했다.

이렇게 된 이유는 수사관과 검사가 "연애중 성폭행"(우리식으로는 和姦)이 발생하여, 폭력이나 저항의 흔적이나 도움요청과 같은 성폭행의 "직접적" 증거의 결여시에는, 모든 주변 정황의 평가상 성폭행에 대해 동의가 없었다는 증거를 추론하지 못한다고 본 것으로 보인다. 검사는 청구인이 동의하지 않았을 수도 있다는 가능성을 배제하지는 않았지만, 수사관과 검사는 저항의 증거가 없을 시에는 가해자 측에서 청구인이 동의하지 않았음을 알고 있었다라고 결론을 내릴 수 없을 것이라는 견해를 취했다. 수사관과 검사는 P씨와 A씨가 고의로 청구인을 유도해 황량한 장소로 데리고 가서 강압분위기를 조성했다는 진술을 검증하지 않았고 피의자와 피의자가 부른 증인의 진술의 신빙성을 검증하지 않았다.

법원은 불가리아 당국이 모든 사실관계를 밝혔어야 했으며 또한 모든 주변 정황의 평가를 기초로 판단했어야 한다고 보았다. 수사와 그 결론 역시 동의 여부에 중점을 두었어야 했다. P씨와 A씨의 유죄여부에 관해 의견을 피력하지 않고, 법원은 청구인 사건의 수사의 효율성 및, 특히 수사관과 검사가 취한 접근방식이 모든 형태의 성폭력을 처벌하기 위한 형사법제를 수립하고 이를 효과적으로 적용해야 할, 협약 제3조 및 제8조에 의한 불가리아국의 적극적 책무를 이행하지 않은 것이라 판단했다.

법원은 정신적 손해 및 기타 일정비용에 대해 8천 유로를 청구인에게 배상할 것을 명했다.

[10] 수감환자에 대한 진료소홀

McGLinchey and Others v. the United Kingdom

Application no. 50390/99, 2004. 4. 29. 선고

제3조 (비인간적 처우 금지) 위반

제13조 (효과적 구제를 받을 권리) 위반

절도죄의 유죄선고를 받고 수감된 쥬디쓰 맥그린체이 씨는 헤로인 중독자이자 천식환자로 수감 직후부터 헤로인 금단증상과 구토증세가 나타나자, 교도소 측이 금단증상 약제 및 구토완화 약제 등을 복용시키며 이를 모니터링 했으나, 수감 8일째 급격히 악화되면서 병원으로 호송되어 치료받던 중 사망하였다.

청구인측은 교도소의 과실과 피해자의 사망간에 상당한 인과관계의 입증이 곤란하다는 변호인 측 안내를 받고 국내에서의 구제절차의 이용을 포기하고, 유럽인권법원에 협약 제3조의 비인간적 내지 굴욕적 처우로 인하여 결국 사망에 이르렀다는 주장과 피해자의 사망후 협약 제13조의 효과적 구제조치를 영국 내에서 받을 수 없었다는 주장을 하면서 영국의 책임을 추궁하였다. 유럽인권법원은 교도소 입감부터 병원 호송까지의 전기 간에 대한 의료조치의 타당성 여부를 심리하여 수감중이던 토요일과 일요일에 의사의 검진이 필요했음에도 이를 소

홀히 하였고, 당시 병원으로 옮겨 더 나은 치료를 받았어야 했다는 점을 인정하여, 교도소당국이 비인간적 처우를 한 것으로 판단하였다.

유럽인권법원은 금전배상을 명했지만, 금전배상내용에는 치료미흡으로 인한 정신적 고통의 손해만 인정하고, 사망에 따른 일실이익의 손해는 청구인측도 청구하지 않았고 쟁점도 되지 않았다.

1. 주요 사실

청구인들은 피해자 맥그린체이의 두 자녀와 그 모친이다. 1999.1.3. 쥬디쓰 맥그린체이 씨는 재소자로 있던 중, 핀더필트 병원에서 사망하였다. 쥬디쓰 맥그린체이 씨는 장기간의 헤로인 중독에 천식환자였다.

쥬디쓰 맥그린체이 씨는 1998.12.7. 절도죄로 4개월의 징역형을 선고받았다. 동일자로 교도소에 수감되고, 여기서 받은 건강진단에서 과도한 금단증상이나 우울증 등이 나타나지 않았다. 수용중에 그녀는 금단증상이 나타났고 빈번한 구토 증세를 일으키고 체중이 상당히 감소되었다.

수감 후 그녀는 금단증상에 대한 약물치료를 포함해 교도소 담당의사의 치료를 받았다. 간호일지에는 처방약 1회분이 입소 다음날 빠졌고, 그녀는 교육을 위해 격리 중이었음이 드러났다. 담당의사는 1998.12.10. 다시 그녀를 진찰하고 금단증상을 위해 주사약제를 처방하고 몸무게의 변화를 모니터링 하도록 지시하였다. 1998.12.11. 의사가 그녀를 봤을 때는 그녀의 상태가 안정되어 있는 것으로 보았다. 이 날 이후 이틀간은 의사의 검진이 없었다. 1998.12.14. 그녀는 병원에 입원하게 되었고 그 다음날 중병실로 이동했다. 그녀는 1999.1.3. 사망하였다.

검시의사의 보고서에 비추어 변호인은 맥그린체이 씨의 사망과 교도소의 과실 간에 상당인과관계의 입증에 필요한 증거가 불충분하다고 하여 청구인들은 손해배상청구를 하지 못했다.

2. 청구 요지

유족들인 청구인들은 협약 제3조 및 제13조에 의거해 맥그린체이 씨가 사망 전에 교도소에서 비인간적이고 부당한 처우를 받았고 자신들의 주장에 관해서 효과적 구제를 받을 길이 없었다고 주장하면서 유럽인권법원에 제소하였다. 특히 유족들은 교도소당국이 의도적으로 사망자의 약물치료를 보류하였고 그녀의 행위에 대한 형벌로 격리수용시키고 부정기적으로 약물치료를 관리하고 구토를 방치했다고 주장했다.

3. 법원의 판단

가. 협약 제3조 위반 주장관련

(1) 일반원칙

법원은 부당한 처우가 협약 제3조의 범위내에 해당하려면 적어도 최소한의 심각성을 띠어야 한다고 본다. 이러한 최소한의 평가는 상대적인 것이어서 사건의 모든 사정에 따라 좌우된다. 예컨대 그러한 처우의 지속기간, 신체적 또는 정신적 효과, 일부의 경우에는 성별, 연령 및 건강상태 등.

이러한 점을 고려하여, 국가는 구속되어 있는 자가 인간의 존엄성에 대한 존중과 양립할 수 있는 상태로 수용되고, 그러한 조치의 실행 방식이 구금에 수반되는 당연한 고통의 결과를 넘어서는 고통이나 고초를 당하게 해서는 안 되며, 또한 그러한 자의 건강과 상태가 필요한 의료지원을 통해 제공될 수 있도록 이를 반드시 확보하여야 한다.

(2) 이 사건에서의 위 원칙의 적용

청구인 측에서 교도소당국이 맥그린체이 씨에게 비인간적이고 굴욕적인 처우를 하였다고 하는 여러 주장을 제기하고 있고, 반면에 영국 정부는 그녀의 금단증상에 대해 적절한 약물처치를 하고 그녀의 상태가 교도소가 제공할 수 있는 의료서비스보다 더 나은 치료의 필요성이 명백해지자 바로 병원으로 후송했다고 주장한다.

교도소 측이 징벌로서 금단증상에 대한 약물치료를 제공하지 않았다는 주장에 관하여, 법원은 의료기록으로 보건대, 처방약제인 로펙시다인이 1998.12.8. 정오 12시에 투약되지 않았음을 지적한다. 청구인들이 이러한 것이 맥그린체이 씨의 비행으로 중지된 것이라고 주장하나, 영국정부는 그녀의 혈압의 급격한 하락 때문에 의사의 지시로 투약되지 않은 것이라고 진술한다. 이것은 이 약의 투약시 혈압을 측정하도록 하고 맥그린체이 씨의 혈압강하가 당시 기록된 투약일지로 증빙된다. 동일지는 또한 당일 아침 의료공무원의 회진을 받고 의사가 그 투약기록에 서명한 사실을 보여준다.

"교육을 위한 격리"는 그 기간 중에 교육에 들어가지 않은 수용자가 자신의 방에 대기하는 통상적 절차라서 그녀에 대한 징벌로서 금단증상에 대한 구호조치가 거부된 것이라는 주장은 입증되지 않는다.

그녀가 구토 중에 쓰러져 방치되어 있었다는 주장에 관하여, 영국 정부는 그녀가 병원에 도착할 때 머리와 옷이 구토물로 범벅되어 있었다는 병원 직원의 진술에서 나온 것임을 지적하였다. 의료 및 간호 노트에는 그녀가 당일 밤에는 구토하지 않았고 아침에 구토했다고 표시되어 있었다.

법원은, 병원으로 긴급 호송중에 그녀를 충분히 닦지 않은 사실이 굴욕적인 것으로 이를 규정지울 수 있는 처우의 한 요소가 된다는 점을 인정하지 않는다. 그녀가 스스로 구토물을 치워야 했다고 자신의 모에게 얘기했던 불만에 관하여는 맥그린체이 씨가 자신의 방 청소를 거부한 사실 외에는 이를 증빙할 자료는 없다.

천식약이 투약되지 않았다는 주장에 관해, 법원은 간호일지에서 맥그린체이 씨의 숨이 가쁜 것으로 보이자 1998.12.7. 밤중에 흡입기를 제공한 사실이 적시되어 있음을 유념한다. 청구인들이 맥그린체이 씨에 대한 항생제 투여의 불규칙성을 언급한 점에 관하여는, 5일치 20회분에서 4회분이 빠져있는 것으로 나타난다. 이 점에 관해 N씨는 해당 간호사가 약제기록 작성을 잊었을 가능성도 얘기했지만 설명하지는 못했다. 그렇지만 법원은 이러한 실수가 쥬디쓰 맥그린체이 씨의 컨디션에 역작용을 일으켰다거나 아니면 불편함을 야기했다고 볼 수 있는 증거를 발견하지 못한다.

끝으로, 법원은 맥그린체이 씨의 헤로인 금단증상을 치료하고 그녀의 상태가 나빠지는 것을 방지하는 데에 있어서 충분한 치료가 없었고 충분히 신속하게 이뤄지지 않았다는 점을 심리하였다.

법원은 1998.12.7. 교도소 입감 즉시 간호원에 의하여 검진 받았음이 인정된다. 1998. 12.8. 교도소 의사 K씨가 그녀를 진찰하였다. 헤로인 금단증상을 위하여, 그는 먼저 금단완화약제인 로펙시다인을 처방하였다. 이 약제 1회분은 그녀의 혈압 강하로 정오 투약이 생략되었다. 1998.12.10. 그녀는 다시 의사 K씨의 진찰을 받았다. K씨는 지속적 금단증상에 대해 근육주사를 처방했다. 그는 그녀가 탈수상태에 있었다는 징후를 발견하지 못했다. 그는 입소시에 이용되었던 체중계와 건강센터에 있는 체중계간의 수치 차이를 알고 있었기 때문에 그녀의 체중이 50kg에서 43kg으로 급격히 감소한 사실보다는 그녀의 임상에 비중을 두었던 것이다.

그렇지만 그는 잠재적인 문제점이 있음을 인식하고 그녀 몸무게를 모니터링 하도록 지시하였다. 1998.12.11. K씨가 그녀를 재차 진찰했을 때 탈수증상을 발견하지 못하고 그녀의 상태가 정상이라고 판단했다. 그는 그날 중에 구토를 억제하기 위해 추가 주사를 지시했다. 구토억제 경구용 약제를 주말까지 복용토록 처방하였다. 간호일지에는 간호원이 이 기간 중 때때로 메스꺼움 완화제를 복용토록한 점이 나타나 있다.

그러므로 맥그린체이 씨는 금단증상에 대해 의료진의 조치에 따라 1998.12. 7.부터 12일까지 정규적으로 모니터링 되고 있었음이 나타나지만, 법원은 이 기간 중 그녀가 반복적으로 구토하고, 음식물을 거의 섭취하지 못하고 상당한 정도로 체중이 감소하고 있었음을 주목한다. 주사가 두 차례 있었지만, 이 처방은 단기의 효과만을 가졌을 뿐이고, 1998. 12.11. 저녁 그녀는 다시 구토하고 있었다. 이러한 점으로 미루어 그녀의 상태가 나아졌다는 증거는 법원의 입장에서는 너무 미약한 것이다.

교도소 인력배치표에 따르면 해당 주말에는 의사 K씨가 현장에 없었다. 대진 의사가 1998.12.12. 토요일 아침 교도소를 방문했다. 그러나 기록에는 그 의사가 맥그린체이 씨를 진찰했다는 사실이 드러나지 않는다. 주말에 언제라도 의사가 필요하다면, 간호진은 의사를 호출하거나 아니면 병원으로 호송할 것이 기대된다. 따라서 맥그린체이 씨는 이틀간의사의 검진을 받지 못한 것으로 보인다.

1998.12.12. 그녀의 체온, 혈압, 맥박은 정상적으로 기록되었다. 그렇지만 그녀는 계속해서 구토를 일으켰고 체중은 40kg으로 1998.12.9. 이래 3kg 감소한 수치로 입소일로부터 5일간에 10kg 감소한 것으로 기록되었다. 이러한 변화에도 불구하고, 간호진은 그녀의 상태에 관해 의사 소견을 받을 필요성을 인식하지 못했다.

영국 정부는 이 기간을 넘어서는 그녀가 밤잠을 보다 잘 잤고, 1998.12.13. 약간의 음식을 섭취했다는 이유로 이것이 나아졌다고 볼 수 있는 표시라고 지적하였다. 그렇지만, 그녀는 토, 일요일에 걸쳐 구토하고 식사 후에도 구토하였다. 의사 K씨는 그녀의 중요한 수치들이 정상적 범위내에 있었고 심각한 탈수로 고통 받는 사람은 피로감과 신체적 증상이 나타나는데 그녀의 경우에는 그렇지 않았음을 강조했다. 그렇지만, 의사 토빈 씨의 의견에 의하면, 맥그린체이 씨가 병원 입원시 탈수상태에 있었다는 것이 증명되지는 않지만 그러한 효과에 대한 강력한 증후가 있었다고 하였다. 혈압의 현저한 강하로 설명될 수는 있지만, 구토의 증상이 충분히 설명되지는 않는다.

1998.12.14. 아침 경, 교도소 입소시 영양상태나 건강상태가 좋지 않았던 헤로인 중독자 맥그린체이 씨는 현저한 체중감소로 고통을 겪고 탈수상태에 있었다는 것이 증거로 인정된다. 이것은 일주일간의 구토 증세와 음식섭취를 하지 못했던 결과이다. 이러한 상황은 그녀에게 피로와 고통을 야기함으로써 그녀 건강에 매우 심각한 위험을 초래하였다. 수용자에게 필수적인 의료보호를 제공하는 것이 교도당국의 책무인 점을 고려하여, 법원은 이 사건에서 협약 제3조가 부과하는 기준을 충족하지 못하였음을 인정한다. 이러한 맥락에서, 맥그린체이 씨의 체중감소를 확인하기 위한 정확한 체중계를 교도당국이 제공하지 못한 점을 지적한다. 이것은 그녀의 상태의 심각성을 교도소에 알릴 수 있는 것이었으나 체중계 수치의 상위로 인해 경시되었다.

체중이 현저하게 감소했던 주말에 의사에 의한 그녀 상태에 대한 검진상 갭이 있었고 그녀의 상태를 치유하기 위하여 보다 효과적인 조치, 예컨대 약물 흡입 및 정맥주사를 위하여, 구토를 다스림에 있어서 보다 전문적인 지원을 받기 위해 병원입원과 같은 조치를 교도소 측이 취하지 않았다.

법원은 교도소 당국의 맥그린체이 씨에 대한 처우가 협약 제3조의 비인간적인 또는 굴욕적인 처우금지규정에 위반한다고 결론을 내린다.

나. 협약 제13조 위반 주장관련

협약 제13조는 국내 법질서 속에서 어떤 형태로 확보되건 협약상 권리 및 자유의 실질을 이행하기 위한 국내수준의 구제절차의 이용가능성을 보장한다. 제13조의 효과는 따라서 국내의 구제절차의 규정이 협약상 "다툴 수 있는 고소사항"의 실질을 처리하고 또한 적절한 구제조치를 부여해줄 것을 요한다. 물론 체약당사국은 이 규정에 따른 협약상 의무에 일치시키는 방법에 관해 약간의 재량을 갖고는 있다. 제13조에 의한 의무의 범위는 협약상 청구인의 고소내용의 성격에 좌우된다. 그럼에도 불구하고 제13조에 의하여 요구되는 구제조치는 실제에 있어서나 법률상으로도 "효과적"인 것이어야 한다.

협약의 가장 근본적인 규정으로 랭크되는 협약 제2조 및 제3조의 위반 사건에 있어서는 그 침해로부터 야기되는 비금전상 손해에 대한 보상은 원칙적으로 이용 가능한 구제수단이 되어야 한다.

이 사건에서 나온 증거를 토대로, 법원은 영국 정부는 맥그린체이 씨에 대한 비인간적이고 굴욕적인 처우에 대해 협약 제3조의 책임이 있다. 청구인들의 이 점에 대한 고소내용은 따라서 협약 제3조와 관련하여 제13조의 목적상 "주장할 수 있는" 것이다.

영국 정부는 맥그린체이 씨는 자신의 사망 전에 부당 처우에 관해 이를 호소할 수 있는 교도소 내부의 구제절차를 이용할 수 있다고 하지만, 이미 경험한 고통에 대해 손해를 보상받을 권리를 규정하지 않고 있다. 법원은 그 고소된 행위가 신체적 또는 정신적 손해를 야기하지 못한 경우에 민사법원에서 과실에 의한 어떤 소송도 추구할 수 없었다는 점을 인정한다.

협약 제13조가 보상을 받을 수 있도록 요구하는지에 관하여 의문이 발생한다. 법원 자신은 자주 정당한 보상을 명하고, 고통, 스트레스, 불안 및 당황에 대해 비금전적 손해를 위한 적절한 보상을 명한다. 협약의 가장 근본적 조항인 제2조 및 제3조 위반 사건의 경우, 그 위반으로부터 발생하는 비금전적 손해에 대한 보상은 원칙적으로 가능한 구제수단의 일부로 이용될 수 있어야 한다.

그러므로 이 사건에서 법원은, 맥그린체이 씨, 청구인들은 그녀가 입은 비금전적 손해에 대해 보상을 신청할 수 있었어야 했다고 결론을 내린다. 교도소 내에서 맥그린체이 씨에게 제공된 보호의 기준을 심사할 수 있는 메카니즘을 제공하는 구제수단이 없었기 때문에 협약 제13조의 위반이 있었다.

이 사건에서 유럽인권법원은 영국에 대해 협약 제3조 및 제13조의 위반을 인정하고 정신적 손해에 대하여는 22,900 유로, 비용 및 경비에 대해 7,500 유로의 지급을 명하였다.

[11] 중증질환 수감자에 대한 지연 석방 Farbtuhs v. Latvia

Application no. 4672/02, 2004. 12. 2. 선고

제3조 (굴욕적 처우의 금지) 위반

교도소 수감생활을 할 수없을 정도의 중증 질병과 장애가 있는 청구인에 대해, 교도소장이 의료기록을 첨부해 그 석방을 법원에 신청하였음에도 이를 기각하고 1년 이상이 지나서야 석방한 행위는 그 기간중 청구인을 불안, 공포에 떨게 한 것으로 라트비아 당국이 청구인에게 협약 제3조의 굴욕적인 처우를 한 것으로 인정된다.

1. 주요 사실

라트비아 국민으로 리가에 거주하는 청구인 파부투흐 씨(1916년생)는 1940년과 1941년의 스탈린 압제시대에 10명의 라트비아인의 강제추방과 사망에 관여한 그의 역할로 인도죄와 집단학살죄로 리가지방법원에 의하여 1999.9.27. 유죄선고를 받았다. 당시 청구인은 소련에 의한 라트비아 합병 후 라트비아 내 소련외무부 휘하의 부서에 있는 경찰차장이었다. 리가지방법원이 청구인에게 7년의 징역형을 선고했지만, 법정 구속을 명하지 않기로 하여 교도소로 수용되지 않았다. 2000.1.12. 대법원 형사부는 징역 5년으로 감해주

었다.

대법원의 형선고 전에 대법원 형사부는 청구인이 복역할 정도의 건강상태인지를 확인하기 위하여 의료보고서를 작성하도록 명하였다. 1999.12.20. 국립법의학센터 전문가단은 그가 심각한 장애, 특히 척추변형으로 인한 척추염, 골관절염, 고혈압, 만성심장부전상태로 고통을 겪고 지속적 주의와 정규적 치료를 요한다는 보고서를 내었다.

2000.5.17.~ 6.1.까지 청구인은 건강검진을 위해 교도소 병원에 입소하였다. 병원은 교도소장의 지휘 하에 있었다. 2000.6.1. 구금하기로 하고 리가에 있는 마티사 교도소에서 복역을 시작하였다. 그의 건강상태는 위독하였기 때문에 즉시 교도소 내 진료실로 입원하였다. 이곳에서 석방시까지 있었다. 그는 건강상 사유로 수차례의 석방을 진정했으나 모두 받아들여지지 않았다.

2001. 1월 청구인은 전문가단에 의한 건강검진을 위해 2주간 교도소 병원으로 후송되었다. 2001.1.13. 보고서에서 전문가단은 그의 연령, 건강상태의 악화 및 치유할 수 없는 다수의 질병과 자신조차도 돌볼 수 없다는 사실을 이유로 보증부 석방을 건의하였다.

2001.2.16. 마티사 교도소장은 리가 소재 라트게일 지방법원에 청구인의 건강상 이유로 보증부 석방을 신청하였다. 이 신청은 거부되었고 이에 대한 항소도 기각되었다. 하지만 2002.3.12. 리가지방법원은 교도소 수감중 발생한 당뇨병과 뇌혈액공급의 비정상 증세로 그의 건강상태가 악화된 것을 인정한 후 그 형기의 나머지 복역을 면제하였다. 다음 날 청구인은 석방되었다.

2. 청구 요지

청구인은 자신의 연령과 질환에 비추어 그리고 라트비아 교도소가 자신에게 특정한 요구를 처리할 능력의 부족으로 인하여 자신에 대한 계속적인 징역형의 부과는 협약 제3조(비인간적 또는 굴욕적 처우의 금지)에 반하는 처우에 해당한다고 제소하였다.

3. 법원의 판단

청구인은 교도소에서 1년 9개월 13일을 복역하였다. 청구인이 교도소에 수감된 것은 84세였다. 이때에 그는 도움 없이는 거의 모든 일상생활을 할 수 없을 정도로 쇠약하였다. 특히 그는 사람의 도움 없이는 일어나고, 앉고, 이동하고, 옷을 입거나 세수를 할 수 없었다. 더욱이 수감 당시에 이미 다수의 중한 질병으로 고통 받고 있었고 그러한 병은 또한 만성적이고 치유가 될 수 없는 병이었다.

법원은 국내당국이 그러한 사람을 복역시키기로 결정했을 때, 수감자의 질환 등에서 발생하는 특별한 요구사항에 구금조건이 부합하도록 이를 주의 깊게 보장했어야 한다고 본다. 라트비아 당국이 징역형의 집행에 앞서 청구인이 복역하기에 건강상태가 적합한지를 보기 위해 전문적인 의료자문을 구했기 때문에 청구인을 수감할 때의 예상 결과를 평가하지 못했다고 말할 사안은 아니다.

그럼에도 불구하고, 법원은 청구인이 복역중 다른 질병도 얻게 된 것에 주목하였다. 비록 2002년의 지방법원의 결정에서는 2개의 질병만을 인정했지만, 청구인은 동맥경화증, 파킨슨씨병 관련 경화증 및 순환기장애, 기억상실증, 녹내장과 당뇨병으로 고통 받고 있다고 주장했다.

이러한 질병 어느 것도 1999년 최초 의료보고서에는 언급되지 않았다. 의료보고서의 어떤 내용도 청구인이 수감되는 조건과 건강의 악화간에 직접적인 인과관계를 확인하지는 못했지만, 법원은 새로운 질병의 발생은 교도소 수감이 적절하지 않다는 추가적인 지표를 구성한다고 인정한다.

나아가 법원은 교도소장이 2001. 2월 질병상 이유로 청구인의 보증부 석방신청을 하였지만, 2002. 3월까지는 석방되지 않은 사실에 주목한다. 청구인은 1년 이상 교도소에 수감되어 있었다. 전문적인 의료보고서에서 청구인의 석방을 강력히 건의하고 있는데도 이렇게 지연된 것에 법원은 지대한 관심을 표명하지 않을 수 없다.

법원은 청구인이 쇠약함으로 인하여 교도소직원에 의해 그리고 직원들의 근무시간외에는 동료 재소자에 의하여 부축 받았다는 사실을 유념한다. 법원은 이러한 해결책이 중한 장애가 있는 청구인을 무자격 재소자들에게 모든 책무를 떠넘긴 것으로서 적절한 조치라고 보지 않는다. 긴급상황시에 자격 있는 자의 도움을 받지 못하게 될 이러한 사람이 그러한 상황에서 경험하게 될 공포와 불안은 협약 제3조의 심각한 문제를 노정시켰다.

법원은 청구인의 연령, 쇠약한 건강상태를 고려하여 청구인을 계속해서 수감시킨 행위는 적절치 않다고 판단한다. 청구인이 처한 상황은 그에게 협약 제3조의 의미에 해당하는 굴욕적인 처우에 해당할 정도의 계속적인 불안감, 열등감과 수치심을 야기했다. 교도소장이 의료기록을 증빙하여 공식적으로 석방신청을 했음에도 불구하고 1년 이상 석방을 지연함으로써, 라트비아 당국은 협약 제3조에 부합하는 방식으로 청구인을 취급하지 못한 것이다.

법원은 그리스 정부에 대하여 청구인에게 정신적 손해로 5,000 유로를 지급하도록 명했다.

[12] 수용실 밖 출입 차단 Kehayov v. Bulgaria

Application no. 41035/98, 2005.1.18. 선고

제3조(비인간적이거나 굴욕적 처우의 금지) 위반

제5조 제3항(신속히 법관 앞에 인치될 권리) 위반

제5조 제4항(법원에 의해 신속히 구속적부심을 받을 권리) 위반

자연채광도 되지 않는 수용실에서 양동이에 배설을 하고, 신체운동이나 밖의 출입이 허용되지 않은 과밀수용 수용실에서 하루 24시간 6개월을 보내도록 한 것은 청구인의 건강도 해치고 심한 고통을 유발할 수밖에 없는 것으로, 청구인의 석방신청에 대해 정신과의사의 소견이 정상적이라고는 했으나, 이것은 청구인이 공판에서 진술할 수 있는 법적 능력에 관한 것이어서, 청구인에게 실질적으로 정신과적 도움이 거부된 것이라 할 수 있는데, 특히 수용실 밖 활동이나 신체적 활동을 박탈한 것이 안전상의 이유라든가 하는 등의 정당화 사유가 존재하지 않아 청구인이 감내해야 했던 고난은 구금에 수반되는 피할 수 없는 고통을 넘어선 것으로 굴욕적 처우에 해당한다.

한편 변호인은 사건기록의 열람신청이 거부되었는데, 이는 협약 제5조 제4항의 무기의 평등(equality of arms) 원칙에 위배되는 것이고, 변호인 위임장상의 사소한 흠결(사건번호 미기재)로 변호사의 조력을 한 차례 거부한 것은 변호인의 조력을 받을 권리를 침해한 것으로 유럽인권법원은 정신적 손해로 2,000 유로의 지급을 명하였다.

1. 주요 사실

청구인 케하요프 씨는 불가리아에 거주하는 불가리아국민으로 1997.12.27. 강도혐의로 체포 구속되었다.

1998.6.16.까지 청구인은 프로디프 소재의 지방수사국의 한 수용실(10.5㎡ 면적)에 구금되었다. 이 수용실은 다른 3명의 수감자와 함께 사용하였는데 창문도 없었고 하루 두 차례 잠깐의 세면시설 이용 외에는 수용실 밖의 출입이나 활동도 없었다. 화장실 출입 시간을 덜기 위해 수용자들은 양동이를 이용해야 했다.

1998. 4월 청구인이 공판을 진행하는 데 무리가 없는지 확인하기 위해 진단한 정신과의사는 1~2년 전에 청구인이 우울증을 겪었고 편집증과 정신분열증상으로 정신과병원에 하루 다녀오는 것이 허용된 적도 있다는 소견서를 작성하였다. 그러나 이 의사는 청구인의 정신 상태는 건강하다고 결론 내렸다.

1998.1.5. 청구인은 구금명령에 대해 프로디프 지방에 항고하였다. 1998.1.19. 및 21일 그의 변호인은 사건기록의 열람을 청구했으나 동 법원은 이를 거부했다.

구금에 대한 청구인의 항고는 1998.1.23. 심리되었다. 판사는 서면 위임장이 무효라고 보아, 청구인의 변호인이 그를 변호하는 것을 허용하지 않았다. 청구인은 판사에게 또 다른 서면 위임장을 제시하였는데, 그가 판사의 면전에서 서명했음에도 법원은 동위임장에 사건번호가 누락되었다고 하면서 다시 그 접수를 거부하였다. 결과적으로 청구인은 변호인 없이 스스로 사건을 변호해야 했다. 법원은 구금에 대한 그의 항고를 기각하였다.

1998.5.21. 청구인의 변호인이 다시 사건기록의 열람을 신청했으나 거부되었다.

1998.6.8. 수사관이 청구인과 그의 변호인에게 사건의 모든 자료의 열람을 허용하

였다.

1998.6.16. 청구인은 프로프디프 교도소로 이감되었는데 이곳의 사정은 조금 나았다.

공판중에 두 차례의 석방요청은 기각되었다. 1998.12.18. 프로프디프 지방법원은 청구인의 강도죄를 인정하고 징역 2년에 처하였다.

2. 청구요지

청구인은 비인간적이며 굴욕적 상태로 구금되어 있었는데, 특히 정신과적 문제로 고통을 당했으며, 체포 후에 법관 앞에 인계되지 않았으며, 자신의 변호인이 사건기록의 열람을 거부당했고 한번은 자신을 변호하는 것이 허용되지 않았으며 또한 구금에 대한 자신의 항고가 신속히 심리되지 않았다는 이유로 협약 제3조 및 제5조 제3항 및 제4항의 위반을 주장했다.

3. 법원의 판단

가. 제3조

법원은 청구인이 태양광도 들어오지 않고 신체운동이나 출입을 할 수 없었던 과밀수용 감방에서 하루 24시간 6개월여간 보낸 사실이 청구인의 건강을 해쳤고, 심한 고통을 유발할 수밖에 없었다고 본다. 1998. 5월 프로프디프 지방법원은 그 감내하기 힘든 조건을 고려해 석방해달라는 청구인의 신청을 심리하고 다른 구금시설로 이송하도록 권고하였다.

청구인의 정신적 상태에 관해, 법원은 안전하다는 결론을 내릴 수 없었다. 1998. 4월 청구인을 진찰한 정신과의사들은 그가 정신적으로 건강하다고 보았지만 그들의 결론은 단지 청구인이 공판에 참여할 법적 능력에 관한 것이었다. 한편 청구인은 구금중 정신과적 도움을 요하는 상태라든지 그러한 도움이 거부된 사실을 보여주진 못했다.

구금상태가 청구인을 굴욕적으로 만들 의도가 있었다는 청구인의 주장을 법원은 인정하지는 않지만, 어떤 궁핍한 체제의 일정 측면이 굴종을 강요하는 것으로 보일 수도 있을 의심의 여지는 있었다.

특히 다른 동료 수용자가 보는 앞에서 양동이에 배설하면서 수용자가 수치심을 갖게 하는 것은, 화장실 출입을 허용하는 것이 구체적이고 심대한 안전상의 위험을 초래할 수 있는 아주 특별한 상황을 제외하고는 정당화될 수 없는 것이다. 그러나 청구인이 그렇게 할 수밖에 없는 시스템에 대해 불가리아 정부가 안전상의 위험 때문에 그렇다는 근거를 제시하지 않았다. 마찬가지로 피할 수 없는 안전상의 고려가 없다면 청구인에게 6개월여나 감방 밖 활동이나 신체적 활동을 박탈한 것에 대해서도 정당화 사유가 존재하지 않는다.

불가리아 정부가 직면한 재정상의 곤란을 무시하지는 않지만, 법원은 프로디프 지방수사국의 구금시설에 대해 유럽고문방지위원회가 다수의 개선점을 제시했던 사실과 동시설의 개선에 막대한 비용이 들어가는 것도 아니어서 이것이 이행되지 않은 점을 보게 된다.

청구인이 처했던, 정당화되지 못하고 궁핍한 그 시스템, 감방의 현실적 조건 및 거기서 청구인이 보낸 시간을 고려하여, 법원은 청구인이 감내해야 했던 고난은 구금에 수반되는 피할 수 없는 그런 고난을 넘어선 것이었으므로 전원일치로 제3조의 위반이 있었다고 판시한다.

나. 제5조 제3항

법원은 청구인이 체포된 후 그에 대하여 구속에 대한 기속적 결정권한을 갖지 않는 수사관 앞에 인계된 사실을 확인한다. 어떤 경우라도 수사관이나 검사는 형사절차에서 기소 및 당사자로서의 참여라는 실제적 역할로 인하여, 협약 제5조 제3항의 취지상 독립적이고 불편부당한 자로 인정될 수 없다. 그러므로 법원은 전원일치로 제5조 제3항의 위반이 있음을 인정한다.

다. 제5조 제4항

1998.1.19. 및 21일. 그리고 1998.5.21. 청구인의 변호인은 사건기록의 열람신청이 거부되었다. 청구인의 변호인은 따라서 의뢰인의 구금이 적법한 것인지 이를 판단하기 위하여 불가결한 어떤 서류도 검토할 수 없었다. 한편 수사를 감독하는 검사는 1997.12.27. 구속명령을 확정하고 이에 대한 항고에 반대하고 사건기록을 충분히 이용하였다. 그 결과는 협약 제5조 제4항의 무기의 평등 요건에 위배되는 것이다.

또한 법원은 1998.1.23. 청구인의 구속적부심에서 그의 변호인이 법정에서 판사의 면전에서 청구인이 서명한 위임장을 판사에게 교부했음에도 변호할 수 없었다는 사실에 유념한다. 사건번호가 누락되었다는 동위임장의 흠결은 아주 사소한 것이어서 관련 국내법 및 협약 제5조의 원칙상 청구인이 변호인의 조력을 받을 권리를 박탈하는 결정을 정당화할 수 없는 것이다. 법원은 불가리아 국내법원의 판사가 동위임장이 당시 심리중인 사건에 관한 것인지 여부를 청구인에게 확인했었어야 한다고 판단한다.

그러므로 법원은 청구인의 변호인이 세 차례에 걸쳐 사건기록의 열람이 거부된 점 그리고 1998.1.23. 법정에서 의뢰인의 변호를 막았던 점에 비추어 협약 제5조 제4항의 위반이 있었음을 인정한다.

이 사건에서 법원은 정신적 손해로 2,000 유로, 기타 비용 및 경비로 1,500 유로의 지급을 명했다.

[13] 과밀수용과 굴욕적 처우 Mayzit v. Russia

Application no. 63378/00, 2005. 1. 20. 선고

제3조 (비인간적이거나 굴욕적 처우의 금지) 위반

제5조 제4항 (법원에 의해 신속히 구속적부심을 받을 권리) 위반

제6조 제3항 (c) (자신의 선택에 따라 법률적 조력을 받을 권리) 비위반

제6조 제3항 (b) (방어의 준비를 위해 충분한 시간과 편의를 제공받을 권리) 비위반

침상조차 다른 수용자들과 함께 사용할 수밖에 없었던 과밀수용(1인당 1.3㎡, 2.51㎡의 공간)

과, 수용실이 바퀴벌레, 빈대, 이 등으로 오염되었고, 자연채광이 되지 않았고, 청구인에게 하루 1-2시간의 실외 활동을 허용했으나 나머지 시간은 이러한 협소한 공간에 9개월 이상 유폐시킨 것은 굴욕적 처우에 상당한 것이다.

1. 주요 사실

러시아 국적의 청구인 마이짓트 씨는 S씨가 채무를 갚지 않는 것에 대한 보복으로 S씨의 창문에 사냥총을 쐈다는 고소에 따라 고의에 의한 재물손괴죄의 혐의로 체포되었다.

러시아 정부가 제출한 정보에 의하면, 청구인은 2000.7.26.~2001.3.7. 그리고 2001.5.16.~2001.7.18.까지 칼린그라드의 리맨드센터(IZ-39/1)에 수용되었다. 그는 10개의 침상을 갖춘 25.1㎡ 크기의 방과 6개의 침상을 갖춘 7.8㎡ 크기의 방을 갖춘 6개의 방에 수용되어 하루 1시간 이하의 걷기가 허용되었다.

청구인은 동 감방들이 더럽고 바퀴벌레, 빈대 및 이로 오염돼있었고, 수용자들이 번갈아 잠을 자야 할 정도로 과밀수용 상태였고 또한 감방의 창문은 철제 셔터로 가려져 매우 적은 빛만이 들어왔다고 주장한다.

청구인은 2000.7.30. 석방청구를 하였으나 2000.12.15. 중앙법원은 이를 기각하였다.

2000.9.4. 청구인에게 사건기록을 검토할 시간이 주어졌고, 그에 대한 공판은 2000.10.9 개최될 예정이었다. 청구인에 대한 혐의의 중대성으로 인해 법원은 변호인을 선임하였으나 청구인은 이를 거부하자 계속해서 8명의 변호인을 선임했으나 모두 거부하였고 별도의 변호인을 선임하지 않았다. 공판중에 청구인은 자신의 어머니와 여동생이 자신을 변호해주도록 두 차례 요구하였다. 법원은 사건이 복잡하고 특별한 법률적 지식 내지 직업적 경험이 요구된다고 하면서 그 요구를 거절하였다.

2000.12.25. 청구인은 고의에 의한 재물손괴죄의 유죄가 인정되고 6년의 징역형을 선고받고 항소심에서 4년으로 감경되었다. 2004.5.6. 청구인에 대한 유죄의 일부가 최고법원에 의하여 파기되었다. 청구인은 유죄가 인정된 잔여 형기 복역 후 석방되었다.

2. 청구 요지

청구인은 자신의 석방신청이 신속히 심사되지 않았고, 공판에서 자기의 가족이 자신을 대리하도록 허용되지 않았고, 법적 조력이 충분치 않았고 또한 구금상태가 공판을 적절히 준비하기에는 불가능한 상황이었던 바, 이는 협약 제3조, 제5조 제4항, 제6조 제3항 (b) 및 (c)에 대한 위반이라고 하면서 유럽인권법원에 제소하였다.

3. 법원의 판단

가. 제3조

러시아 정부가 제출한 자료에 따르면 각 수용자당 1.3㎡, 2.51㎡의 공간을 제공하는 6명 수용실 및 10명 수용실의 서로 다른 방에 청구인이 9개월 14일간 구금되어 있었다는 사실을 법원은 주목하였다. 법원은 유럽고문방지협약위원회가 구금수용실은 개인당 7㎡의 공간을 제공하는 것이 적절하고 바람직하다고 지침을 낸 사실을 상기하면서 그러한 시설이 수용 가능한 기준에 도달하는 것인지 여부에 의문을 표시하였다.

청구인이 수용되었던 감방들이 일정 숫자의 수용자를 위해 설계되었다는 사실에도 불구하고, 청구인은 실제 수용인원은 2~3배 정도였고 따라서 자신은 동료 수용자 1인 내지 2인과 함께 침상을 사용했다고 주장하였다. 러시아 정부는 이 주장에 반박하지도 않았고 반대의 증거도 제출하지 않았다.

법원은 또한 공판전 구금시설의 과밀수용이 러시아에서 일반화된 문제라는 점을 인식했다. 이러한 상황에서 법원은 구금기간중 그러한 수용실의 적확한 수용자 숫자를 정하는 것이 결정적 중요성을 갖는 것이라고는 보지 않았다. 실제 입수할 수 있었던 자료에 의하면 어느 시기라도 수용자 1인당 2㎡의 공간밖에 제공되지 않았던 것이다. 따라서 수용실은 과밀수용상태였다.

수용실의 위생상태에 관해서, 청구인은 수용실이 바퀴벌레, 빈대 및 이로 오염돼 있었고 또한 창문은 철제 셔터로 가려져 매우 적은 빛만이 들어왔다고 주장한다. 러시아 정부는 상세한 증거 없이 교도소장의 보고서를 기초로 위생상태가 "만족스러운" 정도라고 답변하였다. 청구인에게 하루 1시간 내지 2시간의 실외 활동을 허용하긴 했지만, 법원은 나머지 시간은 매우 제한된 공간에 유폐시킨 점을 확인하였다.

청구인에게 굴욕감을 느끼게 하거나 아니면 인격을 손상할 적극적 의도가 있었다는 어떤 징후도 보이진 않았지만, 법원은 공판 전에 청구인이 거의 9개월 이상이나 지속된 그러한 구금상태의 감내는 청구인에게 굴욕감과 인격손상의 감정을 불러일으켜, 인간의 존엄성을 훼손할 수밖에 없다는 점을 인정하였다. 청구인의 구금상태, 특히 과밀수용 환경과 그러한 상황에서의 장기화는 굴욕적 처우에 상당한 것이라고 보아, 법원은 전원일치로 제3조의 위반이 있었다고 판시하였다.

나. 제5조 제4항

법원은 2000.7.30.자 청구인의 석방신청이 4개월 15일이 지나서야 처리된 것은 그러한 신청에 대한 법원의 결정을 5일 이내에 하도록 규정한 국내법에 비추어 신속한 것이 아니었음을 지적하였다. 더욱이 법원은 그러한 지연이 전적으로 관계당국에 있음을 인정하였다. 그러므로 법원은 전원일치로 제5조 제4항의 위반이 있었다고 판시하였다.

다. 제6조 제3항 (c)

법원은 제6조 제3항 (c)는 형사절차에서 피고인의 방어를 위해 충분히 변호가 이루어질 것을 요구하나 피고인에게 어떠한 방법으로 방어를 확보하느냐에 대해 독자적 결정권을 부여하고 있지는 않다는 점을 인정하였다. 방어방법은 해당 법률 또는 법원의 규칙에 좌우된다.

변호인과 의뢰인간의 신뢰관계의 중요성에도 불구하고 독자적으로 변호인을 선택하는 권리는 절대적인 것으로 볼 수는 없다. 그것은 특히 무료법률구조의 경우에 필연적으로 일정한 제약에 따를 수밖에 없고 또한 사법의 필요상 피고인에게 법원이 선정한 변호인으로 하여금 방어하도록 결정하는 것은 전적으로 법원의 몫이다. 변호인을 선임할 때 국내법원이 피고인의 희망을 일정부분 고려해야 한다. 하지만 국내법원은 사법의 필요상 충분한 근거가 있는 경우엔 그러한 희망을 무시할 수도 있는 것이다.

법률구조의 목적을 위하여 선임된 변호인 측의 잘못에 대하여 국가에게 책임을 물을 수 없다. 관할 국내당국은 법률구조를 담당한 변호인이 효과적으로 변호활동을 하지 않는 것이 다른 방법으로 명백하거나 아니면 충분히 관심을 끌 정도가 되는 경우에 한하여 제6조 제3항 (c)에 의하여 개입할 것이 요구될 뿐이다.

청구인 사건의 경우에 러시아 국내법원이 적합하다고 본 경우에는 청구인의 어머니와 여동생이 청구인을 대리하도록 허용할 수도 있었지만, 법원은 러시아 형사소송법이 변호인은 전문적인 변호사 자격을 갖추어야 하고, 변호사회 회원일 것을 요구한다는 점을 주목한다. 하지만 러시아 국내법원은 일반인의 경우에 형사소송절차를 준수하여 청구인에 대한 효율적 방어를 확보하기가 어렵고 또한 일반인의 경우 직업상 이유로 공판절차에 충분히 출석할 수 없다는 점을 고려했던 것이다. 법원의 판단으론 이러한 고려요인들이 합법적이고 청구인의 희망에 우선한다고 본다.

선임된 법률구조 변호사가 비효율적이었다고 주장하는 것에 대해 청구인은 그 과실의 증거를 제시하지 못했다.

청구인에 대한 방어 전반을 볼 때, 법원은 청구인에게는 자신의 사건을 변론할 충분한 기회가 부여됐었다고 본다. 법률구조 변호사의 선택시의 제약사항은 청구인의 어머니와 여동생이 배제된 것에 한정되었다. 청구인은 자신을 변호할 어떤 변호사라도 선정할 수 있었으나 그렇게 하고자 하는 어떤 노력도 분명히 없었던 것이다. 이 사건의 사실관계에서 그러한 점에 있어서는 방어의 불이익이나 불공정성은 드러나지 않았다. 따라서 제6조 제3항(c)의 위반은 없었다.

라. 제6조 제3항 (b)

법원은 고소장이 2000. 8월 청구인에게 송달되었고, 러시아 지방법원은 2000. 9월에 공판개시일자를 2000.10.9.로 정하여 청구인이 동 사건을 검토할 시간을 준 사실을 유의

한다. 이러한 상황에서 청구인에 대한 혐의를 고려하여, 법원은 청구인이 공판준비에 충분한 시간을 확보할 수 있었다는 점을 인정한다.

편의제공에 관하여 보면, 법원은 공판중에 구금되어 있는 경우, 그에게 상당한 정도로 전념하여 읽고 쓸 수 있도록 허용된 구금조건도 포함될 수 있는 것으로 보았다.

청구인의 구금상태가 집중적인 정신적 작업에 좋지 않은 점은 분명하지만, 법원은 청구인이 자신의 사건기록에 접근하는 것에 어떤 제약도 부과되지 않았고 무료의 무제한의 법률적 조력이 부여되었음을 확인하였다. 따라서 법원은 그러한 적절한 편의를 이용할 수 있었다는 점을 인정한다.

끝으로 법원은 교도소에서 법률서적을 입수할 수 없었다거나, 복사할 수 없었다거나, 법원 심리일중에는 조그만 방에 유폐시킨 행위, 수갑사용에 관한 청구인의 주장들은 실제의 증거로 증빙되지 않고 있음을 인정한다. 더군다나 청구인이 자신의 방어를 위하여 어느 순간에도 이러한 문제점에 대해 관할 국내당국에 이의를 제기한 사실도 나타나지 않았다.

그러므로 법원은 제6조 제3항 (b)의 위반은 없었다고 판시한다. 이 사건에서 법원은 정신적 손해로 3,000 유로를 인정했다.

[14] 강제추방절차의 적법성 Diallo v. the Czech Republic

Application no. 20493/07, 2011. 6. 23. 선고

제3조(비인간적 처우의 금지)와 함께 제13조 위반(효과적 구제를 받을 권리)

난민신청인의 주장내용의 실질을 심사하지 아니하고 신청인들이 안전한 제3국으로 강제추방된다고 하는 행정부의 의견을 받아, 법원에서 난민신청이 기각되고 바로 강제추방절차가 진행되어 본국인 기니아로 강제 송환시킨 행위는 비인간적 처우이며 또한 난민인정 신청절차가 효과적 국내적 구제를 제공하지 아니함.

1. 주요 사실

청구인들은 각 1980년 및 1985에 출생한 기니아 국민이다. 2006년 가을 청구인들은 세네갈에서 비행기로 프라하 공항에 도착했다. 그들은 기니아 정부가 승인하지 아니한 행위에 가담하여 기니아 경찰이 체포를 하려고 했었던바 기니아로 귀환하게 되면 수감되며 어쩌면 살해될 가능성도 있다고 주장하면서 즉시 난민신청을 하였다. 내무부 이민귀화청은 난민신청자들이 안전한 제3국이라고 판단하였던 포르투갈에서 도착했다고 하면서, 난민법의 관련 규정상 명백히 부당하다고 판단하여 본안 심사 없이 동 신청을 각하하였다. 동 신청인들은 각 각하결정에 대해 사법심사를 청구하였으며 한 건은 2007. 5월 지역 법원에서 기각되었다. 다른 한명의 청구건은 요청에 의해서 소송절차가 중단되었다. 그러나 난민법상으로는 안전한 제3국으로부터 온 것으로 되어있기 때문에 정지적 효과는 없었다. 청구인들 어느 누구도 강제퇴거명령에 따르지 않아 그들을 상대로 강제추방절차가 진행되었다. 그러한 맥락에서 내무장관은 안전한 국가인 포르투갈로 추방하는 것이었기 때문에 어떤 장애도 없었다는 의견을 주었다. 경찰은 청구인들에게 대한 추방명령을 내렸고 동 명령에 대한 이의신청은 기각되었다. 2007. 5월 새벽 4시경 사전 통지 없이 그리고 그들의 변호인에게 고지도 하지 아니하고 두 청구인 모두 브뤼셀을 경유하는 비행편으로 기니아로 추방되었다. 청구인중의 한 명은 추방 후 변호인과 접촉되었고 현재 사우디아라비아에서 생활하고 있으며 또 한 명의 정확한 행방은 알려지지 않고 있고 그의 변호인은 추방이후 그와 접촉하지 않았다. 그러나 행방이 확인되지 않는 그 청구인은 프라하에 체류할 때 자신의 추방 건에 대한 법적 권한을 부여하는 위임계약서에 서명하였다.

2. 청구 요지

제3조와 함께 제13조를 원용하면서 청구인들은 기니아로 송환될 경우 부당한 처우를 받게 될 것이라는 자신들의 주장에 대해 어떤 효과적 구제수단도 없었다고 항변하였다. 이 건은 2007.5.15. 유럽인권법원에 접수되었다.

3. 법원의 판단

가. 제3조와 제13조

법원은 행방이 확인되지 않은 청구인은 추방 후에는 그의 변호인과 접촉하지 않았기 때문에 동변호인이 이 사건을 수행할 이익을 상실한 것으로 보인다는 체코 정부의 주장을 기각하였다. 법원은 마마다오 디알로 씨가 자신의 추방건에 대해 변호인이 어느 법원 앞에서도 자신을 위해서 활동하고 대리할 수 있도록 위임장에 서명함으로써 자신을 대리해서 당법원에 동변호인이 제소하기를 희망했음이 충분히 소명되었음을 인정했다. 나아가 사전 통지 없이 새벽 4시에 출국되고 변호인은 그와 접촉할 모든 기회를 상실한 점에서 디알로 씨에게 과실은 없었다.

법원은 두 청구인이 제13조의 취지상 기니아로 송환될 시 제3조 위반의 부당한 대우를 받게 될 위험이 있다고 하였다. 특히 법원은 UN 인권위원회, 앰네스티 인터내셔널 및 휴먼라이츠 워치가 작성한 2006년과 2007년의 기니아에서의 인권침해에 관한 여러 종류의 보고서에 주목하였다. 청구인들이 처한 개인적 상황은 그들의 공포가 충분히 근거가 있었다. 즉 그들이 스트라이크와 데모에 가담하고 청년 조직의 운영 등의 정치적 활동으로 인해 경찰이 찾고 있었다.

난민신청절차에 관해서 법원은 기니아에서 부당하게 처우 받을 위험에 처해있다는 청구인들의 주장은 그들이 안전한 제3국인 포르투갈에서 도착했다는 이유로 협약이 요구하는 정도로 내무장관의 면밀하고 엄격한 심사를 거치지 아니하였고 사실상 어떤 심사도 받지 않았다고 보았다. 체코나 포르투갈이 난민신청을 심사해야 하는지 여부에 대해 이를 확인하기 위해 EU법이나 국내법을 해석하는 것이 법원의 책무는 아니지만, 청구인들이 포르투갈로 추방된 것이 아니라 본국인 기니아로 추방한 것을 지적하는 것으로 충분하다.

한편 난민신청 관련 사법적 심사의 요청은 그 자체로는 자동 정지적 효력을 갖지 않았다. 그러므로 체코 정부가 항변하는 것처럼 디알로 씨가 국내적 구제절차를 완료하지 않았다는 것에 대해서는 그에게 책임이 없었다. 이 사건에서 국내법원은 그의 심사요청을 전혀 심사하지 않았다. 디알로 씨 사건에서 국내법원은 협약 제3조에 의한 다툼 가능한 주장을 자세히 보지 않고 그가 단지 안전한 제3국에서 도착했다는 사유로 그의 신청이 정당치 않다고 한 결정에 한정하여 심리했다. 이러한 상황에서 난민인정 신청 절차는 청구인에게 협약 제13조의 의미에 해당하는 효과적인 국내적 구제를 제공하지 못했던 것이다.

강제추방절차에 있어서도 관계 당국은 협약 제3조에 기한 청구인의 항변을 전혀 심사하지 않았다. 특히 강제 추방하는 것에 대해 어떤 장애물도 없었다는 내무장관의 결론은 오직 포르투갈로 강제 추방할 때만 할 수 있는 가정에 근거한 것이었다. 행정적 강제추방결정에 대한 사법심사 청구 및 가능한 후속적인 헌법소원을 제기한다는 것은 효과적 구제수단이 되지 못했을 것이다. 헌법재판소는 제3조에 근거한 주장에 대해 그 본안을 심사하는 게 아니라 단지 국내 적용법규정이 헌법에 위배되는지 여부만을 심사했을 것이다. 나아가 그러한 절차는 강제추방절차에 있어서 어떤 정지적 효과도 갖지 못하였다.

법원은 청구인이 협약 제3조에 기한 주장의 본안에 대해 국내 어느 당국도 이를 심사하지 않았고 또한 그들에게 난민인정을 허가하지 않고 강제추방시키는 결정에 대해 이를 다툴 수 있는 이용가능하며 자동 정지적 효과를 갖는 구제수단이 전혀 없었다는 사실에 근거하여 협약 제3조와 함께 제13조의 위반이 있었다고 결론 내렸다.

나. 제41조

협약 제41조에 의해 법원은 비금전적 손해로 이브라히마 씨에게는 5,000 유로, 비용과 경비로 400 유로를 지급할 것을 명했다. 디알로 씨에 대해서는 정당한 보상의 문제가 준비되지 않은 관계로 양 당사자가 판결이 확정된 날로부터 3월 이내에 이 문제에 대한 의견서를 내도록 한다.

[15] 경찰관의 체포중 폭행 Ianos v. Romania

Application no. 8258/05, 2011. 7. 12. 선고

제3조 (비인간적 처우의 금지) 위반

제6조 제1항 (공정한 재판을 받을 권리) 위반

경찰관의 체포 도중 폭행으로 인해 장기 손상을 입은 시민이 해당 경찰관을 고소하고 루마니아 법원에서 법의학적 감정의 결과 유죄가 인정되었으나 검찰의 비상항고로 동 판결이 파기되고 수사가 재개되었으나 항소법원은 동경찰관을 무죄 석방시킨 건에 대해,

법원은 소송절차나 최초 수사시 달리 중대한 절차상 흠결이 없었음에도 비상 항고로 이를 다툰 것은 정당성이 없기 때문에 이는 공정한 재판을 받을 권리를 침해한 것이고 또한 동시민이 입은 상해가 해당 경찰관의 폭행 이외의 다른 원인으로 야기된 것이라는 점을 해명하지 못했으므로 동 상해는 비인간적 처우에 해당함.

1. 주요 사실

청구인 다니엘 이아노스 씨는 1976년 출생하고 루마니아의 티미소아라에 거주하는 루마니아 사람이다.

2001.5.12. 저녁 범죄 혐의자를 찾는 일단의 경찰관들이 이아노스 씨 외 4인의 다른 사람들이 운행중인 차를 정지시켰다. 경찰관들은 5명을 차에서 끌어내어 수갑을 채웠다. 이아노스 씨에 의하면, 경찰관중 1명은 과거에 자신과 다투었던 사람으로 자신의 등 뒤에서 가슴을 향해 주먹으로 가격했다.

경찰관들은 자신들이 체포한 사람이 수배중인 혐의자가 아닌 것을 인식하고는 경찰서에 도착 즉시 그들을 석방했다.

다음 날 이아노스 씨는 복부 고통을 호소하였다. 그는 이틀 후 비장 파열로 수술을 받고 비장을 제거했다. 2001.5.23. 법의학 의사가 그를 진찰하고 그가 입은 상해가 생명을 위협할 수 있다고 판단하고 그 증상이 5월 12일부터 지속된 것일 수 있으며 단단한 물체의 가격으로 인한 결과일 수 있다고 보았다.

이아노스 씨는 해당 경찰관의 폭력에 대해 검찰에 고소하였다. 수사가 개시되고 법원은 증거를 조사한 후 해당 경찰관에 대해 이아노스 씨를 때린 혐의로 유죄 판결을 내렸다.

법원은 이아노스 씨에게 2,600 유로의 보상을 받도록 하였다.

그러나 검찰 측의 비상 항고로 해당 경찰관에 대한 종국 판결은 파기되고 수사가 재개되었다. 항소법원이 동 유죄판결이 해당 사건의 경찰서 작성 내용이 아닌, 주로 행인들의 진술에 의존하고 있다는 점을 인정했던 것이다. 경찰관은 종국적으로 무죄 석방되었다.

2. 청구 요지

이아노스 씨는 제6조에 근거하여 자신에게 손해배상을 하고 해당 경찰관을 유죄로 인정한 판결에 대한 비상적 항고에 의해 파기된 것에 대해 이를 제소하였다. 또한 제3조에 근거하여 처벌받지 아니한 경찰관의 폭력에 대해서도 제소하였다.

3. 법원의 판단

최종판결의 파기 (제6조)

법원은 소송절차가 관할권의 흠결이나 실체법 적용상의 문제, 절차의 중대한 위반 또는 권한 남용이 아니라면 수사가 불비하였다거나 일방적이었다는 단순한 의견은 그 자체로는 절차상의 근본적 결함이 되지 않는다고 하는 것이 초기부터의 판례법임을 상기하였다.

이아노스 씨가 고소했던 해당 경찰관에 대해 어떤 새로운 사실을 발견한 것도 아니고 중대한 절차상의 흠결도 없었다. 다만 검찰총장이 해당 경찰관이 이아노스 씨를 폭행했다고 인정한 법원의 판시에 다른 의견을 가졌던 것이다. 비상적 항고에 의해 최종 판결을 다툴 정당성이 충분히 없었던 것이다. 그러므로 협약 제6조 제1항의 위반이 있었다.

폭행 (제3조)

이아노스 씨는 신체 상해의 결과로서 장기를 잃었는데 법의학 의사가 2001.5.12.부터의 증상에 의한 것일 수 있다고 판단했던 것이다. 루마니아 각급 법원은 이아노스 씨를 가격해 상해를 입힌 해당 경찰관을 유죄 판결하였다.

또한 법원은 경찰관에 유죄를 내린 최종적인 국내 판결의 파기는 협약에 반하는 것이라 인정하였다. 법원은 이아노스 씨가 입은 상해가 해당 경찰관의 폭력 이외의 다른 것에 의해 야기된 것이라는 점을 루마니아 정부가 만족스럽게 제시하지 못했다고 보고 이아노스 씨의 상해는 협약 제3조를 위반한 부당 처우의 결과라고 결론을 내렸다.

제41조 보상

법원은 루마니아가 이아노스 씨에게 비금전적 손해로 21,000 유로, 비용과 경비로 2,500 유로를 지급할 것을 명했다.

[16] 알몸 구금 Hellig v. Germany

Application no. 20999/05, 2011.7.7. 선고

제3조 (비인간적 및 굴욕적 처우의 금지) 위반

독방에서 혼거실 이감을 거부하는 수형자와 교도관의 충돌 후 별도의 보호실로 일주일간 입감되면서 위험상태를 방지한다는 명목으로 의류를 지급하지 않아 나체 상태로 수용된 바,

법원은 의복을 입히지 않는 것은 공포감과 고통을 발생시키고 또한 굴욕감과 박탈감을 통한 열등감을 줄 수 있다고 보는 한편 그러한 관행이 수용자들의 자해를 방지하기 위한 목적을 추구하고 있다는 것도 유념했으나, 지방법원은 수용자가 동보호실에 유치되는 기간 중에 자해 또는 자살의 심각한 위험이 있었는지 이를 확인하지 않았고, 교도소 측은 유럽고문방지위

원회가 권고한 관행인 찢김 방지 의복을 제공하는 등의 방법의 사용을 고려했다는 어떤 시도도 없었다는 점에서 이는 비인간적 처우에 해당함.

1. 주요 사실

청구인 헤르베르트 헬리히 씨는 1953년 출생의 독일 국민이고 프랑크푸르트에 거주한다.

부츠바흐 교도소에서 수형생활을 하면서 헬리히 씨는 2000. 10월 교도당국에 의해서 독실에서 다른 2명의 수용자와 함께하는 혼거실로 이감하라는 명령이 있었는데, 동 혼거실 화장실에는 커튼이나 가림막이 없었다.

교도소장에게 보내는 편지에서 헬리히 씨는 이감을 거부하겠다고 하면서 그러한 구조의 방은 불법적인 것이라고 호소했다. 2000.10.12. 교도관들은 혼거실로 가기를 거부하면 강제력을 사용할 것이라고 통보하면서 독실을 비우도록 명했다. 혼거실 문 앞에서 헬리히 씨는 재차 입실을 거부하였고 교도관들과 몸싸움이 발생했다. 헬리히 씨가 단지 피동적으로 저항할 뿐인데 교도관들에게 발길질 당하고 맞았는지 아니면 헬리히 씨가 교도관들을 발로 찼는지 당사자들 간에 다툼이 있다.

헬리히 씨는 바로 8㎡ 크기의 보호실로 구치되었다. 이곳은 위험한 것으로 판단되는 일체의 물건도 없이 매트리스 한 장에 구식변기 밖에는 없는 곳으로 여기에서 그는 알몸 검색이 되고 옷을 입지 못하게 되었다. 교도소 의사는 당일 및 그 후에 수차례 그를 검진했다. 보호실로 구치된 이후 동보호실에 방문한 교도소 목사의 보고서에 의하면 그는 나체상태였다고 기술되어 있었다. 헬리히 씨는 동보호실에 일주일간 유치되었으며 본인의 동의하에 교도소 병원에 입소하였다.

교도소 병원으로 이감된 후에 헬리히 씨는 자신을 격리보호실에 구치하고 교도당국이 강제력을 사용한 것은 불법임을 선언해달라고 지방법원에 제소하였다. 지방법원은 교도관들을 밀치고 때렸다고 교도관들이 확인하고 있는바 그의 행동에 폭력의 위험이 있고 타인에게 물리적 상해를 가할 수 있었기 때문에 격리 보호실에 구치했다는 점을 인정하여 2004. 4월 동 청구를 기각하였다. 동 법원은 청구인이 다른 거실로 이감시키려는 시도에 강력히 저항하였던 특별한 위험이 있었기 때문에 보호실 구치가 적절했다고 보았다. 교도소 심리학자의 보고서에 의하면 그는 어떤 타협도 거부했었다. 나아가 동 법원은 변기가 스크린이나 커튼으로 격리되지 아니한 혼거실 생활은 불법적인 것이 될 수 있다고 하였다. 지방법원의 결정은 항소심에서 그대로 유지되었으며 2004.12.28. 연방헌법재판소는 헬리히 씨의 헌법소원을 기각하였다.

헬리히 씨의 보호실 격리와 관계된 교정직원에 대한 별도의 형사절차와 관련해서는 보호실 입감 수일 후 실시된 X레이 검사에서 어떤 좌상이나 골절 흔적이 발견되지 않았고 또한 경미한 상처가 교도관들이 차거나 비틀어서 발생한 것인지 아니면 보호실로 이송시 강제력 행사의 피할 수 없는 결과였는지 이를 확인할 수 없다고 하면서 검사는 2001. 3월 사건을 종결하였다.

2. 청구 요지

청구인은 교도관들이 발로 차고 비틀고 보안 감방에 넣어 그곳에 7일간 구금된 것에 대해 굴욕적 처우의 금지를 규정한 협약 제3조 위반을 주장한다. 이 청구는 2005.5.31. 접수되었다.

3. 법원의 판단

가. 제3조 (비인간적 또는 굴욕적 처우)

법원은 헬리씨가 주장하는 학대는 명백히 근거 없는 것으로서 이를 각하하였다. 법원은 교도관들이 그에게 폭력을 사용하기 보다는 그가 교도관들에게 폭력을 사용했다는 국내법원의 판단을 뒤집을 어떤 증거도 제시하지 못했음을 확인하였다. 또한 그가 입은 상처가 경미한 점을 볼 때, 이감중의 처우에 관해서 어떤 비인간적 처우가 발생한 것이라고 볼 수 없다고 결론지었다.

보호실로의 이감과 구치에 관한 그의 주장에 관해서 법원은 동 보호실내의 기본적 설비는 장기간 시설로는 적합하지 않다고 보았다. 그러나 동 보호실로의 이감은 장기간에 걸친 조치는 아니었다. 이것은 해당 교정당국과 정신과가 그를 설득하여 동 보호실을 비우도록 시도하였고 궁극적으로 당시 다른 독거실이 없는 것이 분명했기 때문에 교도소병원에 그를 이감시킨 사실로 증명되었다.

그가 보호실에 있던 전체의 기간 중에 나체 상태로 있었는지에 대해서는 양 당사자가 제출한 자료를 보건데 명료하지 않았다. 또한 보호실내 유치 중에 또는 국내 법원 앞에서의 절차 진행 중에 그는 의복에 대한 접근권이 거부되었다고 명백히 이에 대해 불만을 제기했다는 점이 나타나지 않았다. 그러나 법원은 수용자의 흥분 상태가 지속되는 동안에는 자해를 방지하기 위해 이러한 종류의 보호실에서는 의복을 제공하지 않고 수용하는 것이 일반적 관행이라는 정부의 의견서를 유념하였다. 더욱이 교도소 목사가 보호실에 유치된 헬리히 씨를 3일 후 잠시 방문했을 때 헬리히 씨가 나체 상태였다고 기술하고 있었다. 법원은 정부가 언급한 일반적 룰이 헬리히 씨 사건에도 적용되었다고 보고, 헬리히 씨가 보호실 감금기간 중에 나체 상태로 지냈다는 강력하고, 분명한 일관된 증거가 충분하다고 결론 내렸다. 국내 당국들은 그러한 내용들을 알고 있었으며 이를 심사할 위치에 있었다.

법원은 수용자에게 의복을 입히지 않는 것은 그에게 공포감과 고통을 발생시키고 또한 굴욕감과 박탈감을 통한 열등감을 줄 수 있다고 보았다. 수용자를 나체 상태로 보호실에 유치하는 관행이 수용자들의 자해를 방지하기 위한 목적을 추구하고 있다는 것도 유념하였다. 그렇지만 국내 지방법원은 수용자가 동보호실에 유치되는 기간 중에 자해 또는 자살의 심각한 위험이 있었는지 이를 확인하지 않았으며 교도소 측은 유럽고문방지위원회가 권고한 관행인 찢김 방지 의복을 제공하는 등의 방법의 사용을 고려했다는 어떤 시도도 보이지 않았다. 이러한 것들을 고려할 때 법원은 특정 상황에서만 정당화될 수 있는 7일간의 보호실 유치 중에 그러한 가혹한 처우를 정당화할 수 있는 충분한 이유는 없었다고 결론을 내렸다. 보호실 유치중의 전 기간에 걸쳐 헬리히 씨에게서 의복을 박탈한 것은 따라서 협약 제3조 위반이다.

나. 보상

협약 제41조의 규정에 의하여 법원은 독일에 대해 비재산적 손해에 관해서 헬리히 씨에게 1만 유로를 배상하고 비용과 경비로 3,500 유로를 지급할 것을 명한다.

[17] 증거취득을 위한 구토제 사용 Jalloh v. Germany

Application. no. 54810/00, 2006.7.11. 선고

제3조 (비인간적 처우) 위반

제6조 제1항 (공정한 재판을 받을 권리) 위반

- 청구인이 삼킨 작은 플라스틱 코카인 백을 토해내도록 구토제를 사용함으로써 유럽인권협약 제3조(비인간적 처우의 금지)를 위반했다.
- 협약 위반으로 취득한 증거를 기초로 청구인의 유죄를 인정한 결과로서 협약 제6조 제1항(공정한 재판을 받을 권리)을 위반했다. 비금전적 손해로 1만 유로, 비용과 경비로 5,868.88 유로의 지급을 명함.

입 속에 마약 봉지를 소지하고 마약거래 현장에서 체포되던 중 혐의자가 바로 마약 봉지를 삼켜 마약이 발견되지 않자 당담 검사는 강제로 구토 복용을 명하고, 혐의자가 병원에 호송되어 구토제 복용을 거부하자, 경찰관들이 침상에 그들 눕히고 의사가 코에 관을 삽입하여 구토제를 주입하자, 혐의자는 마약이 담긴 비닐봉지를 토해내게 되었음.

이에 대해 법원은 사람의 신체의 완전성에 대한 개입은 엄격심사의 대상이 되며, 유럽 대부분의 국가에서 이러한 구토제의 강제적 처치가 증거를 얻기 위한 불가결한 방법이 아니기 때문에 자연적으로 배설되는 방법을 택해야 했다고 하면서, 이러한 강제적 처치방법은 야만적이라고 하면서 혐의자에게 굴욕적인 것이라고 판단함.

한편 이렇게 취득한 증거는 불법적인 것이고, 유죄를 인정하는 결정적 기초가 되었기 때문에 이는 공정한 재판을 받을 권리를 침해한 것임.

1. 주요 사실

이 사건은 1965년에 출생하고 독일 콜로그네에 거주하는, 시에라리온 국적의 얄로가 제기한 청구에 관한 것이다.

1993.10.29. 청구인이 입에서 작은 플라스틱 봉지를 꺼내어 돈을 받고 넘겨주는 것을 보고, 경찰관들이 이 봉지에 마약이 있다고 생각하고 청구인을 체포하였다.

체포과정에 청구인은 입속에 있던 다른 작은 봉지를 삼켰다. 따라서 어떤 마약도 발견되지 않자, 담당 검사는 그 봉지를 토해내도록 강제로 구토제를 복용토록 명하였다.

청구인은 뷔페탈 엘버펠트 소재 병원에 호송되고, 여기서 의사를 만났다. 그가 구토유도 약물치료를 거부하기에, 4명의 경찰관이 그를 누이고 의사가 코에 관을 삽입하여 강제로 소금과 토근시럽을 주입하였다. 또한 의사는 모르핀 파생약인 아포모르핀도 주입하였다. 이 결과 청구인은 코카인 0.2182 그램이 담겨진 조그만 비닐봉지를 토해내었다. 잠시 후, 그는 구금상태로 가는 것이 적당한지 여부에 대해 의사의 검사를 받았다. 구토약을 처방한지 2시간 후, 청구인은 독일어를 말하지 못하는 것으로 보였고, 엉터리 영어로 너무 피곤해서 범행에 관해 어떤 진술도 할 수 없다고 말하였다.

1993.10.30. 청구인은 마약거래 혐의로 기소되어 구속되었었다. 변호인은 방어를 위해 3개의 주요 주장을 제시하였다. 첫째, 그에 대한 증거는 불법적으로 취득한 것이어서 형사절차에서 이용할 수 없다. 둘째 구토에 관여한 경찰관과 의사는 공적 직무 수행에 있어서 신체에 상해를 유발하는 죄책이 있다. 셋째, 독성 물질의 관리는 형사소송법 제136a조에 의하여 금지되며 그 조치 또한 형사소송법 제81a조상 비례에 적합하지 않았다. 즉 그 조그만 봉지는 자연적으로 배설될 때가지 기다림으로써 동일한 결과를 얻을 수 있다는 것이다.

1994.3.23. 뷔페탈 지방법원은 청구인의 마약 거래 혐의에 대해 유죄를 인정하고 1년의 징역형(집행유예 됨)을 과하였다. 항소했으나 6월로 형이 감경되었을 뿐이다.

연방헌법재판소는 독일 형사법원 앞에서 청구인이 모든 이용 가능한 구제절차를 이용하지 않았음을 인정하고 청구인의 헌법소원을 기각한다고 하였다. 또한 연방헌법재판소는 쟁점이 된 조치는 독일 헌법이 보장하는 사람의 존엄성의 보호 또는 자기부죄의 금지에 관해 어떤 헌법적 반론로 제기할 수 없는 것이라고 하였다.

이 청구는 2000.1.30. 접수되었고 2004.10.24. 부분적으로 인용되었다.

2005.2.1. 지정 재판부는 협약 제30조에 따라 재판권을 대재판부로 넘기기로 하였다.

2. 청구 요지

청구인은 강제로 구토제 투약을 받았으며 이를 통해 증거가 취득되었는데 청구인의 의견으로는 불법적이었으며 공판에서 불리한 증거로 사용되었다고 하였다. 나아가 그는 자기부죄 금지의 권리가 침해되었음도 주장하였다. 협약 제3조, 제6조 및 제8조를 원용하였다.

3. 법원의 판단

가. 제3조

법원은 협약은 원칙적으로 범죄수사를 지원하는 데 있어서 강제적인 의료적 개입의 필요성을 금지하지 않는다는 점을 재차 확인하였다. 다만 증거를 수집할 목적으로 수행되는 사람의 신체적 완전성에 대한 개입은 엄격 심사의 대상이 된다.

법원은 마약의 공급으로 인해 사회에 야기하는 해악을 저지하기 위한 국가의 당면한 문제를 심각하게 인식하고 있다. 그렇지만 이 사건에서는 길거리 판매상이 마약을 입 속에 지니고 있어서 대량으로 마약거래를 할 수 없었던 것은 명백하다. 또한 이 점이 형의 선고시에도 반영되었다. 법원은 구토제의 강제적 처치가 증거를 얻기 위한 불가결하였다고 보지 않는다. 검찰당국은 청구인의 몸 밖으로 마약이 빠져 나오기만 기다릴 수도 있었다. 이 방법이 대다수 유럽평의회 회원국들이 마약 범죄 수사시 이용하는 방법이다.

법원은 구토제 사용이 위험한지 여부에 대해 당사자들이나 전문가들 어느 누구도 이에 대해 합의할 수 없는 것이라는 점을 유념하였다. 법원은 이미 독일에서 2명을 사망케 했던 이 방법이 무시해도 좋은 건강상 위험만을 내포하고 있다고 볼 수는 없다. 독일 연방과 대부분의 유럽협의회 회원국에서 이 조치가 건강상 위험을 야기하는 것으로 간주하고 있다는 사실 때문에 강제로 구토제를 처치하는 것을 삼가고 있음을 주목하였다.

구토제 사용 방법에 관해, 법원은 야만적으로 강제력을 이용하여 신체적 및 정신적 저항을 극복하기 위해, 튜브를 청구인의 코를 통해 위로 주입하였다. 이것은 청구인에게 고통과 공포를 야기했을 수밖에 없었다. 그리고 청구인은 구토제 주입을 통해 자신의 의사에 반하여 추가적인 신체적 침해 상태에 빠졌던 것이다. 법원은 또한 구토하는 동안의 청구인의 정신적 고통 및 그 시간 중 강박되어서 관찰상태에 있었던 사실도 고려했다고 하였다. 이러한 상황에서 강제로 토해 내도록 하는 것은 특히 자연적으로 신체 밖으로 배설될 마약을 기다리는 것에 비해서는 확실히 청구인에게 굴욕적인 것임에 틀림없다.

의료적 처치에 관해 보건데, 법원은 이 처치는 병원 의사에 의해서 시행된 점을 주목하였다. 그러나 청구인이 구토제 주입에 강렬히 저항했고 독일어를 할 줄 몰랐고 엉터리 영어만을 할 수 있었기 때문에 의사의 질문이나 의료처치 전의 어떤 질문에도 답할 수도 없었고 답할 의사도 없었다고 볼 수 있다.

청구인의 건강에 미친 이 처치의 효과에 관하여, 법원은 청구인의 체포 후, 두 달 반 동안 위장 장애로 교도소 병원에서 한 치료가 구토제의 강제 처치로 야기된 것인지 이를 확증할 수 없다고 하였다.

결론적으로 법원은 독일 당국이 청구인의 의사에 반하여 그의 신체적 및 정신적 완전성에 대해 심각한 침해에 노출시켰다고 인정한다. 독일 당국은 치료적 이유가 아닌, 덜 침해적인 방법으로 똑같이 얻을 수 있었을 증거를 채취하기 위해서 강제로 구토하게 하였다. 이러한 처치가 수행된 방법이 청구인에게 굴욕적인 상태로 만드는 공포감, 고통 및 열등감을 일으켰다. 더욱이 그 과정이 청구인의 건강에 위험을 줄 수 있었다. 건강에 해를 끼칠 의도는 없었지만, 그러한 처치는 청구인에게 육체적 고통 및 정신적 고통을 야기하는 방법으로 시행되었다. 따라서 청구인은 협약 제3조에 반하는 비인간적이고 굴욕적 처우를 받았던 것이다.

나. 제8조

법원은 청구인에 대한 구토제의 강제처치에 관하여 이미 협약 제3조에 의하여 이를 심사한 사항이라고 하였다. 결론적으로 동 조항의 위반이 있었기에 협약 제8조에 의하여 발생하는 문제를 별도로 쟁점으로 삼을 필요가 없다고 보았다.

다. 제6조

법원은 독일 당국이 청구인에게 의도적으로 고통을 준 것은 아니었지만, 그럼에도 불구하고 그 증거는 협약에 의하여 보장된 핵심적 권리중의 하나를 침해하는 방법으로 취득하였음을 주목하였다. 더욱이 그렇게 취득한 마약이 청구인의 유죄를 확정하는 데 결정적인 것으로 판명되었다. 끝으로 청구인의 유죄를 추구하는 데 있어서의 공공의 이익이 공판에서 사용될 증거를 그러한 방법으로 취득케 하는 것을 정당화시킬 수 없다. 그러므로 청구인에게 구토제 강제 처방으로 취득한 마약 증거의 이용은 공판을 전체로서 불공정하게 만들었던 것이다.

이러한 판시에도 불구하고, 법원은 그 증거를 취득한 방법과 이를 이용한 행위는 자기부죄의 권리를 침해하였다는 청구인의 주장도 상당하다고 보았다.

그 증거를 얻기 위해 사용되었던 강제력의 성질과 정도에 관하여, 법원은 구토제 처방과 처치는 비인간적 및 굴욕적 처우에 해당한다고 하였다. 청구인의 유죄를 인정하기 위한 공공의 이익은 그의 신체적 및 정신적 완전성에 대해 심각한 침해를 정당화 시킬 수 없었다. 나아가 독일 법률은 자의적이거나 부적절한 조치의 이용에 대해서 보장장치를 제공하고는 있으나, 청구인은 묵비권을 이용하여 사전의 의료 진단시 진술을 거부하였고 또한 그러한 처치를 감내할 수 있는지에 대한 신체적 특성에 대한 완전한 검진 없이 그러한 절차를 감내해야 했다. 끝으로 이렇게 취득한 마약이 그의 유죄의 결정적 증거가 되었다.

결과적으로 법원은 구토제의 강제 처방으로 취득한 증거를 청구인의 공판에서 허용하는 것은 자기부죄권을 침해한 것이고 따라서 전체의 공판을 불공정하게 만든다는 점을 인정하여 왔다.

[18] 강제급식 Nevmerzhitsky v. Ukraine

Application no. 54825/00, 2005. 4. 5. 선고

제3조 (고문금지) 위반 (강제급식 관련)

제3조 (굴욕적 처우 금지) 위반 (구금상태 및 적절한 의료조치 미흡)

제5조 제3항 (신속히 법관 앞에 나갈 권리) 위반

제5조 제3항 (청구인의 구금기간의 장기화) 위반

협약 제41조에 의하여 청구인의 금전상 손해에 대해 1,000 유로, 비재산적 손해에 대해 2만 유로 및 비용과 경비로 5,000 유로의 지급을 명함.

수감자의 단식 농성중의 강제 급식과 관련하여 유럽인권법원은 생명을 구하기 위한 경우의 강제급식은 원칙적으로 굴욕적인 처우로 보지 않으나, 강제급식 조치는 반드시 의학적 필요성을 충족해야 하고 이를 입증하지 못하는 경우 그 강제급식은 자의적이며 굴욕적인 처우로 인정됨. 또한 구금상태에서의 충분한 의료적 처우를 소홀히 하는 경우에도 이는 굴욕적인 처우로 인정됨.

1. 주요 사실

청구인 네프메르찌스키 씨는 우크라이나 국적으로 1970년생이며 우크라이나 키이브에 거주한다. 그는 과거에 키이브 소재 폴타바 은행 지점장이었다.

1997.4.8.부터 2000.2.22.까지 그는 불법 통화거래, 절도, 탈세, 권한남용, 사기 및 위조 혐의로 키이브 지역 임시수사처(SIZO no. 1)에 수감되었다. 청구인은 1997.4.8. 내무부 수사관에 의하여 구속되었으며, 체포영장은 1997.4.11. 키이브 시 검사에 의하여 확인되었다. 청구인의 구속은 6개월에서 18개월까지 관련 검사들에 의해 5차례 연장되었다. 1999.11.1. 및 12.16. 키이브시 법원과 고등법원은 법률상 최대 허용된 구속기간이 도과했지만 청구인의 석방 요청을 기각하였다. 구속 기간 중 청구인은 수차례 단식 농성을 하였고 강제 급식을 당하였다.

청구인은 자신이 다른 12명의 구속자와 함께 7㎡의 감방에 유치되어 있었으며 이곳에는 마실 물도 없었고 씻을 물을 얻을 수도 없었으며, 머릿니 등이 기생하여 세균성 습진과 옴에 걸렸었다고 주장한다. 1999.4.1. 청구인은 단식 농성중 10일간은 구치소의 독방에 수감되었다. 7㎡의 독방은 젖은 콘크리트 벽으로 습기가 차있었고 환기가 되지 않았는데도 정기적인 야외 산책이 허용되지 않았다. 독방에는 변기도 없었고 오직 물만 하루 몇 차례 공급되었다.

2001.2.19. 청구인은 공문서 위조 및 권한남용으로 유죄가 인정되어 5년 6개월의 징역형을 선고 받고 모든 개인 재산은 몰수되었다. 2000.5.1. 사면법을 근거로 그리고 청구인이 이미 2년 10개월 15일간 구속되어 있었다는 이유로 형기가 면제되었다.

2000.2.23. 석방되자 청구인은 키이브시 병원 입원이 허용되어 이곳에서 같은 해 3월 17일까지 입원하였다. 그 이후 정신과 의사의 일반적 관리하에서 계속해서 진료를 받고 있다.

2. 청구 요지

청구인은 제3조(고문, 비인간적 및 굴욕적 처우의 금지)에 근거하여 자신이 특히 독방의 구금상태에 관해서 제소하였다. 특히 그는 충분한 의료 조치가 거부되고 단식 투쟁 중 강제 급식되었다는 점을 주장한다. 또한 그는 자신의 구속의 장기화와 합법성과 관련하여 제5조 제1항 c(자유와 안전에 대한 권리) 및 제5조 제3항(법관 앞에 신속히 인치될 권리)의 침해를 주장한다.

3. 법원의 판단

가. 제38조

법원은 우크라이나 정부가 청구인의 건강 및 구속기간 연장 결정 그리고 강제 급식과 관련한 다수의 중요한 기록을 제출하지 않고 있음에 주목한다. 우크라이나 정부는 또한 법원이 제기하는 특정 쟁점에 대한 의견 제출을 거부하거나 또는 이 사건 관련 문서와 결정 및 의료기록의 제출을 거부한 것에 대해 설득력 있는 해명도 하지 않았다. 그러므로 법원은 정부의 행동으로부터 추론할 수밖에 없다고 보았다.

이 사건 및 이와 유사한 사건에서 사실관계의 확인과정에서 발생하는 어려움을 고려하고 또한 협약 절차 이행과정에서의 정부 협력의 중요성에 비추어, 법원은 우크라이나 정부가 법원에 대해 이 사건 사실관계의 확정을 위한 모든 필요한 역할을 제공하지 않는 것은 협약 제38조 제1항 a에 의한 의무를 이행하지 않은 것이라 판단한다.

나. 제3조

청구인의 구금상태에 관하여

법원은 상당히 오래 전에 발생했던 청구인의 구금상태에 관해 이를 확실히 확인할 수 없었다. 그러나 청구인의 주장이 일관되고 완전하였으며 유럽고문방지위원회와 우크라이나 의회 인권위원이 수행한 우크라이나에서의 재판 전 구금의 방문조사의 결과와 전반적으로 일치하였으며 우크라이나 정부가 그러한 것에 대해 어떤 의견도 내지 않은 것을 고려하여, 법원은 청구인이 수용할 수 없는 환경 속에서 구금되어 있었으며 이러한 구금은 협약 제3조를 위반하는 굴욕적 처우에 해당하는 것이라 결론을 내린다.

나아가 법원은 청구인이 제3조상 전혀 수긍할 수 없는 상태의 구치소 독방에서 징계벌까지 받았다는 사실이 청구인의 상황을 악화시켰음을 인정했다.

더욱이 법원은 당사자들이 제출한 의료기록에서 청구인의 구금 중 다양한 피부질환에 감염되었음을 알 수 있었다. 명백한 것은 청구인의 건강은 2000.2.23. 석방 후, 의료 검진 및 그 후의 병원 입원으로 판단하건데 심각히 저하되어 있었다. 이런 질환에 대해 약간의 진료를 받았던 것은 사실이나, 최초의 질병 발생, 반복, 악화 및 석방 이후에 있어서도 계속된 치료로 보건데 기본적 위생에 대한 배려도 없이 비위생적 환경에서 구금되어 있었음을 보여주는 것이다. 이러한 구금상태는 청구인의 건강 및 안녕에 치명적 효과를 주는 것이어서, 법원은 이것이 협약 제3조 위반의 굴욕적 처우에 해당한다고 판단한다.

강제 급식에 관하여

법원은 의학상 필요한 경우(생명을 구하기 위해 수감자에게 강제 급식하는 경우)는 원칙적으로 비인간적이거나 굴욕적인 처우로 보지 않음을 재차 확인한다. 그렇지만 그러한 급식 조치는 의학적으로 필요한 경우로 판명되어야만 하며 또한 강제 급식 결정에 대해 절차상 보장이 준수되어야만 한다. 더욱이 단식 농성 중에 강제급식을 하는 방식은 협약 제3조에 대한 법원의 판례법상 최소한의 수준 이상을 넘어서는 안 된다.

청구인의 경우, 우크라이나 정부는 서면 작성된 의료기록이나 구금시설의 장의 결정도 제공하지도 않았는데, 이는 강제급식 대상이 되는 수용자에 대해 취해야 할 절차를 정한 훈령에 따르면 의무적인 것임을 재차 확인한다. 우크라이나 정부는 청구인에게 강제 급식하는 것이 의학상 필요한 것임을 증빙하지 않았기 때문에, 그 강제급식이 자의적이라고 판단할 수밖에 없다. 그러므로 청구인의 의식적인 음식 거부시 절차상 보장규정이 준수되지 않았고 또한 우크라이나 당국은 강제급식이 청구인에게 최선의 이익이 되는 방향으로 행동하지 않았던 것이다.

청구인이 강제급식을 당한 방법에 관해, 당국은 일단 관련 규정상의 지침을 준수했다고 본다. 그렇지만 속박물(입을 벌리는 것)과 음식물을 삽입하는 특수 고무 튜브가 사용되었고, 이는 의학상 필요성이 없는 경우라면 협약 제3조의 고문에 해당할 수 있었다.

법원은 청구인에 대한 강제급식이 우크라이나 정부가 증빙하는 의학적 정당성이 없다면 이는 관련 규정에 의하여 장비를 사용은 하지만 청구인이 저항하는 경우에는 고문의 특징을 나타내는 심각한 형태의 처우를 구성하는 것이라 결론을 내린다. 그러므로 법원은 협약 제3조의 위반이 있었다고 본다.

청구인이 이용가능한 의료 처우에 관하여

법원은 청구인에게 시행된 강제급식은 국내 당국이 청구인에게 구금중에 적절한 의료적 처우와 지원을 하지 않았다는 것을 그 자체적으로 소명하고 있다고 본다. 반대로, 강제급식은 청구인의 특별한 건강상태라든지 아니면 생명을 구하기 위한 엄격한 의료적 필요성과 관련된 것임을 입증하지 못했다.

법원은 또한 청구인이 구금된지 1개월 15일이 지나서 처음으로 의사의 진찰을 받은 사실을 주목한다. 구금 전에 청구인은 어떤 피부질환을 앓고 있지 않았고 건강상태도 정상이었다. 1998.5.8. 별도의 의료 검진에서 청구인은 세균성 습진으로 전문병원에서 치료받아야 한다고 권고 받았다. 그러나 그 권고는 이행되지 않았다. 더욱이 청구인은 1998.8.5.부터 2000.1.10.까지는 의사의 검진을 받지도 않았다. 법원의 견해로는 청구인의 단식 농성과 그가 걸린 질병으로 보건대 충분하고 합리적인 의료 처우가 있었다고 볼 수 없었다. 또한 우크라이나 정부는 단식 농성 중 강제급식, 급식된 음식물 종류 또는 청구인에 대한 의료적 지원에 대해 전혀 어떤 서면의 기록도 제공하지 않았다.

이러한 사정을 고려하여 법원은 구금상태에 있었던 청구인에게 충분한 의료처우 내지 지원의 결여에 관해서 이는 굴욕적 처우에 해당하는 협약 제3조 위반이 있었다고 본다.

다. 제5조 제1항 c

계속된 구금의 합법성

법원은 구금기간은 그것이 법원의 명령에 기초하고 있다면 원칙적으로 "합법적"인 것이라는 점을 유념한다. 그러나 1997.5.29.부터 1999.11.1.까지 계속된 청구인의 구금에 관해서는 법원의 어떤 결정도 없었다. 청구인의 구금을 연장하는 결정들은 형사절차의 당사자이면서, 원칙적으로 "법률에 의하여 사법권을 행사하는 독립된 공무원"으로 간주할 수 없는 검사에 의하여 이루어졌다. 검사의 역할과 지위를 보면 그들은 청구인의 구금을 연장하는 결정의 합법성을 적절히 심사할 수 없다.

법원은 1999.11.1. 및 12.16.의 청구인에 대한 구속연장에 대한 검사의 결정만을 심사하였다. 이 당시에 청구인의 석방 요구에 대해 구속연장 기간을 특정하지도 아니하고 특정 사유를 알리지도 않고 거부되었다. 또 이 당시는 1998.9.30.로 이미 청구인의 법정 최대

구속기간이 경과된 때이기도 하였다. 1999.11.1. 키이브시 법원은 추가 조사를 명하였고 또한 고등법원도 1999.12. 16. 추가조사를 명하였다.

법원은 청구인의 구금기간이 다음과 같은 이유로 협약 제5조 제1항 c의 규정상 불법적인 것이라고 결론을 내린다.

- 1999.10.1.부터(구금 제2차 연장일) 1999.11.1.까지.
- 2000.2.16.부터 22일까지(법원이 명한 추가조사에 따른 법정 최대 구금기간은 2개월이나, 2000.2.16. 이를 경과함. 그러나 청구인은 2000.2.23.까지 석방되지 않았음).
- 2000.2.22.부터 23일까지(청구인은 2000.2.23.까지 석방되지 않았고, 석방 결정 있은 다음날 석방됨).

그러므로 법원은 청구인이 이 세 기간 중에 합법적 근거 없이 구금되어 있었기 때문에 협약 제5조 제1항 c의 위반이 있었다고 결론 내린다.

라. 제5조 제3항

청구인이 구속 연장에 대한 심사를 받기 위해 법원 앞에 신속히 인치되었는지 여부

법원은 청구인이 1997.4.8.부터 2000.2.23.까지의 예심기간 중 구금되어 있었음을 확인한다. 경제사범의 수사가 비록 특별한 문제를 당국에 야기한다고는 하나, 법원은 신속한 또는 정규의 사법적 감독 없이 예심기간 중 그렇게 오랜 동안 청구인을 구속할 필요가 있다는 점에 대해 이를 수용할 수 없다. 그러므로 법원은 제5조 제3항의 위반이 있었음을 인정한다.

청구인 구금의 장기화

법원은 청구인의 구금기간이 총 2년 10개월 15일이었고, 이 기간 중에서 법원은 협약이 우크라이나에 대해 발효한 때인 1997.9.11.부터 계산하여 2년 5개월 12일간에 대해 이를 심사할 수 있었다.

법원은 기소의 최초의 이유는 청구인의 최초의 구금을 정당화시킬 수 있다고 보았다. 그러나 형사절차가 진행되고 증거수집이 완료됨에 따라서 그러한 이유는 필연적으로 덜 중요하게 되었을 것이다. 청구인의 건강상태와 구금상황에 관한 법원의 판단으로 보건대 법원은 청구인이 구금 연장 상태에 있지 않았어야 한다고 본다. 우크라이나 정부 측에서 이와 상반되는 구체적 증거를 제시하지 않았기 때문에, 법원은 청구인의 계속된 구금이 필요하지도 않았거니와 또한 특별한 사정에 의하여 정당화되지도 않는다고 본다. 더욱이 법원은 청구인의 공판 출석을 보증할 수 있는 어떤 조치도 국내 당국에 의하여 효과적으로 고려되지 않았음을 주목한다. 결국 법원은 청구인을 2년 5개월 이상 계속하여 구금한 것을 정당화하기 위해 당국이 원용한 이유들은 그것들이 최초에는 충분하다고 볼 수도 있었지만 시간이 흐름에 따라 애초의 성격을 상실하였다고 본다. 따라서 제5조 제3항의 위반이 있었다.

[19] **학생체벌** Costello-Roberts v. the United Kingdom

Application no. 13134/87, 1993. 3. 25. 선고

제3조 (비인간적 처우) 비위반

제8조 (사생활을 존중받을 권리) 비위반

제13조 (효과적 구제를 받을 권리) 비위반

사립학교 교장에 의한 7세 아동의 체벌이 문제된 사건으로 청구인은 자신이 당한 체벌은 비열한 처우(제3조)에 해당하며 사생활과 가족생활을 존중받을 권리에 대한 부당한 간섭(제8조)이라고 주장하였다. 나아가 자신의 불만에 대해 효과적 구제절차가 없었다고 주장한다(제13조).

협약 제1의정서 제2조에 의하여 국가는 아동에게 교육받을 권리를 확보해야 하고 학교의 징계제도는 교육받을 권리의 범주 내에서 운영되어야 하는데 이는 아동권리협약 제28조에서 인정하는 내용이다. 교육에 대한 기본적 권리는 국립이건 사립이건 모든 학생에게 동등하게

적용되는 권리이다. 국가는 교육에 관한 의무와 관련하여 이를 사립학교나 개인에게 위임한다고 하여 그 책임이 면제되는 것은 아니다. 결론적으로 학교 규칙의 특정 영역에 있어서도 국가책임이 작용한다.

체벌이 협약 제3조를 위반하는 "비열한" 정도가 되기 위해서는 그 굴욕감이나 박탈감이 사건의 모든 정황에 대한 평가 및 심각성 정도가 일정 수준에 있어야 한다.

"사생활" 개념은 이를 전적으로 의심할 여지없이 정의할 수 없는 정도로 광범위한 것이다. 교육 과정에서 취해진 일정한 조치들이 일정한 상황에서는 사생활을 존중받을 권리에 영향을 줄 수는 있으나 사람의 신체적 또는 도덕적 완전성에 역효과를 주는 모든 행위에 대해 필연적으로 개입해야 하는 것은 아니다. 법원은 학교 규율제도의 일환으로서 체벌을 어떤 방법으로도 승인하는 것으로 간주되기를 희망하지는 않는다.

1. 주요 사실

1985. 9월 코스텔로 로버츠 씨는 청구인이 7세가 되었을 때 초등학교에 취학시켰다. 이 학교에는 180명 정도의 학생이 있었으며 수업료는 공적 기금에서 나오지도 않았고 정부로부터 직접적 재정지원도 없었다.

학교 안내서에는 높은 수준의 규율을 요구하고 있다고 명시되어 있으나 "체벌"에 관해서는 일체 언급이 없었다. 코스트렐로 로버트 씨는 학교의 규율 체제에 대해 더 알아보지도 않았고 체벌에 반대한다는 의사를 알리지도 않았다. 학교는 벌점 5개를 받을 때 체벌을 하는 시스템을 운영하고 있었다. 1985.10.3. 청구인은 복도에서 얘기를 한다는 이유로 5번째 벌점을 받게 되었다. 나머지 4개의 벌점도 유사한 행동이나 잠자리에 늦게 들어간 이유에서 받은 것이었다. 학교장은 동료 교사들과 상의 후, 고무창 신발로 엉덩이 3대를 때린다고 1985.10.8. 청구인에게 통지하였다.

3일 후 체벌이 있었다. 체벌현장에는 학교장과 청구인외의 제3자는 없었다. 청구인이 1985.10.21.자 우체국 소인이 찍힌 어머니에게 보낸 편지에, "오셔서 날 데려가 줘요."라고 썼다. 청구인은 실내화로 때리는 것에 대해 약간의 스트레스를 갖고 있다고 기술하고 있었다.

1985.11.4. 학교는 실내화로 체벌한 사실을 확인하였다.

198.11.5. 로버츠 씨는 그러한 "야만적 관행"의 사용에 관해 자신의 "불안"과 "엄청난 관심"을 표명하는 편지를 학교 이사장에게 보냈고, 자신의 아들이 더 이상 체벌당하기를 원치 않는다고 하였다. 이사장은 이 편지에 대해 다른 모든 학부형이 수용하고 있는 이 규율에서 면제받고자 한다면 이번 학기 끝난 후 퇴교하는 것이 최선이라고 하였다.

청구인의 어머니는 이 사안에 대해 1985.11.4.~16일 사이 언젠가 경찰에 진정을 내기도 했으나 눈에 띄는 명백한 상처 없이는 어떤 행동도 취할 수 없다는 답변을 들었다. 청구인의 어머니는 "국가아동학대방지협회"에 낸 진정에서도 유사한 답변을 들었다.

학교장은 청구인이 자신의 부모에게 너무 매달린다고 생각하고 있었다. 청구인은 체벌로 심각한 혼란 상태에 빠졌다고 하고, 영국 정부는 여러 자료에 의하면 아동이 그렇게 된 이유는 체벌이 아니라, 신경질적이고 비사교적인 아동이 학교생활에 적응하지 못했기 때문이라고 하였다.

청구인은 1986. 1월 다른 학교에 입학하였다.

2. 체벌 관련 국내법

이 사건 당시 영국법상 폭행은 정도에 따라 여러 유형이 있었다. 형사적인 처벌과 민사적 구제 방식이 가능했다. 더욱이 1933년 아동 및 청소년 법은 아동에게 불필요한 고통을 주거나 건강에 위해를 야기하는 방법으로 아동을 폭행하거나 학대하는 것은 범죄를 구성한다.

형사고소나 민사적 손해배상 청구를 당한 사람이 교사인 경우 품위 있는 방법으로 적절한 도구를 사용하여 합리적이고 온전한 신체적 체벌을 한 경우 1986년 교육법에 따라 형사적 및 민사적인 면책규정의 예외가 있다. 교사에 의한 체벌을 규율하는 법은 당해 아동에 대해 신체적 처벌을 가하는 부모의 권리에 기초한다. 그 체벌은 상황상 "합리적"이어야 하는데 "합리성" 개념은 아동에 대한 체벌에 관한 동 사회의 지배적인 기준을 법원이 적용하도록 하는 것이다.

3. 유럽인권위원회에서의 절차

코스텔로 로버츠와 그의 자녀 제레미는 1986.1.17. 유럽인권위원회에 신청서를 제출하면서, 학교에서의 체벌이 협약 제3조 위반이며 이것이 또한 협약 제8조에 의하여 보호받는 사생활과 가족생활을 존중받을 권리를 침해한 것이라 주장하였다. 나아가 이러한 협약 위반의 행위에 대해 국내에서 효과적인 구제방법이 없었다고 하였다.

1990.12.13. 유럽인권위원회는 모의 청구는 각하하고 아들의 청구에 대해서는 협약 제8조(사생활)의 위반 및 제13조의 위반을 인정하였고, 이 사건은 영국 정부의 요청으로 법원의 심리로 넘어가게 되었다.

4. 법원의 판단

가. 피고 국가의 책임

영국 정부는 특히 독립적으로 운영되는 학교의 경우에 그 훈육 문제까지 떠안을 수 없으므로 직접적으로 책임을 질 수 없다고 항변하였다.

법원은 협약에 규정된 권리나 자유에 대한 침해는 이것이 해당 국가의 관할권내에 있는 모든 사람에게 국내법상의 권리와 자유를 보장하도록 하는 협약 제1조의 규정에 대한 비준수의 결과로 나타난다면 여기에는 국가책임이 작용한다고 일관되게 판시해오고 있다.

따라서 법원은 영국 정부는 제2의정서 제2조의 교육을 받을 권리를 아동에게 확보해줄 의무가 있음을 밝힌다. 또한 협약 및 동 의정서 규정은 전체로서 해석해야 한다는 점을 강조한다. 학교의 내부 운영과 관련된 기능, 예컨대 징계 같은 것은 교육과정상 단지 부차적인 것으로 얘기할 수 없다는 것이다. 학교의 징계 시스템은 교육을 받을 권리의 범주안에 해당하는 것이며 나아가 아동권리협약 제28조에 의해서도 승인된 것이다.

나. 제3조 위반 여부

코스텔로 로버츠 씨는 체벌이 협약 제3조에 반하는 "비열한 처벌"이라고 주장한다.

그는 실제의 신체적 폭력이 온건한 것이었다 하더라도, 자녀의 존엄성과 신체적 완전성에 대한 공격임을 주장했다. Tyrer v. England 사건(1978.4.25.)에서 법원은 체벌은 협약 제3조에 의하여 보호받는 사람의 존엄성과 신체적 완전성에 대한 공격을 구성할 수 있다고 밝힌 바 있다. 다만, 협약 제3조 위반의 "비열한" 체벌이 되기 위해서는 그 굴욕감이나 가치박탈감이 어느 정도의 심각성이 있어야 하며 체벌에 수반되는 통상적인 굴욕감 이상의 것이어야 한다. 참으로 협약 제3조는 "비인간적인" 처벌과 "굴욕적" 처벌을 명시적으로 금지함으로써 그러한 처벌과 보다 일반적인 처벌을 구분하고 있다.

이러한 최소한의 심각성에 대한 평가는 해당 사안의 정황에 따를 수밖에 없다. 체벌의 성격과 내용, 그 집행의 방법, 집행의 지속성, 신체적 및 정신적 효과, 그리고 일정한 경우에는 성별, 연령, 건강상태와 같은 요소들이 고려되어야 한다.

순전히 훈육적 차원에서 취한 조치에서 예상된 결과를 넘어서, 청구인은 제소한 동취급의 결과로서 심각하거나 또는 지속적인 체벌의 효과로서의 어떤 증거를 예증하지 못했다. 그러한 효과를 갖지 않는 체벌은 최소한의 어느 정도의 심각성에 도달했다고 말할 수 있는 경우에 한하여 협약 제3조의 범주에 해당할 수 있다. 법원은 체벌 그 자체의 성격 및 체벌 전 3일간의 대기기간에 관해서 일정한 염려를 하지만, 이 사건의 경우에 최소한의 심각성 수준에는 이르지 못했다고 본다.

그러므로 협약 제3조의 위반을 단정할 수 없다.

다. 협약 제8조 위반 주장

청구인은 체벌이 협약 제8조(사생활 및 가족생활을 존중받을 권리) 위반 문제가 있다고 주장한다.

협약에 대한 일관된 판례법은 "사생활" 개념에는 사람의 신체적 및 도덕적 완전성을 포함하는 것으로 본다. 협약 제8조가 개인의 신체적 완전성에 제공하는 보호는 제3조가 생각하는 것보다 넓을 수 있다.

청구인의 주장에 의하면 체벌의 목적은 폭력과 위협을 통해서 강제를 실현하는 것으로 이는 신체적 완전성만이 아니라 도덕적 완전성에 대한 개입을 구성한다.

교육 분야에서 취하는 조치들이 일정한 사정상 사생활을 존중받을 권리에 영향을 줄 수 있으나, 신체적으로 또는 도덕적인 완전성에 역효과를 준다고 말할 수 있는 모든 행위나 조치가 반드시 사생활에 대한 방해 내지 개입문제를 야기하는 것이라고는 볼 수 없다. 법원의 판단으로는 수차례의 경미한 규율 위반으로 청구인의 자녀 제레미에 대한 특정한 훈육적 조치는 협약 제3조의 범주에 해당할 정도로 충분한 심각성 수준에 도달하지 못했다.

법원은 제8조가 제3조에서 제공하는 것 이상의 어떤 보호를 이 사건과 관련하여 제공할 수 있는 것으로 볼 수 있는 사정이 있을 수 있다는 가능성을 배제하지는 않는다. 그러나 협약 전체로서의 목적과 취지를 고려하고, 자녀를 학교에 보내는 것에는 필연적으로 자녀의 사생활에 대한 어느 정도의 개입이 내포될 수밖에 없음을 고려할 때, 청구인이 주장하는 처우는 협약 제8조에 규정된 금지의 범위 내에 이를 끌어들일 정도로 충분하게 자녀의 신체적 및 도덕적 완전성에 역효과를 가져오지는 않았다고 본다.

학교 훈육체계의 일부로서 어떤 형태로든지 체벌의 유지를 승인하는 것은 아니지만 법원은 이 사건의 사정상 제8조 위반이 있었다고 볼 수 없다.

라. 제13조 위반 주장

청구인은 나아가 영국에는 제13조에 규정된 바와 같은 효과적 구제수단이 존재하지 않아 제3조 및 제8조 위반 주장에 대하여 이를 다툴 효과적 구제수단이 없었다고 주장한다.

체벌에 대한 민사소송에서 체벌이 합당하고 온건한 벌의 범주안에 있다는 이유로 기각되었다.

제3조 또는 제8조에 의하여 보호받는 어떤 권리도 침해되지 않았다고 인정함에도 불구

하고, 법원은 제3조와 제8조에 의한 고충구제는 협약상 "다툴 수 있는" 것이라면 이를 협약 제13조에 의해 심리해야 한다고 보았다.

법원은 첫째, 폭행에 대해 민사소송을 제기할 길이 열려 있었음에는 다툼의 여지가 없으며, 둘째, 제13조의 취지상 구제수단의 효과성은 만족스러운 결과에 의존하지 않으며 어떤 경우에도 관련 기준을 적용하는 재량내에서, 영국의 각급 법원이 내린 결정에 대해 이를 심사하는 것은 법원의 책무가 아니다. 청구인의 주장이 관련 국내법의 범위에 관한 보다 일반적인 의문에 관련된 것이라면, 법원은 제13조의 경우는 체약국의 법률이 협약에 반한다는 이유로 국내 당국 앞에서 다툴 수 있는 구제수단을 보증하는 정도까지는 아님을 상기한다.

따라서 제13조 위반은 없었다.

[20] 불법이민자 집단추방 Hirsi Jamaa and Others v. Italy

Application no. 27765/09, 2012. 2. 23. 선고

제3조 (비인간적 또는 굴욕적 처우 금지) 위반

제4의정서 제4조 (집단추방 금지) 위반

제13조 (효과적 구제를 받을 권리) 위반

24명의 소말리아인과 에리트리아인이 보트를 타고 리비아를 출발하여 이탈리아로 항해하던 중 이탈리아 군함에 의해 검색되고 이들은 바로 리비아 당국에 인계되었다. 그 근거는 이탈리아와 리비아 간에 체결된 양자협정에 따른 것으로 이는 불법이민을 방지하기 위한 것이었다.

법원은 이들이 리비아로 송환되는 경우 여러 형태의 부당학대 등의 위험에 노출된다고 보고, 이에 대한 대비 없이 송환한 행위는 비인간적 처우에 해당하며, 이렇게 집단적으로 송환한 것은 "집단추방"에 해당하며, 이들이 이탈리아에서의 어떠한 법적 구제절차도 이용할 수 없었다는 것은 협약 위반이다.

1. 주요 사실

청구인들은 11명의 소말리아인과 13명의 에리트리아인들이다. 그들은 2009년 3척의 보트에 분승하여 리비아를 출발하여 이탈리아로 향하던 약 200명의 일단의 사람들의 일부이다. 2009.5.6. 말타 관할내의 해상 검색권내의 람페두사 35마일 남쪽에서 이탈리아 세관선과 경비함에 의하여 검색 당했다. 승객들은 이탈리아 군용선에 실려 트리폴리로 이송되었다. 청구인들은 항해중에 이탈리아 당국이 자신들이 어느 곳에서 하선할지 말해주지 않았으며 신원도 확인하지 않았다고 주장한다.

10시간의 항해 후 트리폴리에서 그들은 리비아 당국으로 인계되었다. 2009.5.7. 언론인 회의에서 이탈리아 내무 장관은 공해상에서 배를 나포하여 이민자들을 리비아로 귀환시킨 행위는 불법이민에 대한 중대한 전환점을 이룬 2009.2.4. 발효한 리비아와의 양자협정에 따른 것이라고 말하였다.

2009.5.25. 상원연설에서 내무장관은 2009.5.5.부터 10일 사이에 471명 이상의 은밀한 이민자들이 공해상에 침범하여 이들을 리비아와의 양자 조약에 따라 송환했다고 발언하였다. 그의 견해에 의하면 밀입국과 밀수를 하는 범죄집단의 의욕을 꺾게 만들어 해상에서 생명을 구하고 근본적으로 이탈리아 연안을 따라 들어오는 은밀한 이민자들의 착륙을 감소시킬 수 있다는 것이다. 2009년 중에 이탈리아는 리비아와의 양자협정에 따라 공해상에서 9차례의 작전을 통해 은밀한 밀입국자들을 송환하였다. 2011.2.26. 이탈리아 국방장관은 리비아와의 양자협정은 리비아 사태로 정지되었다고 선언하였다.

청구인의 대리인이 법원에 제출한 정보에 따르면 청구인 중 2명은 알 수 없는 사정으로 사망했다. 2009.6.부터 10월 사이에 청구인 중 14명은 트리폴리 소재 유엔 난민고등판무관실에서 난민지위가 인정되었다. 2011.2. 리비아 혁명 후, 청구인과 변호인들 간의 접촉상태는 악화되었다. 변호인들은 현재 청구인들 중 6인과만 접촉하고 있고 그중 4명은 베닌, 말타, 스위스에 거주하고 있으며 또 일부는 국제적 보호 요청에 대한 회답을 기다리고 있는 중이다. 청구인 중 1명은 튀니지아 난민 캠프에 있고 이탈리아로의 귀환을 계획하고 있다. 2011.6. 청구인들 중 1명은 은밀히 이탈리아로 귀환한 후 난민지위가 부여되었다.

2. 청구 요지

청구인들은 협약 제3조에 근거하여 이탈리아 당국이 자신들을 리비아로 돌려보낸 결정이 그곳에서의 학대의 위험 및 소말리아나 에리트리아로 보내졌을 때의 학대의 위험에 놓이게 했다고 주장한다.

그들은 또한 자신들이 협약 제4의정서 제4조에 의하여 금지되는 집단추방의 경우에 해당한다고 주장한다. 끝으로 제13조에 근거하여 그들은 협약 제4의정서 제3조 및 제4조의 위반에 대해서 이탈리아 내에서 어떠한 효과적 구제절차도 없었다고 주장한다.

이 건은 2009.5.26. 유럽인권법원에 접수되었다. 2011.2.15. 이 사건을 배당받은 지정재판부는 이를 대재판부로 관할권을 넘기기로 하였다. 2011.6.22. 인권법원 앞에서 청문이 있었다.

UN 난민고등판무관실, UN 인권고등판무관실, 비정부 조직인 Aire Center, 엠네스티 인터내셔널, 국제인권연맹, 휴먼라이츠 워치, 콜럼비아 로스쿨 인권 클리닉이 제3자로서 참여가 허용되었다.

3. 법원의 판단

가. 제1조에 의한 관할권 문제

매우 예외적인 경우에 한하여 법원은, 자국의 영토 밖에서 행해지거나 영토 밖에서 효과를 나타나게 되는 회원국의 행위가 해당 국가의 관할권 행사를 구성할 수도 있음을 수용한 적이 있다.

국가가 자국 영역 밖에서 활동하는 자신의 대리인을 통해 개인에 대한 규제와 권한을 행사하는 경우에, 국가는 협약상 개인의 권리를 확보할 의무가 있다.

이탈리아는 청구인들이 탑승한 배가 완전히 이탈리아 관할권내에 있었음을 다투지 않았다. 법원은 이탈리아 항해법에 명시된 국제법의 원칙은 공해상을 항행하는 선박은 게양된 국기의 소속국의 배타적 관할권에 복종하는 것임을 재천명한다. 법원은 "공해상에서의 구조 작전"이라고 하는 이탈리아 정부의 설명 또는 이탈리아는 청구인들에게 대해 최소한의 규제권만 행사했다는 주장을 수용할 수 없다. 이 사건은 전적으로 이탈리아 군함 선상에서 발생하였다. 군함의 승무원은 전부 이탈리아 군인으로 구성되어 있었다. 군함에 탑승시키고 이들을 리비아 당국에 인계하는 중에 청구인들은 법률상 및 사실상 (*de jure and de facto*) 이탈리아 당국의 지속적이고 배타적인 관할 내에 있었다. 그러므로 주장하는 침해행위가 발생한 사건은 협약 제1조의 의미내에서 이탈리아의 관할권내에 있었던 것이다.

나. 제3조

리비아에서 부당 처우를 받을 위험

법원은 이민자들의 유입이 증가함에 따라 발생하는 국가에 대한 압력을 잘 알고 있다. 이것이 바다에서 발생할 때 특히 복잡한 양상을 갖게 된다. 그러나 이것이 수용국에서 제3조에 의하여 금지되는 처우를 받게 될 위험을 안게 될 사람을 떠나보내지 말도록 할 국가의 의무를 면제할 수 없다. 리비아에서의 상황이 2010년 이후로 악화되었음을 유념하면서, 법원은 사건 발생 당시 상황으로 이 사건의 심리를 국한하기로 한다. 밀입국자의 처우에 관하여 여러 조직의 혼란스러운 결론은 고문방지위원회의 2010년 보고서에 의해 확인되고 있음을 보게 된다.

비정규 이민자들과 난민 모색자들은 관찰자들에 의하면 어떤 구분도 없었으며, 비인간적으로 묘사되는 상황에서 체계적으로 체포되고 구금되었고, 고문 사례도 발생한다고 보고하고 있다. 밀입국자들은 언제라도 본국으로 귀환될 위험에 있었으며 자신들이 자유를 다시 얻고자 하는 경우에도 특히 불안정한 생활 조건하에 놓였으며 인종차별적 행위에 노출되어 있었다.

이탈리아 정부는 리비아가 이민자들에게는 안전한 도착지이며 또한 리비아가 망명 및 난민 보호에 관해 국제적 약속을 준수한다고 주장하였다. 법원은 국내법규의 존재와 기본적 권리를 보장하는 국제 조약의 비준 자체로는, 협약의 여러 원칙에 반하는 실제의 행위가 신빙성 있는 자료에 의하여 보고되는 경우에는 부당 학대의 위험에 대하여 충분한 보호책을 제공하기에는 충분치 않다고 보고 있다.

더욱이 이탈리아는 리비아와의 양자협정에서 발생하는 후속적 의무를 언급하면서 협약상의 책임을 비켜나갈 수 없다. 법원은 트리폴리 UNHCR 사무소가 리비아 정부에 의해서 결코 인정받지 못하고 있었음을 유념한다.

그 사정은 당시에도 잘 알려진 사실이며 이를 입증하는 것은 용이하다. 그러므로 법원은 청구인들이 귀환될 때 이탈리아 당국이 협약 위반의 학대에 노출될 것임을 알았거나 알 수 있었을 것이라고 본다. 나아가 청구인들이 비호를 명시적으로 신청하지 않았다는 사실 때문에 이탈리아가 그 책임에서 면제될 수도 없는 것이다. 법원은 유럽연합 기본권헌장에 구현되어 있는 "본국 송환 금지원칙"을 포함한 국제난민법에서 발생하는 국가의 의무를 강조한다.

따라서 법원은 협약 제3조의 위반이 있었다고 결론을 짓는다.

청구인 본국에서의 부당 학대를 당할 위험

외국의 간접적 퇴거조치는 국가 책임 문제를 그대로 남겨둔다. 또한 국가는 중간 기착국이 특히 협약의 당사국이 아닌 경우에는 자의적 송환으로부터 충분한 보증을 제공하도록 이를 확보할 것이 요청된다. 법원은 이 사건의 경우에 그러한 보증장치가 존재하였는지를 결정한다. 법원이 보유하고 있는 모든 정보에서 소말리아나 에리트리아에서 자국을 비정규적인 방법으로 출국하려 했다는 이유만으로 비인간적 조건에서 고문 및 투옥 당하는 것이 만연되어 있음을 일견 볼 수 있다. 그러므로 청구인들은 자신들의 송환조치가 협약 제3조에 위반하는 것이라고 강력히 주장할 수 있다. 법원은 리비아가 제네바 협약을 비준하지 않은 사실을 알고 있고 어떤 형태의 난민 인정조치나 난민 보호절차도 없다는 것을 알고 있다. 법원은 그러므로 트리폴리에 소재하는 UNHCR의 활동이 자의적 송환에 대응한 보증장치로 가동하고 있다는 이탈리아 정부의 주장에 동의하지 않는다. 더욱이 휴먼 라이츠 워치와 UNHCR이 난민 모색자들을 위험한 국가로 여러 차례 강제송환한 행위를 비난했었다. 따라서 일부 청구인들이 리비아에서 난민 지위를 획득했다는 사실이 안심시키기는커녕 실제로는 위험이 증대될 수 있다는 것이다.

법원은 청구인들이 리비아로 송환될 때, 이탈리아 당국이 그들이 원 국가로 자의적으로 귀환될 위험에서 그들을 보호하는 데 보증장치가 충분하지 않은 것을 알았거나 알 수 있었을 것이라고 결론을 내린다. 그러므로 그러한 송환행위는 제3조를 위반한 것이다.

다. 제4의정서 제4조

청구내용의 허용성 판단

법원은 최초로 제4의정서 제4조가 자국 영토 밖에서 행해지는 제3국으로의 외국인 송환을 포함한 문제 적용될 수 있는지 이를 심사하게 되었다. 청구인들을 리비아로 송환하는 행위는 제4의정서 제4조의 의미상 집단적 강제추방이 되는지를 확인해야 한다. 법원은 협약의 본문 또는 제정 과정의 준비문서 어느 곳에도 협약의 규정이 역외에 적용되는 것을 배제하고 있지 않다고 보았다. 더욱이 제4의정서 제4조가 회원국 영토로부터의 강제 추방에만 국한하여 적용된다면, 현 시대의 이민 패턴의 중요한 구성요소가 동 규정의 적용 범위 내에 들어오지 않게 되고 또한 종종 자신들의 생명의 위험을 무릅쓰고 바다로 들어오는 이민자들은 어느 국가의 국경에 도착할 엄두도 내지 못하고 추방도 되기 전에 개인적 사정에 대한 심사를 받지 못하게 될 것이다. 추방의 개념은 관할권 개념과 유사하게 명백히 원칙적으로 영토적인 것이다. 그러나 법원은 국가가 자국 영토 밖에서 예외적으로 그 관할권을 행사한 것을 확인한 경우에, 법원은 국가에 의한 역외 관할권행사가 집단적 추방의 형태를 취했다고 볼 수 있다. 또한 법원은 해상 환경의 특수한 성격이 이를 법률 영역 밖의 지역으로 만들 수 없다는 점을 강조한다. 따라서 동 청구는 허용 가능한 것이라 결론을 내린다.

법원은 Conka v. Belgium 사건이 지금까지 제4의정서 제4조의 위반임을 인정한 유일한 사례임을 보게 된다. 다수의 외국인이 유사한 결정에 따른다는 사실로 인해서, 개별적 관련자들이 정당하게 심리된 경우에 집단 추방이 있었다는 결론을 그 자체로 유도하지는 않는다.

이 사건에서 청구인들을 리비아로 이송한 행위는 개별 개인의 사정에 대해 어떤 심사도 없었다는 것이다. 이탈리아 당국은 신원확인도 하지 않았고 단지 청구인들을 승선시켜서 리비아에 하선시켰을 뿐이다. 법원은 청구인들의 추방은 제4의정서 제4조를 위반하는 집단적 성격을 갖는다고 결론을 내린다.

라. 제13조 (협약 제3조 및 제4의정서 제4조 관련)

이탈리아 정부는 군함선상에서 청구인 개개인의 사정을 평가하는 것이 가능하지 않았음을 인정한다. 청구인들은 이탈리아 군함 승무원들이 어떤 정보도 제공하지 않고, 자신들이 이탈리아로 향하고 있다고 믿도록 하였으며 리비아로의 귀환을 피하기 위한 절차에 대해서도 알려주지 않았다고 주장한다.

이 주장은 이탈리아 정부가 다투고는 있으나 UNHCR, 고문방지위원회 및 휴먼라이츠 워치가 수집한 다수의 증언에 의해서도 확인된다. 청구인들은 따라서 협약 제3조 및 제4의정서 제4조에 의한 제소를 할 수 없었다. 군함 승원들에 대한 형법상 구제절차가 실제에 있어서 가능하다 할지라도 그것은 정지적 효과의 기준을 충족하지 못한다. 법원은 어떤 조치가 협약에 반하고 또한 회복 불가능한 효과를 갖는 경우 그 조치가 정지되어야 한다는 것이 제13조의 요건임을 밝혀왔다. 고문이나 학대의 위험이 현실화되는 경우 그 회복 불가능한 결과를 고려하여, 외국인이 그러한 위험에 직면하게 될 것이라고 믿는데 중한 사유가 있다면 귀환 조치를 할 때는 그 정지적 효과가 적용되어야 한다.

법원은 협약 제3조 및 제4의정서 제4조와 관련하여 협약 제13조의 위반이 있었다고 결론을 내린다.

마. 제41조

제41조에 의해 법원은 이탈리아가 청구인 각자에게 비재산적 손해로 15,000 유로, 청구인 전체의 비용과 경비로 1,575.74 유로를 지급할 것을 명한다.

[21] 경찰의 아동 가혹행위 Okkali v. Turkey

Application no. 52067/99, 2006. 10. 17. 선고

제3조 (비인간적 및 굴욕적 처우의 금지) 위반

제41조 (정당한 보상)에 의해 청구인에게 비재산적 손해로 10,000 유로 및 비용과 경비로, 유럽이사회 법률구조기금에서 수령한 630 유로를 제외한 3,500 유로의 지급을 명함.

12세 소년이 절도혐의로 경찰서에서 조사받고 귀가 후, 가혹행위가 인정되어 해당 경찰관들은 형사기소 되었으나 최종적으로는 벌금형에 그것도 그 집행은 유예되었다.

법원은 경찰관들에 대한 처벌이 엄중한 형사법체계 안에서 유지되지 못했고 그 결과 불법적 행위를 효과적으로 예방할 수 있는 저지적 효과가 없었다는 점에서 협약 위반의 비인간적 처우를 받지 않을 권리에 대한 침해가 있었다고 판단하였다.

1. 주요 사실

청구인 하릴 이브라힘 오칼리 씨는 1983년생 터키 국민으로 터키의 이즈미르에 거주한다. 사건이 발생한 것은 12세 때였고 견습공으로 일하고 있었다.

1995.11.27. 오후 약 5:30경 하릴 씨는 사장에 이끌려서 이즈미르의 경찰서에 갔다. 사장은 은행에 입금시키라고 부탁한 미화 약 275달러를 훔쳤다고 고소하였으나, 그 소년은 그 돈을 강도당했다고 주장했다. 경찰서에서 그는 심문을 받았다.

하릴의 아버지가 어떤 일이 발생했다는 얘기를 듣자 바로 경찰서로 향했다. 그는 사장과 합의하고 사장은 고소를 취하하였다. 자신의 아들과 경찰서를 떠나기 전에, 그는 자신의 아들이 경찰서에서 고문당하거나 학대당하지 않았으며 건강상태가 좋으며 아들을 의사에게 가서 검진 받을 의향이 없다는 선언서에 서명을 했다.

그러나 경찰서 밖으로 나오자마자 소년은 비틀거리며 걷고 두 차례나 토했다. 집에 돌아와서 옷을 벗기자 그의 부모와 이웃들은 소년의 몸에 난 다수의 상처와 타박상을 목도하

였다. 소년은 자신의 아버지에게 심문 중에 두들겨 맞았다고 얘기했다.

하릴은 아버지에 의해 테페씩 병원으로 옮겨졌다. 하릴을 검진한 의사는 그의 팔과 다리에 10×10 센티미터의 타박상, 엉덩이에 30×17 센티미터의 타박상을 관찰하였다. 하릴은 소아과로 입원하였다.

다음 날인 1995.11.28. 하릴의 아버지는 진정을 제기하고 아들이 법의학 검사관이 진단할 것을 요청하였다. 아동은 1995.11.30.과 1995.12.1. 2명의 의사가 검진하였다. 하릴의 신체상의 상해가 최종보고서에 다음과 같이 기술되었다. 복부 외벽의 가장자리에 혈종과 타박상, 무릎과 오른쪽 정강이 타박상, 왼쪽 손목, 오른쪽 팔꿈치, 오른 손 등 및 넓적다리의 타박상.

이즈미르 검찰관은 관련 경찰관들을 조사하였다. 그들은 자신들에 대한 혐의를 부인하고 아동과의 직접 대면을 요구하였다.

1996. 2월 검찰관은 "공무원이 고문에 의한 자백을 얻음"으로서 형법 제243조에 규정된 범죄로 2명의 경찰관을 기소하였다. 아시즈 법원은 그 아동이 경찰관들에 의해 매를 맞았다고 인정했으나 동 범죄를 "폭행 및 학대"로 바꾸기로 결정하였다. 최저 형량이 선고되고 피고인들의 공판중 보인 행동을 감안한 것이었다. 그리고 징역형을 벌금형으로 감형하고 그 집행도 유예하였다.

청구인은 법률 적용에 대해 항소하였고 파기원은 감금상태 자백을 취득한 범죄로 재변경하면서 이 사건을 아지즈 법원으로 돌려보냈다. 1998.2.26. 아지즈 법원은 다시 최저 형량인 1년 징역형을 선고하였다. 이 형량은 공판중 보인 피고인들의 모범적 행동 때문에 다시 10개월로 단축되었고 그 집행을 유예하였다. 동 판결은 1999.3.24. 파기원에서 유지되었다.

청구인은 내무장관을 상대로 손배해상을 청구하였다. 각급 행정법원은 동 청구를 시효로 각하하였다.

2. 청구 요지

청구인은 자신을 학대했던 경찰관들에게 제공된 면책을 고소하였다. 그는 협약 제3조를 원용하였다. 이 건은 1999.9.22. 접수되어 2001.5.5. 부분적으로 허용되었다.

3. 법원의 판단

제3조

청구인이 경찰관들에 의한 학대의 피해자임은 논란의 여지가 없다. 청구인이 제기한 형사고소는 그들을 유죄로 만들었다.

법원은 국내 판결이나 정부 의견서 둘 다 피해자의 연령을 고려한 범죄행위의 각별한 중대성이라든지 또는 미성년자 보호에 관한 국내법제에 대해 어떤 내용도 담고 있지 않은 점에 유감이다. 터키 당국은 청구인의 취약성을 심각한 요소로서 고려할 수 있었다. 따라서 법원은 형사절차에서 미성년자의 보호를 위해서 특별히 관심을 가졌다는 증좌가 보이지 않았음을 주목한다. 더욱이 형사절차가 비처벌(impunity)의 결과를 가져왔다는 사실은 협약 제3조에 규정된 절대적 금지의 침해로부터 미성년자이건 성년이건, 사법체계의 저지적 효과에 관해 어느 정도 의심의 여지를 남기게 되었다.

더욱이 청구인은 문제의 경찰관들이 그 이후 승진하였다고 주장하고 있으나 이에 대해 터키 정부는 그 의견서에 아무런 언급이 없다. 법원은 터키 정부의 답변이 없는 상태에서 어떤 중대한 결론을 내릴 수는 없으나 그럼에도 불구하고 이를 주목할 가치가 있는 것으로 간주한다.

국내 법원은 피고인들이 "충분히 설명된 고백"을 했다는 사유로 형량을 감경하였고 참회를 이유로 집행을 유예하였다. 그러나 그러한 사유는 사건 파일로 증빙되지 않는다. 터키 법관의 판결은 그들의 재량권이 피고인들의 그러한 행위가 결코 용납될 수 없음을 보여주기 보다는 극도로 중대한 불법행위의 결과를 감경하는데 사용되었다고 당 법원은 보고 있다.

결론적으로 법원은 청구인의 사건에 적용된 형사법 체계는 엄정하지 못한 것으로 증명되었으며 청구인이 제기하는 불법적 행위의 효과적 예방을 확보할 수 있는 저지적 효과도 갖지 않은 것으로 보게 된다. 그러므로 법원은 문제된 형사절차는 그들에게 내려진 형량의 결과로 보건대 협약 제3조에 구현된 원칙의 침해에 대한 적절한 구제수단을 제공하지 못했다. 이에 따라서 법원은 협약 제3조 위반이 있다고 판시한다.

[22] 난민신청 불허 Bader and Others v. Sweden

Application. no. 13284/04, 2005. 11. 8. 선고

제2조 (생명권) 위반

제3조 (비인간적 또는 굴욕적 처우의 금지) 위반

시리아에서의 살인혐의로 궐석재판으로 사형이 선고된 청구인은 스웨덴에서의 난민신청은 거부되었으나 추방령 집행은 유보되고 있었다.

법원은 사형선고 판결문에서 공판시 어떤 구두 증거도 취하지 않았고, 심리된 모든 증거자료는 검찰이 제출한 것이며, 피고인과 변호인조차 공판에 참석하지 않은 사실을 확인하면서, 청구인을 시리아로 송환하는 경우 그의 생명권 박탈 가능성 및 비인간적 처우에 놓이게 될 위험이 있다고 판단하였다.

1. 주요 사실

청구인 카말 바더, 하미다 아브딜하미드와 그들의 두 명의 미성년자는 시리아 국민으로 각 1972, 1973, 1998 및 1999년생으로 스웨덴에 거주한다.

2002. 8월 그들이 스웨덴에 도착 직후 수차에 걸쳐 난민 신청을 하였으나 모두 거부되고 추방령이 떨어졌다.

2004. 1월 그 가족은 외국인진정위원회에 새롭게 난민신청을 하고 추방령 집행의 유

예를 요구하였다. 그들은 시리아국의 알레포 지역의 지방법원이 2003.11.17. 교부한 판결문을 제출하였다. 이 판결문에서 바더 씨는 살인 공모죄로 궐석재판 상태에서 유죄로 인정되어 사형을 선고했다는 내용이 기술되어 있다. 이 판결문에는 바더 씨와 그의 형이 수차에 걸쳐 처남을 위협했는데 이는 그 처남이 자신의 여동생을 학대하고 지참금도 너무 적게 가져와서 자신들의 가문을 무시했기 때문이라고 기술되어 있다. 1998. 11월 바더 씨의 동생이 바더 씨와 살인을 공모하고 바더 씨가 무기를 공급하고 그 동생이 처남을 살해했다는 것이다. 두 형제가 종적을 감춘 것을 주목하면서 법원은 계속해서 다음과 같이 기술하고 있다 "피고인들이 궐석한 상태로 이 판결을 내린다. 심리를 재개할 수 있다."

바더 씨는 그 혐의를 부인했다. 또한 그는 자신이 1999년부터 2000년 사이 9개월간 살인공모 혐의로 구금상태에 있었고 가석방되었다고 주장했다.

2004. 4월 외국인진정위원회는 청구인의 난민신청을 기각하였다. 그들은 시리아 주재 스웨덴 대사관의 변호사가 수행한 연구보고서를 기초로 바더 씨가 시리아로 귀환하는 경우 그에 대한 사건은 재개될 것이고 또한 전면적으로 공판이 다시 시작될 것이라는 점을 고려하였다. 만약 그의 유죄가 인정되더라도 이 사건이 "명예 관련" 사건이기 때문에 사형까지는 안 갈 것이라는 것이었다. 이에 따라 동 위원회는 청구인의 위험은 충분한 근거가 없는 것이고 그들은 보호 필요가 없다고 결정하였다.

2004.4.19. 법원 규칙 제39조(임시조치)에 의한 인권법원의 지적에 따라 동 위원회는 추후통지 시까지 추방령의 집행을 유예하기로 하였다. 그 유예는 아직 유효하다.

2. 청구 요지

청구인들은 스웨덴에서 시리아로 추방될 경우 첫 번째 청구인은 체포되어 협약 제2조 및 제3조에 반하여 형이 집행될 것이라는 현실적 위험상태에 놓여있다는 것이다. 이 건은 2004.4.16. 유럽인권법원에 접수되고 2004.10.26. 허용되었다.

3. 법원의 판단

제2조 및 제3조

법원은 바더 씨의 사건이 재개시 되고 검찰이 재심 재판에서 사형선고를 청구하지 않을 것이라는 시리아 당국의 어떤 보증도 스웨덴 정부가 받지 않았다는 점을 주목한다. 이러한 상황에서 스웨덴 당국은 그를 시리아로 송환시킴으로써 바더 씨에게 중대한 위험을 야기할 것이다.

법원은 바더 씨가 모국으로 강제 송환되는 경우 자신에 대한 사형선고가 집행될 것이라는 정당하고 근거 있는 위험을 가진다고 본다. 더욱이 사형집행이 공개적인 검증장치나 설명 없이 이루어지기 때문에 그와 나머지 청구인들이 언제 어디에서 그리고 어떻게 사형이 집행될지 이를 참을 수 없는 불명확성에 직면하는 동안, 그의 사형집행을 둘러싼 상황이 바더 씨에게 필연적으로 심각한 위험과 공포를 야기할 것이다.

또한 시리아 판결문으로부터 공판시 어떤 구두 증거도 취하지 않았고 심리된 모든 증거자료는 검찰이 제출한 것이며 피고인이나 심지어 변호인조차 공판시 참석하지 않은 것으로 밝혀졌다. 법원은 재판의 간이적 성격과 방어권의 전면적 무시로 인해 동 공판절차는 공정한 재판의 노골적인 부인으로 간주될 수밖에 없음을 인정한다. 이것은 당연히 청구인들에게는 시리아에서의 재공판의 결과에 대해 청구인들에게는 심각한 정도의 불명함과 고통을 야기 시킨다.

이러한 사정을 보건대, 법원은 불공정한 재판을 통해서 바더 씨에게 내려진 사형선고는 이것이 시리아에서 집행될 것이라는 현실의 가능성이 존재함으로 인하여 시리아로 강제 송환 한다면 그들의 미래에 대해 추가적인 공포와 위험을 필연적으로 야기할 수밖에 없다고 본다.

그러므로 이 사건의 모든 사정을 고려하여 법원은 바더 씨가 사형이 집행될 것이라는 현실의 위험에 노출되어 있어 고국으로 추방된다면 제2조 및 제3조에 반하는 처우를 받게 될 것이라고 믿을만한 충분한 근거가 있다고 본다.

이러한 결론에 도달하여 법원은 제13의정서(모든 상황에 있어서 사형제의 폐지) 상의 문제를 별도로 다룰 필요가 있다고 보지 않는다.

[23] 이의신청의 실질 박탈 Enea v. Italy

Application no. 74912/01, 2009. 9. 11. 선고

제3조 (비인간적 또는 굴욕적 처우의 금지) 위반

제6조 제1항 (공정한 재판을 받을 권리) 위반

제6조 제1항 (법원에의 접근권) 비위반(중구금시설 구금중)

제8조 (통신, 사생활 및 가족생활을 존중받을 권리) 위반

제41조에 의한 정당한 보상. 비재산적 손해에 대해서는 사실인정 그 자체로 정당한 보상이 되고, 비용과 경비로 2만 유로의 지급을 명함.

이탈리아 교정행정법에 따라 특히 위험성이 있는 수형자를 일반수용자와 달리 면회 및 전화사용의 제한, 편지 모니터링 등이 가능하도록 결정된 바, 청구인은 19차례의 결정을 통해 이러한 제한을 10여 년 간 받게 되었다. 물론 이러한 결정에는 이의신청이 가능하였으나, 한 차례의 이의 신청에 대해서 이탈리아 법원은 본안심사의 실익이 없다는 이유로 기각했던 적이 있는데 이는 이의신청의 실질을 박탈했다고 판단하였다.

1. 주요 사실

청구인 살바토르 에니아 씨는 1938년생 이탈리아 국민이다. 그는 특히 마피아 범죄단원 활동으로 30년의 징역형을 선고받고 1993.12.23.부터 복역중이다.

1994.8.10. 청구인이 일으킨 위험에 비추어 법무장관은 그를 교도행정법 제41조의 2 제2항에 규정된 특별교정시스템 하에서 1년간 보내도록 하는 명령을 발하였다. 이 규정은 일반교정시스템에 적용되는 사항중 전부 또는 일부에 대해 공공질서 및 안전을 이유로

이를 정지시킬 수 있도록 한다. 이 명령은 우선적으로 가족면회(한 달에 1시간의 면회) 제한 및 수령할 수 있는 소포 개수의 제한 등이다. 청구인은 또한 가족 아닌 사람의 접견, 전화 사용, 일정한 활동에의 참여가 금지되었다. 또한 그의 편지는 모니터 되었다. 이 특별교정 시스템의 적용은 각각 제한 기간이 있는 19개의 명령을 통해서 2005년 늦게까지 연장되었다.

에니아씨는 형의 집행에 대해 네이플즈 법원에 수차례 제소하였다. 이는 자신에 대한 금지처분을 풀기위한 것이었다. 그는 법률상의 쟁점에 대해서는 항소하지 않았는데 이는 형집행 관할 법원이 그 결정을 내릴 때 문제의 장관명령의 효력은 이미 종료되기 때문에 소의 목적이 결여된 된 것으로서 파기원이 그러한 항소를 기각하였다고 주장하였다. 2005. 2월 하순 동 법원은 장관 명령 제19호에 대한 청구인의 이의신청을 인용하고 특별교정체계의 적용 중단을 명하였다.

2005.3.1. 교정당국은 청구인은 중점 감시 시설로 옮겼다. 이곳은 매우 위험한 수용자들이 다른 수용자와 별도로 관리된다.

에니아 씨는 여러 가지 건강상의 문제가 있어서 휠체어를 이용했다. 2000. 6월부터 2005. 2월 사이에 그는 제41조의 2에 의한 특별교정체계내의 수용자를 위해 마련된 네이플 교도소병원 한편에서 복역하였다. 2008. 10월 형집행에 관한 네이플 법원은 청구인의 형집행의 유예를 명하였다. 그의 건강상태가 교도소에서의 복역을 감당할 수 없었기 때문이다. 에니아 씨는 그 이후로 가택 구금상태에 있다.

2. 청구 요지

청구인은 계속된 복역이 특히 자신의 건강상태로 보아 유럽인권협약 제3조에 반한다고 주장한다.

또한 자신이 제41조의 2에 의한 특별교정체계에 따르도록 하는 장관명령과 관련하여 법원에 자신의 권리행사가 근본적으로 제한되고 있다고 하면서 제6조(공정한 재판을 받을 권리) 및 제13조(효과적 구제를 받을 권리)를 원용하여 주장한다.

제8조(사생활 및 가족생활을 존중받을 권리)에 근거하여 청구인은 또한 자신의 가족 면회에 대한 제한 및 편지검열에 대해서도 이를 제소하고 있다.

끝으로 제9조(사상, 양심 및 종교의 자유에 대한 권리)에 의하여 그는 자신이 형과 여자 친구의 장례식에 참석함으로써 자신의 종교의식을 실행할 수 없다고 주장한다.

이 건은 2000.8.31. 접수되었고 2004.9.23. 부분적으로 허용선언 되었다. 2008.7.1. 지정 재판부는 이를 대재판부로 넘기기로 결정했다. 이 건은 2008.11.5. 제30조에 의한 심리가 개최되었다.

3. 법원의 판단

제3조

법원은 특별교정체계에 의하여 청구인에게 부과된 제한이 그가 소속된 범죄단체와의 접촉유지를 금지하기 위하여 필요한 것이라는 점을 주목한다. 또한 형집행 관할 법원이 일정한 제한사항을 완화했고 에니아 씨는 교도소 내 또는 교도소 밖 병원에서 건강상태에 적합한 처우를 받았다는 점을 주목한다. 청구인이 받은 처우는 구금에 따른 본질적인 고통으로서 피할 수 없는 수준을 넘지 않았으므로 15대2로 제3조 위반이 없었다고 결론을 내린다.

제6조 제1항

제41조의 2조에 의한 특별교정체계의 부과에 대해서, 법원은 이 체제에 따라야 하는 수용자들은 장관명령을 받은 날로부터 10일 이내에 형집행 관할 법원에 이의신청을 할 수 있으나 이 신청은 정지적 효력이 없고 관할 법원은 10일 이내에 결정해야 한다는 점을 법원은 주목한다. 19개의 명령중 제12호 명령 하나는 법률에 규정된 10일이 지나서 결정했으나 해당 명령의 효력이 이미 종료되었으므로 청구인은 이를 이제는 더 이상 안 따라도

된다는 이유로 그 이의신청을 기각한 점을 주목한다. 특별교정체계의 적용에 대한 본안에 대한 결정이 없었으므로 제12호 명령에 대한 법원의 심사는 그 실질을 박탈했다고 본다. 따라서 법원은 제6조 위반이 있었음을 만장일치로 결론을 내린다.

중점감시시설에서의 복역기간중 법원에 대한 접근권의 제한에 대해서 이탈리아 정부는 제41조의 2조에 의한 특별교정체제와는 달리 이러한 유형의 조치는 제6조 제1항의 범위에 속하지 않는다고 주장하였다. 또한 복역중 수용자들이 특정 교정시설에 배정되지 않을 이익은 제6조의 의미상 법원에의 접근권을 부여하는 "시민적 권리"로 볼 수 없다고 항변하였다. 제3당사자로서의 슬로베니아 정부도 이러한 관점을 유지했다.

이탈리아 정부와 마찬가지로, 법원은 협약 제6조 제1항은 특정 교정시설에 범죄단체 두목을 배정하는 것에는 적용되지 않는다고 본다. 한편 청구인이 주장하는 대부분의 제한 사항들은 각료위원회가 1987년에 채택하고 2006.1.11. 권고로서 보완한 유럽교도소규칙(the European Prison Rules)으로 유럽이사회가 승인한 일련의 수용자의 권리를 준수해야 한다는 점을 주목한다. 법원은 이 권고가 비록 회원국에 법적인 구속력은 없지만 대다수 회원국에서 수용자들도 자신들의 권리를 제한하는 조치에 대해 이의신청을 할 수 있는 권리를 향유한다는 점을 인정한다. 그러므로 법원은 이 사건에서 제6조 제1항의 "권리에 대한 분쟁"이라는 문언이 존재하는 것으로 해석하는 것이 합리적일 것이라고 판단한다. 더욱이 청구인이 주장하는 일부 제한 사항, 즉 가족 면회 제한이나 재산상 권리에 영향을 주는 것 등은 분명히 개인적인 권리 영역에 속하고 따라서 그 성질상 시민(civil)적인 것 이라는 점에 의심의 여지가 없다. 따라서 법원은 16대1로 청구내용의 이 부분을 허용된다고 판단한다.

본안에 관해서 보면, 수용자는 자신을 특정 교정시설에 배치하는 결정의 본안 그 자체에 대해 이의 신청을 할 수 없는 것은 사실이지만 "시민적" 권리에 대한 제한(예컨대, 수용자 가족 방문에 영향을 미치는 것)에 대해 형집행 관할 법원에 호소할 수 있다는 점을 주목한다. 이 사건에서 보면 청구인만이 그러한 제한이 부과된 것이 아니었고 그가 그 제한을 따르지 않으려면 법원에 호소하였을 것이다. 그러므로 법원은 이 점에 관하여 제6조 제1항의 위반이 없었다고 만장일치로 결론을 내린다.

제8조

법원의 확립된 판례법을 따라서, 교정행정법 제18조가 그러한 조치의 존속기간 또는 이를 정당화시키는 사유를 규정하지 아니하고 또한 교정당국이 행사하는 재량권의 범위 방식을 충분히 명료하게 규정하지 않은 한, 법원은 청구인 편지의 검열은 제8조 위반임을 주목한다. 법원은 1994.8.10.부터 2004.7.7 까지의 기간에 제8조 위반이 있었음을 만장일치로 결론을 내린다.

제13조 및 제9조

법원은 제13조에 근거한 제소는 별도로 심리할 필요가 없다고 판시하며 제9조 부분을 비허용 선언한다.

[24] 알몸 신체검사 Shennawy v. France

Application no. 51246/08, 2011.1.20. 선고

제3조 (비인간적 또는 굴욕적 처우의 금지) 위반

제13조 (효과적 구제를 받을 권리) 위반

중범죄 경력 및 교도소 탈출 등으로 교도소와 법원을 출입하며 공판이 진행되면서 특별한 보안조치가 부과되어, 청구인의 외부 입출입시 항문 육안검사를 포함한 정밀 알몸 신체검사가 반복적으로 행해졌다.

법원은 알몸 신체검사 및 신체 전부에 대한 검사는 수용자의 안전, 교도소의 안전 및 무질서나 범죄의 예방을 위해 때때로 필요하다고 보나, 하루 4-8회 정도 검사를 하고, 복면을 한 경비대원들의 검사로 인한 겁주는 관행, 신체검사 시, 비디오 녹화 등은 알몸 신체검사 시에 필연적으로 내포되는 수준을 넘어선 굴욕적 처우에 해당한다고 판시하였다.

1. 주요 사실

청구인은 1954년생 프랑스인이며 현재 프랑스 세인트 마우르 교도소에 수감중이다. 청구인은 무장 강도 및 아동유괴 혐의로 1977년 종신형을 선고받고 20년으로 감형되었다. 그는 1977.8.18.부터 "요위험 수용자"로 등록되었다. 2008.4.9.~18.까지 순회법원 공판에서 정신병동에서 무기를 이용하여 탈출한 혐의로 16년 형기의 선고, 불법체포 및 감금 및 무장강도 혐의로 13년 형기의 선고 등을 포함해 수개의 유죄가 잇달았다. 공판중에 청구인으로 인하여 발생될 위험에 대비하여 예외적으로 신원 확인 및 위험 물건의 탐지시 적절히 엄중 보안조치가 취해졌다(법정 주변의 주차제한, 법정 창문 및 문이 폐쇄되고 승강기는 사용 중지됨).

공판에 출석하기 위해 청구인은 파우 교도소로 이감되었다. 이곳에서 공판 내내 지구 경비대 및 출동대(ERIS)의 감시하에 독방에 유폐되었다고 주장한다. 그는 두건을 착용한 ERIS 대원들이 몸을 앞으로 구부리고 기침하기를 거부하면 완력을 사용하면서 항문의 육안 검사를 포함해 정기적으로 알몸 신체검사를 받았다고 진술한다. 알몸신체 검사 시에는 비디오 녹화를 떴으며, 국립경찰 출동대원(GIPN)들의 면전에서 그랬다고 진술한다.

2008.4.14. 엘 쉐난위 씨는 매일 4차례 내지 8차례 씩 진행되는 항문검사 시, 비디오 녹화를 포함해 일상적인 전신 알몸 검사의 중지를 판사에게 요구하는 긴급신청을 하였다. 2008.4.15.의 명령으로 판사는 그 보안조치는 수용자가 교도소를 출입할 때마다 시행되며 전신 알몸 신체검사의 정지를 구하는 신청은 행정법원의 관할내에 속하지 않는다고 하면서 동 신청을 각하하였다.

같은 날 작성된 ERIS 보고서에 따르면 청구인은 4월 9일과 10일 아침 9시에 교도소를 나오고 점심을 먹기 위해 교도소로 귀환하고 저녁 5시 30분에 다시 잠자기 위해 귀환했다. 각각의 경우에 그는 4명의 ERIS 대원이 동행하고 그들을 다시 그를 GIPN에 인계하였다.

이 공판 후에 청구인은 2008.4.15.의 명령에 대해서 법률상의 쟁점에 항소하였다. 2008.11.14. 판결에서 파기원은 교정당국이 수용자들에게 신체 전체에 대한 검색을 하도록 하는 결정들은 국가 교정행정의 일부를 구성한다는 이유에서 그 명령을 파기하였다.

파기원은 그럼에도 불구하고 긴급성이 결여되었다는 사유로 긴급 신청을 기각하였다.

2. 청구 요지

제3조(비인간적 또는 비열한 처우의 금지) 및 제8조(사생활을 존중받을 권리)에 근거하여, 청구인은 자신의 순회 법원 공판중 경찰 및 교정당국에 의한 알몸 신체검사를 문제 삼는다.

이 건은 2008.10.15. 접수되었다.

3. 법원의 판단

가. 제3조

법원은 알몸 신체검사 및 신체 전부의 검사는 수용자 자신의 안전을 포함해서 교도소 안전을 확보하기 위해 또는 무질서나 범죄 예방을 위해 때때로 필요할 수 있다는 점을 인정한다. 그러나 이러한 목적 달성을 위해 "필요한" 것이라는 요건 이외에도 "적절한 방식"으로 수행되어야 한다. 수용자의 스트레스나 굴욕감이 그러한 검사에 당연히 내포되는 수준을 넘어서는 안 된다.

청구인이 받아야 했던 전면 신체검사의 횟수에 대해서는 당사자의 주장이 다르다. 하루에 4회에서 8차례 정도 검사가 있었다는 파기원의 사실인정을 법원은 그 기초로 삼는다. 또한 옷을 벗은 상태에서 청구인이 허리를 굽히도록 요구받았는데 이는 당시에 통상적 검사 방식은 아니었고 저항하면 완력이 사용되었다.

프랑스에서 신체 전부 검사는 청구인이 속한 범주의 요위험 수용자들을 주로 그 대상으로 한다. 법원은 청구인의 형사 이력으로 교도소에서 순회법원에 이송될 때 높은 수준의 보안조치가 정당화된다는 프랑스 정부의 의견에 동감한다. 법원은 청구인의 공판 진행중 예외적으로 엄격한 보안 조치들이 있었던 점을 주목한다.

쉐나위 씨는 자신을 감시하는 서로 다른 법집행기관 공무원들의 반복적인 검색을 받았다. 당시 법무장관의 ERIS에의 검사에 대한 지시에서 특히 수용자가 GIPN에 인계될 때 허가 없는 반복 검사를 경고했었다. 법원은 4월 9일에서 11일 사이, 점심을 위해 교도소에 귀환할 때 매우 빈번하게 검사가 이루어졌음을 주목한다.

복면을 쓴 남자들이 행한 검사에 대해서, 법원은 이러한 "겁을 주는 관행"에 대해 최근 관심을 표명한 적이 있음을 강조한다. 이것은 굴욕을 주려고 의도한 것은 아니지만 불안감을 유발하기 쉽다는 것이다. 법원은 그 사건에서의 사실 판단을 달리 볼 이유가 없다고 하였다.

더욱이 그 신체검사는 적어도 공판기일 중 비디오로 녹화되었다. 비디오 녹화에 관한 규칙은 명시적으로 규정되어 있지 않았으며 2009년의 지시에서 수용자에 대한 신체 전부 검사는 "인간의 존엄성에 대한 침해로 해석될 수 있으므로 비디오 녹화를 해서는 안 된다"고 한다.

문제된 신체검사는 그것이 꼭 필요한 정도의 안전상 요구에 근거한 것이라거나 또는 무질서나 범죄 예방에 근거한 것이 아니었다. 비록 짧은 시간에 일어난 일이지만, 알몸 신체검사에 필연적으로 내포된 수준을 넘어서는 굴욕감 정도의 자의적으로 대한 다는 느낌, 열등감 및 불안감을 일으킨 책임이 있다.

법원은 이 점에 관하여 2009년 교도소법을 참조한다. 동법 제57조는 특별히 요위험 수용자와 관련된 것은 아니지만 신체 전부 검사시 엄격히 제한을 과하고 있다. 즉 "촉지검사나 전자탐침기의 이용이 불충분한 경우"에만 허용된다.

그러므로 법원은 쉐나위 사건에서 제3조의 위반이 있었다고 판시한다.

나. 제8조

제3조 위반의 관점에서 법원은 제8조를 별도로 심리할 필요가 없다고 판시한다.

다. 제13조

청구인은 자신이 받아야 했던 알몸신체검사에 대해서 기본적 자유의 보호를 위한 긴급신청의 방식으로 이를 다툴 기회를 갖지 못했다. 그러므로 법원은 청구인이 제3조를 다툴 효과적인 구제수단을 갖지 못했다고 판시한다.

라. 보상

제41조에 의해, 법원은 프랑스가 청구인에게 비재산적 손해로 8,000 유로 그리고 비용과 경비로 5,000 유로를 지급할 것을 명한다.

[25] **간접흡연** Florea v. Romania

Application no. 37186/03, 2010. 9. 14. 선고

제3조 (비인간적 또는 굴욕적 처우의 금지) 위반

열악한 교정 시설내에서 흡연자들과 함께 있을 수밖에 없었던 상황은 비인간적 처우에 해당하는 구금에 해당한다고 보고, 간접흡연으로 인한 건강 피해는 인정하지 않았지만, 그런 열악한 시설에서 건강이 악화된 점을 인정.

1. 주요 사실

청구인 프로리아 씨는 1949년생 루마니아 인으로 루마니아의 보토사니에 거주한다. 그는 2002. 3월부터 2005. 2월까지 보토사니 교도소 및 태르그 오크나 교도소 병원에 수감되었다.

복역중 청구인은 만성감염과 고혈압이 있었다. 이 교도소에서 그는 약 110에서 120명의 다른 수용자들과 35개의 침상을 갖춘 방에서 대략 8~9개월 있었다. 청구인에 따르면 동료 수용자의 90%는 흡연자들이었다. 그는 또한 교도소 병원 내에서 3일간 일단의 흡연자들 속에 있었다.

2005. 1월 청구인은 의사로부터 흡연을 피하라는 충고를 들었다.

프로리아 씨의 진정에 대해 법무장관은 과밀 수용으로 인해 2명의 수용자가 하나의 침

대를 같이 사용할 수밖에 없으며 또한 공간 부족으로 인해 흡연자와 비흡연자를 별도로 나눌 수 없음을 인정했다.

교정당국은 청구인은 9개 침상이 있는 21㎡의 방, 35개 침상이 있는 55㎡의 방에 구금되었고 각 방에 몇 명의 수용자가 유지되었는지 이에 대한 데이터는 없다고 한다. 교정 당국에 따르면 흡연은 오직 화장실과 야외에서만 가능하다고 한다.

이와 비슷하게 교정 병원에도 통계상 개별 병실이 아닌 개별 병동으로 기록되고 있다. 따라서 만성 질환자를 위한 병동은 113㎡ 크기에 두 개로 분할되어 흡연자와 비흡연자 구분 없이 하나는 9명 다른 하나는 59명이 수용되어 있었다.

청구인은 2005.2.15. 조건부 석방되었다. 교정당국에 따르면 그의 상태는 구금중 변동이 없었다.

2004. 4월 청구인은 흡연자와 함께 구금되고 빈약한 구금 시설로 인해 야기된 건강 악화를 이유로 보상을 청구하였다. 그의 청구는 2006년 아무런 인과관계가 확인되지 않는다는 이유로 지방법원에서 기각되었다.

2. 청구 요지

제3조(비인간적 또는 비열한 처우의 금지)에 근거하여 청구인은 과밀수용과 조악한 위생상태 및 교도소 및 교정병원에서 흡연자들과 함께 구속되어 있었고 자신의 건강상태에 적합지 않은 식사를 제공받았다는 이유로 제소하였다.

3. 법원의 판단

가. 제3조

루마니아 정부는 청구인이 교정직원을 상대로 한 고소 및 불법행위 책임에 대한 소송을 제기하지 않았기 때문에 국내적 구제절차를 완료하지 않았다고 항변한다. 법원은 청구인이 자신이 흡연자들과 함께 있었다는 사실을 포함해 조악한 구금 시설에 대해 관계 당국에 반복적으로 주의를 촉구했다는 점을 인정한다. 나아가 루마니아 정부는 어떤 구제절차를 통해서 청구인이 주장하는 조악한 구금시설을 구제받을 수 있는지에 대해 어떤 것도 제시하지 않았다. 그러므로 국내적 구제절차를 완료하지 않았다는 루마니아 정부의 예비적 항변을 기각한다.

법원은 협약상의 권리 박탈은 말할 것도 없지만 일부에 있어서 복역조건은 취약한 개인의 보호를 위해 제고할 필요가 있다고 본다. 국가는 모든 수용자들이 인간의 존엄성을 존중받고, 구금에 본질적으로 따르게 되는 피할 수 없는 수준을 넘어서는 비탄과 고난을 받지 않도록 하고 건강이 손상되지 않는 조건으로 수용되도록 이를 확보해야 한다.

수용자들의 거실 면적에 관한 사건에서, 법원은 개인당 최소한 3㎡를 그 최저기준으로 정했었다. 개인 공간이 이를 넘어서는 경우 법원은 위생 기준과 같은 다른 요소들을 고려한다. 프로리아 씨의 사건에서 전체 수용자들이 차지하는 공간을 볼 때 1.57~2.36㎡ 사이였고, 병원에서는 1.89~3.63㎡의 면적이었다. 법원은 루마니아 법무부가 동교도소가 이미 수용능력을 초과하고 있었고 전국 교도소에도 과밀 수용의 근본적인 문제가 존재한다는 점을 시인한 점을 주목한다.

프로리아 씨는 따라서 유럽 기준을 밑도는 개인 공간 속에서 매우 답답한 상태로 3년을 보냈다. 그러나 법원은 루마니아의 공동생활 방의 개인 면적 기준이 최근 4㎡로 증가된 사실도 주목한다.

다른 요소에 관해 보면, 법원은 프로리아 씨는 잠도 자고 식사도 하는 비참한 위생상태의 방에서 하루 23시간 유폐되었던 사실도 주목한다. 청구인이 제기한 간접흡연의 문제에 관해서 법원은 교도소에서의 간접흡연으로부터의 보호에 관하여 유럽 이사국 내에서 아직 어떤 합의점도 없음을 보게 된다.

일부 다른 사건(Aparicio Benito v. Spain (no. 36150/03))의 청구인들과 달리 프로리아 씨는 한 번도 독방에 있은 적이 없고, 교정병원에서도 흡연 수용자들과 함께 있어야 했다. 그러나 2002년 6월에 제정된 법률은 병원에서의 흡연을 금지시켰고 루마니아의 각급 법원은 최근 빈번히 흡연자와 비흡연자는 별도로 구금되어야 한다고 판시하였다.

따라서 청구인이 따라야 했던 구금 조건은 제3조에 반한다. 법원은 청구인의 의료적 상태에 대해 전문 의료감정서가 이를 확증하지는 않으므로 그의 전반적 건강상태에 대해 구금 조건이 어떻게 영향을 주었는지 이를 심사하는 것은 불필요하다고 보며 그의 건강상태는 구금중 악화된 점을 인정한다.

나. 제41조

법원은 루마니아 정부가 프로리아 씨에게 비재산적 손해로 10,000 유로를 지급할 것을 명한다.

[26] 시위자에 대한 최루가스 사용 Ali Gune. v. Turkey

Application no. 9829/07, 2012. 4. 10. 선고

제3조 (비인간적 또는 굴욕적 처우의 금지) 위반

이 건은 2004년 이스탄불 나토 정상회의 반대 데모에 참가한 고교 교사가 제소한 건으로 경찰이 자신에게 최루가스를 쏘는 등 자신을 비열하게 대우하였다는 것이다.

법원은 터키 당국이 구네 씨가 이미 경찰에 붙잡힌 그에게 최루가스 사용한 것을 정당화할 수 없었으며 또한 그의 관련 진정에 대해 어떤 효과적인 수사도 없었다는 점을 특히 인정하였다.

1. 주요사실

청구인 알리 구네 씨는 1968년생 터키인으로 이스탄불에 거주한다.

그는 고교 교사이며 교육 및 과학 노동자 연맹의 일원이며 공공노동자 연맹의 회원이

다. 2004. 6월 그는 이스탄불 나토 정상회의에 반대하는 데모에 참여하였다.

구네 씨에 의하면 이스탄불 당국이 나토 정상회의 관련 시위를 허용하는 13개 지역 중의 한 곳에 2004.6.28. 갔다. 그는 비무장 상태로 그의 동료들과 함께 평화적으로 행동하였다. 그러나 경찰은 그의 팔을 잡고 최루가스를 쏘았으며 그를 패고는 경찰서로 연행하였다. 이곳에서 11시간 유치되었다. 검찰관이 그들 보고 석방을 명했다.

정부에 의하면 구네 씨와 그의 동료들이 보도자료를 읽은 후 해산을 거부하였으며 경찰이 떠날 것을 시도했음에도 그들이 돌과 막대기로 경찰을 공격했다는 것이다. 그들은 또한 인근 자동차들에 손상을 입히고 다수의 경찰관들에 피해를 주었다. 그 결과로서 경찰이 그들을 해산시키기 위해 최루 가스를 사용했다. 그들은 또한 구네 씨를 경찰서로 연행하여 검찰관이 석방을 명할 때가지 11시간 유치시켰다. 2명의 의사가 같은 날 구네 씨를 검진했고 진료소견서에는 눈이 충혈 됐으며 신체에 학대의 흔적은 없었다고 되어 있었다.

이 사건은 전국 언론 매체에 널리 보도되었다. "사바" 일간지에 실린 사진에는 구네 씨가 2명의 경찰관에 의해 연행되는 모습을 보여주고 그중 한 명이 매우 가까운 거리에서 최루가스를 안면에 쏘고 있었다.

구네 씨와 터키 정부는 법원에 경찰보고서 검진보고서 등을 포함하여 증거로서 다수의 서류를 제출하였다. 2개의 의료보고서는 충혈된 양 눈 그리고 어깨 아래 한쪽의 타박상을 기록하고 있었다.

2004.9.7. 구네 씨는 시위중 자신을 학대한 경찰관을 상대로 제소하였다. 그에 의하면 자신이 공식적으로 문제를 제기하기 전에, 2004.6.30. 검찰관이 경찰관들이 어떤 범행도 없었다고 생각하기에 경찰관들을 기소하지 않을 것이라고 이미 결정했다고 한다. 구네 씨는 2007.11. 검찰관이 자신에게 보낸 그 결정을 통지받지 못했다. 2008.2. 검찰관의 결정은 법령에 따른 것이었으므로 구네 씨의 항고는 기각한다고 터키 법원은 판시했다.

2. 청구 요지

특히 제3조에 근거하여, 구네 씨는 자신과 동행했던 사람들 모두 비무장 상태였고 평화적으로 행동하였음에도 2004. 6월 나토 정상회의 반대 시위 기간 중 경찰이 자신을 구타하였고 또한 체포한 이후에도 해로운 가스를 뿌렸다고 제소하였다. 또한 그는 터키 당국이 경찰을 상대로 한 자신의 주장을 충분히 심리하지 못했다고 주장한다. 끝으로 제5조(자유와 안전에 대한 권리)에 근거하여 그는 경찰이 그를 불법적으로 체포했다고 주장한다.

이 건은 2007.1.13. 접수되었다.

3. 법원의 판단

가. 제3조

첫째, 법원은 "최루가스"는 사람에게 호흡곤란, 메스꺼움, 구토, 흥분, 경련, 가슴통증을 유발할 수 있다. 강하게 사용할 경우 폐에 손상을 주거나 호흡기 또는 소화관의 괴사 및 내출혈을 유발할 수도 있다.

다음으로 법원은 최루가스가 "화학무기의 개발, 생산, 비축 및 사용금지 및 그 파괴에 관한 1993년 협약"상 화학무기로 볼 수는 없지만 유럽고문방지위원회는 법집행과정에서의 그러한 가스의 사용에 대해 관심을 표명한 적이 있다. 특히 유럽고문방지위원회는 그 사용에 관해 분명하고 특별한 규칙의 작성을 권고하고 밀폐 공간에서의 사용은 잠재적인 위험성이 있다고 경고하였다.

법원은 유럽고문방지위원회와 의견을 같이 하면서 이미 구속된 개인을 상대로 하는 그러한 가스 사용에는 어떤 정당성도 없음을 강조하였다. 그리고 터키 정부는 경찰이 구네 씨를 체포한 이후에 왜 그런 가스를 사용했는지 이에 대해 어떤 해명도 하지 않은 점을 주목하였다.

법원은 구네 씨의 안면에 대한 허가받지 않은 가스 분사는 그에게 심각한 신체적 및 정신적 고통을 유발했다고 결론을 내렸다. 결과적으로 그는 비인간적 및 비열한 처우를 받았다. 이러한 결론에 비추어 경찰관의 구타에 관한 부분을 별도로 심리할 필요는 없다.

더욱이 검찰관은 수사 개시 48시간 내에 수사를 종결하였다. 수사종결에 대한 검찰관의 결정과는 별도로, 터키 정부는 그 기간 중 어떤 조치들이 취해졌는지 이를 소명하는 어떤 서류도 법원에 제출하지 않았다. 이러한 사정에 비추어 법원은 구네 씨에 대한 최루가스 분사 및 이와 관련한 효과적인 수사를 이행하지 않은 것으로 인해 제3조 위반이 있었다고 판시한다.

나. 제5조 제1항

법원은 구네 씨가 불법적으로 체포되었다는 주장에 대해서는 터키 당국이 관련 절차를 준수했다고 보기 때문에 이를 기각한다. 나아가 구네 씨는 자신의 체포 및 구금 중에 정확히 어떤 불법행위가 있었는지를 특정하지 않았다.

다. 정당한 보상

법원은 터키 정부가 구네 씨에게 비재산적 손해로 10,000 유로 및 비용과 경비로 1,500 유로를 지급할 것을 명한다.

[27] 자백을 위한 경찰의 위협 Gäfgen v. Germany

Application no. 22978/05, 2010.6.1. 선고

제3조 (고문 및 비인간적 처우 금지) 위반

제6조 (공정한 재판을 받을 권리) 비위반

아동을 유괴 살인한 사건의 용의자에 대한 경찰의 신문과정에서 경찰관들은 용의자에게 고문 등의 공포로서 위협하여 자백을 받아냈다. 개인의 생명이 위급한 경우에도 용의자에게 고통을 주겠다는 위협을 주면서 신문하는 행위는 고문에 이르는 정도의 잔인한 방법은 아니나 매우 비인간적인 처우로서 그 금지규정에 위반한다.

1. 주요 사실

청구인 마그너스 개프겐은 1975년생 독일인이다. 현재 쉬밤스타트 소재 교도소에 복역중이다.

이 건은 프랑크푸르트 암마인의 유명한 은행가문의 막내아들 J의 소재 파악을 위해 자백을 요구한 경찰관의 부당한 처우로 위협을 받았고 또한 자신에 대한 공판이 공정하지 않았다고 제소한 건이다. 2003년 개프겐 씨는 J의 유괴 및 살인으로 종신형을 선고 받았다. 독일 법원은 그의 죄책이 특히 중대하다고 하면서 잔여형기는 15년 형기 이후에도 보호관찰로 정지될 수 없다고 판시했다.

당시 11세였던 아동은 자신의 누나를 통해 법대생이었던 청구인을 알게 되었다. 2002. 9.27. 청구인은 J의 누나가 재킷을 자신의 집에 놔두었다고 하면서 자신의 집으로 J를 유인하고 질식사 시켰다.

곧이어 청구인은 J 부모에게 몸값으로 일백만 유로를 요구하였다. 그는 J를 프랑크푸르트에서 자동차로 1시간 거리의 늪에 유기하였다. 2002.9.30. 전철역에서 몸값을 받으면서 현장 잠복 중이던 경찰에 수 시간 후 체포되었다.

2002.10.1. 개프겐을 심문하던 경찰관 한명이 아동의 소재를 밝기기를 계속 거부하는 경우 상당한 고통을 감내해야 할 것이라고 청구인에게 경고하였다. 경찰관들은 J가 굶주림과 추위로 큰 위험에 처해 있을 것이라 보아 그러한 위협이 필요하다고 생각하였다. 그러한 위협의 결과로서 청구인은 J를 숨긴 곳을 밝혔다. 자백을 받자마자 청구인과 함께 경찰관들이 늪으로 가서 추가 증거로 청구인 차의 바퀴 흔적과 시체를 확보하였다.

공판 초기부터 프랑크푸르트 암마인 지방법원은 수사 과정에서의 그의 모든 자백이 독일형사소송법 제136a조 및 유럽인권협약 제3조에 위반하여 강박 상태에서 취득한 자백이므로 이를 증거로서 사용할 수 없다고 결정하였다. 그러나 동 법원은 강박상태에서 청구인에게서 캐낸 진술의 결과로서 취득한 증거에 대해서는 공판에서 이를 증거로 사용하는 것을 허락하였다.

2003.7.28. 청구인은 유괴 및 살인의 유죄를 인정받고 종신형을 선고받았다. 그는 처음부터 묵비권을 고지 받고 또한 그의 초기의 모든 진술이 불리한 증거로 사용될 수 없었

다는 사실에도 불구하고 청구인은 그럼에도 불구하고 자신이 J를 유괴해서 살해했다고 다시 자백하였다. 그 범죄에 관한 법원의 사실 인정은 기본적으로 그 자백에 기초하였다. 그 사실인정은 또한 최초 얻어낸 자백의 결과로서 확보한 증거로 보강되었다. 즉 검시보고서와 늪의 타이어 흔적 그리고 몸값을 받은 후 청구인의 관찰에서 얻은 다른 증거 등이다.

청구인은 법률상의 쟁점에 대해 상고했으나 2004. 5월 연방대법원에서 이를 기각하였다. 곧이어 연방헌법재판소에 헌법소원을 제기했으나 이는 2004.12.14. 결정으로 각하하였다. 연방대법원은 지방법원의 판시를 확인했으나 자백을 받기 위해 청구인에게 고통으로 위협하는 행위는 국내법상 금지된 심문방식을 구성하고 협약 제3조에 위반한다고 보았다.

2004. 12월 2명의 청구인을 위협한 2명의 경찰관은 직무상 강제 및 강제 조장 혐의로 유죄를 인정받았고, 각 60 유로 및 120 유로의 벌금형을 선고받고 집행이 유예되었다.

2005.12월 청구인은 경찰의 수사방식으로 야기된 정신적 충격에 대해 보상받고자 헤센주를 상대로 배상소송을 위해 지방법원에 법률구조를 신청하였다. 동 법원은 신청을 기각하고 2007. 2월 항소법원도 이를 기각하였는데 동 법원은 청구인이 고문의 위협과 심리적 치료를 요할 정도의 정신적 피해주장 간의 인과관계를 확정하기 곤란하다는 점을 특히 그 판시이유로 들었다. 2008.1.19. 연방헌법재판소는 항소법원의 결정을 파기하고 사건을 환송하였다. 연방헌법재판소는 청구인에 대한 법률구조 거부는 법원에 대한 공평한 접근원칙을 침해한 것이며 손해배상을 요하는 인간의 존엄성에 대한 침해는 어려운 법률적 문제이며 법률구조 신청절차에서 다룰 문제가 아니라고 하였다. 환송된 사건은 지방법원에 계류중이다.

2. 청구 요지

청구인은 경찰의 심문을 받을 때 협약 제3조에 반하여 고문을 당했다는 것이다. 나아가 그는 협약 제6조에 근거하여 공정한 재판을 받을 권리가 강박 상태에서 취득한 자백의 결과로서 확보된 증거를 사용함으로써 침해되었다고 주장한다.

이 건은 2005.6.15. 유럽인권법원에 접수되었다.

2008.6.30. 판결에서 법원은 청구인이 협약 제3조 위반의 피해자가 아니라고 하고 제6조의 위반도 없었다고 판시했다.

이 판결은 2008.12.1. 청구인의 요구로 대재판부로 회부되었다.

3. 법원의 판단

가. 제3조

제3조에 반하는 처우

프랑크푸르트 경찰서 부서장의 지시에 따라 한 경찰관이 J의 소재를 밝히기 위해서 청구인에게 감당할 수 없는 고통을 줄 것이라고 위협했던 사실은 독일 법원에 의해 확인되었다. 법원은 이러한 의도적이고 급박한 부당처우의 직접적인 위협이 청구인에게 상당한 공포와 정신적 고통을 야기했을 것이라고 본다. 독일 국내 법원에서 인정한 것처럼 경찰서 부서장이 청구인에게 수차례나 폭력 사용을 명했음이 나타나고 따라서 자발적인 행위로 간주될 수는 없으나 고의적인 것이었다고 볼 수 있다. 법원은 경찰관들이 아동의 생명을 구하기 위한 것이었음을 인정한다. 그러나 부당 처우의 금지는 피해자의 행위나 당국의 동기에 관계없이 적용되며, 여기에는 개인의 생명이 위급에 달한 경우조차도 예외가 인정되지 않는다. 법원은 이 사건에서 청구인에게서 정보를 얻기 위해 그에게 한 직접적 위협은 협약 제3조에 해당하는 비인간적 처우로 볼 수 있을 정도로 충분히 심각한 것이었다고 본다. 판례법과 국제 인권 감시기구의 견해를 고려하면 청구인에게 적용된 수사방식은 고문에 이를 정도의 잔인한 수준에는 도달하지 못했다고 인정된다.

청구인의 피해자 지위

법원은 청구인 및 경찰관들에 대한 형사절차에서 국내 법원은 청구인에 대한 심문방식이 협약 제3조를 침해한 것을 명백히 인정하고 있다는 것에 만족한다. 그러나 강박과 강박기도의 죄책이 인정된 경찰관들은 각각 가장 낮은 벌금에 집행유예까지 선고받은 점을 보게 된다. 국내법원은 여러 감경요소들을 고려하였는데 특히 그 경찰관들이 'J의 생명을 구하는 것이 목적이었다'라는 사실을 고려했었다. 법원은 이 사건이 국가 기관원에 의한 잔인한 자의적 행위로 발생한 사건과 비교할 수 없다고는 보지만, 그럼에도 불구하고 경찰관들에 대한 처벌은 이러한 유형의 협약 위반을 향후에 방지하기 위해서는 필요한 억제책이 되지 못한다고 본다. 더욱이 경찰관들 중 한 명은 후에 경찰기관의 장으로 임명되었다는 사실은 독일 당국의 반응이 제3조 위반에 관계된 행위의 중대성을 충분히 반영하지 못했다는 심각한 의문을 야기했다. 협약 위반을 구제하기 위한 보상에 관하여, 법원은 청구인이 손해배상소송을 제기하기 위한 법률구조의 요청은 3년 이상 계속중이고 본안에 대해서는 아직 결정이 나지 않았음을 유념한다. 국내법원이 손해배상청구소송의 본안 결정을 하지 않은 것은 공적 책임 소송의 효율성에 심각한 의문을 제기하였다. 이러한 사실 인정에 비추어 법원은 독일 당국이 청구인에게 협약 제3조를 위반하여 충분한 구제책을 제공하지 않고 있다고 본다. 11대6으로 법원은 청구인이 협약 제3조의 피해자임을 주장할 수 있고 독일이 협약 제3조를 위반했다고 결론을 내린다.

나. 제6조

법원은 판례법으로 확립한 것처럼 협약 제3조에 위반한 방식으로 취득한 증거의 사용은 형사소송의 공정성에 심각한 문제를 유발하였다. 그러므로 청구인에 대한 형사절차 전반이 그러한 증거의 사용으로 말미암아 불공정했다고 결론을 내릴 수밖에 없다.

법원은 협약 제3조를 위반한 수사방식의 사용으로부터 개인을 효과적으로 보호하기 위해서는 동 조항의 위반의 결과로서 획득된 진정한 증거라도 공판에서 그 사용을 배척하는 것이 필요하다고 보았다. 협약 제3조를 침해하여 취득한 증거는 피고인의 유죄 또는 형의 선고에 영향을 주는 경우에는 이러한 보호장치와 형사공판의 공정성이 위태롭게 된다고 본다.

이 사건에서 공판에서의 청구인의 새로운 자백이 —이전의 그의 모든 진술이 불리한 증거로 사용될 수 없다고 고지 받은 후— 그의 유죄 및 형의 선고의 기초가 되었다. 수사절차에서 제3조 위반이 공판중에 청구인의 자백에 어떤 관계를 가졌는지의 문제에 관해, 법원은 그가 공판에서 경찰이 그에게 한 위협에도 불구하고 양심의 가책과 범행에 대한 책임을 지기 위해서 자유롭게 자백한 것임을 강조한 사실을 보게 된다. 그러므로 법원은 독일 국내법원이 문제의 증거를 애초부터 배제하기로 결정했다면 청구인이 자백하지 않았을 것이라고 가정할 이유를 찾을 수 없다.

이러한 고려를 바탕으로 법원은 이 사건에서 국내법원이 문제의 증거를 배제하지 않은 행위는 청구인의 유죄 및 형의 선고에 어떤 관계도 없었다고 본다. 청구인의 방어권이 존중되었기 때문에 그에 대한 공판은 전체로서 공정했던 것으로 본다.

법원은 11대6으로 제6조 위반이 없었다고 결론을 내린다.

다. 보상

청구인은 재산상 손해 또는 비금전적 손해는 청구하지 않았고 오직 이 청구의 목적이 재심을 받기 위한 것임을 강조하였다. 제6조 위반이 없었으므로 법원은 청구인이 국내법원에서 재심을 청구하거나 사건을 재개시할 근거가 없다고 본다.

[28] 아동에 대한 형사체벌 Tyrer v. the United Kingdom

Application no. 5856/72, 1978. 4. 25. 선고

제3조 (고문 및 굴욕적 처우의 금지) 위반

학교 내에서 상급 학생을 폭행한 혐의로 관련 법률에 의거 회초리 3대의 체벌이 의사 및 아버지의 입회하에 경찰서에서 2명의 경찰관에 의해 집행되었다. 동 법률은 10세 이상 15세 미만 아동의 경미한 폭행 시, 징역형이나 벌금형 대신에 체벌을 규정한다.

법원은 형사체벌은 체벌에 의해서 심각한 육체적 고통이나 지속적인 고통을 느끼지 않더라도 인간의 존엄성과 신체의 완전성을 보호하고자 하는 협약 제3조(고문 및 잔혹한 행위의 금지)의 주요 목적에 대한 침해라고 판단하였다.

1. 주요 사실

1956.9.21. 출생한 영국민 타이러 씨는 1972.3.7. 당시 15세였다. 타이러 씨는 다른 학생 3명과 함께 상급학생을 폭행했다. 폭행의 계기는 타이러가 교내에 맥주를 반입하자 이를 본 상급학생이 학교에 신고하였다는 것이었다. 당일 타이러는 관련 법령에 따라 회초리 3대의 체벌을 받기로 결정되었다.

이에 대해 법원에 제소했으나 1972.4.28. 기각되었다. 동 법원은 상급학생에 입힌 상해가 심각하였고 회초리 체벌에 관여할 이유가 없다는 이유로 기각하였다. 법원은 청구인의 신체를 진단하도록 명하고 진단 의사는 청구인이 그러한 체벌을 감당할 수 있다는 소견서를 제출했다.

청구인은 체벌을 위해 경찰서에 출두하고 의사가 도착하자 당일 오후 회초리 체벌이 있었다. 체벌시에는 청구인의 아버지와 의사가 입회하였다. 체벌할 때 청구인은 바지와 팬티를 내리고 책상에 기댄 상태에서 1명의 경찰관이 그 과정을 관리하고 2명의 경찰관이 집행하는데 첫 번째 가격시에 회초리가 부러졌다. 청구인의 아버지는 자제심을 상실하고 세 번째 가격 후에 경찰관에게 달려가자 그들이 이를 제지하였다.

이 체벌 후 약 1주일 반 정도 염증이 있었다.

당시 체벌의 근거는 1927년 즉결재판소법에 의한 것이었다. 이 법률은 경미한 폭행 등이 있을 때 징역이나 벌금 대신에 행위자가 10세 이상 15세 미만일 때 회초리 체벌을 할 수 있도록 규정하였다.

이 법은 1960년 약식재판법으로 개정되었는데 동법에서는 그 체벌의 방식을 규정하고 하위규범인 총독령(Isle of Man 관할, 청구인은 Isle of Man 거주, 영국정부는 동령이 영국의 완전한 관할권내에 있지 않다는 주장을 했으나 법원은 이를 인정하지 않았다)으로 회초리의 재질, 길이, 무게 등 규격과 집행방식을 규정한다.

2. 청구 요지

청구인은 형사적 체벌이 협약 제3조의 굴욕적 처우에 해당한다고 주장한다.

3. 법원의 판단

가. 제3조 위반여부

유럽인권위원회는 그 보고서에서 사법적 체벌형은 비하적인 것으로 제3조 위반을 구성하고 결과적으로 청구인에 대한 가해는 동 조 위반이라는 의견을 냈었다.

법원은 타일러에 대한 체벌이 협약 제3조의 의미상 "고문"에 해당하지는 않는다고 하는 위원회의 의견과 같은 의견을 갖는다.

법원은 이 특정 사건의 사실에서 1978.1.18. 판결에서 해석 · 적용했던 개념에 내재한 수준의 고통을 청구인이 겪었는지를 드러내는지는 심리하지 않는다(Ireland v. the United Kingdom 사건 참조).

이 판결은 또한 "비인간적 처우" 및 "비열한 처우"의 개념에 대해 여러 함의를 담고 있으나 그 각각의 개념은 의도적으로 정의하지 않았다. 그럼에도 불구하고 그 처벌이 제3조의 의미상 "비인간적인" 것으로 성립하기 위해서는 반드시 일정한 수준의 고통에 달해야 한다는 것은 사실이다. 여기서 다시, 법원은 그 수준에 도달했다는 사건의 사실관계에 대해서는 심리하지 않고 따라서 타일러에게 부과한 처벌이 협약 제3조의 의미상 "비인간적 처우"가 아니라는 위원회의 의견과 같다. 그러므로 여기서 유일하게 결정할 문제는 그가 협약 제3조에 반하는 "비열한 처우"를 받았느냐 하는 것이다.

법원은 무엇보다도 형사적으로 유죄라는 사실만으로도 사람들은 굴욕감을 가질 수 있다고 본다. 그러나 협약 제3조의 목적에 적합하기 위해서는 유죄인정 만이 아니라 그에게 가한 처벌의 집행에 의해서도 굴욕감을 느낄 수 있어야 한다. 사실상 모든 경우는 아니지만 대부분의 경우 이러한 굴욕감은 형사처벌의 한 효과일 수도 있다. 그러나 법원이 Ireland v. the United Kingdom 사건에 대한 1978.1.18. 판결에서 지적했던 것처럼, 제3조에서 금하는 내용은 절대적이다. 여기에는 어떤 예외도 없고 제15조 제2항에 의해서도 제3조의 면책이 있을 수 없다. 형사처벌이 일반적으로 그 통상적인 그리고 그 필연적인 모멸감 요소를 이유로 "굴욕적"이라고 하는 것은 어불성설이다. 협약 제3조는 "비인간적" 및 "굴욕적" 처우를 명시적으로 금지한다고 함으로써 그러한 처우 간에 어떤 구분이 존재한다는 점을 내포하고 있다.

법원의 견해로는 어떤 처우가 "굴욕적"인 것이 되고 또한 제3조를 위반하기 위해서는 이에 관련된 모멸감이나 가치박탈감은 특정한 수준에 도달해야 하며 어떤 경우에도 앞에서 언급한 통상적인 모멸감 이상 이어야 한다. 그 평가는 그 성질상 상대적이다. 그 평가는 사건의 모든 상황 및 각별하게는 해당 처우 자체의 성질과 맥락 및 그 집행 방식이나 방법에 의존한다.

아이슬어브맨의 검찰총장은 문제된 형사체벌은 여론에 반하지 않기 때문에 협약을 위반하지 않는다고 주장했다. 그러나 지역의 여론이 협약 제3조의 "굴욕적 처우" 개념의 해석에 영향력을 미친다고 가정하더라도, 법원은 형사체벌이 아이슬어브맨 섬의 다수의 사람들이 굴욕적인 것으로 보지 않는다고 확립된 것으로 간주하지 않는다. 그들이 그러한 체벌을 효과적인 것으로 보는 이유들 중의 하나는 엄밀하게는 그 체벌이 내포하는 굴욕감의 요소라는 점이 정확할 것이다. 형사체벌이 범죄를 방지한다는 신념에 관하여는 처벌은 그것이 범죄를 컨트롤 할 수 있는 효과적인 억제책이 된다고 믿고, 실제도 그러하기 때문에 그 굴욕적 성격을 상실하지는 않는다는 점을 지적할 수밖에 없다. 무엇보다도 법원이 강조하는 것처럼, 그 억제적 효과가 어떠하든 협약 제3조에 반하는 처벌에 의지하는 것은 결코 허용되지 않는다.

법원은 또한 협약이 살아있는 문서임을 상기하여 현재의 조건에서 이를 해석해야 한다고 본다. 이 사건에서 법원은 이 분야에서 유럽회의회원국의 형사 정책의 발전과 공통적으로 승인된 기준에 영향을 받지 않을 수 없다. 참으로 아이슬어브맨의 검찰총장은 수년간 동 섬에서의 형사체벌에 관한 법률의 개정여부가 심사되고 있었다는 점을 언급하였다.

타이러에게 가한 회초리 체벌의 집행 방식과 방법에 관해서, 동 검찰총장은 그 처벌이 비공개적으로 집행되고 또한 범행자의 이름이 공표되지 않는다는 사실을 특별히 강조하였다. 어떤 처벌이 협약 제3조 의미상 "굴욕적"인 것이 되느냐의 평가에 있어서 공개성은 중요한 요소일 수는 있으나 법원은 공개되지 않는다고 해서 필연적으로 그러한 범주에 들어가지 않을 것이라고는 생각하지 않는다. 피해자가 타인의 관점이 아닌 자신의 관점에서 굴욕감을 느끼는 것으로 족한 것이다.

법원은 아이슬어브맨의 법률이 동 처벌의 선고에 대해 항소할 권리를 주고 있어 일정한 안전조치를 제공한다는 점을 주목한다. 따라서 체벌하기 전에 의료검진이 실시되고, 때리는 횟수 및 회초리의 규격이 상세히 규율되고 있었다. 의사는 현장에 입회하고 동 체벌의 중지도 명할 수 있다. 아동이나 미성년자의 경우에는 부모가 희망하는 경우 입회할 수 있다. 체벌은 상급경찰관의 입회하에 경찰관이 집행한다.

그럼에도 불구하고 법원은 청구인에 대한 체벌의 다른 사정이 제3조의 의미상 "굴욕적"인 것으로 하는지에 대해서도 심리해야 한다. 형사체벌의 바로 그 자체의 성격은 체벌하는 사람이 다른 사람에 대해 신체적인 폭행을 가하는 것이다. 더욱이 그것은 이 사건의 경우 법률이 허용하는 폭력으로 제도화된 폭력이다. 따라서 청구인이 체벌에 의해서 심각한 육체적 고통이나 오래 지속되는 고통을 느끼지 않더라도 인간의 존엄성과 신체적 완전성을 보호하고자 하는 제3조의 주요한 목적에 대한 침해를 구성한다. 또한 그러한 처벌이 심리적 역효과를 가져올 수도 있다는 점을 배제할 수 없다.

이러한 폭력의 제도적 성격은 이 체벌의 공식적 절차의 전반적 분위기 및 체벌을 하는 사람들이 범법자에게는 전적으로 낯선 사람이라는 사실로 더욱 심해진다. 틀림없이 관련 법률은 어떤 경우에도 체벌은 형의 선고 후 6개월 이내에 집행하도록 규정하고 있다. 그러나 이것은 소년법원에서의 청구인에 대한 유죄인정 시점과 경찰서에서의 체벌 집행 간에는 상당한 시간차가 존재한다는 사실을 변경하지 못한다. 따라서 타이러가 경험한 신체적 고통 외에도 자신에 대한 폭력을 예상하면서 나타나는 정신적 고통도 받았다.

이 사건에서 법원은 폭력혐의 때문에 청구인에게 형사체벌형이 선고된 것은 중요한 것이라 보지 않는다. 법원은 또한 체벌형이 타이러에게는 징역형의 대체형이기 때문에 중요한 것이라고도 보지 않는다. 어떤 형벌이 다른 형벌에 비해 선호될 수 있느냐 또는 역작용이 덜하나 아니면 덜 심하냐 하는 등의 사실은 그 자체로는 협약 제3조의 의미상 "굴욕적"이지 않다는 것을 의미하는 것은 아니다.

그러므로 전체로서의 이러한 사정을 보아, 법원은 청구인의 경우 위에서 기술한 "굴욕적 처우"의 개념에 내재하는 일정한 수준 이상의 모욕감을 주는 처우를 받았다고 인정한다.

법원은 청구인에게 가해진 형사체벌은 협약 제3조의 의미상 굴욕적 처우에 해당한다고 결론을 내린다.

나. 제14조 위반 여부

1974.7.19. 결정에서 유럽인권위원회는 이 사건에 관련된 사실들이 성별 및 연령에 근거한 차별의 문제를 포함하고 있다고 보고 이를 직권으로 심리하여 본안 판단하기로 선언하고 제14조와 관련하여 제3조의 쟁점을 발생시킨다는 이유로 제14조 부분의 청구는 유보하였다. 그러나 1976.12.14. 보고서에서 위원회는 제14조 위반 여부의 심리를 계속 할 필요가 없다고 결론을 내렸다. 즉 위원회가 제3조의 위반이 있었다고 결론을 내린 것으로 충분하였다.

법원도 위원회와 같은 견해를 갖는다.

제3장 노예제 및 강제노동 금지

유럽인권협약 제4조 **(노예제 및 강제노동의 금지)**

1. 어느 누구도 노예 또는 노예상태에 놓여서는 안 된다.
2. 어느 누구도 강요된 노동 또는 강제노동을 당해서는 안 된다.
3. 이 조의 목적상 "강요된 노동 또는 강제노동"의 용어는 다음을 포함하지 않는다.

(a) 이 조약 제5조에 규정한 제 조건 하에서 구금중의 자 또는 이러한 구금에서 조건부 석방 중에 있는 자에게 통상 요구되는 작업.

(b) 군사적 성격의 역무 또는 양심적 병역거부가 인정되는 국가에 있어서 양심적 병역거부자의 경우에 의무적 군복무의 대용으로 행해지는 역무.

(c) 공동체의 생존 또는 안녕을 위협하는 위급 또는 재난시의 역무.

(d) 통상적인 시민의 의무의 일부가 되는 작업이나 역무.

B규약 제8조

1. 어느 누구도 노예상태에 놓여지지 아니한다. 모든 형태의 노예제도 및 노예매매는 금지된다.
2. 어느 누구도 예속상태에 놓여지지 아니한다.
3. (a) 어느 누구도 강제노동을 하도록 요구되지 아니한다.

(b) 제3항의 규정은 범죄에 대한 형벌로 중노동을 수반한 "(a)"구금형을 부과할 수 있는 국가에서 권한 있는 법원에 의하여 그러한 형의 선고에 따른 중노동을 시키는 것을 금지하는 것으로 해석되지 아니한다.

(c) 이 항의 적용상 "강제노동" 이라는 용어는 다음 사항을 포함하지 아니한다.

(i) "(b)"에서 언급되지 아니한 작업 또는 역무로서 법원의 합법적 명령에 의하여 억류되어 있는 자 또는 그러한 억류로부터 조건부 석방중에 있는 자에게 통상적으로 요구되는 것.

(ii) 군사적 성격의 역무 및 양심적 병역거부가 인정되고 있는 국가에 있어서는 양심적 병역 거부자에게 법률에 의하여 요구되는 국민적 역무.

(iii) 공동사회의 존립 또는 복지를 위협하는 긴급사태 또는 재난시에 요구되는 역무.

(iv) 시민으로서 통상적인 의무를 구성하는 작업 또는 역무.

[29] 가사 노예 Siliadin v. France

Application no. 73316/01, 2005.7.26. 선고

협약 제4조 (노예제 금지) 위반

협약 제41조에 의해 비용과 경비로 26,209 유로를 청구인에게 지급할 것을 명함.

토고 출신의 소녀가 프랑스에 입국해 약 5년간 프랑스인 가정에서 무급노동으로 가사를 돌보도록 강요되었다. 동 소녀의 불법적 지위와 프랑스인 가정의 여권 박탈로 인한 불안감 그리고 동 가정에서 프랑스에서의 합법적 지위를 얻을 수 있도록 하겠다는 약속 등에 대한 믿음이 그러한 강제노동에 놓이게 하였다.

프랑스내의 현대노예제반대위원회가 이를 알게 되고 검찰에 고발하면서 프랑스인 부부에 대한 형사절차가 개시되었으나 종국적으로 형사적으로는 무죄가 인정되고 무급노동만을 인정하여 손해배상과 체불임금만을 인정하였다.

법원은 그 소녀가 일할 당시 미성년자로서 협약상 노예상태에 있었음을 인정하고 프랑스가 이를 형사적으로 효과적으로 처벌하지 못한 것은 노예상태의 금지에 대한 협약상 의무를 적극적으로 이행하지 못한 것이라 판단했다.

1. 주요 사실

청구인 실리아딘은 1978년생으로 파리에 거주하는 토고 국민이다.

1994. 1월 청구인이 15세 6개월 되었을 때 토고 출신의 프랑스 국민 D씨와 함께 프랑스에 입국했다. D씨는 소녀의 이민 지위를 조정하고 그녀의 교육을 주선할 책무가 있었다. 반면에 청구인은 자신의 항공료를 반환하기에 충분할 정도로 돈을 벌기까지는 D씨를 위해 집안일을 하기로 되어 있었다. 청구인은 D씨 부부의 무급 고용인이 되었고 여권은 빼앗겼다.

1994. 10월경, D씨는 청구인을 허드렛일과 유아를 돌보도록 B씨 부부에게 "대여"하였다. 청구인은 B씨가 출산할 때까지 수 일 간만 머무를 것이라고 생각했다. 그러나 자녀

가 출생한 후 B씨는 청구인을 계속 데리고 있기로 결정했다. 청구인은 그 부부의 "모든 일에 대한 시녀"가 되어 아침 7:30분부터 저녁 10:30분까지 일을 해야 했다. 매일 매일 쉬는 날 없이 그녀에게는 특정 일요일 날만 나가는 것을 허용했다. 청구인은 마룻바닥의 매트리스 위의 아동 침대에서 잠을 잤고 낡은 옷을 입었다. 그녀는 결코 임금을 지급받지 않았으나 한 번인가 두 번 B씨의 어머니에게 72 유로에 상당한 500 프랑 지폐를 받았을 뿐이다.

1998. 6월 실리아딘은 이웃에게 비밀을 털어 놓고, 이웃은 현대노예제반대위원회를 알려 주었고, 동 위원회는 이 문제를 검찰에 고발하였다. B씨 부부를 상대로 약하거나 의존적인 사람으로부터 무급 또는 대가를 거의 지불하지 않는 서비스를 부정하게 취득한 혐의로 형사절차가 개시되었다. 이 범행은 인간의 존엄성과 양립할 수 없는 노동조건이나 생활조건에 사람을 복종시키는 것으로 형법 제225-13조상의 범죄가 되고 동법 제225-14조에 의한 범죄를 구성한다.

피고인들은 제1심에서 유죄 선고를 받고 12개월의 징역형이 선고되었다. 그러나 2000.10.19.의 항소에서 무죄로 인정되었다. 2003.5.15.의 판결에서 베르사이유 고등법원은 B씨 부부는 청구인에게 무급 노동을 시켰으나 청구인의 노동 조건과 생활 조건은 인간의 존엄성에 양립할 수 없는 것은 아니라는 것이었다. 동 법원은 손해로서 15,245 유로 상당을 청구인에게 지급할 것을 명하였다.

2003. 10월 노동재판소는 청구인에게 체불임금으로 31,238 유로를 지급하도록 하였다.

2. 청구 요지

유럽인권협약 제4조에 근거하여 청구인은 프랑스 형법이 청구인이 "노예상태"로 있던 상황에 대해서, 또는 사실상 가정 노예로 만들어진 상태로, 청구인이 수행해야 했었던 "강요된 강제" 노동에 대해서 최소한이나마 충분하고 효과적인 보호를 제공하지 못했다고 주장한다.

이 사건은 2001.4.17. 접수되었으며 2005.2.1. 부분적으로 허용되었고, 2005.5.3. 스트라스부르크에서 공개심리가 열렸다.

3. 법원의 판단

가. 협약 제4조의 적용 가능성 및 동 조로부터 발생하는 적극적 의무에 관하여

법원은 협약 제4조는 민주사회의 근본적 가치 중의 하나를 구현하는 것이라고 본다. 그것은 국가가, 보장된 권리를 침해해서는 안 된다는 사실만으로는 국가의 의무를 다했다고 결론내리기에는 충분하지 않은 협약 규정 중의 하나이다. 동 규정은 협약 제4조에 규정된 관행에 대해 이를 처벌 가능한 범죄로 만드는 형법 규정을 채택하고 이를 효과적으로 이행하는 적극적 의무를 발생하게 하는 것이다.

나. 제4조 위반에 관하여

법원은 협약 외에도 다수의 국제 조약이 사람을 노예, 노예상태 또는 강제 또는 강요된 노동으로부터 보호하는 목적이 있다는 점을 주목한다. 유럽이사회 의회는 비록 노예제도가 150여 년 전에 공식적으로는 폐지되었지만, “가정 노예”가 유럽에 지속되고 있고 수천 명 이상이 이에 관련되어 있고 그중 대다수가 여성이라는 점을 지적한 적이 있다. 이 분야에서의 근대적 기준과 흐름에 따라서, 법원은 국가가 협약 제4조에 반하는 상황에 있는 사람을 계속하여 유지시키려는 목적을 갖는 행위를 범죄화 하고 이를 처벌할 의무가 있다고 본다.

청구인이 처했던 상황을 분석하기 위해서, 법원은 실리아딘 씨가 휴식도 없이 그녀의 의지에 반해서 아무런 대가도 없이 B씨 부부를 위해 수년간 일했던 점을 주목한다. 청구인은 당시 미성년자로서 외국에 불법적으로 체류하고 있었고 경찰에 체포될 것을 두려워하고 있었다. 참으로 B씨 부부는 그 두려움을 유지시켰고 또한 그녀의 지위가 정상화될 것이라고 믿게끔 하였다.

이러한 사정을 고려하여, 법원은 실리아딘은 적어도 협약 제4조의 의미상 강제노동 상태에 있었다고 본다.

법원은 청구인이 노예 또는 노예상태에 있었는지 여부를 보기로 한다.

노예 신분 여하에 관하여 보면, 청구인은 비록 사적인 자율성이 박탈되었지만 적절한 분별력으로 살피면 노예상태에 있었다고 할 증거는 제시되지 않았다. 달리 말하면 B씨 부부는 그녀에 대해 소유권을 행사하여 그녀를 물건의 지위로 열화시켰다고 볼 수 없다는 것이다. 그러므로 법원은 실리아딘이 노예에 관한 전통적 개념상으로는 노예 신분으로 있었다고 볼 수는 없다고 본다.

노예상태 여부에 대하여 보면, 그것은 강압에 의해 서비스를 제공할 의무로 볼 수 있고 이것은 "노예 신분" 개념과 연계되어 있다. 이 점에 관해, 법원은 청구인에게 일주일에 7일, 하루에 거의 15시간이나 청구인에게 강제노동은 부과된 점을 주목한다. 청구인 아버지의 친척이 프랑스로 데려온 후, 실라딘은 B씨 부부를 위해 일할 것인지를 선택할 여지가 없었다. 미성년자로서 그녀는 어떤 자금도 없었고 취약했고 고립되어 있었으며 B씨 부부의 자녀 침실을 함께 사용하면서 그 가정 이외의 다른 곳에서의 생계수단이 없었다.

청구인은 전적으로 B씨 부부의 마음에 달려 있었다. 그녀의 여권 등 문서는 뺏겼고 이민자 지위는 합법화될 것이라는 약속을 믿고 있었으나 그런 일은 결코 발생하지 않았다. 실리아딘 역시 경찰에 체포될 것을 두려워하여 나갈 자유도 자유로운 시간도 갖지 못했다. 더욱이 그녀는 자기 부친에게 했다는 약속에도 불구하고 학교에도 보내지지 않았으므로 청구인은 자신의 사정이 나아질 것이라는 희망도 없었으며 전적으로 B씨 부부에 종속되었다.

이러한 제반 사정을 보건대, 법원은 실리아딘은 당시 미성년자로서 협약 제4조의 의미상 노예상태에 있었다고 본다.

그러므로 프랑스가 협약 제4조에 의하여 부담하는 적극적 의무에 비추어 프랑스 법률이 청구인에게 충분한 보호를 제공하고 있는지 여부를 결정해야 한다. 이와 관련하여 유럽의회는 권고 1523(2001년)에서 "유럽이사국의 어느 국가도 가정 노예를 형법에 범죄로 명시적으로 규정하는 나라는 없다"고 하면서 이를 아쉬워했었다. 노예 신분과 노예상태는 프랑스 형사법제에서 범죄로 되어 있지 않았다.

B씨 부부는 형법 제225-13조와 225-14조에 의하여 기소되었으나 형법상 유죄가 되지 않았다. 이 점과 관련하여 프랑스 검찰이 2000.10.19.자 항소법원의 판결에 대해 법률상의 쟁점에 대해 항고하지 않아, 파기원에의 항고는 오직 이 사건의 민사적 측면에 국한되어 B씨 부부의 무죄가 확정된 점을 주목한다. 더욱이 여러 유형의 현대 노예상태에 관한 프랑스 의회의 합동위원회가 2001년 작성한 보고서에 따르면 형법상의 그러한 규정은 법원마다 그 해석이 매우 다르다고 보고하고 있다.

이러한 상황에서, 법원은 당시 시행중인 형사법제는 청구인에게 구체적이고 효과적인 보호조치를 제공하지 못했다고 본다. 법원은 인권 및 기본적 자유의 보호 영역에서 점점 더 그 요구 기준이 상향되고 있어 민주사회의 근본적 가치의 침해행위를 평가함에 있어서 이에 따라서 필연적으로 더욱 큰 견고성을 요하고 있음을 강조한다.

결과적으로 법원은 프랑스가 협약 제4조에 의한 적극적 의무를 이행하지 못했다고 결론을 내린다.

제4장 자유와 안전에 대한 권리

유럽인권협약 제5조 **(자유와 안전에 대한 권리 B)**

1. 모든 사람은 신체의 자유와 안전을 향유하는 권리를 갖는다. 어느 누구도 다음의 경우에 또는 법률이 정하는 절차에 따라서 행해진 경우 외에는 자유를 박탈당하지 않는다.

(a) 권한 있는 법원의 유죄결정 이후에 사람에 대한 합법적 구금.

(b) 법원의 합법적 명령에 따르지 않기 때문에 또는 법률이 정하는 어떤 의무의 집행을 확보하기 위하여 행한 사람의 합법적 체포 또는 구금.

(c) 범죄를 범했다고 의심할 만한 상당한 이유가 있는 때, 또는 범죄의 실행을 방지하거나 범죄 실행 후의 도주를 방지할 필요가 있다고 합리적으로 판단될 수 있을 때 권한 있는 사법기관 앞에 인도할 목적으로 행하는 합법적 체포 또는 구금.

(d) 교육상 감독의 목적에서 합법적 명령에 의한 미성년자의 구금 또는 권한 있는 사법기관에 인도할 목적에서 하는 미성년자의 합법적 구금.

(e) 전염병의 확산을 방지하기 위한 사람의 합법적 구금, 정신이상자, 알콜중독자, 마약중독자 또는 부랑자에 대한 합법적 구금.

(f) 승인 없이 입국하는 것을 방지하기 위해서 또는 강제추방절차나 범죄인인도절차가 집행되고 있는 사람에 대한 합법적 체포 또는 구금.

2. 체포된 사람은 누구나 자신이 이해하는 언어로서 체포의 이유 및 혐의를 신속히 고지받아야 한다.

3. 이 조 제1항 c호 규정에 따라 체포 또는 구금된 경우 법관 또는 사법권의 행사를 법률에 의해서 위임받은 타 관리에게 신속히 인계되어, 합리적인 기간 내에 공판을 받거나 또는 공판중에 석방될 권리를 갖는다. 석방에는 공판을 위해 출두하는 보증을 조건으로

할 수 있다.

4. 체포 또는 구금으로 그 자유를 박탈당한 사람은 그 구금의 합법성에 대해 법원에 의해 신속하게 결정하고 또한 그 구금이 합법적이지 않은 경우 그 석방을 명할 수 있는 절차에 대한 권리를 갖는다.
5. 이 조의 제 규정에 반하는 체포 또는 구금의 피해자였던 사람은 보상을 받을 권리를 갖는다.

B규약 제9조

1. 모든 사람은 신체의 자유와 안전에 대한 권리를 가진다. 누구든지 자의적으로 체포되거나 또는 억류되지 아니한다. 어느 누구도 법률로 정한 이유 및 절차에 따르지 아니하고는 그 자유를 박탈당하지 아니한다.
2. 체포된 사람은 누구든지 체포시에 체포이유를 통고받으며 또한 그에 대한 피의 사실을 신속히 통고받는다.
3. 형사상의 죄의 혐의로 체포되거나 또는 억류된 사람은 법관 또는 법률에 의하여 사법권을 행사할 권한을 부여받은 기타 관헌에게 신속히 회부되어야 하며 또한 그는 합리적인 기간 내에 재판을 받거나 또는 석방될 권리를 가진다. 재판에 회부되는 사람을 억류하는 것이 일반적인 원칙이 되어서는 아니 되며 석방은 재판 기타 사법적 절차의 모든 단계에서 출두 및 필요한 경우 판결의 집행을 위하여 출두할 것이라는 보증을 조건으로 이루어질 수 있다.
4. 체포 또는 억류에 의하여 자유를 박탈당한 사람은 누구든지 법원이 그의 억류의 합법성을 지체 없이 결정하고 그의 억류가 합법적이 아닌 경우에는 그의 석방을 명령할 수 있도록 하기 위하여 법원에 절차를 취할 권리를 가진다.
5. 불법적인 체포 또는 억류의 희생이 된 사람은 누구든지 보상을 받을 권리를 가진다.

[30] 수사파일 접근 거부 Schöps v. Germany

Application no. 25116/94, 2001. 2. 13. 선고

제5조 제4항 (체포 · 구속의 적법성을 법원에 의해 신속히 판단 받을 권리) 위반

구속의 적법성을 심리하는 법원은 반드시 사법적 절차를 보증하여야 한다. 그 절차는 또한 반드시 대심적 성격을 가져야하고 항상 당사자 간의 "무기의 평등"을 확보하는 것이어야 한다. 피의자 구속의 적법성을 효과적으로 다투기 위하여 필요한 수사 파일에 변호인의 열람이 거부된다면 무기의 평등은 확보되지 않는다.

1. 주요 사실

1992년 에센지방법원은 청구인 및 다른 2명에 대해 범죄조직결성, 마약거래 및 사기 혐의로 체포영장을 발부하였다.

지방법원에 의하면 용의자는 사기적 옵션거래에서 대량이익을 얻을 목적으로 범죄단체를 조직하였고, 해외에서 독일로 코카인을 들여와 이를 판매하는 것에 동의했었고, 다른 공범자들도 동 범죄단체의 구성원으로 훈련을 받고 다수의 범죄행위에 가담한 바 있다. 사기적 옵션거래에서 대략 1천명의 피해자들이 1989~1993. 3월까지 동 범죄단체에 의해 사기를 당해 그 피해금액의 합계는 6천만 마르크에 이르렀다. 또한 1990. 10월~1992. 8월까지 약 100㎏의 코카인을 반입시켜 독일에서 판매하였다. 지방법원은 증인의 증언, 피고인의 진술, 감청자료 및 기타 수사 자료를 토대로 청구인 등이 문제의 범죄를 행한 것으로 인정했다.

지방법원은 형사소송법 제112조 제2.2항의 규정상 도주의 위험이 있다고 판단하였다. 이 점에 관해 동 법원은 혐의범죄의 중대성 및 범죄로 인한 피해의 중요성을 감안하여 그들이 장기의 징역형에 처해질 것이라 판단했다. 더욱이 혐의자들은 도주하기 위한 충분한 자금도 갖고 있었다. 지방법원에 의하면 범죄단체의 구성원으로서 혐의자들은 가공인물과 허위계약을 통해 자신들의 행동을 위장하는데 능숙하고 따라서 증거를 인멸하거나 증인에

영향을 미칠 가능성이 있어 형사소송법 제112조 2.3항의 규정상 공모 위험이 있었다.

청구인은 1993.3.19. 체포되었다. 청구인은 변호인이 입회한 상태에서 구속판사로부터 그에 대한 혐의와 1993.3.11.자 체포영장을 통보받았다. 청구인은 진술하지 않았다. 청구인은 자신의 구속의 적법성에 관한 구두심문을 요청했으나 후에 이를 취소하였다.

청구인에 의하면 그의 변호인은 1993. 3월 초, 에센검찰청에 수사파일의 열람을 신청했으나 수사 과정을 위태롭게 할 수 있을 것이라고 하여 그 신청이 기각되었다. 그렇지만 그 신청이나 거절이 검찰청 파일에 기록되지는 않았다.

1993.5.3. 청구인은 변호인 입회하에 혐의사실에 관해 경찰로부터 신문을 받았다. 이후 여러 차례 계속된 신문은 대부분 변호인이 입회한 상태에서 이루어졌다.

1993.9.8. 에센지방법원은 탈세, 매수, 공문서 허위기재 교사 및 허위진술죄를 추가하여 체포영장을 변경하였다. 지방법원은 청구인 및 다른 혐의자들이 도주할 위험이 있다고 보고 청구인의 재구속을 확정하였다.

1993.9.14. 청구인은 영장변경을 통보받았다. 그의 변호인은 파일열람을 신청하였다. 이 신청에 대해서는 그 파일의 복본이 재심절차를 위해 뒤셀도르프 항소법원에 제출되었으며, 한편 원본은 수사계속의 목적상 필요하다는 이유로 아무런 조치가 취해지지 않았다.

1993.9.14. 햄 지방검찰청은 청구인 및 기타 1인에 대해 재구속의 연장을 청구하였다. 이 청구에서 24개의 수사파일이 첨부되었다. 검사는 사실관계의 기술에 관해서는 체포영장과 1993. 7월의 경찰보고서를 인용했다. 검사에 따르면, 혐의자에 대한 강한 혐의는 혐의자 및 증인의 진술, 주식거래전문가의 의견, 감청기록 및 압수한 사업문서들에 기초한 것이었다. 검찰관은 도주위험이 있다고 단정하였다.

1993.10.21. 청구인에 대한 계속 구속의 구두심리 및 석방을 위해, 청구인의 변호인이 뒤셀도르프 항소법원에 동파일의 열람을 신청했다. 검사의 거듭된 약속에도 불구하고 변호인의 수사파일에 대한 접근이 허용되지 않았고 또한 검사가 제출해준 문건도 단편적이고 따라서 변호인이 변호를 위해 의지할 충분한 자료를 제공하지 않았다.

항소법원 서기가 기록한 수기파일에 의하면 청구인의 변호인은 전화감청에 답변하면서 사전에 변호인에게 동 파일에의 접근을 허용하지 않은 상태에서 청구인에 대한 재구속 연장 문제를 결정하는 것에 동의하였다. 그러나 청구인에 의하면 변호인이 파일을 보지 않고는 구속연장 문제에 코멘트 할 수 없다고 하여 항소법원 판사는 동 파일의 협의를 준비하라는 것에 동의하였다고 한다.

1993.11.3. 뒤셀도르프 항소법원은 청구인에 대한 재구속을 명하였다.

항소법원은 청구인과 그 공범혐의자들의 진술, 피해자진술, 전화감청기록, 압수한 사업서류와 증권거래전문가의 감정의견을 고려하여 청구인이 혐의범죄를 범했다고 하는 강한 의심이 있다는 점을 확인했다.

항소법원은 재구속 연장은 적절하다고 보았다. 항소법원은 구두 재심리 필요성이 없다고 했다.

1993.11.22. 에센검찰청은 청구인의 변호인에게 수사파일을 보여주기로 했다. 청구인에 의하면 당시 24개 파일 중 22개 파일만이 허용되었다고 한다. 이 파일들은 1994. 1월에 반환되었다.

1994.2.7. 법원 재판부의 변경이 있은 후, 햄 검찰청은 햄 항소법원에 청구인에 대한 재구속 연장을 명하도록 이를 청구했다. 동 검찰청은 범죄파일을 종결시켰는데 이때 동 파일은 총 69권과 3개의 파일로 구성되었다.

1994.2.28. 변호인은 수사파일 중 22권만을 참조할 수 있었고 따라서 그 이전에 했던 진술에 아무것도 덧보탤 수 없다는 서면의 진술서를 제출했다.

1994.3.1. 햄 항소법원은 1994.2.7.자 검찰청의 청구를 받아들여 청구인의 재구속 연장을 명하였다.

항소법원은 뒤셀도르프 항소법원의 과거 결정에서 제시했던 이유가 계속해서 유효하다고 보았다. 더욱이 수사가 진행되고 있었다. 경찰은 1994. 1월 중간보고서를 작성했고 약 1천명에 이르는 증인심문이 막 완료되었다. 경찰의 최종보고서와 세무조사당국의 보고서는 1994. 2월말에 나왔다. 검찰청은 그 직후 공소장을 작성하였다. 따라서 신속하게 절차를 진행할 의무는 무시되지 않았다.

항소법원은 청구인의 수사파일에 대한 접근의 결여에 관해 제기한 협약 제5조 제4항에 의한 고소는 체포영장의 유효성에 영향을 주지 못한다고 인정했다.

1994.3.25. 청구인은 수사파일을 충분히 열람할 수 없었음을 이유로 1993.11.3. 및 1994.3.1.자 결정에 대해 헌법소원을 제기했다. 이 헌법소원에서 청구인은 당시 모두 132

권에 이르는 수사파일 중 22권의 파일만 볼 수 있었다는 점을 강조했다. 따라서 청구인과 변호인이 청구인에 대한 혐의사실에 대해 적절히 방어할 수 없었고 효과적으로 방어권을 행사할 수 없었다는 것이다.

1994.5.2. 연방헌법재판소는 청구인의 헌법소원을 기각했다.

1994.3.25. 에센검찰청은 청구인 및 공범자들에 대해 91개 항목에 이르는 범죄에 대해 공소장을 작성하고, 이것은 관련 사실 및 증거와 함께 1994.6.9. 청구인의 변호인에게 송달되었다.

1994.6.9. 에센검찰청은 총 1만 6천 페이지에 달하는 132권 및 2개의 보조파일로 구성된 수사화일 사본을 청구인의 변호인에게 제공했다. 동 검찰청은 다른 변호인이 참조할 수 있도록 1주일 이내 반환하도록 하였다. 1994.6.23. 검찰청은 반환을 촉구하였다. 그 반환일자는 기록되지는 않았다. 청구인에 의하면 자신의 변호인이 이용할 수 있었던 사본은 완전한 것이 아니었다고 한다.

1994.6.30. 햄 항소법원은 재구속 연장을 명하였다.

항소법원은 1993.11.3.자 및 1994.3.1.자 결정에 적시된 사실을 확정하였다. 청구인에 대한 기소에 관해, 항소법원은 범죄단체조직과 탈세혐의를 뺀 공소장변경사실을 주목했다. 최초에 있었던 이러한 혐의에 대한 기소는 기소장에 명시된 다른 범죄에 비하여 경미하다는 이유로 형사소송법규정에 따라 중단되었다.

1994.10.19. 햄 항소법원은 청구인의 석방을 명했다. 항소법원은 청구인에 대해 여전히 강력한 사건이 남아있고 재구속 사유는 여전히 남아있다는 점을 확인했다. 하지만 청구인에 대하여 계속되는 구속은 비례성이 상실됐다. 항소법원은 1994. 5월 이래 에센지방법원이 형사절차의 진전을 보지 못한 점을 특히 유의했다. 청구인은 같은 일자에 석방되었다.

1998.12.15. 에센지방법원은 청구인에 대해, 사기, 매수 및 허위진술의 유죄를 인정하고 5년 6개월의 징역형을 선고했다.

관련 국내법

독일형사소송법 제112조는 범죄를 범했다고 하는 상당한 혐의가 있는 경우 그 체포와 구속을 규정하고 있다. 동 조에 의하면 범죄를 범했다는 강력한 혐의가 있고 또한 도주의 위험이나 공모의 위험 등과 같은 체포의 사유가 존재하는 경우 구속할 수 있다.

제117조에 의하면, 구속된 자는 언제라도 그 체포영장의 사법적 심사를 요구할 수 있다. 구속된 자의 요청 또는 법원의 직권으로 구두심리를 개최한다(제118조 제1항). 체포영장의 심리 후에 타당한 것으로 인정되는 경우, 구속된 자는 동구속기간이 합계 3개월 이상인 경우로서, 최종 구두심리가 있은 후 2개월이 경과할 때에 한하여 새롭게 구두심리를 요청할 자격이 있다(제118조 제3항). 제120조는 재구속을 정당화하는 사유가 더 이상 존속하지 않거나 또는 구속의 계속이 적절치 않은 경우에 체포영장은 취소된다고 규정한다. 6개월이 넘는 재구속의 경우에 그 연장은 항소법원이 결정하도록 되어 있다(제121-122조).

제137조는 피고인의 방어권, 특히 변호인 선임을 규정한다. 제147조 제1항에 의하면 변호인은 법원에 제출된 파일 또는 기소의 경우에는 법원에 제출될 파일을 열람하고 또한 증거물을 검사할 수 있다. 또한 동 조 제2항에 의하면 파일 또는 증거물의 전부 또는 일부에 대한 접근거부는 수사의 목적이 위협받는 경우로서, 예비수사가 종결되지 않은 경우에 한하여 허용된다. 예비수사의 종결시까지는 파일접근을 허용할 것인지의 여부는 해당 검찰청이 판단하고, 그 이후에 있어서는 법원이 판단한다. 형사소송법의 개정으로(2000.11.1. 효력) 구속되어 있는 자는 수사파일 열람을 거부하는 검찰청의 결정에 대해 그 사법적 심사를 구할 수 있다.

예비수사는 형사소송법 제160조와 제161조에 의해 검찰청이 행한다. 이 수사를 토대로 검찰청은 기소할 것인지 종결할 것인지 제170조에 따라 결정한다.

독일 기본법 제103조 제1항에 의하면 재판에 관여된 모든 사람은 해당법원의 심문을 받을 권한을 가진다.

연방헌법재판소에 의하면 이 원칙은 당사자들이 코멘트 한 사실 및 증거에 의하여 법원이 결정할 것을 요구한다는 것이다. 체포 및 재구속 관련 사안의 경우 체포영장 및 이를 확인하는 법원의 결정은 피고인이 이미 인식하고 있는 사실 및 증거 그리고 피고인이 여기에 대해 진술할 수 있는 것에만 근거해야 한다(연방헌재, 1994.7.11. 결정).

위 결정에서 연방헌재는 체포 후에 피고인이 체포영장의 내용을 통지받아야 하고, 즉시 법관 앞에 인치되어 피고인을 심문할 때 일체의 혐의증거 및 유리한 증거도 통지하여야 하여야 한다고 판시했다. 더욱이 재심절차에 있어서 피고인은 수사가 침해받지 않는 한도에서 그 당시 수사결과가 반드시 제공되어야 한다. 일부 경우에 구두 정보는 충분하지 않을 수 있다. 구속 사안에 있어서 결정의 기초를 구성하는 사실 및 증거를 구두로 전달할 수 없는 경우에, 파일을 열람할 권리와 같은 다른 수단이 이용되어야 한다. 한편, 예비수사가 종결될 때까지는 수사파일에 대한 법률상의 열람제한은 수사의 효율적 수행을 위해 필요하다면 수용되어야 할 것이다. 그러나 수사가 진행중이라 하더라도 재구속 되어 있는 피고인은 재심절차에서 자신의 지위에 영향을 줄 수 있는 범위에서 그리고 구두 정보가 충분하지 않은 경우 변호인을 통해 수사파일을 열람할 권리를 갖는다. 이때 검사가 형소법 제147조 제2항에 따라 파일 중 관련부분의 열람을 거부하는 경우에, 재심법원은 그러한 사실과 증거를 그 결정의 기초로 삼을 수 없고 또한 필요하다면 체포영장을 기각하여야 한다(위 연방헌재).

2. 청구 요지

청구인은 1994.7.4. 유럽인권위원회에 제소하였다. 청구인은 협약 제5조 제4항에 근거하여 재구속에 대한 사법심사와 관련해 수사자료에 대한 접근이 거부당했다고 한다. 나아가 청구인은 협약 제5조 제3항 및 제6조 제3항 (a) 및 (b)호 위반의 피해자였다고 주장한다.

1997.4.10. 위원회는 제5조 제4항에 의한 청구를 허용하기로 하고 나머지 부분은 비허용하였다. 1998.9.17. 보고서에서 위원회는 27대5로 협약 제5조 제4항의 위반을 인정하였다.

3. 법원의 판단

체포·구속된 자는 협약상 자유 박탈의 "적법성" 여부에 관해 필요한 절차상 및 실체법상 조건에 대한 심사를 받을 권리를 갖는다. 이것은 관할법원이 국내법이 정하는 절차상 요건의 준수여부만이 아니라 체포의 근거가 되는 혐의사실의 상당성과 체포에 의하여 추구하는 목적 및 체포의 결과로서 계속되는 구속의 합법성을 심사해야 한다는 것을 의미한다.

구속에 대한 이의를 심리하는 법원은 반드시 사법적 절차를 보증하여야 한다. 그 절차는 또한 반드시 대립당사자적 성격을 가져야하고 항상 당사자 간의 "무기의 평등"을 확보하는 것이어야 한다. 피의자 구속의 적법성을 효과적으로 다투기 위하여 필요한 수사화일 중의 문서에 변호인의 접근이 거부된다면 무기의 평등은 확보되지 않는다. 협약 제5조 제1항 (c)에 해당하여 구속된 경우에 반드시 구속에 대한 심리가 필요하다.

이러한 요건은 협약 제6조에 규정된 대립당사자적 재판을 받을 권리에서 유래된다. 이것은 형사사건에서 검사의 기소와 피고인의 방어에 있어서는 상대방이 제시한 의견과 증거를 알고 이에 대해 코멘트 할 기회를 부여받아야 한다는 것이다. 유럽인권법원의 판례법에 의하면, 이것은 재판 전 절차에 일부 적용되는 제6조의 공정한 재판을 받을 권리의 문언으로부터 도출된다. 따라서 관계인의 기본적 권리에 관한 자유박탈의 극적 영향력에 견주어, 협약 제5조 제4항에 의해 수행되는 절차는 원칙적으로 계속되는 수사의 사정상 최대한 가능한 범위에서, 대심적 절차에 대한 권리와 같은, 공정한 재판에 대한 기본적 요건을 충족하여야 한다고 하였다. 국내법이 여러 면에서 이러한 요구를 충족할 수는 있지만, 어떤 방법을 채택하든 상대방 당사자는 일방이 제출한 의견을 알고 또한 이에 대해 코멘트 할 진정한 기회를 가질 수 있도록 이를 확보해야 한다.

이 사건에서 청구인의 재구속의 적법성은 뒤셀도르프 항소법원과 햄 항소법원에서 각각 심리되었다.

뒤셀도르프 항소법원 앞에서의 최초의 재심으로 이어지는 단계에서 청구인은 1993.3.19. 체포시 구속판사로부터 자신에 대한 혐의와 체포영장의 내용을 통보받았고, 그의 변호인이 대동된 상태였다. 1993.9.14. 청구인은 다시 변호인 입회상태에서 변경된 체포영장을 통보받았다. 정부의 답변서에 의하면, 변호인이 수사파일에 대한 열람을 요구했던 것은 1993.9.13. 이후라는 것이다. 그러나 청구인에 의하면 자신의 변호인이 1993. 3월초, 파일에 대한 열람을 요구했으나 거부당했다고 한다.

수사 파일에 대한 접근의 거부를 고소하는 피고인은 원칙적으로 국내법상 요건에 따라 이에 대한 접근을 정당하게 신청했어야하는 반면, 동 파일에 대한 접근을 요청한 어떤 기록도 없다는 사실 그 자체로는 신청 사실이 없었다는 충분한 증거가 되지 못한다.

파일에 대한 최초의 접근요청 일자가 어떠하든, 1993.9.14.자 요청에 대해, 정부의 답변에 의하면 최초의 파일은 수사계속의 목적상 필요하였기 때문에 사법당국이 즉시 조치를 취하지 않았으나, 반면 그 복본은 이미 뒤셀도르프 항소법원에 송부되었다.

이와 관련하여, 유럽인권법원은 협약 제5조 제4항의 절차상 요건을 충족할 수 있는 방법으로 자신의 절차를 구성하는 것은 사법당국의 임무라고 보았다. 즉 협약은 이론상으로 존재하는 것이 아니라 실제적이고 효과적인 권리를 보장하는 것이 그 목적이기 때문이라고 하였다. 이러한 것은 이 사건에서 너무 난해해서 추구할 수 없는 것으로 보이지는 않을 것이다. 1993.11.3.까지 뒤셀도르프 항소법원 앞에서 전혀 심리가 열리지 않음으로써, 청구인에 대한 구속적부를 심리하기 위한 유일한 목적으로 동 법원이 6주 이상 그 파일의 존재를 인식하고 있었다. 따라서 피고인이 그 파일을 참고할 수 있도록 하는 데는 충분한 시간이 있었던 것이다.

변호인이 그 파일에 대한 사전 열람 없이 개최되었던 심리절차에 동의했다는 정부 측의 답변서에 관해서, 법원은 협약이 보장하는 권리의 포기를 위하여는 그 중요성에 상응하는 정도의 최소한의 보장을 요하는 절차상 권리의 포기를 모호하지 않은 방법으로 이를 반드시 확립하여야 한다는 점을 강조한다.

이 사건에서 법원은 문제의 전화통화의 정확한 내용에 관해 의문점이 남아있고, 또한 항소법원 앞에서의 심리의 중요성에 대해 이를 생각했다면, 피고인의 변호인이 1993. 11.3.자 심리 전에 동 파일을 검증하는 자신의 권리를 명시적으로 또는 기타 명백한 방법으로 청구인을 대신해 이를 포기했다고 말할 수 없는 것임을 인정한다.

결과적으로 뒤셀도르프 항소법원이 위 일자에 심리를 개최할 때 청구인의 변호인은 수사파일을 볼 수 없었다. 이 파일은 24권에 달하였고 1993. 3월의 체포영장에 의하면, 증인 및 2명의 다른 용의자의 진술들 및 수사기간 중 수행된 전화감청관련 서류들을 포함하고 있었다. 1993. 9월 검찰청이 청구인의 재구속기간 연장을 청구했을 때, 그 수사화일중 청구인에 대한 혐의가 그 기초가 되었다. 여기에는 또한 당시 압수된 주식중개 전문가의 의견과 사업서류들이 포함되어 있었다. 따라서 그러한 요소들은 청구인에 대한 계속적 구속의 쟁점에 불가결한 것으로 보인다. 청구인에 대한 구속연장을 요구하는 검사의 청구에 대해, 변호인은 동 파일에 대한 접근거부로부터 발생하는 변호의 제약에 대해 항소법원의 주의를 촉구하였다.

명백히 청구인은 자신에 대한 혐의사실을 구금판사로부터 그리고 에센지방법원이 후에 변경한 체포영장을 통해서 통지받았다. 그러나 이러한 방법으로 제공된 정보는 동 법원이 검찰청에서 제공되는 모든 정보를 토대로 법원이 추론한 사실의 평가에 불과하였다. 유럽인권법원의 견해에 의하면 피고인이 평가의 기초가 된 증거를 알지 못하면서 그러한 평가의 신빙성에 적절히 이의를 제기하는 것은 거의 불가능에 가깝다. 이것은 피고인에게는 혐의의 기초가 되는 진술 및 증거(예컨대, 피고인이 자신의 방어를 위하여 접근을 모색하는 증거에 대해 어떤 진술을 할 수 있는가에 관계없이 경찰 및 기타의 수사 결과)를 알 수 있는 충분한 기회가 부여되어야 한다는 것을 의미한다.

이러한 것은 본 사건에서 청구인을 상대로 한 수사의 복잡성, 청구인에 대한 혐의의 기초가 되는 방대한 양의 자료에 비추어 더욱더 그러하다. 또한 이것이 체포영장과 1993. 9월 구속연장청구에 일반적 용어로만 언급되어 있었다.

이러한 상황에서 재구속의 합법성을 효과적으로 다투기 위하여는 뒤셀도르프 항소법원에서의 심리에 앞서 피고인이 동 파일을 열람하는 것은 긴요한 것이었다.

절차 진행과 관련하여, 변호인의 파일열람이 허용된 것은 1993.11.22 이후이다. 변호인은 적어도 1993.9.14. 이전에 열람을 요구했었다. 그 요청 파일은 24권에 달하는 분량이었고, 그 대부분이 변호인에게 제공되었고 변호인은 1994. 1월 이를 반환하였다. 그러나 1994. 2월 검찰청은 재구속의 연장을 청구하였을 때, 수사파일 중 최초의 24권은 45권과 3개의 보조파일로 불어났다. 이 불어난 파일은 청구인의 변호인에게 당시 제공되지 않았다. 결과적으로 1994.3.1. 함 항소법원에서의 심리시에 변호인은 동 법원에 제시된 사건파일 중 제한된 부분만 변호할 수 있었다. 1994.2.28. 변호인은 답변서에서 동 파일 중 22

권만 볼 수 있었고 앞에서의 진술에 아무것도 추가할 수 없다고 기술하였다.

유럽인권법원은 독일법상 수사파일에 대한 열람은 피고인의 요청에 의한다고 되어 있음을 인정한다. 그러나 파일에 대한 완전한 접근을 요청한 이전 청구에 의하여, 피고인은 그 파일의 내용에 관해 알고 있어야 할 이익의 급박성을 이미 적시한 바 있고, 청구인의 구속연장을 위하여 재청구한 상황에서, 피고인에게 특별한 사정상 추가 파일을 볼 수 있는 효과적인 기회가 마땅히 부여되었어야 한다.

이러한 점에서 1993. 11월, 파일에 대한 접근이 허용된 이래, 그 이후 축적되었던 다수의 신규 사건 파일에 대해 별도의 열람요청을 요하도록 하는 것은 과도하게 형식주의적이며 또한 균형에 맞지 않는다.

1994.3.1. 결정에서 적시된 인정사실을 고려한다면, 피고인이, 변경된 체포영장의 적법성을 효과적으로 다투기 위하여는 많은 분량의 사건 파일을 열람하는 것이 필수적이었다. 이러한 기회가 배제된 상태에서, 절차의 이러한 부분은 절차의 최초 단계에 관하여 적시된 것과 동일한 이유로 사법절차의 기본적 요건을 준수하지 않은 것이다.

세 번째 심리로 이어지는 절차에 관하여, 법원은 수사가 종결되고 공소장이 송달된 1994.6.9. 모든 파일이 청구인의 변호인에게 발송되었음에 주목한다. 변호인은 항소법원이 1994.6.30. 재구속을 결정하기 2주 전에 132개의 파일과 2개의 파일을 얻을 수 있었다. 결과적으로 변호인은 다수분량의 파일 중 중요한 부분을 인지할 수 있었고 또한 적절한 방법으로 청구인을 변호할 기회를 가졌다.

요컨대, 법원은 청구인의 구속적부심을 위해 1993.11.3. 및 1994.3.1. 개최된 절차들이 협약 제5조 4항에 규정된 요건을 충족하지 못한다고 인정한다. 따라서 이 규정은 침해되었다.

유럽인권협약 제5조 제4항

체포 또는 구속에 의하여 그 자유를 박탈당한 자는 누구나 그 구속의 적법성에 관하여 법원에 의하여 신속히 결정을 받고 또한 구속이 적법하지 않은 경우 석방을 명할 수 있는 절차를 밟을 권리를 갖는다.

[31] 전염병 확산 방지를 위한 강제격리 Enhorn v. Sweden

Application no. 56529/00, 2005.1.25. 선고

제5조 제1항(신체의 자유와 안전에 대한 권리) 위반

> 모든 사람은 신체의 자유와 안전에 대한 권리를 갖는다. 누구도 다음의 경우 및 법률이 정한 절차에 따르지 아니하고는 자유를 박탈당하지 아니한다.
>
> (b) 법원의 합법적 명령 또는 법률이 정하는 의무의 이행을 보장하기 위한 합법적 체포 또는 구금.
>
> (c) …전염병의 확산을 방지하기 위한 합법적 구금.

청구인은 1994년 HIV 바이러스에 감염된 사실이 밝혀지고 그 전에 다른 남자에게 이를 전염시킨 사실도 밝혀지자, 전염병예방법에 의거 행정법원의 결정으로 청구인을 병원에 강제격리하게 되었고, 강제격리명령은 계속해서 갱신되었고, 그러는 중에 청구인이 수차 도주하면서 1995. 3월부터 시작하여 2001. 12월까지의 강제격리 기간중 실제 격리기간은 거의 1년 반에 달하게 되었는데, 청구인은 병원의 강제수용이 신체의 자유에 대한 박탈이라 주장하면서 유럽인권법원에 제소했다.

유럽인권법원은 전염병 확산의 방지를 위해 강제격리보다 약한 다른 조치를 고려해보아야 하고, 그러한 다른 조치가 공중의 이익을 방어하는데 충분치 않은 것으로 판명된 경우가 아니라면 청구인에 대한 강제격리는 전염병 확산을 방지하기 위한 최후의 수단이 될 수 없다고 하여, 청구인에 대한 강제격리는 전염을 방지할 필요와 청구인의 신체의 자유 간에 공정한 균형을 유지하지 못한 것으로 보아 신체의 자유에 대한 침해로 판단하고, 정신적 손해로 12,000 유로의 지급을 명하였다.

1. 주요 사실

청구인 엔호른 씨는 동성애자인 스웨덴 국민이다. 1994년 그는 HIV 바이러스에 감염

된 사실이 밝혀졌고, 1990년 그가 첫 번째 성관계를 가졌던 19살의 남자에게 동 바이러스를 전염시킨 사실도 이때 밝혀졌다.

1995.2.2. 의료공무원이 군(郡)행정법원에 1988년 전염병예방법 제38조의 규정에 의거 청구인을 3개월간 병원에 강제격리 하도록 하는 명령을 구하였다.

1995.2.16. 결정에서 군법원은 HIV 전염의 확산을 방지할 목적으로 의료공무원이 처방하는 조치를 청구인이 이행하지 않았음을 인정하면서 1988년법 제38조에 따라 3개월간 강제 격리한다는 명령을 내렸다.

그 이후, 2001.12.12.까지 청구인의 자유에 대한 박탈을 연장하는 명령이 매 6개월마다 갱신되었다. 청구인이 수차례 도주를 하였기 때문에 자유에 대한 실제의 박탈기간은 1995.3.16.부터 1995.4.25.까지, 1995.6.11.부터 1995.9.27.까지, 1996.3.28.부터 1996.11.6.까지, 1996.11.16.부터 1997.2.26.까지, 1999.2.26.부터 1999.6.12.까지 거의 1년 반에 달하였다.

2001.12.12. 동 명령을 계속 연장하기 위한 신청은 군법원에 의하여 기각되었다. 군법원은 청구인의 소재가 불명하고 따라서 그의 행태, 건강상태 등에 관해 알 수 있는 어떤 자료도 없다는 사실을 언급하였다. 2002년 이후 청구인의 소재는 파악되었으나, 관할 군의 의료공무원은 청구인에 대한 후속적 강제격리조치의 근거가 없다는 평가를 하였다.

2. 청구 요지

청구인은 강제격리명령과 자신에 대한 강제적 병원수용이 협약 제5조 제1항을 침해하였다면서 2000.4.3. 법원에 제소하였고, 법원은 2002.12.10. 이 청구를 심리하기로 하였다.

3. 법원의 판단

청구인에 대한 강제격리가 스웨덴법률에 그 근거를 갖고 있으므로, 법원은 청구인에 대한 자유의 박탈이 협약 제5조 제1항(e)의 의미에 해당하는 "전염병의 전파를 방지하기 위한 합법적 구금"에 해당하는지 여부를 심사하였다.

이 사건과 직접 관련된 판례법이 매우 적기 때문에 이러한 종류의 구금이 비례원칙 및 어떠한 구금도 자의성이 없어야 한다는 요구에 일치하는지 여부를 평가할 때 어떤 기준이 타당한지 이를 수립할 필요가 있다.

법원은 "전염병의 확산을 방지하기 위하여" 구금에 대한 "합법성"을 판단할 때 그 필요한 기준은, 전염병의 확산이 공중의 건강 또는 안전에 위험한지 그리고 구금 보다는 덜한 조치를 고려해보았으나 공중의 이익을 방어하기에는 불충분한 것으로 보이기 때문에 전염병의 확산을 방지하기 위해 전염된 사람에 대한 구금이 최후의 수단이 되는 것인지 여부를 확인하였다. 그러한 기준이 충족되지 않을 때 사람의 자유에 대한 박탈의 기초는 더 이상 존재하지 않게 된다.

이러한 점에서 판단했을 때, HIV 바이러스는 공중의 건강과 안전에 위험하였고 현재도 위험하다는 점에서 첫 번째 기준이 충족된 것에는 논란의 여지가 없다. 그러면 청구인에 대한 구금이 동 바이러스의 확산을 방지하기 위한 최후의 수단이라고 말할 수 있는지 이를 심사해야 한다. 왜냐하면 구금보다 완화된 조치로는 공중의 이익을 보호하는데 불충분한 것으로 인정되었어야 하기 때문이다.

법원은 스웨덴 정부가 1995.2.16.~2001.12.12.까지의 기간 중 청구인을 위해서 배려할 수도 있었을 덜 심각한 조치를 고려했으나 공중의 이익을 방어하는 데 충분하지 않은 것으로 판명되었다고 하는 어떠한 예도 제공하지 않은 사실에 주목한다.

다른 무엇보다도, 1995.2.16.~2001.12.12.까지의 대부분의 기간 중 청구인이 HIV 바이러스를 타인에게 전염시켰다거나, 상대방에게 감염사실을 처음부터 알리지 않고 성관계를 가졌다거나 아니면 콘돔을 사용하지 않았다거나 성관계를 가졌다는 증거나 징후가 없었다.

이러한 상황에서, 법원은 이보다 강도가 약한 조치가 고려되었으나 공중의 이익을 방어하기에는 충분하지 못한 것으로 인정된 경우가 아니라면, 청구인에 대한 강제격리는 전염을 방지하기 위한 최후의 수단이 아니라는 점을 인정하였다. 더욱이 거의 7년 이상이나 청구인에게 강제격리조치 명령을 발함으로써 청구인이 1년 반의 기간을 병원에 비자발적으로 수용한 결과를 초래하여, 스웨덴 당국은 HIV 바이러스의 전염을 방지할 필요와 청구인의 자유권 간에 공정한 균형을 유지하지 못하였다.

따라서 협약 제5조 제1항의 위반이 있었다.

이 사건에서 법원은 정신적 손해로 12,000 유로를 인정하고, 비용 및 경비로 2,083 유로를 인정했다.

[32] 정신병원 입원시 절차적 안전장치 H.L. v. the United Kingdom

Application no. 45508/99, 2004.10.5. 선고

제5조 제1항 (신체의 자유 및 안전에 대한 권리) 위반

제5조 제4항 (법원의 구속적부심을 받을 권리) 위반

자폐증과 이해능력이 제한된 청구인은 수십 년간 입원하여 정신과적 치료를 받았는데, 시험적으로 퇴원 후 간병인에게 인계되었고, 주간에는 데이케어 센터에 다니던 중 이곳에서 자해를 하는 등의 소동이 일어나면서 병원에 호송되었고, 동병원은 "비공식" 환자로 병원자활센터에 입원시켰는데, 청구인은 자신을 입원시킨 병원의 결정에 대해 사법심사를 구했으나, 영국 최고법원은 보통법상의 필요성원칙에 입각한 병원의 조치는 타당하다고 했으나, 유럽인권법원은 환자를 위한 대리인 제도도 없고, 이의신청도 할 수 없는 그러한 구조의 법체계는 아무리 병원의 전문인들이 환자의 최선의 이익을 위해 일한다 할지라도 한계가 있는 것이어서 절차적 안전장치의 부재는 개인에 대한 자유박탈로부터 개인을 보호하지 못한다고 보아, 이것은 일종의 구금에 해당하는 것으로 협약상 신체의 자유를 침해한다고 판시하였다. 청구인은 1만 파운드의 정신적 손해를 청구했으나, 유럽인권법원은 협약 위반의 인정 그 자체로 청구인에 대한 정신적 손해의 보상은 충분하다고 하였다.

1. 주요 사실

H.L. 씨는 영국거주 영국민으로 말을 할 수 없을 정도의 자폐증이 있고 이해능력은 제한되어 있다. 그는 자주 동요하였고 자해의 병력도 지녔다. 그는 진료에 동의하거나 반대할 능력이 결여되어 있다.

30여년 이상 그는 국립병원인 보니우드 병원의 치료를 받았다. 그는 1987년경부터 1994. 3월까지 동병원의 집중 자활센터의 입원환자로 지냈다. 1994.3. 퇴원 후, 시험적으로 간병인들에게 인계되어 1997.7.22.까지 그들과 함께 거처하였다. 당시 퇴원은 공식적인 것은 아니었고 그의 간호와 치료는 병원에 여전히 책임이 있었다. 1995년부터 청구인은 지방당국이 운영하는 주간보호센터에 출석하였다.

1997.7.22. 주간보호센터에 있던 중 그는 흥분하여 주먹으로 자신의 머리를 가격하고 머리를 벽면에 부딪쳤다. 직원들은 그의 간병인을 접촉할 수 없어 그 지역 의사를 불렀고 의사는 진정제를 복용케 하였다. 청구인은 계속하여 흥분상태에 있어 병원으로 호송되었다. 정신과의사는 입원치료 하도록 처방하였고 그는 "비공식 환자"로 병원 자활센터에 입원하였다.

H.L. 씨의 치료에 대해 1977년부터 전담한 주치의 M. 박사는 1983년 정신보건법(the Mental Health Act)에 의거 그를 감금하는 것도 검토했으나, H.L. 씨가 온순하고, 저항하거나 도망할 기색이 없어서 그렇게까지 할 필요는 없다고 보았다.

1997. 9월경, 청구인은 자신을 입원시킨 병원의 결정에 대해 사법심사를 신청하는 허가를 구하였다. 영국 지방법원은 그가 "구금" 상태에 있는 것이 아니라 필요성에 입각한 보통법상의 원칙에 따라 비공식적으로 입원이 허용된 상태라고 하면서 신청을 기각하였고, 이에 청구인은 항고하였다.

1997.12.2. 항소법원은 청구인이 "구금"상태에 있느냐의 문제에 대해 이것은 동의가 있느냐 없느냐를 기준으로 할 것이 아니라 객관적인 사실의 문제라고 하면서, 청구인이 나가려고 했다면 이것이 허용되지 않았을 것이라고 하면서 법률상 구금상태에 있다고 보았다. 또한 정신착란자의 치료를 위한 구금권한은 1983년법에서 보이는데, 동 규정은 보통법상의 필요성 원칙을 배제하는 것이고, 동법에 의하면 환자를 비공식적으로 입원시키는 권한은 입원에 대한 동의능력이 있는 환자에 허용된다고 하면서, 청구인에 대한 구금이 불법이라고 하였다. 이에 보건당국이 불복하였다.

그러는 중에 청구인은 자신의 구금에 대해 정신보건심판소에 그 심사를 청구했다. 별도의 정신과의 보고서가 작성되었는데 청구인의 퇴원을 권고하는 것이었다. 그는 1997.12.5. 병원에서 퇴원하였고 1997.12.12. 그의 간병인들에게 공식적으로 위탁되었다.

1998.6.25. 상원(영국상원은 최고법원의 역할을 함)은 청구인이 구금상태에 있던 것은 아니며 보통법상 필요성 원칙에 의거 비공식의 환자로 합법적으로 입원된 것이라고 다수결로 결정하였다.

2. 청구 요지

청구인은 정신보건시설에서 자신을 비공식 환자로 취급한 것은 구금에 해당하는 것이었으며, 이러한 구금은 협약 제5조 제1항에 위반하여 위법적인 것이며 또한 자신의 구금에 대한 합법성의 심사를 위하여 그가 이용할 수 있었던 절차들이 협약 제5조 제4항의 요건을 충족하지 못한 것이라고 주장하였다. 또한 차별금지를 규정하는 협약 제14조에 근거하여 청구인은 "비공식 환자"로서 불리하게 차별받았다고 주장하였다.

3. 법원의 판단

가. 제5조 제1항

비공식적 환자로 병원에 입원했던 기간이 "자유의 박탈"에 해당하는지

법원은 1997.7.22~10.29. 간에 청구인이 계속적인 감독과 규제상태에 있어 임의로 퇴원할 수 있는 상태가 아니었음을 확인하고, 그가 처한 억류상태가 자물쇠로 출입이 봉쇄된 상태인지 아니면 그렇게 출입을 봉쇄할 수 있는 상태인지 이것을 구분할 실익이 없다고 보았다. 그러므로 법원은 청구인이 위 기간 중 협약 제5조 제1항의 의미상 "자유가 박탈된" 상태에 있었다고 결론을 내린다.

구금이 적법한가

법원은 청구인이 1997.7.22. 정신착란증세로 고통을 당했고, 그가 흥분하여, 자해하자 진정제를 투여하여 진정시킬 수 있었다는 사실, 그가 당일만 응급상황이 발생했다는 점에는 다툼의 여지가 없다는 점을 주목한다. M 박사(1977년부터 청구인의 주치의)의 세밀한 평가 및 당일 다른 보건 전문가들의 소견과 주간보호센터 보고서를 종합하여 보면, 법원은 1997.7.22. 청구인을 구금시키기로 한 최초의 결정에는 이를 정당화시킬만한 충분한 증거가 있다고 본다.

나아가 법원은 청구인이 1997.7.22.~12.5. 사이 그에 대한 구금중에 지속되었던 강제격리를 정당화하는 정도의 정신착란증세로 고통을 당한 사실을 인정한다.

청구인에 대한 구금이 적법하였는지 이를 결정함에 있어서, 법원은 1997.7.22.~10.29.까지의 청구인에 대한 구금의 국내법상의 근거로 보통법상의 필요성 원칙에 입각한 사실이 분명하다고 보고 이를 심리하기로 한다. 보통법상의 이 원칙은 1772년에 잠재적인 위험이 있는 사람을 필요한 경우 구금시킬 수 있도록 하는 것으로, 1990년대 초에 의사능력이 없는 개인의 일정한 의료처치를 위한 법적 기초로 필요성원칙이 인정되었다. 이 원칙은 청구인의 구금중에도 여전히 유효한 것이었다.

청구인이 필요성원칙에 근거한 자신에 대한 구금을 합리적으로 예견할 수 있었을 것이라는 주장 여부에 상관없이, 법원은 자유에 대한 박탈은 자의적이어서는 안 된다는 제5조 제1항의 합법성을 위한 요건이 충족되지 않았음을 인정한다.

법원은 시키는 대로 할 수밖에 없는 의사능력 없는 환자의 입원과 구금에 대해 정해진 절차적 규칙의 부재가 현저한 것임을 보게 된다. 1983년법에 의하여 적용되는 정신과적 입원명령에 적용되는 규제 및 광범위한 안전장치의 결핍이 심각하였다.

특히 그리고 가장 눈에 띄는 것으로, 법원은 어떤 이유로 그리고 어떤 종류의 의료적 또는 기타의 진단 및 평가에 기초하여 누가 입원명령을 제안하는 지 이에 대한 정형화된 입원명령절차의 부재를 유념하였다. 입원의 적확한 목적, 기한의 불특정, 동 입원에 따르는 처치나 간병에 대해 어떤 요건도 존재하지 않았다. 구금을 요하는 정도의 정신착란증세의 지속에 대해 계속적인 임상적 평가를 요구하는 특별한 규정도 없었다.

환자를 위해 이의도 제기하고 신청도 할 수 있는 대리인의 선임은 1983년법에 의하여 비자발적으로 입원하게 된 사람들에게 부여되어야 하는 절차적 보호이며, 이것은 극도로 제한적인 의사소통 능력을 가진 청구인의 경우와 같이 법률적으로 의사능력이 없는 환자에게는 중요한 것이다.

절차적 규제 및 제한이 없는 결과로, 법원은 병원의 건강보호의 전문인들이 자신들이 적합하다고 생각하는 경우엔 독자적인 임상적 평가만으로 취약한 의사무능력자인 개인의 자유와 처치에 대해 완벽한 통제권을 갖는 것임을 보게 된다. 법원은 그러한 전문인들의 성실성을 문제 삼는 것도 아니고 그들이 청구인의 최선의 이익을 위하여 행동한다는 것에 문제 삼는 것은 아니지만, 절차적 안전장치의 바로 그 목적은 개인을 오판이나 직업적 착오로부터 보호하는 것이다.

그러므로 법원은 절차적 안전장치의 이러한 부재는 필요성에 근거한 자의적인 자유박탈로부터 사람을 보호하지 못하고, 결과적으로 제5조 제1항의 기본적 목적을 따르지 못했음을 인정한다. 법원은 이에 제5조 제1항의 위반이 있었음을 전원일치로 판시한다.

나. 제5조 제4항

청구인이 법원에 의해 그 구금의 합법성을 심사할 기회를 이용할 수 있었다는 사실이 제시되지 않았으므로, 법원은 제5조 제4항의 위반이 있었음을 전원일치로 판시한다.

다. 제14조

법원은 청구인이 비공식적 환자로서 차별을 받았다는 주장은 제5조 제1항 및 제4항의 위반을 인정하였기 때문에 별도의 쟁점을 제기하지 않는다고 보고, 제5조와 관련하여 제14조의 차별주장을 별도로 심리할 필요는 없다고 본다.

라. 보상

이 사건에서 청구인은 1만 파운드의 정신적 손해배상을 요구했으나, 법원은 협약 위반의 인정 그 자체로 청구인에 대한 정신적 손해에 대한 배상은 충분하다고 보았고, 기타 법률비용 및 경비로 영국정부가 청구인에게 29,500 유로를 지급하도록 명했다.

[33] 불법체포 Fedotov v. Russia

Application. no. 5140/02, 2005. 10. 25. 선고

제3조 (비인간적 처우) 위반

제5조 제1항 (신체의 자유) 위반

제5조 제5항 (적법절차) 위반

제6조 제1항(상당한 기간 내에 공정한 심리를 받을 권리) 위반

제1의정서 제1조(재산의 보호) 위반

청구인에 대하여 검찰이 기소하고 체포영장도 발부되었으나, 이후 동 영장은 취소되고 범죄혐의도 증거부족으로 기소가 취소되었으나, 청구인의 이름이 경찰서에 의하여 연방 지명수배명단에 등록된 관계로, 2차례에 걸쳐 경찰에 의하여 체포 · 유치되면서 음료나 음식제공, 화장실출입제한 등의 비인간적 처우를 받은 것, 불법체포 사실, 동 불법체포 사실 등의 기록 부재 등에 대하여 제소한 건으로 유럽인권법원은 비인간적 처우, 불법체포 등을 인정하였다.

1. 주요 사실

청구인 페도토프(1957년생) 씨는 러시아인으로 법적 근거 없이 두 차례 구금되었고 비인간적 취급을 받았다고 주장한다.

1999.5.7. 보로비치 지방검찰청은 청구인이 시민단체 의장 지위를 이용해 5천불의 개인적 이득을 취한 혐의로 수사를 개시하였다. 1999.10.13. 청구인은 기소되었고 체포영장이 발부되었다.

2000.2.1. 상급 검사는 관련 사실이 충분히 조사되지 않았다는 이유로 청구인에 대한 기소결정을 번복하고 체포영장도 취소하였다. 2000.2.9. 보로비치 경찰이 청구인 이름을 연방 지명수배명단에 등록하였다. 2000.4.10. 선임 수사관이 범죄혐의에 대한 증거가 없다는 이유로 청구인에 대한 수사를 중지시켰다.

2000.6.14. 청구인은 그의 이름이 여전히 연방 지명수배명단에 등록되어 있기 때문에 1999.10.13. 발부한 체포영장에 의해 모스크바의 한 호텔에서 구속되었다. 청구인은 2000.6.15.까지 12시간 동안 경찰서에 유치되었다. 그는 경찰관들의 취조, 수색 및 심한 언어학대를 당했다. 그는 체포영장이 취소됐었다는 팩스 문건을 받고서야 석방되었고, 해당 경찰서장은 12시간 구속을 확인하는 확인서 발급을 거부했다.

2000.7.6. 아침 8:30분 청구인은 그의 이름이 지명수배 명단에 그대로 남아 있다는 이유로 모스크바에서 재차 구속되었다. 청구인에게는 수갑이 채워져 로스토키노 경찰서로 호송되었다. 청구인에 의하면 3명의 경찰관이 언어 학대를 했고, 그 중 1명은 가슴을 치기도 했다. 전화사용 요청과 담당 경찰관을 만나자는 요구가 무시되었다. 동 체포영장이 취소된 사실이 확인된 후인 2000.7.7. 오후 6:15분에 석방되었다. 청구인의 주장에 의하면, 구속되어 있는 중에 물이나 음식을 섭취하지 못했고 화장실 사용도 허용되지 않았다.

2000.6.18. 청구인은 모스크바 경찰청장과 이즈마이로브스키이 지방검찰청장에게 진정을 하였고, 동년 8.15.에는 7월에 발생했던 불법구금에 대하여도 검찰총장에게 불만을 제기하였다.

2000.8.17. 모스크바 경찰청의 담당자로부터 연방지명수배명단에 그가 등록되어 있어 2000.6.14.의 구속은 합법적인 것으로 볼 수 있다고 통지하였다.

2000.9.4. 모스크바 경찰청의 수사과장이 청구인에게 보로비치 경찰이 청구인의 이름을 등록한 것에 책임이 있다는 취지로 어드바이스 하였다.

2000.10. 노보고로드 지방검찰청 검사가 청구인에게 그의 이름이 2000.5.5. 지명수배명단에서 삭제되었고, 내무부의 중앙 데이터베이스에서는 2000.5.16. 갱신되었음을 알려

주었다. 그렇지만 수사관은 체포영장이 기각된 사실을 보로비치 경찰서에 통지하지 않아 두 번째 체포에 이르게 되었다.

청구인의 사건이 유럽인권법원에 오자, 오스탄키스키이 검찰청이 청구인의 불만내용을 조사했으나 청구인의 주장에 대해 형사절차를 개시하지 않기로 하는 결정을 하였다. 그러나 이에 대해 모스크바시 검찰은 동 결정을 번복하고 추가 조사를 명했다.

2001년 초 청구인은 몇몇 기관을 상대로 불법적 형사절차 및 체포와 간련하여 금전적 및 정신적 손해배상을 청구했다.

모스크바 바스마니이 지방법원은 로스토키노 경찰서에 2000.7.6~7.7. 청구인의 구금과 관련한 서류를 제출하도록 명했으나, 관련서류는 제출되지 않았다. 2001.9.18. 동 법원은 청구인에 대한 형사절차가 증거부족으로 궁극적으로 중지되었기 때문에 그것은 불법적인 것임을 인정하였다. 이러한 사실 및 청구인이 실제로 구금상태에 있지는 않았다는 이유로 동 법원은 정신적 손해에 대해 소액을 배상받도록 하였다.

청구인은 불복했으나 모스크바 시법원은 위 법원의 판단을 유지하였다.

2002. 1월 청구인은 바스마니이 지방법원에 집행문을 청구했으나, 어떤 회신도 받지 못하면서 법원 측 실수로 실제 판결금액보다 적은 금액만이 집행문에 기재되자, 다시 그 정정을 구하는 과정이 지루하게 진행되면서 2004. 12월 바스마니이 지방법원은 새로운 집행문을 발부하면서 청구인에게 보내는 서한에서 과거에 발부된 집행문은 집행절차법을 따르지 않았음을 인정하였다. 동 집행문은 2005. 2월까지도 집행되지 않았다.

2. 청구 요지

청구인은 2000.6.14.~6.15.까지 그리고 2000.7.6.~7.7.까지의 구금과 구금 조건에 대하여 협약 제3조 및 제5조를 원용하여 제소하였다.

법원은 직권으로 협약 제6조 제1항 및 제1의정서 제1조에 의하여 2001.9.18. 바스마니이 지방법원의 판결 집행의 부당한 지연을 심사하기로 하였다.

3. 법원의 판단

가. 협약 제3조 위반 주장

협약 제3조

어느 누구도 고문, 비인간적 또는 모욕적 처우나 처벌을 받아서는 안 된다.

청구인에 대한 2000.6.14~6.15의 구금에 관해, 법원은 불과 12시간 구금상태에 있었음을 유념한다. 따라서 법원은 청구인이 받았던 처우는 협약 제3조의 적용에 있어서 요구되는 최소한의 가혹수준에 이르렀다고 보지는 않았다.

2000.7.6~7.7. 기간 중의 구금에 관해, 법원은 밤을 새기에는 적절치 않은 공간에서, 음식이나 음료제공도 없고 화장실 출입도 제한당하면서 구금되어 있었음을 인정했다. 특히 청구인이 기술하는 내용들이 유럽고문방지위원회가 2001년 모스크바 경찰서 일부를 현장 조사했던 보고서에서도 피유치인들에게 음료와 음식, 그리고 화장실 출입이 문제가 되고 있었음을 지적하고 있는 점을 주목하였다.

법원은 청구인이 구금된 불만족스러운 조건이 자신의 불법체포로 인한 정신적 고통을 배가하게 되었고 이것이 협약 제3조의 비인간적 처우에 상당함을 인정하였다.

나아가 법원은 청구인의 구금상태에 대한 진정을 국내당국이 수사하지 않은 점도 유념하였다. 청구인이 유럽인권법원에 제소한 이후인 2004년에서 시작된 조사는 그러한 비인간적 구금상황에 대한 유책자들을 밝히지 못하였다.

따라서 법원은 협약 제3조 위반을 인정하였다.

나. 협약 제5조(신체의 자유, 적법절차 등) 위반 주장

청구인에 대한 2000. 6월과 7월의 각 구금이 러시아 국내법이나 협약상 합법적인 것은 아니었다.

법원은 청구인을 체포하게 된 유일한 이유가 국내의 권한 당국간의 협력의 부족에 기인한 점을 주목하였다. 연방지명수배자명단에 청구인의 이름을 등록하기 전에 유효한 체포영장의 존재를 확인하지 아니한 보로비치 경찰서의 실수가, 형사절차가 즉시 중단 되었다는 사실의 보고를 하지 않은 노브고로드 경찰서의 행위와 함께 가중되었다. 그 외에도 모스크바 경찰서와 검찰청이 청구인의 불법체포에 대한 청구인의 진정에 대해 주의를 게을리 함으로써 무죄로 판명된 사람의 재구속을 허용하기에 이른 사실이다.

끝으로 법원은 2000. 6월과 7월의 청구인에 대한 체포기록이 전혀 작성되지 않았고 해당 경찰서의 담당공무원이 그러한 기록에 대한 청구인의 요구를 묵살했다는 점을 보았다. 개인에 대해 용납되지 않는 구금은 협약 제5조에 규정된 근본적으로 중대한 보장 장치의 전면적 부정이며 또한 동 규정에 대한 가장 심각한 위반을 표출한다는 것은 법원의 전통적 견해였으므로 그러한 사실 자체만으로도 매우 심각한 실수로 보아야 한다. 구금의 일자, 시간 및 장소, 피구금자의 이름, 구금 사유 및 이를 집행하는 사람의 이름과 같은 사항의 기록 부재는 협약 제5조의 합법성 요청 및 본질적 목적에 부합되지 않는 것으로 보아야 한다. 법원은 그러한 점에서 협약 제5조 제1항의 위반이 있음을 인정한다.

나아가 법원은 청구인이 자신의 불법 구금의 결과로 입은 손해배상청구를 유효하게 진행시켰음을 유념한다. 하지만 국내법원이 이를 무시했다. 바스마니이 지방법원 역시 동 판결에서 풍부한 증거가 있음에도 불구하고, 청구인이 실제 구금상태에 있지 않았다고 하여, 사실에 대해 자의적인 판단을 하였다. 법원은 청구인이 불법적 체포에 대한 집행 가능한 보상청구권이 거부되었음을 인정하여 협약 제5조 제5항의 위반이 있었음을 인정한다.

다. 협약 제6조 제1항(공정한 재판 등) 및 제1의정서 제1조(재산의 보호) 위반 주장

법원은 손해배상 집행절차에 있어서 발생한 모든 지연행위가 러시아 국내당국에 책임이 있다고 본다.

최초 2년간 바스마니이 지방법원이 청구인에게 집행문 부여를 거절함으로써 집행을 방해하였고 그 외 여러 지연 요소가 생기게 되어 2005. 2월까지도 집행될 수 없었다.

법원은 거증된 여러 자료를 심사한 결과, 판결문을 근거로 집행 가능한 금액이 수년간 그 집행이 방해받았음을 인정한다. 따라서 협약 제6조 및 제1의정서 제1조의 위반이 있음을 인정한다.

이 사건에서 법원은 정신적 보상으로 7,400 유로를 그리고 소송비용 및 경비로 800 유로의 지급을 명했다.

[34] 구속적부심의 지연 Kolanis v. the United Kingdom

Application no. 517/02, 2005. 6. 21. 선고

제5조 제1항(신체의 자유) 비위반

제5조 제4항(신속한 구속적부심) 및 제5항 (형사보상의 권리) 위반

범죄로 유죄선고를 받은 청구인은 정신질환이 확인되어 정신보건법에 의해 병원에 수용되자, 정신보건심판소에 석방을 신청하였고, 동 심판소는 부모 집에 거주하되 외부 정신병의사의 감독과 처방에 따르도록 하는 조건부 석방을 결정했으나, 담당의는 그런 조건으로는 안전하게 감독할 수 없으므로 일정 시설에서의 치료를 요구하고, 보건당국도 심판소가 과하는 조건을 이행할 수 없다고 함으로써 조건부 석방결정이 무력화되었고 결국 그 상태로 있다 1년 후 시설에 입소하게 되면서 발생한 사건에서, 유럽인권법원은 위 심판소의 결정에 대해 1년이나 지나서야 그 구금의 적법성을 심사한 것은 구금시 법원에 의하여 신속하게 그 적법성을 판단 받아야 한다는 규정에 위반된다고 판시하였다.

1. 주요 사실

청구인 콜라니스 씨는 런던 거주 영국민으로, 고의 중상해로 1998.2.2. 유죄판결을 받았다. 청구인은 정신질환으로 고통 받는 것이 확인되어 정신보건법에 의해 병원에 수용되었다. 청구인은 병원수용을 면하고자 정신보건심판소에 신청하였다.

가. 정신보건심판소의 심리

1999.5.24. 정신보건심판소는 병원에서의 조건부석방의 적격성 여부를 보기 위해 해밀튼 박사의 정신의학소견서를 요청했다. 해밀튼 박사는 청구인이 석방될 준비가 되어 있지 않다는 소견을 피력했다. 또한 청구인을 담당하는 오가디 박사와 사회복지사는 청구인의 석방에 반대한다는 뜻을 분명히 했다. 나아가 그들은 청구인이 호스텔 형태로 운영되는 시설로 입소되어 관리되어야 한다고 했다.

그럼에도 불구하고 동 심판소는 조건부로 석방하되, 부모와 함께 집에 거주해야 하고 사회복지사와 법정자문 정신병의사의 감독을 받으며 그들이 처방하는 대로 따를 것을 명하였다.

그러나 1999.9.30. 청구인 담당 정신병의사인 케네디 박사는 청구인 부모의 가정에서 청구인을 안전하게 감독할 수 없으며 또한 청구인이 시설에서 간병 받아야 할 것이라고 판단했다. 케네디 박사의 오가디 박사에 대한 1999.10.6.자 서신에서 어느 누구도 청구인이 다시 치료효과가 떨어지지 않고 다시 공격적이 되지 않는다고 확신할 정도로 충분한 치료효과가 없기 때문에 부모 집으로 곧장 돌려보낸 상태에서 청구인을 감독하는 것이 안전하다고 볼 수 없다고 밝혔다.

1999.10.11. 오가디 박사는 심판소에 보내는 서신에서 청구인의 조건부 석방을 위해 심판소가 과하는 조건을 자신들이 감당할 수 없음을 미리 통지하였다. 그는 해밀튼 박사와 케네디 박사도 이 의견에 동조하고 있음을 설명했다.

1999.11.15. 청구인의 거주지역의 보건당국은 북런던 법정 정신의학협회장에게 사부문에서 활동하는 협회원 중 감독의 용의가 있는 사람을 물색해줄 것을 요청하였다. 1999.12.15. 동 협회는 감독하려는 사람을 찾을 수 없다고 보건당국에 통지하였다.

1999. 12월과 2000. 1월 보건당국은 런던, 기타 지역의 법정 정신의학회 9개 분과의 진료책임자들에게 편지를 보내 보건심판소가 과한 조건에 따른 감독자를 구하기 위해 긴급 협의를 요청했으나 누구도 지원 용의도, 지원할 능력도 되지 않는다고 하였다.

보건당국은 캠브리지와 노튼햄톤셔의 국립 및 사립기관에 동일한 요청을 했으나 부정적 회답만 들었다.

이에 따라 보건당국은 더 이상 후속 조치를 취할 수 없다고 결론을 내렸다.

나. 고등법원에서의 심리

1999.12.3. 청구인은 보건심판소가 부과한 조건에 따른 정신의학적 감독을 자신에게 제공하지 않기로 함에 따라 병원에서 퇴원하지 못하게 되자 보건당국의 결정에 대해 사법심사절차를 구하였다. 청구인은 동결정의 취소를 구하고 또한 보건당국이 보건심판소가 과한 조건을 이행하기 위하여 필요한 정신의학적 치료를 제공하도록 하는 명령을 구하였다.

2000.1.18. 법원은 사법심사 청구를 허용하였다. 보건장관은 동 소송절차에 참가를 거부했으나 다음의 의견서를 제출했다.

> "정신보건법은 이 사건 내지 유사 사건에서 환자의 이익을 보장하기 위해 창설된 법체계이다. 이 제도의 일부로서 담당의무공무원들은 정신보건심판소의 결정이 거부되지 않도록 하는 책임이 있다…, 의무공무원들의 조언에 반하는 조건부 석방을 하도록 결정하느냐 여부는 심판소의 몫이다."

2000.6.9. 고등법원에서 청구인은 퇴원자격이 있음을 항변하면서, 보건당국이 보건심판소가 과한 조건을 이행하기 위한 필요 서비스 제공을 하지 아니함으로서 정신보건법 제117조의 의무를 위반하고 있으며 상당한 기간 내에 동 조건의 의무 불이행은 유럽인권협약 제5조를 침해하는 것이라 주장하였다.

고등법원은 정신보건법 제117조에 의하면 보건당국은 정신보건심판소가 과한 조건을 이행해야 할 절대적 의무가 있는 것이 아니라 그러한 조건을 충족시키기 위한 모든 합리적인 조치를 취할 의무가 있을 뿐이라고 보았다.

다. 정신보건심판소의 재심

2000.8.24. 위원을 달리 구성한 정신보건심판소는 다시 청구인 사건을 심리하였다. 동 심판소는 청구인을 조건부 퇴원시키기로 결정하였다. 그 조건은 담당 의료공무원이 승인하는 시설에 거주하고 그 치료감독을 받고 청구인의 사회감시자의 감독을 수용하는 것이었다.

2000.12.23. 청구인은 병원에서 조건부 퇴원하여 런던소재 재정주 프로젝트 호스텔에 입소하였다.

라. 청구인의 이의제기

항소원은 고등법원의 판결에 대한 항소를 허용하기는 했으나, 고등법원의 판결이유가 되었던 법 제117조의 해석에 동의하여 청구를 기각하였고, 다시 귀족원에의 상고도 기각되었다.

2. 법원의 판단

가. 협약 제5조 제1항 위반 주장

> 제5조 제1항
>
> 모든 사람은 신체의 자유와 안전에 대한 권리를 갖는다. 어느 누구도 다음의 경우와 법률이 정한 절차에 따르는 경우를 제외하고는 자유를 박탈당하지 아니한다.
>
> (e)…정신이상자의…합법적 구금

정신이상자의 구금은 협약상 그리고 빈터베르프 기준(Winterwerp v. Netherlands 사건, 1979.9.26. 유럽인권법원 판결, 제39항 참조)에 의하면 다음과 같다.

- 환자는 객관적인 의료 전문가 앞에서 진정한 정신질환으로 고통 받고 있음이 신뢰할

정도로 보여져야 한다.

- 그 질환은 강제격리를 요하는 "종류 내지 정도"여야 한다.
- 계속 구금의 유효성은 객관적 의료 전문가가 확정한, 강제 격리를 요하는 종류 또는 정도의 진정한 정신 질환의 지속에 좌우된다.

청구인의 주장에 의하면, 정신보건심판소가 조건부석방을 명할 때 자신이 공동체 내에서 생활할 자격이 있음을 인정했고 따라서 그녀는 더 이상 강제격리를 요하는 정신질환으로 고통 받고 있지 않았다는 것이다. 청구인은 Johnson v. the United Kingdom 사건(청구인이 조건부 석방을 얻은 후 석방의 지연으로 발생한 계속적인 구금은 협약 제5조 제1항(e)에 의하여 정당화되지 않는다고 판시)의 판시이유가 자신의 사건에 적용될 수 있고 따라서 자신에 대한 계속적인 구금은 자의적인 것이고 협약 제5조에 반한다고 주장한다.

법원은 그렇지만 Johnson 사건에서 정신보건심판소는 청구인이 더 이상 정신질환으로 고통 받고 있지 않고, 증상도 없고 더 이상의 어떤 약물치료도 요하지 않는다고 했음을 인정한다. 본 사건에서는 국내법원은 청구인이 다른 상황에 있음을 주목하였다. 즉 청구인은 정신분열증이 여전히 지속되고 있고 계속적으로 약물치료를 포함한 치료를 요하며 그 질병 관리를 위해서는 의학적 감독을 요구하는 상태이다.

그러므로 법원은 청구인이 조건부로 석방될 수 있다고 하였던 정신보건심판소의 결정이 빈터베르프 기준이 충족되지 아니하였다고 하는 것에 상당하므로, 그 결과로서 추후에 발생하는 석방의 부당한 지연은 협약 제5조 제1항에 위반된다고 하는 청구인의 주장을 수용할 수 없다. 정신보건심판소의 조건부석방에 관한 이유의 실질에 관해 보면, 청구인에 대한 석방은 청구인 자신의 건강과 공동체의 안전을 보호하기 위하여 필요한 계속적인 치료 또는 감독이 있는 경우에 적절한 것으로 간주될 수 있었다. 그렇지 못한 경우에 그녀에 대한 구금은 협약 제5조 제1항e의 취지로 보건대 계속하여 필요하였다.

이 사건에서 보는 것처럼, 그러한 조건부 석방을 위하여 필요한 조치를 할 수 없었다. 이러한 상황에서 협약 제5조 제1항e의 규정을 청구인 자신과 공중을 보호하기 위하여 필요한 조건 없이 청구인 석방을 요구하거나 또는 그러한 조건의 충족을 담보하기 위해 해당 기관에 절대적 의무를 부과하는 것으로 해석할 수는 없다. 더군다나 이 사건에서 정신보건심판소의 조건부 석방 결정의 적절한 효율성을 확보하기 위해 공동체내에서 어느 정도의 의무가 발생할 수 있는지 이를 예측하려는 시도도 필요 없는 것이다.

이러한 사정상 지방 공공당국이 "최선의 노력"을 다하지 아니하였다는 것이나 공동체 내에서 배려를 거부한 정신분석학자의 의무위반은 사법적 심사의 대상이 될 수 있을 것이다. 법원은 지방당국이나 의사가 적절한 근거나 사유 없이 공동체로의 환자위탁을 고의로 또는 자의적으로 이를 차단했다고 보지 않는다.

법원은 이 사건에서 1999.8.16. 정신보건심판소의 결정 이후에도 청구인이 강제격리를 요하는 질병으로 계속 고통 받고 있었고 또한 이러한 강제격리가 제5조 제1항e의 예외에 해당하였다고 결론을 내린다. 그럼에도 불구하고 조건의 부과가 국내법상 적절하다고 보이는 석방의 지연을 정당화할 수 있다는 점을 배제하지는 않지만, 계속되는 강제격리가 협약 제5조 제1항의 취지와 조화될 수 있도록 하기 위해서는 적절한 안전장치의 필요성은 매우 중대한 것이다. 따라서 청구인이 어중간한 지위에 있었던 기간은 제5조 제4항의 문제를 발생시킨다.

그러므로 협약 제5조 제1항의 위반은 없었다.

나. 협약 제5조 제4항 위반 주장

> 제5조 제4항
>
> 체포·구속에 의하여 자유를 박탈당한 사람은 법원에 의하여 그 구속의 적법성을 신속히 결정 받아야 하고 그 구속이 합법적이지 않다면 그 석방을 명하는 절차를 밟을 권리를 갖는다.

청구인에 대한 조건부 석방 결정은 1999.8.16. 있었으나 어떤 정신병학자도 청구인의 부모 집에서 감독하는데 동의하지 않아 이행되지 않았다. 동결정의 재심은 2000.8.24. 이루어져 최초결정일로부터 1년이 지난 때였다. 재심 결정은 석방은 하되, 보다 통제된 환경인 호스텔로 보내 의료 감독을 받도록 하는 것이었다.

여기서 결정해야 할 쟁점은 정신보건심판소가 청구인의 조건부 석방결정을 한 후 계속되고 있는 격리상태에 대해 정신보건심판소 직권으로 또는 청구인의 신청에 의하여 재심을 할 수 없었던 것이 협약 제5조 제4항의 요건을 준수하는지 하는 것이다.

제5조 제4항은 구금의 자의성에 대한 결정적 보장장치를 제공한다. 즉 구금된 사람은 최초의 자유박탈시점만이 아니라 그 이후에도 적법성에 대한 새로운 쟁점이 나올 수 있는 경우에는 법원의 심리를 받을 수 있도록 하는 것이다. 이 사건에서처럼 정신보건심판소는 환자의 병원내 유치는 더 이상 필요하지 않아 환자가 조건부 석방될 수 있다고 보는 경우에, 당 법원은 그럼에도 불구하고 동석방조건의 충족에 난점이 있어 계속하여 구금하는 경우에는 적법성에 대한 새로운 쟁점이 발생할 수 있다고 본다. 그러한 환자의 경우에 제5조 제4항에 의하여 법원에 의하여 즉시 그 지속되고 있는 구금의 적법성을 심리받을 권한이 있다.

당 법원은 국내법원이 유사사건에서 협약 제5조 제4항의 위반이 있었음을 인정하고 제5조의 요건에 저촉하는 선례를 파기하고, 장래 동저 촉을 피할 수 있도록, 필요한 경우에 정신보건심판소에 잠정결정권한, 조건의 이행 모니터링권한, 조건 변경의 권한 및 결정을 수정하는 권한을 주는 입법을 시행하도록 하는 지침을 준 적이 있음을 알 수 있다.

그러나 이 사건에서 법원은 1년 이상 청구인이 계속하여 구금되는 상황에서 발생하는 쟁점에 대해 법원의 심리를 받지 못했고 또한 국무장관의 요청으로 재심리하기까지 12개월 이상 걸린 것은 이러한 하자를 치유하기에 충분히 신속했다고 볼 수 없으므로 협약 제5조 제4항의 위반이 있었다.

다. 협약 제5조 제5항 위반 주장

> 제5조 제5항
>
> 이 조항의 규정에 위반하여 체포·구속된 사람은 이에 대해 보상받을 권리를 갖는다.

청구인은 환자의 지위에서 정신보건심판소, 구금하고 있는 보건당국이나, 환자의 석방조건의 이행을 위해 필요한 필요 서비스를 제공하지 아니한 당국으로부터 보상받을 자격이 없다고 국내법원이 판시하였다고 주장한다. 물론 당시에는 1998년 인권법이 시행되지 않았다.

영국 정부는 제5조 제1항 및 제4항을 위반하지 않았고 따라서 동 규정상 어떤 문제도 발생하지 않는다고 항변하였다. 만약 유럽인권법원이 청구인 측 주장을 들어준다고 해도, 영국정부는 1998년 인권법이 시행되기 전에는 그러한 경우에 보상에 대한 권리가 없다고 하였다.

협약 제5조 제3항의 위반을 인정한 점에 비추어 그리고 영국 정부의 용인을 고려하여 법원은 이 사건에서 제5조 제5항의 위반이 있었음을 인정한다.

라. 협약 제13조 위반 주장

> 제13조
>
> 협약에 규정된 권리와 자유가 침해된 사람은 그 침해가 공적자격으로 행동하는 사람에 의하여 발생하였는지에 무관하게 국내 당국 앞에서 효과적 구제를 받아야 한다.

법원은 협약 제5조 제4항 및 제5항의 위반을 인정하였다. 협약 제5조의 규정은 자유의 박탈에 대한 제소에 관하여 특별법상 지위에 있으므로 이 사건의 사정상 협약 제13조에 의한 별도의 쟁점이 발생하지 않는다고 본다.

마. 보상

당 법원은 협약 제5조 제4항의 절차적 위반을 인정하였고 따라서 실체상의 불법은 인정하지 않았음을 유념한다. 제5조 제4항에 따른 절차가 진행되었다면 청구인은 그 기회상실과 관련하여 받은 고통을 주장할 수 있었을 것이고 더 일찍이 석방될 수 있었다는 사실을 간과할 수는 없다. 더욱이 청구인은 위반사실의 인정만으로 보상받을 수 없는 당혹, 불명확성, 불안상태로 고통 받았음이 분명하다고 본다. 이러한 점을 고려하여 법원은 유사사건과 비교하여 형평한 기초에서 6,000 유로의 보상을 명한다. 이외에 소송 비용과 경비로 4,656 유로를 청구인에게 지급할 것을 명한다.

[35] 경찰의 저지선 설치와 자유의 제한

Austin and Others v. the United Kingdom

Application nos. 39692/09, 40713/09 and 41008/09, 2012. 3. 15. 선고

제5조 (자유와 안전의 권리) 비위반

2001년 영국 런던 옥스퍼드 광장에서 반지구화 시위중 7시간 정도 경찰의 저지선에 묶여 밖으로 나갈 수 없었던 일단의 군중들이 자유와 안전에 대한 권리가 침해되었다고 주장한 사건이다.

법원은 당시 경찰의 저지선 설정이 위험하고 격한 상황에서 대규모 군중을 격리하고 가두기 위한 것이었다고 보고, 당시 상황상 저지선 안팎의 공중을 폭력으로부터 보호하기 위한 것으로 그 침해성이 최소한에 그쳤고 가장 효과적인 수단으로 인정하고 협약상 권리 및 자유의 침해가 없었다고 판단하였다.

이 사건은 1명의 시위자와 일부 통행인들이 런던에서 반지구화 데모기간 중 7시간여 동안 경찰의 저지선 밖으로 나가는 것이 허용되지 않았다고 제소한 건이다. 법원은 저지선 내에 있었던 사람들이 협약상 그들의 자유가 박탈되지 않았음을 인정한 것은 주목할 만하다. 특히 경찰은 위험하고 격한 상황에서 대규모 군중을 고립시키고 이들을 가두기 위해서 저지선을 설정하였다. 이 행위는 폭력으로부터 공중을 보호하기 위한 최소한의 침해적이고 가장 효과적인 수단이었다. 경찰이 오후 내내 군중의 해산을 시도하였지만 위험 상태가 지속되어 그들을 해산하는 것이 불가능하였다.

1. 주요 사실

4명의 청구인은 1969년 출생의 바실돈에 거주하는 영국민 로이스 오스틴, 1949년생으로 멜번에 거주하는 그리스와 호주 양국적을 갖는 조지 블랙, 1972년생으로 런던에 거주하는 영국 국적과 호주 국적을 갖는 부로우닌 로웬탈 및 1963년생으로 웸블리에 거주하는 영국민 피터 오세아 씨이다.

경찰은 환경주의자, 무정부주의자 및 좌익 데모 집단들로 구성된 활동가들이 반독점위원회 게임으로부터 지역에 기반을 둔 다양한 항의시위를 2001.5.1. 벌일 계획임을 알게 되었다. "노동절 반독점" 시위의 주모자들은 경찰과 사전에 어떤 접촉도 하지 않았고 데모를 위한 허가도 구하려고 하지 않았다. 당일 오후 2시경 옥스퍼드 광장에 1,500명 이상 모였고 그 이상의 인원이 점차 데모대에 합류하고 있었다. 경찰은 공중의 무질서를 우려하여 오후 2시경 그 군중들을 가두기로 결정을 하고 옥스퍼드 광장을 차단시켰다.

오후 내내 군중에 대해 통제된 해산을 시도하였으나 광장 내부와 밖의 많은 인원들이 매우 격렬해지고 보도블록을 깨고 경찰을 향해 그 돌멩이를 집어 던졌기 때문에 해산이 불가능한 것으로 판명되었다. 저녁 9:30분경에 해산이 종료되었다.

사회주의자당의 당원이며 여러 데모에 빈번히 참가한 오스틴 씨는 2001.5.1.의 시위에도 참여하였고 옥스퍼드 광장 차단선 내에 갇혔으며, 블랙 씨는 옥스퍼드 거리의 서점에 가려고 했으나 데모대 접근을 이유로 한 경찰관에 의해 방향을 돌리게 되어 진압 경찰 벽을 만나 할 수 없이 옥스퍼드 광장에 들어가게 되어 저녁 9:20분까지 그곳에 남게 되었다. 이와 비슷하게 로웬탈 씨와 오쉐아 씨는 데모와 무관하였다. 둘 다 점심시간에 저지선에 갇혀 각 9: 35분 그리고 8시까지 갇혀있었다.

2002년 오스틴 씨는 런던시 경찰청장을 상대로 오구금과 유럽인권협약 제5조(자유와 안전의 권리)에 의한 자신의 권리 침해를 이유로 소송을 제기하였다. 2005. 3월 그녀의 청구는 기각되었다. 항소하였으나 고등법원과 상원에서 2009. 1월 최종적으로 기각되었다. 상원은 오스틴 씨는 그녀의 권리가 박탈되지 않았고 따라서 협약 제5조는 적용되지 않는다고 판시하였다.

2. 청구 요지

청구인들은 아무런 정당성도 없이 자신들의 자유가 박탈되어 협약 제5조 제1항의 위반이 있었다고 주장한다.

이 건은 2009.6.17., 동년 6.27. 유럽인권법원에서 접수하였다.

2011.4.12. 지정 재판부는 이 건을 대재판부로 넘기기로 하였다.

3. 법원의 판단

법원은 공공질서를 이유로 경찰이 수행한 일단의 군중의 봉쇄에 관하여 협약의 적용문제를 최초로 심리하도록 요청되었음을 확인한다. 이와 관련하여 먼저 청구인들이 협약 제5조 제1항의 의미 내에서 그들이 자유를 박탈당했는지를 심리하는 것이다.

제5조 제1항의 "자유의 박탈"이 있었는지를 결정함에 있어서 법원은 자신의 판례법 속에 확립된 다수의 일반 원칙들을 참조하였다. 첫째, 협약은 "살아 있는 문서"로서, 현 시대의 상황에 비추어 해석해야 했다. 2001년도에 통신기술의 진보는 전대미문의 규모로 신속하고 은밀하게 시위자들을 동원할 수 있게 만들었다. 제5조는 경찰이 질서를 유지하고 공공을 보호하는 책무 이행을 불능하게 만드는 방법으로 해석되어서는 안 된다. 둘째, 협약은 전체로서 조화롭게 해석해야 한다. 협약의 여러 조문들은 경찰에게 폭력과 상해로부터 개인을 보호할 책무를 과하고 있는 것으로 고려된다. 셋째, 문제의 조치가 발생한 맥락이 적절했다. 공공의 구성원들은 종종 대중교통이나 자동차 여행, 축구경기 관람 등과 같은 경우 일정한 맥락에서 이동의 자유에 대한 일시적 제약을 감내할 것이 요구된다. 법원은 이렇게 통상적으로 발생하는 제한의 경우는 그것이 당국의 통제에서 벌어난 상황의 결과로서 피할 수 없게 되고, 중대한 상해나 손해의 현실적 위험을 피하기 위하여 필요하고 또한 그 목적을 위해서 요구되는 최소한으로 유지되는 한에 있어서는 제5조 제1항의 의미상 "자유의 박탈"이라고 적절히 서술하는 것으로 볼 수 없다.

나아가 법원은 협약 체계 내에서 사실 관계를 확정하는 것은 국내법원의 몫이며 법원은 국내법원이 파악한 사실인정을 일반적으로 따르게 된다는 점을 강조한다.

이 사건에서 법원은 3주간의 공판과 실체 증거의 심리 후에 나온 영국 고등법원의 투겐햇 판사가 인정한 사실에 근거하였다. 영국 경찰은 500명에서 1,000명의 핵심 시위자들이 오후 4시경 옥스퍼드 광장에 집결할 것이라 예상하고 있었다. 또한 경찰은 군중이 효과적으로 통제되지 않는 경우에는 중상해, 심지어는 사망 및 재산 피해의 현실적 위험을 예측하고 있었다. 이런 상황에서 2시간 일찍 1,500명의 사람이 그곳에 집결하여 경찰은 폭력을 예방하고 사람 및 재산 피해의 위험을 예방하기 위해 유일한 방법으로 저지선을 만들기로 결정했던 것이다.

저지선 내에서는 사람들이 거닐 수 있는 공간이 있었으며 압박하지도 않았다. 그러나 그늘막, 음식물, 음료 기타 용변시설이 없어 불편하였다.

경찰이 오후 내내 계속하여 사람들을 풀어주기를 시작하였으나, 저지선 안팎의 극심한 소수자들의 폭력과 비협조적 태도 때문에 그 시도는 번번이 정지되었다. 그 결과로서 경찰은 가까스로 오후 9:30분경 갇혀있던 사람 전원을 내보낼 수 있었다. 그럼에도 불구하고 데모에 관여하지 않은 것으로 또는 갇혀 있음으로 인해 심각하게 영향을 받았음이 분명히 판정난 약 400여명의 사람들은 그 시간 이전에 그 장소를 벗어나는 것이 허용되었다.

법원은 그 저지선은 위험하고 격한 상황에서 대규모 군중을 격리하고 가두기 위한 것이었음을 인정한다. 2001.5.1. 옥스퍼드 광장에 존재했던 상황을 보건대, 저지선 안팎의 공중을 폭력으로부터 보호하기 위해 경찰이 이용할 수 있었던 것으로 그 침해성이 최소한에 그치고 가장 효과적인 수단이었다.

이러한 맥락에서 법원은 저지선 설정이 "자유의 박탈"에 해당한다고 보지 않는다. 참으로 청구인들은 저지선이 설정되었을 때 저지선 안에 있던 그들이 즉시 자유가 박탈되었다고 주장하지 않았다.

더욱이 법원은 저지선 설정으로 기껏해야 이동의 자유에 대한 제약이 자유의 박탈로 변화했다고 볼 수 있는 시점을 확인할 수 없다. 절대적 저지선을 만든 이후에 약 5분간 경찰은 통제된 해산을 시작을 계획을 갖고 있었던 것은 분명하다. 바로 그 직후 그리고 그 이후에도 경찰은 사람들을 해산시키려고 했었고 지속적인 면밀한 관찰하에서 그 상황을 유지시켰다. 동일한 위험한 상황이 저지선 구축 후부터 오후 내내 그리고 초저녁까지 이어졌기 때문에 법원은 동 저지선 내에 있던 사람들이 협약 제5조 제1항의 의미상 자유의 박탈이 없었다고 인정한다.

위의 설시에도 불구하고 법원은 민주사회에 있어서 표현 및 집회의 자유의 근본적 중요성을 강조하며 국가 권력은 시위를 억누르고 낙담시키기 위해 군중 통제조치를 사용해서는 안 되며 오직 심각한 피해나 손해를 예방할 필요가 있을 때로 한정해야 된다는 점을 강조한다.

제5조는 적용되지 않기 때문에 법원은 14대3으로 동 조항의 위반이 없었음을 선언한다.

[36] 석방 보석금의 과다 Mangouras v. Spain

Application no. 12050/04, 2010. 9. 28. 선고

제5조 제3항(자유와 안전의 권리) 비위반

선체 폭발로 대서양에 7만 톤의 오일이 방출되면서 선장은 83일간 구금된 후 3백만 유로의 보석금을 내고 가석방되었다. 이에 대해 보석금액의 과다로 자유와 안전에 대한 권리가 침해되었다고 주장하였다.

법원은 보석금액은 원칙적으로 피고인과 그 재산 및 일정한 사정 및 이로 인해 발생한 손실액 등을 고려하여 산정된다고 하면서, 이 사건의 예외적 성격 및 해양오염으로 인한 대규모 환경피해를 고려할 때 국내 사법당국이 정한 보석금액의 수준이 과도하지 않았다고 판단하였다.

1. 주요 사실

만고라스 씨는 2002. 11월 스페인 연안을 항해중이던 프레스티지 호의 선장으로 선체 폭발로 대서양으로 7만 톤의 오일을 방출하였다.

프로라와 파우나 바다에 영향을 준 오일유출은 수개월간 계속되었고 프랑스 연안까지 확대되었다.

수사가 개시되었고 청구인은 3백만 유로의 보석 조건으로 구속되었다.

청구인은 83일간 구속되었고 선주의 보험사가 보석금을 지급하면서 가석방이 허용되

었다.

이후 스페인 당국은 그리스 당국이 스페인에서 과한 정기적 감시를 이행하는 조건으로 그를 그리스로 귀환하는 것을 허용하였다. 그 결과 그는 매 2 주에 한 차례 씩 경찰서에 보고를 해야 했다. 그에 대한 형사절차는 계속중이다.

2. 청구 요지

청구인은 협약 제5조 제3항(자유와 안전의 권리)에 근거하여, 자신의 사건에서의 보석금액이 과도하고 자신의 개인적 사정을 전혀 고려하지 않고 정해졌다고 주장한다.

이 건은 2004.3.25. 유럽인권법원에 접수되었고, 2009.1.8. 지정 재판부는 만장일치로 제5조 제3항의 위반이 없었다고 결정하였다. 이 건은 2009.6.5. 청구인의 요청에 따라 대재판부로 회부되었다.

대재판부는 2009.10.23. 심리를 개최하였다.

3. 법원의 판단

법원은 제5조 제3항에 의하면 보석금은 구금을 정당화시키는 이유가 존재하는 한에 있어서만 요구되며 또한 피고인의 구금 계속이 필요한지 여부를 결정하는 것처럼 적절한 보석금액을 과하는 것에도 주의가 필요하다는 점을 다시 한 번 반복한다.

더욱이 보석금액은 원칙적으로 피고인과 그 재산 및 일정한 상황에 있어서는 그로 인하여 발생한 손실액을 고려하여 평가한다.

청구인은 83일간 자유를 박탈당했고 3백만 유로를 예치한 후에 석방되었다. 보석금액을 확정함에 있어서 스페인 법원은 청구인의 도주 위험을 고려했고 법정 출석을 확보하기 위하여 필요한 금액으로 보았다. 청구인 개인의 사정 외에도 스페인 법원은 범죄 혐의의 심각성, 동 재앙의 여론에 대한 영향력 및 청구인의 “직업적 특성”, 즉 석유화학제품의 해상 운송을 고려했다.

제5조 제3항의 요건을 해석함에 있어서는, 유럽법 및 국제법상 부과되는 환경의무를 집행하는 수단으로서 환경 범죄와 관련하여 유럽 및 국제적으로 점증하는 관심 및 합법적 관심 및 형법을 이용하는 경향 등 새로운 현실을 고려하였다. 법원은 인권보호의 영역에서 요구되는 점증하는 높은 기준은 이에 상응하게 민주사회에서의 기본적 가치의 침해를 평가함에 있어서 더욱 큰 견고성을 요구하고 있다는 견해를 갖는다.

그러므로 문제된 행동을 형성한 직업적 환경이 보석금액의 결정에 고려되어야 한다. 청구인 사건의 예외적 성격 및 해양 오염으로 초래된 대규모 환경 피해를 고려하건대, 사법당국이 발생한 책임 수준 선상에서 그 금액을 조정함으로써 정의를 회피할 구실을 만들지 못하도록 해야 함은 놀라운 일이 아니다. 청구인 재산 상황만을 고려한 보석금액 수준은 공판에 참석을 확보화기 위해 충분할 것이라는 점은 분명치 않다.

게다가 보석금액을 선주 보험사가 지불했다는 바로 그 사실은 스페인 법원이 청구인의 "직업적 특성"을 언급할 때 선장과 선주와의 관계를 묵시적으로 인정한 것이 정확했다는 것을 확인하는 것으로 보인다.

스페인 법원은 그러므로 청구인의 개인적 사정 및 특히 선주의 피용자로서의 지위, 안전을 제공해야 할 선주와의 직업적 관계, 그의 국적 및 상거소지 및 스페인과의 연결점의 결여 및 그의 나이를 충분히 고려했던 것이다. 사건의 특정한 맥락 및 재앙적인 환경 및 경제상의 피해를 고려하여 관계 당국이 문제된 범죄의 심각성 및 청구인에게 의한 피해의 규모를 고려한 것은 정당했던 것이다.

그러므로 법원은 10대7로 협약 제5조 제3항의 위반이 없었다고 판시한다.

[37] 아동의 구금 및 추방 Mitunga v. Belgium

Application no. 13178/03, 2006.10.12. 선고

제3조 (비인간적 처우의 금지) 위반

제8조 (사생활 및 가족생활을 존중받을 권리) 위반

제5조 제4항 (자유와 안전에 대한 권리) 위반

제41조 (정당한 보상) 에 의해 청구인에게 비재산적 손해로 35,000 유로, 비용과 경비로 14,036 유로의 지급을 명함

벨기에 브뤼셀 공항에 도착한 5세 여아가 두 달간 환승센터에 구금되어 생활하면서 난민지위가 인정되지 않자 추방되었다. 당시 구금시설은 성인을 위한 것이었고 아동에게는 적절한 지원이 고려되지 않았다.

법원은 아동에 대한 이러한 형태의 구금은 비인간적 처우에 해당한 것이며 아동의 경우 그 어머니와 재결합을 촉진시킬 의무가 벨기에 당국에 있었다고 보고 또한 추방할 때 누구도 동반시키지 않는 등 비인간적 처우를 하는 등 가족생활을 존중받을 권리가 침해되었다고 판단했다.

1. 주요 사실

청구인 마예카 씨와 그의 딸 타비타 미퉁가는 각 1970년생 및 1997년생의 콩고 국민이다. 그들은 현재 캐나다 몬트리올에 거주한다. 이 건은 딸 타비타가 본국으로 귀환될 때까지 거의 2달간 구금한 것에 대한 건이다.

마예카 씨는 2000. 9월 캐나다에 도착하고 이곳에서 2001년 난민지위를 획득하여 2003. 3월까지 체류허가를 받았다. 난민허가를 받은 후 그녀는 네덜란드에 살고 있는 덴마크 국민인 자신의 오빠에게 5살 된 딸을 콩고에서 데려와서 자신이 캐나다에서 만날 때까지 돌보아 줄 것을 부탁하였다.

2002.8.18. 브뤼셀 공항에 도착한 직후 타비타는 벨기에로 입국하는데 필요한 서류를 갖지 않아 제127호 환승센터에 구금되었다. 조카를 벨기에로 데려온 삼촌은 네덜란드로 귀환했다. 당일 타비타를 조력하기 위해 벨기에 당국이 변호인을 선임하였다.

2002.8.27. 타비타를 위한 난민신청은 벨기에 외국인청에서 기각되었다. 그 결정은 2002.9.25. 난민 및 무국적자를 위한 총판무관에 의해서도 인정되었다.

2002.9.26. 타비타의 변호인은 외국인청에 타비타를 양육 부모에게 보호시킬 것을 요구했으나 답변을 받지 못했다. 2002.10.16. 브뤼셀 제1심 법원은 타비타의 구금은 아동권리협약과 상충된다고 판시하고 즉시 석방을 명했다. 당일 난민고등판무관실은 타비타의 캐나다 비자 신청이 진행되는 동안 벨기에에 남아 있을 수 있도록 외국인청의 허가를 요청하고 그녀의 어머니가 캐나다에서 난민 지위를 획득했음을 설명하였다.

다음 날인 10월 17일 타비타는 콩고로 이송되었다. 타비타가 비행기에 탑승했을 때 여승무원이 돌보았다. 소녀는 함께 추방되는 3명의 콩고 성인들과 여행하였다. 소녀 가족 누구도 공항에 마중 나오지 않았다. 같은 날 마예카 씨가 환승센터 127호실로 달려와서 딸에게 말해줄 것을 요구했으나 추방되었음을 알게 됐다.

2002. 10월말, 타비타는 벨기에와 캐나다 수상의 중재로 캐나다에서 어머니와 합류하였다.

2. 청구 요지

청구인들은 타비타의 구금 및 추방이 협약 제3조, 제8조 및 제13조(효과적 구제를 받을 권리)를 위반했다고 주장한다.

이건은 2003.4.16. 접수되었고 2006.1.26. 허용 선언되었다.

3. 법원의 판단

가. 제3조

타비타의 구금

타비타의 권리에 관해서, 법원은 당시 5살에 불과했던 타비타가 성인과 같은 조건 속에 유치되었음을 주목했다. 소녀는 원래 성인을 위한 센터에 거의 2개월간 구금되었다. 심지어 부모도 같이 있었던 것도 아니고 어느 누구도 그녀를 따로 돌보도록 하지 않았다. 소녀에게 특별히 배정된 자격 있는 사람의 적절한 카운슬링이나 교육적 지원을 받을 수 있도록 하는 어떤 조치도 취해지지 않았다. 참으로 벨기에 정부도 그 구금 장소가 소녀의 필요에 적합하지 않았음을 인정했다.

법원은 소녀의 너무 어린 나이 때문에 외국 땅에서 불법적 외국인이라는 사실, 이별한 가족도 동반하지 않았다는 사실 및 내버려져 있어서 극도로 상처를 받을 수 있는 상황에 있었음을 고려한다.

벨기에 당국이 취한 조치들은 아동을 보호할 그 의무에 비추어 전혀 충분치 못했다. 구금 조건은 타비타에게 심각한 스트레스를 야기했다. 소녀를 구금한 당국은 그러한 조건의 구금이 그녀에게 가져올 심각한 심리적 영향을 인식할 수 없었다고 말할 수 없다. 법원의 견해로는 그 구금은 비인간적 취급에 해당하는 정도의 인간성의 결여를 나타냈던 것이다.

그러므로 법원은 제3조에 의한 타비타의 권리는 그 구금조건을 이유로 침해되었다고 판시한다.

그녀의 어머니의 권리에 관해서, 법원 앞에 놓은 증거로 보면 벨기에 당국이 마예카 씨에게 대하여 취한 유일한 행동은 그 딸이 구금되었었고 이송된 곳의 전화번호를 알려준 것뿐이었다. 법원은 어머니로서 마예카 씨가 딸의 구금의 결과로서 깊은 비탄과 불안에 빠져 고통당했다는 것에 의문을 갖지 않는다.

이러한 사정에서 제3조에 의한 그녀의 권리는 딸의 구금으로 인해 침해되었다고 판시한다.

타비타의 추방

법원은 벨기에 당국은 타비타를 적절히 돌볼 수 있도록 조치하지 않았고 본국으로 추방될 때 닥칠 현실의 상황도 관심을 갖지 않았다고 본다. 그 추방 집행 조건에 비추어 이로 인해 소녀에게 극도의 불안이 야기될 수 있었고 추방 때 누구도 동반하지 않아 전적으로 인간성 결여를 나타내어 비인간적 취급에 해당하였다. 나아가 법원은 타비타를 추방함으로써 벨기에는 필수적 조치라든지 예방적 행동을 취해야 하는 그 적극적 의무를 위반했다.

그러므로 추방을 이유로 제3조에 의한 타비타의 권리의 침해가 있었다고 판시한다.

어머니의 권리에 관해서 보면 특히 벨기에 당국이 딸의 추방에 대해 어머니에게 조언해주는데 어려움이 없었으며 또한 딸에게 전화를 걸고자 했을 때에야 비로소 딸이 추방된 사실을 알게 되었음을 주목한다. 법원은 이러한 것이 마예카 씨에게 깊은 불안을 유발했다는 것에는 의문의 여지가 없다.

그러므로 법원은 제3조에 의한 마예카 씨의 권리가 딸의 강제추방으로 침해되었다고 판시한다.

나. 제8조

타비타의 구금

타비타의 구금의 결과중 하나는 삼촌과 분리되어 타비타는 아무도 동반하지 않은 외국인 미성년자가 된 것이다. 그 구금은 어머니와의 재결합을 심각하게 지연시켰다. 나아가 법원은 어머니와의 재결합 지원은커녕 벨기에 당국의 행동은 이를 방해한 것으로 본다. 마예카 씨가 캐나다에 있다는 것을 애초에 알았으므로 벨기에 당국은 그 지위를 명료화하기 위해 캐나다 당국에 상세한 조회를 하여 어머니와 딸의 조기 재결합을 추진했어야 했다.

타비타는 벨기에 당국의 감시를 피할 위험이 없었기 때문에, 성인을 위한 폐쇄된 센터 안에 구금시킨 것은 아동권리협약 제3조가 보장하는 아동의 최상의 이익에 기여하는 목적이나 기타 조치에도 상응하지 않았다. 타비타는 성인이 동반하지 않은 외국인 미성년자였기 때문에 벨기에는 가족의 재결합을 촉진시킬 의무를 지고 있었다.

이러한 사정에 비추어 법원은 제8조상의 양 청구인의 권리가 침해됐다고 판시한다.

타비타의 추방

벨기에 당국이 타비타를 추방할 때 그들은 어머니와의 재결합을 조장하지도 않았고 또한 킨샤샤 공항에 도착시 돌볼 수 있도록 배려하지도 않았다. 따라서 벨기에는 청구인들의 가족생활을 존중받을 권리를 부적절하게 침해하고 그 적극적 의무를 준수하지 않았다.

그러므로 법원은 제8조에 기한 청구인들의 권리 침해됐다고 판시한다.

다. 제5조

타비타의 구금

타비타는 불법체류외국인들을 위한 폐쇄 센터에 성인과 동일한 조건으로 구금되었다. 그러한 조건은 성인을 동반하지 않은 상태에서 극도의 취약한 상황에 맞지 않았다. 그러한 상황에서 법원은 벨기에의 당시 법률 제도가 소녀의 자유권을 보호하는데 충분하지 않았다고 본다.

그러므로 법원은 제5조에 의한 타비타의 권리가 침해되었다고 판시한다.

타비타의 추방

법원은 벨기에 당국이 석방 신청한 다음 날 벨기에 당국이 출국을 결정한 사실을 주목한다. 그들은 어느 단계에서도 그 입장을 재고하려고 하지 않았다. 그러므로 제5조 제4항에 의한 타비타의 권리는 침해되었다고 판시한다.

제5장 공정한 재판을 받을 권리

유럽인권협약 제6조 **(공정한 재판을 받을 권리)**

1. 민사상 권리 및 의무 또는 자신에 대한 형사상 혐의의 결정에 있어서 모든 사람은 법률에 의해 설치된 독립적인 공평한 재판소에 의해서 합리적인 기간 내에 공정하고 공개적인 심리를 받을 권리를 갖는다. 판결은 공개적으로 선고한다. 다만 언론 및 공중은 민주 사회에 있어서의 도덕, 공공질서 또는 국가안보를 위해서, 또는 소년의 이익이나 당사자의 사생활 보호를 위하여 필요한 경우 또는 공개하는 것이 판결의 이익을 해 한다고 생각될 수 있는 특별한 사정 하에서 법원의 의견으로 엄격히 필요한 한도에서 재판의 전부 또는 일부를 공개하지 않을 수 있다.
2. 형사범으로 기소된 사람은 법률에 따라서 유죄로 인정되기 전에는 무죄로 추정되어야 한다.
3. 형사범으로 기소된 사람은 다음과 같은 최소한의 권리를 갖는다.

(a) 자신에 대한 기소의 성질 내지 원인을 자신이 이해하는 언어로 신속히 또한 상세히 고지 받을 것.

(b) 자신의 방어를 준비하기 위해 충분한 시간과 편의를 제공받을 것.

(c) 자신이 직접 방어하거나 아니면 자신이 선택하는 법률적 지원에 의해서 자신을 방어하는 것. 법률적 지원에 대해 충분한 지불수단을 갖지 못한 경우에는 재판을 위하여 필요한 경우에는 무료로 법률적 지원을 받는 것.

(d) 자신에 불리한 증인을 심문하거나 심문받도록 하는 것 및 자신에 불리한 증인과 동일한 조건으로 자신에게 유리한 증인의 출석과 심문을 확보하는 것.

(e) 법원에서 사용하는 언어를 이해하지 못하거나 말 할 수 없는 경우에는 통역인의 지원

을 무료로 받는 것.

B규약

1. 모든 사람은 재판에 있어서 평등하다 모든 사람은 그에 대한 형사상의 죄의 결정 또는 민사상의 권리 및 의무의 다툼에 관한 결정을 위하여 법률에 의하여 설치된 권한 있는 독립적이고 공평한 법원에 의한 공정한 공개심리를 받을 권리를 가진다. 보도기관 및 공중에 대하여서는 민주 사회에 있어서 도덕 공공질서 또는 국가안보를 이유로 하거나 또는 당사자들의 사생활의 이익을 위하여 필요한 경우 또는 공개가 사법상 이익을 해할 특별한 사정이 있는 경우 법원의 견해로 엄격히 필요하다고 판단되는 한도에서 재판의 전부 또는 일부를 공개하지 않을 수 있다 다만 형사소송 기타 소송에서 선고되는 판결은 미성년자의 이익을 위하여 필요한 경우 또는 당해 절차가 혼인관계의 분쟁이나 아동의 후견문제에 관한 경우를 제외하고는 공개된다.
2. 모든 형사피의자는 법률에 따라 유죄가 입증될 때까지 무죄로 추정 받을 권리를 가진다.
3. 모든 사람은 그에 대한 형사상의 죄를 결정함에 있어서 적어도 다음과 같은 보장을 완전 평등하게 받을 권리를 가진다.

(a) 그에 대한 죄의 성질 및 이유에 관하여 그가 이해하는 언어로 신속하고 상세하게 통고받을 것.

(b) 변호의 준비를 위하여 충분한 시간과 편의를 가질 것과 본인이 선임한 변호인과 연락을 취할 것.

(c) 부당하게 지체됨이 없이 재판을 받을 것.

(d) 본인의 출석하에 재판을 받으며 또한 직접 또는 본인이 선임하는 자의 법적 조력을 통하여 변호할 것 만약 법적 조력을 받지 못하는 경우 변호인의 조력을 받을 권리에 대하여 통지를 받을 것. 사법상의 이익을 위하여 필요한 경우 및 충분한 지불수단을 가지고 있지 못하는 경우 본인이 그 비용을 부담하지 아니하고 법적 조력이 그에게 주어지도록 할 것.

(e) 자기에게 불리한 증인을 신문하거나 또는 신문받도록 할 것과 자기에게 불리한 증인과 동일한 조건으로 자기를 위한 증인을 출석시키도록 하고 또한 신문받도록 할 것.

(f) 법정에서 사용되는 언어를 이해하지 못하거나 또는 말할 수 없는 경우에는 무료로 통역의 조력을 받을 것.

(g) 자기에게 불리한 진술 또는 유죄의 자백을 강요당하지 아니할 것.

4. 미성년자의 경우에는 그 절차가 그들의 연령을 고려하고 또한 그들의 갱생을 촉진하고자하는 요망을 고려한 것이어야 한다.

5. 유죄판결을 받은 모든 사람은 법률에 따라 그 판결 및 형벌에 대하여 상급 법원에서 재심을 받을 권리를 가진다.

6. 어떤 사람이 확정판결에 의하여 유죄판결을 받았거나 그, 후 새로운 사실 또는 새로 발견된 사실에 의하여 오심이 있었음을 결정적으로 입증함으로써 그에 대한 유죄판결이 파기되었거나 또는 사면을 받았을 경우에는 유죄판결의 결과 형벌을 받은 자는 법률에 따라 보상을 받는다. 다만 그것을 알지 못한 사실이 적시에 밝혀지지 않은 것이 전체적으로 또는 부분적으로 그에게 책임이 있었다는 것이 증명된 경우에는 그러하지 아니한다.

7. 어느 누구도 각국의 법률 및 형사절차에 따라 이미 확정적으로 유죄 또는 무죄선고를 받은 행위에 관하여서는 다시 재판 또는 처벌을 받지 아니한다.

[38] 변호인 접견 Ocalan v. Turkey

Application no. 00046221/99 , 2003. 3. 12. 선고

제5조 제4항 (구금의 적법성에 대한 신속한 결정) 위반

제5조 제1항 (적법절차) 비위반

제5조 제3항 (법관 앞에 즉시 인치) 위반

제6조 (공정한 재판을 받을 권리) 위반

제3조 (비인간적 처우) 위반

테러 행위로 해외에서 체포되어 터키국내에서의 심문, 재판의 불공정을 다툰 건으로 변호인 조력 제한, 방문접견 제한 및 구금시 법관 앞의 즉시 인치, 그리고 군법원 판사의 독립성 문제 및 최종적인 사형선고가 문제된 사건이었다.

1. 주요 사실

터키 국적의 청구인은 쿠르디스탄 노동당의 전직 당수이고 현재 임랠리 교도소 수용중이다.

그는 터키의 안전을 파괴할 목적으로 무장단체를 조직하고 인명의 살상을 초래하는 테러활동을 선동한다는 혐의로 체포되었다.

1998. 10월 그는 수년간 생활하였던 시리아에서 추방되었고, 이후 그리스, 러시아, 이태리로 갔다가 다시 러시아를 거쳐 그리스로 갔다 다시 케냐에 입국하였던 1999.2.15. 나이로비 공항의 기내에서 터키 관헌에 체포되었다. 그는 터키로 송환중 거의 대부분의 시간 두 눈이 가려진 채 압송되었다.

터키에 도착 즉시 두건이 씌워져 임랠리 교도소로 호송되었다. 이 교도소에서 1999. 2.16.~2.23.까지 그는 보안군의 신문을 받았다. 그는 동기간중 어떤 법률적 조력도 받지 못했고 자백을 하게 되었다. 터키 내에 있는 그의 변호인은 보안군 요원들에 의해 방문접견이 금지되었다.

청구인이 1999.2.13. 앙카라 군사법원법관 앞에 출두했을 당시에도 16명의 다른 변호인들 역시 방문이 허용되지 않았다.

청구인과 변호인과의 접촉 및 사건기록에 대한 접근은 공판전 구금중에는 엄격히 제한되었다.

1999. 4월 청구인은 터키 영토의 일부 분리를 추진하고 이 목적달성을 위해 무장 조직을 결성하고 이를 지도한 혐의로 기소되었다. 1999. 6월 그는 동 혐의가 인정되어 형법 제125조에 의해 사형선고를 받았다. 상급심인 파기원은 그 판결을 확정했다.

1999. 11월 유럽인권법원은 법원규칙 제39조를 적용하면서 터키 당국에 대해 "협약상 진정인의 고소의 허용여부 및 본안의 심리를 효과적으로 진행할 수 있도록 사형이 집행되지 않도록 필요한 일체의 조치를 취해줄 것"을 요구하였다.

2001. 10월 전시, 전쟁의 급박한 위협시 또는 테러행위의 경우를 제외하고는 사형을 폐지하는 헌법개정이 있었고, 2002. 8월 터키 의회는 평시에 사형을 폐지하는 결의를 하였다. 앙카라주 군사법원은 청구인에 대한 사형선고를 종신형으로 변경하였다.

2. 청구 요지

청구인은 특히 사형선고와 사형집행은 협약 제2조, 제3조 및 제14조를 위반하는 것이며, 케냐에서 터키로의 송환중의 상황, 임랠리 섬에서의 구금중의 상황이 협약 제3조 위반의 비인도적 처우에 해당하며, 불법적으로 자유를 박탈당했으며, 신속하게 법관 앞에 인계되지 않았고, 협약 제5조 등을 위반하는 구금의 적법성을 다투기 위한 절차에의 접근이 차단되었고, 군사법원의 군판사 앞에서의 재판은 독립적이고 공정한 재판소에 의한 재판이 아니기 때문에 공정한 재판을 받지 않았으며, 법관들이 적대적인 매체 보도의 영향을 받았으며, 자신의 변호인들이 적절한 방어를 위해 법원의 기록에 접근할 기회가 충분히 주어지지 않은 것은 협약 제6조 제1항을 위반한 것이며, 암스테르담에 있는 변호인들이 자신의 체포후 자신과 접촉하는 것이 금지되었고, 터키 정부가 자신의 변호인들에게 정보를 제공하라는 유럽인권법원의 요구에 응하지 아니한 것은 제34조를 위반한다는 것이었다. 이외에도 그는 협약 제7조(죄형법정주의), 제8조(사생활과 가족생활을 존중받을 권리), 제9조(사상, 양심 및 종교의 자유), 제10조(표현의 자유), 제13조(효과적 구제를 받을 권리), 제14조(차별금지) 및 제18조(권리제한의 한계)를 원용하였다.

3. 법원의 판단

가. 제5조 제4항

법원은 사건의 특수한 사정, 즉 청구인이 격리되어 있었다는 사실과 그의 변호인들이 경찰에 의하여 차단당해 청구인이 자신의 구금의 적법성에 관해 법원의 신속한 결정을 받을 수 없었다는 사실을 인정하여 이러한 것이 협약 제5조 제4항을 위반한 것이라고 판시했다.

> 제5조 제4항
>
> 체포 또는 구금에 의하여 자유가 박탈된 사람은 그 구금의 적법성이 법원에 의하여 신속하게 결정되고 또한 그 구금이 합법적이지 아니한 경우 그의 석방을 명할 수 있는 절차를 이용할 권리를 갖는다.

나. 제5조 제1항(적법절차)

법원은 청구인의 체포와 구금이 협약 제5조 제1항c의 "범죄를 범한 상당한 혐의를 이유로 권한 있는 법률 당국 앞에 인도할 목적을 위하여" 터키 법원이 발부한 영장에 따라 집행되었음을 확인했다.

법원은 1999.2.15.자의 청구인에 대한 체포와 구금은 협약 제5조 제1항의 "법률이 정한 절차"에 따라 행해진 것으로 보았다.

다. 제5조 제3항(법관 앞에 즉시 인치)

법원은 청구인이 법관 앞에 출두할 때까지 경찰의 보호하에 보낸 총기간은 최소 7일이었음을 유념하고, 청구인이 법관 앞에 인계되지 아니한 기간중 구금하는 것이 필요하다고 보지는 않아, 협약 제5조 제3항의 위반이 있었다고 보았다.

> 제5조 제3항
>
> …체포 또는 구속된 사람은 사법권한을 행사하도록 법률로 그 권한이 부여된 법관 또는 기타 공무원 앞에 즉시(promptly) 인계되어야 하고, 합리적 기일 내에 재판을 받거나 아니면 공판시까지 석방되어야 한다.…

라. 제6조(공정한 재판을 받을 권리)

앙카라 군사법원의 불공정성

법원은 초기 판례부터 군사법원의 군판사의 지위는 법원의 독립성과 공정성에 대해 의문을 야기한다는 점을 인정했다. 법원은 재판의 최종단계에서의 군판사의 교체는 법원의 구성상의 하자를 치유할 수 없다고 보았다.

더욱이 예외적인 경우에 있어서 군판사의 출현은 법원의 독립성과 공정성에 관해 피고인의 마음에 의심을 불러일으킬 수 있었을 것이다.

법원은 피고인에게 유죄판결을 한 앙카라 군사법원은 협약 제6조 제1항의 의미상 독립된 공정한 재판소가 아니었으므로, 협약위반을 인정하였다.

절차의 공정성

법원은 청구인이 경찰구금중 신문받을 때 변호인들의 조력을 받지 못한 사실, 동변호인들과 연락을 할 수 없었던 사실, 소송의 거의 막바지에 이를 때까지도 사건 기록을 직접

접할 수 없었다는 사실을 유념했다.

더욱이 변호인들의 방문 횟수와 시간에 제한이 가해졌고, 변호인들이 당시 사건기록에 적절히 접근할 수 없었다.

이러한 난관들은 공정한 재판을 받을 권리를 침해하여 방어권을 제한한 것이었다. 따라서 제6조 제3항 b와 c호 외에도 제6조 제1항의 위반이 있었다.

법원은 소송절차의 공정성에 관한 제6조에 기한 여타 고소를 심리할 필요는 없다고 보았다.

마. 제2조, 제3조 및 제4조

사형의 집행

법원은 사형선고 집행의 위협은 효과적으로 제거되었으므로, 청구인이 사형집행당할 것이라는 우려에 대한 실질적 근거는 더 이상 남아있지 않게 됐다고 하였다.

그러한 상황에서 사형집행을 이유로 한 청구인의 제2조, 제3조 및 제14조에 기한 고소는 배척되었다.

사형의 선고

사형 부과 그 자체가 협약위반을 야기하는지 이를 결정해야 했던 법원은 제2조(생명권)에 관하여는 별도의 쟁점이 발생하지 않는다고 보고 제3조(고문금지)에 의해 이 문제를 심리하였다.

제3조는 제2조의 배경에 반하는 것으로 해석

일정한 상황에서 사형을 명시적으로 허용하고 있는 제2조 제1항의 제2문에 규정된 예외조항에 반하여, 제3조(고문 및 비인도적 처우 금지)가 사형제도를 금지하는 것으로 해석될 수 있느냐의 문제에 관하여, 법원은 사형의 집행은 분명히 제3조에 반하는 비인간적인 처우로 간주될 수 있다고 보았다. 그러나 이러한 해석이 협약에 거스르는 것으로 될 수 있기 때문에 이 점에 관해 확고한 결론에 도달하지는 않았다.

불공정한 재판절차와 사형의 쟁점에 관해, 법원은 사형이 제2조에 의하여 여전히 허용된다고 하더라도 사형에 따른 자의적인 생명박탈행위는 금지되어야 한다고 보았다.

이것은 "모든 사람들의 생명에 대한 권리는 법률로 보호되어야 한다"는 요구에서 나온다. 자의적 행위는 협약상 합법적인 것이 될 수 없다.

법원의 견해에 의하면, 불공정한 재판 진행후 사형을 선고하는 것은 사형이 집행될 것이라는 공포를 야기하여 심각한 고통을 주는 것이라고 보았다. 이러한 공포는 사형선고의 근저에 놓인 재판절차의 불공정성과 분리하여 생각할 수 없다. 터키가 민주사회에서는 더 이상 그 어떤 합법적 근거를 갖는 것으로 볼 수 없는 사형제도를 폐지한 사실을 고려한다면, 그러한 상황에서의 사형의 선고는 그 자체로 일종의 비인간적 처우에 상당하는 것으로 간주되어야 한다.

불공정한 재판절차 후, 청구인에게 과한 사형선고는 따라서 협약 제3조에 위반하는 비인간적 처우에 해당한다.

바. 제3조(고문금지)

법원은 청구인의 체포 및 케냐에서 터키로의 압송조건이 모든 체포행위와 구금에 따르는 통상적인 정도의 굴욕감을 초과하거나 또는 협약 제3조가 적용이 요구될 정도의 최소한의 심각성에 도달했다고 "합리적 의심의 여지가 없는 정도의" 사실을 확인되지 않는다고 보아 이 점에 관해서는 협약규정의 위반이 없었다고 보았다.

임랠리 섬에서의 청구인의 구금에 관해, 법원은 임랠리 교도소에 구금되었던 일반적 조건은 협약 제3조의 의미 내에서의 비인간적 처우를 구성할 정도의 최소요건을 충족하지 못했으므로 이점에 관해서도 협약의 위반이 없다고 하였다.

사. 제34조(개인청구권)

청구인은 암스테르담에 있는 그의 변호인들이 자신이 체포된 후 접견이 허용되지 않았고 유럽인권법원이 그들에게 정보를 제공하라는 요구에 응하지 않았다는 점에서 개인 청구권의 행사가 방해받았다고 고소했다.

청구인의 체포 후 암스테르담에 있는 그의 변호인들과 청구인이 통신할 수 없었던 점에 관하여는, 청구인의 개인 청구권이 현저한 정도로 방해받았다고 보여줄 어떤 증거도 없었다.

더욱이 법원은 사안의 특수한 사정상 터키 정부가 일정한 정보의 제공을 거절한 행위는 개인 청구권을 침해하는 것에 해당하지 않는다고 판단했다.

아. 나머지 청구

끝으로, 법원은 협약 제7조에서 제10조, 제13조, 제14조 및 제18조에 기한 고소를 별도로 심의할 필요가 없다고 하고, 청구인이 입은 금전상 손해나 정신적 손해는 협약 제3조, 제5조 및 제6조의 위반을 인정함으로써 충분히 보상되었다는 견해를 취했다.

비용이나 경비에 관해 법원은 그의 모든 변호인들이 한 청구에 관하여 청구인에게 일정액을 보상해주는 것이 합리적이라고 판단했다.

[39] 입양시 아동의 최선의 이익

Pini and Bertani & Manera and Atripaldi v. Romania

Application nos. 78028/01 and 78030/01, 2004. 6. 22. 선고

제6조 제1항 (공정한 재판을 받을 권리) 위반

제8조 (가족생활을 존중받을 권리) 비위반

의정서 제2조 제2항 (이전의 자유) 비위반

법원의 입양명령을 얻어 루마니아의 사립 보육원에서 보육중인 자들을 입양하려던 이탈리아 양부모들이 보육원의 방해로 입양아동에 대한 합법적인 이탈리아 입양행이 좌절된 건에 대해 유럽인권법원은 루마니아 사법부의 입양명령을 집행하지 못한 것이 협약 제6조 제1항의 의무를 루마니아 정부가 이행하지 않은 것이라 보았으나, 사법부의 확정된 명령이라 할지라도 이 사안의 경우 입양아동들의 확고한 입양반대의사 등을 고려하는 것이 입양부모들의 가족생활을 보호받을 권리보다 아동의 최선의 이익에 부합한다고 보았다.

1. 주요 사실

청구인들은 4명의 이탈리아에 거주하는 이탈리아 국민들이다.

청구당시 청구인들은 루마니아 아동인 프로렌티나와 마리아나의 입양명령을 획득했었다. 이 아동들은 1991년생으로 입양명령 당시에는 9세로 루마니아의 브라소프 지방의 아동보호부가 인가한 사설의 포이아나 소아렐루이 보육원에서 보육되고 있었다. 동 보육원은 고아 및 친권이 포기된 아동을 위한 보육 및 교육을 위한 시설이다. 신청인들은 3세 및 7세에 법원에서 각각 친권포기 선언된 프로렌티나와 마리아나를 입양하기 위한 절차를 진행하였다. 브라소프 지방법원은 2000.9.28. 입양명령을 내리고 이 아동들의 출생증명서를 수정할 것을 명하였다. 이 결정에 대해 루마니아 입양위원회의 이의제기가 있었으나 각하되고 이 명령은 확정되었다.

청구인들은 입양명령을 집행하려고 했으나 보육원이 아동들의 출생증명서를 내주기를 거부하고 아동들의 인계를 거부하였다. 청구인들은 수차례에 걸쳐 경찰관을 대동한 법원 집행관의 입양명령 집행을 시도했으나 건물 진입도 못하고 아동 소재도 파악하지 못해 집행에 성공하지 못했다.

보육원은 법원에 집행을 중지해달라고 수차례의 신청을 했으나 입양명령을 파기할 수 없었다. 2002. 9월과 11월에 프로렌티나와 마리아는 자신들은 입양부모를 알지 못한다는 것과, 루마니아와 보육원을 떠나고 싶지 않다는 이유로 동 입양명령의 취소를 청구하였다. 프로렌티나가 제기한 소송에서는 동 입양명령을 취소하는 것이 그녀의 이익을 위하는 것이 아니라는 이유로 기각되었다. 반면에 마리아나의 청구에 대하여는 그녀가 현재 보육원에서 건강한 교육을 받고 있고 좋은 상태에서 삶을 영위하고 있으며 양부모와 어떠한 감정적 유대도 형성되지 않았음을 확인한 후 입양명령이 취소되었다.

브라소프 지방의 한 지방언론사는 동 보육원의 관리하에 있는 아동들은 그들의 입양가족에 합류하기 위한 해외여행을 하지 못하도록 한다는 한 전문가의 말을 인용하여 이를 보도했다. 또한 동 보육원의 설립자는 루마니아 아동의 해외입양을 중단할 때라고 한 사실도 보도했다.

2. 청구 요지

청구인들은 협약 제8조를 원용하며 루마니아 당국이 확정된 사법적 결정의 집행을 이행하지 않음으로써 자신들이 입양한 아동과의 일체의 교섭이 박탈되었다고 주장한다. 또한 청구인들은 루마니아 당국이 자신들의 입양아들이 루마니아를 떠나도록 하기를 거부하는 것은 협약 제4의정서 제2조 제2항을 침해하는 것이라 주장한다.

3. 법원의 판단

가. 협약 제8조(가족생활을 존중받을 권리) 관련

입양할 권리는 협약 자체에 의하여 보장되는 것은 아니나, 양부와 입양아 간의 관계는 원칙적으로 협약 제8조에 의하여 보호되는 가족내의 관계와 동일한 성격을 갖는다. 이 사건의 사정상 양부와 입양된 딸 간의 관계는 합법적인 입양에 의한 것으로 협약 제8조에 의하여 그 준수를 보장받기에 충분하다.

루마니아 당국이 청구인들에게 각기 입양한 아동과의 가족관계를 설정할 수 있도록 하는 필요한 조치를 취했느냐에 관하여는 관련된 자들의 이익충돌이 있음을 주목한다.

프로렌티나와 마리아나는 보육원에 충분히 적응되어 해외의 상이한 환경으로 이전되는 것보다는 그 시설이 신체적, 정서적, 교육적 및 사회적 발달의 기회를 제공할 수 있어 보육원의 환경에 남아있기를 원한다는 점이 법원에 명백해졌다. 그들의 이익은 어떤 생물학적 관계도 없고 이방인으로 느끼는 사람들과의 새로운 정서적 관계를 그들의 의사에 반하여 부과하지 않는 것이다.

청구인들의 이익은 입양된 딸들과의 관계를 설정함으로써 새로운 가족관계를 창출하려는 것이다. 그러나 아무리 합법적인 것이라 하더라도 청구인들의 희망은 절대적 보호를 향유할 수는 없다. 국내 당국들이 입양아들의 양부모와의 재결합을 확보할 수 있도록 합리적으로 요구할 수 있는 조치를 취했는지 여부를 결정함에 있어서, 아동의 최선의 이익이 무엇인지를 특별히 중시하여야 한다. 입양의 경우, 입양이 아동을 가족에게 주는 것이 아니라 가족에게 아동을 주는 것을 의미하는 것이기에 양부모의 이익에 비해 아동의 이익에 우선성을 주는 것은 무엇보다도 중요하다.

법원은 청구인과 아동 간에 입양전의 구체적이고 효과적인 접촉이 부재한 채 입양절차가 진행되는 방식에는 유감이다. 특히 아동들이 수년간 자신들의 가정 역할을 해왔고 사회적 및 정서적 유대를 확립한 보육원에서 급박한 출발을 위해 준비할 수도 있었던 정신적 지원을 받지 못한 것은 유감스런 일이다.

사건의 정황상, 아동들이 자신들의 의사에 반하여 이탈리아로 가도록 하고 또한 입양명령에 대한 이의가 계쟁된 사실을 무시하도록 할 정도의 절대적 의무를 루마니아 당국에 부과하는 것을 정당화 시킬 정도로 청구인들의 이익이 크지 않다. 아동들의 이익은 루마니아 법률상 아동은 10세에 달할 때 의견을 형성할 수 있는 것으로 간주하므로, 입양아동들이 그 의견을 표명할 정도로 성숙했다면 그들의 의견을 고려해야 한다. 이러한 점에서 입양아들은 일관되게 거부의사를 표명하였다. 입양에 대한 아동들의 진정한 반대는 새로운 입양가정에서의 조화로운 통합을 여의치 못하게 할 것이다.

결과적으로 법원은 입양아들과의 관계를 설정할 청구인들의 권리는, 그것이 청구인들이 가정을 설정하려는 합법적인 열망에도 불구하고 아동들의 이익에 우선할 수 없다고 본다.

나. 제6조 제1항(공정한 재판을 받을 권리)

법원은 루마니아 당국이 국내에서의 확정된 결정을 집행하지 아니하였다는 청구인들의 주장이 제6조 제1항에 반하는 것인지를 심리했다.

입양명령을 집행하지 못한 유일한 이유는 보육원 직원과 그 설립 이사들의 행위에 기인했다. 그들은 동 집행을 방지하기 위한 여러 종류의 구제신청을 내고, 법원 집행관이 그 업무를 수행하는 것을 효과적으로 방해함으로써 아동의 전출을 일관되게 반대했다. 법원 집행관, 청구인, 청구인의 변호인이 입양명령을 집행하려고 시도했을 때, 동 보육원이 이들을 납치한 적도 있었다. 이 점에 대해 법원은 국내집행명령의 집행업무를 취급하는 사람에 대해 그러한 방법에 의존한 사람들이 마땅히 책임이 있다고 보았다. 이 사건에서 납치는 경찰의 조력이 없는 결과로 직접 발생했고 이 납치에 대해 어떤 조치도 없었다. 관계 당국과 보육원과의 협력의 부재에 대해 동 보육원을 처벌하려는 어떤 조치도 없었고, 보육원의 인계거부행위에 관해 보육원 원장에 대해 어떤 조치도 없었다.

거의 3년 이상, 확정된 국내법원의 집행 가능한 사법적 결정을 이행하기 위한 효과적 조치를 하지 않음으로써, 루마니아 당국은 협약 제6조 제1항의 규정을 쓸모없게 한 보육기관의 행위에 대하여 책임을 져야 할 것이다. 이러한 결론은 청구인들과 그들 각각의 입양아들간의 잠재적 관계에 대하여 시간의 흐름이 가져왔던 의심할 여지없이 뒤집을 수 없는 결과의 발생을 가져왔다. 이 문제에 관하여 법원은 비록 이제라도 양부모양자관계의 전망이 전적으로 사라진 것은 아니지만, 이제 입양아들이 13세에 달하였고 입양에 강력히 반대하고 이탈리아에서 살기 싫다는 점이 최근 확인된 점을 유념한다.

다. 협약4의정서 제2조 제2항(거주이전의 자유)

법원은 이러한 권리의 침해를 발견할 수 없다. 프로렌티나와 마리아나는 루마니아 안팎으로 원하는 대로 자유롭게 이동할 수 있다. 더욱이 그들이 거주이전의 자유가 방해받았다는 것을 스스로 부인하였다.

라. 보상

법원은 금전상 및 정신적 손해에 대하여 피니 씨와 그의 처 베르타니 씨에게는 12,000 유로, 마네라 씨와 그의 처 아트리팔드 씨에게는 10,000 유로를 지급하도록 하고, 소송비용 및 경비 등으로 7,000 유로 및 6,000 유로를 지급하도록 하였다.

[40] 무기의 평등 Steel and Morris v. the United Kingdom

Application no. 68416/01, 2005. 2. 15. 선고

제6조 제1항 (공정한 재판을 받을 권리) 위반

제10조 (표현의 자유) 위반

제3세계 기아, 밀림의 황폐화 등의 책임을 거론하며 "맥도날드 때문에 무엇이 잘못되고 있는가"라는 제하의 리플릿을 제작, 배포하여 맥도날드사로부터 출판물에 의한 명예훼손으로 손해배상소송이 제기된 스틸 씨와 모리스 씨는 영국법원에서 법률구조가 거부된 상태로, 법정재판일수만 무려 313일에 달하고, 4만 쪽에 이르는 관련소송자료에 대한 방어를 스스로 해결할 수밖에 없었던 바, 결국 패소하고 상당금액의 손해를 배상하라는 판결을 받았다.

유럽인권법원은 두 청구인이 제소한 사건에서 영국법원에서의 법률구조의 거부는 결국 무기의 평등을 해쳐 공정한 재판이 될 수 없었다고 하고, 표현의 자유와 관련해서는, 민주사회에서는 아무리 작고 비공식적인 캠페인 그룹이라도 효과적으로 자신들의 활동을 수행할 수 있어야만 하고

또한 주류에서 바깥에 있는 그러한 그룹과 개인들이 건강과 환경같은 일반적 공적관심사항에 대해 정보와 사상을 전파함으로써 공공의 토론에 기여하게 할 수 있도록 하는 강력한 공공의 이익이 존재한다고 보았다. 맥도날드사의 손해배상청구를 인용하는 경우, 표현의 자유와 공적토론이라는 그 반대의 이익을 보장하기 위하여 절차상 공정성 및 무기의 평등이 이루어져야 한다는 것,

그리고 청구인들에 대한 손해배상액이 청구인들의 재력으로 볼 때 너무 과도하다는 이유로 이러한 것이 표현의 자유에 대한 침해를 구성한다고 보았다.

1. 주요 사실

런던 거주 영국민 스틸 씨와 모리스 씨는 소규모 단체인 런던 그린피스(이 단체는 Greenpeace International 과는 무관) 활동의 일환으로 1980년대에 반 맥도날드 운동을 전개했다. 당시 스틸 씨는 파트타임으로 주당 65 파운드를 벌었고, 모리스 씨는 실직상태로 두 청구인 모두 생계지원을 받는 상태였다.

청구인들은 1986년 "맥도날드 때문에 무엇이 잘못되고 있는가?"라는 주제의 6쪽의 리플릿을 반(反) 맥도날드 운동 중에 제작 · 배포하였다. 이 문건은 1987년 초 다시 리프린트 되었다.

이 리플릿은 텔레비전 화면의 굶주린 아프리카 아동을 응시하면서 먹는 것에 대한 죄책감이 없음을 지적한 "맥도날드와 제3세계 기아와의 관련성", 달러를 벌기 위해 빈곤국 통치자나 특권층이 자국 토지를 거대기업에 팔고, 자국민에게 돌아갈 식량을 재배하는 소규모 농업인을 축출한다는 "달러에 굶주림", 빈곤국의 농토가 홍차, 커피, 담배를 위해 경작되고 반면에 그곳 사람들은 굶주리고, 맥도날드는 대부분의 흑인들을 가난하고 굶주리게 하면서 백인들은 살찌우는 경제적 제국주의에 직접 관여하고 있다는 "경제적 제국주의", "자원남용" 등을 예시하고, 둘째, 셋째 쪽에서 맥도날드와 버거킹이 중미지역에 초지 조성을 위해 밀림남벌에 치명적 독약을 쓰면서 생태계 파괴에 앞장서고 그 지역주민을 강제로 소개시키고 있다는 점, 맥도날드 식품이 유방암, 대장암 및 심장병의 원인이 되고 있다는 점, 맥도날드의 광고가 주로 아동을 목표로 삼고 있다는 점, 매일 전 세계에서 수백만 개의 햄버거 제조를 위해 닭과 돼지가 인공사육장에서 사육되어 잔인하게 도살되고 있다는 점, 도살될 때에 장내 찌꺼기 등으로 고기가 오염되고 있다는 점, 맥도날드 종업원의 80%가 파트타임이고 직원들의 연평균 이직률이 60%에 달하는데 비정상적으로 운영된다는 점, 종업원들이 야간과 주말에도 일하고 시끄러운 환경에서 일하면서 임금은 매우 낮은데도 불구하고 노조가 사실상 허용되지 않는다는 점 등의 문제들을 제기하고, 5~6쪽에서는 여러 제안과 런던 그린피스의 활동을 담고 있다.

런던 그린피스는 법인이 아니었기 때문에 동 단체를 상대로 바로 소송에 들어가지는 않았다. 1989년이나 1991년 사이에 영국 맥도널드는 7명의 사설탐정을 고용하여 누가 반맥도날드 운동을 전개하는지, 누가 리플릿을 작성하고, 인쇄하고 배포했는지를 조사하였다. 이윽고 1990.9.20. 미국 맥도날드와 영국 맥도날드는 청구인들을 상대로 출판물에 의한 명예훼손으로 손해배상을 청구하였다.

청구인들은 출판 사실을 부인하고, 리플릿에 게재된 불만적 단어들은 맥도날드에 책임이 있다는 의미를 갖는다는 사실을 부인하고 그러한 의미의 전부 또는 일부가 명예훼손 가능성이 있다는 사실도 부인했다. 나아가 청구인들은 그 쓰인 말들은 근본적으로 사실이거나 사실에 관한 정당한 논평이라고 주장했다.

청구인들은 소송에서 법률구조를 신청했으나, 영국법원은 명예훼손소송에는 법률구조가 불가하다는 이유로 1992.6.3. 이를 기각하였다(영국의 1988년 법률구조법이 적용되었는데, 동법에 의하면 명예훼손소송에는 법률구조가 명시적으로 배제되고 있었으나, 이 소송이 종결된 후, 1999년 법률구조법(2001.4.1. 발효)은 법률구조위원회가 결정하는 경우 명예훼손소송에도 법률구조를 할 수 있도록 개정됨). 따라서 청구인들은 전 재판과정을 약간의 자원봉사 변호인들의 도움만으로 스스로 진행할 수밖에 없었다. 그들은 변호사 선임이나 법적 원조를 받거나, 전문감정가들에 소용되는 비용의 지급 등에 있어 턱없이 재력이 부족하다는 의견서도 법원에 제출하였다. 소송의 전 과정에서 맥도날드는 명예훼손에 경험 많은 변호인이 대리하고 있었다.

1994.6.28.~1996.12.13.까지 재판이 진행되었는데, 법정 재판일수만 313일에 달하여 영국 법 역사상 가장 긴 재판이 되었다. 항소심에서 법률과 불공정성을 이유로 한 청구인의 일반적 의견에 대해서는 이를 기각하였으나 리플릿의 내용에 대한 1심법원의 판단에 대한 약간의 이의는 수용하였다. 1심법원이 결정한 손해액은 6만 파운드에서 4만 파운드로 줄었다. 상소허가는 기각되었다. 맥도날드사는 비용청구를 하지 않았고 동 손해배상판결의 집행을 구하지는 않았다.

2. 청구 요지

청구인들은 협약 제6조 제1항상 영국에서의 소송절차에서 법률구조가 거부되었기 때문에 불공정하였다고 주장하고 또한 그 판결의 결과는 표현의 자유에 대한 부당한 간섭을 초래하기 때문에 협약 제10조를 위반한다고 주장하였다.

3. 법원의 판단

가. 제6조 제1항

> "민사적 권리 및 의무를 결정함에 있어서… 누구나 법원의 공정한 심리를 받을 자격을 가진다.…"

이 규정에 의한 청구인들의 주요 주장은 법률구조가 없었기 때문에 공정한 재판을 거부당했다는 것이다. 또한 그들은 선서진술서를 증거로 채택한 1심법관의 결정, 수차에 걸친 연기신청의 거부 및 맥도날드사가 소송 마지막 단계에서 소답수정을 허용하는 등 절차가 불공정했다고 주장했다.

법률구조

법원은 협약이 현실의 효과적인 권리를 보장하는 목적을 갖는다는 점을 상기한다. 형사소송절차와 마찬가지로 민사소송절차에서도 쟁송당사자는 자신의 사건을 법원 앞에 효과적으로 제시할 기회가 부인되어서는 안 되며 또한 상대방과의 관계에서 무기의 평등을 향유할 수 있어야 한다는 것이 공정한 재판 개념의 핵심이다.

협약 제6조 제1항은 당사자들에게 협약상 권리를 보장하는데 사용될 수단에 관해 당사국의 재량으로 남겨놓고 있다. 법률구조제도는 그러한 수단의 하나를 구성하는 것이나 소송절차를 단순화시키는 다른 방법도 있다.

법률구조의 제공이 공정한 재판을 위해 필수적인지 여부의 문제는 각 사건의 특별한 사실과 사정을 고려하여 판단해야 하며 또한 소송절차에서 청구인에게 현안이 된 문제의 중요성, 관련법과 절차의 복잡성 및 청구인이 효과적으로 자신을 대변할 능력이 있느냐에 좌우된다.

하지만, 법원에의 접근권은 절대적인 것은 아니며 합법적 목적을 추구하고 목적에 비례하는 범위 내라는 제한을 받는다. 그러므로 특히 소송당사자의 재력이나 소송에서의 승소가망성에 기초하여, 법률구조의 허용에 조건을 부과하는 것은 수용할 수 있을 것이다. 더욱이 상대방에 비하여 본질적으로 불리한 상태에 놓이게 하지 않는 조건하에서 각 당사자가 자신의 사건을 합리적으로 제시할 기회를 부여받는 한에 있어서는, 공적자금의 사용을 통해 지원을 받는 당사자와 그 상대방간에 무기의 완벽한 평등을 확보를 추구하는 것이 국가 측의 의무는 아니다.

법원은 위에 제시한 기준에 따라 이 사건을 심리하지 않을 수 없다.

첫째, 청구인들은 협약상 상당한 중요성이 부여된 권리인 표현의 자유의 권리를 보호하기 위한 피고로서 행동한다는 사실을 고려하지 않을 수 없다. 더욱이 제소된 각각의 명예훼손적 글을 입증하는 데 있어 청구인들이 금전상의 문제로 이를 입증하지 못한 것은 중대한 것이었다. 맥도날드사는 최고 10만 파운드의 손해배상을 요구했고 실제 판결금액은 항소법원이 감액하였지만 청구인들의 수입을 볼 때 과도하였다. 스틸 씨의 경우 36,000 파운드인데 1심 당시에는 주급 60 파운드에 불과했고, 모리스 씨의 경우 4만 파운드인데 근로소득이 없는 가장이었다. 맥도날드사는 현재까지 그 집행을 구하지는 않았으나 청구인들이 이를 예견할 수 있었던 결과는 아니었다.

둘째, 절차의 복잡성을 본다면, 1심에서 313일, 항소심에서 23일간 심리가 개최되었다. 청구인들이 입증해야 했던 4만 쪽에 달하는 서증과, 영양문제, 퇴행성 질병이나 식품안전 등의 과학적 문제 등을 포함한 130명의 증언은 매우 복잡했다. 이러한 쟁점중 어떤 것은 배심원이 이를 이해하고 평가하기에도 복잡하였다. 사실상의 쟁점에 관한 세부적인 성격과 복잡성은 1심과 항소심의 판결문이 1,100쪽을 넘는 것으로도 예증된다.

이러한 이유로 법원은 청구인들이 법률구조 없이도 효과적으로 방어할 수 있는 범위가 어느 정도인지 이를 판단해야 한다. 청구인들은 자원 변호사들로부터 법률상 및 절차상 문제에 관해 약간의 도움을 받았고, 청구인들의 최초의 답변서도 법률가들이 작성해주었으며, 수시적 기초에서 약간의 조언을 받았고 예심에서 및 본심리에서 일부 대리해주었다. 더욱이 그들은 약간의 자금을 모금을 통해 조달할 수 있어서 증거서류의 사본을 구입할 수 있었다. 그러나 리플릿에 기술한 모든 내용의 진실성을 결정하는 심리를 포함한 엄청난 절차를 그들 스스로 했었다.

영국정부는 영국 국내법원의 판사들이 청구인들의 곤란을 고려해 상당한 정도의 재량을 베풀었다는 점을 강조하지만, 법원은 이러한 복잡한 소송에서 자원 변호사들의 제공한 일시적 도움이나 소송당사자인 청구인들에게 개인적으로 제공한 여러 형태의 사법적 지원이나 태도는 이러한 유형의 명예훼손 소송에 친숙한 경험 많은 변호사에 의한 대리를 대신할 수 없는 것이라고 본다. 소송절차가 장기화된 바로 그 점은 어느 정도는 청구인들의 기술과 경험이 부족하다는 하나의 증거가 되는 셈이다. 특히 변호인들이 대리했다면 선서진술에 의한 증거허용 등에 관한 문제에 대하여 이를 배제할 수 있었을 것이다. 끝으로 청구인들과 맥도날드사가 각기 향유한 법률조력의 차이 정도는 1심 및 항소심에서 법관의 최선의 노력에도 불구하고, 불공정성을 야기하지 않을래야 않을 수 없는 정도였다.

결론적으로 법원은 청구인에 대한 법률구조의 거부는 영국 국내법원 앞에서 청구인들이 자신의 사건에 대해 효과적으로 의견을 진술할 기회를 박탈하였고 맥도날드사와의 관계에서 수용 불가능한 무기의 불평등을 초래하였으므로 협약 제6조 제1항의 위반이 있었다고 인정한다.

나. 협약 제10조

유럽인권협약 제10조

1. 모든 사람은 표현의 자유에 대한 권리를 갖는다. 이 권리에는 의견을 갖는 자유, 또 공권의 개입을 받지 않고, 국경에 관계없이 정보 및 사상을 주고받는 자유가 포함된다.…
2. 이러한 자유의 행사는 책무와 책임이 따른 것으로서, 국가안전, 영토보전 또는 공공의 안전을 위하거나, 무질서나 범죄의 진압을 위하거나, 건강과 도덕의 보호를 위하거나,

> 타인의 명예와 권리의 보호를 위하거나, 비밀히 수집한 정보의 공개를 방지하거나 또는 사법부의 권위와 불편부당성을 유지하기 위하여, 법률에 의하여 규정되고 민주사회에서 필요한 절차, 조건, 제약 또는 형벌이 부과될 수 있다.

명예훼손소송의 결과가 청구인의 표현의 자유에 대한 권리의 침해에 해당한다는 점에는 당사자들 간에 이견이 없고, 나아가 그 침해행위가 "법률이 정하는"바에 따른 것임도 이견이 없다. 법원은 명예훼손에 관한 영국의 법과, 이 사건에서의 동법의 적용이 "타인의 명예 또는 권리의 보호"의 합법적 목적을 추구하였다는 점도 인정한다.

이 건에서 결정해야 할 중심적 쟁점은 그 침해행위가 "민주사회에서 필요한" 것이냐 하는 것이다. 이 문제와 관련한 주요 원칙들은 법원의 판례법으로 잘 확립되었으며 다음과 같이 요약할 수 있다.

(i) 표현의 자유는 민주사회의 불가결한 토대들 중의 하나이며 그 사회의 진보 및 각 개인의 자아완성을 위한 기본 조건들 중의 하나이다. 제10조 제2항에 따를 것을 조건으로, 표현의 자유는 우호적으로 받아들이거나 또는 비공격적이거나 무관심한 사항으로 간주되는 '정보' 또는 '사상'에만 적용되는 것이 아니라, 공격적이거나, 충격을 주거나 또는 혼란을 초래하는 그러한 것에도 적용된다. 이러한 것은 다원주의, 관용 및 열린 마음의 요구이며, 이것 없이는 '민주사회'도 없다. 제10조에 규정된 것처럼 이러한 자유에는 일정한 예외가 있는 데, 그럼에도 불구하고 예외는 엄격히 해석되어야 하며, 여하한 제한의 필요성은 설득력 있게 확립되어야 한다.…

(ii) 제10조 제2항의 '필요한'이라는 형용사는 '압도적인 사회적 요구'의 존재를 내포한다. 당사국은 그러한 요구가 존재하는지 이를 평가함에 있어서는 일정한 정도의 재량권을 가지나, 이를 적용하는 입법 및 결정은 독립된 법원이 선고한 것이라 하더라도 유럽적 감독 하에서 보조를 맞추어야 한다. 그러므로 법원은 어떠한 '제한'이 제10조에 의하여 보호되는 표현의 자유와 양립하는지 여부에 대해 최종적 결정을 행할 권한을 부여받는다.

(iii) 감독적 관할권을 행사함에 있어서 법원의 임무는 권한 있는 국내 당국의 지위를 대신하는 것이 아니라, 당사국이 그 재량의 권한에 따라서 내린 판결을 제10조에 의하여 재심하는 것이다. 감독권은 피고국이 그 재량권을 합리적으로, 주의 깊이 그리고 성실히 행사했는지 여부를 확인하는 것에 한정된다는 것을 의미하지는 않는다. 법원이 해야 할 일은 사건의 전체에 비추어 제소된 간섭행위를 보고, '추구하는 합법적 목적에 비례성'을 갖는지 그리고 국내당국이 이를 정당화하기 위하여 도출한 이유가 '적정하고 충분하지'를 판단하는 것이다. 이렇게 함에 있어서, 법원은 국내당국이 제10조에 담겨진 제원칙에 일치한 기준들을 적용했는지, 나아가 국내당국이 관련 사실에 대해 수긍할 수 있는 평가에 의지하였는지 이를 확인하는 것이다.

법원은 관행상 사실에 대한 진술과 가치평가를 구분해왔다. 사실의 존재는 예증될 수 있으나 가치판단의 진실은 입증할 수 있는 것이 아니다. 어떤 진술이 가치판단에 해당하는 경우, 증빙할만한 사실적 기초 없는 가치판단조차도 여기에 대한 개입이 과도할 수 있는 여지가 있을 수 있으므로, 그 개입의 정도는 문제된 진술에 대한 충분한 사실적 기초가 존재하는지에 좌우될 수 있다.

법원은 제소된 표현의 자유에 대한 침해를 구성한다는 영국 법원의 조치가 비례성을 갖는지 이를 심리할 때 다수의 요소를 교량하여야 한다. 첫째, 문제의 리플릿이 착취적이고 비도덕적 영농과 고용관행, 황폐화, 공격적 광고를 통한 아동과 그 부모에 대한 수탈 및 건강유해 음식물의 판매와 같은 일반적 관심 주제에 관한 매우 중대한 주장을 담고 있다. 법원은 공적 이익이나 관심사에 대한 표현을 포함한 "정치적 표현"은 제10조에 의하여 고도의 보호를 받는다고 오래전부터 판시하여 왔다.

영국 정부는 청구인들이 저널리스트가 아니어서 협약 제10조에 의하여 언론사에 제공되는 고도의 보호주체가 되지 않음을 지적하였다. 하지만 법원은 민주사회에서는 런던 그린피스와 같이 아무리 작고 비공식적인 캠페인 그룹이라도 효과적으로 자신들의 활동을 수행할 수 있어야만 하고 또한 주류에서 바깥에 있는 그러한 그룹과 개인들이 건강과 환경 같은 일반적 공적관심사항에 대해 정보와 사상을 전파함으로써 공공의 토론에 기여하게 할 수 있도록 하는 강력한 공공의 이익이 존재한다고 본다.

그럼에도 불구하고 법원은 언론사조차도 "특히 타인의 명예와 권리에 관해서 그리고 비밀정보의 공개를 방지할 필요성에 관해서 일정한 한계를 넘지 않아야 하는" 경우가 있음을 판시하여 왔다. 일반적 관심사에 대한 보고와 관련하여 제10조에 의하여 저널리스트에게 부여되는 보장은 저널리즘 윤리에 따라 정확하고 신빙성 있는 정보를 제공하기 위해 성실히 행동한다는 조건을 준수하는 경우이고 또한 이 원칙은 공적 논의에 관여하는 다른 사람들에게도 적용되어야 한다. 법원은 저널리스트에게는 "어느 정도는 과장이나 선동에 호소"하는 것도 허용된다고 판시한 적이 있는 것도 사실이며 또한 캠페인용 리플릿에서 어느 정도의 과장법이 용납될 수 있고 심지어는 예상할 수도 있다고 본다. 그렇지만 이 사건에서 리플릿의 주장들은 매우 중대한 성격을 지녔고 가치 판단이라기보다는 사실의 진술로서 제시되었다.

청구인 둘 다 리플릿의 제작에 관여한 사실을 부인하고 있고(영국 고등법원은 제작 관여사실 인정), 그들은 리플릿의 내용이 진실이라고 순수히 믿고 있었던 점을 강조한다. 그들은 리플릿을 단지 배포만 한 자신들과 같은 운동가들에게 리플릿의 모든 진실의 진실성을 확인하는 의무를 지우는 것이 과도한 부담이 되고 따라서 공적 토론을 방해하게 된다고 주장한다. 그들은 또한 적어도 현실의 경제적 피해의 입증 없이는 대규모 다국적 기업들은 명예훼손소송을 제기할 자격이 없다고 주장한다.

입증책임 관련 주장에 관해, 법원은 명예훼손소송에서 피고에게 입증책임을 지우는 것은 협약 제10조와 원칙적으로 양립하지 않는 것은 아니라고 판시한 적이 있다.

법원은 이 사건에서 원고가 매우 큰 다국적 기업이라는 사실이 동 회사가 명예훼손적 주장에 대해 자신을 방어하기 위한 권리를 원칙적으로 박탈하는 것이라고 보지 않거니와 청구인들이 리플릿 내용의 진실성을 입증하지 않아도 된다고 보지도 않는다. 대규모의 공적 기업들은 불가피하게 그리고 의도적으로 자신들 행위에 대해 정밀한 심사를 받도록 열어 놓기도 하는 데, 이때 그 수용가능한 비판의 한계는 일반 기업의 예보다는 넓다. 그러나 사업관행에 관한 공적 토론에서 공적 이익이 있는 외에도, 기업의 상업적 성공과 활력을 보호함에 있어서 주주와 종업원의 이익 및 보다 큰 경제적 선을 위한 경합하는 이익도 존재한다. 그러므로 국가는 기업이 사실여부에 관해 이의를 제기할 수 있도록 하고 또한 기업의 명성을 위해하는 주장에 대해 그 손해를 제한하도록 국내법으로 이를 규정하는 수단에 관해 재량의 여지를 갖는다.

그러나 국가가 기업에게 구제를 부여하기로 결정하는 경우 표현의 자유와 공적토론이라는 그 반대의 이익을 보장하기 위하여 절차상의 공정성 및 무기의 평등이 주어지도록 하는 것은 긴요한 것이다. 법원은 이미 법률구조가 없었던 것은 제6조 제1항에 위반하여 명예훼손소송을 불공정하게 하였다고 인정했다. 무기의 불평등 및 청구인들이 당한 곤란들 또한 협약 제10조에 의한 침해행위의 비례성을 평가하는데 중대한 요소이다. 영국에서 채택하고 있는 법률의 결과로서, 청구인들은 리플릿을 회수하고 맥도날드사에 사죄하거나, 아니면 법률구조 없이 리플릿에 담긴 모든 주장의 진실성을 입증해야 했다. 이러한 작업의 복잡성과 어려움을 고려한다면, 법원은 표현의 자유에 대한 청구인의 권리를 보호할 필요성과 맥도날드사의 권리와 명성을 보호할 필요 간에 정확한 균형을 이루고 있는지는 심리하지 않는다. 강력한 사업체의 활동에 관해 정보와 사상의 자유로운 유통을 증진시키는 데 있어서의 보다 일반적 이익과 타인에 대한 냉담한 효과는, 캠페인 그룹이 공적 논의를 진작시키는데 있어서 할 수 있는 합법적 및 중요한 기능이라는 점을 염두에 두어 이러한 맥락에서 고려해야 하는 중요한 요소들이다. 절차적 공정성 및 평등성의 결핍은 따라서 이 사건에서 제10조의 위반을 야기하였다.

더욱이 법원은 두 청구인에 대한 손해배상 액수가 정당한 균형을 이루지 못했다고 본다. 협약상 명예훼손에 대한 손해배상액의 산정은 명성에 대한 침해와 상당한 정도의 비례성을 갖추지 않으면 안 된다. 이 사건에서 스틸 씨에게는 36,000 파운드를 모리스 씨에게는 4만 파운드의 손해배상을 명한 것은 영국에서의 명예훼손소송에서의 시대적 기준에 비추어 비교적 온당하기는 하지만 두 청구인의 수입과 재력을 볼 때 너무 과도했다. 한편, 진실이 아닌 것으로 밝혀진 리플릿상의 진술들이 심각한 주장을 담고 있었다는 점을 수용하지만, 법원은 원고가 큰 규모의 파워풀한 기업이기도 하지만, 영국의 법원칙에 따라 그들은 1심법원에서 배포된 것으로 인정된 수천부의 리플릿의 간행의 결과 어떤 금전적 손실을 사실상 당했는지를 증명할 필요도 없었던 점을 인정한다.

현재까지 각 청구인을 상대로 손해배상의 집행을 구하기 위한 어떤 조치도 없었지만, 그들에 대한 과도한 배상액은 항소법원의 판결 이후로 계속해서 집행 가능한 상태로 남아 있다. 이러한 상황에서, 법원은 이 사건에서의 손해배상액은 추구하는 합법적 목적에 비례하지 않았다고 본다.

결론적으로 절차적 공정성의 결여 및 부적절한 손해배상액으로 볼 때, 법원은 협약 제10조의 위반이 있었음을 인정한다.

다. 보상

(1) 재산상 손해

협약 제41조에 의하면 협약 또는 의정서 위반이 인정되고, 체약당사국의 국내법이 부분적으로만 보상을 허용할 때, 법원은 필요하다면 피해 당사자에게 충분한 보상을 제공하도록 규정한다.

이 규정에 의하여 청구인들은 협약 제6조와 제10조에 의한 자신들의 권리가 정부에 의하여 충분히 보호받았더라면 9년 이상 진행된 명예훼손소송에서 자신들을 방어할 필요가 없었다고 주장하였다. 청구인들은 자신들이 수행한 법적 작업에 대해, 민사소송법이 개인 소송당사자에게 시간당 9.25 파운드를 지급하는 율로 그 비용을 청구하고 아울러 합리적인 여행경비도 추가하였다. 이 비율에 따라, 그들은 법정에서 보낸 387일에 관해 각 21,478 파운드를, 그 준비를 위한 비용으로 각 100,233 파운드를 청구하고, 복사비, 우편료, 전화료와 여행비용등의 보상으로 31,194 파운드를 청구하였다.

이외에도 맥도날드사가 자신들을 상대로 40,000 파운드의 손해배상액의 집행을 구할 시 영국 정부가 이를 보상하도록 하는 판결을 내려달라고 요구했다.

영국 정부는 법원출석과 준비작업으로 청구인들이 주장하는 금액은 그들이 실제 지출한 비용을 반영하는 것이 아니고 또한 협약 제6조 제1항과 제10조의 위반주장의 결과로서 실제 지출된 금액은 아니라고 답변하였다. 만약 청구인들이 법률구조를 받았다면, 그 법률구조금액이 지불되어야 할 것이다. 또한 법률구조비용이 청구인들 자신을 위한 금전적 보상이 되어야 한다는 어떤 견해도 없다.

법원은 청구인들이 명예훼손소송에서 자신들의 방어를 위해 준비하고 출석하는 시간으로 그들에게 어떤 현실의 금전적 손실이 야기됐다고 볼 만한 증거를 제시하지 못했음을 유념한다. 예컨대, 각 청구인은 법률구조가 없었던 결과로 수입을 상실한 점을 제시하지 못했다. 청구인들은 각 비용의 항목을 제시하였으나 그 비용이 자발적 조성기금으로 거둔 금액을 초과했다고 주장하지는 않는다. 그러므로 법원은 청구인들이 주장하는 손실이나 비용이 현실로 발생했다고 하는 점을 인정하지 않는다. 결론적으로 법원은 재산상 손해에 대하여는 이를 보상하지 않기로 한다.

(2) 정신적 손해

청구인들은 9년 이상의 기간 동안 강력한 상대방을 상대로 한 명예훼손소송을 방어하면서 상당한 스트레스와 불안감을 당했다고 주장하였다. 법원은 청구인들이 표현의 자유에 대한 권리를 방어하기 위해 이처럼 예외적으로 장기간의 어려운 소송절차에서 대량의 법률작업을 스스로 수행한 사실에 주로 근거하여 제6조 제1항과 제10조의 위반을 인정하였다. 이러한 상황에서 청구인들은 소송대리인이 경험하는 정도를 훨씬 넘어서 자신들의 생활의 파괴와 불안감을 당하지 않을 수 없었던 점을 인정해, 법원은 스틸 씨에게는 20,000 유로를, 모리스 씨에게는 15,000 유로를 정신적 손해로 인정한다.

[41] 범죄인인도절차 재판의 성격 Mamatkulov and Askarov v. Turkey

Application no. 46827/99 and 46951/9, 2005. 2. 4. 선고

제6조 제1항 (공정한 재판을 받을 권리) 비위반

제34조 (유럽인권법원에의 개인제소권 보장) 위반

터키와 우즈베키스탄간의 범죄인인도조약에 의해 우즈베키스탄의 신병인도요청이 있을 때, 청구인들은 본국으로 강제귀환될 경우 고문 또는 사형에 처해질 우려가 있다면서 이를 저지해 달라면서 유럽인권법원에 제소하였고, 유럽인권법원은 심리직후 임시조치(interim

measure) 권한에 의거 터키정부에 유럽인권법원의 심리가 끝날 때까지 두 청구인의 신병인도의 연기를 요구하는 지시를 하였으나, 터키정부가 이를 무시하고 두 청구인을 우즈베키스탄으로 신병인도 한 사건에서, 유럽인권법원은 범죄인인도절차에는 공정한 재판을 받을 권리가 적용되지 않으나, 터키 정부가 유럽인권법원의 임시조치를 이행하지 않음으로써 결과적으로 협약 제34조의 유럽인권법원에의 개인제소권을 터키 정부가 침해하였다고 판시함.

1. 주요 사실

우즈베키스탄 국민 마마쿠로브 씨와 아스카로프 씨는 "자유당"(우즈베키스탄의 야당) 의원이다. 그들은 1999.3.27. 터키에서 우즈베키스탄으로 강제추방 되었고 우즈베키스탄에 구금중이다.

마마쿠로프씨는 여행비자로 1999.3.3. 카자흐스탄에서 이스탄불에 도착했다. 터키 경찰이 이스탄불의 아타튀르크 공항에서 그를 체포하고 경찰의 구금시설에 수용했다. 마스카로프씨는 위조여권으로 1998.12.13. 터키로 입국했다. 보안군이 그를 체포하고 1999. 3.5. 그를 경찰의 구금시설에 수용했다.

두 사람은 우즈베키스탄 내 폭탄 폭발에 의한 피해를 야기한 살인혐의를 받고 있었고 우즈베키스탄 대통령에 대한 테러 공격을 시도했다. 우즈베키스탄은 터키와의 양자조약에 의한 범죄인인도(extradition)를 요청했다.

마마쿠로브씨는 이스탄불의 바키르코이 형사법원의 단독판사 앞에서 심문을 받고 아스카로프씨는 파티스 형사법원으로 호송되었다. 판사와 법원은 청구인들의 혐의 범죄가 그 성격상 정치범이나 군사범이 아니라 통상의 형사범임을 인정했다. 단독판사와 형사법원 모두 범죄인 인도시까지 계속해서 구금할 것을 명했다.

청구인들은 유럽인권법원에 제소하였다. 법원은 동 법원규칙 제39조(임시조치)에 의해 "유럽인권법원이 3.23. 개최될 회기에 심사할 때까지 청구인들을 우즈베키스탄으로 신병인도 하지 않도록 하는 것이 당사자들의 이익을 위해서 그리고 유럽인권법원 앞에서의 절차의 적절한 수행을 위해, 바람직하다"고 하였고, 이 내용은 1999.3.18. 터키 정부에 통보되었다. 이러는 중에 1999.3.19. 터키 내각은 청구인의 인도를 구하는 명령을 발하였다. 다시 유럽인권법원은 1999.3.23. 추후통지가 있을 때까지 규칙 제39조에 따른 임시조치를 확대하는 결정을 하였으나, 청구인들은 1999.3.27. 우즈베키스탄 당국에 인도되었다.

1999.6.28. 판결에서 우즈베키스탄 대법원은 청구인들에게 각 20년과 11년의 징역형을 선고하였다.

2. 청구 요지

협약 제2조 및 제3조에 근거하여, 청구인들의 변호인은 청구인들의 추방시 그들이 고문 또는 학대를 받을 진정한 위험에 직면했었다고 주장하고, 제6조에 의하여 터키 내에서의 범죄인인도절차의 불공정성 및 우즈베키스탄에서의 형사절차의 불공정성 문제를 주장하면서, 나아가 청구인들을 송환함에 있어서 터키가 유럽인권법원 규칙 제39조에 의하여 법원이 내린 지시를 이행하지 않음으로써 협약상 의무를 이행하지 않았다고 주장하였다.

3. 법원의 판단

가. 제2조 및 제3조

법원은 우즈베키스탄의 정치적 반대자들에 대한 고문 및 기타 형태의 학대의 행정관행과 그러한 반대자들에 대한 우즈벡 정권의 억압정책을 비난하는 국제인권단체들의 보고서들에 유념하였다. 국제사면위원회(AI)는 2001년도 보고서에서 "금지된 이슬람주의 야당과 운동원들에 대한 법집행공무원들의 학대와 고문에 관한 보고가 지속되고 있다"고 기재되어 있다. 하지만, 법원은 우즈베키스탄의 일반적 상황을 기술하고는 있지만 이것은 청구인들이 주장을 증빙하지는 못하고 다른 보강증거를 요한다고 하였다.

법원은 협약 제3조에 해당하는 처우를 받게 될 현실의 위험이 있는지를 평가할 때 청구인들이 인도추방된 일자(1999.3.27.)를 고려하였다.

터키 정부는 "청구인들의 재산이 일반적 몰수 대상이 되지는 않을 것이며, 청구인들은 고문을 받지도 않을 것이고 또한 사형에 처해지지 않을 것이다"라는 우즈벡 정부의 보장을 받은 후 청구인들을 인도하였다고 주장한다. 터키 정부는 또한 두 청구인이 수감된 우즈벡 교도소의 의사들로부터 받은 의료기록을 제출하였다.

법원은 청구인들이 협약 제3조에서 금지하는 처우를 받을 현실의 위험에 직면했다고 믿을 충분한 이유가 1999.3.27. 당시에 존재하고 있었는지 이를 확정할 수 없었다. 유럽인권법원 규칙 제39조에 의한 지시를 터키가 이행하지 아니한 것이, 사건의 사정에 비추어 법원이 적절하다고 판단하는 방식으로 진정한 위험이 존재하는지 여부를 판단하는 것을 방해했다 결과적으로 협약 제3조의 위반은 인정되지 않는다.

협약 제3조 위반 주장을 심리한 후, 법원은 제2조(생명권)를 이와 별도로 심리할 필요는 없다고 보았다.

나. 제6조 제1항

청구인들이 범죄인인도여부를 결정하기 위한 법원의 심리에서 관련 자료를 입수할 수 없었고 또한 자신들이 범하였다고 주장하는 범죄에 관해 어떤 항변도 제기할 수 없었다는 점에서, 청구인들은 범죄인인도를 결정한 터키 형사법원 앞에서 공정한 심리를 받지 못했다는 주장에 관해, 법원은 외국인의 입국, 체류 및 추방에 관한 결정은 제6조 제1항의 의미 내에서 청구인의 민사적 권리나 의무 또는 청구인에 대한 범죄혐의의 결정과 관련된 것이 아니라는 점을 인정한다(유럽인권법원의 판례법으로 확립되어 있는 사항임). 결과적으로 협약 제6조 제1항이 적용되지 않는다.

청구인들은 우즈베키스탄에서 공정한 재판을 받을 가능성이 없을뿐더러 또한 사형에 처해져 집행될 위험에 처해있다고 주장했다. 또한 그들은 우즈벡 사법부가 행정부로부터 독립되어 있지 않다고 주장했다. 법원은 인도요청국가에서의 사법의 전면적 부정의 위험은 인도요청을 받은 국가가 관계인의 신병을 해당 국가로 인도할 때 알았거나 당연히 알 수 있었을 사실을 기초로 평가되어야 한다고 보았다. 또한 사법의 전면적 부정의 위험은 법원이 사건을 심리할 때 법원이 이용 가능한 정보에 비추어 판단된다.

입수 가능한 정보에 비추어볼 때, 청구인들이 인도될 국가(우즈베키스탄)에서 공정한 재판을 받을 것인가에 관해 의문이 들 이유가 있을 수도 있지만, 공판에 어떤 가능한 비정규성이 사법의 전면적 부정에 해당한다고 보여 줄만한 충분한 증거가 없었다. 따라서 제6조 제1항의 위반은 인정되지 않는다.

다. 제34조

법원은 청구인들이 일단 요청국으로 인도되면 변호인들과의 접촉이 상실되고 따라서 제3조에 의한 청구인들의 주장을 증빙할 증거를 수집할 기회를 상실하게 된다는 점을 유념했다. 결과적으로 법원은 청구인들이 학대를 당할 현실의 위험에 노출되었는지 여부를 적절히 평가하는 것을 방해받았다.

법원은 다수의 최근 판례, 국제 법정 및 국제제도가 임시조치의 중요성과 목적을 강조하고 있고 그러한 조치에의 순응이 법원 판결의 효율성을 확보하는데 필수적이라고 본다. 국제분쟁에 관한 절차에서 임시조치의 목적은 당사자의 권리를 보전하는 것이다.

법원은 또한 협약상 권리의 개인데 대한 적용은 지난 수년간 고도의 중요성을 가지게 되었고 이제는 협약에 규정된 권리 및 자유를 보호하기 위한 장치의 결정적 요소가 되었음을 강조한다.

이러한 맥락에서, 법원은 국제법의 일반원칙, 비엔나 조약법조약 및 국제 판례법에 비추어, 임시조치의 범위에 대한 해석은 보호하고자 추구하는 본안에 관련된 절차나 결정과 떼어놓고 생각할 성질의 것이 아니라는 점을 인정한다. 법원은 비엔나 조약법조약 제31조 제1항에서 조약은 그 목적과 목표에 비추어서 그리고 그 효율성의 원칙에 따라서 성실하게 해석되어야 한다고 규정되어 있다는 점을 부연하고자 한다.

법원은 국제사법재판소(ICJ), 미주인권법원, B규약 인권위원회, UN고문방지위원회가 최근의 판결이유에서 복구할 수 없는 피해의 위험에 직면한 당사자의 권리에 대한 보전은 국제법상 임시조치의 긴요한 목적을 대변한다는 점을 모두 확인하고 있다는 점을 유념한다. 문제의 법체계가 어떠하든 사법의 적정한 운영을 위해서는 소송 진행 중에는 어떠한 회복할 수 없는 조치도 취해져서는 안 된다.

협약시스템상, 법원이 개인제소를 적절히 심리하는 것을 방해하게 될 불가역적 상황을 피하고 또한 적절한 경우에는 청구인에게 협약상 보증된 권리의 현실적이고 효과적인 향유를 확보하는 데 있어서 임시조치는 사활적 기능을 한다. 그러므로 이러한 상황에서 협약을 비준한 국가가 임시조치 이행을 거부하는 것은 협약 제34조에 의하여 보증되는 개인청원권의 효율성 및 협약상 권리 및 자유의 보호를 위한 제1조의 국가의 의무를 잠식하게 된다.

법원이 내린 임시조치는 제소사건의 효과적 심리를 도울 뿐만 아니라 협약에 의하여 청구인에게 제공되는 보호가 효과적이 되도록 이를 확보하는 것이다. 이러한 조치는 또한 추후에 유럽 각료위원회 협의회가 법원의 최종판결의 집행을 감독하는 것을 허용한다. 이러한 조치는 따라서 관련국으로 하여금 협약 제46조에 의하여 법률적 효력을 갖는 법원의 최종 판결의 준수의무를 이행하도록 해준다.

결과적으로 이 사건에서 체약당사국인 터키에 대한 임시조치의 효과는 협약 제1조, 제34조 및 제46조에 의하여 부과된 의무에 비추어 심리되어야 한다.

이 사건에서 법원이 다른 유사 사건에서 정착된 관행에 따라 청구인들의 제소를 적절히 심리하고 또한 필요한 경우에는 협약의 잠재적 위반 주장에 대해 청구인들을 궁극적으로 보호할 기회를, 터키가 청구인들을 우즈베키스탄으로 신병을 인도함으로써 방해받았음은 자명하다. 그 결과로서, 청구인들은 협약 제34조에 의하여 보장되는 개인제소권의 효과적 행사가 방해받았다.

법원은 협약 제34조의 규정에 의하여, 협약을 비준한 국가들이 청구인들의 개인제소권의 효과적 행사를 방해할 어떤 작위 또는 부작위를 하지 않을 책무가 있음을 재차 반복한다. 임시조치를 불이행하는 것은 법원이 청구인들의 청구를 효과적으로 심리하는 것을 방해하는 것으로 간주되고 따라서 협약 제34조 위반으로 인정된다.

법원 앞에 제출된 자료를 고려하여, 법원은 유럽인권법원 규칙 제39조에 규정된 임시조치를 이행하지 않음으로써 터키가 협약 제34조의 의무를 위반하였다고 결론 내린다.

이 사건에서 법원은 정신적 손해로 각 5,000 유로와 15,000 유로의 지급을 명했다.

[42] **재판에 대한 입법적 침해** Arras and Others v. Italy

Application no. 17972/07, 2012. 2. 14. 선고

제6조 제1항 (공정한 재판을 받을 권리) 위반

나폴리 국영은행의 연금수급자들은 독자적인 연금체계를 운영했으나 퇴직후 동 은행이 민영화되고 동 연금이 통합연금으로 대체되자, 청구인들은 구 연금제도의 유지를 확인하는 판결을 구하고 있던 중 연금관련법이 소송계속중 일부 개정되면서 실질적으로 소송의 중요 내용을 결정하여 소송이 무익하게 됨.

이는 결과적으로 국가가 당사자 일방을 유리하게 한 것이므로 당사자 간 무기의 평등이 지켜지지 않았으며, 또한 그러한 법률의 개정이 가능하다 하더라도 사법 작용에 대한 입법적 침해를 정당화시키기 위해서는 일반적 이익의 강력한 이유만이 가능하다고 함. 따라서 공정한 재판이 침해됨.

1. 주요 사실

청구인 안토니오 아라스 씨 외 3인은 각 1939, 1933, 1933년과 1925년 출생한 이탈리아 국민이다. 아라스 씨와 데시 씨는 사망했다. 그들 모두 연금수급자(1990.12.31. 이전에 은퇴)였으며 방코 디 나폴리 은행(과거에는 국영은행이었으나 후에 민영화 됨)의 전 직원들이었다.

1990년 이전에 나폴리 은행은 일반 강제 보험 체계에 비해 훨씬 좋은 조건의 균등화 메커니즘으로부터 연금을 받을 수 있도록 하는 독보적인 복지시스템을 갖고 있었다. 특히 연간 연금 증가율은 동등 서비스에 근무하는 근로자의 임금 인상률에 연동하도록 되어있었다. 1990년 공영은행의 민영화로 독보적인 연금제도는 통합연금으로 대체되었다. 그 후 부분적 연금 개혁이 1992년에 있었다.

1993년 많은 수의 전직 직원들은 신법률(1992년)의 특정 조항의 적용에 관해서 나폴리 은행과 분쟁상태에 들어갔다. 은행은 구 연금제도를 대체하여 실제 연금액이 줄어드는 시

스템으로 가려고 하였고 이는 과거에 이미 은퇴한 사람에게도 적용하려고 하였다.

청구인들의 지위에 있는 연금수급자들은 1992년 법률이 통과될 때 이미 은퇴한 사람들에게 종전의 연금제도를 유지할 권리가 있다는 확인 판결을 구하고 또한 은행이 자신들에게 지급하지 않은 금액을 지급하도록 법원에 제소하였다. 청구인들의 주장은 대법원을 비롯한 여러 심급에서 인정되었다.

그 후 법률 243/04호의 제정으로 나폴리 은행 퇴직자들은 1992년으로 소급하여 구 연금제도의 연금을 더 이상 받을 수 없게 되었다.

1996년 청구인들은 다른 연금수급자들이 과거 제기한 것과 같은 선상에서 소송을 제기하였다. 네이플 재판소 및 네이플 항소법원은 청구인의 손을 들어주었다. 대법원은 2006년에 이들 판결을 파기하고 네이플 항소법원은 판결 당시 아직 시행이 되지 않았던 법률 243/04호를 적용할 수 없었다. 이 법률은 1994년 이후는 신연금증가방식(생활수준에 따른 증가)을 퇴직 시점에 관계없이 "모든" 연금 수급자에게 적용하는 것이었다.

2007년 파기원은 2건의 민사 소송상의 문제를 헌법재판소에 회부하였다. 헌법재판소는 법률 243/04호의 합헌성을 인정하고 그 법률의 해석적 성격을 확인하였다. 동 법률은 현재의 통합적 연금 체제상 모든 연금 수급자들을 동등하고 동질적으로 취급하려는 목적을 갖는 것이기에 합리적이라고 보았던 것이다.

2. 청구 요지

협약 제6조 제1항(공정한 재판을 받을 권리), 제14조(차별금지) 및 제1의정서 제1조(재산의 보호)에 근거해, 청구인들은 자신들의 소송계속중 입법적 개입에 놓이게 되었음을 주장한다. 이 건은 2007.4.20. 유럽인권법원에 접수되었다.

3. 법원의 판단

가. 예비적 쟁점

법원은 이 건에 있어서 아라스 씨와 데시 씨의 상속인들이 고인들이 애초에 제기한 청구를 계속해서 추구한다는 점을 수용하였다.

나. 제6조

청구인들의 사건에서 제기된 문제는 근본적으로는 공정한 재판의 문제이다. 법원은 국가의 책임이라는 것은 소송의 결과에 영향을 미칠 수 있는 입법행위 및 공정한 재판을 받을 권리가 침해된 경우에 있어서의 사법 권력적 행위, 양자에 모두 관여된다고 본다.

법률 243/04호의 제정은 실제에 있어서 분쟁의 실질적 내용을 결정하였으며 일반 법원에서의 동법의 적용은 소송을 수행하는 청구인들 지위에 있는 전체 개인 집단에게는 소송을 무익하게 만들어 버렸다. 결과적으로 국가가 문제의 법률을 제정할 때 당사자중의 일방을 유리하게 한 것이었으므로 두 사적 당사자 간에는 무기의 평등이 지켜졌다고 말 할 수 없는 것이다. 법원은 일반적 이익의 강력한 이유만이(only compelling reasons of general interest) 사법행정에 대한 입법적 침해를 정당화할 수 있다고 반복하여 왔다.

연금제도의 평준화는 약간의 일반적 이익이 있다는 이유로서 수긍될 수는 있지만 소급적 입법을 이용하는 데 있어서 본질적으로 내재된 위험들을 극복하기에는 충분히 강력한 요소가 되지 않는다. 소급하여 적용되고 또한 사 개인 간에 진행중인 소송의 결과를 결정하는 입법적 관여를 정당화 할 수 있는 이유가 없으므로 법원은 제6조 제1항의 위반이 있었다고 결론을 내린다.

다. 제14조

연금 개시 연령에 이미 도달한 사람과 아직 근로중인 사람이 다른 상황에 있음에도 법률에 의한 개정은 이들을 동일하게 취급한다고 청구인들은 주장했다. 법원은 그러한 사람들 간에 법률이 이를 구분하지 않는 것에 대한 정부의 정당화사유는 객관적이고 합리적인 것임을 인정하였다. 법원은 법률 243/04의 목적이 모든 연금수급자들의 취급의 평등을 목적으로 한 것이었으며 또한 경제 사회 정책에 관해서 회원국들에게는 광범한 재량의 여지가 일반적으로 허용된다고 한 점을 상기한다.

나아가 청구인들은 이전의 다른 공공 은행에서 과거에 근로했던 다른 연금수급자들에 비해서도 차별 받았다고 주장한다. 법원은 이탈리아에서의 나폴리 은행의 역사 때문에 동 은행의 근로자들이 다른 공공은행의 근로자들의 지위와 유사한 지위를 가졌다고 볼 수 없다고 보았다.

판례법의 변경 전에 국내 소송절차가 종료된 나폴리 은행 연금수급자와 현재 소송진행 중인 연금수급자간에도 차별이 있다는 청구인들의 주장에 관해서, 법원은 이러한 영역에 있어서 국가에게 제공된 광범한 재량권을 특히 염두에 두면 특정 일자 선택은 합리적으로 객관적으로 정당화되는 것으로 볼 수 있다고 한다. 결과적으로 법원은 이 부분에 대한 제14조에 기한 청구는 명백히 근거 없는 것으로 기각한다.

라. 협약 제1의정 제1조

법원은 무엇이 "공공의 이익"을 위한 것인지 이를 판단함에 있어서는 국내 당국이 훨씬 좋은 위치에 있다는 점을 재차 반복하면서, 법률 243/04의 제정이 모든 연금수급자를 동등하게 취급함으로써 연금제도 조정이라는 공공의 이익을 추구하는 것임을 수용하였다.

법원은 사회보장제도의 특별한 취지는 이것이 취약 집단에 대한 사회적 연대성의 표현이라는 점을 중시하지만, 청구인들의 기본 연금이 법률 243/04호에 의하여 영향을 받은 것이 아니라 과거의 임금상승반영시스템이 상실된 것 때문이라는 점을 확인한다.

법률 243/04호는 따라서 청구인들의 연금수급권의 본질을 해하는 결과를 가져온 것이 아니었으며 문제의 상황을 동등화시키고 또한 부당한 이익을 피하게 하려는 효과만을 갖고 있었다. 연금 제도 규율에 대해 회원국이 갖는 광범한 재량의 여지 및 청구인들이 이에 따른 상응한 만큼의 감액을 감내했다는 사실을 고려하여, 법원은 청구인들이 과도한 부담을 지지 않았다고 본다. 결과적으로 법원은 제1의정서 제1조에 기한 청구인들의 주장을 명백히 근거 없는 것으로서 이를 기각한다.

마. 보상

협약 제41조에 의하여, 법원은 이탈리아가 재산 및 비재산상의 손해로 아라스 씨의 상속인에게 9,000 유로, 데데 씨에게 5,500 유로, 데시의 상속인에게 6,000 유로, 찌찌 씨에게 30,000 유로를, 그리고 비용과 경비로 청구인들에게 19,000 유로를 지급할 것을 명한다.

제6장 법률 없이 처벌 없다

유럽인권협약 제7조 **(법률 없이 처벌 없다)**

1. 어느 누구도 행위시의 국내법 또는 국제법상 범죄를 구성하지 않는 작위 또는 부작위로 인하여 어떤 형사적 범죄의 유죄의 죄책을 지지 않는다. 또한 범행시에 적용되는 처벌보다 중한 처벌을 과할 수 없다.
2. 이 조는 행위시에 문명국이 인정한 법의 일반원칙에 따라서 범죄로 되고 있는 작위 또는 부작위를 한 사람에 대해 공판하고 처벌하는 것을 방해하지 않는다.

B규약 제15조

1. 어느 누구도 행위시의 국내법 또는 국제법에 의하여 범죄를 구성하지 아니하는 작위 또는 부작위를 이유로 유죄로 되지 아니한다. 또한 어느 누구도 범죄가 행하여진 때에 적용될 수 있는 형벌보다도 중한 형벌을 받지 아니한다. 범죄인은 범죄가 행하여진 후에 보다 가벼운 형을 부과하도록 하는 규정이 법률에 정해진 경우에는 그 혜택을 받는다.
2. 이 조의 어떠한 규정도 국제사회에 의하여 인정된 법의 일반원칙에 따라 그 행위시에 범죄를 구성하는 작위 또는 부작위를 이유로 당해인을 재판하고 처벌하는 것을 방해하지 아니한다.

[43] 법률 없이 처벌 없다 O. H. v. Germany

Application no. 4646/08, 2011. 11. 24. 선고

제5조 제1항 (자유와 안전에 대한 권리) 위반

제7조 제1항 (법률 없이 처벌 없다) 위반

독일의 예방적 구금제도에 따르면 징역형의 선고와 동시 예방적 구금이 명해질 수 있다. 구 법률에 의하면 예방적 구금의 기간은 10년을 초과할 수 없으나 1998년 형법이 개정되면서 개정 전에 예방적 구금이 명해진 수용자에게도 소급하여 그 기간을 무기한 연장할 수 있도록 되었다.

법원은 청구인의 정신이 온전하지 않은 상태였음에도 교도당국이 그에 적절한 보호 및 치료를 하지 않았다면 이는 정신이상자 등에 대한 합법적 구금으로 볼 수 없다고 하였고, 한편 형의 집행과 예방적 구금의 집행간에 이 사건의 경우 본질적 차이가 없었다는 점에서 법률없이 처벌할 수 없다는 원칙에 위배되었다고 판단하였다.

1. 주요 사실

청구인 O.H. 씨는 1952년생 독일인으로 현재 스트라우빙 교도소에 있다. 여러 건의 과거 유죄판결 이후 H씨는 2건의 살인미수 건으로 뮌헨 지방법원에서 1987. 4월 징역 9년이 선고되었다. 동시에 동 법원은 그에게 예방적 구금도 함께 명했다. 법원에 자문한 심리 및 신경 전문가들은 그가 인격장애를 겪는 것을 확인하였으나 질병으로 취급될 만큼 중하지는 않다고 하였다. 이에 따라 법원은 H씨가 충분히 형벌을 감내할 수 있다고 보았다.

형기를 마친 후 1996. 11월에 H씨는 레겐스부르크 지방법원의 명령에 따라서 서로 다른 2개의 정신병원에 예방적 구금상태에 들어가게 되었다. 그러나 1999년에 법원은 그가 정신병원이 제공하는 치료제를 지속적으로 거부하므로 정신병원 대신에 교도소에서 예방적 구금을 집행할 것을 명했다. 1999. 8월부터 그는 예방적 구금상태에 있는 수용자를 위한 시설인 스트라우빙 교도소 별도 공간에 구금되었다.

2006. 10월 레겐스부르크 지방법원은 H씨가 석방되면 또 다른 중한 범죄를 범할 가능성이 있다고 하면서 2006. 11월 이후로 예방적 구금을 계속 연장할 것을 명했다. 법원의 이 결정에 대한 H씨의 항고는 기각되었으며 2007.7.23. 연방헌법재판소는 그의 헌법소원을 각하하였다(file no. 2 BvR 241/07). 국내법원들은 형법 1998년 개정된 제67조 d의 3항을 원용하였다. 동 조항에 의하면 개정 전에 예방적 구금이 명해진 수용자들에게는 예방적 구금을 위한 최초의 기간은 무제한 연장이 가능하였다. H씨의 범행 및 유죄선고시에 시행되었던 규정에 의하면 예방적 구금의 제1차 기한은 10년을 초과할 수 없었다.

2. 청구 요지

제5조 제1항(자유와 안전에 대한 권리) 및 제7조 제1항(법률 없이 처벌 없다)에 근거하여 H씨는 자신의 범행시 독일법상 인정된 최대 10년의 기한을 넘은 예방적 구금의 소급적 확대를 문제 삼았다.

이 건은 2008.1.20. 접수되었다.

3. 법원의 판단

가. 제5조 제1항

H씨의 유죄선고시 허용될 수 있었던 최대 10년의 기간을 넘은 예방적 구금은 1998년 독일형법의 개정에 기인한 것이었다. 이 건은 10년의 최대기간을 초과하는 예방적 구금이 정당화되지 않는다고 보았던 M. v. 독일 사건의 후속판이었다. 법원은 당시 판결과 달리 볼 이유를 찾지 못했다. 법원은 H씨의 유죄확정과 예방적 구금으로 10년을 초과하는 기간의 지속적 자유박탈간에는 어떤 충분한 인과적 관계가 없다고 본다.

나아가 법원은 H씨의 예방적 구금이 "정신이 온전하지 않은" 사람에 대한 것으로서 제

5조 제1항 e에 의하여 정당화되는지를 심리하였다. 법원은 독일 법원이 H씨가 정신이상으로 고통을 받는 점을 확인했다고 말할 수 있다고 가정하더라도 그는 절차 진행중에 그리고 계속해서 예방적 구금상태의 수용자를 위한 스트라우빙 교도소의 별도의 방에 구금되어 있었음을 주목한다. 법원의 판례법에 의하면, 정신건강 환자의 구금은 병원, 진료소 기타 적절한 시설에 있어야만 합법적이다. 그러나 법원은 정신 이상으로 구금된 사람을 위한 스트라우빙 교도소 안에서 H씨에게 적절한 치료 환경이 제공되었는지 확신할 수 없다. H씨가 치료를 거부했다는 사실이 그의 건강상태에 적절한 의료 환경을 제공할 책무에서 면제되는 것은 아니다.

그러한 맥락에서 법원은 특히 독일 연방헌법재판소의 2011.5.4.의 예방적 구금의 소급적 연장에 대한 지도적 판결의 이유를 기술해본다. 동 법원은 독일 헌법과 유럽협약은 예방적 구금상태에 있는 사람에 대해 높은 수준의 개별화된 보호를 요구한다는 점을 강조하였다. 나아가 동 법원은 수용자는 해당 시설 내에서 가용한 표준적 치료가 어떤 치료 가능성이 없는 경우에는 개별화된 치료를 제공받아야 한다고 판시했다. H씨가 그러한 적절한 보호를 받지 못했다면, 그의 구금은 제5조 제1항 e(전염병의 확산을 방지하거나 정신이상자, 알콜 마약 중독자 부랑인의 합법적 구금)에 해당하는 구금으로 볼 수 없다. 또한 H씨가 중대한 범죄를 범할 위험이 여전히 상존하기 때문에 예방적 구금을 연장시켰다는 독일 정부의 주장을 고려하면, 법원은 협약이 사람의 범죄행위로부터 잠재적 피해자를 보호하기 위해서 그 자체로 국가가 협약상 권리를 침해하는 조치를 취하는 것을 허용하는 것은 아니라는 점을 강조한다. 따라서 협약 제5조 제1항의 위반이 있었다.

나. 제7조 제1항 (No punishment without law)

법원은 M. v. 독일 사건의 판시를 달리할 이유를 찾지 못한다. 즉 독일 형법상 예방적 구금이 범죄의 유죄선고후 형사법원이 이를 명하고 또한 자유의 박탈을 내포하는 것이라면 이는 협약 제7조 제1항의 취지상 "처벌"이 된다. H씨의 유죄판결 및 예방적 구금명령 당시에 그러한 명령은 최대 10년간 예방적 구금상태에 있을 수 있음을 의미했던 것이다. 그의 예방적 구금은 1998년 개정된 형법을 토대로 소급효를 갖고 추후에 연장되었던 것이다.

일반 수용자가 복역하는 것과 비교할 때 구금 제도의 약간의 변화는 법원의 견해로는 형의 집행과 H씨에 대한 예방적 구금의 집행 간에는 본질적 차이가 없다는 사실을 감출 수 없다고 본다. 그러한 맥락에서, 독일 연방 헌법재판소가 예방적 구금에 대한 독일형법 조항은 예방적 구금과 형의 복역 간에 차이점을 확인할 수 있을 정도의 헌법상 요건을 충족하지 못한다고 판시한 점에 대해서 법원은 이를 다시 한 번 인용한다. 그러므로 제7조 제1항의 위반이 있었다.

다. 제46조 (판결의 구속력과 집행)

법원은 M. v. 독일 사건의 판결 및 그 후의 수개 판결 이후 독일 연방헌법재판소가 2011.5.4.의 지도적 판례에서 예방적 구금의 소급 연장에 관한 규정이 독일 기본법과 부합되지 않는다고 한 점을 주목한다. 독일 연방헌법재판소는 형의 집행에 관여하는 법원은 소급적으로 예방적 구금이 연장되어 있는 사람의 구금 상태를 지체 없이 재심사해야 한다고 명했다. 해당 법원들은 그러한 수용자들이 매우 중대한 범죄를 범할 가능성이 있는지 또한 2011. 1월 시행된 새로운 치료구금법의 관련 조항의 의미상의 정신 이상으로 고통 받는지 여부를 심사해야 했다. 정신이상의 개념에 대해 연방헌법재판소는 유럽인권법원 판례법상의 해석을 명시적으로 인용하였다. 그러한 사전 조건들이 충족되지 않는 경우 H씨와 같은 입장에 있는 수용자는 2011.12.31. 이전에 석방되어야 한다.

법원은 그러한 판결에 의해서 연방헌법재판소가 국내 법질서 속에서 독일내 예방적 구금에 대한 유럽인권법원의 판시를 이행했다고 본다. 비교적 짧은 시일에 국내법원이 관련자들의 지속적 예방적 구금을 재고함으로써 동 법원은 협약 위반을 종식시키기 위한 적절한 해결책을 제시하였다. 그러므로 법원은 H씨의 사건의 판결의 집행에 대해 이를 독일에 특별히 조치를 적시할 필요가 있다고 보지 않는다. 동시에 독일 연방헌법재판소가 명한 새로운 사법적 심사는 H씨의 과거의 예방적 구금을 심사하는 것이 아님을 지적한다. 결과적으로 법원은 이 사건의 심리를 더 이상 연기하는 것은 적절하지 않다고 본다.

라. 보상

법원은 H씨에게 비재산적 손해로 20,000 유로를 지급할 것을 명한다.

제7장 프라이버시·가정 및 통신의 보호

유럽인권협약 제8조 (사생활 및 가족생활을 존중받을 권리)

1. 모든 사람은 사생활과 가족생활, 가정 및 통신을 존중받을 권리를 갖는다.
2. 법률에 의하고, 국가의 안보, 공공의 안전, 국가의 공공복리, 무질서 또는 범죄의 방지를 위하여, 건강 또는 도덕의 보호를 위하여, 또는 타인의 권리 및 자유의 보호를 위하여 민주사회에서 필요한 경우를 제외하고는 이러한 권리의 행사에 공적당국이 관여하여서는 안 된다.

B규약 제17조

1. 어느 누구도 그의 사생활 가정 주거 또는 통신에 대하여 자의적이거나 불법적인 간섭을 받거나 또는 그의 명예와 신용에 대한 불법적인 비난을 받지 아니한다.
2. 모든 사람은 그러한 간섭 또는 비난에 대하여 법의 보호를 받을 권리를 가진다.

[44] 피의자의 동의 없는 비디오 촬영 Perry v. the United Kingdom

Application no. 63737/00, 2003. 7. 17. 선고

제8조 (사생활의 보호) 위반

방범 보안을 위한 비디오카메라의 통상적 이용범위를 벗어나 혐의자의 신원확인을 위한 방법으로 동의 및 통지 없이 그리고 법률에 근거 없이 촬영한 것은 사생활 침해.

1. 주요 사실

청구인은 1997.4.17. 연쇄택시강도사건의 혐의자로 체포되었고 1997.5.15. 신원확인 사열(identification parade; 범인을 가려내기 위해 혐의자와 일반인들을 섞어놓고 목격자와 격리하여 목격자가 지목할 수 있도록 하는 영미식 수사관행)을 받기로 약속하고 1997.4.17. 석방되었다. 첫 번째 출두일자에 청구인은 병에 걸려 나갈 수 없다는 의사의 진단서를 대신 송부하고 출두하지 않자, 다시 1997.6.5.자로 동 절차를 이행하라는 통지서가 발송되었으나 자신이 주소를 변경했기 때문에 그 통지를 수령하지 못했다고 하면서 출두하지 않았다.

페리가 수차에 걸쳐 이 절차에 응하지 않자, 경찰은 페리에 대한 비밀 비디오 촬영허가를 구했다. 페리는 경찰서에 출두했으나 그 신원확인 절차는 거부하였다. 페리가 경찰서에 도착 하자마자 경찰관들과 피의자들이 출입하는 지역에서 항상 가동하는 구금감시 비디오카메라에 찍히게 되었고, 엔지니어가 청구인의 깨끗한 사진을 얻기 위해 이미 비디오카메라를 조정한 상태였다. 경찰은 은밀히 촬영한 이 비디오테이프의 페리의 동작을 11명의 다른 지원자들의 도움을 얻어 동일한 연출을 하도록 하여 12명에 대한 비디오테이프가 제작되어 증인에게 제시되었다.

무장 강도 사건의 증인 2명은 바로 그 편집 비디오테이프에서 페리를 확인하였다. 페리나 그의 변호인은 비디오테이프가 제작된 사실, 신원확인 목적으로 이용되었다는 사실을 통지받지 못했다. 페리는 강도혐의로 유죄평결을 받고 5년의 징역형이 선고되었다.

2. 청구 요지

청구인은 사생활을 보호받을 권리(제8조)를 원용하면서 경찰이 자신의 신원을 확인하기 위해 은밀히 비디오 촬영을 하고 이를 자신에 대한 기소에서 이용하였다고 제소하였다.

3. 법원의 판단

법원은 경찰이 채택한 그 계획이 이러한 유형의 카메라의 통상적 사용을 벗어나는 것이어서 사생활을 존중받을 권리에 대한 침해에 해당한다는 점을 강조하였다. 그 침해행위는 경찰이 준수해야 하는 법전에 명시된 절차를 따르지 않았기 때문에 법에 따른 집행이 아니라는 것이었다. 즉 경찰은 청구인의 동의를 구하지도 않았고 그 비디오테이프가 제작되고 있다는 사실을 통지하지도 않았고 또한 동의나 통지 어느 것도 청구인의 권리사항이라는 것도 통지하지 않았다는 것이다.

법원은 정신적 손해와 일정 비용 및 경비로 1,500 유로를 청구인에게 보상으로 지급하라고 명하였다.

[45] **강제추방과 가족간 유대 관계** Radovanovic v. Austria

Application no. 42703/98, 2004. 4. 22. 선고

제8조 (사생활 및 가족생활을 존중받을 권리) 위반

1. 모든 사람은 사생활 및 가족생활, 가정 및 통신을 존중받을 권리를 갖는다.
2. 법률에 의하고, 국가안보, 공공의 안전 또는 국가의 경제적 복리를 위하여, 무질서와 범죄의 방지를 위하여, 보건과 도덕의 보호를 위하여 또는 타인의 권리와 자유의 보호를 위하여 필요한 경우를 제외하고는 이러한 권리의 행사에 공공당국이 간섭해서는 안 된다(B

규약 제17조에 해당).

라도바노빅 씨는 세르비아-몬테네그로 국적을 가진 청구인으로, 출생은 오지리에서 하였고, 오지리에서 생후 7개월을 보내고 舊유고에서 조부와 생활을 하다, 10세에 오지리에서 부모와 함께 생활하면서 중학교를 마치고 직업학교 과정을 이수하고, 오지리에서의 영구거주가 허가되었으나, 18세 되던 해에 강도죄로 30개월의 징역형을 선고받고, 6개월간 복역하고 나머지 24개월은 보호관찰부로 형의 집행이 정지되었다. 복역 직후 청구인은 오지리에서 외국인법에 의거 강제추방되자, 청구인은 유럽인권법원에 협약 제8조의 사생활 및 가족생활을 존중받을 권리의 침해가 있다고 제소하였다.

유럽인권법원은 청구인이 오지리에서 출생한 사실, 오지리에서 부모와 함께 살면서 중학교 과정을 마친 점, 오지리에서 직업학교 과정을 마친 점, 형벌은 중하였지만 실제 복역기간 외에는 보호관찰부에 부쳐진 점, 세르비아-몬테네그로와 청구인과의 유대보다는 오지리와의 유대관계가 강하다는 점으로 청구인이 다시는 오지리에 거주할 수 없도록 한 오지리 당국의 처분은 과도한 것으로 협약 제8조의 권리를 위반한 것이라 판결함.

1. 주요 사실

청구인 라도바노빅 씨는 세르비아 몬테네그로 국적을 갖는 사람으로 1979년 빈에서 출생하여 세르비아 몬테네그로에 거주하고 있다. 청구인은 세르비아 몬테네그로 국적을 갖고 빈에 합법적으로 거주하였던 부모와 함께, 출생후 7개월간 오지리에 거주하였다. 당시 청구인은 그의 조부모와 함께 현재 세르비아 몬테네그로인 구유고연방으로 이주하였다. 이곳에서 그는 초등교육을 마쳤다. 또한 초등교육을 받을 때는 매년 오지리에서 부모와 함께 보냈다. 1989년 10세 되던 해에 청구인은 부모와 함께 살기 위해 오지리로 돌아왔다. 오지리에서 중학교를 졸업하고 3년의 푸주한 교육과정을 마쳤다. 1993.5.5. 그는 영주거주허가를 받았다.

1997.7.30. 빈 소년법원은 강도죄의 혐의로 30개월의 징역형을 선고하면서, 그중 24

개월은 3년의 보호기간으로 정지를 시켰다. 형의 선고시 소년법원은 청구인이 전과가 없었고, 범죄를 시인하고 또한 부분적으로 손해를 배상하고 2건의 사건에서의 범죄는 미수에 그친 점을 감경사유로 고려했다.

1997.9.30. 오지리의 1992년 외국인법에 의거 청구인에게 거주금지처분을 하였다. 동법에 의하면 국내법원의 확정판결로 3월 이상의 징역형 이상이 선고되는 외국인에게 이러한 처분이 내려진다.

청구인은 1997.10.14.까지 교도소에서 형기를 마쳤다. 이후 그는 강제추방을 목적으로 한 구금센터로 이송되었다. 최종적으로 헌법재판소에 대한 헌법소원을 비롯한 여러 경로의 불복절차는 모두 성공하지 못하고, 1998.2.4. 구유고공화국으로 추방되었다.

2. 청구 요지

청구인은 자신에 대한 무기한의 거주금지처분은 협약 제8조의 사생활 및 가족생활을 존중받을 권리를 위반하는 것이라 제소하였다.

3. 법원의 판단

가. 권리침해의 존재

오지리 정부는 거주금지처분이 사생활과 가족생활을 존중받을 청구인의 권리를 침해한 것임을 인정했다. 오지리 정부의 견해에 의하면 그 조치는 법률, 즉 1992년 및 1997년 외국인법의 관련규정에 의한 것으로 협약 제8조 제2항에 의하여 정당화된다고 한다. 이 점에 관하여 오지리 정부는 청구인이 1997년 외국인법상의 요건을 충족하지 못했다고 한다. 청구인이 출생 후 불과 7개월간 오지리에 있었고 그 후 10살이 될 때까지 귀환하지 않아, 오지리에서 성장하지 않았음이 분명하다는 것이다. 또한 거주금지처분은 무질서 또는 범죄의 방지라는 합법적 목적을 추구하였다. 따라서 범죄의 중대성을 고려하면 그 조치는 협약 제8조 제2항의 범위내의 민주적 사회에서 필요한 것이라고 항변하였다.

법원은 거주금지처분은 협약 제8조 제1항이 보장하는 사생활 및 가족생활을 존중받을 청구인의 권리에 대한 침해가 됨을 인정하고, 나아가 그 침해행위는 협약 제8조 제2항의 의미내의 법률에 따른 것이고 무질서 또는 범죄의 방지라는 합법적 목적을 추구하는 것이라는 점에 양 당사자 간 이견이 없음을 인정했다.

나. 민주사회에서 필요한 조치인가

문제는 이 사건에서의 침해가 "민주사회에서 필요한 것"이냐 하는 것이다.

법원은 특정 국가에 입국하거나 거주하는 외국인의 권리는 협약에서 보장하는 권리가 아니라는 점을 상기한다. 그럼에도 불구하고, 가까운 가족구성원이 거주하고 있는 국가로부터 사람을 강제추방하는 것은 협약 제8조 제1항이 보장하는 가족생활을 존중받을 권리에 대한 침해에 해당할 수 있다(Moustaquim v. Belgium, 1991.2.18. 판결 참조).

법원은 국가가 잘 확립된 국제법 사항으로서 자신의 권리를 행사하여 공공질서를 유지하고 또한 조약의무에 따를 것을 조건으로 외국인의 입국과 거주를 규제하는 것은 체약당사국의 권한이라는 점을 재차 표명한다. 이러한 목적을 위하여 국가는 범죄의 유죄선고를 받은 외국인을 추방하는 권한을 갖는다. 하지만 이 분야에서의 국가의 결정은 협약 제8조 제1항에 의하여 보호되는 권리를 침해할 소지가 있는 범위 내에서는 민주사회에서 필요한 것이어야 한다. 즉 그렇게 해야 하는 것에 대한 강력한 사회적 요구, 특히 추구하는 합법적 목적에 대하여 비례성을 지녀야 정당화된다고 말할 수 있다.

다. 이익 형량(범죄의 방지를 위한 추방과 가족간의 유대관계 등)

따라서 법원의 임무는 오지리 당국이 청구인에게 무제한의 거주금지처분을 부과함으로써, 일면으론 청구인의 사생활 및 가족생활에 대한 권리, 타면으론 무질서 및 범죄의 방지라는 두 가지 대립되는 이익 간에 형평한 균형이 이루어지고 있는지 이를 확인하는 것이다.

법원은 추방시 청년이었던 청구인이 오지리에서 출생했음에도 10세까지 영구적으로 거주하지 않았기 때문에 이민 2세가 아니라는 점을 주목한다. 오지리에 아직 독자적인 가족관계를 창립하지 않은 이민 2세의 경우에 일반적으로 적용되는 것과 동일한 기준을 적용함으로써, 법원은 이 침해행위의 필요성 여부를 평가하고자 한다. 이 기준은 청구인이 범한 범죄의 성격과 중대성에 관한 것으로 오지리에서의 체류의 기한에 관한 것이다. 더욱이 청구인과 가족간의 유대관계, 학교교육의 이수와 청년기의 결정적 기간을 보낸 오지리에서 확립된 사회적 유대관계를 고려해야 한다.

법원은 이 사건은 협약 제8조의 위반을 인정하지 않았던 이민 2세에 관한 다른 많은 사건과는 구분할 필요성이 있다고 본다. 이 사건에서 법원은 청구인이 강도혐의로 유죄선고를 받았지만 6개월만 징역형에 처해졌고 나머지 24개월은 보호관찰부로 형의 집행이 정지된 점에 상당한 비중을 두고자 한다.

청구인의 사건에서, 오지리 당국은 공공의 이익과 사생활 및 가족생활을 존중받을 권리를 교량함에 있어서 무질서와 범죄를 방지하기 위해 공공의 이익에 우선성을 부여하였다. 범죄의 중대성을 무시함이 없이, 법원은 그렇지만, 청구인이 청년기에 그러한 범죄를 범한 점, 청구인이 전과기록이 없다는 점 그리고 청구인에 대한 형기의 대부분은 소년법원의 보호관찰부로 정지되었다는 점을 주목한다. 그러므로 법원은 청구인에 대한 관련조치의 부과를 필요로 할 정도로, 청구인이 공공질서에 대한 심각한 위험이 된다는 오지리 당국의 주장이나 평가를 납득하지 못한다.

오지리에서 청구인이 출생한 사실, 그곳에서 가족과 함께 살면서 중학교 과정을 마치고 직업학교교육을 이수한 점, 또한 그의 가족이 이미 오랜 기간 오지리에 합법적으로 체류해왔다는 사실, 그리고 청구인 자신이 범죄를 범할 때까지도 영구거주허가 상태에 있었다는 점, 그리고 세르비아 몬테네그로에서 그의 조부가 사망한 이후 더 이상 그곳에는 친족이 없다는 점을 고려하여, 법원은 청구인과 가족간의 유대 및 오지리와의 사회적 유대는 세르비아 몬테네그로와 청구인의 유대관계 보다 더욱 강하다는 점을 인정한다.

그러므로 법원은 이 사건의 사정에 비추어, 무기한으로 거주허가를 금지하는 처분은 매우 가혹한 처분이라고 본다. 거주금지처분을 제한된 기간으로 한정하는 덜 강제적인 처분으로도 충분했을 것이다. 법원은 따라서 오지리 당국이 청구인에게 무기한으로 거주허가를 금지한 처분은 관련된 제이익 간에 공정한 균형을 이루지 못하고 채용된 수단이 사건의 사정에 비추어 추구하는 목적에 비례성이 없다고 결론 내린다.

따라서 협약 제8조의 위반이 있었다.

[46] 압수수색영장의 집행 Buck v. Germany

Application no. 41604/98, 2005. 4. 28. 선고

제8조 (사생활 및 가정의 보호) 위반

과속자동탐지기에 의해 적발되었던 청구인 회사소속차량 운전자의 신원확인과정에서 청구인은 혐의가 없음에도 불구하고 수색 및 압수영장에 의해 청구인의 사업장 외에 주거까지 수색 압수한 행위는 인구 1만의 소도시에서 청구인의 명성에 좋지 않은 영향을 주었고(수색압수시 시공무원의 출석 또는 주민 2인의 출석이 요구됨), 달리 불가능한 경우에 범죄의 증거를 얻기 위하여 이용되어야 하는 수색이나 압수의 집행은 이 사건에서 합법적 목적에 비례하는 조치로 볼 수 없으므로, 주거에 대한 침해를 구성한다.

1. 주요 사실

청구인 위르게 북크 씨는 독일국민으로 데팅겐에 거주한다. 1996. 8월 데팅켄시는 청구인이 운영하는 유한회사 소속 차량을 운전한 그의 아들(V.B.)에게 1996.5.21. 저녁에 시속 50km의 속도제한을 28km 과속한 도로교통법 위반혐의로 36 마르크의 추가 수수료와 함께 120 마르크의 벌금을 부과하였다.

1996.9.4. V.B는 벌금을 부과한 행정결정에 대해 이의를 제기하였고, 1997.3.12. 이 사안은 바드 우라크 지방법원이 심리하였다. V.B는 대략 15명의 다른 사람들이 당일 문제

된 회사소유 차량을 운행할 수 있었다고 하면서 무죄항변을 하였다. 청구인은 증인으로 소환되었으나 가족임을 주장하여 증언을 거부하였다. 이에 따라 공판은 동년 3.19.로 연기되었다.

가. 1997.3.13. 영장 절차

1997.3.13. 10시경 청구인은 자신의 아들에 대한 절차를 이유로 청구인의 피고용인에 관한 증거를 제출하라는 경찰관의 요구를 듣고 자신은 그렇게 할 의향이 없으며 또한 자신의 피고용인 어느 누구도 현재 사업장내에서 현재 근무하지 않는다고 진술하였다. 같은 날, 경찰관은 바드 우라크 지방법원의 담당판사의 지시에 의하여 데팅겐 시에 청구인의 여권 사진을 제출할 것을 요구하였다. 데팅겐 영업청에서의 사건당시 청구인의 피고용인에 관한 경찰조회는 무위로 끝났다.

1997.3.13. 바드 우라크 지방법원은 V.B. 씨를 상대로 하는 위 절차에서 청구인의 사업장과 집을 수색할 수 있는 영장을 발부하였다. 동 영장은 다음과 같다.

〔V.B.〕에 대한 사전 수사상…

교통규칙 위반에 관해,

형소법 제95조… 162조 및 질서위반법 제46조에 의거, 사전 심문 없이 형소법 제33조 제4항에 따라

1. Jürgen Buck 씨의 사업장과 거주지의 수색…(주소지)

2. 1996.5.20에서 22.까지 데팅겐 소재 트링코마트사 직원의 신원을 밝히는 서류의 압수를 명함.

이유:

1996.5.21. 사업용 승용차로 도록교통규칙 제3조를 위반한 혐의를 받고 있는 트링코마트사 사장의 아들이 1997.3.12. 예심에서 회사에 고용된 다른 사람이 동 위반행위를 하였다고 진술함…

주민 1만 여명의 데팅겐에서 가옥과 사업장에 대한 압수는 해당 지방경찰서의 4명의 경찰관에 의하여 같은 날짜에 집행되었다. 인사 장부와 직원의 근무시간표 등 수건의 서류가 압수되었다. 동 서류는 복사되어 원본은 다음 날 청구인에게 돌려주었다. 동 서류들은 위반행위 발생 당시 청구인 회사가 고용했던 4명의 여자와 2명의 남자의 이름을 밝히게 되었고 아울러 청구인의 다른 친척이 동회사 차량을 운전했을 수도 있음을 밝히게 되었다. 청구인은 수색에 이의를 제기하여 변호인의 도움을 받아 영장이 집행된 당일인 1997.3.13.자 압수수색 결정에 불복 신청하였다.

1997.3.21. 튀빙겐 지구법원은 1997.3.13.자 불복신청을 기각하였다. 수색영장이 이미 집행되었기 때문에 그 이의신청을 허용할 수 없다고 보았다. 청구인이 주장하는 것처럼, 회사직원 중 1인이 문제의 교통 위반행위를 범했는지 여부를 압수된 서류가 보여줄 수 있기 때문에 그 증거의 평가를 위해서는 압수된 서류가 중요한 것이어서 압수명령에 대한 이의신청은 근거 없는 것이었다. 더욱이 그 압수행위는 원본을 복사하고 원본을 반환했기 때문에 상당성이 없다고 할 수 없었다.

1997.5.21. 튀빙겐 지구법원은 청구인의 대리인이 제기한 이의신청을 다루었지만, 이를 기각하였다.

1997.6.30. 청구인은 연방헌법재판소에 헌법소원을 제기하였다. 그는 1997.3.12. 심리에서 지방법원은 레이더 사진에 기록된 사람이 V.B. 인지 여부를 확인할 수 없다는 의견을 제출하였다. 나아가 청구인은 압수된 서류상으로 사건 당시 청구인의 회사에서 일하던 다른 6명의 사람들 중 어느 누구도 레이더 사진에 나타난 사람이 아닐 수도 있다는 점을 진술하였다.

1997.9.13. 연방헌재의 3명의 재판부는 헌법소원을 기각하였다. 헌재는 수색영장에 대한 이의신청은 동수색이 이미 집행되었다는 단순한 이유만으로 허용할 수 없다는 지방법원의 판시에는 동의하지 않았다. 헌재에 따르면, 이러한 견해는 독일 기본법 제19조 제4항이 보장하는 효과적인 법적 보호의 원칙을 무시한다는 것이었다. 그럼에도 불구하고 헌재는 헌법소원을 허용하는 것은 적절하지는 않다고 보았다. 압수명령의 합법성을 심사할 때, 지방법원 역시 압수명령의 합법성 문제를 부수적으로 언급하기는 했었다. 어쨌든 문제된 수색영장은 분명히 합법적이었다.

나. 청구인의 아들에 대한 형사절차

1997.3.19. 바드 우라크 지방법원은 V.B.에게 속도위반으로 120 마르크의 벌금을 부과하였다.

V.B.의 개인적 배경에 관하여, 지방법원은 V.B.가 1991년에 운전면허를 취득하고 연간 4~5만㎞를 주행하였고 과거에 교통위반의 기록이 없음을 확인하였다.

지방법원은 기술전문가의 의견을 들은 결과 레이더 체크는 적절히 기능하였고 그 수치는 정확하다고 인정하였다. 더욱이 레이더 체크시에 찍힌 사진과 전문가가 준비한 그 확대사진 그리고 데팅겐 자치체의 행정파일에 보관되어 있었던 1994년도에 촬영된 V.B.의 여권사진을 비교했을 때, 법원은 자동차를 운전한 사람이 V.B.였다라는 결론에 도달했다. 이 점에 관하여 법원은 얼굴 형태, 코, 눈 및 눈썹의 위치도 비교하였다. 더욱이 V.B 씨가 그간 턱수염이 자랐으나, 레이더 사진 상에 나타난 얼굴의 아랫부분과 턱수염이 없는 여권사진 상의 V.B. 씨의 얼굴이 분명히 일치하였기 때문에 당시 그 자동차를 다른 사람이 운행했다는 어떤 증거도 없었다.

1997.8.19. 스튜트가르트 항법법원은 V.B. 씨의 항소허가 신청을 기각하였다.

다. 관련 국내법

문제의 수색은 도로교통법 위반의 절차에서 명해진 것이다. 도로교통규정제3조는 과속에 관한 것이고 동 조 제3항 제1호에는 도심에서 50km로 속도를 제한한다. 동 규정 제49조 제1항 제3호에 의하면 과속은 질서위반 또는 경죄이고, 도로교통법 제24조에 의하면 그러한 위반행위는 벌금형에 처한다.

질서위반범죄나 경죄의 대상은 질서위반법에 의하여 규율된다. 이러한 범행은 중요성이 덜하고 따라서 독일법상 형사범죄의 유형에서 빠져있다. 그러한 범행은 부분적으로는 범죄에 적용되는 규칙이 아닌 특별규칙에 의하여 규율된다. 질서위반법 제46조 제1항에 의하면 형사절차를 규율하는 일반 법률의 규정 ―특히 형사소송법― 은 위 법률에 규정된 예외규정에 따를 것을 조건으로 규칙위반에 관한 절차에 유추를 통하여 적용된다.

형사소송법 제103조는 형사범죄의 혐의가 없는 사람의 가택 및 기타 공간은 범죄혐의자를 체포하거나, 범죄의 증거를 수사하거나 또는 특정 물건의 압수를 위해서만 수색할 수 있고, 다만 범죄혐의자, 증거 또는 물건이 수색할 건물에서 발견될 수 있음을 제시하는 사실의 소명이 있어야 한다고 규정한다. 형사소송법 제105조에 의하면 수색은 법관의 명령에 의해서만 가능하나, 긴급한 경우에는 검찰청과 그 공무원들에 의하여도 명하여질 수 있다. 법관 또는 검사가 출석하지 아니한 상태에서 주거용 건물이나 사업장에서 수색을 행하는 경우에는 동 수색이 실시되는 시의 공무원이나 2명의 주민이 참석하도록 한다.

2. 청구 요지

청구인은 자신의 사무실과 가정에 대한 수색 및 서류의 압수가 가정을 존중받을 권리(제8조)를 침해하고 또한 공정한 재판을 받을 권리(제6조 제1항)에 근거해서 압수 및 수색을 명하는 영장이 적절히 소명되지 않았다고 제소하였다.

3. 법원의 판단

가. 협약 제8조 위반주장

청구인은 바드 우라크 지방법원의 사업장 및 주거용 집에 대한 수색 및 서류의 압수는 가정을 보호받을 권리에 대한 침해라고 주장하였다. 청구인은 제3자가 범한 규칙 위반에 대한 수사의 맥락에서 그 수색은 적절하지 못한 것임을 특히 주장한다. 청구인은 협약 제8조를 원용하였다. 협약 제8조의 관련부분은 다음과 같다:

1. 모든 사람은 사생활 및 가정을 존중받을 권리를 갖는다.

2. 법률에 의하고, 국가안보, 공공의 안전 또는 국가의 경제적 복리를 위하여, 무질서와 범죄의 방지를 위하여, 보건과 도덕의 보호를 위하여 또는 타인의 권리와 자유의 보호

를 위하여 필요한 경우를 제외하고는 이러한 권리의 행사에 공공당국이 간섭해서는 안 된다(B규약 제17조에 해당).

(1) 침해행위가 있었는지

청구인은 자신의 사무실과 가옥의 수색 및 수건 서류의 압수는 협약 제8조 제1항에 의하여 보장되는, 가정을 존중받을 권리에 대한 침해라고 주장했다. 이 점에 관하여 독일정부는 청구인의 주장에 동의를 표했다.

법원은 협약 제8조 제1항의 "가정"은 私개인의 가정만을 포함하는 것이 아니라는 점을 거듭 지적하여왔다. 제8조의 불어본 "domicile"은 "home"이 갖는 개념보다 넓고 예컨대 전문직업인의 사무실까지 포함되는 개념이다. 결과적으로 "가정"은 私개인이 운영하는 기업의 등록 사무소뿐만 아니라, 법인의 등록 사무소, 지부 및 기타 사업장도 포함하는 것으로 해석된다.

이 사건에서, 바드 우라크 지방법원이 명한 수색 및 압수는 청구인의 주거용 건물과 청구인이 운영하는 유한책임회사의 사업장을 대상으로 하였다. 법원은 양 건물에 관하여 가정을 존중받을 청구인의 권리에 대한 침해행위가 있었다고 결론을 내린다.

(2) 침해행위가 정당화되는지

그러면 협약 제8조 제2항에 의하여 그 침해행위가 정당화되는지, 달리 말하면, "법률에 따른 것"이었는지, 동항에 규정된 목적이나 합법적 목표를 추구하고 있었는지, 그리고 문제의 목적을 달성하기 위하여 "민주사회에서 필요한" 것이었는지 판단해야 한다.

(가) "법률에 따른 것인지"

청구인은 수색영장에 충분한 이유가 기재되어 있지 않고, 부적절하므로 국내 법률에 따르지 않은 것이라 주장했다. 이것은 튀빙겐 지구법원에서 심리되지 않았다.

독일정부는 규정위반법 제46조 제1항에 의하여, 수색 및 압수는 형사소송법 제103조

제1항에 기초하여 법관이 명한 것이라고 하였다.

법원은 그 침해행위가 국내법상 일정한 기초를 갖지 않은 한 "법률에 따른" 것으로 볼 수 없다고 판시하여 왔다. 실정법에 의하여 커버되는 영역에서, "법률"은 권한 있는 국내 법원이 그것이 효력이 있다고 보는 입법이다.

이 사건에서 법원은 국내 지방법원 법관이 "위반행위에 관한 법" 제46조 제1항, 도로교통법 제24조 및 도로교통규칙 제3조 및 제49조와 함께 형사소송법 제103조 제1항에 의하여 규칙상의 도로교통위반 혐의자 이외의 자의 건물의 수색 및 압수를 명할 권한이 있음을 주목한다.

법원은 튀빙겐 지구법원과 연방헌법재판소가 수색 및 압수명령이 위에 언급한 국내법상 적법한 것으로 보고 있다는 점을 인정한다. 이러한 상황에서, 법원은 다른 결론에 도달할 이유를 보지 못한다. 결과적으로 그 침해행위는 "법률에 따른 것"이었다.

(나) 합법적 목적

청구인은 수색 및 압수 명령이 합법적 목적을 추구하지 못하고 있다고 주장하였다. 즉 동 명령은 청구인의 아들에 대한 첫 번째 심리 다음 날 급히 취하여졌고 압수된 서류는 청구인의 아들에 대한 재판에서 증거의 평가와는 무관한 것이었다고 하였다. 청구인은 지방법원 법관이 수색 및 압수 명령을 발한 진정한 이유는 최초 심리에서 자신의 아들에 대한 증언 거부에 대한 불만 때문이었다고 주장했다.

독일정부에 의하면, 수색은 "공공질서의 보호", "무질서 또는 범죄의 예방"이라는 합법적 목적을 갖고 있고, 과속에 관한 한, 도로를 이용하는 "타인의 권리 및 자유의 보호"를 위한 것이라고 하였다.

법원은 바드 우라크 지방법원은 수색 및 압수명령의 이유에서 이러한 조치들이 문제된 속도위반행위에 책임 있는 자의 신원을 밝히기 위한 것이라고 한 점을 유념한다. 그 명령에 대한 또 다른 동기는 법원이 관여하고 싶지 않은 추측의 사항으로만 남는다. 법원은 당시 회사 근로자들의 신원을 파악할 서류를 찾고 이를 압수하기 위하여 발부된 명령이 협약과 일치하는 목적, 즉 무질서와 범죄의 방지 및 타인, 특히 도로 이용자들의 생명과 신체의 보호를 위한 목적을 추구하고 있었음을 인정한다.

(다) 민주사회에서 필요한가

청구인은 주거지와 사업장의 수색은 최종적 조치로 간주되어야 하며 운전자들의 명단을 확보할 필요성이 없었다고 주장했다. 특히 사업장과 분명히 구분되는 청구인의 주거에 대한 수색을 명하는 것은 상당성이 없었다는 것이다. 청구인은 먼저 그 심리를 위해 종업원의 명단을 요청받고 관련 자료를 임의로 제출하도록 요구받았어야 한다. 청구인의 견해에 의하면, 수색은 자신에 대한 좋은 평판의 추락 및 판매의 손실에 비추어 보면 상당성이 없었다는 것이다. 그에 의하면, 문제된 위반행위의 경미한 성격 및 지방법원이 그 결정에서 수색과 압수의 결과를 이용하지 않은 사실을 고려하면 이것은 특히 그러하다는 것이다. 수색 및 압수로 얻은 증거에서 다수 종업원이 해당 시간에 회사 자동차를 운전할 수도 있었음이 나타나고 있으나, 그 종업원들 중 어느 누구도 레이더 체크시에 촬영된 사진으로 조사받거나 비교 확인되지 않았다. 나아가 청구인은 지구법원이 수색의 합법성을 심사하지 않았으며 특히 혐의자가 아닌 자신의 지위를 고려하지 않았다고 주장했다. 이 점에 관하여 청구인은 지방법원이 절차적 이유로 수색영장에 관한 이의를 기각하였으나 실질적으로는 그 합법성을 심사하였다는 연방헌법재판소의 주장에 동의하지 않았다.

독일 정부는 수색과 압수는 지방법원이 해당 시간에 자동차를 운행한 사람이 누구인지 이를 확인하기 위한 유일한 방법이었다고 주장했다. 압수된 자료를 토대로 사진들을 비교함으로써만 지방법원은 청구인 아들 이외의 자가 동자동차를 운행했다는 사실을 배제할 수 있었다. 청구인의 직원들은 그들의 성별 또는 연령에 비추어 관련 시간대에 동자동차를 운행한 운전자에서 배제될 수 있었다. 도로의 다른 이용자들의 생명과 신체를 위해 일반적인 예방 목적과 과속에 따른 위험을 고려하면 그러한 상황에서 절차를 중단하는 것은 적당한 것으로 보이지 않을 것이다. 끝으로 관련 시간대에 회사 직원들에 관한 서류를 분명히 그 대상으로 한 압수명령은 동 수색명령을 청구인의 권리에 대하여 최소로 침해하도록 이를 한정하였다. 수색명령이 청구인의 사업장에만 한정되었다면 효과적 수사가 되지 않았을 것이다. 사업장과 청구인의 거주용 가옥이 동일 주소로 되어 있었다. 청구인은 혐의자의 부이었으므로 무관한 제3자로 볼 수 없었고 사실상 동회사 차량의 소유자로 볼 수 있었다.

법원의 확립된 판례법에 의하면, 침해의 "필요성" 개념은 침해행위가 압도적인 사회적 요구에 부응하고 특히 추구하는 합법적 목적에 비례해야 한다.

특히 건물의 수색과 압수에 관하여는, 법원은 체약당사국은 일정한 범죄의 물리적 증거를 확보하기 위하여 그러한 조치에 의존할 필요성이 있다고 일관되게 판시하여 왔다. 법원은 그러한 조치들을 정당화하기 위하여 추론한 이유들이 관련성이 있는지 그리고 충분한 것인지 또한 앞서 언급한 비례원칙이 준수되었는지 여부를 평가할 것이다. 후자에 관하여, 법원은 먼저 관련 국내법제와 관행이 그 남용에 대해 충분하고 효과적인 방어장치를 개인에게 제공되도록 이를 보장하여야 한다. 둘째로, 법원은 구체적인 사건에서 문제의 침해행위가 추구하는 목적에 비례하고 있는지 여부를 판단하기 위하여 각 사건의 특별한 사정을 고려하지 않으면 안 된다. 이렇게 함에 있어서 법원이 고려해야 하는 요소들은 수색과 압수의 집행과 관련한 범행의 중대성, 그 명령이 발부된 방식과 사정, 특히 당시에 입수할 수 있었던 다른 증거, 수색할 건물의 성격과 그러한 조치의 영향력을 합리적 범위내로 제한하기 위하여 취하는 방어장치 및 수색에 의하여 영향을 받는 사람의 명예에 발생할 수 있는 반응의 정도를 특히 고려한 수색의 내용과 범위이다.

이 사건에서의 수색과 압수에 관한 독일의 법률 및 관행에 의하여 제공되는 견제장치를 보건대, 법원은 그러한 조치들은 급박한 상황의 경우를 제외하고는 형사소송법에 규정된 엄격한 조건하에서만 법관에 의하여 명하여질 수 있다는 점을 주목한다. 더욱이 1997. 4월 독일연방헌법재판소의 판례변경에 따라 관계인은 수색명령이 이미 집행된 경우라도 그 명령의 합법성을 다툴 수 있게 되었다. 그러나 법원은 이 사건에서 청구인이 수색 및 압수명령에 대해 이의신청한 사실을 지구법원이 이를 무시하고 V.B.에 관한 결정을 내렸다는 점을 인정한다. 그 후에 동 법원은 청구인 자신이 규정 위반 혐의가 없었음에도 불구하고 동일한 이유로 청구인에게 결정서를 송달했고, 이미 수색이 집행되었다는 이유로 수색영장에 대한 이의신청을 허용할 수 없고 쟁점이 없다고 하여 이를 기각하였다. 연방헌법재판소에 의하면 지구법원이 연방헌법재판소의 1997. 4월의 신판례에 반하여 청구인의 이의신청을 기각한 것은 결정적인 것은 아니라고 하였다. 즉 압수명령에 관한 이유에 수색명령도 포함되어 있었던 관계로 이는 분명히 합법적인 것으로 볼 수 있다는 것이었다. 이러한 사정상, 법원은 이 사건에서 약간의 절차상 흠결이 있었음을 인정한다. 그럼에도 불구하고, 수색 및 압수 일반의 영역에서 그 남용에 대비한 독일의 법제와 판례가 제공하는 안전장치는 충분하고 효과적인 것으로 볼 수 있다.

사건의 특별한 사정에서 추구하는 합법적 목적과의 관계에서 수색 및 압수 명령의 비례성에 관하여 보건대, 법원은 판례법상 확립된 관련 제기준을 고려하여, 우선 수색 및 압수를 하게 된 범행이 도로교통규칙의 단순 위반에 관련된 것이라는 점을 인정한다. 그러한 규정의 위반은 중요성이 떨어지는 경한 범행이고 따라서 독일법률상 형사범의 유형에는 들어가지 않는다. 아울러 이 사건에서 도로교통규칙 위반의 전력이 없는 사람에 대한 유죄 인정이 문제되었던 것이다.

나아가, 법원은 청구인 소유의 회사에 속하는 자동차로 문제의 위반행위가 있었음에도 불구하고 수색 및 압수의 집행과정에서의 절차가 청구인 자신에 대한 것이 아니라 그의 아들 즉 제3자를 대상으로 한 것임을 유념한다.

그 명령이 발하여진 방식과 상황에 관하여 보건대, 법원은 청구인 회사의 다른 직원들이 동자동차를 운행했을 가능성이 있다는 청구인 아들의 주장을 조사하기 위하여 수색 및 압수가 명하여졌다는 점을 인정한다. 해당 법관은 경찰에 대하여 수색 및 압수영장이 당일 집행되기 전에 관련 시간대에 청구인 회사의 직원들에 관하여 청구인에게 묻도록 명하였다. 청구인은 따라서 임의로 관련 정보를 제출할 기회가 있었으며 수색을 피할 수도 있었다. 그렇지만 법원은 바드 우라크 지방법원의 해당 법관이 동 명령을 발하기 전에 데팅겐 시당국에 청구인의 여권 사진을 제출하도록 이를 요구했던 점도 똑같이 유념한다. 동지방법원은 그 결정에서 수색 및 압수명령이 나가고 이것이 집행된 지 6일이 경과한 후의 결정에서 이 사진 증거에 의존했을 뿐이지 압수된 자료를 증거평가시에 고려했다는 어떤 명확한 증좌도 없었었던 것으로 보인다. 결과적으로 청구인의 사업장 및 주거용 건물에서의 서류의 수색과 압수는 속도위반에 대해 책임 있는 자를 확인하기 위한 유일한 방법이 아니었던 것이다.

수색 및 압수명령의 내용과 그 범위를 고려하건대, 법원은 동결정이 느슨하게 이루어졌음을 인정한다. 수색명령의 범위가 건물에서의 찾아야 할 자료를 특정한 압수명령을 고려함으로써 정하여질 수 있다는 점에는 이견이 없지만, 사업 사항에 관한 서류를 왜 청구인의 주거용 건물에서 찾아야 하는지 그 이유가 압수명령에는 제시되어 있지 않음을 지적한다. 그럼으로써 동 명령은 사건의 사정상 불가결한 것에 한정되지 않았던 것이다.

끝으로, 수색으로 영향 받은 자의 명성에 대한 불이익에 관하여 보건대, 법원은 주민 1만 명의 마을에서 청구인의 사업장과 주거에 대한 수색은 청구인의 개인적 명성 및 청구인이 소유 운영하는 회사의 평판에 역효과를 갖기 쉽다는 점을 인정한다. 이 점에 관하여 청구인 자신은 어떤 위반행위나 범죄의 혐의도 없었던 점을 상기한다.

법원은 위에서 지적한 것처럼 무질서나 범죄의 방지를 위하거나 타인의 권리를 보호하기 위한 조치를 할 때 국가는 특별한 또는 일반적 예방을 위하여 범죄 혐의자의 추적을 위하여 달리 불가능한 영역에서 일정한 범죄에 대한 증거를 얻기 위하여 수색 및 압수와 같은 조치에 의지하는 것이 필요하다고 볼 수 있다는 점을 강조하고자 한다. 그러나 그러한 조치에 의하여 영향을 받는 사람의 가정에 대한 권리에 대한 침해의 심각성을 고려할 때, 비례성원칙이 준수되어야 한다는 점도 분명히 확립되었다. 이 사건의 특수한 상황, 특히 문제된 수색 및 압수는 제3자가 범했다고 하는 경미한 규정 위반과 관련하여 명하여졌으며 청구인의 주거용 건물도 대상으로 하고 있었다는 사실을 고려하여, 법원은 동 침해행위는 추구하는 합법적 목적에 비례하는 조치로 간주될 수 없다고 결론을 내린다.

결과적으로 협약 제8조의 위반이 있었다.

나. 협약 제6조 제1항 위반 주장에 관하여

청구인은 수색과 압수를 명하는 지방법원의 영장에 기재된 이유가 적절치 않았다고 하여 이 점도 청구하였다. 청구인은 협약 제6조 제1항을 원용하였다. 협약 제6조 제1항은 다음과 같다.

> 민사적 권리 및 의무의 결정 또는 범죄혐의에 대한 결정에 있어서, 모든 사람은 법률에 의하여 창설된 독립된 공정한 재판소에 의하여 합리적 기간 내에 공정하고 공개된 심리를 받아야 한다.

청구인은 지방법원이 제3자의 주거용 건물 및 사업장의 수색이 왜 필요하였는지 이를 설명하지 못했다고 주장했다. 특히 회사 장부를 압수할 목적으로 주거용 건물을 수색한 것에 대해 어떤 설명도 없었다. 더욱이 영장 제1항에 의하여 명해진 수색에는 법률적 증거의 형태와 내용에 관해 어떤 안내도 결여되어 있었다. 청구인의 견해에 의하면 법원의 결정에서 제시된 이유는 제2항에 의하여 명해진 압수에만 적용된다는 것이다.

독일 정부는 다른 증거를 입수할 수 없었고, 청구인과 그의 아들이 증거제출을 거부할 권리를 이용했기 때문에 동 청구는 근거 없다고 주장하였다. 청구인의 주거용 건물에 대하여도 수색이 명해진 것은 사업장 건물과 주거용 건물이 동일한 주소에 소재했기 때문이어서 이를 밝힐 필요가 없었다고 주장하였다. 나아가 수색영장에 수색할 건물만을 특정하는 것으로 충분한데 이는 찾아야 할 일단의 증거들은 수색명령과 관련하여 발부된 압수명령에서 나오기 때문이라는 점도 주장했다.

제8조에서 이미 심리한 점을 고려하여, 동 명령에 대한 이유를 포함하여 수색 및 압수명령의 내용과 범위에 대하여 법원은 협약 제6조 제1항에 별도의 쟁점이 발생하지 않는다고 본다.

청구인은 재산상 손해로 1,852 유로, 비금전적 손해로 4만 유로, 법률비용과 경비 등으로 44,522 유로를 청구하였고, 법원은 일정한 비용과 경비로 2,000 유로의 지급을 명했다.

이러한 이유로, 법원은

1. 협약 제8조의 위반이 있었음을 4대3으로 인정하고,

2. 제6조와 관련한 주장은 별도의 쟁점을 발생하지 않는다고 전원일치로 인정하고,

3. 위반행위의 인정 그 자체로 청구인이 주장하는 비금전적 손해에 대해 충분한 보상이 된다는 것을 전원일치로 인정하며,

4. 전원일치로 다음과 같이 인정한다.

(a) 피고국은 청구인에게 협약 제44조 제2항에 따라 판결이 최종적이 되는 날로부터 3월 이내에 세금을 포함한 비용과 경비로 2,000 유로를 지급한다.

(b) 위에 정한 3월의 기간이 경과한 때부터는 유럽중앙은행 최저대출금리에 3 퍼센트의 금리를 추가하여 지급한다.

5. 청구인의 보상에 관한 나머지 청구는 전원일치로 이를 기각한다.

[47] 수사기관의 지문 및 DNA 보관

S. and Marper v. the United Kingdom

Application no. 30562/04 and 30566/04, 2008. 4. 12. 선고

협약 제8조(사생활 및 가족생활을 존중받을 권리)

무죄와 면소로 형사절차가 종결된 후 수사기관이 채집한 자신의 지문, 세포샘플 및 DNA 프로화일의 삭제 요구를 했으나, 영국의 관련법에 의거 거부되자 이를 문제 삼은 건으로, 법원은 세포 샘플에 포함된 개인 정보의 성격과 양을 보건데, 이것의 보유 그자체로 관련 개인의 사생활을 존중받을 권리에 대한 침해로 간주될 수 있다고 보고 또한 이보다 약한 지문이라고 하여 그 중요성이 반감될 수 없다고 하면서, 법원은 이러한 데이터의 보관이 사생활에 대한 침해를 구성하며, 그 보관이 민주사회에서 필요한 것으로 볼 수 없다고 함.

1. 주요 사실

청구인 S와 마퍼 씨는 모두 영국 국민으로 각 1989년과 1963년생으로 쉐필드에 거주한다.

이 사건은 청구인들에 대한 형사절차가 무죄로 종결된 후 청구인의 지문, 세포샘플 및 DNA 프로파일을 관계당국이 보관하는 것에 대한 문제이다.

2001.1.19. S씨는 강도 미수혐의로 체포되어 기소되었다. 당시 그의 나이는 11세였다. 그의 지문과 DNA 샘플이 채집되었다. 2001.6.14. 그는 무죄 석방되었다. 마퍼 씨는 2001.3.13. 배우자 폭행혐의로 체포되어 기소되었으며, 그의 지문과 DNA 샘플이 채집되었다. 2001.6.14. 이 사건은 마퍼 씨와 배우자가 화해함으로써 공식적으로 중단되었다.

일단 형사절차가 종결됨에 따라 두 청구인은 지문, DNA 샘플과 프로파일을 삭제해줄 것을 요청했으나 거부당했다. 동 정보는 무기한 그 보관을 허용하는 법률에 근거하여 저장되었다.

2. 청구 요지

청구인들은 자신들의 지문, 세포 샘플 및 DNA 프로파일이 무죄 및 면소된 이후에도 관계 당국이 이를 보관하는 것이 협약 제8조 및 제14조를 위반하는 것이라 주장하였다.

3. 법원의 판단

가. 제8조

법원은 세포 샘플은 개인의 건강에 관한 정보를 포함하는 등 개인의 매우 민감한 정보를 담고 있음에 유념하였다. 더욱이 세포 샘플은 관련 개인 및 친족에게 매우 중요성을 갖는 고유한 유전적 코드를 포함하였다. 세포 샘플에 포함된 개인 정보의 성격과 양을 보건데, 이것의 보유 그자체로 관련 개인의 사생활을 존중받을 권리에 대한 침해로 간주될 수 있다.

법원의 견해로는 개인간의 유전적 동일성을 확인하는 수단으로 제공되는 DNA 프로파일의 보관은 개인의 사생활에 대한 권리에 대한 침해를 구성하기에 그 자체로 충분하다. DNA 프로파일로서 인종적 기원에 관한 사항의 추출 가능성은 그러한 것에 대한 보관이 사생활의 권리에 보다 민감하게 영향을 미친다.

법원은 세포 샘플과 DNA 프로파일의 보관이 협약 제8조 제1항의 의미 내에서 사생활을 존중받을 청구인의 권리에 대한 침해에 해당한다고 결론을 내렸다.

청구인의 지문은 형사절차에서 수집되고 또한 범죄인의 동일성 식별을 위한 자동화된 수단에 의하여 영구적으로 보관되고 정기적으로 검색될 수 있도록 전국적인 디비에 기록된다. 세포 샘플과 DNA 프로파일의 보관이 지문의 보관에 비해 사생활에 미치는 영향이 보다 중대하다는 점이 인정된다. 그러나 법원은 지문이 관련 개인의 고유한 정보를 담고 있고, 그 동의 없이 이를 보관하는 것이 중립적이라고 하거나 아니면 상대적으로 중요치 않다고 간주할 수 없다고 본다. 따라서 지문의 보관은 그 자체로 사생활의 중요한 관심사가 되어 사생활을 존중받을 권리에 대한 침해를 구성한다.

법원은 1984년법 제64조에 의하면 범죄 수사를 위하여 사람에게서 채취하는 지문이나 샘플은 그 채취의 목적이 달성된 이후라도 이를 보관할 수 있다고 규정하고 있음에 유념한다. 청구인의 지문, 생물학적 샘플 및 DNA 프로파일의 보관은 따라서 국내법상으로는 명확한 근거가 있었다.

동시에 제64조는 이러한 개인 정보의 저장과 이용에 부가된 조건 등에 관해서는 그렇게 엄밀하지 않았다.

법원은 이러한 맥락에서 그러한 저장조치의 범위와 적용 및 최소한의 안전보장책에 관해서는 이를 규율하는 명료하고 상세한 규칙이 필요함을 재차 반복하였다. 그러나 민주 사회에서 그러한 침해행위가 필요한 것인지의 여부에 대해서 법원은 제64조의 문언이 협약 제8조 제2항의 의미내의 "일정한 수준의 법적" 요건을 충족하는지 이를 결정할 필요는 없다고 본다.

법원은 지문과 DNA 정보의 보관은 합법적 목적, 즉 범죄의 확인 및 예방의 목적을 추구하는 것임을 인정하였다.

법원은 지문, DNA 프로파일과 세포 샘플이 개인 데이터의 자동처리에 있어서 개인의 보호를 위한 1981년 유럽이사회 협약의 의미내의 개인 데이터를 구성함을 유념한다. 법원은 자동 처리되는 개인 데이터의 보호와 관련된 한에 있어서는 그러한 보장장치의 필요성은 더욱 크며, 특히 그러한 데이터가 경찰 목적을 위해 사용되는 경우에는 더욱 그러하다는 점을 추가하였다.

지문이나 DNA 정보를 포함하는 개인 데이터 보호에 있어서 관계 개인 및 전체로서의 공동체의 이익이 범죄 예방에 있어서의 합법적 이익에 비하여 훨씬 중요할 수 있다(법원은 데이터 보호협약 제9조를 원용함). 그러나 이러한 정보에 내재하는 본질적으로 개인적 특성 때문에 법원은 관련 개인의 동의 없이 관계당국에 의하여 그러한 것의 보관 및 이용을 허용하는 국가의 조치에 대해 주의 깊게 심사할 것을 요청받고 있는 것이다.

이 사건에서 법원이 숙려해야 하는 쟁점은 범죄혐의가 있으나 아직 유죄판결을 받지 않은 청구인의 지문과 DNA 데이터의 보관이 민주사회에서 필요한 것이냐 하는 것이다.

법원은 유럽이사회의 관련 문서의 핵심 원칙 및 다른 체약국들의 법과 실행을 고려하였다. 이에 의하면 데이터의 보관은 수집의 목적에 있어서 비례성이 있어야 하고 보관 기간에 있어서도 한정적이어야 한다는 것이다. 이러한 원칙들은 1981년 데이터 보호 협약과 유럽이사회 각료위원회의 후속 권고들에 따라 경찰 부문에서 체약국들이 일관되게 적용하여 왔던 것이다.

특히 세포 샘플의 경우 대다수 체약국들은 이러한 자료들이 적어도 일정 수준의 중요성을 갖는 범죄를 범한 혐의를 받는 개인에게서만 형사절차에서 채취될 수 있도록 허용하고 있다. DNA 데이터베이스를 가동시키는 대다수 체약국에 있어서 이러한 세포 샘플과 여기서 추출되는 DNA 프로파일은 무죄 또는 석방이후에는 즉시 또는 일정한 기한 내에 이를 제거하거나 파괴하도록 하고 있다.

법원은 잉글랜드, 웨일즈 및 북아일랜드가 유럽이사회 국가 내에서 어떤 범죄의 혐의를 받든, 노소를 떠나 그의 지문과 DNA 자료를 무기한 보관하도록 하는 점을 주목한다.

형사사법 체계 내에서 현대 과학기술의 이용이 중대한 사생활의 이익과 그러한 기술의 광범위한 이용의 잠재적 이익을 주의 깊게 비교 교량하지 않는다면 협약 제8조가 제공하는 보호는 수용될 수 없을 정도로 약화될 것임을 유념한다. 신기술의 발전에 파이오니어적 역학을 주장하는 국가는 이 점에 있어서 권리의 균형을 잡는 특별한 책임을 부담한다.

법원은 잉글랜드와 웨일즈에서 그러한 자료의 보관 권한의 백지위임적 성격과 무차별한 특성에 주목한다. 특히 문제의 데이터가 혐의가 있는 범죄의 성격이나 중요성 또는 범죄혐의자의 연령에 무관하게 보관될 수 있었다. 또한 그 보관 기한도 없었으며 무죄 판결된 개인만이 동 데이터를 전국화 된 데이터베이스에서 제거하거나 아니면 동 자료를 폐기하도록 하는 아주 제한된 가능성만이 존재하였다.

법원은 범죄혐의로 유죄판결을 받지 않아 무죄추정을 받을 자격이 있는 청구인의 지위에 있는 사람이 유죄 판결된 사람과 동일하게 취급받는다는 사실로부터 발생하는 낙인찍기의 위험에 대해 각별한 관심을 표명하였다. 청구인들의 사적 데이터의 보관이 범죄혐의의 표현에 필적한다고 할 수 없다는 것은 사실이다. 그럼에도 불구하고 청구인들의 데이터가 유죄 판결된 사람과 동일하게 무기한 보관되는 반면에, 범죄혐의가 없는 사람들의 데이터는 폐기토록 한다는 사실로부터 청구인들이 무죄로 추정되지 않는다는 인식이 강조된다.

나아가 법원은 유죄판결을 받지 아니한 사람들의 데이터는 첫 번째 청구인의 같이 미성년자의 경우에는 그들의 특별한 상황과 사회 내에서의 그들의 성장과 발전을 생각할 때 특히 더 해로울 수 있음을 고려하였다. 무죄확정 후 관계 당국에 의한 사적 데이터의 보관에서 발생할 수 있는 어떤 해악으로부터의 미성년자의 보호에는 각별한 관심을 기울여야 함을 고려하였다.

결론적으로 법원은 혐의는 있되 아직 유죄 확정되지 아니한 사람의 지문, 세포 샘플 및 DNA 프로파일의 보관 권한의 백지위임적이며 무차별한 성격은 이 사건의 청구인들의 경우에 대립하는 공적 이익과 사적 이익간의 공정한 균형을 잃었으며 피고 국가는 이 점에 관해 수용 가능한 재량의 여지를 넘어섰다. 따라서 문제된 그 보관행위는 사생활을 존중받을 청구인들의 권리에 대한 부적절한 침해를 구성하고 아울러 민주사회에서 필요한 것으로 인정될 수 없다. 법원은 이 사건에서 만장일치로 협약 제8조의 위반이 있다고 결론을 내린다.

나. 협약 제8조와의 관련한 제14조

위에 기술한 제8조의 결론에 이른 이유를 보건데 법원은 만장일치로 제14조에 기한 청구는 이를 별도로 심리할 필요가 없다고 본다.

[48] 낙태 A, B, and C v. Ireland

Appl no. 25579/05, 2010.12.16. 선고

제8조 (사생활을 존중받을 권리) 위반

아일랜드는 산모의 생명이 위험한 경우에 한하여 낙태를 허용하는 정도로 낙태에 대해 매우 엄격하게 법률을 운영하여, 청구인들은 영국에 가서 낙태 시술을 받은 바, 법원은 아일랜드의 낙태 금지에 대한 뿌리 깊은 전통 및 다른 유럽지역에서의 낙태 허용 수준을 고려하면 낙태에 관해 유럽지역에 일치된 합의가 없다고 보고, 이는 각국의 어느 정도의 재량범위 내에 있다

고 판단.

그러나 청구인 중 1명의 경우 과거 희귀 암에 걸렸고, 임신으로 이것이 재발하면 양 쪽 모두 생명에 위협을 초래할 수 있어 해외에서 낙태를 할 수 밖에 없었던 바, 국내에서는 법률상으로는 가능하나 사실상 낙태를 법적으로 인정받기에는 제도적 절차가 불비함으로서 아일랜드가 자국 헌법상 권리를 이행하는데 실패함으로써 동 청구인의 사적 생활을 존중받을 권리를 침해하였음.

1. 주요 사실

청구인들은 아일랜드 거주 18세 이상의 3명의 여성으로, 2명은 아일랜드 국적이고 1명은 리투아니아 국적이다.

3명 모두 비자발적으로 임신된 이후 낙태를 위해 2005년 영국으로 여행하였다.

첫 번째 청구인은 미혼자이며, 실업자로 가난한 생활을 하고 있고 4자녀가 있으나 모두 양자로 보냈다. 우울증에 과거 알콜 중독자였던 청구인은 자신의 가족 재결합 기회가 위험해지는 걸 피하기 위해 낙태하기로 결심했다. 그녀는 대출업자에게 돈을 차용하여 영국의 한 개인 클리닉에 비용을 지불하였다.

두 번째 청구인은 한 부모 가장이 될 준비가 없었다. 처음에 그녀는 자궁외 임신일까 두려워했지만 영국으로 여행하기 전에는 그렇지 않다고 인식했었다.

세 번째 청구인은 암이 완화된 상태에서 임신 사실을 인식하지 못하고, 임신중 금기시되는 건강진단을 받았다. 자신이 임신중임을 알게 됐을 때 그녀는 임신으로 인해 암이 재발될 위험이 있다고 믿고 그래서 자신의 건강과 생명에 관심을 갖게 되었다. 또한 임신상태로 계속 가고 분명한 조언을 받을 수 없다면 태아에 대한 위험성에도 관심을 가졌다. 이에 따라 그녀는 영국에서 낙태하기로 결심했다.

아일랜드 법률에 의하면 낙태는 금지되는데 이는 1861년 사람에 대한 공격법(the Offences Against the Person Act of 1861, 현재 시행) 제58조에 의한 것이다. 동 규정은 유산시킬 의도를 갖고 불법적 처치를 하는 모든 임산부 또는 제3자는 징역형에 처한다고 규정한다. 아일랜드 헌법은 1983년 국민투표를 거쳐 8차 개정이 있었다. 동 헌법 제40.3.3조는 모의 생명에 대한 권리와 동등한 권리를 태아에게도 인정하고 국내법에서 모의 권리를 존중할 것을 보장하도록 규정한다.

제8차 개정의 해석에 관해 아일랜드 법원에 제기된 사건의 결과로서 최고법원은 1992년 X사건의 판결에서, 임신중 건강과는 분명히 구분되는 모의 생명에 대한 현실적이고 본질적인 위험이 있는 경우 낙태는 합법이라고 판시했다. 이와 유사한 다른 일련의 사건의 판결에서 법원은 헌법상 보장되는 권리를 규율하는 법률을 의회가 제정하지 않은 것에 유감을 표시했다. 1992년 국민투표로 헌법은 13번째 개정이 있었다. 동 개정에서 낙태를 위한 해외여행 금지를 풀고 합법적으로 이용 가능한 해외에서의 낙태에 관한 정보를 아일랜드 내에 보급되는 것을 허용하였다.

첫 두 명의 청구인은 아일랜드 법률이 건강상 이유로 낙태를 허용하지 않고 오직 자살 등을 포함한 산모의 생명에 대한 확증된 위험이 있을 때에만 허용하기 때문에 아일랜드에서 낙태할 수 없다고 믿었다. 세 번째 청구인은 임신으로 생명의 위험이 있다고 믿었지만 아일랜드에서 낙태를 할 수 있도록 하는 법률이나 절차가 없다고 주장했다.

아일랜드로 귀국하자 청구인들은 합병증을 겪는다고 호소한다.

2. 청구요지

세 명의 여자는 아일랜드에서 낙태하는 것이 불가능하여 낙태가 과도하게 경비가 많이 들고, 복잡하고 정신적 상처를 입힌다고 주장하였다. 특히 그들은 낙태 제한으로 인해 굴욕을 당했고 또 건강에 위험이 발생했으며 제3청구인은 생명까지도 위험을 초래했다.

제3청구인은 생명에 대한 권리를 규정한 제2조를 원용하였고 3명 모두 굴욕적 처우의 금지를 규정한 제3조를 원용하였다. 제1, 제2청구인은 건강 등을 이유로 낙태를 할 수 없도록 하는 아일랜드내의 합법적 낙태에 대한 규제에 관해 "가족 및 사생활을 존중받을 권리"를 규정한 제8조에 근거해 제소하였고, 제3청구인은 동 조에 근거해서 장래 산모의 생명에 대한 권리를 인정하는 헌법규정을 시행할 법률이 아일랜드에 부재하는 것에 대하여 제소하였다. 청구인들은 만약 충분한 재력이 있었다면 아일랜드 밖으로 여행하여 낙태를 할 수 있다고 주장하면서 아일랜드에서는 매우 제한된 상황에서만 허용된다는 사실이 불공정하고 과도한 것이라고 하였다. 나아가 그러한 제한 내지 금지는 차별금지를 규정한 제14조에 위반하여 여성으로서의 청구인들에, 특히 제1청구인은 재정형편이 극히 제한적이어서 과도한 부담을 주고 있다는 것이다.

이 사건에는 다수의 제3자가 서면의견서를 제출했다. 리투아니아 정부(청구인 중 1인은 리투아니아 국적), 유럽의회 의원인 캐씨 신노트와 제휴한 유럽 법정의센터, 워싱턴 DC의 가족연구협의회와 런던 소재 태아보호협회, 생명존중 캠페인, 아일랜드 소재 낙태찬성 의사들과 영국 산부자문서비스, 재생산권리 및 국제 재생산 및 성적 건강법 프로그램 센터.

3. 법원의 판단

가. 사건의 범위

법원은 자신의 역할은 현재의 청구인들에게 직접 영향을 주는 한도에서 아일랜드에서의 낙태에 대한 법적 지위를 심리하는 것임을 강조했다.

그리고 3명의 청구인들은 낙태를 위해 영국으로 여행했으며 제1, 제2청구인은 건강상의 이유 때문에, 제3의 청구인은 임신이 생명의 위험을 야기한다는 두려움 때문이었다는 것에는 다툼의 여지가 없음을 인정한다. 해외여행은 세 청구인에게는 모두 심리적 부담을 주었고, 특히 제1청구인에게는 금전적 고갈로 이어졌음은 의문의 여지가 없지만, 법원은 그들이 낙태 전후에 아일랜드 내에서 필요한 의료적 자문과 처치를 받을 수 있었다는 점도 인정했다. 법원은 청구인들이 자국에서 범죄행위가 되는 행위를 하기 위해 해외로 나가는 것에 대한 심리적 충격과는 별도로, 아일랜드에서 낙태에 적용되는 형사조치는 제1, 제2청구인의 청구이유와 관련해서는 어떤 직접적 관련성은 없다고 보았다. 법원은 제3청구인의 경우에는 청구이유와 함께 형사조치의 위험성을 함께 심리하였다.

나. 국내적 구제절차의 완료

법원은 해당 정부에서 청구인이 완료해야 할 국내적 법적 수단이 비효과적이라고 보았다. 이는 그 구제수단들에는 헌법소송과 2003년 유럽인권협약법에 의한 청구도 포함되어 있었다. 결과적으로 법원에 오기 전에 제1, 제2청구인의 경우 이를 완료할 필요가 없었다. 그리고 제3청구인의 경우 법원은 이를 본안과 함께 심리하기로 하였다.

다. 제2조

법원은 청구인들이 낙태를 위해 해외로 여행하는 데는 어떤 법적 장애도 없었음을 확인했다. 낙태후 합병증을 겪은 제3청구인의 경우 동 합병증이 생명에 위협을 주었다고 주장하지 아니하여, 동 청구를 기각하였다.

라. 제3조

법원은 낙태를 위해 해외로 여행한 결과로 그들 각자가 입은 심리적 및 신체적 피해는 제3조의 규정에 의해 금지되는 비인간적 내지 굴욕적 처우로 인정할 정도의 충분한 중대성을 띠지 않는다고 보아 제3조에 기한 세 청구인의 청구취지는 기각하였다.

마. 제8조

제3청구인은 아일랜드에서의 낙태 의료 서비스의 확대에 관한 장문의 찬반 의견을 제시했다.

법원은 제8조가 낙태의 권리를 부여하는 것으로 해석될 수는 없지만 아일랜드에서의 낙태금지는 신체적 및 정신적 건강에 대한 청구인들의 권리 범위, 즉 사생활 영역내에 있으므로 제8조의 범주에 들어올 수 있다고 판시했다. 법원은 제3청구인의 청구와는 별도로 제1, 제2청구인의 청구를 심리하였다.

바. 제1청구인과 제2청구인

법원은 제1청구인과 제2청구인의 임신중절수술 금지는 사생활을 존중받을 권리에 대한 침해가 된다고 했다. 그 침해는 법률에 따른 것이었고 아일랜드 내에서 통용되는 공중도덕을 보호하는 합법적 목적을 추구하고 있었다.

그 금지행위가 민주사회에서 필요한 것인지, 특히 압도적 사회적 필요성이 임신중절수술의 금지를 정당화할 정도로 존재하는지 이를 심리함에 있어서, 법원은 아일랜드 법에 의한 임신중절에 비해 유럽이사회 국가들 대부분의 경우 훨씬 더 넓게 임신중절을 허용하는 콘센서스가 형성되어 있다고 보았다. 유럽의 30여 국가에서 임신중절수술은 신청에 의하여 이용될 수 있었다. 또한 40여 국에서는 건강상의 이유로 허용되었다. 그리고 대략 35개국에서 행복(well-being)을 이유로 허용되었다. 단지 3개국만이 아일랜드보다 낙태를 어렵게 하고 있었다. 특히 아일랜드는 임신이 산모의 생명에 위험을 초래하는 때에 한하여 낙태를 허용하는 유일한 유럽이사회 국가이다.

그러나 법원은 유럽이사회 국가들 간에 형성된 논란의 여지가 없는 콘센서스가 국가가 향유할 수 있는 광범한 재량의 여지를 결정적으로 축소시키기에는 다소 충분치 않다고 보았다. 법원은 Vo v. France 사건(생명의 始期를 정하는 문제는 국가의 재량의 여지 내에 있다. 즉 생명의 시기에 관한 과학적 및 법적 정의에 대해 유럽 차원의 합의가 없고 태아와 산모의 권리는 분리할 수 없을 정도로 밀접하기 때문이다. 생명이 언제 시작하느냐의 문제에 관하여 국가가 할 수 있는 재량의 여지는 태아와 산모의 상충하는 이익의 균형점을 찾는 것에 대해서도 유사하게 재량의 여지를 갖는다)을 수용하였다.

그리고 법원은 그러한 재량의 여지를 원용하였다. 제1 및 제2청구인이 낙태를 위해 해외에 여행하고 또한 아일랜드 내에서 적절한 낙태 전후 의료 보호를 받을 권리 및 건강 등의 이유에 기한 낙태에 대한 아일랜드에서의 금지가 태아의 생명권에 대한 아일랜드 국민의 깊은 도덕적 가치에 근거하고 있다는 사실을 고려하여, 법원은 아일랜드에서의 낙태 금지는 청구인들의 사적 생활에 대한 권리와 태아의 이익을 위한 권리간에 공평한 균형을 이루고 있다고 결론을 내렸다.

따라서 제1 및 제2청구인과 관련해서는 제8조의 위반이 없었다.

사. 제3청구인

법원은 제3청구인의 경우는 희귀한 암에 걸렸고 임신의 결과로서 이것이 재발할지 모른다는 위험을 느끼고 있음을 유념했다. 법원은 청구인의 생명에 대한 그러한 위험의 확인은 그녀의 사적 생활이 존중받아야 한다는 권리의 본질적 가치와 중요한 측면과 관련이 있다고 보았다.

아일랜드 정부가 의존했던 그러한 위험 여부를 결정하기 위한 유일한 비사법적 수단, 즉 산모와 담당 의사간의 통상적인 의료적 자문은 비효과적인 것이었다. 그러한 과정을 둘러싼 모호성 때문에 1861년법의 처벌조항으로 인하여 산모의 건강에 위험을 초래하기 때문에 낙태가 필요하다는 의사의 소견이 아일랜드 헌법에 위반하는 것으로 인정된다면 산모와 의사 모두에게 중한 범죄의 확정과 징역형으로 가는 위험을 야기하는 중요한 장애 요소를 구성한다는 것은 분명하였다.

법원은 제3청구인이 국내법원(특히 헌법재판소)에 제소하는 것이 효과적인 것이라고 볼 수 없었다. 즉 헌법재판소는 산모가 합법적으로 낙태할 자격이 있는지 이를 일차적 판단할 적절한 기관이라 볼 수 없었다. 마찬가지로 임신이 산모의 생명에 위협을 초래하는 경우에도 낙태의 권리가 논의의 대상이 되지 않는다면 산모에게 그러한 복잡한 헌법 소송절차를 추구하도록 하는 것도 적절치 않았다. 현재 아일랜드에서 시술되는 합법적 낙태에 관해 아일랜드 정부가 법원에 제출한 정보가 분명하지 않기 때문에, 어떤 경우에 국내의 각급 법원이 의사에게 낙태를 시술하도록 하는 강제 명령이 어떻게 집행되는지 이에 대해 명료하지 않았다.

법원은 아일랜드 정부가 원용하고 있는 의료 자문이나 소송상의 방법이 제3청구인의 경우에 아일랜드에서 합법적으로 낙태를 받을 권리를 허용하는 어떤 효과적이고 접근가능한 절차를 구성하지 않는다고 판단했다.

결과적으로 법원은 아일랜드는 동 국내에서 합법적으로 낙태할 수 있는 헌법상의 권리를 이행하는데 실패함으로써 제3청구인의 사생활을 존중받을 권리를 침해했다고 결론을 내린다.

아. 보상

협약 제41조에 의해 법원은 제3청구인에게 비재산적 손해로 15,000 유로를 지급할 것을 명한다.

[49] **아동의 최선의 이익** Šneersone and Kampanella v. Italy

Application no. 14737/09, 2011. 7. 12. 선고

제8조 (사생활 및 가족생활을 보호받을 권리) 위반

부부의 이혼시 이탈리아 법원은 아들의 친권을 모에게 부여하고 부는 정기적으로 접견하도록 했으나, 모가 부의 동의 없이 아들과 함께 라트비아로 출국하자, 부는 이탈리아 법원에 제소하여 아들에 대한 친권을 회복하고, 이탈리아는 라트비아 정부에 "아동유괴에 관한 헤이그 협약"에 따라 아들의 귀환을 요청함.

이에 라트비아 법원은 귀환이 자녀의 최선의 이익이 되지 않는다고 하면서 동 요청을 거부하고, 모가 유럽인권법원에 제소하게 되는데, 법원은 이탈리아 법원이 아들이 모와 이별하는 경우 발생할 문제를 검토하지도 않았고, 부의 가정이 자녀 양육에 적합한지 이를 확인하지 않았다는 점 등을 고려하여 이탈리아로의 귀환명령은 가족생활을 존중받을 권리를 침해한 것이라 판단함.

1. 주요 사실

청구인 스니어존네와 그의 아들은 1973년 및 2002년에 각 출생한 라트비아 국적 보유자로 리가에 살고 있다. 아들은 그의 부모가 별거하기 전 이탈리아에서 출생하였다. 2003년 부부 별거 후, 스니어존네는 아들과 함께 다른 거주지로 이전하였다. 그녀에 의하면 아

들 출생 후, 그녀가 아들을 양육했고 부의 관여는 아주 미미하였다. 2004. 9월 로마 소년법원은 아들의 친권을 모에게 부여하고 부는 정기적으로 볼 수 있도록 하였다. 동 결정에 대한 부의 이의신청은 기각되었다. 소년법원은 모가 부의 동의 없이 자녀를 해외로 데리고 가지 않을 것이라고 보았다.

2005. 6월 판사는 아들 마르코에게 여권 발급을 허가하고 2006. 2월 소년법원은 마르코의 부가 아들에게 금전 지원을 하도록 명하였다. 부친의 금전 미지급과 모친의 자력 부족으로 인해 모와 아들은 2006. 4월 라트비아로 출국하였다.

일자는 특정할 수 없으나 부의 요구로 로마 소년법원은 아들에 대한 친권을 부에게만 인정하고 동 자녀가 부와 함께 살아야 한다고 판시했다. "아동 유괴에 관한 헤이그 협약"에 따라 이탈리아 법무장관은 라트비아 당국에게 아들 마르코를 이탈리아로 귀환시켜 줄 것을 요청하였다. 라트비아 법원은 2007년에 아들 마르코의 이탈리아 귀환이 자녀의 최선의 이익이 되지 않는다고 결정했다. 동 결정은 아들 마르코를 모에게서 떼어 놓으면 자녀에게 필연적으로 부정적 영향을 미치게 될 것이고 또한 신경계통의 문제와 질환도 유발할 수 있다는 심리학자의 소견서에 의해서도 지지받았다.

2008. 4월, 부의 요청에 의해 로마 소년법원은 부모 책임 문제의 관할권에 관한 2003년 유럽이사회 규정 No 2201/2203 호를 토대로 자녀의 이탈리아 귀환을 명하였다. 동년 8월 이탈리아 당국은 라트비아에 로마 소년법원의 결정을 집행하여 자녀를 이탈리아로 보내주도록 요청하였다. 모의 이의신청은 양 당사자의 답변서를 심리한 후 당사자의 출석 없이 서면 절차로서 원 결정을 수용한 로마 항소법원에 의하여 기각되었다. 2009. 7월 마르코의 귀환을 명하는 결정을 집행할 라트비아 법원의 집행관은 마르코의 부에게 연락하여 아들과 접촉을 시도하도록 요청하였다. 분명한 것은 마르코의 부는 전혀 반응이 없었다.

2008. 10월 라트비아는 귀환 절차의 문제에 대해 유럽위원회에 이탈리아를 상대로 제소하였다. 라트비아는 이탈리아가 유럽이사회 규정이나 라트리아 법원의 마르코에 대한 결정 어느 것도 존중하지 않는다고 주장하였다. 위원회는 이탈리아가 위 규정이나 유럽공동체의 일반적 원칙 어느 것도 위반하지 않았다는 이유가 달린 의견서를 공표하였다.

2. 청구 요지

협약 제8조에 근거하여 모와 자녀는 이탈리아로의 귀국을 명하는 이탈리아 법원의 여러 결정들은 자녀의 최선의 이익에 반하며 국제법 및 라트비아 법률에 위반했으며 모는 로마 소년법원의 심리에 출석하지 못했다고 주장하였다. 이 청구는 2009.3.9. 유럽인권법원에 접수되었다.

3. 법원의 판단

가. 제8조

귀환명령

법원은 Neulinger and Shuruk v. Switzerland 사건에서 아동의 국제적 유괴의 문제에 대해 일련의 원칙을 발전시킨 사실을 상기했다. 그리고 법원은 이탈리아 정부나 청구인들도 마르코의 이동이 아동의 국제적 유괴에 관한 헤이그 협약상 불법이 되며 이탈리아로 귀환시키라는 이탈리아 각급 법원의 결정이 아동과 부의 권리와 자유를 보호할 합법적 목적을 갖고 있다는 점을 다투지 않은 점에 유념하였다.

그러나 법원은 이탈리아 각급 법원의 결정이 거의 논거를 제시하지 못하고 있다는 점을 인정했다. 따라서 마르코에 관한 라트비아 법원의 결정이나 심리학자 보고서에도 불구하고 이탈리아 법원은 마르코가 모와 이별하는 경우 신경상의 문제나 질환이 발생할 수도 있다는 위험을 다루지 않았다. 또한 마르코의 부가 2006년 이래 한 번도 아들을 보려고 시도하지도 않았다는 사실에 이탈리아 법원은 전혀 주의를 기울이지도 않았다. 나아가 이탈리아 법원이 부의 가정이 어린 자녀에게 적합한지 이를 확인하지 않았으며 그리고 최초에 부가 제시한 조건을 부과하였는데 이는 마르코의 모가 매 2년에 불과 한 달간 자녀를 볼 수 있었다. 법원은 이러한 조건들은 모자간의 긴밀한 유대의 갑작스럽고 뒤집을 수 없는 단절을 필연적으로 초래하는 심리적 외상을 초래하는 부적절한 것들이라고 판시했다. 끝으로 이탈리아 법원은 마르코와 부 간의 접촉을 확보하기 위한 어떤 선택적 해결책을 고려하지 않았다. 결과적으로 법원은 마르코를 이탈리아로 귀환시키는 명령의 결과로서 협약 제8조의 위반이 있었다고 결론 내렸다.

법정심리시 모의 궐석

법원은 마르코의 부모 모두 변호인의 조력을 받아 이탈리아 법원에 상세한 서면 답변서를 제출한 점을 주목하였다. 그러므로 법원은 동 절차가 공정했으므로 이는 로마 소년법원의 심리시 모의 궐석을 이유로 협약 제8조의 위반을 구성하지 않는다고 인정했다.

다른 조문

법원은 청구인의 나머지 주장을 기각하였다.

나. 보상

법원은 이탈리아가 마르코와 그의 모에 대해 비재산적 손해로 합 10,000 유로를 지급하고 비용과 경비로 5,000 유로를 지급하도록 판시했다.

[50] 데이터 보호 Khelili v. Swiss

Application no. 16188/07, 2011. 10. 18. 선고

제8조 (사생활 및 가족생활을 존중받을 권리) 위반

제네바에서의 경찰 검문중 그 직업란에 검문 경찰관이 "매춘부"로 기록된 후 수년이 지나

자신에 대해 형사고소가 제기되었다고 하는 안내 편지에서 자신이 "매춘부"로 분류된 것을 알게 된 이후, 그 기록의 시정을 요구하여 해당 경찰서장은 다른 직업으로 교체하고 이를 증명해주었으나, 불법적 매춘과 무관한 형사고소건에서 여전히 매춘부로 기록되어 있었던 바, 법원은 형사고소건과 관련한 범죄인정과 "매춘부" 용어와는 무관한 점을 고려해서 그러한 잘못된 정보를 경찰 기록으로 보관하는 것은 사생활을 존중받을 권리를 침해하는 것임.

1. 주요 사실

청구인 사브리나 케리리씨는 1959년생 프랑스인으로 프랑스 내 상프리스트에 거주한다.

1993년 제네바에서의 경찰 검문중, 경찰은 그녀가 가진 안내카드에 "멋진, 예쁜 여성, 30대 후반. 함께 한 잔 하거나 밖으로 나갈 남성 구함. 전화번호…" 이렇게 쓰여 있는 것을 보았다. 안내 카드를 본 후 케릴리 씨는 매춘부로 활동한 적이 없다고 주장함에도 제네바 경찰관은 자신의 직업을 매춘부로 기록하였다고 주장한다. 경찰관은 자신의 책무(범죄 및 비행을 처벌하고 이를 방지하는 것)를 수행하는데 필요한 범위 내에서 개인적 정보를 포함하는 기록을 관리할 권한을 부여한 데이터 보호에 관한 주법에 근거한 것임을 증언하였다. 1993. 12월 예방적 조치로서 연방외국인청은 스위스에서 2년간 거주를 금지하는 명령을 내렸다.

2001년 케릴리 씨를 상대로 2건의 위협적 행동 및 폭행으로 형사고소가 제기되었다. 2003년 그녀는 제네바 경찰이 발송한 편지에서 "매춘부"라는 용어가 여전히 경찰서 파일에 있다는 것을 알게 되었다. 2005년 5월 케릴리 씨는 2002년 및 2003년에 자신을 상대로 제기된 공격적인 통신설비 이용에 대한 2개의 추가적인 고소로 인해 20일간 집행유예의 형을 선고 받았다.

2005. 7월 경찰서장은 경찰서 데이터베이스에 그녀의 직업을 기술하는 용어를 "양재사"로 교체했음을 증명해주었다. 2006년 전화 통화중 "매춘부"라는 용어가 여전히 경찰서 컴퓨터 파일에 나타나고 있음을 알고 나서, 케릴리 씨는 매춘부와 관련된 정보가 경찰

기록에서 삭제하도록 요청하였다. 2006년 경찰서장은 동 용어가 삭제되었다고 이를 편지로 확인시켰다. 또한 케릴리 씨는 "매춘부"라는 단어가 포함되어 있었던, 2001년 자신을 상대로 제기된 위협적이고 공격적인 행위에 대한 형사 고소에 관련된 데이터에서도 동 용어를 삭제시켜줄 것을 요청하였다. 이 요구는 거부되었는데 이는 동 정보는 그녀의 과거의 범법행위로 인해 예방적 조치를 위해 유지되어야 한다는 것이었다. 케릴리 씨는 자신의 파일에 기록된 용어로 인해 그러한 정보가 자신의 장래의 잠재적 고용주에게 전달될 수 있다는 이유로 자신의 일상생활에 보다 문제를 일으킬 수 있다고 주장하였다.

2. 청구 요지

케릴리 씨는 1993년 제네바 경찰관이 자신의 안내 카드의 발견이래로, 그녀는 경찰 컴퓨터 기록에 "매춘부"로 계속해서 기록되고 있으며 그 용어는 그녀의 위협적이고 공격적인 행위로 인한 2건의 형사 고소와 관련한 파일에도 계속 유지되고 있기 때문에 이는 협약 제8조를 위반한 것이라 주장한다.

이 건은 2007.4.5. 인권법원에 접수되었다.

3. 법원의 판단

가. 제8조 (사생활 및 가족생활을 존중받을 권리)

법원은 케릴리 씨의 권리에 대한 침해가 국내법상으로 법적 근거를 갖고 있다는 데는 동의한다. 법원은 또한 케릴리 씨의 데이터가 무질서 또는 범죄의 예방과 타인의 권리의 보호라는 목적을 위해 보유되고 있음을 인정한다.

그렇지만, 법원은 직업으로서 "매춘부"라는 용어는 경찰서 데이터베이스에서 삭제되었으나 그 용어가 케릴리 씨를 상대로 제기된 2건의 고소와 관련한 형사절차와 관련하여 수정되지 않고 있음을 유념한다. 법원은 경찰 기록에 보존된 데이터가 각 기관에 이전될 경우, 문제의 용어가 케릴리 씨의 명예를 손상시킬 수 있으며 또한 그녀의 일상생활에 보다 문제를 일으킬 수 있음을 거듭 표명하여 왔다. 개인의 데이터는 현재 자동 처리절차에 의존하기 때문에 그러한 데이터의 접근과 배포는 상당히 용이하여 이는 보다 신중해야 하는 것이다. 그러므로 케릴리 씨는 경찰 기록에서 "매춘부"라는 용어를 삭제하는 것에 상당한 이해관계를 갖는다.

법원은 먼저 불법적 매춘의 주장이 매우 모호하고 일반적인 것으로 표현되어 있으며, 케릴리 씨의 범행에 대한 유죄인정과 "매춘부"라는 용어의 유지와는 충분히 밀접한 관련이 없음을 고려한다. 나아가 관련 당국의 모순적 행위도 유념한다. 즉 "매춘부"라는 용어가 수정되었다는 경찰의 확인에도 불구하고 케릴리 씨는 경찰서 컴퓨터 기록에 동 용어가 유지되어 있음을 알게 되었다.

결과적으로 법원은 그녀의 사생활에 관해 소위 주장하는 바의 잘못된 데이터를 경찰 기록으로 보관하는 것은 케릴리 씨의 사생활을 존중받을 권리를 침해하는 것이며 수년간 "매춘부"라는 용어를 보존한 것은 민주사회에서 전혀 필요한 것으로 인정될 수 없는 것으로 결론을 내린다.

나. 보상

법원은 케릴리 씨의 비금전적 손해로 스위스가 15,000 유로를 지급할 것을 명하며 비용과 경비에 대한 신청 부분은 기각한다.

[51] 성적 지향 Vejdeland and Others v. Sweden

Application no. 1813/07, 2012. 2. 9. 선고

제10조 (표현의 자유) 비위반

동성애를 공격하는 내용의 주장을 담은 리플렛을 중학교 교내에서 학생들에게 직접 또는 사물함에 약 100여개를 뿌린 행위에 대해 스웨덴 법원은 이 리플릿 배포의 의도가 동성애자를 경멸하는 것이며 일단의 국민적 집단이나 민족적 집단에 대해 선동을 일으키는 것으로서 유죄로 인정하자, 유럽인권협약상 이것이 표현의 자유에 대한 침해라고 주장한 사건으로, 유럽인권법원도 그 내용이 심각하고 편견적인 주장으로, 성적 지향에 근거한 차별로 심각하게 보고, 스웨덴의 유죄 인정은 타인의 명예와 권리의 보호를 위해 민주사회에서 합당한 행위라고 판단함.

1. 주요 사실

청구인(Tor Fredrik Vejdeland, Mattias Harlin, Bjön Täg and Niklas Lundströ)은 각 1978, 1981, 1987년 및 1986년 출생한 스웨덴 국민이다.

2004. 12월 청구인들은 다른 3명과 함께 중학교로 가서 "전국 청년" 이라는 조직을 통해 직접 학생들에게 또는 학생들의 사물함에 약 100여 개의 리플릿을 배포하였다. 학교장은 이들에게 동건물에서 철수하라고 하였다. 리플릿의 문구에는 특히 동성애는 "이상한 성적 기질"이며 "도덕적으로 사회의 근간을 파괴시키는 효과"를 갖고 있으며 또한 HIV와 AIDS의 전염에 책임이 있다는 주장을 폈다.

청구인들은 동성애자들을 일단의 그룹으로서 경멸할 표현을 쓴 것이 아니며 그들의 의도는 스웨덴 학교 교육에서 객관성의 결여에 관한 토론을 시작하기 위한 것이라고 주장하였다. 지방법원은 청구인들의 의도는 동성애자들을 경멸하려는 것이었으며 일단의 국민적 집단이나 민족적 집단에 대해 선동하는 것으로 유죄라고 하였다. 청구인들에 대한 혐의는 항소심에서 기각되었는데, 이는 동 유죄는 유럽인권협약상 보장된 표현의 자유에 대한 청구인들의 권리의 침해에 해당된다는 것이었다.

2006.7.6. 대법원은 청구인들에 대해 선동죄로 유죄를 인정하였다. 다수의견은 학생들이 리플릿 받기를 거부할 가능성이 없었으며 리플릿을 학생들에게 배포하는 목적이 동성애자들을 일단의 그룹으로서 공격적인 언사를 쓰지 않고서도 그 토론 주장을 할 수 있었다

는 것이다. 청구인 중 첫 3명에게는 200 유로에서 2,000 유로의 벌금과 함께 집행유예가 선고 되었으며 4번째 청구인에게는 보호관찰이 선고되었다.

2. 청구 요지

청구인들은 자신들에 대한 대법원의 유죄선고는 협약 제10조의 표현의 자유에 대한 위반을 구성한다고 주장하였다. 또한 그들은 협약 제7조를 위반하여 법률 없이 처벌받았다고 주장한다.

이 청구는 2007.1.4. 유럽인권법원에 접수되었다.

3. 법원의 판단

가. 제10조

청구인들은 스웨덴 형법에 따라 민족적 또는 인종적 집단에 대한 선동을 이유로 유죄선고를 받았다. 그러므로 법원은 표현의 자유에 대한 침해가 충분할 정도로 명백하며 예측할 수 있는 것으로서 협약의 의미내에서 "법률에 의하여 규정된" 것임을 고려한다. 동 침해행위는 합법적 목적, 즉 "타인의 명예와 권리의 보호"를 위한 것이었다(제10조 제2항).

법원은 스웨덴 학교에서의 교육의 객관성 결여에 관한 토론을 시작하기 위한 청구인들의 목적이 수락 가능한 취지임에도 불구하고, 리플릿의 문언에 주의를 기울이지 않을 수 없었다는 스웨덴 대법원의 입장에도 동의한다. 리플릿에 의하면 동성애는 "이상한 성적 기질"이며 "도덕적으로 사회의 근간을 파괴시키는 효과"를 갖고 있으며 또한 HIV와 AIDS의 전염에 책임이 있다. 이 리플릿은 나아가 "동성애 로비"는 소아성애를 옹호하는 것으로서 주장되고 있다. 이러한 문언은 그것이 증오적 행위에 대한 직접적 요청이 아니라 하더라도 심각하고 편견적인 주장을 구성한다. 법원은 성적 지향에 근거한 차별은 "인종, 출신 또는 색깔"에 근거한 차별처럼 심각한 것임을 강조하였다.

자신의 사상을 표현하려는 청구인들의 권리는 인정하지만, 스웨덴 대법원은 동 리플릿의 문언들이 불필요하게 공격적이라는 사실을 인정하였다. 나아가 청구인들은 학생들에게 사물함에 넣어 놓거나 위에 두도록 했다는 사실을 강조하였다. 법원은 학생들이 매우 감수성이 강한 연령대라는 사실, 동 리플렛의 배포가 청구인들 어느 누구도 출석하지도 않거니와 그들이 자유롭게 접근할 수 없는 학교라는 장소에서 일어났다는 점을 주목한다.

청구인 중 3명은 200 유로에서 2,000 유로에 이르는 벌금형과 함께 선고 유예를 받고 4번 째 청구인은 보호관찰 처분을 받았다. 법원은 유죄선고된 범죄가 최고 2년의 징역형을 받을 수 있다는 점에서 동 처벌이 사정에 비추어 과도한 것이라고 인정할 수 없다.

그러므로 법원은 청구인들이 주장하는 표현의 자유에 대한 권리의 행사에 대한 침해는 스웨덴 당국에 의하여 타인의 명예와 권리의 보호를 위해 민주사회에서 필요한 것으로 합당하게 간주되었다는 점을 고려한다.

나. 제7조

제기된 처벌행위는 협약의 의미 내에서의 "법률에 의하여 규정된" 것이라는 제10조의 사실인정을 고려해 보건대, 법원은 제7조에 의한 청구인들의 제소내용은 명백히 근거 없는 것으로서 이를 기각한다.

[52] 자녀의 양육 Schmidt v. France

Application no. 35109/02, 2007. 7. 26. 선고

제8조 (사생활 및 가족생활을 존중받을 권리) 비위반

제6조 제1항 (공정한 재판을 받을 권리) 위반

법원은 위반사실의 인정 그 자체로 청구인들이 입은 비재산적 손해에 대해 충분히 정당한 보상이 된다고 함.

부의 아동 폭행 및 모의 자녀 양육방식의 문제 등으로 딸은 일정기간 사회복지시설에서 양육되고 후에 할아버지가 양육권을 갖게 된 사안에서, 부부는 딸에 대한 그러한 조치로 가족생활을 존중받을 권리가 침해되었다고 주장했으나, 법원은 딸을 분리시킨 여러 결정과정을 심리하며 아동의 최선의 이익을 다한 결정이었으므로 이는 침해가 아니라고 판시하고, 한편 할아버지에게 양육권을 준 것에 대한 이의신청에 대해 3년이 지나 심리에 부쳐진 점 및 이러한 절차는 신속을 요한다는 점에서 효과적 구제를 받을 권리와 관련해 공정한 재판을 받을 권리가 침해되었다고 봄.

1. 주요 사실

청구인 악셀 쉬미트 씨는 1959년 출생의 프랑스인이며 그의 처 델윈 쉬미트 씨는 1966년 출생의 뉴질랜드인으로 둘 다 캐릭퍼거스(북아일랜드)에 거주한다. 그들은 1990년에 해체된 개신교회인 "The Citadel"로 알려진 Eglise Chrétienne Biblique의 전 교인이었다.

1993년 쉬미트 씨는 4세 아동을 폭행한 혐의로 기소되었다.

이들 부부의 딸 빅토리아는 당시 3세였으며 1993.2.12. 베르사이유 소년부 판사의 결정이 있은 후, 보건사회청(DDASS)의 보호 하에 있었다. 동 결정의 근거로 판사는 제1청구인이 미성년자 감금, 보호 결여 및 폭행으로 기소되어 공판중임을 강조하였다. 판사는 빅토리아가 "The Citadel" 교인의 다른 자녀와 마찬가지로 양육되고 있는 방식은 그의 심리적 균형과 발전이 심각하게 위협받을 수 있는 방식임을 특히 주목하였다.

딸의 보호조치는 1993.7.30. 확정되었고 청구인들에게는 면회권이 부여되었다. 제2청구인은 그 후 프랑스를 떠나 뉴질랜드의 가족에게 돌아갔고 1995년 두 번째 자녀를 출산하였다.

1995.7.4. 빅토리아의 조부의 청구로 그녀의 이익을 위해 조부에게 양육권이 허용되고 부모의 면접권은 박탈되었다. 이 처분은 1996년 6월에 확정되었으며 1997. 9월, 1998. 5월 및 1999. 6월 몇 차례에 걸쳐 연장되었다. 그러는 중에 제2청구인은 북아일랜드에 정

착하였다. 빅토리아가 로마 가톨릭 세례를 받을 시점이라는 것을 알게 된 후, 제2청구인은 개종에 강력히 반발하고 그 계획을 보류시키는 데 성공하였다.

1998.7.13. 소년부 판사는 심리를 위해 제2청구인을 출석케 하였다. 이때 그녀는 5년간의 별거 후 처음으로 딸을 보았으나, 이때 어떤 조치도 취해지지 않았다.

1999. 6월, 담당 판사는 제2청구인에게 2000.3.31.까지 면접교섭권을 부여하였다. 나아가 2000. 7월 빅토리아가 할머니 집에 있는 것으로 확정되었고 그 모의 심리 평가 후 빅토리아의 모는 면접교섭권과 주거지 접근권을 허락받았다. 일자는 특정할 수 없으나, 2000.7.12.~15일 사이에 주거지 접근권이 분명히 허용되었던 시점에 제2청구인은 빅토리아와 함께 프랑스를 떠나서 북아일랜드로 향했다. 미성년자를 귀가시키지 않은 그녀에 대해서 체포영장이 발부되었다. 프랑스 당국은 헤이그 협약을 기초로 빅토리아의 귀환을 요청함과 동시에 영국 당국에 범죄인인도 요청을 하였다.

2000.8.16. 북아일랜드 고등법원은 빅토리아의 보호권을 그 모에게 주었다. 빅토리아의 부는 어머니의 동의 및 사회복지부서의 승인이 있을 때 빅토리아와 접촉할 권한이 부여되었다. 2001. 3월 아버지에게도 빅토리아의 보호권이 인정되었다.

2002.12.10. 이 사건 담당 수사 판사는 대응할 문제가 없다고 하면서 제2청구인을 상대로 제기된 형사절차를 종결한다고 하였다. 2005. 12월 쉬미트 씨에게는 1989년과 1990년에 미성년자 J.A.와 S.A.를 폭행한 혐의에 대해 징역 18개월의 집행유예가 선고되었다.

2. 청구 요지

청구인들은 자신들의 딸이 자신들에게서 벗어나서 가족생활에 대한 침해가 있었다고 주장한다. 또한 그들은 문제의 절차들이 불공정했다고 한다. 그들은 협약 제8조, 제6조 및 제13조를 원용한다.

이 건은 2002.9.2. 인권법원에 접수되었다.

3. 법원의 판단

가. 제8조

법원은 소년부 판사가 내린 교육적 지원 처분 및 빅토리아의 양육권을 사회복지부서, 그 다음에는 조부에게 넘긴 것이 가족생활을 존중받을 청구인들의 권리행사에 대한 침해에 해당하는지를 보았다. 법원은 그 침해는 민법 제 375조 등에 규정된 것이며 빅토리아의 건강과 권리 및 자유를 보호하기 위한 합법적인 목적을 갖고 있음을 주목하였다. 그 다음 법원은 그 침해가 "민주사회에서 필요한" 것인지를 결정해야 한다.

법원은 먼저, 빅토리아를 보호조치 상태에 놓이게 한 최초 결정의 정당성을 입증하기 위해 제시한 이유를 살피기로 한다. 소년부 판사는 청구인이 미성년자에 대한 형사사건으로 기소된 사실을 그 결정의 기초로 삼았음을 본다. 즉 보건사회청(DDASS)과 사회복지부서가 작성한 보고서 및 제3자 진술에서 그 부모가 Eglise chrétienne biblique 신도로서 해당 아동은 거의 외부세계와 단절되어 있었고, 빈번한 단식을 지켜야 했고 손바닥이나 벨트에 의한 체벌도 받아야 했다. 또한 이러한 양육방식은 빅토리아의 심리적 균형과 발전이 심각할 정도로 위태로운 것이었다. 법원은 아동의 최선의 이익을 고려하여 —이러한 종류의 사건에 있어서는 다른 어떤 고려보다도 아동의 이익을 최상으로 함— 아동을 보호 상태에 놓은 것에 대해 충분한 이유가 된다고 보았다.

둘째, 법원은 동 보호조치를 연장하기 위해 제출한 근거를 심사하였다. 법원은 아동의 이익을 보호하기 위해 각 연장 명령 전의 상황에 대한 주기적 심사, 각 경우에 행해진 방법의 진지성과 완전성을 주목하였다.

법원은 또한 소년부 판사가 빅토리아와 그녀 가족 간의 유대를 유지하는 데에도 관심을 쏟았는지를 심사하였다. 법원은 관련 당국들이 그러한 목적을 추구하기 위해 진지하게 노력하였으며 또한 조정 및 지원 프로그램의 실패가 그러한 처분에 대해 청구인이 반대하면서 발생한 점을 주목하였다.

끝으로 법원은 제2청구인은 딸에 대한 결정 과정에서 배제되지 않았으며 특히 빅토리아가 세례 받는 것을 중단시킬 수 있었다는 점도 주목한다.

결론적으로 법원은 빅토리아를 보호조치 상태로 놓고 이를 위해 준비한 처분 등이 협약 제8조 제2항의 목적상 중요할 뿐만 아니라 충분하였으며, 프랑스 당국은 이로부터 합리적으로 요구되는 조치들을 취한 점에 대해 공감한다. 따라서 빅토리아를 보호조치 한 행위 및 부모에 대해 그 면접교섭을 제한시킨 것은 협약 제8조 위반이 아니라고 결론을 내린다.

나. 제6조 제1항 및 제13조

보고 판사의 보고서를 전달하지 아니한 것에 대해서

이와 관련한 일관된 판례법을 재 반복하면서, 법원은 보고 판사의 보고서를 파기원에 전달하지 아니한 이유로 제6조 제1항의 위반이 있다고 결론을 내린다.

파기원 상고의 효율성에 대하여

법원은 또한 빅토리아를 2002.3.6. 그녀의 조부에게 위탁한 것에 대해서 판결을 내린 것, 달리 말하면 사건이 제기되고 3년 이후에 파기원의 심리에 부쳐진 것을 주목하였다. 법원은 보호명령이 만료되고 소년부판사가 빅토리아에 대해 새로운 명령을 내렸기 때문에 동 상고에 대해 판단하는 것을 불필요하다고 본다.

법원은 시간의 경과로 부모와 함께 살지 않는 아동과 부모간의 관계에 회복할 수 없는 결과를 가져올 수도 있기 때문에 부모 책임에 관련된 절차는 급속을 요한다는 점을 천명한다. 따라서 법원은 제6조 제1항 및 제13의 위반이 있었다고 결론을 내린다. 특히 이 사건의 경우 파기원에의 상고는 효과적인 것으로 볼 수는 없었다.

[53] 정보접근권 Segerstedt-Wiberg and Others v. Sweden

Application no. 62332/00, 2006. 6. 6. 선고

제8조 (사생활 및 가족생활을 존중받을 권리) 위반

제10조 (표현의 자유) 위반

제11조 (집회 및 결사의 자유) 위반

제13조 (효과적 구제를 받을 권리) 위반

제41조 (정당한 보상)에 의하여 법원은 비재산적 손해로 세르게스테트 비베르크 씨에게 3,000 유로, 나이그렌 씨와 쉬미트 씨에게 각 7,000 유로, 에네봄 씨와 프레즈드 씨에게 각 5,000 유로의 지급을 명함. 모든 청구인에게 비용과 경비로 총 20,000 유로를 명함.

국가의 보안 부서에서 국가의 안전 및 범죄예방을 위해 축적하고 보관하는 정보와 관련하여 여러 청구인들은 각자 자신에 대해 기록하고 축적되어 있는 국가의 정보에 대한 전면적 열람을 요청했으나 기각되거나 일부만이 허용되었다.

법원은 국가의 그러한 기능은 민주사회에서 합법적인 것이고 또한 시민에 대한 비밀스런 감시권한은 민주제도의 보호를 위해 엄격히 필요한 범위 내에서 용인되고, 그러한 침해행위는 관련 사유와 충분한 사유로 증빙되어야 한다고 판단하였다.

1. 주요 사실

청구인들은 모두 스웨덴 국민으로 스웨덴에 거주하고 1명은 덴마크에 거주한다.

청구인들 모두 스웨덴 보안경찰이 자신들에 대해 보유하고 있는 기록 전체의 열람을 요청하였으나 성공하지 못했다. 그들의 요청은 이를 받아들일 경우 범죄예방 또는 국가안전을 위태롭게 할 수도 있다는 근거에서 거부당했다. 경찰당국과 국내법원은 1980년 보안법 제5장 제1조 제2항에 근거하였다. 즉 기획하고 있는 결정 또는 조치의 목적을 위태롭게 하지 아니하거나 또는 장래의 활동에 해악을 주지 않고 그 정보가 전파될 수 있음이 명백하지 않았다.

세르게스테트 비베르크 씨는 유명한 출판사 사장이며 반 나치 활동가인 토르그니 세르게스테트 씨의 딸이다. 1958~1970년까지 그녀는 의회 의원이었다. 그녀는 스웨덴에서 저명한 공적 인물이다.

1998.4.22. 그녀는 자신에 대해 치명적인 정보가 회람되고 있으며 또한 소련에 관하여 "신뢰할 수 없는" 사람이라는 루머 등도 있다고 하면서 자신에 대한 보안경찰의 기록 열람을 요청하였으나, 그 요청은 거부되었다.

보안법의 개정에 비추어 그녀는 자신의 이름이 보안경찰 기록에 등재되어 있는지 여부 및 1990년 자신에게 발송되었던 편지 폭탄에 관하여 어떤 기록을 열람할 권한이 있는지 여부를 조회요구 하였다.

1999.10.8. 그녀는 자신의 기록 전체 열람을 위해 소송을 제기하였다. 그녀의 청구는 보안법 제5장 제1조 제2항에 의해 거부되었다.

2002.12.13. 스웨덴 안보국은 세르게스테트 비베르크 씨에 대해 1976년까지 보관된 모든 기록을 내주기로 결정하였다.

스웨덴 정부는 또한 그녀에 대한 위협으로 간주될 수 있는 새로운 사건 때문에 정보국에 2001년 그녀가 등재되어 있다고 유럽인권법원에 통지하였다.

니그렌 씨는 스웨덴에서 가장 규모가 큰 일간신문인 괴테보르그스 포스텐의 기자이다. 그는 공적 관심을 끌었던 나치즘 및 보안경찰에 관하여 다수의 기사를 게재하였다.

1998.4.27. 보안경찰은 1969~1998년의 기간 중 공산주의자들 및 나치 행동가들에 대한 분기별 보고서에 대한 니그렌 씨의 열람 청구를 기각하였다. 1999.6.7. 그는 자신의 이름이 담긴 보안경찰 파일 및 기타 문서의 열람을 청구하였다. 그는 1967년 바르샤바에서의 정치 집회 참여에 관한 2쪽의 정보에 대한 접근이 허용되었으나 제5장 제1조 제2항에 의하여 그 청구는 다른 사유로 거부되었다.

에네봄 씨는 1978년부터 KPML(마르크스 레닌주의 당, 1970년 설립) 당의 당원이었다. 그는 엔지니어였고 1976년부터는 에릭슨 그룹에서 일하였다.

1999.4.10. 그는 자신에 대하여 있을지도 모를 일체의 파일에 대해 보안경찰에 열람을 청구하였다. 그는 FMV(스웨덴 군 조달청으로 에릭슨 그룹과 함께 일함)에 의해서 이용된 자신에 관한 2건의 보안 체크 형식을 포함한 30쪽 분량의 정보에 대한 접근이 허용되었다. 이 정보에는 에네봄 씨는 KPML 당의 당원이며 주요 당직자들과의 접촉이 있다고 되어있었다. 에네봄 씨는 동 정보는 FMV가 자신의 일자리를 뺏으려는 의도가 있었던 것이라고 하

였다.

그의 청구는 제5장 제1조 제2항에 의하여 다른 사유로 거부되었다.

프레즈드 씨는 1972년부터 KPML 당의 당원으로 1974년부터는 약 900명의 회원으로 구성된 스포츠클럽인 Proletären FF의 회장으로 있었다. 그는 스웨덴내의 스포츠 계에서 잘 알려진 인물이었으며 스포츠를 통해 사회의 통합을 촉진하고 국제연대를 배양하기 위해 아동과 청년들과 활발히 활동하였다.

1999.1.23. 그는 보안경찰 기록에 담겨있는 자신에 관한 정보접근을 청구하였다. 그는 자신이 KPML 당의 적극적 당원이며 지방선거에서 당의 후보로 나왔다는 기록의 일부에 대한 열람허가를 받았다.

2000.3.1. 그는 자신에 대해 기록한 전체 파일에 대한 열람을 요구했다. 그의 청구는 제5장 제1조 제2항에 의하여 거부되었다.

쉬미트 씨는 1999~2004년까지 GUE/NGL 그룹에 소속되어 스웨덴 좌파 정당 의석용의 유럽의회 의원이었다.

1997.12.9. 그는 보안경찰이 자신에 대해 보유하고 있는 모든 정보에 대한 접근을 청구하였다. 그는 일부 선별된 파일에 대한 접근권이 허용되었으나 그 청구는 제5장 제1조 제2항의 하여 다른 사유로 거부되었다. 쉬미트 씨가 열람한 목록은 사회민주주의 학생연맹의 구성원으로서의 공적 시위 및 활동을 포함하여 핵무기해체 및 일반적 평화를 위한 캠페인 활동 등과 같이 거의 정치적 사안들에 관한 것이었다. 1969.5.12. 일자로 되어있는 한 목록에는 극좌파적 성향이 있으며 게릴라 전술의 사용을 제시했으며 필요한 경우 시위 중 폭력을 사용했다고 언급되어 있다.

2. 청구 요지

청구인들은 스웨덴 보안경찰 파일에 자신들에 대한 일정한 정보의 축적 및 보관된 정보의 범위를 드러내지 않는 것에 대해 제소하였다. 그들은 협약 제8조(사생활을 존중받을 권리), 제10조(표현의 자유) 및 제13조(효과적 구제에 대한 권리)에 근거하였다.

청구인 사건은 2000.10.7. 유럽인권법원에 접수되었고, 2005.9.20. 부분적으로 허용 선언되었다.

3. 법원의 판단

가. 제8조

정보의 축적

법원은 문제된 정보의 축적이 1998년 경찰 데이터 법에 그 법률적 기초를 갖는다는 점을 납득한다. 동법 제33조는 보안 경찰이 국가 안전에 위협을 주거나 또는 테러범죄의 의심이 있는 사람 또는 "기타 특별한 이유가 있는 경우에" 보안 체크를 할 수 있도록 하여 개인 정보를 기록할 수 있도록 하고 있었다. 보안 경찰은 어떠한 것이 "특별한 이유"를 구성하는지 이를 결정함에 있어서 약간의 재량이 있었다. 예컨대, 스웨덴 헌법상으로는 동의를 받지 않고서는 오직 개인의 정치적 의견에만 기초를 두어 공적 기록에 시민에 관한 어떤 사항의 기재도 불가하다. 또한 무엇보다도 정치적 의견에 기초하여 기록하는 것에 대해서는 경찰데이터법 제5조에 이를 일반적 금지사항으로 정하고 있다. 이러한 배경을 기초로 법원은 권한 당국에 부여된 재량의 범위 및 그 행사 방식이 문제된 조치의 합법적 목적을 고려하고, 자의적인 침해로부터 개인에게 충분한 보호를 부여하는 점을 고려하여 상당히 명료하게 나타나고 있다는 점을 인정한다. 따라서 청구인 개개인들의 생활에 대한 침해는 협약 제8조의 의미상 "법에 따른" 것이었다.

또한 법원은 문제된 정보의 축적이 합법적 목적, 즉 세르게스테트 비베르크 씨의 경우 무질서나 범죄의 예방을 위해 나머지 청구인의 경우는 국가 안전의 보호를 위한 것이었음을 수용한다.

법원은 정보부서의 기능이 민주사회에서 합법적으로 존속한다고 인정하지만, 시민에 대한 비밀스런 감시 권한은 민주적 제도의 보호를 위해 엄격하게 필요한 범위 내에서만 협약상 용인되고 있다는 점을 강조한다. 그러한 침해는 관련 사유와 충분한 사유에 의해 증빙되어야 하며 추구하는 합법적 목적의 달성과 비례해야 한다. 청구인들의 사건에서 국가안전을 보호하고 테러와 싸우는 스웨덴의 이익은 사생활을 존중받을 개별 청구인들의 권리에 대한 침해의 중요성과 균형을 이루어야 한다.

세르게스테트 비베르크 씨에 관해, 법원은 그녀에게 1990년 발생한 폭탄 위협에 관련된 정보 기록을 유지하는 이유는 무질서나 범죄예방을 위해서는 타당하고 충분한 것이라는 데에 의심할 다른 이유가 없다고 보았다. 그 조치는 적어도 그녀를 보호할 의도가 있었던 것이다. 그러므로 그녀의 사생활을 존중받을 권리에 대한 부적절한 침해의 문제가 없다.

그러나 니르겐 씨에게 제공된 정보(1967년 바르샤바에서의 정치 집회 참여)에 관해서, 법원은 그 정보의 성격 및 연한으로 볼 때 국가 안전의 보호를 위해 타당하고 충분한 사유를 증빙할 만큼 이를 지속적으로 보관할 이유가 없다고 보았다.

마찬가지로, 쉬미트 씨에게 제공된 정보(그가 1969년에 시위 중 경찰 규제에 폭력적 저항을 옹호함)를 계속 보관하는 것은 스웨덴의 어떤 실제적인 중대한 국가안전의 이익에 상응하는 것으로 볼 수 없다. 그 정보의 지속적 축적은 비록 관련이 있다고 하더라도 30년 이후에는 충분한 것으로 볼 수 없다.

그러므로 법원은 나이그렌 씨와 쉬미트 씨에게 공개된 정보를 지속적으로 보유하는 것은 사생활을 존중받을 권리에 대한 균형을 잃은 침해가 된다고 본다.

에네봄 씨와 프레즈드 씨에게 공개된 정보는 기존의 사회질서의 변화를 초래하기 위해 폭력의 사용과 법의 침해를 옹호하는 정당인 KPML 당의 당원자격과 관련된 점에서 보다 복잡한 문제를 야기한다. 법원은 KPML 당의 정강이 기존의 법과 제도를 무시함으로써 다른 계층에 대한 하나의 사회계층의 지배체제 확립을 강력히 옹호하는 것으로 본다. 그러나 그 당의 정강은 그러한 정치적 목적을 달성하기 위한 수단으로서 폭력을 사용하라는 직접적인 또는 솔직한 요청에 해당하는 어떤 문언도 담고 있지 않았다. 예컨대 정강 제23조는 이 문제에 대해 가장 명료한 문언이 있는데 어떤 상황에서도 제1차적인 수단으로 또는 필연적인 수단으로서 폭력을 예정하지 않고 있었다. 그럼에도 불구하고 동 정강은 무력 반대의 원칙을 확인하고 있다.

법원은 정당의 정강이 그 목적과 의도를 결정하는 유일한 기준으로 작용할 수 없다는 입장을 반복하였다. 정강의 내용은 당 간부의 활동과 그들이 옹호하는 입장과 견주어 보아야 한다는 것이다.

그렇지만 KPML 당의 정강은 정부가 원용할 수 있는 유일한 증거였다. 이것 외에는 문제된 정강의 조항이 당 간부나 당원의 행동과 발언에서 반영되고 있다거나 또는 당이 창설된 지 거의 30년이 흐른 1999년에 동정보가 공개될 때 그러한 행동과 발언들이 국가의 안전에 대한 실제적인 또는 잠재적인 위협을 구성한다고 어떤 특수한 상황이 지적되지 않았다. 에네봄 씨와 프레즈드 씨에 관하여 정보를 지속적으로 축적한 이유는 비록 타당하다고 하더라도 충분히 소명된 것으로 볼 수 없기 때문에 사생활을 존중받을 권리에 대한 균형을 잃은 침해에 해당한다.

법원은 공개된 정보를 계속해서 축적하는 것은 세르게스테트 비베르크 씨에 대해서는 필요하다고 보지만 그 외의 청구인들에게는 필요하지 않다고 본다. 따라서 법원은 세르게스테트 비베르크 씨에 관해서는 제8조 위반이 없으나 나머지 4명의 청구인에 관해서는 제8조 위반이 있었다고 판시한다.

보안경찰이 축적한 정보에 대한 전면적 접근권을 거부한 행위에 대하여

법원은 국가 보안 경찰 기록에 대한 전면적 접근을 거부한 것에 대해 국가가 그러한 정보를 제공하는 것이 국가의 안전을 보호하고 테러에 대응하기 위하여 계획된 비밀 감독 체계의 효율성을 위태롭게 할 우려가 있는 경우에 필요하다고 보는 것이 그 입장임을 재천명한다. 청구인들의 사건의 경우 관련된 행정 및 사법 당국의 완전한 접근은 동 체계의 목적을 위태롭게 할 수 있다고 보았다. 법원은 이와는 다른 결론에 도달할 수 있는 다른 어떤 사유도 찾지 못했다.

법원은 국가 안전의 이익 및 대테러 대응의 이익이 보안경찰 기록에 그들에 대해서 유지하고 있는 정보의 모든 것을 제공받을 청구인들의 이익에 비해 우위에 있다고 스웨덴이 그렇게 판단할 수 있는 자격이 있다고 결론짓는다. 그러므로 법원은 제8조 위반이 없었다고 판시한다.

나. 제10조, 제11조

법원은 정치적 견해, 관계 및 활동에 관련된 개인 데이터의 축적은 사실상 제10조 및 제11조에 의하여 보호되는 권리에 대한 부당한 침해를 구성하는 것으로 본다. 제8조에 의한 법원의 판시를 고려해볼 때 법원은 세르게스테트 비베르크 씨를 제외한 모든 청구인들에 관해서 제10조와 제11조의 위반이 있었다고 본다.

다. 제13조

제13조에 의하여 청구인들의 효과적 구제절차에의 접근권을 고려하여, 법원은 의회 옴부즈맨과 정부 옴부즈맨이 개인적 진정을 접수할 수 있으며 또한 관련 법률의 적절히 적용되었는지 이를 확보하기 위해서 조사할 의무가 있음을 본다. 전통적으로 그들의 의견은 스웨덴 사회에서 크게 존중을 받으며 보통은 이를 따른다. 그러나 과거에 법원이 본 바로는 그들은 법적으로 구속력 있는 결정을 내릴 권한이 결여되어 있다. 더욱이 그들은 일반적인 감독권만을 행사하는 것이어서 비밀 감시, 또는 보안 경찰 기록상의 정보에 대한 기재와 축적에 대한 조사를 위한 특별한 책무를 갖고 있지 않았다. 법원은 이러한 구제수단은 제13조의 의미상 효과적인 것이 될 수 없다고 이미 인정하고 있었다.

그러는 중에 그러한 구제절차를 개선하기 위한 여러 노력이 있었다. 주목할 만한 것으로 정부 옴부즈맨에게 보수를 주고 보상 요구에 대한 기각에 대해 사법적 항소 가능성을 열어주고 또한 기록위원회(매일 매일 보안경찰의 정보 기재와 축적을 모니터하고 경찰 데이터 법률의 준수여부를 모니터하는 권한이 부여됨)를 창설한 것이 그것이다. 데이터 검증위원회도 설치되었다. 또한 그 기록으로 갖고 있는 정보를 알려줄지 여부에 관한 보안 경찰의 결정은 행정법원 및 최고행정법원의 상소의 대상이 될 수 있다.

법원은 기록위원회는 파일에 기록된 정보의 삭제 또는 수정하거나 파일의 파기를 명할 권한이 없음을 유념한다.

데이터 검증위원회는 보다 광범한 권한을 가진 것으로 보였다. 거기에서는 개인의 진정을 심사할 수 있다. 만약 데이터가 불법적으로 처리되고 있는 것을 확인하면 처리 담당자에게 저장 이외에는 달리 정보 처리를 중단시킬 수 있다. 동 위원회 자체는 불법적으로 축적된 정보의 삭제를 명할 권한은 없으나 그렇게 하도록 행정법원에 청구할 수는 있다. 그러나 법원은 데이터 검증위원회가 실제에 있어서 그 효율성을 나타내는 어떤 정보도 제공받지 못했다. 그러므로 동 구제절차가 효과적임이 입증되지 않았다.

또한 청구인들은 문제된 정보의 삭제에 관해서는 어떤 법률적 구제수단에의 직접적 접근방법이 없었다. 법원의 의견으로는 그러한 법적 효과성의 측면에서의 결핍은 협약 제13조의 효과성 요건에 일치하지 않으며 청구인들이 보상을 구할 가능성을 차단된다.

법원은 청구인들에게 이용 가능한 구제수단이 제13조의 요건을 충족할 수 없으므로 제13조 위반이 있었다고 판시한다.

[54] 가정폭력 E. S. and Others V. Slovakia

Application no. 8227/04, 2009. 9. 15. 선고

제3조 (비인간적인 또는 비열한 처우의 금지) 위반

제8조 (가정 및 사생활을 존중받을 권리) 위반

협약 제41조 (정당한 보상) 에 의해, 법원은 비재산적 손해로 8,000 유로 및 비용과 경비로 2,000 유로를 청구인에게 지급할 것을 명함.

가정폭력으로 이혼한 여성 배우자와 그 자녀가 전 남편과의 주택공동점유관계를 정리하고자 했으나, 국내법원이 각종 법령을 이유로 이를 인정하지 않으면서 청구인과 그 자녀가 전 남편의 폭력으로부터 보호받을 수 있는 효과적 구제를 받지 못하였다.

법원은 청구인과 그 가족이 국가로부터 효과적 구제를 받을 수 없음으로 인해 그 가족이 전 남편의 폭력으로 비인간적 처우를 받게 되었고, 가정 및 사생활을 존중받을 권리가 침해되었다고 판단하였다.

1. 주요 사실

청구인들은 어머니 E.S. 씨와 그녀의 세 3자녀 Er. S., Ja. S. 및 Já. S는 각 1964, 1986, 1989, 1988년 출생한 슬로베키아 국민이며 코시체에 거주한다.

2001. 3월, E.S. 씨는 남편 S 씨와 결별하고 이혼소송을 제기했다. 2002. 5월, 이혼이 허용되었다. 그녀는 곧바로 자녀 양육권을 부여받았다.

2001년 E.S. 씨는 남편이 자신과 세 자녀를 학대하고 딸 중 한 명에 대해서는 성적으로 착취했다고 하면서 남편을 고소하였다. 2년 후 남편은 학대, 폭력 및 성적 착취로 유죄가 인정되어 4년의 징역형이 선고되었다.

2001년 E.S 씨는 부부가 공동 점유자로 되어 있는 공동주택에서 나가도록 명하는 중간조치를 요청하였다. 국내법원은 관련 법제상 남편의 재산 이용권을 제한할 수 있는 권한이 없다고 판시하면서 그 청구를 기각하였다. 항소심에서도 E.S. 씨는 이혼소송이 최종 결정된 이후에 공동 점유관계를 종료시키기 위한 소송을 제기할 자격이 있으며 그 사이에는 남편이 부적절한 행동의 금지를 요구하는 명령을 구할 수 있다고 하면서 원판결을 유지하였다. 헌법재판소는 그러한 명령을 구하지 않았기 때문에 E.S. 씨의 권리에 대한 침해가 없었다고 판시했다. 그러나 헌법재판소는 1심과 항소심이 E.S. 씨의 자녀들을 학대로부터 보호하기 위한 적절한 조치를 취하지 못했다고 판시했다.

새로운 입법이 도입된 후 E.S 씨는 다시 소송을 제기하고 2003. 7월과 2004. 12월에 2개의 명령을 받아냈다. 첫째는 전남편의 주택출입을 금지하는 것이고 둘째는 그녀에게 독점적 점유권을 인정하는 것이었다.

그러는 중에 청구인들은 그 집으로부터 이사해야 했고, Er.S.와 Ja.S는 전학해야 했다.

2. 청구 요지

협약 제3조 및 제8조에 근거해서, 청구인들은 관할 당국이 자신들을 가정폭력으로부터 보호하지 못했다고 주장한다.

이 건은 2004.2.9. 유럽인권법원에 접수되었다.

3. 법원의 판단

정부는 E.S. 씨가 국내적 구제절차를 다 완료하지 못했다고 주장한다. 정부는 제3조 및 제8조에 의한 청구인 자녀들의 권리 침해가 있었음을 인정하나 그들이 국내 법원에 의해 충분한 구제를 받았다고 주장한다.

법원은 슬로베키아 정부가 내놓은 선택적 조치, 즉 E.S 씨의 전 남편의 부적절한 행동을 제한해달라는 명령은 청구인에게 적절한 보호를 제공할 수 없고 따라서 E.S. 씨가 완료해야할 효과적인 국내적 구제절차에 해당하지 않는다고 본다. E.S. 씨는 전남편을 상대로 한 이혼소송이 2002. 5월 종결될 때까지 점유관계를 분할 신청할 위치에 있지 못했다. 그 주장의 성격과 중대성을 고려할 때 E.S. 씨와 그녀의 자녀들은 즉각적인 보호를 필요로 하였다. 그 기간 중에는 따라서 E.S. 씨와 그 자녀들이 전남편의 폭력으로부터 보호받을 수 있는 어떤 효과적 구제절차도 없었던 것이다. E.S. 씨의 자녀들에 관해서 법원은 폭력의 인정이 그들이 당한 손해에 대한 적절한 구제책이 된다고는 보지 않는다.

정부는 E.S. 씨의 자녀들이 제3조와 제8조를 적용할 수 있는 한계선을 넘어선 대우를 받았음을 인정했다. 법원은 또한 슬로바키아가 제3조 및 제8조에 의한 E.S. 씨의 권리 보호에 미흡하였음을 인정한다. 그러므로 슬로바키아는 제3조와 제8조를 위반하여 학대로부터 청구인 모두를 보호할 그 의무를 이행하지 못하였다고 결론을 내린다.

[55] **이메일 모니터링** Copland v. the United Kingdom

Application no. 62617/00, 2007. 4. 3. 선고

제8조 (사생활을 존중받을 권리) 위반

영국의 한 대학 직원의 전화통화, 이메일 및 인터넷 사용이 상급자에 의해 모니터링 되었다. 모니터링 된 직원은 그러한 정보가 수집 내지 축적되는 사실을 알지 못했으므로 이는 사생활 및 통신을 존중받을 권리에 대한 침해를 구성하고, 사건 당시 이를 규제하는 국내법도 없었으므로 이는 기본권 침해에 대해 필요한 "법률"에 의한 것도 아니었다.

1. 주요 사실

청구인 코프랜드 씨는 1950년생의 영국민으로 웨일즈 지방에 거주한다.

코프랜드 씨는 1991년 카마덴셜 대학에 취업하고 1995년에 학장 비서직으로 전직하고 1995년 말 경부터 새로 임명된 부학장과 함께 긴밀하게 일할 것을 요구받았다.

1998. 7월 휴가중 청구인은 남자 직원과 함께 같은 대학 내 다른 캠퍼스를 방문하였다. 이후 청구인은 부학장이 청구인의 방문을 조회하기 위해 동 캠퍼스와 접촉한 사실을 알게 되었다.

고용중에 청구인의 전화, 이메일 및 인터넷 사용이 부학장의 지시로 모니터 되고 있었다. 이 모니터링은 청구인이 개인적 용도로 대학 시설을 과도하게 사용하는 지 여부를 확인하기 위한 것이라고 하였다.

이 모니터링이 있었던 당시에 영국 법상으로는 이를 특별히 규율하는 법률이 없었다. 1998년 인권법이 2000.10.2. 시행되었다. 한편 2000년 수사권규제법은 특히 통화감청을 규제하고 이 법에 따라 제정된 통신규제규칙에는 사업주가 피용자 동의 없이 이메일과 통화를 기록 또는 모니터 할 수 있는 조건을 규정하였다. 이 경우 반드시 감청될 수 있음을 사전에 피용자에게 알리기 위한 적절한 조치를 취할 것이 요구된다.

2. 청구 요지

청구인은 사생활 및 통신을 존중받을 권리(제8조) 및 효과적으로 구제받을 권리(제13

조)에 근거하여 대학에 고용되어 있던 기간 중 자신의 전화, 이메일 및 인터넷 사용이 부학장의 지시로 모니터 당하였다고 주장한다.

3. 법원의 판단

가. 제8조

청구인은 전화, 이메일 등의 모니터링은 제8조에 의한 사생활 및 통신을 존중받을 권리를 침해한 것이라 주장한다.

영국정부는 대학은 협약의 목적상 국가가 그 행위에 대해 책임을 져야 하는 공공체임을 인정했다. 따라서 이 사건에서 제8조에 의해 분석할 문제는 청구인의 사생활과 통신에 개입하지 아니할 국가 측의 소극적 의무에 관한 것이다.

사생활의 범위

법원의 판례법에 따르면, 사업체 구내에서의 전화 호출은 협약 제8조 제1항의 목적상 "사생활"과 "통신"에 해당한다. 논리적으로 사업장에서 발송된 이메일은 제8조에 의하여 마찬가지로 보호받아야 한다. 이는 개인의 인터넷 사용에 대한 모니터링에서 추출된 정보가 보호되는 것과 마찬가지이다.

이 사건의 청구인은 자신의 전화통화가 모니터링 될 수 있다는 것에 대해 어떤 주의도 받지 못했다. 그러므로 그녀는 자신의 업무용 전화 통화의 프라이버시에 대해 합리적인 기대를 갖고 있었다. 이러한 기대는 청구인의 이메일과 인터넷 사용에도 적용된다.

협약 제8조에 의하여 보장되는 권리에 대한 개입이 있었는지 여부

법원은 전화 통화의 일시 및 사용시간 특히 상대 전화번호와 관련된 정보는 "전화에 의한 통신의 불가결한 구성요소"(Malone v. the United Kingdom 참조)를 구성하므로 그 이용은 제8조에 의한 쟁점을 야기한다고 본다. 이러한 데이터는 전화요금 청구서 형태로 대학에서 합법적으로 취득할 수 있다는 사실 만으로는 제8조에 의하여 보장받는 권리에 대한 간섭을 인정하는데 어떤 장애도 되지 않는다. 더욱이 개인의 사생활과 관련된 개인적 데이터를 축적하는 행위는 제8조 제1항의 적용 범위 내에 들어온다. 따라서 대학이 보유하는 데이터가 징계절차나 그 밖의 절차에서 청구인을 상대로 공개되거나 이용되지 않았다는 것은 관계가 없다.

법원은 청구인의 전화, 이메일 및 인터넷 사용기록과 관련된 개인적 정보의 수집과 축적은 그녀가 알지 못했으므로 이는 제8조의 사생활 및 통신을 존중받을 권리에 대한 침해를 구성한다고 본다.

그 침해행위가 "법률에 따른 것" 인지 여부

법원은 "법률에 따른 것"이라는 용어에는 제8조의 목적과 취지를 따른다면 이는 제8조 제1항에 의하여 보호되는 권리에 대해 공적 당국에 의한 임의적인 침해에 대응하여 국내법상으로 법적 보호장치가 있어야 한다고 하는 판례법이 이미 형성되어 있음을 보게 된다.

이것은 문제된 모니터링 행위와 같은 영역에서는 공적 감독이 결여되어 있고 권한 남용의 위험이 있다는 점에서 더욱 보호장치가 필요하다.

이 말은 국내법의 준수를 요구할 뿐만 아니라 또한 법의 지배에 상응하는 수준의 법이 필요하다는 것이다. 예측가능성의 요건을 충족하기 위해서는 관계당국이 권한을 부여받는 사정과 조건에 관하여 어떤 조치에 대해서도 호소할 수 있도록 개인에게 충분히 알려줄 수 있을 정도의 용어로 아주 명료해야 한다.

대학이 보다 높은 수준의 심층 교육을 제공할 목적으로 "필요하거나 편리한 그 어떤 것"도 할 권한이 제정법상 부여되어 있다는 정부 측 의견을 확신할 수 없다. 또한 영국 정부는 당시에 고용주가 피고용자의 전화, 이메일 및 인터넷 사용을 모니터 할 수 있는 사정을 규제하는 국내법이나 대학의 관련 문서가 존재하고 있었다고 주장하지 못했다. 더욱이 통신규칙 2000이 당시에는 시행도 되지 않았다.

그러므로 당시 모니터링을 규제하는 국내법도 없었으므로 이 사건의 침해행위는 협약 제8조 제2항의 요구하는 "법률에 따른 것"이 아니었다. 법원은 합법적 목적을 추구하기 위한 일정한 상황에서 사업장에서의 근로자의 전화, 이메일 또는 인터넷 사용에 대한 모니터링이 "민주사회에서 필요한 것"으로 간주될 수 있다는 점을 배제한다. 그러나 위와 같은 결론을 고려하여 이 사건에서 이 문제를 논급할 필요는 없다.

그러므로 협약 제8조의 위반이 있었다.

나. 제8조와 관련한 제13조 위반 여부

제8조의 결정을 고려하여 법원은 제13조에 기한 청구를 심사할 필요가 있다고 보지 않는다.

다. 보상

청구인은 근무 환경으로 인한 스트레스 및 수면부족을 인정하는 진단서를 제출했고, 영국 정부는 그 스트레스 등이 이 사건 청구내용으로 인한 것이라는 점을 소명하지 않았다고 항변하였다. 또한 영국정부는 법원은 경찰에 의한 용의자의 통신 감정에 관한 여러 청구건에서 위반행위의 인정 그 자체로 충분한 보상이 된다고 판시하여 왔다. 더욱이 이 건의 경우는 주로 모니터링이었기 때문에 위에 언급한 사건 보다 그 심각성이 낮다고 주장한다.

법원은 위 영국 정부가 주장한 사건을 참조하지만 이 사건에서 비재산적 손해에 대해 형평한 기초에서 영국정부는 3,000 유로를 청구인에게 지급할 것을 명한다.

법원은 비용과 경비로 6,000 유로를 지급할 것을 명한다.

[56] **감청** Taylor-Sabori v. the United Kingdom

Application no. 47114/99, 2002.10.22 선고

제8조 (통신 및 사생활을 존중받을 권리) 위반

제13조 (효과적 구제수단) 위반

영국에서 무선호출기의 복제를 통해 청구인의 무선호출기의 메시지를 가로채고 이 가로챈 메시지가 유죄의 증거로 채택되었다.

법원은 당시 사적통신시스템을 통해 전송되는 무선호출기 메시지 감청을 규제하는 법률이 없었기 때문에 경찰의 메시지 가로채기는 법률에 따른 것이 아니어서 사생활 및 통신에 대한 침해를 구성한다고 판단하였다.

1. 주요 사실

청구인 테일러 사보리 씨는 영국국민이다. 1995. 8월부터 청구인이 체포된 1996. 1.21.까지의 기간 중 경찰의 감시대상이었다. 경찰은 청구인의 무선호출기의 "복제물"을 사용하여 그에게 가는 메시지를 가로챌 수 있었다. 청구인이 사용하고 경찰이 가로챈 페이저 시스템은 다음과 같이 작동하였다. 송신자는 영국 내에 있건 해외에 있건 공중전화 망을 경유하여 영국 내 페이저중계소로 전화를 걸 수 있다. 페이저 운영자는 메시지를 컴퓨터로 입력하고 그 메시지가 맞는지 확인하기 위해 다시 송신자에게 발신한다. 컴퓨터 메시지는 공중전화 시스템을 통해 페이저 중계기로 전송된다. 이 중계기에서 4개 지구 기지국의 하나로 무선으로 중계되고 다시 무선으로 청구인과 경찰의 복제 호출기로 동시에 송신되었다.

청구인은 마약 공급혐의로 체포, 기소되었다. 그는 대략 268,000 파운드의 가격에 해당하는 22,000개의 엑스타시정을 암스테르담에서 영국으로 수입하는 주요 조직책중의 하나였다. 그는 다른 공범자들과 함께 1997. 9월 브리스톨 국왕법원에서 재판을 받았다.

청구인에 대한 기소 내용중 일부는 경찰이 가로채었던 호출기 메시지의 기록이었다.

청구인의 변호인은 이러한 기록은 이를 증거로서 인정해서는 안 된다고 주장하였다. 즉 경찰은 호출기 메시지를 가로채기 위해서는 1985년 통신감청법 제2조에 의한 영장을 발부받지 않았다는 것이다. 그러나 공판 판사는 그 메시지가 개인 시스템을 통해 전송된 것이 아니기 때문에 1985년 법은 여기에 적용되지도 않고 또한 영장도 필요 없다고 하였다.

청구인은 무죄항변을 하였다. 그는 유죄 인정되고 10년의 징역형이 선고되었다.

청구인은 이에 대해 불복했는데 그 이유 중 하나는 호출기 메시지의 증거능력 인정 유무였다. 항소법원은 1998.9.13. 이를 기각하면서 동 메시지는 개인 호출기로 전송됨과 동시에 가로채어서 1985년 법이 적용되지 않고 또한 동 메시지는 영장 없이 가로챈 것이라도 증거능력을 갖는다고 판시하였다.

관련 국내법 등

1985년 법 제1조 제1항에 의하면, 공중 통신시스템을 이용하여 그 전송과정의 통신을 고의로 감청하는 사람은 그 감청이 법률에 따라 발부된 영장에 의해 수행되지 않는 한 범죄의 책임이 있다.

청구인의 공판시에는 사적인 시스템에서의 통신 감청을 규율하는 법률이 없었다.

2. 청구 요지

청구인은 자신의 호출기 메시지 내용에 대한 경찰의 감청 및 공판에서 이를 이용한 것은 "법률에 따르지" 않은 사생활 및 통신에 대한 부당한 간섭에 해당하며 이에 대해 영국법상 어떤 구제수단도 없었다고 하면서 사생활과 가족생활을 존중받을 권리(제8조) 및 효과적 구제를 받을 권리(제13조)에 근거해 이를 제소하였다.

3. 법원의 판단

가. 제8조

공공당국은 법률에 따라서 또한 민주사회에서 필요하거나, 국가안보의 이익을 위하거나, 공공 안전 또는 경제적 복리를 위하거나, 무질서나 범죄의 예방을 위하거나, 건강 또는 도덕의 보호를 위하거나 타인의 권리와 자유의 보호를 위한 그러한 경우를 제외하고는 이러한 권리의 행사에 개입해서는 안 된다.

청구인은 경찰의 조치는 자신의 사생활 및 통신에 대한 개입에 해당하다고 하면서 이것이 "법률에 따른 것" 이거나 "민주사회에서 필요한 것"이 아니라는 것이다.

영국 정부는 청구인의 호출기로 송신되는 메시지를 경찰이 가로챈 것은 "법률에 따른 것"이 아니라는 점에서 제8조에 부합하지 않는다는 점을 인정했지만 그들은 그 행위가 사정상 정당화되지 않는다는 것을 용인하는 것으로 해석되지는 않는다는 점을 부연하였다.

법원은 이 사건에서 경찰의 감시가 협약 제8조 제1항에 의한 청구인의 권리에 대한 침해에 해당하는 점에는 논란이 없다는 점을 언급한다. 법원은 "법률에 따른 것"이라는 구절은 국내 법률을 준수할 뿐만 아니라 또한 그 법률이 법의 지배에 따를 것을 요구하는 정도의 수준이라는 점도 상기한다. 공공당국에 의한 비밀감시라는 점에서 이 건의 경우 국내법은 협약 제8조에 의한 개인의 권리에 대한 자의적인 침해에 대비해서 보호 수단을 제공해야 한다. 더욱이 법률은 공적 당국이 그러한 비밀스런 조치에 의존할 권한이 부여되는 조건 및 사정에 대해 개인에게 적절히 고지할 수 있을 정도로 충분하게 명료하여야 한다.

이 사건이 발생할 당시에는 사적 통신시스템을 통해 전송되는 호출기 메시지의 감청을 규제하는 법률상의 제도는 존재하지 않았다. 영국 정부가 인정한 것처럼 그 침해행위는 "법률에 따른 것"은 아니었다. 그러므로 제8조를 위반했다.

나. 제13조

청구인은 또한 제8조에 의하여 인정되는 국내 수준에서 이용 가능한 구제수단이 없었다고 주장한다.

그는 1985년 경찰 및 형사증거법 제78조가 일정한 상황에서 공판판사가 증거를 배제하도록 하는 조항을 원용하면서 불법적 감시에 대해 이를 다툴 효과적 구제수단이 없었다고 주장한다.

법원은 제13조는 국내 법질서 속에서 어떤 형태로 무슨 일이 일어나던지 보호받아야 할 협약상의 권리와 자유의 실질을 집행하기 위한 국내적 수준에서의 구제절차의 이용가능성을 보증하는 것임을 재상기한다. 따라서 그 조항은 권한 있는 국내당국이 관련된 협약상의 불만의 실질을 다루는 것을 허용하고 또한 적절한 구제조치를 부여할 수 있는 국내 구제절차의 규정을 요구하는 것이다.

청구인이 협약상 불만에 대해 이용 가능한 어떤 다른 효과적 구제수단이 없었으므로 협약 제13조의 위반이 있었다.

다. 보상

이 건에서 법원이 인정한 협약 위반은 경찰의 감청이 법률에 의해 적절히 규제되지 않았다는 사실에 대한 것임으로, 위반 인정 그 자체로 청구인에게 발생한 비재산적 손실에 대해 충분한 보상이 된다.

비용과 경비로 4,800 유로의 지급을 명함.

[57] GPS 감시 Uzun v. Germany

Application no. 35623/05, 2010. 9. 2. 선고

제8조 (사생활 및 가족생활을 존중받을 권리) 비위반

제6조 제1항 (공정한 재판을 받을 권리) 비위반

폭탄 테러 용의자의 수사 과정에서 주말에는 집 주변의 비디오 감시, 전화 녹취 및 자동차

에 발신기 장착 등을 통해 동태감시를 했으나 이것이 발각되면서 자동차에 GPS 수신기를 장착하여 감시하여 얻은 자료가 유죄판결의 증거자료로 채택되었다.

GPS 수신기 장착이 사생활 침해라는 건에 대해 법원은 이것이 민주사회에서 필요한가 여부를 결정함에 있어서 그러한 침해행위가 압도적인 사회적 필요에 부응하고 합법적 목적에 비례하였다고 판단했다.

1. 주요사실

청구인 베른하르트 우준 씨는 1967년생 독일인으로 묑켄그라드바흐에 거주한다. 이 건은 범죄 수사의 일환으로 GPS를 통한 감시에 관한 것이다. 이 건은 유럽인권법원 앞에서 GPS 감시에 관한 최초의 건이다.

1995. 10월, 독일 연방검찰총장은 우준 씨에 대한 수사를 개시하고 소위 반제국주의 세포가 소행이라고 하는 폭탄 공격에 가담한 공범으로 추정하고 있었다. 이 조직은 극좌 테러 운동단체인 붉은군대파(Red Army Faction, RAF)가 1992년부터 포기한 무력 사용을 추구하고 있었다.

연방범죄수사국은 주말에 우준 씨의 동태 감시, 그가 거주하는 건물의 입출입에 대한 비디오 감시, 전화 녹취 및 공범추정자의 자동차에 발신기 장착 등을 포함한 수사의 책임 있는 부서이다. 2명의 남자가 발신기를 발견하고 이를 파괴한 후, 그들이 서로 전화로 대화하는 것을 피한다는 사실에 비추어 검찰총장은 GPS를 통한 감시를 명했다. 연방수사국은 1995. 12월, 자동차의 위치를 추적하기 위해 우준 씨의 공범자의 자동차에 GPS 수신기를 장착했다. 이러한 감시는 2명의 남자가 1996. 2월 체포되기 전까지 지속되었다.

2명의 남자에 대한 공판에서 뒤셀도르프 항소법원은 증거로서 GPS 데이터를 사용하는 것에 대한 우준 씨의 이의신청을 기각하였다. 동 법원은 이것이 형사소송법에 의한 것이고 어떤 법원 명령도 필요치 않은 것이라 하였다. 1999. 9월, 동 법원은 우준 씨를 살인미수 및 4차례의 폭발에 대해 유죄를 인정하고 13년의 징역형을 선고했다. 동 법원은 2명의 남자가 의회 의원들 및 전 의원 집 앞에 폭탄을 설치했음을 인정했다. 동 증거에는 GPS

감시에 의해서 얻은 자료가 포함되어 있었는데 이것은 다른 감시방법으로 획득한 정보에 의해서도 확인된 것이었다. 우준 씨는 특히 증거로서 GPS 감시로 취득한 정보의 사용에 대해 이의를 제기하면서 항소하였다. 2001. 1월, 연방법원은 그의 항소를 기각하였다.

연방헌법재판소는 2005. 4월, 그의 헌법소원도 기각하였다. 동 재판소는 GPS를 통한 감시에 의한 우준 씨의 프라이버시권의 침해는 범죄의 중대성 및 다른 감시 수단을 무력화한 사실에 비추어 적절하다는 점을 지적했다. 나아가 기존의 절차적 보장장치는 감시를 통해 사람의 완벽한 프로파일을 작성하는 그러한 완벽한 감시를 방지하기에 충분하다고 판시했다. 그러나 입법자는 기술적 발전을 고려하여 그러한 보장장치들이 기본적 권리를 효과적으로 보호하고 다른 당국에 의한 수사조치를 방지하기에 충분한지 이를 관찰하여야 한다.

2. 청구 요지

청구인은 GPS에 의한 감시 및 형사소송에서 그것으로 취득한 자료의 사용 모두 제8조에 의한 권리를 침해했고 그것이 그의 유죄의 본질적 기초가 되어 제6조 제1항을 침해했다고 주장한다.

이 건은 2005.9.24. 유럽인권법원에 접수되었다.

3. 법원의 판단

가. 사생활 침해 여부

관련원칙의 개요

제8조는 특히 동일성 및 개인의 발전에 대한 권리(a right to identity and personal development) 및 다른 사람과 바깥세상과의 관계를 형성하고 발전시키는 권리를 보호한다. 그러므로 타인과의 상호관계 영역, 심지어 공적인 맥락일지라도 이것은 "사생활"의 범주에 속할 수 있다.

개인의 사생활이 그 가정 또는 사유공간을 넘어서 영향을 주는 조치와 관련이 있는지에 대해서는 수많은 고려 요소가 존재한다. 사람들은 공적인 방식으로 기록되거나 또는 보고되는 활동 속에 알면서 또는 의도적으로 자신을 관여시키기 때문에 프라이버시에 대한 합리적인 기대는 결정적인 요인이 될 수 있다. 거리를 걷는 사람은 역시 현장의 어떤 다른 사람 눈에 띄게 될 것이다. 동일한 장면에 대하여 기술적 수단에 의한 모니터링은 유사한 특징을 갖는다. 그러나 사생활의 고려요인은 공적 영역으로부터 어떤 체계적인 또는 항구적인 기록으로 존재하게 되는 때에 발생할 수 있다.

법원이 고려하는 또 다른 요소들로는 특정 개인에 대한 자료의 집적이 있었는지, 개인자료의 처리나 사용이 있었는지 또는 통상적으로 예견될 수 있는 방식이나 범위를 넘어서 관련 자료의 공표가 있었는지의 문제가 있다.

따라서 은밀한 감시방법을 사용하지 않더라도 특정 개인에 대하여 비밀 서비스로 얻은 자료의 체계적 수집 및 집적은 개인의 사생활에 대한 침해를 구성한다고 법원은 보아왔다. 또한 법원은 현재 발효중인(특히 독일에는 1985.10.1. 발효) 개인 자료의 자동처리에 있어서 개인의 보호를 위한 1981.1.28.의 유럽이사회 협약의 취지를 참조하였다. 동 협약의 목적은 "각 당사국이 자국 영역 내에서 모든 개인에 대해… 그의 권리 및 기본적 자유, 특히 그와 관련된 개인 자료의 자동처리에 있어서 특히 그의 프라이버시권을 존중한다."(제1조). 여기서의 개인 자료는 "신원이 확인되거나 또는 확인될 수 있는 개인에 관련된 여하한 정보"로 정의되어 있다(제2조).

법원은 문제된 조치가 사생활을 침해할 수 있는 성질의 개인자료의 처리 또는 이용에 해당하느냐 여부를 고려하였다. 따라서 보안 카메라로 경찰서에서 청구인을 녹화한 항구적 기록 및 비디오를 통한 신원확인 절차에서 이를 개인 자료로서 이용한 것은 사생활을 존중받을 권리에 대한 침해한 것이라는 사례(Perry v. the United Kingdom 사건 참조)를 고려하였다. 이와 마찬가지로 신원을 확인하는 데 직접적으로 중요한 음성 샘플의 분석을 위해 경찰서에서 청구인의 음성을 비밀로 영구적으로 녹취하는 것은 개인자료의 처리로 간주되어 사생활 침해에 해당하는 것으로 간주되었다(P.G. and J.H. v. the United Kingdom 사건 참조).

끝으로 일반적으로 예견할 수 없는 방식이나 정도를 넘어서 공공장소에서 취득한 자료의 공표 또한 제8조 제1항의 범주에 해당하는 기록이나 자료의 문제를 발생시킬 수 있다.

이러한 원칙의 이 사건의 적용

수사당국이 수행한 GPS를 통한 감시행위가 사생활을 존중받을 청구인의 권리에 대한 침해가 되는지 여부를 결정함에 있어서 법원은 위에 언급한 원칙들을 고려하여 우선 이러한 조치가 청구인에 관한 자료의 집적(compilation) 에 해당하는지를 결정할 것이다. 독일정부는 GPS 수신기가 제3자(청구인의 공범) 소유의 차량에 장착되었으므로 이러한 원칙들과는 관계없다고 주장하고 있으나 수사당국은 청구인과 그 공범의 동태 정보를 취득하려고 했던 점은 분명하다.

더욱이 청구인이 GPS 감시의 대상이 될 수밖에 없는 사실은 논란의 여지도 없고 국내법원 어디서도 청구인이 GPS 감시 대상이었다는 사실에 대해 어떤 의문도 표시하지 않았다.

법원은 청구인에 대한 GPS 감시를 통해서 수사당국이 약 3개원 동안 체계적으로 청구인의 행방과 동태를 결정할 수 있는 자료를 체계적으로 수집하고 집적한 것을 주목한다. 나아가 수사당국은 수사를 촉진하고 또한 청구인이 들린 장소에서 추가 증거를 확보하고 청구인의 동태 패턴을 작성하기 위해 개인 자료를 기록하고 이를 이용하였다.

법원의 견해로는 개인의 행동, 의견 또는 감정에 대해 보다 많은 정보를 나타내는 눈에 의한 감시 또는 음성에 의한 감시와 GPS 감시는 그 성질상 구분이 된다. 법원의 확립된 판례법상 원칙을 고려하여 법원은 그럼에도 불구하고 GPS를 통한 청구인의 관찰이 사정에 따라서는 이로써 얻은 자료의 처리와 사용이 협약 제8조 제1항에 의하여 보호되는 사생활에 대한 침해에 해당한다고 본다.

나. 침해가 정당화되는지 여부(침해가 "법률에 따른" 것인지)

관련 원칙들

법원의 판례법상 제8조 제2항의 "법률에 따른"의 의미는 첫째 해당 조치가 국내법상 일정한 기초를 가져야 할 것을 요구한다. 이것은 또한 해당 법의 수준이 관련 당사자가 접근할 수 있을 것을 요하고 더욱이 그 결과 예측이 가능할 것을 요하며 법의 지배에 일치할 것을 요한다(특히 Kruslin v. France 사건 참조).

이러한 영역에 있어서 법적 "예측가능성"의 요구에 대하여, 법원은 '비밀 감시조치'라는 맥락에서 법률은 당국이 그와 같은 조치에 의존할 권한이 부여되는 조건과 사정에 대해 시민들에게 적절히 표시할 정도의 용어로 충분히 명료해야 한다고 거듭 판시하고 있다. 비밀감시 수단에 내재된 남용의 위험에 비추어, 이용 가능한 기술이 점차 복잡화되기에 특히 엄정한 법률에 기초해야 한다.

나아가 법원은 협약 제7조의 맥락에서 형법을 포함한 어떤 법체계에 있어서도 아무리 법률 조항을 명확하게 작성했다 하더라도 필연적으로 사법적 해석의 요소가 있음을 밝힌다. 의문점에 대한 명료화 및 변화하는 상황에 대한 적응의 필요성이 늘 존재하게 될 것이다. 협약 당사국에 있어서 사법적 입법을 통한 형법의 점진적 발달은 법적 전통에 있어 잘 정립된 필요한 부분이다. 협약은 사례 별로 사법적 해석을 통한 형사책임 규칙의 점진적 명료화를 불법이라고 할 수 없다. 즉 그러한 해석의 발전이 범죄의 본질과 양립하고 또한 합리적으로 예견할 수 있는 한에서는 그렇다. 법원은 제7조에 의해 발전된 이러한 원칙들이 이 사건에도 적용된다고 본다.

이에 덧붙여 공공당국에 의한 비밀 감시조치라는 점에서 이것에 대한 공공의 심사의 결여 및 권한 남용의 위험 때문에 법의 지배와의 양립성은 국내법이 제8조의 권리에 대한 자의적인 침해로부터 충분히 보호수단을 제공할 것을 요한다. 법원은 이 사건에서 그 남용에 대해 충분하고 효과적인 보장장치가 존재한다는 점을 인정한다. 이러한 평가는 사건의 성격, 가능한 조치의 범위와 존속기간, 이러한 조치를 명하기 위한 근거, 이를 허가하고 집행하고 이를 감독하는 권한 당국, 국내법이 제공하는 구제수단의 종류 등 모든 사정에 의존한다.

이러한 원칙의 이 사건에의 적용

청구인의 사생활을 존중받을 권리에 대한 GPS 감시로 인한 침해행위가 협약 제8조 제2항상 "법에 따른" 것인지를 심사함에 있어서 이 침해행위가 독일 법률에 근거하고 있음을 보게 된다. 독일형사소송법 제100C조 제1항b의 규정이 청구인에게 적용된 규정이다.

법률의 예측가능성 및 그 법률의 법의 지배와의 양립 여부에 관해, 법원이 발전시킨 원칙으로는, 감청명령을 내릴 수 있는 범죄의 성격, 통신 모니터를 책임지는 사람의 범주의 확정, 모니터링 기간의 제한, 취득한 데이터의 심사, 사용 및 저장을 위한 절차, 동 데이터를 타인에게 전송할 때 취할 예방책, 취득한 데이터를 삭제할 수 있거나 또는 반드시 삭제해야 하는 조건 및 기록을 파괴할 수 있거나 반드시 파괴해야 하는 조건이 법률로 규정되어야 한다(Weber and Saravia 사건 참조).

법원은 통신감청의 경우 보다 엄격한 기준을 적용하나 이 건과 같이 공공 장소에서의 GPS를 통한 감시와 같은 건에서는 통신감청시 당사자의 사생활에 대한 침해에 비해 보다 덜 침해적인 조치에 관해서는 그러한 기준을 적용할 수 없다고 본다. 그러므로 제8조상의 권리에 대한 자의적인 침해에 대한 보호에 관해서는 보다 일반적인 원칙을 적용할 것이다.

GPS를 이용한 청구인 감시에 대한 규정이 "예측가능성"의 요건을 따랐느냐를 결정함에 있어서 법원은 독일형사소송법 제100c조 제1항 제1호b의 "감시를 위하여 고안된 다른 특별한 기술적 수단"이 충분하게 명료하지 않기 때문에 GPS를 통한 감시는 그러한 수단에 해당되지 않는다는 청구인의 주장을 주목한다.

이 점에 관해 법원은 동 조항의 해석에 있어서 동 조 제1(a)항 및 제2항을 고려하여 육안 또는 음성의 방식이 아닌, "범법자의 행방 추적"을 위해 사용되는 감시 방식도 이에 해당한다고 본다. 그러나 이 감시방식에 대하여는 모니터링의 존속기간에 대해 어떤 법률상의 제한도 없다. 이 사건 이후 개정된 독일형사소송법 제163f조 제4항의 신조문에서 검사의 명령에 의한 용의자의 체계적 감시는 1개월을 초과할 수 없고 그 기간의 연장은 판사의 명령에 의해서만 가능하다. 그러나 법원은 그러한 감시수단의 존속기간은 제반사정에 비례할 수 있다고 본다. 그러므로 법원은 독일법률이 그 감시수단의 남용에 대해 충분한 보증을 제공하고 있음을 인정한다.

GPS를 통한 감시를 명하기 위하여 필요한 근거에 관하여, 법원은 독일형사소송법 제100c조 제1항 제1호(b) 및 제2항에 의하여 그러한 감시는 상당한 중대성을 갖는 범죄용의자 및 매우 제한된 상황 속에서는 동 용의자와 접촉하는 것으로 의심되는 제3자에 대해 명해질 수 있으며 또한 피고인의 행방을 추적하는 다른 방법이 성공 가능성이 희박하거나 보다 곤란해진 경우에 이용될 수 있다는 점을 주목한다. 따라서 국내법은 문제된 감시조치를 허용하는 것에 대해 매우 엄격한 기준을 설정하고 있음을 인정한다.

이러한 점들을 기초로 법원은 사생활을 존중받을 청구인의 권리에 대한 침해행위는 협약 제8조 제2항의 의미상 "법률에 따른" 것이었다고 본다.

침해의 목적 및 필요성

연방검찰총장의 명령에 의하여 GPS를 통한 청구인의 감시가 "민주사회에서 필요한" 것인지를 결정함에 있어서, 법원은 필요성 개념은 침해행위가 압도적인 사회적 필요에 부응하고 특히 추구하는 합법적 목적에 비례해야 한다는 점을 강조한다. 사건 전체에 비추어 취해진 조치가 추구하는 합법적 목적에 비례하는 것인지를 결정함에 있어서, 법원은 청구인에 대한 GPS 감시가 처음부터 명해진 것은 아니라는 점을 주목한다. 수사 당국은 청구인이 폭탄 공격에 연루되었는지를 확인하기 위해 처음에는 사생활을 존중받을 권리에 대해 덜 침해적인 방식을 이용했다. 그러나 용의자와 공범이 차량에 설치된 송신기를 발견하고 이를 파괴해 버리고 육안감시도 쉽게 회피해 버렸다. 따라서 GPS에 의한 감시보다 덜 침해적인 다른 수사방식이 효과적이지 않다는 것이 명백해진다.

법원은 이러한 상황에서 GPS를 통한 청구인 감시는 다른 2개의 국가 기관에 의해 청구인 행동에 대해 아주 광범위하게 관찰했음을 보게 된다. 특히 청구인이 다른 기관에 의한 동일한 감시조치를 당했다는 사실은 그의 사생활에 대하여 보다 심각한 침해를 야기하였다. 이러한 이유로 GPS를 통한 추가적인 감시에 의한 침해행위에는 그것이 정당화되기 위해서는 보다 강력한 이유가 필요하다. 그러나 GPS 감시는 비교적 단기간에 걸쳐 이루어졌고 육안 감시는 주말에만 있었다. 그러므로 그가 전면적이고 완전한 감시상태에 있었다고 말할 수는 없다. 더욱이 감시를 하게 된 수사는 폭탄 공격에 의한 정치인 및 공무원에 대한 수차례의 살해 기도라는 중범죄에 관련된 것이었다. 그러므로 법원은 이 사건에서 GPS를 통한 청구인 감시는 추구하는 합법적 목적에 비례하는 것이었고 협약 제8조 제2항의 "민주사회에서 필요한" 것이었다고 본다.

그러므로 협약 제8조의 위반은 없었다.

[58] 교도소의 서신검열 Messina v. Italy (No. 2)

Application no. 25498/94, 2000. 9. 28. 선고

제8조 (통신을 보호받을 권리) 위반

이탈리아의 교도소의 일반 수형자에 비해 면회나 실외운동 등 처우를 제한하는 특수교정체계를 따르게 된 청구인이 제기한 문제에 대해서, 법원은 청구인의 편지검열이 이탈리아 법원의 결정으로 허가를 받아서 하였으나, 교정행정법에 수형자의 서신검열 조치의 유효기간이나 이를 정당화 하는 사유에 대한 규정이 존재하지 않아 명료하지 않다고 하면서 서신을 존중받을 청구인의 권리에 대한 침해를 인정하였다.

한편 특수교정체계를 받도록 명하는 9차례의 결정에 대해 그때마다 이의신청을 했으나 그 결정이 기한 내에 이루어진 적이 한 차례도 없었던 점은 사법심사의 영향력이 현실적으로 무효화된 것이라는 점 등을 들어 국내 법원에 대한 이의신청이 효과적인 구제수단이 아니라고 판단하였다.

1. 주요 사실

청구인은 교도소 복역중 가족 면회 제한, 교도당국의 서신검열로 가족생활 및 통신을

존중받을 권리를 침해당했고 특수복역제도를 연장하는 결정에 대해 효과적인 구제를 받을 수 있는 권리가 박탈되었다고 주장한다.

청구인은 1992년 마약 거래 및 마피아 형태의 조직 구성원이라는 이유로 지방법원에서 7년의 징역형과 벌금형을 선고받았다. 그 후 다른 마약 범죄 연루로 추가로 10년 형의 선고를 받고 14년째 복역중이다.

1993.11.26. 칙령으로 법무장관이 청구인에게 1년간의 특수 복역을 명하였다. 특수교정체계는 교정행정법 제41조의 2에 의한 것으로 사법심사에 따를 것을 조건으로 질서나 안전을 이유로 일반교정체계에 부적합한 사람에게 일반 수용자에 비해 여러 혜택을 제한하는 제도이다. 이 장관령은 전화사용금지, 다른 수용자와의 대화나 통신 금지, 제3자와의 면회금지, 가족면회에 한하여 한 달에 가족 1인당 1시간 면회허용, 교도소 실외 운동 하루 2시간 이내 제한 등이다.

이 칙령 제2조에 의하면 교도소장의 서신검열은 법원의 사전 허가를 요한다.

1993.11.26. 코모 교도소장은 트라바니 아시즈 법원에 청구인이 추가 방문과 추가 전화를 허용해 달라는 신청서를 보냈다. 동 법원장은 1993.12.20. 이를 허가하였다.

1993.11.28.자 법무장관령에 의해 청구인을 특수복역체계 하에서 관리하도록 하였는바, 코모 교도소장은 트라바니 아시즈 법원에 청구인의 서신에 대한 검열을 허용해주도록 이를 요청하였다.

1994.11.29. 법무장관은 청구인을 1994.11.29.~1995.5.28.까지 다시 특수복역체계에 따르도록 명했다. 이에 대해 청구인은 특히 가족 면회제한에 대해 이의를 신청했다. 이에 대해 안코나 법원은 한 달에 가족 1인 면회를 4인까지 허용하였다.

법무장관은 청구인에 대한 특수복역체계를 1995.5.27.~1995.11.24., 1996.5.21.~1996.11.19., 1997.5.19.~1997.11.21. 각 6개월 씩 연장하였고, 1998.2.4.에는 외부 운동제한을 철회하고, 1998.5.21.의 결정으로 법무장관은 특수복역체계의 중단을 명하였다.

2. 청구 요지

청구인은 교도소 수용중 가족 면회 제한이 자신의 가정생활을 존중받을 권리(제8조)에 대한 침해이며, 교정 당국의 서신 검열이 통신을 존중받을 권리를 침해한 것이며 또한 특별교정수용체계를 따라야 했던 기간을 연장하는 결정에 대해 효과적인 구제를 받을 권리가 침해되었다고 주장하였다.

3. 법원의 판단

가. 가족면회제한의 협약 제8조 위반 여부

법원은 협약 제5조의 목적상 합법적인 구금은 사생활과 가족생활에 대해 본질적인 제한이 포함될 수밖에 없다고 본다. 그러나 교정당국이 수용자에게 그의 가족과 접촉할 수 있도록 이를 지원해주는 것은 가족생활을 존중받을 수용자의 권리의 필수적인 부분이다.

청구인은 가족면회 횟수 제한과 면회에 대한 감시 조치 등이 따르는데, 법원은 이러한 제한은 가족생활을 존중받을 청구인의 권리행사에 대한 침해를 구성한다고 본다. 이러한 침해행위가 "법률에 따르고", 협약 제8조 제2항에 규정된 합법적인 목적을 추구하고 또한 "민주사회에서 필요한" 것으로 보는 경우에는 협약 위반이 되지 않는다.

청구인에 대한 보안조치는 교정행정법에 따른 것으로 "법률에 따른 것"이라는 요건을 충족한다. 또한 동 법률이 협약 제8조 제2항의 합법적 목적을 추구하는데 이는 무질서 또는 범죄의 예방이나 공공의 안전을 위한 것이다.

침해의 필요성에 관해서 보건대, "민주사회에서" 필요한 것이 되기 위해서는 그 침해는 압도적 사회적 필요성 그리고 특히 추구하는 합법적 목적에 비례해야 한다.

법원은 교정행정법 제41조의 2의 규정에 의한 특수복역체계는 범죄단체와의 접촉이 유지될 위험을 최소화하기 위해 관련 수용자와 범죄환경간의 관계를 단절시키고자 하는 의도를 갖고 있음을 인정한다.

법원은 또한 이탈리아 당국의 마피아 수사의 결정적 상황에서 그러한 수용체계는 합법적 목적을 달성하기 위해 필요한 입법적 조치로 볼 수 있다.

한편 법원은 청구인에 대해 특수복역체계를 연장 적용하는 것이 협약 제8조에 의한 그의 권리를 침해하는 것이 아닌지 이에 대해 여전히 심리가 필요하다.

청구인은 1993.11.26.~1998.5.21.까지 대략 4년 6개월 정도 이 특수복역조치에 따랐다. 법원은 이 기간 중 청구인이 공무원 살해 혐의로 17년의 징역형을 선고받고 다른 형사절차에서 마피아 유사 단체 조직원으로도 공판 중이었음을 고려한다.

이러한 점을 고려하여 법원은 이 특수복역조치를 그 기간 중 청구인에게 적용할 필요성에 대해 어떤 의심도 갖지 못한다. 더욱이 법원은 청구인이 교정행정법에 따른 가족 면회 제한도 상당부분 완화 적용되었음을 주목한다.

법원은 이탈리아 당국이 가능한 범위 내에서 근친 가족 간의 면회를 유지할 수 있도록 한 점에 비추어 청구인의 권리와 특수복역체계를 통해 달성하고자 하는 목적 간에 형평한 균형을 유지시켰음을 인정한다.

이러한 고려에 근거하여 법원은 가족생활을 존중받을 청구인의 권리에 대한 제한이 공공안전의 보호와 무질서나 범죄의 예방을 위해 민주사회에서 필요한 범위를 넘지 않았다고 본다. 따라서 이 점에 관해 협약 제8조의 위반은 없었다.

나. 서신검열의 협약 제8조 위반여부

청구인은 가족과의 서신 유럽인권위원회에 보내는 서신에 대한 검열에 대해 협약 제8조 위반을 주장한다.

이탈리아 정부는 청구인이 자주 개봉 상태의 편지를 교정당국에 주면서 이를 수신자에게 보내달라고 한 것은 묵시적으로 그 비밀성을 포기한 것이라 주장한다. 또한 청구인의 모든 서신을 검열한 것은 아니라고 주장한다.

법원은 협약 제8조에 규정된 서신을 존중받을 청구인의 권리 행사에 대해 "공적 당국의 침해"가 있었다고 본다. 이러한 침해는 그것이 "법률에 따른 것"이고, 합법적 목적을 추구하고 또한 "민주사회에서 필요한" 것이 아니면 제8조에 반한다. 그 침해의 합법성 여부에 대해, 법원은 청구인의 서신검열은 법원장의 결정으로 허가를 받은 것임을 확인한다. 한편 법원은 교정행정법에 수용자의 서신검열 조치의 유효기간이나 이를 정당화하는 이유에 관한 규칙이 정해져 있지 않아 이 분야에서 공적 당국에 부여된 재량권의 범위나 방식에 대해 충분히 명료하지 않다고 이미 판시한 바도 있다.

법원은 서신을 존중받을 청구인의 권리행사에 대한 침해행위는 협약 제8조의 의미상 "법률에 따른" 것이 아니었다. 이러한 결론으로 말미암아 협약 제8조 제2항의 충족여부는 이 사건에서 논할 필요가 없다.

그러므로 협약 제8조의 위반이 있었다.

다. 협약 제13조 위반 여부

청구인은 특수 복역체계를 연장하는 결정에 대해 이를 효과적으로 다툴 수가 없다고 하면서 이는 협약 제13조 위반임을 주장한다.

이 사건에서 청구인에게 특수 복역체계를 과하는 명령이 9차례 있었고 각 명령에 대해 그는 이의를 제기하였고 그 이의 제기에 대한 결정이 기한 내에 이루어진 건은 한 번도 없었다. 그러한 이의에 대한 결정의 지연이 문제의 구제조치를 비효과적인 것으로 하는지 이를 결정하기 위해서 법원은 두 가지 요소를 고려하는데 첫째 각 명령의 유효기간이고, 둘째 형의 집행에 대한 관할 법원이 법무장관의 명령으로 과한 제한의 전부 또는 일부를 취소하는 결정에 법무장관이 기속되지 않는다는 사실이다. 이는 법원이 취소시킨 제한 조치를 법무장관이 기간 만료와 동시에 새롭게 제한을 가할 수 있다는 것이다.

또한 법원의 의견으로는 이러한 결정에 대해 불과 10일의 기한을 설정한 입법은 특별수용체계가 수용자의 권리에 미치는 심각성과 그 결정이 제한된 기한에만 효력이 있다는 이유에 근거한 것으로 보인다.

법원은 법률상의 10일 기한을 준수하지 않은 것은 법무장관의 명령에 대한 사법심사의 영향력을 감소시키거나 현실적으로 무효화 시킨 것이라는 결론을 내리지 않을 수 없다. 예컨대 이 사건에서 형의 집행에 대해 관할권을 갖는 법원이 가족 면회에 대한 제한을 취소하였으나 그러한 결론에 이름에 있어서 지연 때문에 청구인은 필요한 이상으로 제한을 받았다.

법원은 협약 제8조에 의해 보장되는 가족생활을 존중받을 권리에 대한 침해라는 주장에 대해서 형의 집행에 대해 관할권을 갖는 법원에 대한 이의신청이 효과적인 구제수단이 되지 않는다고 본다. 따라서 협약 제13조의 위반이 있었다.

[59] 출생기록에의 접근권 Odièvre v. France

Application no. 42326/98, 2003. 2. 13. 선고

제8조 (사생활 및 가족생활을 존중받을 권리) 비위반

제8조와 관련한 제14조(차별금지) 비위반

출생하면서 바로 입양된 청구인은 성인이 되어 자신의 출생관련 비밀정보의 공개를 요구했으나 생모는 입양시 관련 법률에 따라 비밀로 할 것을 요청하여 공개 요구는 거부되었다. 이에 자신의 신원을 알 수 없는 것은 사적 생활을 존중받을 권리가 침해된 것이라고 주장하였다.

법원은 동 법률이 낙태를 피하여 생명을 존중하기 위한 것이 그 목적임을 인정하고 알 권리와 생부모의 선택권이 균형을 이루었다고 판단하였다.

1. 주요 사실

청구인 오디에브르 씨는 1965년생 프랑스 국민으로 파리에 거주한다. 그녀는 실업상태에 있다.

그녀의 청구는 출생에 관한 비밀성을 규율하는 규칙에 관한 것으로 동 규칙은 그녀의 생부모에 관한 정보 취득을 금지하였다.

그녀는 1965.3.23. 파리에서 출생했다. 그녀의 어머니는 보건사회부에서 아동에 대한 자신의 권리를 포기하는 서류를 작성하고 출생을 비밀로 유지시킬 것을 요구하였다. 청구

인은 아동복지 및 청소년 보호청의 보호에 위탁되었고 국가보호로 등록되었다. 이후 그녀는 오디에브르 부부에게 입양되고 그들의 성을 그녀가 계속하여 사용하고 있다.

청구인은 1990년 아동복지청에서 자신의 기록을 문의하고 친부모에 관해서는 신원을 확인할 수 없는 정보를 얻을 수 있었다. 1998.1.27. 그녀는 파리 지방법원에 "자신의 출생에 관한 비밀 정보의 공개 및 서류, 공적 기록 또는 출생 전과정에 대한 증명 사본의 발부" 명령을 구하기 위해 제소하였다. 그녀는 자신의 친부모가 1963년에 한 명의 아들을 낳았고 1965년 이후에 2명의 아들을 낳았다는 것을 알고 있다고 법원에 설명하였다. 그러나 아동복지청은 비밀을 침해할 수 있다는 이유에서 남동생들의 상세한 신원 제공을 거부하였다. 그녀는 두 남동생의 존재를 확인하였으므로 자신의 출생에 관한 정보공개청구는 충분히 근거가 있다고 주장하였다.

1998.2.2. 동 법원서기는 청구인의 변호인에게 다음과 같이 설명하면서 사건 파일을 반환하였다. "…청구인은 가능하다면 정보공개를 하라는 명령을 얻기 위해서는 행정법원에 신청해야 할 것으로 보인다. 그렇지만 그러한 명령은 어떤 경우에도 1993.1.8. 법률에 반할 것이다."(이 법률은 친모의 상세한 신원의 공개 청구는 만약 출생시에 비밀 유지가 합의된 것이라면 허용되지 않는다고 규정한다.)

2. 청구 요지

청구인은 자신이 유럽인권협약 제8조(사생활 및 가족생활을 존중받을 권리)에 반하여 자신의 친가족의 상세한 신원을 알 수 없었다고 주장한다. 그녀는 신원을 알 수 없음으로 인하여 자신의 삶의 역사를 재구성할 기회가 박탈되어 심각한 침해가 되고 있다고 말한다. 나아가 그녀는 출생에 대한 프랑스의 비밀 규칙이 협약 제14조에 반하는 것으로, 출생을 근거로 한 차별에 해당한다고 주장한다.

이 건은 1998.3.12. 유럽인권위원회에 접수되었고 1998.11.1. 법원으로 이송되었다. 이 건은 2002.6.24. 다시 대재판부로 회부되었다.

3. 법원의 판단

가. 협약 제8조

제8조의 적용가능성

법원은 이 사건을 가족생활의 관점이 아닌 사생활의 관점에서 심리할 필요가 있다고 보았다.

법원은 청구인이 할 수 있는 청구취지는 생물학적 진실의 이름하에 자신의 개인적 역사를 알고자 하는 것으로 자신의 출생 및 이와 관련된 증빙 자료에 관한 정보에 접근할 수 없기 때문에 가족생활에 대한 것이 아닌 사생활의 관점에서 이 사건을 취급해야 한다고 보았다.

법원은 제8조는 무엇보다도 사적인 발전에 대한 권리를 보호하는 것임을 재차 강조하였다. 사적인 발전에 관련된 사항에는 인간으로서의 개인의 동일성에 대한 상세한 내용 및 부모의 신원 등과 같은 개인적 동일성의 중대한 측면에 관한 진실을 발견하는 데 필요한 정보를 취득함에 있어서 협약에 의하여 보호되는 사활적 이익이 포함된다. 출생 및 특히 출생 환경은 협약 제8조에 의하여 보장되는 아동 및 성장 후 성인의 사적 생활의 일부를 구성한다. 동 규정은 그러므로 이 사건에 적용된다.

제8조의 준수

청구인은 프랑스가 그 법체계상 자신의 사적 생활을 존중받을 권리를 확보하지 못한다고 주장한다. 이 법체계는 생모가 비밀을 요청한 경우에 모성을 확인하기 위한 소송을 전적으로 배제함으로써 자신의 신원에 대한 정보 접근이 차단되었다.

법원은 이 사건에는 2개의 경합하는 이익이 존재한다고 보았다. 즉 한편으로는 자신의 출생에 관한 것을 알 권리 및 아동의 사적 발전에 있어서 사활적 이익, 다른 한편으로는 적절한 의료 환경 속에서 출생함으로써 자신의 건강을 보호하기 위해 익명으로 남아 있을 산모의 이익이 그것이다. 이러한 이익들은 당사자 모두 자유 의지가 있기 때문에 쉽게 조정되지 않는다.

더욱이 익명 출산의 문제는 제3당사자, 특히 입양 부모, 생부 및 기타 자연혈통의 다른 가족의 보호의 문제와 분리하여 다룰 수 없을 것이다. 법원은 이 점과 관련하여 청구인이 이제 38세이고, 4세 때 입양된 사실 그리고 동의 없이 공개할 경우 생모 자신을 위해서 뿐만 아니라 청구인을 양육한 입양 가정 및 생부 그리고 형제자매도 각자 사생활과 가족생활을 존중받을 권리를 갖기 때문에 근본적 위험이 수반될 수 있다는 점을 고려하였다.

일반적 이익 또한 문제가 된다. 프랑스 법률은 출생시 생모와 아동의 건강을 보호하고 또한 특히 불법 낙태를 피하기 위한 목적을 갖고 있다. 따라서 생명에 대한 존중의 권리는 프랑스 법체계가 추구하는 목적중의 하나였다.

법원은 협약 당사국들이 개인간 관계 영역에서 제8조의 준수를 확보하기 위해 조치를 선택함에 있어서 재량의 여지를 갖고 있음을 강조하여 왔다. 대부분의 당사국들은 프랑스와 같은 법률을 갖고 있지 않다. 프랑스 법률은 생모가 자신의 신원을 드러내기를 거부하는 경우 자녀와 생모와의 생모자 관계의 확립을 금지하는 것이다. 그러나 법원은 일부 국가의 경우 자녀 출산시 생부모의 신원을 공개하도록 할 의무를 부과하고 있지는 않은 점 그리고 출생을 익명에 부치는 권리에 관해 토론을 불러일으킨 많은 나라에서 아동 포기의 건들도 있음을 유념하였다. 여러 법체계 및 전통 그리고 아동이 유기되는 사실에서 발견되는 다양한 관행에 비추어 법원은 협약이 보장하는 권리가 확보될 수 있도록 하는 조치가 어떠해야 하는지 이에 대해 각국은 재량의 여지가 있다고 본다.

법원은 청구인이 그 뿌리의 일부를 추적할 수 있는 반면 제3자의 이익을 보호할 수 있도록 생모 및 혈족에 관해 신원이 확인되지 않는 정보에 접근할 수 있도록 하고 있는 점을 유념하였다. 더욱이 생모는 출생을 익명에 부칠 수 있다고 하는 원칙을 유지하면서 2002. 1.22. 프랑스 법률은 출생정보의 접근에 관한 국가심의회를 설치함으로써 생물학적 출생사실에 관한 정보를 위한 검색을 용이하게 하였다. 이 법률은 이미 시행중이고 청구인은 생모가 동의하는 경우에는 생모의 공개를 요청할 수 있었다.

따라서 프랑스 법률은 경합하는 이익 간에 균형을 찾고 있었다. 결과적으로 프랑스는 출생에 관한 정보 접근의 복잡하고 민감한 성격에 비추어 그 재량의 여지를 넘지 않았던 것이다. 즉 자신의 출생기록에 대해 알 권리와 생부모의 선택권 등의 쟁점 간에 균형을 이루었던 것이다. 결과적으로 협약 제8조의 위반은 없었다.

나. 협약 제8조와 관련한 제14조 위반 여부

법원은 그러한 제약이 생모에게서 재산을 받을 자격에 영향을 준다는 청구인의 주장을 심리한다. 법원은 협약 제14조에 의한 청구인의 주장은 자신의 출생을 알 수 없다는 것이지 상속을 청구할 수 있는 생부모 관계를 확립할 의도가 아니라는 것을 유념한다. 비록 다른 관점에서 제시될 수는 있지만 그러한 주장은 실제에 있어서 협약 제8조에 의해서 이미 심리한 주장과 동일한 것이라 본다. 요컨대 법원은 청구인이 자신의 양부모와 부모관계를 맺고 있고 또한 그들 재산 및 부동산에 대해 장래의 이익을 갖고 있다는 점에서 친생부모 관계에 있어서 어떤 차별을 당하고 있지 않다고 본다. 결과적으로 법원은 제8조와 관련하여 제14조의 위반이 없었다고 본다.

[60] **아동의 최선의 이익** Neulinger and Shuruk v. Switzerland

Application no. 41615/07, 2010. 7. 6. 선고

제8조 (사생활 및 가족생활을 존중받을 권리) 위반

자녀가 아버지의 동의 없이 어머니와 함께 스위스로 이주하자, 아버지가 이스라엘 법원에 자녀 귀환을 요청하여 동 법원은 이것이 일종의 국제아동유괴로 인정하고 스위스에서도 동 요청건을 심사하여 이를 받아 자녀의 귀환 결정을 하였다.

법원은 아동의 이익, 부모의 이익 및 공공질서의 이익이 공정한 균형을 이루어야 한다면서도 제반사정을 고려하여 아동의 이익이 최우선이라고 판단하였다.

1. 주요 사실

청구인 이사벨르 노이링거 씨와 그의 아들 노암 슈룩은 스위스 국민으로 각 1959년 및 2003년에 출생하고 스위스 로잔에 거주한다. 노이링거 씨는 1999년 이스라엘에 정착하고 그곳에서 2001년 샤이 슈룩과 결혼하였다. 그들의 아들 노암은 2003년 텔아비브에서 출생하였다. 노암이 그의 아버지에 의해 "샤바드 루바비취" 공동체 —노이링거 씨의 표현에 의하면 그곳은 열광적인 전도활동으로 잘 알려진 초정통파에, 급진적인 루바비치 운동으로 기술하고 있다— 로 데려갈 것을 우려하여, 텔아비브 가정법원에 자신의 아들이 성년이 될 때가지는 이스라엘에서 떠나지 못하도록 이를 금지해달라고 제소하였다. 그녀는 임시 보호권을 부여받았으며 후견권은 부모 공동으로 행사하도록 되었다. 아버지의 위협적인 행동 때문에 아버지의 접견교섭권은 제한되었다.

2005. 2월 부모가 이혼하고 노이링거 씨는 그 해 6월 몰래 이스라엘을 출국하여 아들과 함께 스위스로 출발했다. 노암의 아버지의 신청에 따른 텔아비브 가정법원의 2006. 5.30.의 판결에서 노암은 텔아비브에 상시 주거를 갖고 있었고 그 부모는 공동의 후견권을 갖는다는 점을 주목하였다. 동 법원은 아동이 아버지의 동의 없이 이스라엘에서 출국한 것은 1980.10.25. 국제 아동 유괴의 민사적 측면에 관한 헤이그 협약(이하 헤이그협약) 제3조에 의하면 불법이라고 판시하였다.

2006.8.29.의 판결에서는 아버지의 자녀 귀환 신청건은 로잔느 지방법원이 이를 기각하였다. 즉 아동이 이스라엘로 귀환하는 경우 아동이 심리적 또는 정신적 피해에 노출될 수 있고 감당할 수 없는 상황에 몰아넣을 수 있다는 근거가 그 이유였다. 바우드 칸톤 법원은 이 건은 헤이그 협약 제13조 제b항에 따라서 아동의 즉시 귀환 원칙에 대한 예외가 된다는 점을 확인하고 항소를 기각하였다. 2007.8.16. 스위스 연방법원은 아버지의 상고를 인정하였다. 문제의 헤이그 협약 규정의 적용이 잘못 되었으며, 노이링거 씨에게 아동을 이스라엘로 귀환시키라고 명하였다.

2009. 2월 청구인은 2005년도에 노암을 진찰했던 의사의 진단서를 유럽인권법원에 제출했고 그 이후에도 수차례 "자신이 동행하지 않은 상태에서의 아들을 준비 없이 이스라엘로 귀환시키는 것은 아들에게 심각한 트라우마 내지 심각한 심리적 혼란을 발생시킬 것

이다"라는 점을 지적하였다.

노이링거 씨의 요청에 따라 로잔느 지방법원의 2009.6.29.의 임시조치 명령으로 노암이 로잔느의 어머니의 주소지에 함께 살도록 하고 아동의 신분증명서를 갱신할 수 있도록 아들에 대한 아버지의 면접교섭권을 정지시키고 부모의 권한을 어머니에게 부여하도록 하였다.

2. 청구 요지

청구인은 유럽인권협약 제8조에 근거하여 노암의 이스라엘 귀환은 가정생활을 존중받을 권리에 대한 부당한 간섭이 된다는 점을 주장하였다.

이 건은 2007.9.26. 유럽인권법원에 접수되었다. 2009.1.8. 지정 재판부 판결에서 4대 3으로 제8조 위반이 아니라고 하였다. 2009.6.5. 이 건은 청구인의 요청으로 대재판부로 회부되었다.

3. 법원의 판단

가. 제8조

대재판부는 지정 재판부와 마찬가지로 노암의 어머니가 자녀를 이스라엘에서 "불법적으로" 출국시켰다는 점을 인정하였다. 이스라엘 법률에 의하면 후견 원칙 ―아동의 거소지정권 포함― 은 헤이그 협약상, 후견권에 유사한데 동 협약은 후견권은 부모 공동으로 행사하도록 하고 있으므로 이것이 침해되었음을 인정했다. 더욱이 어머니는 자신의 요청에 따라 국내 법원에서 자녀의 출국을 금지시킨 명령을 위반하여 아동을 퇴거시켰으며 이로 인하여 아버지의 면접교섭권의 행사를 공허하게 만들었다. 따라서 그녀는 헤이그 협약의 취지상 유괴를 한 것이므로 스위스 연방법원이 아동을 귀환시키라고 한 명령은 충분한 법적 기초를 가진 것이었다. 대재판부는 동 명령이 노암과 그의 아버지의 권리 및 자유를 보호하기 위한 합법적 목적을 가진 것이라는 지정 재판부의 의견과 같다.

경합하는 양 이익간의 공정한 균형 —아동의 이익, 부모의 이익 및 공공질서의 이익—이 이루어졌는지 이를 확인함에 있어서 아동의 최선의 이익이 제1차적 고려요인이다. 이는 아동과 가족간의 유대를 유지하는 데 있어서 뿐만 아니라 건전한 환경에서의 아동의 발전을 확보하는 것이다. 아동의 최선의 이익 개념은 헤이그 협약상 본질적인 것이며 이는 원칙적으로 아동의 귀환이 그에게 신체적 또는 심리적 해악에 노출될 심대한 위험이 없는 한은 유괴된 아동의 즉각 귀환을 요구하는 것이다. 노암이 이스라엘로 귀환하는 경우에 그가 그러한 해악에 노출될 것인지 이를 심사함에 있어서는 이는 국내 관련 당국을 대신하여 법원이 처리할 문제는 아니나 국내법원이 유럽인권협약 제8조를 존중했는지, 특히 아동의 최선의 이익을 고려했는지를 심사할 수는 있다. 법원은 이 점과 관련하여 각급 국내법원의 판단이 일치되지 않은 것을 보았다. 전문가 소견서에 의하면 노암이 이스라엘로 귀환될 경우 위험이 발생할 것이며 어떤 경우에도 각급 법원은 아동을 귀환시킬 경우 심각한 트라우마를 피하기 위해서는 어머니와 함께만 귀환할 수 있다고 하고 있다.

법원은 이 사건에서 귀환 명령이 국내당국에게 제공되는 재량 여지 내에 있는 것이라고 수용할 준비가 되어 있다. 그럼에도 불구하고 그러한 조치가 아동이 유괴된 후 일정 시점에서 집행되는 경우 이것이 헤이그 협약의 적절성을 잠식할 수 있는데 이는 헤이그 협약이 본질적으로 절차적 성격의 문서이지 인권조약이 아니라는데 있다. 더욱이 동 협약은 아동이 새로운 환경에 정착한 경우에는 귀환을 명할 수 없다고 규정한다. 노암은 스위스 국적을 갖고 있으며 2세 때 입국했다. 청구인에 의하면 아동은 스위스에 잘 정착해서 시가 운영하는 비종교적 보육원과 국가가 승인한 사립 유대교 보육원에 출석하고 있었다. 그는 이제 스위스 학교에 진학하여 불어로 말하였다.

청구인들에 의하면 그는 시가 운영하는 비종교시설인 주간 보육원에 다니고 국가가 승인한 사립 유대인 주간 보육원에 다녔다. 그는 이제 스위스의 학교에 다녔고 불어로 말하였다. 그는 불과 7세였음에도 적응능력을 가졌다. 그럼에도 스위스에서 그를 내보내는 것은 심각한 결과를 초래할 수 있을 것이다.

법원은 아버지의 면접교섭권에 대해 이스라엘 법원이 제약을 과한 사실을 주목하였다. 더욱이 청구인들은 노암의 아버지가 재혼하고 또 불과 몇 개월 후 임신한 아내와 이혼했는데, 그녀는 부양비를 지급하지 않는 노암의 아버지를 상대로 소송을 제기했다는 점을 주장하였다. 법원은 그러한 사정이라면 노암의 복지와 발전에 도움이 될 것이라는 데에 의심을 갖게 되었다. 더욱이 지정 재판부는 노이링거 씨에 대한 형사처벌의 위험에 대한 이스라엘 당국의 보증에 대해 의심할 이유를 발견하지 못하였으며 한편 대재판부는 이스라엘 중앙당국이 2007. 4월 보낸 서신에 따르면 그녀가 기소되지 않을 가능성은 아버지의 감독적 접근권에 대한 존중 등과 같은 다수의 조건에 의존하게 될 것임을 확인하였다. 그러므로 형사절차는 전적으로 이를 배제할 수 없고 한편 노이링거 씨가 구금되면 그러한 상황은 노암의 최선의 이익에 반하게 될 것이다.

어머니가 구금되는 경우, 노암의 아버지는 노암이 떠난 이후 한 번도 보지 못했고, 아버지의 과거 행적과 제한적인 경제 사정에 비추어 노암을 부양할 능력을 가졌는지에 대해서는 의심이 있었다. 노이링거 씨는 스위스 국적을 갖고 따라서 스위스에 체류할 권한이 있으므로 이스라엘로의 귀환을 거부하는 것이 전적으로 부당하다고 할 수는 없었다.

앞서서 고려했던 것과 특히 2009년의 임시조치 명령에 적시되었던 것처럼 청구인들의 최근 상황의 발전을 고려하여 법원은 노암을 이스라엘로 귀환시키는 것의 아동의 최선의 이익이 될 것이라는 확신을 갖지 못했다. 어머니에 관해서 보면 그녀가 이스라엘로 할 수 없이 귀환하는 경우 그녀의 가족생활의 존중받을 권리에 대하서 부당한 간섭을 받게 될 것이다.

나. 제6조 제1항

대재판부는 제6조 제1항에 근거한 청구는 제8조에 근거한 청구의 본질적인 한 부분을 구성한다고 만장일치로 확인하여 이를 별도로 심사할 필요가 없다고 본다.

다. 보상

정당한 보상의 방법으로서, 법원은 스위스가 청구인들에게 비용과 경비로 15,000 유로를 지급할 것을 명한다.

[61] 존엄사 Koch v. Germany

Application no. 497/09, 2012. 7. 19. 선고

제8조 (사생활을 존중받을 권리) 위반

전신마비 상태에서 인공호흡기에 의존하고 간호진의 상시적 간병이 필요했던 청구인의 처는 존엄성 없는 삶을 접고 자살하기 위해 독일연방마약청에 치사량의 진통제 처방을 요청했으나 이를 거부하는 결정이 내려지자 법원에 이의신청을 낸 상태에서 청구인과 함께 스위스로 여행하여 관련 단체의 도움을 받아 자살하게 되었다.

독일 당국은 사망한 처는 자살 전에 독일 내에서 임시조치 등을 청구하여 소송을 신속히 진행할 수 있는 위치에 있었기 때문에 청구인에게 그의 처의 소송을 추구할 독자적인 권리를 부여할 필요가 없었다고 하여, 청구인은 협약 제8조의 권리 침해의 피해자임을 주장할 수 없다고 주장하였으나, 법원은 청구인과 처와의 극도의 긴밀한 관계 및 생명을 끊으려는 처의 의지 실현에 대한 청구인의 직접적 관여를 고려하여 연방청의 거부결정이 청구인에게 직접 영향을 주었고, 한편 품위 없는 비참한 죽음을 피하는 것을 법으로써 선택하지 못하도록 하는 것은 협약상 사생활을 존중받을 권리에 대한 침해를 구성할 수도 있다는 점을 배제할 수 없다고 하면서, 협약의 사생활 개념에 대한 문제의 본질적 권리가 아직 확립되지 않은 사건에서 사법적 심사를 받을 권리를 포함한다고 보고 연방법원의 거부결정은 사생활을 존중받을 청구인의 권리를 침해했다고 판단했다.

1. 주요 사실

청구인은 1943년생으로 브라운쉬바이크에 거주한다. 1950년생인 그의 부인 B.K와 그는 1978년부터 동거하여 1980년에 결혼하였다. 2002년 이후 B.K는 문 계단에서 넘어진 후 사지마비 상태로 고통을 당하였다. 그녀는 거의 전신마비상태에 있어서 인공호흡기 및 간호진의 상시적 간병과 조력을 요했다. 이외에도 그녀에게는 경련이 있었다. 의료진단에 따르면 그녀는 적어도 15년의 기대 수명이 있었다. 그녀는 청구인의 도움을 빌어 자살함으로써 존엄성이 없는 삶을 끝내기를 원했다. 이 부부는 스위스 자살지원 단체인 Dignitas에 도움을 요청하였다.

2004. 11월 B.K는 브라운쉬바이트의 집에서 자살할 수 있도록 연방마약 및 약물청(이하 연방청)에 치사량인 15그램의 나트륨 진통제를 처방해달라고 요청하였다.

2004.12.16. 연방청은 독일 마약법 제5조 제1항 및 제6항에 근거하여 이를 처방해 줄 수 없다고 거절하였다. 연방청은 자살하려는 그녀의 희망은 개인에게 필요한 의료처치를 안전하게 확보하려는 목적을 갖는 마약법의 목적에 정면으로 반대되는 것이라고 하였다. 그러므로 그 허가는 생명 조력 또는 생명 연장이라는 목적을 위해서만 허용될 수 있는 것이지 자신의 생명을 끊으려는 데 기여할 목적을 갖는 데는 허용될 수 없는 것이다.

2005.1.14. 청구인과 그의 처는 연방청의 결정에 대해 이의신청하였다.

2005. 1월 청구인과 들것에 실린 그의 처는 브라운쉬바이크에서 스위스 취리히까지 약 700㎞ 거리를 10시간여 이동하였다. 2005.2.12. 청구인 부인 B.K. 는 Dignitas 단체의 지원을 받아 자살을 감행하였다.

2005.3.3. 연방청은 원 결정을 확정하였다. 더욱이 연방청은 자살하려는 개인의 권리에 대해 국가가 이를 승인하는 것이 협약 제8조에서 유래될 수 있느냐의 문제에 대해 의문을 표시하였다. 어떤 경우에도 제8조는 국가에게 치사량의 마약물 처방을 허가하여 자살행위를 방조할 수 있도록 의무를 부과하는 것으로 해석될 수 없는 것이다. 자살의 권리는 독일 기본법 제2조 제2항에 구현된 상위 원칙에 일치하지 않는다. 동 조에는 생명을 보호하기 위한 국가의 "포괄적" 의무를 규정한다.

끝으로 연방청은 청구인에게 법적 보호이익이 결여되었으므로 행정소송을 제기할 자격이 없다고 이를 통보하였다. 특히 청구인의 경우, 그의 법적 지위는 행정소송의 주체가 아니기 때문에 소를 통해 그의 입장을 개선할 수 없다는 것이었다.

2005.4.4. 청구인은 연방청의 결정이 불법임을 확인하는 소송을 제기하였고 또한 연방청은 자신의 처에게 허가를 해 줄 의무가 있다는 소송을 제기하였다.

2006.1.21. 콜로그네 행정법원은 청구인의 청구를 각하하였다. 동 법원은 그가 자신의 권리 침해의 희생자임을 주장할 수 없으므로 제소할 자격이 없다고 하였다. 연방청이 그의 부인에게 치사량의 약물 복용을 허용해달라는 요청의 거부는 기본법 제6조 제1항에서 보장하는 혼인 및 가족생활의 보호에 대한 그의 권리에 대한 침해가 되지 않는다. 달리 해석을 한다면 자신의 배우자의 권리침해가 자동적으로 상대방의 권리침해를 구성한다는 가정을 해 볼 수 있을 것이다. 그러한 가정은 각 배우자의 독립적인 법인격을 희석하게 될 것인데 이는 분명히 기본법 제6조 제1항의 목적은 아니다. 더욱이 다툼이 된 결정들은 협약 제8조상의 가족생활을 존중받을 권리에 대한 침해가 아니었다. 즉 그 결정들은 청구인과 청구인의 처가 함께 사는 방식에 대해 영향을 준 것이 아니었다.

더욱이 청구인은 자신의 처의 권리에 근거하여 주장할 수 없다. 즉 요청한 약물의 복용을 허가 받는 권리는 분명해 일신 전속적이고 양도할 수 없는 성격의 것이었다. 연방청의 거부행위로 인해 사망한 그의 처의 존엄성에 대한 침해가 있었다고 가정하더라도, 독일연방헌법재판소의 판례법에 의하면 그 거부행위는 자손의 입장에서 청구인 부인의 이미지에 손상을 주는 어떤 비하의 요소를 담고 있지 않기 때문에 그녀에게 영향을 줄 수 없었다.

끝으로 동 법원은 어떤 경우에도 연방청의 거부행위는 합법적이며 협약 제8조에 일치하는 것이었다고 판시했다. 특히 사생활을 존중받을 그녀의 권리에 대한 침해는 건강과 생명의 보호 및 타인의 권리의 보호를 위해 민주사회에서 필요한 것이었다. Pretty 사건에 (Pretty v. the United Kingdom, no. 2346/02) 대한 법원 판결을 언급하면서 동 법원은 국내 당국은 남용의 위험을 평가하는 데 있어 상당한 재량의 여지를 갖고 있다고 판시하였다. 그러므로 마약법의 규정이 의료적으로 필요한 경우에 한하여 예외적으로 마약을 허용한다는 사실이 부적당하다고 볼 수 없을 것이다.

2007.6.22. 노쓰라인 베스트팔리아 고등행정법원은 청구인의 항소를 기각하였다. 동 법원은 기본법 제6조 제1항 및 협약 제8조 제1항의 혼인 및 가족생활의 보호에 관한 권리

는 배우자간 혼인관계를 배우자 일방의 자살로 이를 종료시킬 권리를 부여하지 않는다고 판시했다. 더욱이 연방청의 결정들은 협약 제8조 제1항의 의미내의 사생활을 존중받을 청구인의 권리를 침해하지 않았다고 판단했다. 만약에 죽을 권리가 존재한다고 하더라도, 그것의 일신전속적 성격은 기본법 제6조 제1항이나 협약 제8조 제1항의 규정으로부터 제3자에게 타방의 자살을 조장할 권리를 부여하는 권리를 도출하는 것이 허용되지 않는다. 끝으로 청구인은 협약상 보장된 권리의 피해자임을 주장할 수 없기 때문에 협약 제13조에 근거할 수 없다.

2008.11.4. 연방헌법재판소는 청구인의 청구가 인간의 존엄성에 대한 그의 처의 사후적 권리에 의존할 수 없으므로 이를 각하하였다. 동 재판소는 인간의 존엄성의 사후적 보호는, 모든 인간에게 본질적인 것으로 일반적으로 존중받을 권리 및 사람이 자신의 생활을 통해서 얻은 도덕적 가치, 개인적 가치 및 사회적 가치에 대한 침해에만 적용될 뿐이라고 하였다. 그러나 그러한 침해가 청구인의 처에 관해서 문제가 되고 있지 않았다. 나아가, 청구인은 사망한 처의 법적 승계인으로서 헌법소원을 청구할 자격이 없었다. 특히 다른 사람의 인간의 존엄성 또는 다른 불가양의 권리를 주장하기 위해 헌법소원을 제기하는 것은 가능하지 않다. 법적 승계인은 원칙적으로 재산상 청구라든지 승계인 자신의 이익을 추구할 때에만 헌법소원을 청구할 수 있을 뿐이다.

가. 관련 국내법

기본법

기본법 제6조 제1항은 혼인 및 가족생활은 국가의 특별한 보호를 받는다고 규정한다. 기본법 제2조 제2항에 의하면 모든 사람은 생명에 대한 권리 및 신체적 완전성에 대한 권리를 갖는다. 연방헌법재판소는 사망한 사람의 초상은 배척, 명예훼손, 모멸 또는 기타 형태의 비방에 의해 후손의 입장에서 손상 받은 경우에는 인간의 존엄성에 대한 사후적 보호를 수용하였다.

마약법

마약법은 마약물을 규제한다. 이 법에 3개의 부속문서에서 해당 물질을 열거하는데 이는 제3부속문서에 있는 나트륨 펜토바르비탈을 포함한 약물질로 간주된다. 마약법 제4조 제1항 3(a)호에 의하면 개업의가 처방하는 경우에는 제3부속문서에 게재된 물질의 취득이 허용된다. 모든 다른 경우에 동법 제3조 제1항 제1호는 마약의 배양, 제조, 수입, 수출, 취득, 교역 및 판매는 마약 및 의료 연방센터의 허가를 받아야 한다. 동법 제5조 제1항 제6호에 따르면 마약 사용의 성격 및 목적이 마약 남용을 방지하고 마약중독을 예방하기 위해 필요한 의료적 처지를 확보하려는 마약법의 취지에 반하면 어떤 허가도 해줄 수 없다. 의사들은 신체에 대한 펜토바르비탈의 사용이 정당화되는 경우에 이를 처방할 수 있을 뿐이다(마약법 제13조 제1항 제1호).

환자의 임종시 의사의 책무를 규율하는 규정들

형사책임

형법 제216조는 다음과 같다.

> 피해자의 요청에 따른 살인은 (1) 피해자의 명시적이고 진지한 요청으로 사람을 살해한 경우 6개월에서 5년 이하의 징역형에 처한다. (2) 미수는 처벌한다. 자발적으로 자살하는 것은 독일 형법상 처벌에서 면제된다. 그러나 자살을 지원하는 행위는 형법 제216조의 범주에 해당하지 않고 처벌에서도 면제되지 않는다. 자신의 생명을 끊고자 하는 개인에게 치사량의 약물을 제공하는 행위에 대하여는 마약법상 형사적 책임을 물을 수 있다. 독일 연방법원의 판례법에 따르면 말기 증상의 환자에게 그 동의를 얻어 생명연장 장치를 제거하는 행위에는 형사 책임을 지우지 않는다.

의사의 직업윤리

의사의 행위규범은 보건청의 감독하에 의료협회가 작성하였다. 동 규범은 독일의사 표준규범과 상당히 유사하며 동 행위규범 제16조는 다음과 같다.

사망 지원행위

(1) 의사는 필연적으로 사망하는 경우 그 연장이 죽어가는 사람의 고통에 대해 이를 받아들일 수 없을 정도의 연장만이 되는 경우에만 생명연장 조치를 중단하고 또한 의료행위를 그 증상을 완화시키는 데만 국한한다.

(2) 의사는 죽어가는 사람의 생명을 적극적으로 박탈할 수 없다. 의사는 환자의 안녕 외에는 자신의 이익이나 제3자의 이익을 고려할 수 없다.

직업 윤리규범에 위반할 때에는 최고징계로 개업의 자격의 취소 등의 징계조치를 취할 수 있다. 자살시 의사의 지원이 있는 경우 2009. 5월, 제112차 독일의사협회의 결의에서 의사는 사망진행중의 환자를 조력해야 하나, 환자의 죽음을 도와서는 안 된며 자살에 의사가 관여하는 것은 의료 윤리에 위배된다고 하였다.

나. 유럽 이사회 문서

유럽이사회 권고 제1418호(1999)는 다음과 같다.

9. 그러므로 유럽이사회는 각료위원회가 유럽이사국이 다음과 같이 말기의 죽어가는 사람의 존엄성을 존중하고 이를 보호하도록 장려하기로 권고한다.

a. 필요한 조치를 취하는 중에 말기의 또는 죽어가는 사람의 완전한 완화적 치료를 승인하고 이를 보호함.(…)

b. 필요한 조치를 취하는 중에 말기의 또는 죽어가는 사람의 자기결정권을 보호함.(…)

iii) 말기의 또는 죽어가는 사람이 다른 사람의 영향을 받거나 압력을 받지 않도록 이를 확보하면서 그의 의지에 반하여 취급되지 않도록 이를 확보함. 더욱이 그의 의사가 경제적 압력에 의하여 좌우되지 않도록 이를 확보하는 안전조치도 예상되어야 함.

iv) 현재 무능력하게 된 말기의 또는 죽어가는 사람이 특별한 의료처치를 거부한다는 생전의 유언 또는 지시가 준수될 수 있도록 이를 확보함.

v) 의사의 궁극적 책임에 상관없이, 특정한 형태의 처치에 관하여 말기의 또는 죽어가는

사람이 표명한 의사가 인간의 존엄성을 침해하지 않는 한 이를 고려할 수 있도록 확보함.

vi) 사전의 지시 또는 생전 유언이 없는 경우에는 생명에 대한 환자의 권리가 침해되지 않도록 이를 확보함. 아무 조건 없이 보류되거나 취소할 수 있는 처치 목록이 정의되어야 함.

c. 다음과 같이 말기의 또는 죽어가는 사람의 생명을 고의로 앗아가는 것에 대한 금지를 지지함.

(i) 특히 말기의 또는 죽어가는 사람의 생명권은 "어느 누구도 고의로 생명을 박탈당해서는 안 된다"고 규정하는 유럽인권협약 제2조에 따라 회원국에 의하여 보장됨을 승인함.

(ii) 말기의 또는 죽어가는 사람의 죽고자 하는 의사는 결코 다른 사람의 손에 의해 죽음을 요구할 어떤 법적 청구권도 구성하지 못한다는 것을 승인함.

(iii) 말기의 또는 죽어가는 사람의 죽고자 하는 의사는 그 자체로는 사망을 초래하는 의도를 갖는 행위를 수행하는 것에 대해 법적 정당성을 부여할 수 없다.

다. 비교법

42개 유럽이사국에 대해 비교법적으로 고찰한 결과 36개 국가(Albania, Andorra, Austria, Azerbaijan, Bosnia and Herzegovina, Bulgaria, Croatia, Cyprus, Czech Republic, Denmark, Estonia, France, Georgia, Greece, Hungary, Ireland, Latvia, Lithuania, the Former Yugoslav Republic of Macedonia, Malta, Moldova, Monaco, Montenegro, Norway, Poland, Portugal, Romania, Russia, San Marino, Spain, Serbia, Slovakia, Slovenia, Turkey, Ukraine and the United Kingdom)는 어떤 형태의 자살 지원행위도 엄격하게 금지되며 법률에 의하여 처벌된다. 스웨덴과 에스토니아의 경우 자살 지원행위는 범죄가 아니다. 그러나 에스토니아 개업의들은 자살에 사용하기 위한 약물을 처방할 권한이 없다. 역으로 불과 4개 국(Switzerland, Belgium, the Netherlands and Luxembourg)이 개업의가 특정한 안전조치에 따를 것을 조건으로 치사량의 약물 처방을 허용한다.

2. 청구 요지

청구인은 자신의 처의 치사량 의료처방 승인을 거부한 것이 제8조의 사생활 및 가족생활의 권리 특히 존엄사에 대한 권리를 침해했다고 주장하고 또한 처의 자살을 방조하기 위해 스위스로 여행하지 않을 수 없었다는 사실로 인해 청구인 자신의 사생활 및 가족생활을 존중받을 권리를 침해당했다고 주장한다.

나아가 청구인은 독일의 각급법원이 자신의 처가 요청한 승인을 거부한 기관의 행위에 대해 이를 다투는 것을 허용하지 않음으로써 효과적인 구제를 받을 권리를 규정한 제13조를 침해했다고 주장한다.

이 청구는 2008.12.22. 접수되었다.

이 소송에서 제3당사자로서, 인간의 존엄성에 따라서 생명과 죽음을 확보하는 것을 목적으로 하여 스위스에서 설립된 디그니타스(Dignitas) 협회, 임신부터 자연사망시까지 인간 생명의 보호를 그 목적으로 하여 독일에서 설립된 생명권행동(Aktion Lebensrecht für alle, ALfA)이 참여하였다.

3. 법원의 판단

가. 협약 제8조 위반 주장

청구인은 자신의 처가 복용할 치사량의 나트륨 펜토바르비탈 처방을 연방청이 거부한 것에 대해 국내법원이 그 청구를 거부한 것은 협약 제8조에 의한 사생활 및 가족생활을 보호받을 자신의 권리를 침해한 것이라 주장한다.

국가의 안보, 공공의 안전 또는 경제적 안녕을 위해, 무질서나 범죄의 예방을 위해, 건강이나 도덕의 보호를 위해 또는 타인의 권리 및 자유의 보호를 위해 민주사회에서 필요하고 법률로 규정한 것을 제외하고는 이러한 권리의 행사에 대해 공적 당국이 이를 침해해서는 안 된다.

(1) 제8조에 의한 청구인의 권리에 대해서 침해가 있었는지 여부

독일 정부의 주장

독일 정부에 의하면, 협약 제8조에 의한 청구인의 권리에 대해 어떤 침해행위도 없었다. 정부는 청구인이 협약 제34조의 의미상 자신의 협약상 권리 침해의 피해자임을 주장할 자격이 없다고 보았다. 독일 정부는 청구인 자신은 불만을 제기할 국가 조치의 대상이 아니며 또한 "간접적 피해자"의 자격도 없다고 주장하였다.

정부는 청구인이 부인의 자살 및 주변 정황에 의하여 감정상 영향을 받은 사실을 다투지는 않았다. 법원이 특정한 사정 하에서 협약 제2조 및 제3조에서 보장하는 협약상 권리의 심각한 침해는 감정적 스트레스를 준다는 점에서 가까운 친족에게 추가적인 침해를 야기할 수 있다는 점을 인정해 온 것도 사실이다. 그러나 심각함의 정도와 방법의 측면에서 청구인이 받은 고통이 배우자가 자살을 계획할 때의 장애에 직면했을 때 필연적으로 겪는 것 이상의 고통을 겪었다는 어떤 증좌도 없었다.

피해자가 청구를 제기함에 있어 국가 측 행위에 의하여 저지된 사건과 비교하면, 청구인의 처는 자신의 협약상 권리의 침해 이후에도 법원에 제소할 위치에 있었다. 그녀가 청구를 제기하기 전에 스스로 생명을 끊으려 했다는 사실이 청구를 제기할 권한을 연장하는 결과를 가져올 수는 없었다. 특히 그녀가 중간조치를 요구하는 등으로 절차의 속도를 낼 어떤 가능성도 이용하지 않은 점을 보면 특히 그러하였다.

정부에 의하면 협약 제8조는 이 사건에 적용될 수 없다고 주장한다. 이 사건은 청구인의 처가 생명을 끊으려는 의지의 실현에 대해 국가의 침해로부터의 보호를 구한 것이 아니라 국가가 특정 약물의 취득을 도와주도록 하여 그녀가 희망하는 방법으로 생명을 끊을 수 있는 방법을 추구한 점에서 Pretty 사건과 구분된다고 보았다. 그러한 국가의 의무는 바로 협약의 가치에 반하는 것이고 특히 생명을 보호해야 하는 제2조에 의한 국가의 의무에 반한다.

정부는 Pretty 사건에서 법원이 협약 제8조가 자신의 생명을 끊는 것에 대해 각 사람이 결정할 권리를 포함하고 있고 필요한 경우에는 지원을 받을 수 있다고 말할 정도로 명시되어 있지 않았던 점을 지적하였다. 이것은 Hass 사건에도 마찬가지다. 이 사건에서 법원은 협약 제8조로부터 존엄하게 자살을 하는데 이를 지원할 국가 측의 적극적 의무를 도출하기를 거부하였다. B.K.가 협약 제8조에 의하여 자신의 생명을 위엄 있게 끊기 위해 지원을 받을 실질적 권리가 있는지는 불명한 상태로 남는다.

제8조로부터 유래하는 절차적 권리에 대해서도 어떤 침해행위가 없었다. 정부에 의하면 법원은 협약 제8조에 의한 실체적 권리의 존재에 대해 의심의 여지가 없는 경우에만 가족생활과 관련한 절차적 보호를 수용하였다고 한다. 제8조에 고유한 절차적 보장은 소송행위 등이 그 결과를 사전 결정하는 위험을 방지하기 위한 것이다. 역으로 이 사건에서 절차의 결과는 소송행위에 의하여 사전 결정된 것이 아니라 목숨을 끊으려는 B.K.의 자율적인 결정에 의한 것이었다. 보호해야 하는 실체적 권리가 아직 확립되지 않은 경우에는 제8조로부터 추가적인 절차적 보호를 도출하는 것은 무익할 것이다. 법원에 대한 접근에 있어서 일반적인 절차적 보장과 절차에 있어서의 공정성은 협약 제6조 제1항과 제13조에 의하여 충분히 커버되기 때문에 더욱 그러하다.

청구인의 주장

청구인은 국내의 결정이 협약 제8조에 의한 자신의 권리를 침해했다고 주장했다. 연방청과 독일 국내법원들이 그가 자신의 처의 요청에 대한 결정에 대해 개인적 이익을 갖고 있다는 점을 헤아리지 않았다. 이러한 개인적 이익은 그의 처가 생명을 끊고자 하는 결정이 존중되어야 한다는 의지에서 유래하였다. 더욱이 자살하고자 하는 그의 처의 실현되지 않는 의지에 의하여 야기된 비참한 상황은 그 자신의 건강상태에 직접적인 영향을 주었다.

청구인은 자신들이 원래 기도한 바처럼 자신의 처가 그들의 가정 내에서 생명을 끊으려는 것이 방해되어 대신에 그가 처의 자살을 가능토록 하기 위해 할 수 없이 스위스로 여행을 할 수 밖에 없었다는 점을 지적하였다. 법원은 일전에 협약 제34조의 의미상 긴밀한 가족 구성원들이 피해자가 될 수 있다고 본 적이 있다. 이는 침해행위가 가족 구성원이 제소를 할 정도의 관계를 갖고 있는 경우에 주된 관련자의 긴밀한 관계 때문이다. 이 사건에서 청구인과 그의 처는 끔찍한 상황에 처해 있어 청구인이 온정적인 남편으로서 간병에 전념하였다. 남편과 처의 관계는 극도로 긴밀한 것이어서 일방 배우자의 권리와 자유에 대한 어떠한 침해행위도 양 배우자가 공유하는 권리에 대한 침해였다. 따라서 결혼시에 각 배우자는 양 배우자의 권리와 자유를 공동으로 방어할 자격이 부여되고 청구인 자신은 자신의 협약상 권리의 피해자였다.

이 사건에서 독일 당국의 행동에 대해 불만을 제기하는 남편의 권리를 부인하는 것은 B.K.가 자신의 불만을 제기할 권리를 상실하지 않기 위해서 살아서 남아 있어야 한다는 것을 의미할 것이다. B.K.는 2005. 1월 행정 처분에 대한 이의를 제기한 직후 사망하였기 때문에 그녀는 임시조치를 요구하여 법원의 절차를 가속화시킬 어떤 실제상의 가능성도 없었다.

결과적으로 이 청구건에서 제기된 문제들은 환자가 수년간의 고통에 시달리지 않는 한 결코 답을 줄 수 없을 것이다. 이것은 인간의 존엄성, 자유 및 자율성을 보호하는 협약의 본질에 직접적으로 반하며 협약이 이론상의 권리를 보장하는 것이 아니라 실제적이고 효과적인 권리의 보호를 의도한다는 원칙에도 반한다.

청구인에 의하면 협약 제8조는 자신의 생명을 끊을 권리를 포함한다고 한다. 제2조의 의미상 생명권은 "자연적 사망"시까지 살아야 할 의무를 내포하는 것은 아니다. 생물학적 생명을 끊으려는 B.K.의 결정은 그녀가 자신의 생명권을 포기한다는 것을 의미하진 않았다. 그녀가 요청한 치사량의 약물은 그녀가 자신의 가정에서 고통 없이 존엄하게 죽음으로써 자신의 생명을 끊도록 할 필요가 있었다. 그 약물의 구입을 거절함으로써 그녀는 생명을 끊기 위해 스위스로 여행할 수밖에 없었었다.

제3자의 주장

– Dginitas

디그니타스는 자신의 생명을 끊는 방법을 선택할 개인의 결정은 협약 제8조에 의하여 보호되는 자기결정권의 일부라고 주장한다. 체약 당사국은 경솔하고 불충분하게 고려한 행동을 방지하기 위해 자신의 사망의 시점 내지 방법에 대해 독립적으로 결정할 개인의 권리에 대해서만 규율해야 한다. 이 분야에 종사하고 있는 단체들이 이미 적절한 예방적 장치를 갖고 있는 한 정부의 조치는 민주사회에서 필요하지 않다.

– AlfA

법원의 판례법, 특히 Sanles Sanles v. Spain ((dec.), no. 48335/99) 사건을 언급하면서, AlfA는 청구인이 근거하고 있는 권리는 이전 불가능한 성격의 것이며 제3자에 의해서도 주장될 수 없다고 주장한다. 법원의 판례법에 의하면, 피해자 지위의 이전은 해당 침해행위에 대해 직접적 피해자가 자신의 청구를 주장할 수 없는 경우에만 발생하거나(Bazorkina v. Russia, no. 69481/01) 아니면 사망한 사람을 대신하여 청구를 하는 상속인에게 그 침해행위의 부정적 효과가 직접 영향을 미치는 경우에만 가능하다는 것이다(Ressegatti v. Switzerland, no. 17671/02). 그러나 자살 조력에 의하여 죽는 것에 대해 허가를 거부한 행위에 대해 이의를 제기하고, 그 후 그러한 자살 조력이 불법이 아닌 관할권에에서 자살 조력의 결과로 죽은 이 사건에는 앞의 어느 원칙도 적용되지 않는다.

나아가 협약 또는 기타 생명권에 관한 문서에서 그 반대의 죽을 권리를 승인한 적이 없다. 네덜란드에서의 자살 조력의 방임화는 걱정스러운 남용 사례를 만들어냈다. 예컨대 환자 본인의 동의 없이 치사량의 주사제 처치가 있었던 것이다.

법원의 평가

법원은 청구인의 피해자로서의 지위에 대한 독일 정부의 이의는 청구인이 협약 제8조에 의한 독자적인 권리에 대한 침해가 있었는지의 문제로 한정하는 것으로 보고 있다. 법원은 청구인이 자신의 처의 고통과 그녀의 사망의 사정이 헌신적인 남편이자 간병인으로서의 그의 능력에 영향을 주어 협약 제8조에 의한 자신의 권리 침해를 주장할 수 있을 정도가 되었다고 주장한 점을 주목한다. 이 점에 관해, 이 사건은 사망한 자의 상속인 또는 사망한 자를 대신한 친족이 법원에 제소하는 것과는 구분되어야 한다. 따라서 청구인이 원용하는 협약상 권리가 직접 피해자에게서 그 상속인에게 이전 될 수 있는지 이를 결정할 필요가 없다.

이러한 차이점에도 불구하고, 법원은 친족이나 상속인이 사망한 사람을 대신하여 제소하는 것을 허용한 과거 사례에서 발전된 기준이, 협약 제8조에 의한 자신의 독자적인 권리 침해를 친족이 주장할 수 있는 지의 문제를 평가함에 있어서 중요성을 갖고 있다는 점을 고려한다. 따라서 법원은 긴밀한 가족 관계의 존재를 심사함으로써, 청구인이 이 절차의 결과에 충분한 개인적 또는 법적 이익을 갖고 있는지 그리고 청구인이 일전에 이 사건에 대한 이익을 표현했는지를 볼 것이다.

법원은 청구인과 B.K가 25년간 결혼생활을 해온 점을 보게 된다. 청구인이 사망한 부인과 매우 긴밀한 관계에 있었음은 의심할 여지가 없다. 청구인은 부인이 고통당하는 내내 동반관계에 있었고 부인이 죽고자 하는 의지를 종국적으로 수용하고 이를 지원하여 부인의 희망을 실현시키기 위해 스위스로 함께 여행하였다. 구인의 개인적 약속은 다른 것으로도 나타나는데 그가 처와 공동으로 행정청에 이의를 제기한 사실 및 처가 사망한 후 자신의 이름으로 소송을 제기했다는 사실이 그것이다. 이러한 예외적 상황 속에서 법원은 청구인이 최초 문제를 제기한 본안의 해결에 강력하고 지속적인 이해를 갖고 있었음을 수용한다.

나아가 법원은 이 사건이 환자 자신이 자기의 생명을 스스로 결정하여 끊으려는 의지와 관련하여 발생하는 근본적인 문제에 대한 것임을 보게 된다. 이는 개인을 초월하는 일반적 이익 및 청구인과 청구인의 사망한 처 양자의 이익과 관련되어 있다. 이것은 이와 유사한 문제들이 법원 앞에 반복적으로 제기되었었다는 사실에서도 나타난다.

끝으로 법원은 B.K.가 국내 법원 앞에서 임시조치 등을 청구함으로써 소송을 신속히 진행시킬 수 있어서 소송절차의 결과를 기다릴 수 있었기 때문에 청구인에게 그 부인의 소송을 추구할 독자적인 권리를 허가할 필요가 없었다는 독일 정부의 주장을 보기로 한다. 법원은 청구인과 B.K.가 2005.1.14. 공동으로 행정청에 이의를 제기한 사실을 확인한다. 한 달이 채 지나기 전인 2005.2.12. B.K.는 스위스에서 자살하였다. 국내 법원 앞에서 계속 이어진 소송절차는 2008.11.4.까지 계속되었다. 이 시점은 연방헌법재판소가 청구인의 헌법소원을 기각한 날이었다. 따라서 국내 소송절차는 B.K.가 사망 후 3년 9개월이 지나 종결되었다.

B.K.는 신속히 절차를 진행시키기 위해 임시조치를 청구할 수 있었다는 독일 정부의 주장에 관해, 법원은 임시조치는 일반적으로 본안 절차 전에 원고의 법적 지위를 보호하기

위한 목적으로 이용된다는 점을 본다. 임시조치는 원칙적인 문제로서 본안 절차의 결과를 배제하기 위한 것이 아니다. 청구의 중요성 및 임시조치의 허용이 필연적으로 포함하게 될 불가역적 결과를 고려하여, 법원은 이 사건에서 임시조치를 청구하도록 하는 것은 국내법원 앞에서의 절차를 신속화 시키기 위한 용도에 적합하다고 생각하지 않는다.

B.K.가 소송 진행 중에 살아있었다면 국내법원이 소송절차를 보다 신속하게 진행시켰을 것이라고 가정하더라도, 장기간에 걸친 고통을 겪은 후 자신의 생명을 끊기로 결정한 B.K.가 자신의 청구에 대한 결정을 얻기 위해서 3단계 심급 앞에서 본안 소송의 결과를 기다렸어야 했는지 법원이 이를 판단할 것은 아니다.

위의 논의를 고려하고, 특히 청구인과 사망한 부인간의 극도의 긴밀한 관계 및 생명을 끊으려는 처의 의지의 실현에 대한 청구인의 직접적 관여를 고려하여, 법원은 청구인이 치사량의 펜토바르비탈 처방을 요구한 것에 대한 연방청의 거부에 의해 직접적으로 영향을 받은 것으로 주장할 수 있다고 본다.

나아가 법원은 협약 제8조의 의미상 "사생활" 개념은 그 자체 철저한 정의를 할 수 없는 넓은 개념임을 자주 언급하여 왔다. Pretty 사건에서 법원은 개인의 자율성 개념은 협약 제8조의 근저가 되는 중요한 원칙이다. 협약상 보호되는 생명의 존엄성 원칙을 어떤 방법으로도 이를 부인하지 아니하고, 법원은 더 길어진 기대 수명과 결부된 의료적 복잡성이 증가하는 시대에 있어서, 강력하게 주장하는 자아 및 개인적 동일성과 충돌하는 신체적 또는 정신적 노쇠 상태나 고령에 머물도록 강요받지 않아야 한다는 것에 많은 사람들이 관심을 갖고 있다고 본다. 결론적으로 법원은 청구인 자신이 생각하기에 품위 없는 비참한 사망을 피하는 것을 법으로써 선택하지 못하도록 하는 것은 협약 제8조 제1항에 의하여 보장되는 사생활을 존중받을 권리에 대한 침해를 구성한다는 점을 "배제할 준비가 되어 있지 않다."

Haas v. 스위스 사건에서 법원은 자신의 생명을 어떤 방법으로 그리고 언제 끊을지 이를 결정할 수 있는 개인의 권리는 그가 자신의 의지를 자유롭게 형성하고 그렇게 행동할 수 있는 위치에 있으면 협약 제8조의 의미상 사생활을 존중받을 권리의 한 측면이 된다는 것을 인정함으로써 판례법을 발전시켰다. 국가는 존엄한 자살을 촉진시킬 조치를 취할 의무가 있다고 가정하더라도, 스위스 당국은 그러한 특별한 사건의 사정상 이러한 의무를 위반하지는 않았다고 생각한다.

법원은 협약 제8조는 문제의 본질적 권리가 아직 확립되지 않은 사건에서 사법적 심사를 받을 권리를 포함하고 있다고 본다.

위와 같은 고려를 바탕으로 법원은 연방청이 B.K.의 요구를 거부하는 결정 및 청구인의 제소에 대한 연방행정법원의 거부결정은 협약 제8조의 사생활을 존중받을 청구인의 권리를 침해한 것이라고 본다.

나. 협약 제8조 제2항의 준수여부

이에 따라서 법원은 협약 제8조에 의한 청구인 자신의 권리가 국내 절차 내에서 충분히 보장되었는지 여부를 심사하기로 한다.

독일 정부의 주장

독일 정부는 청구인 자신의 권리에 관한 그의 주장이 독일 각급 법원에서 충분하게 심리되었다고 주장한다. 이들 법원이 각하결정을 내렸다는 단순한 사실이 청구인의 주장의 실질을 다루지 않았다는 것을 의미하는 것은 아니다. 콜로그네 행정법원은 협약 제8조에 의한 청구인 권리침해 주장을 심사하였으며 유럽인권법원의 관련 판례법을 인용하였다. 청구인의 절차상 권리는 국내 절차에서 충분하게 보장되었다.

협약 제8조가 국가에 대하여 자살을 용이하게 하기 위해 특정 약물의 취득을 원활하게 해줄 의무를 부과하고 있다고 가정한다고 하더라도, 정부는 연방청의 거부행위는 협약 제8조 제2항에 의하여 정당화된다고 본다. 그러한 결정은 마약법의 관련 규정에 법률적 기초를 갖고 있으며 건강과 생명권을 보호하기 위한 합법적 목적을 추구하였다. 그 결정이 민주사회에서 필요했는지의 문제에 대하여, 정부는 해당 당사국의 법률적 사정이 상당히 다르다는 사실을 특히 고려하여 광범한 재량의 여지가 있어야 한다고 생각한다. 나아가 국가가 자살을 용이하게 하거나 이를 지원해야 하는지 여부 및 한다면 어느 범위에서 해야 하는지에 대한 윤리적 차원의 문제도 논급하였다. 이것은 독일 국가윤리심의회에서 해당 문제를 심의하였다는 사실로 증명된다고 하였다. 안락사로부터 생명의 보호와 결부된 독일의 법질서 역시 강력한 역사적 이유를 갖고 있는데 이는 인간의 존엄성에 대해 특히 설득력 있는 법적 개념을 만들어 내었던 것이다.

더욱이 B.K.는 자신의 판단에 따라 고통 없이 그녀의 생명을 끊을 수 있었던 다른 가능성도 있었다. 특히 그녀는 고통 완화 처치 치료를 받고 있는 중에 담당의사가 호흡장치 전원을 꺼줄 것을 요청할 수 있었다. 이 당시 독일 국내 법원이 적용하였던 법률에 의하면 그녀의 담당의사는 형사책임의 위험을 벗어날 수 있었다.

나아가 정부는 마약에 대한 무제한적 접근 허용시 어떤 위험성이 초래되는지 이를 평가하는 것은 일차적으로 정부의 몫이라는 점도 주장하였다. 치명적 약물에 대한 무제한적 접근을 허용하는 경우 정상상태의 외관을 보이게 할 수 있어 이는 노년의 중질환을 앓는 사람들에게는 짐이 되기 싫다는 일종의 압박감을 초래하게 될 수 있다는 점도 고려하였다. 요컨대, 정부는 생명을 보호하는 압도적 이익이 청구인의 처에게 치사량의 펜토바르비탈을 구입하는 허가를 거부한 행위를 정당화시킨다고 보았다.

청구인 주장

청구인은 자신의 본안에 대한 심사를 거부함으로써 국내법원이 협약 제8조의 절차상의 권리를 위반했다고 주장했다.

연방청이 취한 결정은 합법적 목적을 추구하지 못했으며 제8조 제2항의 의미상 필요한 것이 아니라는 것이다. 청구인 처가 요청한 치사량의 약물은 자신의 처가 자신의 가정에서 고통 없는 존엄한 죽음으로써 자신의 생명을 끊도록 할 수 있게 하기 위해 필요했던 것이다. 그녀가 집에서 생명을 끊는 것을 허용할 다른 어떤 이용가능한 방법도 없었다. 특히 의료적 지원을 받는 방식으로 생명유지 치료를 중단하여 자신의 생명을 끊도록 하는 것이 관련 규칙상 허용되지 않았을 것이다. 왜냐하면 그녀가 생명을 끊고자 결정했던 때에는 말기의 질병상태가 아니었기 때문이다. 이 영역에서의 관련 법률은 모호한 상태로 있었고 오직 생명을 위협하는 질병의 고통에서 환자의 생명유지 장치를 제거하는 것만이 허용되었었다.

청구인은 치사량의 약물처치의 남용을 방지하기 위해서는 일정한 통제장치가 필요하다는 점은 인정하였다. 그러나 의료적 근거에서 자살이 정당화된다면 자살이 허용되어야 한다. 청구인은 나아가 조력을 받는 자살은 기독교적 가치와 양립할 수 없는 것은 아니며 정부가 생각하는 이상으로 사회에 의해서 보다 널리 수용되었다고 보았다. 이 점에 관해 청구인은 개인 및 독일내 비정부기구가 발표한 수 개의 공적 발언을 논급하였다. 나아가 청구인은 자신이 치사량의 약물에 대한 무제한적 접근을 지지하지 않는다는 점을 강조하였고 자신의 처가 이 개별 사건에서 요구된 처방이 허용되었어야 한다고 생각하였다. 건강한 성인이 자신의 생명을 끊고자 하는 결정이 공적 이익에 반하거나 허가 요청이 마약물질의 남용을 초래하게 된다는 어떤 징후도 없었다. 이 점에 관해 청구인은 나트륨 펜토바르비탈이 그 부작용 없이 스위스에서는 조력 자살의 수단으로 널리 처방된다는 점을 지적하였다.

제3자의 주장

디그니타스 단체는 Artico 사건에 대한 판결에서 적시한 요건은 나트륨 펜토바르비탈이 생명을 끊으려고 하는 사람들에게 이용될 수 있고 동시에 경험 있는 인력이 그 정확한 사용을 보증하는 경우에만 충족될 수 있다고 보았다. 끝으로 제3자는 통상적으로 알려진 자살 시도 시, 필연적인 중한 위험에 놓이지 않는 조력을 받는 자살의 선택은 자살 방지의 최선의 방법중의 하나라는 의견을 내었다.

AlfA는 조력을 받는 자살에 대한 무조건 금지라 할지라도 협약 제8조에 내재된 프라이버시권에 대한 불균형한 제한은 아니라고 생각했다. 독일에 존재하는 제한은 자연적인 사망시까지는 생명 보호의 압도적 이익이 있으므로 이는 필요하다. 의사들은 완화적 간호의 개선으로 조력을 받는 자살을 불요하게 만든다는 점에 압도적인 지지를 보냈다.

법원은 협약 제8조의 절차적 측면에 기하여 심사를 시작할 것이다. 법원은 독일 행정법원과 고등행정법원에서 청구인이 국내법 및 협약 제8조상 자신의 독자적 권리에 의존한 것도 아니고 처가 사망 후 고인이 된 처의 청구를 추구할 제소적격을 갖지 않았다는 근거로 청구인 청구에 대해 본안 심사를 거부하였다. 콜로그네 행정법원은 방론에서 연방청의 거부결정이 합법적이며 협약 제8조에 일치한다고 한 반면, 고등행정법원이나 연방헌법재판소는 그 본안을 심사하지 않았다.

법원은 각급 행정법원 —제1심 법원의 방론에도 불구하고— 은 B.K가 국내 당국 앞에 애초에 제기한 청구내용의 심사를 거부하였다고 결론을 내린다.

나아가 법원은 독일 정부가 이 사건의 본안 심사 거부가 협약 제2조 제2항에 의하여 어떤 합법적 이익을 갖는가에 대하여 아무 것도 제출하지 않았음을 확인한다. 청구인의 권리에 대한 침해가 동 규정에 열거된 어떤 합법적 목적을 갖고 있다는 점도 법원은 발견하지 못했다.

따라서 그의 신청의 본안에 대해 국내법원이 심사를 하도록 하는 제8조에 의한 청구인의 권리의 침해가 있었다.

제8조에 의한 청구의 본질적 측면에 관하여, 법원은 협약 근저에 흐르는 취지와 목적은 제1조에 규정된 것처럼 권리와 자유는 그 국가의 관할권내에서 확보되어야 한다는 점을 거듭 반복한다. 국내 제도 자체가 협약 규정의 위반에 대한 구제수단을 제공하고, 아울러 법원이 보충성의 원칙에 따라 감독적 역할을 행사하는 것이 협약에 의하여 창설된 보호체제에 근본이 된다.

법원은 제소내용이 국가가 상당한 재량권을 갖는 문제에 관련되는 때에는 더욱 더 이 원칙이 타당하다고 본다. 대다수 회원국이 어떠한 형태의 자살 조력 형식도 허용하지 않는다는 점이 비교 연구에서 드러난다. 불과 4개 회원국이 환자가 자신의 생명을 끊는 것을 가능케 하기 위해 개업의에게 치사량의 약물 처방을 허용하였다. 협약의 당사국들이 이 분야에서 어떤 콘센서스에 도달했다고 할 수 없다. 따라서 이 맥락에서 국가가 향유할 재량은 상당한 여지가 있음을 보여준다.

보충성 원칙을 고려하여, 법원은 청구인의 청구 본안을 심사하는 것은 제1차적으로 국내 법원에 있다고 생각한다. 법원은 국내 당국들이 청구인의 청구 본안을 심사할 의무를 지고 있다고 위에서 인정하였다. 따라서 법원은 본 사건의 범위 내에서 협약 제8조의 절차적 측면을 심사하는 것에 국한하기로 결정한다.

이로써 국내 법원이 청구인의 청구 본안 심사를 거부한 행위는 협약 제8조의 사생활을 존중받을 청구인의 권리를 침해한 것이다.

다. 협약 제8조에 의한 청구인 처의 권리의 침해 주장

법원은 이 건의 허용 결정에 있어서 청구인이 처의 협약상 권리에 관해 이를 제소할 자격을 가졌는지의 문제를 본안에 결합하였음을 상기한다.

독일정부의 주장

Sanles Sanles 사건에 대한 법원의 결정에 근거하여, 독일 정부는 자신의 생명을 끊고자 하는 그러한 권리는 매우 개인적이고 이전할 수 없는 성격을 갖기 때문에 청구인은 사망한 처의 이름으로 이러한 권리를 주장할 수 없다고 주장하였다. 이 판례법에서 비켜 갈 다른 이유가 전혀 없었다. 국내 절차에서의 청구인의 참여는 생명을 끊기 위한 조력을 받을 권리와 같은 매우 개인적인 권리를 타인에 의해서 집행될 수 있는 권리로 전환시킬 수 없다.

그렇게 주장하는 권리가 설사 이전 가능하도 하더라도 청구인은 협약 제8조에 의하여 사망한 처의 권리 침해를 주장할 수 없다. 이는 청구인의 고통이 그의 처가 자살을 준비할 때의 장애에 직면할 때 필연적으로 발생하는 부담 보다 컸다는 어떤 증좌도 없기 때문이다.

청구인의 주장

청구인은 이 사건이 Sanles Sanles 사건과 확연히 구분된다고 본다. 특히 그는 앞에 인용된 사건에서 제소하였던 시누이보다도 사망자와 훨씬 가까운 관계였다. 더욱이 청구인은 협약 제8조에 의한 사망한 처의 권리 및 자신의 독자적인 권리 침해 양쪽을 다 주장할 수 있다.

청구인과 그의 처가 연방청의 결정에 대해 행정상의 이의를 공동으로 제출했던 것이 결정적인 것이다. 그의 처가 사망한 후, 그는 국내 법원 앞에서 절차를 진행시켰다. 그는 법원 앞에서 이 사건을 추구할 합법적 이익을 갖는다. 나아가 청구인은 이 사건에서 제기된 쟁점들에 대해 판단을 하는 것이 각별한 일반적 이익이 있다는 점을 강조하였다.

법원의 평가

법원은 Sanles Sanles 사건에서, 일반 개업의가 "형법상 자살을 지원하거나 아니면 어떠한 폭력행위로 보지 않고" 병세로 야기된 고통과 공포를 감하기 위해 필요한 처방을 할 수 있도록 스페인 법원에 청구하였던 청구인은 사망한 사람 S씨의 시누이였음을 확인한다. 법원은 협약 제8조에 의하여 청구인이 주장한 권리는 이것이 설령 존재한다고 하더라도 매우 개인적인 성격을 갖고 있고 이전할 수 없는 권리에 속한다고 생각한다. 결과적으로 청구인은 S씨를 대신하여 이러한 권리에 의존할 수 없기 때문에 이 건은 협약 규정의 인적 관할과 양립하지 않아 각하 선언되었던 것이다.

법원은 제8조는 이전 불가한 성격을 갖고 있어서 Thevenon v. France(no. 2476/02) 및 Mitev 사건에서 직접적 피해자의 긴밀한 친족이나 다른 상속인에 의하여 추구될 수 없다는 원칙을 확립하였다.

법원은 "공식적으로 과거 판결을 따라야 할 의무는 없지만, 정당한 이유 없이 과거 사건에서 정립된 선결례에서 벗어나지 않도록 하는 것이 법적 안정성, 예측가능성 및 법 앞의 평등의 이익을 위한 것이다"라는 점을 거듭 표명한다.

법원은 이 사건에서 법원이 판단하는 한, 확립된 판례법에서 벗어날 충분한 이유가 제시되었다고 보지 않는다. 청구인은 협약 제8조에 의한 처의 권리에 의존할 당사자 능력이 없는데 이는 이 권리가 갖는 이전 불가한 성격 때문이다. 법원은 그렇지만 청구인이 자신의 사생활을 존중받을 그러한 권리의 침해가 있었다고 결론을 내린 점을 상기한다. 청구인은 자신의 처의 협약상 권리에 의존할 수 없다고 하더라도 협약상 보호가 박탈되지 않은 것이다.

"절차의 어느 단계라도… 비허용 이라고 판단하면 청구를 기각"하는 권한을 부여한 협약 제35조 제4항의 규정에 의하여, 법원은 협약 제8조에 의한 사망한 처의 권리의 침해에 대한 청구부분은 협약 규정상 인적 관할권의 결여로 제34조에 의하여 기각하는 것으로 결론을 내린다.

라. 청구인의 법원 접근권에 대한 침해 주장

협약 제8조와 관련하여 제13조를 원용하면서 청구인은 독일의 각급 법원이 자신의 처의 요구 사항에 대해 이를 연방청이 불허한 것을 다투는 자신의 권리를 부인하여 효과적 구제를 받을 자신의 권리를 침해했다고 주장하였다.

허용성 판단에서 법원은 이러한 청구 내용이 법원에 대한 청구인의 접근권 측면에서 심사 대상에 해당할 수 있다고 보았다. 그러나 협약 제8조에 관한 위의 판단에 비추어 법원은 협약 제13조에 의하거나 제6조 제1항에 의하여 청구인의 권리 침해가 있었는지 여부를 심사할 필요가 없다고 본다.

마. 보상

(1) 비재산적 손해

청구인은 처의 고통과 원하지 않게 생명이 연장됨으로 인한 추가적 고통에 대해 총 5,000 유로 및 자신의 고통에 대해 2,500 유로를 청구하였다.

독일 정부는 B.K.가 자신의 판단에 따라 생명을 끊을 다른 수단도 가질 수 있었다는 점에서 청구인과 그의 처가 추가적 고통을 당할 필요가 없었다고 생각한다. 독일 정부는 나아가 B.K.의 개인적 고통은 사망시에 끝난 것임을 지적하였다.

법원은 위에서 본 것처럼 청구인은 자신의 처의 협약상 권리 침해를 주장할 수 없음을 인정하였다. 따라서 청구인은 그녀를 대신해서 비재산적 손해의 보상을 청구할 수 없다. 거꾸로, 법원은 청구인이 자신의 제소건에 대한 본안 심사를 국내법원이 거부함으로써 이로 인한 비재산적 손해를 당했다고 본다.

(2) 재산적 손해

청구인은 서류상의 증거에 의존하면서 연방청의 결정에 대한 행정적 이의신청에 들어간 변호인 보수(197.2 유로), B.K.의 의료기록을 복사하는 데 들어간 비용(94.8 유로) 및 B.K.를 스위스로 이송하고 자살 지원을 받도록 하는데 쓴 경비를 포함해서 총 5,847.27 유로를 청구하였다.

독일 정부는 협약상 권리 침해의 주장과 손해액 간에는 어떤 인과관계도 존재하지 않는다고 주장하였다.

법원은 행정적 이의 절차의 비용은 아래의 "비용과 경비"라는 제목으로 다룰 대상이라고 본다. 청구인 청구의 나머지 부분에 대해서, 법원은 독일법원이 어떤 결정을 하기 전에 B.K.가 스위스에서 자살을 감행한 사실을 보게 된다. 따라서 법원은 B.K.의 청구의 본안심사에 대한 국내 법원의 거부행위와 B.K.를 스위스 이송 및 자살로 인한 경비 간에는 어떤 인관관계가 있다고 보지 않는다.

(3) 비용과 경비

청구인은 자신의 청구를 증빙하는 서류증거를 제출하면서 비용과 경비로 총 46,490.91 유로를 청구하였다. 이 금액에는 유럽인권법원에서이 변호인 수임료 및 경비 39,951.86 유로 및 국내 법원에서의 절차시에 발생한 변호인 수임료 및 경비 6,539.05 유로를 포함한 것이다. 그는 자신의 변호인에게 시간당 300 유로 지급에 합의하였다고 주장하였다.

정부는 청구 금액의 필요성 및 적정성에 대해 의문을 표시하였다. 나아가 그들은 청구인이 청구한 시간당 경비에 대한 문서 약정서를 제출하지 않았음을 지적하였다.

법원의 판례법에 의하면, 청구인은 비용과 경비가 실제로 그리고 필요하여 발생한 것이고 합리성이 있다고 보여지는 경우에 한하여 비용과 경비의 보상을 받을 수 있다. 이 사건에서 제출된 문서 및 위 기준을 고려하여 법원은 국내 절차에서 발생한 비용과 경비 전체의 청구금액을 보상하는 것이 합리적이라고 판단한다. 행정적 이의 신청 절차의 비용(197.20 유로)을 포함하여 법원은 국내법원에서의 들어간 금액 6,736.25 유로를 청구인에게 보상을 하도록 한다. 나아가 당 법원에서 부분적으로만 승소하였기 때문에 이를 고려하여 법원은 법원 절차중 들어간 금액으로 20,000 유로를 보상하도록 하는 것이 합리적이라고 판단한다.

— 지연이자

법원은 지연이자의 이율은 유럽중앙은행의 한계 대출이율에 3%를 더하는 것이 적당하다고 본다.

이러한 이유로 법원은 만장일치로 다음과 같이 판단한다.

1. 청구인의 처의 협약상 권리침해에 대한 청구는 비허용한다.

2. 국내법원이 청구인 청구의 본안 심사를 거부한 것은 협약 제8조 위반이다.

3. 협약 제6조 제1항에 의하여 법원에의 청구인의 접근권에 대한 위반이 있었는지 이를 심사할 필요는 없다.

4. (a) 피고국은 협약 제44조 제2항에 의해 판결이 최종적인 것이 되는 날로부터 3월 이내에 청구인에게 다음 금액을 지급한다.

(i) 비재산적 손해에 대해 2,500 유로 및 기타 부과되는 세금

(ii) 비용과 경비로 26,736.25 유로 및 기타 부과되는 세금

(b) 지급할 날로부터 3개월이 경과한 때로부터는 지연기간에 대해 유럽중앙은행 한계 대출이율에 3 퍼센트를 더한 이율을 지급한다.

5. 정당한 보상에 대한 청구인의 나머지 주장은 이를 기각한다.

[62] 교회에 대한 의무 Obst v. Germany, Schüth v. Germany

Application no. 425/03, 2010. 9. 23. 선고

Schüth v. Germany (Application no. 1620/03, 2012. 6. 28. 선고

Obst 사건은 제8조(사생활과 가족생활을 존중받을 권리) 비위반

Schüth 사건은 제8조 위반

양 사건은 모두 교회에 대한 의무 위반으로 해고된 건에 관한 사건이다. 하나는 몰몬교회의 대외적 역할을 담당하는 중요 직위에 고용되었던 사람이고 다른 하나는 가톨릭 성가대 지휘자로 고용되었던 사람이다. 양자 모두 혼외관계로 해고되었다. 독일 내에서의 소송에서 모

두 교회의 대외적 신뢰성 유지의 필요성 및 교회의 혼인의 순결성에 대한 요구가 독일의 법질서의 기본원칙과 충돌하지 않는다고 하여 해고소송에서 구제되지 못했다.

법원은 몰몬교도의 사건에서는 당사자가 몰몬교에서 쭉 성장한 사람으로 교회에 대한 충성의무를 보다 중시하여 가족생활에 대한 침해가 없었다고 판단했으나, 성가대 지휘자의 경우 다른 직업을 구하기가 매우 어렵다는 점, 가톨릭 아닌 개신교회에서 직업을 구할 수 있으나 이런 경우는 파트타임 정도로만 직업을 가질 수 있다는 의미에서 가족생활에 대한 침해로 인정하였다.

1. 주요사실

두 사건 모두 청구인의 혼외 관계로 교회에서 해고된 건이다. 법원은 처음으로 청구인들의 사생활 영역에 해당하는 행위를 이유로 교회에서 해고한 건을 다루게 되었다.

첫 번째 사건의 청구인은 미카엘 오브스트 씨로 1959년 출생이며 노이안스파크에 거주하는 독일인이다. 그는 몰몬교 신앙으로 성장했고 몰몬교 의식에 따라 1980년 결혼하였다. 몰몬교회 안에서의 여러 직책을 맡으면서 그는 1986년에는 유럽을 위한 공공관계 책임자 역으로 임명되었다. 1993. 12월 초 오브스트 씨는 담임 목사를 만나서 결혼이 수년간 파탄지경에 이르렀고 자신은 다른 여성과 관계를 가졌다고 비밀을 털어 놓았다. 목사의 충고에 따라 오브스트 씨는 자신의 상관에게 이 문제를 얘기하였다. 그는 사전 통지도 없이 며칠 후 해고를 알려주었다. 오브스트 씨는 내부 징계절차를 통해 곧 파문당하였다.

오브스트 씨는 프랑크푸르트 노동법원에 제소하였다. 동 법원은 1995. 1월 판결에서 그 해고가 무효라고 선언하였다. 고등노동법원 역시 최초의 판결을 유지했으나, 연방노동법원은 오브스트 씨는 자신의 행위로 인하여 노동계약상의 조항에서 발생하는 업무를 할 수 없다는 이유로 이를 파기 환송하였다. 연방노동법원은 교회 직원의 충성의무 위반시 그 직원 해고의 합법성에 관해 1985.6.4.의 연방헌법재판소의 선례를 참조하였다. 이 판결 이후, 교회 사업주들은 자신의 문제를 자율적인 방법으로 규율할 권리를 갖게 되었고, 반면에 노동법원은 국가 법질서의 기본적 원칙과 충돌되지 아니하는 범위 내에서 교회 사업자의 종교적 및 도덕적 교리에 따른 원칙에 따라야 했다. 연방노동법원에 의하면, 혼인관계의 순결성에 대한 몰몬교의 요구사항은 법질서의 기본적 원칙과 충돌하지 않는다는 것이다. 결혼은 독일 기본법상으로도 매우 현저한 중요성을 갖는다는 것이 그 이유였다. 교회가 그 신뢰성을 유지하기 위해서는 해고가 필요했으며, 유럽을 위한 공적관계의 책임자로서 오브스트 씨의 책임에 비추어 위험한 상태였다. 더욱이 교회는 오브스트 씨의 장기간에 걸친 경력에 비추어 그에게 사전 경고를 할 의무도 없었다. 오브스트 씨는 자신의 비행의 심각성을 알았어야 했다. 파기 환송된 후, 고등노동법원은 1998. 1월에 제1심 판결을 번복하였다.

오브스트 씨는 다시 연방노동법원에 항고하였으나 무위로 끝났다. 2002. 6월 연방헌법재판소는 1985.6.4.의 선례를 언급하면서 헌법소원을 기각하였다.

두 번째 사건의 청구인 베른하르트 쉬츠 씨는 1957년 출생하여 에센에 거주하는 독일인이다. 그는 1980년대 중반부터 1994년 처와 별거할 때까지 에센의 성 람베르트 가톨릭 교구에서 오르가니스트와 성가대 지휘자로 재직하였다. 1995년부터 계속해서 그는 새 동거자와 생활하였다. 그의 자녀들이 유치원에서 자신의 아버지가 다른 아이를 갖고 있다는 사실에 관해서 얘기를 한 후, 교구장은 1997. 6월 쉬츠 씨와 면담하였다. 며칠 후 교구는 교회와의 고용에 관한 가톨릭교회의 기본 규칙을 위반했다는 이유로 1998. 4월자로 해고한다고 통지하였다. 특히 아이의 출산을 기대하는 다른 여성과의 혼외관계를 가짐으로써 그는 간통했을 뿐만 아니라 이중결혼의 죄책이 있다는 것이다.

쉬츠 씨는 에센노동법원에 제소하여 1997. 12월 판결로 동 해고가 무효임이 선언되었다. 고등노동법원은 이 판결을 지지했으나 연방노동법원은 쉬츠 씨의 혼외관계의 청산을 위해 교구장이 이를 설득했는지 여부를 고등노동법원이 이를 확인했어야 한다고 하면서 파기 환송하였다. 오브스트 씨 사건처럼, 연방노동법원은 연방헌법재판소의 선례를 언급하고 혼인의 순결성에 관한 가톨릭교회의 요구사항은 법질서의 기본원칙과 충돌하지 않는다는 점을 지적하였다.

파기 환송된 후, 고등노동법원은 쉬츠 씨가 새로운 관계를 유지할 의지가 확고했으므로 교구장이 미리 경고하는 것이 불요했을 것이라고 추산할 수 있다고 판시하면서 2000. 1월 제1심 판결을 번복하였다. 법원은 그의 행동이 교회의 의무와 밀접한 관련이 있기 때문에 모든 신뢰를 잃음이 없이 교구가 오르가니스트로서의 근무를 계속 유지시킬 수 없었다고 판시했다.

이후 쉬츠 씨는 연방노동법원에 재항고 하였으나 무위로 그쳤다. 2002. 6월 연방헌법재판소는 1985년의 선례를 언급하면서 그의 헌법소원을 기각하였다.

2. 청구 취지

제8조에 근거하여 오브스트 씨와 쉬츠 씨는 해고 번복 청구에 대한 거부처분에 대하여 제소하였다.

오브스트 씨 건은 2003.1.2. 접수되었으며 쉬츠 씨 건은 2003.1.11. 접수되었다.

3. 법원의 판단

양 사건에서 법원은 한편으론 제8조에 의하여 청구인이 자신의 사생활을 존중받을 권리와 한편으론 가톨릭교회와 몰몬교회의 협약상 권리 간에 독일 노동법원이 내린 밸런스가 청구인들에게 충분한 보호를 제공하고 있었는지를 심리해야 한다. 법원은 종교 공동체의 자율성은 제11조(집회 및 결사의 자유)에 비추어, 제9조(종교의 자유)에 의하여 국가에 의한 부당한 간섭으로부터 보호받아야 함을 강조한다.

노동법원 제도와 법원의 판결을 심리할 관할권을 갖는 헌법재판제도를 시행함으로써 독일은 원칙적으로 고용법 영역에서 쟁송당사자들에게 그 적극적 의무를 원칙적으로 이행하였다. 청구인들은 노동법원에 사건을 제소해서 그 해고가 국가의 노동법상 합법적이었는지 판단을 받을 수 있었다. 양 사건에서 연방 노동법원은 혼인의 순결성에 관한 몰몬교회와 가톨릭교회의 요구사항은 각각 법질서의 근본적 원칙과 충돌하지 않는다고 판시했다.

오브스트 씨에 관해, 법원은 독일 노동법원이 관련 모든 사정을 감안하고 관련 이해관계에 관해 주의 깊고 균형 있게 보았다고 본다. 독일 노동법원은 몰몬 교회는 오브스트 씨

스스로 교회에 간통사실을 알렸기 때문에 이를 이유로 해고할 수 있었다고 한 점을 지적하였다. 독일 법원의 판시에 따르면, 그에 대한 해고는 오브스트 씨의 직위의 성격을 특별히 고려하여 교회의 신뢰성을 유지하기 위한 필요한 조치에 해당한다는 것이다. 독일의 각급 노동법원은 교회가 덜 심한 벌칙, 예컨대 경고 같은 것을 과할 수 있지 않았느냐에 대해 설명했다. 여기에 대해 오브스트 씨가 해고의 결과로 일어나는 손해는 다른 무엇보다도 그의 비교적 젊은 나이를 고려해볼 때 제한적이라는 점을 강조하였다.

여러 상황을 깊게 교량한 후 독일 법원이 오브스트 씨의 이익에 비해 몰몬 교회의 이익을 보다 비중 있게 처리했다는 사실은 그 자체로 협약의 쟁점을 발생시키지 않는다. 오브스트 씨는 몰몬교회에서 쭉 성장해왔기 때문에 그가 고용계약에 서명할 때 고용주를 위해 혼인의 순결성의 중요성에 대해 그리고 유럽 공적 관계부서의 책임자로서 몰몬교회에 대한 점증하는 충성의무와 혼외관계의 충돌에 대해서 인식하고 있었거나 아니면 적어도 이를 인식하고 있었을 것이라는 결론은 합당하였다.

이와는 대조적으로 쉬츠 씨에 관해서, 고등노동법원이 오르가니스트로서 그리고 성가대 지휘자로서의 그의 직무는 심각한 비행의 경우에 해고해야 하는 그러한 부류의 근로자의 범주에 들지는 않지만 그럼에도 불구하고 그의 직위는 교구가 갖는 모든 신뢰를 상실하지 않은 상태로 그를 계속해서 고용할 수 없는 가톨릭교회의 선언적 미션과 밀접하게 연관되어 있다는 것에 한정하여 언급하고 있다는 점을 법원은 주목한다. 고등노동법원은 더 이상 이러한 주장을 심리하지 않고 이러한 관점에서 교회, 즉 고용주 측 의견을 되풀이 한 것으로 보인다.

더욱이 노동법원은 쉬츠 씨의 사실상의 가족생활 또는 이에 대해 부여되는 법적 보호에 관해서는 어떤 내용도 언급하지 않았다. 교회, 즉 고용주로서의 이익은 따라서 쉬츠 씨의 사적 및 가족생활에 대하여 존중을 받을 권리와 교량된 것이 아니라 오직 그 직위를 유지할 그의 이익과 교량되었다. 경합하는 권리와 이익을 비교 교량할 때는 보다 상세한 심리가 요구되었을 것이다.

법원은 고용계약시에 쉬츠 씨는 자신의 사적 생활을 존중받을 권리에 대해서 어느 정도는 이를 제한하는 가톨릭교회에 대한 충성의무가 설정되었다고 인정하지만, 그의 계약서 서명이 별거 또는 이혼시에 금욕생활을 해야 하는 것으로 해석될 수는 없다. 독일의 각급 노동법원은 쉬츠 씨의 사건이 언론 보도가 되지 않았으며 교구에서 14년간 근무한 후에 가톨릭교회의 지위에 대해 어떤 이의도 제기하지 않았다는 사실에 대해 거의 고려하지 않았다.

교회에 의해 해고된 근로자가 다른 직업을 구하기에는 아주 제한된 기회밖에 없다는 사실은 각별한 중요성을 갖는다. 슈츠 씨의 사건에서처럼 개신교 교구에서 현재 파트타임으로 일하고 있는 것처럼, 이러한 것은 실직한 근로자가 특수한 자격을 갖는 경우에, 교회 밖에서 새로운 일을 구하기가 더욱 어렵게 되고 심지어 불가능하게 된다. 이와 관련하여 법원은 교회 음악가에 대한 개신교회의 규칙이 개신교회의 비구성원은 예외적인 경우에 한해서 그리고 부차적인 직업의 맥락에서만 고용을 허가한다고 명시한다는 점을 주목한다.

법원은 독일의 각급 노동법원이 협약과 일치하는 방식으로 교회에 대해 슈츠 씨의 권리를 비교형량하지 못했다는 점을 인정한다.

법원은 오브스트 씨의 사건에서는 제8조 위반이 없었으며, 슈츠 씨의 사건에서는 제8조 위반이 있었음을 만장일치로 결론을 내린다.

보상

제41조의 적용의 문제로서 슈츠 씨의 사건은 결정이 준비되지 않아서 이를 차후로 미룬다. 당사자들은 판결문이 도달한 때로부터 3개월 이내에 이 점에 관해 합의를 하기로 한다.

[63] 변호인의 신고의무 Michaud v. France

Application no. 12323/11, 2012. 12. 6. 선고

제8조 (사생활을 존중받을 권리) 비위반

자금세탁 대응의 목적에서 변호인에게 의심스러운 사안을 신고토록 하는 의무를 부과하는 것은 변호인의 직업상 특권을 부당히 침해하는 것은 아니다. 이 건은 자금세탁 방지를 위한

유럽 지침을 프랑스가 국내법으로 제정하면서 변호인에게 일정한 의심스러운 사안에 대해 이를 신고토록 함으로써 변호인과 의뢰인간 관계의 비밀성을 보호하는 협약 제8조와 동법의 신고의무와의 충돌여부를 다룬 사안이다.

1. 주요사실

청구인 패트릭 미쇼드 씨는 1947년생의 프랑스인으로 프랑스 파리에 거주한다. 청구인은 파리 변호사협회 회원이다.

1991년부터 유럽 연합은 금융시스템이 자금 세탁 목적으로 이용되는 것을 방지할 목적으로 일련의 지침(Directives 91/308/EEC, 2001/97/EC, 2005/60/EC)들을 채택하였기 때문에 이러한 지침들은 프랑스 법률로 전환되었다. 이 결과 변호사가 직업 영역에서 고객의 특정한 활동에 관련하여 거래를 준비하거나 이를 이행하는 것을 조력하거나, 금전 또는 재산 거래에 관여하거나 수탁자로서 행동하는 경우에 해당 고객의 이 분야에서의 가능한 의심사항에 대해 이를 신고할 의무가 발생하였다. 다만 그 활동이 법원 절차와 관련된 경우 및 원칙적으로 법률 자문을 제공하는 경우에는 이러한 의무가 없다. 변호사들은 대법원 및 파기원 변호사회 회장이나 소속 변호사회 회장에게 신고해야 한다. 이 신고서는 "국가금융정보분석원"에 제출된다.

2007.6.12. 전국변호사회는 이 의무사항을 특별히 천명하고 또한 변호사들에게 특정한 활동이 "의심스러운 사항"이라고 보이는 경우 취할 조치에 관한 내부 절차를 밟도록 하는 의무를 부과하는 직업규정을 채택하는 결정을 내렸다. 이 규정의 불이행시 변호사들에게는 징계조치를 부과하는 것이다.

2007.10.10. 청구인은 위 결정이 변호사의 직업수행의 자유를 제한한다고 주장하면서 대법원에 그 파기를 구하였다. "의심" 개념이 정의되지 않았음을 강조하면서 청구인은 협약 제7조(법률 없이 처벌 없다)에 고유한 엄밀한 요건이 충족되지 않았다고 주장하였다. 청구인은 또한 제8조(사생활 보호)에 의하여 보호되는, 변호인과 의뢰인 간의 직업상 특권 및 비밀 침해를 주장하였다. 나아가 청구인은 유럽사법법원(CJEU)이 "의심 사안을 신고"하

도록 하는 의무가 유럽연합조약 제6조 및 협약 제8조에 위배되지 않는지 여부에 대한 사전 결정을 위해 대법원이 유럽사법법원에 이를 회부할 것을 요청하였다. 2010. 7.23. 판결로 대법원은 청구인의 신청을 기각하고 사전 결정을 위한 유럽사법법원 회부를 거절하였다. 협약 제8조에 대하여, 대법원은 사법절차 중 변호인이 의뢰인으로부터 취득한 정보는 이 신고 사안에 해당하지 않으며 의뢰인의 법률적 상황을 평가하는 과정에서 변호인이 취득한 정보도 같은 취급을 받으며 유일한 예외는 변호인이 자금 세탁에 관여하는 것이라든지 또는 자금 세탁에 대해 법률적 자문을 하는 것이나 의뢰인이 자금 세탁을 목적으로 법률적 지원을 받고자 한다는 것을 아는 경우에는 이를 신고하도록 하는 것이 변호인의 직업상 특권을 과도하게 침해하는 것은 아니라고 판시했다.

2. 청구요지

청구인은 의심 사안을 신고할 의무는 변호인과 의뢰인 관계의 보호원칙 및 직업상 비밀을 존중해야 한다는 원칙에 위배된다고 하면서 특히 제8조(사생활 보호) 위반을 주장한다. 이 건은 2011.12.8. 접수되었다.

3. 법원의 판단

제8조

법원은 통신을 존중받을 권리를 보장하는 제8조는 개인이 의사소통의 목적으로 참여하는 일체의 교류에 대한 비밀성을 보호하는 것임을 강조하였다. 법원은 또한 변호인들이 자신의 고객과의 의사소통 과정에서 수집한 정보를 행정관청에 전달하도록 하는 의무를 부과하는 것은 통신을 보호받을 권리에 대한 침해를 구성한다고 하였다. 이러한 것은 직업적인 성격 또는 사업적 성격의 활동을 포괄하는 개념인, “사생활”을 존중받을 권리에 대한 침해에 해당한다.

법원은 우선 문제된 침해행위가 제8조의 의미상 "법률에 따른" 것이고 또한 자금세탁 및 관련 범죄에 대응하기 위한 것으로 제8조에 규정된 합법적 목적 즉 무질서의 방지 및 범죄의 예방을 추구하는 것임을 확인한다. 나아가 법원은 체약 당사국이 공동체 법률을 준수하는 것도 합법적인 일반적 이익을 추구하는 것임을 확인한다.

문제의 침해행위의 필요성에 관해, 프랑스 정부는 변호인들에게 부과된 의무는 자국 법률로 전환할 것이 요구되었던 유럽 지침에 연유한 것이라고 주장하였다. 프랑스 정부는 "Bosphorus Airways" v. Ireland 사건을 원용하여 "동등 보호의 추정"(presumption of equivalent protection)을 거론하면서 프랑스는 기본권에 대해 협약이 보장하는 것과 동등한 보호를 제공하는 유럽연합의 회원자격에서 발생하는 의무를 단지 이행했다면 유럽인권협약상의 요건을 충족한 것으로 추정된다고 본 것이었다.

법원은 국가가 자신의 주권 일부를 양도한 국제조직의 회원국 자격에서 발생하는 의무를 비롯하여 이러한 국제적 법적 의무를 이행하기 위해 자신들이 취한 조치에 대해서 여전히 협약상 책임이 유효하다고 하였다. 그러나 그러한 의무를 이행하는 과정에서 취한 조치는 관련 국제기구가 협약이 제공하는 것과 적어도 동등한 방식으로 기본권을 보호하는 한도에서만 정당화되는 것으로 보아야 한다. 해당 기구가 그러한 동등 보호를 제공하는 것으로 보이는 경우, 국가가 해당 국제조직의 회원자격에서 발생하는 법적 의무를 단지 이행하는 것에 불과한 경우 협약 요건을 일탈하지 않은 것으로 추정된다.

이러한 추정은 당사국이 국제 조직의 회원자격으로부터 발생하는 작위 부작위 등 그 국가에 부과되는 법적 의무에 의존할 것이 요구되는 경우의 딜레마와 충돌하지 않도록 하는 의도를 갖는 것이다. 이것은 또한 법원이 국제협력의 이익 속에서 협약에서 발생하는 당사국의 의무에 관하여 협약 제19조(유럽인권법원의 설립)에 의하여 법원에 부여된 그 감독적 역할의 강도를 감해줄 수도 있는 그러한 사건을 결정하는 데에도 기여한다. 이러한 목적으로부터 법원은 권리와 보호의 감독에 관해서 법원 자체가 행하는 것에 필적하는 정도의 심사를 하는 경우에 한하여 이를 수용한다고 하였다. 그렇지 않다면 국가는 협약상 부담하는 행동에 대해 국제적 심사를 회피하게 될 것이다.

나아가 법원은 "Bosphorus Airways" v. Ireland 사건 판결에서 유럽연합에 의한 기본권의 보호는 원칙적으로 협약 체계상의 기본권 보호와 동등하다고 판시한 점을 유념한다. 그렇지만 이 사건은 위 사건과 다르다. 유럽사법법원은 현재 법원에 제기된 기본권에 관한 문제에 관해 이를 판단할 기회를 갖지 않았다. 즉 한편으로는 프랑스 대법원이 "의심 사안을 신고"할 의무가 협약 제8조에 저촉되지 않는가 하는 쟁점에 대한 사전 결정을 구하는 신청을 거부했다. 또한 이 문제는 유럽사법법원에서 과거에 다루어진 전례가 없었다.

그러므로 법원은 유럽사법법원이 협약상 권리에 관한 문제를 심리하지 않았다는 사실에도 불구하고 프랑스 대법원이 기본권의 감독을 위한 관련 국제기구가 그 자신의 전적인 잠재력을 발휘하기도 전에 그 사전 결정을 요청하기를 거부한 것을 유념하지 않을 수 없다. 프랑스의 이러한 선택의 결과 및 계쟁의 문제의 중대성에 비추어 동등보호 추정은 적용되지 않는다고 결론을 내린다. 법원은 따라서 그 침해행위가 필요했는지 여부를 결정하면 된다.

법원은 이 점에 관하여 제8조는 개인 간의 모든 "통신"의 비밀성을 보호하면서, 변호인과 의뢰인간의 일체의 의사교환에 대해서도 강화된 보호를 제공하고 있다는 점을 재차 천명한다. 변호인들에게 쟁송인들의 방어를 위해 민주사회에서 중요한 역할이 부여되어 있다는 사실에서 그러한 점은 정당화된다. 변호인과 의뢰인간의 일체의 의사의 교환이 비밀로 유지될 수 있도록 보장될 수 없다면 변호인은 그 기본적 임무를 수행할 수 없다. 변호인 의뢰인간 관계의 비밀성에 대해 제8조가 부여하는 추가적인 보호 및 그 보호가 기초한 근거는 이러한 관점에서 위 규정에 의하여 법률적 및 직업적 특권이 위 규정에 의하여 특별히 보호된다.

나아가 필요성 개념은 침해행위가 압도적인 사회적 필요성에 부응하고 또한 특히 그 추구하는 목적에 비례해야 된다는 점을 내포하고 있다.

앞서 기술한 것처럼 법적 및 직업상의 특권은 변호인과 그 의뢰인 양자에 대단한 중요성을 갖고 또한 적절한 사법행정을 위해서도 필요하다. 이는 민주사회에서 사법행정의 기초가 되는 근본적 원칙중의 하나이다. 그렇지만 이 원칙이 불가침의 원칙은 아니다. 이 사건에서 불법행위로 얻은 수익의 세탁에 대한 대응 원칙의 중대성을 고려할 필요가 있다.

법원의 견해로는 그 비례성을 평가함에는 2개의 요소가 결정적이다. 첫째, 대법원이 지적한대로 변호인들은 2개 유형의 경우에 의심사안을 신고할 의무가 있다. 즉 의뢰인의 금융 또는 재산상 거래나 그 수탁자로서 의뢰인의 일에 참여하고 그를 위해 활동하는 경우 및 특정한 지정된 일에 관한 거래를 준비하거나 이를 수행하여 의뢰인을 돕는 경우가 그러하다. 따라서 의심 사안을 신고할 의무는 변호인에게 부여된 방어 역할과는 거리가 먼 그러한 활동에 국한되고 있다.

더욱이 관련 프랑스 법률은 변호인들이 문제의 활동이 법원 절차와 관련된 활동인 경우 및 원칙적으로 법률적 자문을 제공하는 경우에는 그러한 의무가 해제된다고 명시하고 있다. 의심 사안 신고 의무는 그러므로 법적 직업적 특권의 근저에 놓인 방어 역할의 본질을 침해하는 것은 아니다.

또한 해당 법률은 직업 특권을 보호하는 필터를 도입했다는 것이다. 변호인들은 금융정보분석원에 직접 신고서를 전달하는 것이 아니라 대법원 및 파기원의 변호사협회장이나 자신이 소속한 변호사협회장에게 제출하는 것이다. 그러면 관련 변호사협회장은 관련 법률이 규정한 조건이 충족되는 것을 확인한 후에만 의심사안을 금융정보분석원에 전달한다.

법원은 의심사안 신고 의무는 변호인의 직업상 특권에 대해 상당하지 않은 침해가 아니며 따라서 프랑스가 제8조를 위반하지 않은 것이라고 결론을 내린다.

제8장 사상·양심 및 종교의 자유

유럽인권협약 제9조 **(사상, 양심 및 종교의 자유)**

1. 모든 사람은 사상, 양심 및 종교의 자유를 향유할 권리를 갖는다. 이 권리에는 자신의 종교 또는 신념을 변경하는 자유 및 단독으로 또는 타인과 공동으로 공적으로 또는 사적으로 예배, 교육, 행사 및 의식 집행에 의해서 자신의 종교 또는 신념을 표명하는 자유를 포함한다.
2. 자신의 종교 또는 신념을 표명하는 자유는 공공의 안전, 공중질서, 보건 또는 도덕이나 타인의 권리 및 자유의 보호를 위해서 법률로 정하고 민주사회에서 필요한 경우에 한하여 제한받을 수 있다.

B규약 제18조

1. 모든 사람은 사상 양심 및 종교의 자유에 대한 권리를 가진다. 이러한 권리는 스스로 선택하는 종교나 신념을 가지거나 받아들일 자유와 단독으로 또는 다른 사람과 공동으로, 공적 또는 사적으로 예배, 의식 행사 및 선교에 의하여 그의 종교나 신념을 표명하는 자유를 포함한다.
2. 어느 누구도 스스로 선택하는 종교나 신념을 가지거나 받아들일 자유를 침해하게 될 강제를 받지 아니한다.
3. 자신의 종교나 신념을 표명하는 자유는 법률에 규정되고 공공의 안전, 질서, 공중보건 도덕 또는 타인의 기본적 권리 및 자유를 보호하기 위하여 필요한 경우에만 제한받을 수 있다.

4. 이 규약의 당사국은 부모 또는 경우에 따라 법정 후견인이 그들의 신념에 따라 자녀의 종교적 도덕적 교육을 확보할 자유를 존중할 것을 약속한다.

[64] 이슬람 첨탑 건축 Quardiri v. Swiss(65840/09), Ligue des Musulmans de Suisse and Others v. Swiss

Application. no. 66274/09, 2011. 11. 8. 선고

2008년 이슬람 첨탑 건축 반대를 위한 주민 제안에 의해 스위스는 2009년 국민투표에 의해 헌법을 개정하여 개정헌법에 "첨탑 건축은 금지한다"라는 조문이 신설되었다.

이에 첨탑 건축 금지 행위는 종교의 자유에 대한 위반이며 종교에 근거한 차별에 해당하는 것임을 주장하였으나, 법원은 동 조문이 청구인들에게 실제적인 어떤 효과를 갖는 것이 아니어서 청구인들이 협약 위반의 직접적 피해자가 아니라고 보았으며, 잠재적 피해자 개념을 상정하더라도 청구인들이 가까운 장래에 그러한 첨탑을 건축할 것이라고 주장하지 않았기 때문에 단순한 가능성만으로는 잠재적 피해자로 인정할 수 없다고 보아 각하함.

1. 주요 사실

첫 번째 사건의 청구인은 콰르디리 씨로 1978~2007년까지 제네바 무슬림 대변인으로 일한 회교도인으로 제네바에 설립 근거지를 둔 상호이해재단의 이사이다. 두 번째 사건의 청구인들은 스위스법에 따른 3개 협회와 1개의 재단이다.

청구인 협회와 재단은 스위스 거주 회교도인들에게 사회적 및 정신적 지원을 제공하는 목적을 추구하고 있다. 2008.7.8., 113,540명의 스위스 국민의 서명에 의하여 "(이슬람) 첨탑건축 반대" 주민 제안이 연방정부에 제출되었다. 동 제안은 첨탑 건축을 금지하기 위해 스위스 헌법의 부분 개정을 목표하는 것이었다. 2008.7.28. 연방 정부는 동 주민 제안이 유효함을 인정하였다. 2009. 6.12. 연방의회는 주민 제안의 정당성을 확인해주고 국민 및 캔톤의 투표에 이를 회부하는 것으로 결정하는 명령을 통과시켰다.

2009.11.29. 국민투표가 실시되었다. 투표자수의 57.5%가 동 제안에 찬성했다. 17개 캔톤 및 5개 준캔톤이 찬성하여 헌법개정이 승인되었다. 헌법 제72조 제3항은 다음과 같다. "첨탑 건축은 금지한다."

2. 청구 요지

제9조 및 제14조에 근거하여 청구인 모두 첨탑 건축 금지 행위는 종교의 자유에 대한 위반이며 종교에 근거한 차별에 해당하는 것이라고 주장하였다. 제13조에 근거해서는 청구인 콰디리는 또한 문제의 헌법 개정이 협약에 위반하는 것이라고 판단을 구할 수 있는 어떤 효과적인 구제수단도 없다고 하였다.

이 청구는 2009.12.16. 접수되었다.

3. 법원의 판단

가. 제9조 및 제14조 (모든 청구인)

법원은 청구가 허용되기 위해서는 협약(제34조) 위반의 "희생자"라고 주장할 수 있는 청구인이 제소해야 한다는 점을 지적하였다. 이것은 주장하는 위반행위의 직접적 희생자에 관계된 것이며 달리 말하면 소위 침해 행위를 구성한다는 사안에 의하여 직접적으로 영향을 받는 사람이어야 한다는 것이다. 그러나 법원은 또한 매우 예외적인 경우이기는 하지만 침해행위를 구성한다고 주장하는 사안에 의하여 영향을 받을 수 있는 일정한 범위의 사람들은 간접적 또는 잠재적 희생자로 그러한 희생자 자격을 가질 수 있다고 보았다.

이 사건에서 청구인에 관한 한, 법원은 동 주장은 문제된 헌법 규정이 애초부터 자신들의 종교적 신념을 공격한다는 것임을 유념하였다. 그렇지만 청구인들은 동 조항이 자신들에게 어떤 실제적인 효과를 갖는다고 주장하지는 않았다. 따라서 법원의 견해로는 청구인들은 협약 위반의 직접적 희생자는 아니라고 본 것이었다.

그렇다면 법원은 청구인들이 잠재적 희생자로서 침해를 주장할 수 있는지를 결정해야 했다. 법원은 청구인들이 가까운 장래에 첨탑이 있는 이슬람사원을 건축할 것이라고 주장하지는 않았음을 유념했다. 따라서 문제의 헌법 규정이 자신들에게 적용될 개연성을 보여주지 않았다. 법원의 견해로는 어느 미래 시점에 있을 수도 있을 단순한 가능성만으로는 충분치 않았던 것이다. 이에 따라 동 청구는 스위스에서 일반적인 방법에 의해서 적용할 수 있는 헌법 규정에 대해 이의를 제기하는 것에 의도를 갖고 있는 만큼 법원은 동청구가 잠재적 희생자의 지위를 부여할 정도의 고도의 예외적 사정임을 입증하지 못했다고 보았다. 나아가 법원은 스위스의 각급 법원은 향후 발생할 수 있을 첨탑 건축의 불허에 대해 협약과의 양립성 문제를 심사할 수 있다고 보았다. 법원은 이와 관련하여 스위스 연방법원의 최근 판례를 원용하였다.

그러므로 양 사건에서 법원은 이러한 청구는 허용되지 않는다고 선언하고 협약 제35조 제3항 및 제4항에 따라 이를 각하하였다.

나. 제13조 (콰디리 씨)

제13조는 협약에 반한다는 이유로 국가의 입법을 다투는 구제절차를 보증하지 않음을 법원은 재차 강조한다. 이러한 주장은 따라서 명백히 근거 없는 것으로 처리된다. 법원은 이에 따라 협약 제35조 제3항 및 제4항에 따라 이를 허용할 수 없는 것으로 각하하는 것으로 선언하였다.

[65] 양심적 병역거부 Bayatyan v. Armenia

Application no. 23459/03, 2011. 7. 7. 선고

제9조 (사상, 양심 및 종교의 자유) 위반

이 건은 여호와의 증인으로서 양심적 병역거부자에 대한 2003년의 유죄 인정에 관련된 것이다. 청구인은 아르메니아 정부의 2001.1.25. 유럽이사회 가입시 3년 이내에 의무복무제에 대한 민간 대체복무제를 도입하기로 하고 양심적 병역거부자로서 투옥되어 있는 모든 사람에게 사면을 약속하였음에도 불구하고 투옥되었다.

법원은 유죄인정은 양심 및 종교의 자유에 대한 위반이며, 이는 민주사회에서 필요한 것으

로 인정될 수 없다고 판단하였다.

1. 주요 사실

청구인 바한 바야티안은 1983년생의 아르메니아인이다. 그는 여호와의 증인이다.

그는 17세 되었을 때 징집대상자로 선정되었고 2001년 봄 소집대상자가 되었다.

2001.4.1. 그는 아르메니아 검찰총장, 아르메니아 군사위원장 및 의회 인권위원회에 자신이 기독교인으로 병역을 수행할 수 없으나 대신에 민간 대체 복무를 준비하고 있다고 편지를 보냈다.

18세가 되어, 그는 2001.5.15.자로 병역 소집의 명령을 받게 되었다.

2001.5.29. 의회 국가 및 법률관계 위원회는, 아르메니아에는 대체복무제도를 규정한 법률이 없으므로 그는 복무할 의무가 있으며, 이것은 아르메니아 헌법과 군사책임법 양쪽에서 18~27세에 달한 모든 남성은 병역을 이행해야 한다고 하기 때문이라고 그에게 통지하였다.

2001.8.1. 형법 제75조에 의하여 징집 기피 혐의로 바야티안에 대한 형사절차가 개시되었다.

2003. 1월에 최종적으로 확정된 파기원의 판결에서 바야티안은 징집기피에 대해 유죄가 인정되고 징역 2년 6개월이 선고되었다. 공판중에 바야티안은 교도소에서 시간을 보내는 것보다는 사회적으로 유용한 일을 하는 것이 보다 생산적이 될 것이라는 의견을 내면서 다시 한 번 민간 대체복무를 요구하였다.

그는 수감되었고, 2003. 7월, 10개월 반달 가량의 형기를 마친 후 가석방으로 석방되었다.

양심적 병역 거부자에게 민간 대체복무를 규정한 아르메니아 대체복무법은 2003. 12.17. 의회를 통과하였고, 2004.7.1. 시행되었다.

2. 청구 요지

바야티안 씨는 제9조에 근거하여 양심적 근거에 의한 병역거부에도 불구하고 자신의 징집기피에 대한 유죄인정에 대해 제소하였다.

이 건은 2003.7.22. 법원에 접수되었고 2006.12.12. 허용되었다.

2009.10.27. 판결에서 지정 재판부는 제9조 위반이 없었다고 판시했다. 2010. 5.10. 이 사건은 바야티안 씨의 요청으로 대재판부로 이관되었다. 2010.11.24. 이 사건에 대한 심리가 열렸다.

3. 법원의 판단

가. 제9조

적용여부

지정 재판부는 유럽인권위원회의 확립된 판례법에 따라서 제9조는 제4조(노예의 금지 및 강제 및 강요 노동의 금지)와 결부하여 해석해야 한다고 보았다. 이는 양심적 병역거부를 인정하느냐의 문제는 유럽인권협약을 비준한 각 비준국에 맡겨져 있다는 것이다. 이에 따라서 지정 재판부는 제9조는 양심적 근거에 기한 병역 거부권을 인정하는 것이 아니며 바야티안 씨 사건에 적용불가하다고 판시했던 것이다.

그러나 대재판부는 협약이라는 것은 민주 국가에서 당시에 지배적인 상황과 사고에 비추어 해석해야 하는 살아있는 문서라는 점을 강조한다.

제9조에 의한 청구인의 권리에 대한 침해가 발생한 2002~2003년에는 아르메니아는 제쳐 놓고 오직 4개국의 유럽이사국만이 양심적 병역거부의 지위를 주장할 가능성이 없었다. 그렇지만 이들 중 3개국은 이미 자신들의 헌법에 양심적 병역거부권을 인정하고 있었으나 아직 법률을 시행하지는 못했다.

여전히 의무 복무제를 도입하고 있는 거의 모든 이사국들은 여러 관점에서 양심적 병역거부의 권리를 인정하고 이를 시행하는 법률을 도입하였다. 그 최초는 1916년의 영국이며, 덴마크(1917), 스웨덴(1920), 네덜란드(1920~1923), 노르웨이(1922), 핀란드(1931), 독일(1949), 프랑스 및 룩셈부르크(1963), 벨기에(1964), 이탈리아(1972), 오스트리아(1974), 포르투갈(1976) 및 스페인(1978)이 그 뒤를 이었다.

거의 모든 기존의 이사국과 장래 가입할 이사국이 아직 인정하지 않고 있었던 때인 1980년대와 1990년대에 발생한 양심적 병역거부 인정의 큰 물결은 그들의 법제에 그러한 권리를 도입하였다. 이러한 나라들로는, 폴란드(1988), 체코 및 헝가리(1989), 크로아티아(1990), 에스토니아, 몰도바 및 슬로베니아(1991), 사이프러스, 구 유고연방(2006년에 세르비아와 몬테네그로로 분리되었으나 권리 인정) 및 우크라이나(1992), 라트비아(1993), 슬로바키아 공화국 및 스위스(1995), 보스니아, 헤르체코비나, 리투아니아 및 루마니아(1996), 조지아 및 그리스(1997), 그리고 불가리아(1998) 이다.

아직 인정하지 않는 이사국으로 구유고 마케도니아 공화국은 1992년 초 비무장 군복무를 허용하였고 2001년에는 민간 대체복무를 도입하였다. 러시아와 알바니아는 1993년과 1998년 각각 헌법상 그 권리를 인정하여 2003년과 2004년에 법률을 도입하였다. 아제르바이젠은 1995년에 헌법상 양심적 병역거부의 권리를 인정하였다. 터키에서는 양심적 병역거부가 인정되지 않고 있다.

양심적 병역거부를 인정하고 완전히 시행되는 대부분의 이사국에서, 양심적 병역거부자의 지위는 루마니아와 우크라이나를 제외하고는 종교적 신념만이 아니라 비교적 널리 비종교적 성격의 개인적 신념에 의해서도 주장할 수 있다. 일부 이사국에서 양심적 병역거부자의 지위를 주장하는 권리는 단지 평시에만 적용되는데, 여기에는 폴란드, 벨기에 및 핀란드가 그 예이고, 다른 경우로서 몬테네그로, 슬로바키아 공화국에서는 이러한 권리는 오직 국가 총동원시 또는 전시에만 적용된다. 끝으로 핀란드와 같은 나라는 일정한 양심적 병역거부자들에게 대체 복무의 면제도 허용하고 있다.

바야티안 씨 사건을 다룰 당시, 유럽이사국의 대다수는 이미 법률상 그리고 실제에 있어서 양심적 병역거부를 인정하고 있었다. 그 이후 아르메니아 역시 그 권리를 인정하였다. 관련 국제 조약에 따라, 이사국들의 법률은 그렇게 발전하여서 이미 유럽에서는 실질적인 합의가 있었던 것이다. 그러므로 2002~2023년에 발생하였던 이 건과 관련해서 제9조의 해석의 변화를 예상하지 못했다고 말할 수는 없는 것이다.

대재판부는 제9조는 더 이상 협약 제4조 제3항(b)와 결부시켜 해석할 수 없다고 결론은 내린다. 결과적으로 청구인의 주장은 오직 제9조만을 근거로 심리해야 한다.

제9조는 양심적 병역거부의 권리를 명시적으로 언급하고 있지는 않다. 그러나 대재판부는 양심적 병역거부는 이것이 군복무를 이행해야 할 의무와 개인의 신념 또는 깊게 자리 잡은 순전히 종교적인 아니면 다른 신념 간에 심각한 갈등에 의하여 촉발되는 경우에 제9조의 보장을 받을 수 있는 충분한 설득력, 진지성, 일관성 및 중요성을 갖는 확신 또는 신념을 구성한다.

바야티안 씨는 여호와의 증인으로 비무장이라도 군복무에 반대하는 종파의 일원이다. 대재판부는 그러므로 그의 병역거부행위는 그의 종교적 신념에 기인한 것이며 병역을 이행해야 하는 그의 의무와 심각한 충돌 상태에 있었다. 따라서 이 건에 제9조는 적용가능하다.

대재판부는 바야티안 씨가 병역신고를 하지 아니한 것은 자신의 종교적 신념의 발현이라고 본다. 그의 징집 기피에 대한 확신은 그러므로 자신의 종교를 명백히 할 자유에 대한 침해에 해당한다.

대재판부는 그의 신념이 합법적인가 아닌가의 문제는 논하지 않는다. 그것은 접근가능하고 명백한 법률에 토대를 둔 것이다. 그러나 아르메니아 당국 역시 대체복무제에 관한 법률을 도입하고 또한 양심적 병역거부자를 가석방할 책무가 있다.

대재판부는 그의 유죄판결의 배경에는 공공질서의 보호라든지 타인의 권리 보호라는 합법적 목적이 있다는 아르메니아 정부의 주장에 대해서는 이를 판단할 필요가 있다고 보지 않는다. 그러나 아르메니아 정부 측 주장을 보건대, 그들이 민간 대체복무를 도입할 것을 약속하였고 묵시적으로 새로운 양심적 병역 거부자들에 대한 유죄판결을 회피함으로써 신빙성이 없다.

그의 유죄판결이 "민주사회에서 필요한 것"인지 여부에 관해서, 대재판부는 과거에 또는 현재 의무 복무제를 채택하고 있는 거의 모든 47개 유럽이사국이 대체복무제를 도입한 것을 주목한다. 따라서 그렇게 하지 아니한 국가는 종교의 자유에 대한 개인의 권리에 대한 침해를 정당화하기 위해서는 설득력 있고 강력한 이유를 제시해야 한다.

대재판부는 여호와의 증인인 바야티안 씨는 개인적 이익이나 편의를 위해서가 아니라 순전히 종교적 확신 때문에 병역회피를 원하였음을 주목한다. 당시 아르메니아에는 어떤 대체복무제도도 없었기 때문에 그는 그의 신념을 지키기 위해 군 징집을 거부할 수밖에 없었으며 따라서 형사처벌을 감수하였던 것이다. 그러한 시스템은 사회 전체의 이익과 청구인 개인의 이익 간에 공정한 균형점을 찾을 수 없다. 대재판부는 그러므로 양심과 신념에 대한 관용이 없는 상황에서 형벌 부과는 민주사회에서 필요한 조치로 간주될 수 없다고 본다. 유럽의 대다수 국가의 경험으로 나타났던, 상호 경합하는 제이익을 조화시키기 위한 실용적이며 효과적인 대안들이 존재하고 있다는 점을 고려한다면 그것은 필요한 것으로 볼 수 없는 것이다.

대재판부는 어떤 종류의 의무복무제도도 시민들에게 중한 부담을 주는 것임을 인정한다. 그러나 형평한 방법으로 공유된다면, 그리고 그러한 의무에서 면제되는 것이 바야티안 씨 사건의 경우처럼 견고하고 설득력 있는 이유에 기초를 둔 것이라면 수용될 수 있는 것이다.

대재판부는 다원주의, 관용 및 관대성의 정신이 민주사회의 특질임을 다시 강조한다. 민주주의는 다수의 견해가 항상 지배하는 것을 의미하는 것만은 아니다. 소수자에 대한 공정하고 적절한 대우를 확보하고 또한 지배적 지위의 남용을 회피할 수 있는 균형이 추구되어야 한다. 소수 종교적 집단에게 자신들의 믿음에 따라 사회에 기여할 기회를 제공함으로써 그들의 믿음에 대해 국가가 존중을 표시하는 것은, 아르메니아 정부가 주장하는 것과 같은 부당한 불공정 또는 차별을 발생시키기 보다는, 응집력 있고 안정적인 다원주의를 확보하고 또한 사회 속에서 종교적 조화 및 관용을 조장할 수 있을 것이다.

바야티안 씨에 대한 기소와 처벌은 아르메니아 정부가 이미 대체복무제를 도입할 것을 공식적으로 약속한 당시에 발생하였다. 그 기간 중 양심적 병역거부자를 처벌하지 않겠다는 약속은 형기를 마치지 않은 모든 양심적 병역거부자를 석방할 책무도 있었음을 의미한다. 그러므로 양심적 병역거부에 대한 유죄인정은 아르메니아의 국제적 약속에 따라 이를 국내에서 실시할 예정인 공식적 개혁정책과 입법의 변화와 직접적으로 충돌하며, 또한 압도적인 사회적 필요성에 의한 것이라고 말할 수도 없다. 더욱이 대체복무법률은 바야티안 씨의 판결이 확정된 후 1년 후에 채택되었다. 그가 후에 가석방으로 풀려났다는 사실이 그러한 상황에 영향을 미치지 않는다. 더군다나 신법이 채택되었다고 하여 그의 사건에 어떤 영향을 주지도 않았다.

그러므로 법원은 바야티안 씨에 대한 유죄인정은 제9조를 위반한 것으로서, 민주사회에서 필요한 것이 아닌 종교의 자유에 대한 그의 권리침해를 구성한다고 판단한다.

나. 보상

법원은 아르메니아 정부가 바야티안 씨에게 비재산적 손해로 10,000 유로, 그리고 비용과 경비로 10,000 유로를 지급할 것을 명한다.

제9장 표현의 자유

유럽인권협약 제10조 (표현의 자유)

1. 모든 사람은 표현의 자유에 대한 권리를 갖는다. 이 권리에는 의견을 갖는 자유, 또 공권의 개입을 받지 않고, 국경에 관계없이 정보 및 사상을 주고받는 자유가 포함된다….
2. 이러한 자유의 행사는 책무와 책임이 따른 것으로서, 국가안전, 영토보전 또는 공공의 안전을 위하거나, 무질서나 범죄의 진압을 위하거나, 건강과 도덕의 보호를 위하거나, 타인의 명예와 권리의 보호를 위하거나, 비밀로 수집한 정보의 공개를 방지하거나 또는 사법부의 권위와 공평성을 유지하기 위하여, 법률에 의하여 규정되고 민주사회에서 필요한 경우에 법률로 그 절차, 조건, 제약 또는 형벌을 과할 수 있다.

B규약

1. 모든 사람은 간섭받지 아니하고 의견을 가질 권리를 가진다.
2. 모든 사람은 표현의 자유에 대한 권리를 가진다. 이 권리는 구두, 서면 또는 인쇄, 예술의 형태 또는 스스로 선택하는 기타의 방법을 통하여 국경에 관계없이 모든 종류의 정보와 사상을 추구하고 접수하며 전달하는 자유를 포함한다.
3. 이 조 제2항에 규정된 권리의 행사에는 특별한 의무와 책임이 따른다. 따라서 그러한 권리의 행사는 일정한 제한을 받을 수 있다. 다만 그 제한은 법률에 의하여 규정되고 또한 다음 사항을 위하여 필요한 경우에만 한정된다.

(a) 타인의 권리 또는 신용의 존중.

(b) 국가안보 또는 공공질서 또는 공중보건 또는 도덕의 보호.

[66] 공적 관심사항

Scharsach and News Verlags- gesellschaft GmbH v. Austria

Application no. 39394/98, 2003.11.13 선고

제10조 (표현의 자유) 위반

청구인은 언론인이며 언론사 소유주로, 오지리 연립정부 구성시 국민당과의 연합은 바람직하지 않다고 하면서, 국민당이 극우 이념에서 단절하지 못하는 상황을 묘사하고 그러한 면면을 보여주는 인사들을 거명하며, 오지리에서 매우 경멸적인 의미로 사용되는 용어인 "숨은 나치"라는 표현을 사용한 것에 대해 명예훼손죄의 형벌을 부과한 행위가 협약 제10조의 표현의 자유에 반한다고 주장함.

유럽인권법원은 오지리 당국의 행위가 표현의 자유를 침해하는 행위라고 인정하여 손해배상을 명함.[2)]

1. 주요 사실

청구인은 비엔나에 거주하는 오지리 언론인 샤르작 씨이고, 또다른 청구인은 자신이 발행인이며 소유주로 되어 있는 주간 뉴스잡지인 "News" 社이다.

1995년 동 社는 하이더가 당수인 오지리 자유당(FPO)과의 연립정부의 가능성에 반대하는 "흑과 적 대신에 갈색?"(Braun statt Schwarz und Rot)이라는 제하의 기사를 게재했다. 오지리에서 "갈색"은 국가사회주의이념과의 연계를 의미하고, "흑색"은 국민당, "적색"은 사회민주당을 의미한다. 이 기사는 극우와 단절할 수 없었던 FPO의 당원들을 비난하면서, 1980년대에 이 당을 탈당했던 "old closet Nazis(숨은 나치)"가 하이더 밑에 집결했다는 기사, 로젠크란츠 씨를 포함해 다수의 사람을 거명하는 기사를 실었다.

이 기사를 쓴 샤르작 씨는 자유당과의 연립정부 구성이 왜 바람직하지 않은가를 밝히

2) 이 사건에서 표현의 자유에 대한 제한의 한계를 읽을 수 있어, 판결이유를 보다 상설하기로 한다.

면서, 하이더 당수와 그 휘하의 여러 명의 당원들이 제창했던 독일식 애국주의, 쇼비니즘, 독일과의 향수어린 친밀성, 인종주의 성향, 오지리 일등주의 등을 거론하면서 그러한 정치 성향에 따른 예상되는 외국의 부정적 반응을 기술하였다.

당시 로젠크란츠 씨는 정치인으로 니더왜스터라이히 지방의회 의원이고 동 지방의 FPO의 부의장이었다. 그녀의 남편은 유명한 우파 정치인이자 극우로 간주되는 "Fakten" 신문사 발행인이었다.

로젠크란츠 씨는 샤르작 씨를 명예훼손으로 고소하고 샤르작 씨가 발행인으로 있는 "News" 사를 상대로 손배배상소송을 제기하였다.

1998.6.21. 지방법원은 명예훼손에 대해 유죄를 인정하고 6만 실링을 배상하도록 하였다. 간행물법에 의해 "News"사는 원고에게 ATS 3만을 지급하도록 되었다. 동 지방법원은 동 기사가 로젠크란츠 씨가 비밀 신 나치 활동에 관여하고 있음을 넌지시 비추고 있으나, 이것이 입증되지 않는다고 인정했던 것이다.

동 지방법원은 판결이유에서 "숨은 나치"와의 연계를 기술하는 부분은 평균적 독자가 받아들이는 방법으로 이해되어야 한다고 하면서, 이 말은 국가사회주의 이념을 지지하는 사람을 기술하는 데 이용되는 것이어서, 특정인을 이러한 국가사회주의 이념 추종자 집단에 속하는 것으로 분류하는 것은 경멸적 성격을 갖는 것이며 명예와 도덕성에 반하는 방법으로 행동하는 것을 의미하는 것이라고 보았다.

청구인은 항소했으나 이 건은 기각되었다.

2. 청구 요지

청구인은 형법 및 미디어 법에 의한 명예훼손의 유죄인정이 협약 제10조의 표현의 자유에 대한 권리를 침해했다고 주장한다.

3. 법원의 판단

가. 청구인에 대한 유죄판결의 정당성 여하

유럽인권법원은 표현의 자유에 대한 제한은 협약 제10조의 세 가지 요건을 충족해야 한다고 보았다.

첫째, "법률이 정하는" 바에 의하여만 제한될 수 있다. 이 점에서 형법 제111조의 명예훼손죄 규정 및 간행물법 제6조는 법률이 정하는 자유제한 규정이다.

둘째, 합법적 목적을 추구하기 위해서만 제한할 수 있다. 즉, 위 법률규정들은 협약 제10조 제2항의 의미상 타인의 명예 또는 권리 보호를 위한 점이라는 데 이견이 없다.

셋째, 그 제한은 "민주주의 사회에서 필요한 것"이어야 한다. 청구인은 문제가 된 용어는 가치 판단의 기술이지 사실의 진술이 아니라는 점에서 오지리법원의 판단이 잘못 된 것이라고 주장한다. 로젠크라츠 씨가 FPO당원이며, 남편을 통해 그녀는 신 나치와 직접적 연결 관계에 있었으며, 그녀는 때로 극우지 잡지의 교정 작업을 도와준 적이 있으며, 국가사회주의 이념에서 절연한다고 이를 명백히 그리고 공적으로 표명한 적이 없었다는 것이다. 그리고 청구인은 로젠크란츠 씨의 명예를 훼손할 의도가 없었고 다만 FPO내에서의 그녀의 위치 및 신 나치 이념과의 단절하지 않는 것을 비판하고자 했다고 한다.

따라서 기사는 결코 과도한 것이 아니고, 로젠크란츠 씨는 정치인이자 하원의원으로 기사의 비판을 감수해야 한다고 하면서 자신에 대한 유죄판결과 자신 소유의 언론사에 대한 벌금부과는 명백히 형평하지 않다고 주장했다.

이에 대해 오지리 정부는 청구인의 기사는 로젠크란츠 씨가 입증되지 않는 신 나치 활동을 한 것으로 암시하는 사실의 기술로 보아야 한다고 했다. 오지리에서 국가사회주의를 추종하는 여러 형태의 활동은 매우 중한 형벌로 처벌하고 있는 "금지법"상 금지된 행위이고, 특정인이 이러한 국가사회주의와 관련이 있다는 주장은 치욕인 것이다.

법원은 이 문제에 먼저 일반론적으로 접근했다. 협약 제10조와 관련한 법원의 판례법 일반은 다음과 같다.

• 언론은 민주주의 사회에서 긴요한 역할을 한다. 타인의 명예와 권리와 관련해서는

일정한 제약이 있으나 모든 공적관심사에 대한 정보와 사상을 전하는 것이 언론의 책무이다. 아울러 공중도 이것을 전달받을 권리를 갖는다. 그렇지 못하다면 언론은 "공적 감시견"의 사활적 역할을 수행할 수 없게 될 것이다

• 표현의 자유는 민주사회의 긴요한 토대의 하나이며, 그 사회의 발전과 개개인의 자아완성을 위한 기본적 조건의 하나가 된다. 또한 호의적으로 받아들여지거나 또는 비공격적인 것이거나 대수롭지 않은 정보와 사상에만 적용되는 것이 아니라 공격적이고, 쇼킹한 것 또는 혼란을 야기하는 그러한 정보나 사상도 포함된다. 표현의 자유는 제약은 있지만 엄격히 해석해야 하고 제약의 필요성은 설득력이 있어야 한다.

• 협약상 정치적 발언 또는 공적관심사항에 대한 토론에 대해 제10조 제2항의 적용 여지가 거의 없다. 더욱이 정치인에 있어서는 사적 개인에 비하여 수용 가능한 비판의 한계가 더욱 넓다. 정치인의 경우는 필연적으로 그리고 의도적으로 언론인과 공중일반에 의하여 자신의 말과 행동에 대해 심층적 검증에 자신을 맡기고 있는 것이며 결과적으로 훨씬 큰 정도의 관용성을 보여야 한다.

• 필요성 개념은 "강력한 사회적 요구"를 내포한다. 협약 당사국은 많은 재량의 여지를 갖지만 이것은 다소 상황에 의존하는 유럽의 감독체제와 보조를 맞추는 것이다. 당사국이 재량의 범위 내에서 내리는 결정을 심사함에 있어서, 협약 기관은 어떤 쟁점이 된 제한행위가 추구하는 합목적성에 "적절한 것인지" 여부, 그리고 그 제한을 정당화하는 이유가 "타당하고 충분한지" 여부를 결정해야 한다.

• 내려진 형벌의 성격과 중대성 역시 제한행위의 비례성을 평가할 때 고려해야 하는 요소가 된다.

이러한 유럽인권협약의 판례법상 확립된 원칙에 따라 법원은 다음 요소들을 심리하였다.

국가 관여의 정도

청구인에게 부과한 약 4,360 유로에 대한 3년 유예의 벌금형은 비록 그것이 유예가 되고 낮은 단계의 형벌이지만 형법상 형벌이고 청구인의 범죄기록에 등재된다.

두 번째, 청구인이 운영하는 언론사는 2,180 유로를 로젠크란츠 씨에게 손해배상하라고 하였다. 유럽인권법원은 이것은 적정하다고 보았다.

청구인 및 로젠크란츠 씨의 지위

청구인은 직업이 언론인이고, 문제의 기사가 실린 언론지는 청구인 소유이다. 로젠크란츠 씨는 정치인이고 현재 FPO의 니덜왜스터라이히 지방(우리나라 "도"급 해당) 지구당 위원장이며, 사건발생 시에는 FPO의 니더왜스터라이히 지방 부위원장으로 니더왜스터라이히 지방의회 의원이었다.

동기사의 내용

문제된 기사는 하이더 당수의 지도 아래 있는 FPO와 연립정부구성이 가능한가 하는 청구인의 생각, 즉 그러한 연립정부는 바람직하지 않다고 하는 청구인의 견해를 표출한 내용이었다. 이 기사는 따라서 당시 공적관심사에 관한 정치적 함의를 갖는 것이었다.

국내 법원의 판결이유

오지리 각급법원이 내린 판결이유에 관해, 유럽인권법원은 쟁점이 된 기사의 해당부분은 가치평가이지 로젠크란츠 씨의 비밀 신 나치 활동을 암시하는 사실의 진술이 아니라는 청구인의 주장을 수용하지 않았다고 보았다. 오지리 법원에 의하면 특정인을 특정 집단 소속으로 보는 것은 경멸적인 성격을 갖고 명예와 도덕에 반하는 방법으로 행동하는 것이라 하였다. 따라서 그러한 기사가 로젠베르크 씨의 명예를 훼손했다는 것이다.

법원은 오지리 법원이 중대하다고 본 이유를 심의했다. 또한 그 이유가 협약 제10조 제2항의 규정상 "충분"한 것인지 심리하였다.

법원은 문제의 기사는 정치적 맥락에서 쓴 것이고, "숨은 나치"라는 용어는 극우로부터 단절하지 못하는 FPO 당원들을 비난하는 문구와 연결해서 사용된 것이라 보고, 오지리 법원이 문제된 용어의 의미를 평가함에 있어서 그 용어가 사용된 정치적 맥락을 충분히 고려하지 않았다고 보았다.

동 기사 중, 로젠크란츠 씨의 이름이 극우적 입장에서 단절하지 못하는 것을 비난하는 문구중에 다른 FPO 당원들과 함께 거명된 점을 보면, "숨은 나치" 용어는 정치 토론에서 이 표현을 처음 사용했던 스테거 씨가 여기에 부여하였던 의미, 즉 국가사회주의 이념과 애매한 관련을 갖는 사람을 기술하는데 이용되었던 의미로 이해해야 한다고 보았다.

법원은 "숨은 나치"라는 용어가 가치판단의 진술이라는 주장에 대해 오지리 국내법원이 이를 전혀 심리하지 않았음도 지적했다. 로젠크란츠 씨가 신 나치의 일원이라는 증거가 전혀 없다는 오지리 법원의 판단에 대해, 법원은 문제된 기사의 부분은 사실의 진술이 아니라, 허용 가능한 범위내의 가치판단으로서 이해해야 한다고 보았다. 로젠크란츠 씨는 극우로 간주되는 잡지사 편집장이자, 유명한 극우정치인의 처이다. 또한 그녀도 정치인이면서 남편의 정치적 견해와 달리한다는 점을 결코 공개적으로 표명한 적이 없고 오히려 "금지법"을 비판한 바 있다. 이러한 맥락에서 문제된 기사의 핵심은 FPO 정치인들이 극우로부터 분명하게 자신들을 단절하지 못하는 것을 비난하는 것이다. 이러한 일련의 사실은 로젠크란츠 씨의 극우정치적 입장에 대한 태도는 적어도 분명하지 않다는 점이 인정되므로 법원은 청구인이 정단한 논평을 한 것이라고 보고, 이 기사내용은 중요한 공적 관심사항에 대한 가치판단이라고 보았다.

나치라는 용어의 사용은 이 말에 함의된 특별한 흠을 이유로 그 자체 명예훼손의 죄책을 정당화하지는 않는다. 법원은 관할 법원에 의해 형사책임을 물을 수 있을 엄격성의 정도는, 공적 관심사에 대한 의견을 표명할 때, 특히 가치판단의 형태로 자신의 의견을 표명할 때에 저널리스트가 준수해야하는 책임의 정도와 비교할 수 없다고 한다. 법원은 따라서 로젠크란츠 씨가 남편의 정치 활동이 전혀 부도덕하지 않다고 하는 그녀의 발언과 관련해서 이 말이 금지법에 저촉하여 유죄가 되지 않았다는 오지리 법원의 이유에 동조하지 않았다. 즉 도덕성 측면에서 어떤 사람의 정치적 활동을 평가할 때 적용되는 기준과 형사법상 범죄가 되는 행위에 요구되는 기준은 다르다는 것이다.

로젠크란츠 씨가 정치인이라는 점, 한편으로 공적 관심사항에 관해 정보와 생각을 전파하는 것이 언론인과 언론의 역할이라는 점을 고려한다면, 숨은 나치라는 표현이 공격적이기는 하나, 이 사건의 정황상 수용가능 한계를 일탈한 것으로 볼 수 없다는 것이 법원의 입장이었다.

결론적으로 법원은 오지리 법원이 적용한 기준은 유럽인권협약 제10조에 구현된 원칙에 저촉되고 오지리 법원이 청구인을 명예훼손죄로 선고하고 문제의 비판적 기사를 실은 청구인의 언론사에 벌금을 부과한 것에 대해 이를 정당화할 "충분한" 이유를 제시하지 못했음을 인정했다. 공적 관심사항에 대한 논의를 제약할 수 있는 여지가 협약 제10조 제2항에 거의 없다는 점을 고려하여, 법원은 오지리 국내법원이 당사국에 부여된 협소한 재량의 여지를 일탈했고, 국가에 의한 개입이 그 추구하는 목적에 적합지 않았으며 또한 "민주사회에 있어서 필요한 것"이 아니라고 인정하여 협약 제10조 위반이 있다고 판단했다.

나. 보상

법원은 오지리 정부가 청구인 샤르작 씨에게 정신적 손해배상으로 5천 유로를, 금전적 손해로 샤르작 씨와 샤르작 씨의 회사에 각 3,418.38 유로 및 9,229.45 유로를 배상하도록 명했다.

[67] 공무원의 헌법에의 충성 Vogt v. Germany

Application no. 17851/91, 1995. 9. 26. 선고

제10조 (표현의 자유) 위반

제11조 (집회 및 결사의 자유) 위반

보그트 씨는 대학재학시절 독일공산당(DKP) 당원으로 활동하였고, 정식의 고교교사(공무원)로 임용되었으나, 임용 후에도 DKP를 위한 적극적 활동을 전개하자 이를 이유로 징계절차에 회부되어 해직에 이르게 되었는데, 독일의 징계법원과 헌법재판소는 DKP가 위헌정당은 아니라도, 그 목적이 마르크스 노선을 따르는 등 독일의 자유민주적 헌법질서에 배치되어 이를

위해 적극적 역할을 담당한 보그트 씨의 행위는 헌법에의 충성의무에 반한다고 하여 그에 대한 해직은 정당하다고 하였으나, 유럽인권법원은 일반론적으로 공무원의 헌법적 충성만 절대적으로 강조하면, 공무와 사생활의 구분이 없어지는 잘못을 초래할 수 있다고 하면서, 독일어와 불어를 가르치는 보그트 씨의 직무는 본질적으로 안보위험을 내포하지 않으며, 보그트 씨가 학생들 수업에 부적절한 영향력을 행사하지 않은 사실, 독일에서 교사직의 상실은 바로 생계의 상실을 의미한다는 점에서 해직한 행위는 독일정부가 추구하는 목적을 실현하기 위한 적절한 조치가 아니라고 판단하였다.

1. 주요 사실

보그트 씨는 대학재학시설 독일공산당(DKP, Deutsche Kommunistische Partei)당원이었으며 1975.1.1. 고등학교 교사자격시험을 치렀다. 1976. 2월부터 1977. 6월까지 헤세지방의 풀타에서 수습교사생활을 했다. 1977. 6월 고교교사가 되기 위한 2차 시험을 치르고 1977.8.1.자로 수습공무원의 신분으로 교사 직위를 취득하였다. 1979.2.1. 수습기간이 종료되기 전에 그녀는 정년이 보장되는 공무원으로 임용되었다.

보그트 씨는 독일어와 불어를 가르쳤다. 1981. 3월 작성된 보그트씨에 대한 평가보고서에서 그녀의 직무능력은 매우 만족스러운 것으로 기술되었으며 학생, 학부형들 및 그 동료들에 의해서도 호평을 받고 있었다.

징계절차

1982.7.13. 보그트 씨는 니더작센주 공무원법상 공무원으로 지켜야할 헌법에의 충성의무를 이행하지 않았다는 이유로 징계절차가 개시된다는 통보를 받았다. 그녀는 1980년 가을부터 독일공산당을 위하여 다양한 정치적 활동에 관여하였고 특히 니더작센주 의회의 1982년 선거에서 독일공산당 후보로 입후보하였다. 징계절차와 관련하여 작성된 1983.11.22. 징계요구서에는 보그트 씨가 1983.3.6. 연방선거에서 DKP의 정치적 집회

를 대변하고, 팸플릿을 배포하는 등 DKP를 위해 활동했다는 것이다. 1986.2.5.의 추가징계요구서에는 그녀가 1983년 말부터 브레멘주 및 니너작센주의 집행위원회 위원으로 있었고 1984.1.6~8.에 개최된 DKP의 제7차 당회의에 빌헬름하벤 지구당 의장으로 참석하는 등으로 공무원의 의무에 위반했다고 하였다. 1986.12.2. 작성된 제2차 추가징계요구서에는 i) 1986.6.15. 니더작센주의회선거에 DKP의 후보로 출마, ii) DKP 브레멘주 집행위원회 위원으로 계속 활동, iii) DKP 빌헬름하벤 지구당 의장을 계속 역임, iv) 1986.5.2~4에 함부르크에서 개최된 DKP 제8차 당대회에 대의원으로 참여한 사실 등은 공무원의 지위와 양립할 수 없다는 것이었다.

1986.8.12. 베서엠스 지방심의회는 보그트 씨가 상당기간 의도적으로 충성의무를 위반했고, 공무원의 지위는 국가와의 특별한 신뢰관계에 기초하고 있는데, 그 목적이 자유민주적 헌법체계와 양립할 수 없는 정당을 의도적으로 지원하는 경우 이는 고용주와 공무원의 관계의 지속을 위한 긴요한 신뢰의 기초를 깨는 것이라 하면서 보그트 씨의 직무를 잠정 정지시키는 명령을 내렸다. 1986. 10월부터 보그트 씨는 급여의 60%만 지급받았다.

올덴부르크 행정법원 징계부에서의 심의에서 보그트 씨가 DKP 당원, 브레멘주 및 니더작센주 집행위원회 위원, DKP 빌헬름하벤 지구당 의장지위 및 니더작센주 의회선거의 입후보를 이유로 헌법에의 충성의무를 위반했다고 보고 징계조치로 해임을 명하였다. 행정법원은 반 헌법적 목적을 추구한 정당의 적극적 당원자격은 공무원의 헌법에의 충성의무와 양립하지 않는다고 판시했다. DKP의 목적은 1978.10.21. 만하임 강령(DKP의 방법과 목적(1981년 판)에서 미스와 게른스가 작성한 만하임 강령에 대한 분석에 의하면 DKP는 1980년경 공산주의 제국에 존재하는 것과 유사한 형태의 체제를 수립하는 것을 그 목적으로 하고 있고, 마르크스, 엥겔스, 레닌의 지도원칙을 따르고 있다)에 기술되어 있는 것처럼 독일연방공화국의 자유민주적 헌법질서에 명백히 배치되었다.

정당이 기본법 제21조 제2항에 의하여 연방헌법재판소에 의하여 금지되지 않는다고 하더라도 위헌정당이라고 주장될 수 있다. 보그트 씨가 DKP에서 활동한 적극적 역할을 보아, 그녀는 헌법에 반하는 목적을 분명히 지지하였던 것이다. 어느 누구도 의회 의원이 되는 것이 방해받지 않는다는 원칙을 규정한 기본법 제48조 제2항이 보그트 씨가 DKP 후보로 지방선거에 입후보하는 것을 정당화시킬 수 없다. 기본법의 이 원칙은 애초에 다른 목적을 갖는 징계절차와 같은 조치에는 적용되지 않는다. 분명히 공무원의 기본권을 제한하는 헌법에의 충성의무는 전통적인 공무원의 원칙중의 하나이며 기본법 제33조 제5항에 의한 헌법적 지위를 갖는다. 이 의무는 유럽인권협약과 같은 국제조약의 규정에 우선한다.

보그트 씨는 1988.3.18. 니더작센주 징계법원에 항소하였다. 1989.10.31. 판결에서 징계법원은 올덴부르크 행정법원의 판결을 지지하면서 보그트 씨의 항소를 기각하였다.

독일 연방헌법재판소에서의 절차

1989.12.22. 보그트 씨는 연방헌재에 헌법소원을 제기하였으나, 헌재는 이를 기각했다. 연방헌재는 징계법원의 분석은 보그트 씨의 DKP에의 입당, DKP에서의 적극적 역할에 의하여 공무원으로서의 의무를 위반했다고 본 사실에 기초하였다고 보았다. 법원들의 이러한 결론은 충분한 근거가 있고 결코 자의적인 것이 아니라고 보았다. 보그트 씨의 헌법에의 충성의 결여에 관하여 고려하건데, 징계법원은 보그트 씨가 공무원으로서 직무를 계속하기 위하여 필요한 신뢰의 기초가 결핍되어 있다고 본 것은 정당하다. 청구인의 해직은 따라서 그녀의 헌법상 권리에 관해 비례원칙을 침해하는 것이라 볼 수 없다.

2. 청구 요지

보그트 씨는 자신이 DKP 당원으로서 정치적 활동을 한 이유로 공무원직에서 해임한 것은 협약 제10조의 표현의 자유에 대한 자신의 권리를 침해한 것이라 주장하였다.

3. 법원의 판단

가. 협약 제10조 위반 주장

(1) 침해가 있었는지 여부

독일정부는 제10조의 적용을 문제 삼지 않았다. 그러나 법원이 이 쟁점을 주의 깊게 검토할 것을 요구하였다.

법원은 공무원에 채용될 권리는 협약에서 의도적으로 배제되었음을 상기한다. 결과적으로 공무원 임용거부행위는 협약의 제소대상이 될 수 없다. 그러나 이것이 공무원에 대한 해임이 협약상 권리의 하나를 침해하는 경우라면 공무원으로 임용되었던 사람이 그 해임을 다툴 수 없다는 것을 의미하지는 않는다.

공무원은 협약규정의 범위 밖에 있지 않다. 협약 제1조와 제14조에서 체약당사국의 "관할내에 있는 모든 사람"은 "어떤 사유에 의한 차별 없이" 제1조의 권리와 자유를 향유하여야 한다고 규정하고 있다. 또한 당사국이 군인, 경찰 또는 행정부 구성원의 집회 및 결사의 자유의 행사에 특별한 제한을 부과할 수 있도록 규정하는 제11조 제2항은 한편으론 일반원칙으로서 협약상의 보증이 공무원에게도 적용되는 점이 확인되고 있다. 따라서 보그트 씨가 고교교사로 임용될 때 취득했던 정년보장공무원의 지위가 제10조의 보호를 박탈하지 못한다.

보그트 씨는 1979. 2월부터 공무원이었다. 그녀는 독일기본법상 자유민주적 질서를 지지해야 할 공무원의 의무를 이행하지 않았다는 이유로 1986. 8월 직무가 정지되고, 1987년에 해임되었다. 독일당국에 의하면 그녀는 DKP를 위하여 활동했고 자유민주적 질서에 유해한 입장을 표명한 동정당과의 관계를 끊기를 거부했다. 따라서 협약 제10조에 의하여 보호되는 권리의 행사에 대한 침해가 있음은 분명하다.

(2) 그 침해행위가 정당화되는지 여부

이러한 침해행위는 "법률에 의하여 규정된" 것이고, 제2항에 규정된 하나 이상의 합법적 목적을 추구하고 또한 "민주사회에서 필요한" 것이 아닌 한 제10조 위반을 구성하지 않는다.

가) "법률에 의하여 규정된"

독일정부는 동 침해행위가 니더작센주 공무원법 제61조 제2항에 근거하고, 이는 법률에 의하여 규정된 것이라고 하였다.

법원은 국내 법률이 요구하는 엄밀성의 수준은 해당 법률의 내용의 정도, 그것이 커버하고자 의도하는 영역 및 그것이 대상으로 하는 사람의 숫자와 지위에 좌우된다는 점을 지적한다. 더욱이 국내법을 해석하고 이를 적용하는 것은 일차적으로 국내당국이다. 이 사건에서 연방헌법재판소와 연방행정법원은 니더작센주 공무원법을 위시해, 연방 및 주법률에 의하여 공무원들에게 부과된 정치적 충성의무를 분명하게 정의하였다. 그러나 보그트 씨는 니더작센주 공무원법의 해당규정이 요구하는 정치적 충성의무는 결코 명확하지 않고, 판례법도 이 점에 관해 분명하지 않다고 주장하였다.

그러나 독일의 국내법원들은 DKP와 같이 위헌적 목적을 갖는 정당에 공무원이 적극적으로 가담하는 것은 그러한 의무와 양립되지 않는 것이라 분명히 판시했다. 보그트 씨는 징계절차가 시작된 이래로, 그러한 판례법의 존재를 인식하고 있었기 때문에 DKP를 위한 정치적 활동의 결과라든지 탈당거부의 결과에 대한 위험을 인식할 수 있었다.

따라서 보그트 씨의 공무원직 해임은 분명히 법률의 규정에 의한 것이다.

나) 합법적 목적

독일정부는 그 침해행위는 합법적 목적을 갖는 것이라 주장한다. 독일정부는 공무원의 정치적 충성에서 유래하는 표현의 자유에 대한 제약은 국가의 안전을 도모하고, 무질서를 예방하고 타인의 권리를 보호하기 위한 목적을 갖는 것이라 한다.

법원은 대다수 체약국이 공무원에게 주의의무를 과하고 있는 점을 주목한다. 이 사건에서 기본법의 의미 내에서의 자유민주적 헌법질서의 증인이 되고 이를 적극적으로 지지하도록 독일 공무원들에게 부과된 의무는 공무가 헌법과 민주주의의 보장자라는 관념에 기초하고 있다. 이러한 개념은 독일의 경우 특별한 중요성을 갖는데, 이는 독일이 바이마르 공화국 치하의 경험, 나치즘의 공포 이후 수립된 연방공화국으로 하여금 "민주주의 그 자체를 방어할 능력을 갖는 민주주의"(방어적 민주주의) 원칙에 기초한 헌법을 만들게 하였다. 이를 고려하면 법원은 청구인에 대한 해임은 협약 제10조 제2항의 의미상 합법적 목적을 추구하고 있다고 결론을 내리지 않을 수 없다.

다) "민주주의 사회에서 필요한"

(1) 원칙

협약 제10조의 표현의 자유에 관하여 법원이 내린 판결의 기본적 원칙은, 표현의 자유는 민주사회의 불가결의 토대의 하나이며, 민주사회의 진전과 개인의 자기완성을 위한 기본 조건중의 하나이다. 제10조 제2항에 의하면 표현의 자유는 우호적으로 수용되거나 아니면 비공격적이거나 사소한 사항으로 간주되는 "정보" 또는 "사상"에만 적용되는 것이 아니라 공격적이거나, 충격을 주거나 아니면 혼란시키는 그러한 것에도 적용된다. 이것은 다원주의, 관용 및 포용성의 요구와 관련한 것이데, 이것이 없다면 "민주사회"가 존재할 수 없다. 협약 제10조에 규정된 표현의 자유는 이를 좁게 해석해야 할 다수의 예외가 있다.

제10조 제2항의 의미상 "필요한"의 의미에는 "강력한 사회적 요구"의 존재를 내포한다. 체약국은 그러한 요구가 존재하는지 이를 평가함에 있어서 일정한 정도의 재량여지를 갖고 있으나, 유럽적 감독에 부응하는 것이어야 한다. 그러므로 법원은 "제한"이 협약 제10조에 의하여 보호되는 표현의 자유와 조화할 수 있느냐에 대한 최종적 판단의 권한을 갖는다.

이러한 감독적 관할권을 행사함에 있어서 법원은 계쟁의 침해행위를 전체로서 보고, 그 침해행위가 "추구하는 합법적 목적에 비례성"(proportionate to the legitimate aim pursued)을 갖는지 그리고 그 침해행위를 정당화하기 위하여 국내 당국이 도출한 이유가 "적절하고 충분한지"(relevant and sufficient) 이를 판단하는 것이다. 이렇게 함에 있어서 법원은 국내당국이 제10조에 구현된 원칙에 일치하는 기준을 적용하였는지, 그 결정이 관련 사실의 수용 가능한 평가에 기초하였는지 이를 확인하는 것이다.

이러한 원칙은 공무원에게도 적용된다. 공무원 신분이라는 이유로 주의의무를 공무원에게 부과하는 것은 합법적인 것이나 공무원도 협약 제10조의 보호를 받을 자격을 갖는 개인이다. 그러므로 표현의 자유를 누릴 개인의 기본적 권리와 민주사회의 공무가 협약 제10조 제2항에 구현된 목적을 촉진하는 것을 확보함에 있어서 민주국가의 합법적 이익 간에 균형이 공정한지 이를 결정하는 것은 법원의 몫이다.

(2) 위 원칙의 이 사건에의 적용

이 사건에서 법원의 임무는 보그트 씨의 해임이 "강력한 사회적 필요" 요건에 부합하는지 그리고 "추구하는 합법적 목적에 비례성을 갖는지" 이를 판단하는 것이다. 이러한 목적을 위하여 법원은 당시 독일연방공화국의 제 사정에 비추어 이를 심사할 것이다.

1975.5.22 연방헌법재판소는, 독일 공무원들이 따라야 할 정치적 충성의무에는 국가 및 헌법질서를 공격·비방하는 집단에서 공무원들이 분명하게 절연할 의무가 있다고 판시하였다. 당시 독일법원들은 DKP의 목적들이 독일연방공화국의 사회적 구조와 헌법질서를 전복하여 동독체제에 유사한 정치체계의 수립을 목적으로 하고 있다고 하였다.

법원은 민주주의 국가는 공무원들이 그 국가가 기초하고 있는 헌법적 원칙에 충성할 것을 요구할 수 있다는 전제에서 출발한다. 이점과 관련해, 바이마르 공화국 시절의 독일의 경험, 동체제의 붕괴 후의 비참한 체제의 경험과 1949년 기본법의 채택까지의 경험을 고려한다. 독일은 "민주주의를 방어할 수 있는 민주주의"가 되어야 한다는 사고에 기초하여 새로운 국가를 건설함으로써 그러한 경험의 반복을 피하고자 의도하였던 것이다. 이러한 사정이 공무원에 대하여 부과되는 정치적 충성의무에 각별한 비중을 두게 되었다. 그렇다하더라도 독일법원들이 해석하는 절대적 성격의 충성의무는 현저한 것이다. 모든 공무원들에게는 그 직무나 직위에 관계없이 동등하게 그러한 의무를 부과하고 있다. 이것은 모든 공무원이 어떤 사안에 대한 자신의 의견이 어떠하든 관계당국이 헌법에 유해한 것이라고 하는 모든 단체와 운동을 명백히 포기해야한다는 것을 의미한다. 이것은 공무와 사생활 간의 구분을 허용하지 않는다. 이러한 맥락에서는 항상 의무만 부과된다. 당시에 유럽이사회의 어떤 가맹국에서도 이와 유사하게 엄격한 충성의무를 부과한 국가는 없었다.

그러나 법원은 그러한 시스템 자체를 평가하고자 하는 것이 아니라 보그트 씨의 해임에 집중하고자 한다. 의무위반에 대해 징계에 의하여 고교교사를 해임하는 것이 매우 심한 조치라고 보는 데는 몇 가지 이유가 있음을 밝힌다. 첫째 이러한 징계조치가 관계인의 명예에 영향을 주고, 둘째 이러한 방법으로 해임된 고교교사는 적어도 원칙적으로는 그 생계수단을 상실하게 되고, 셋째 이러한 상황에서 고교교사들은 교사로서 다른 직업을 구하는 것이 거의 불가능하다는 점(독일에서는 공무원신분이 아닌 교직은 매우 귀하다)이다. 결과적으로 이러한 교사들은 훈련을 받고 지식과 경험이 축적된 직업을 행사할 기회가 확실히 박탈될 것이다. 고려해야 할 두 번째 관점은 보그트 씨가 고교의 독일어 및 불어 교사이고, 그 직위는 본질적으로 안보위험을 내포하지 않는 다는 점이다.

교사들에게 부과되는 특별한 책무에 반대하여, 그녀가 자신의 직위를 이용하여 수업 중에 학생들에게 다른 방법으로 부적절한 영향력을 행사하거나 주입하려고 하였다면 그러한 가능성에 위험이 있는 것이다. 그렇지만 이 점에 관해 그녀에게 어떤 비난도 나오지 않았다. 거꾸로 청구인의 학교에서의 업무는 감독자들에 의해 전반적으로 만족스러운 결과를 얻고 있었고 학생과 학부모 및 그 동료들에게도 높은 평가를 얻었다. 징계법원도 그녀가 항상 나무랄 데 없는 방법으로 일을 해왔다는 점을 인정했다. 또한 관계당국은 징계절차를 개시하고도 4년 이상이나 청구인의 직무만을 정지시켰다. 이것은 학생들을 그녀의 영향에서 벗어나게 할 필요성이 강력하지 않았다는 것을 보여준 것이다.

교사는 자신의 학생들에게는 권위의 인물이기 때문에, 교사의 특별한 의무내지는 책무는 어느 정도는 학교 밖의 그들의 활동에도 적용된다. 그렇지만 보그트 씨 자신이 학교에서의 업무를 벗어나서 실제로 반 헌법적인 진술을 하였다거나 아니면 반 헌법적 자세를 직접 구현한 증거가 없다. 그녀에 대한 유일한 비난은 DKP에서의 적극적 당원역할, DKP에서 차지했던 지위와 주의회선거의 입후보한 것이다. 보그트 씨는 이러한 활동이 독일의 헌법질서의 원칙에 저촉되지 않는다는 개인적 확신을 일관되게 주장하였다.

끝으로 생각해볼 것은 DKP가 독일연방헌법재판소에 의하여 금지되지 않았고 결과적으로 청구인이 DKP를 위하여 한 활동이 전적으로 합법적이라는 것이다.

전술한 점에 비추어, 법원은 독일정부가 보그트 씨의 표현의 자유에 대한 권리 침해행위를 정당화시키기 위하여 제출한 이유들이 분명히 중요성을 띠고 있지만 그녀를 해고할 만큼 민주사회에서 필요한 것이라고 확신시키기에는 부족하다고 결론을 내린다. 일정한 재량여지를 허용하더라도, 고교교사직에서 보그트 씨를 징계에 의하여 해직한 행위는 추구하고자 하는 합법적 목적에 부적절한 것이다. 따라서 협약 제10조의 위반이 있었다.

나. 제11조 위반주장

청구인은 또한 집회 및 결사의 자유를 규정한 협약 제11조의 결사의 자유에 대한 권리

침해를 제소하였다.

> 협약 제11조
>
> 1. 모든 사람은 자신의 이익의 보호를 위해 노동조합을 조직하고, 이에 가입할 권리를 포함하여 평화적 집회의 자유 및 타인과의 결사의 자유를 향유하는 권리를 갖는다.
>
> 2. 국가안전, 공공의 안전을 위하거나, 무질서나 범죄의 진압을 위하거나, 건강과 도덕의 보호를 위하거나, 타인의 명예와 권리의 보호를 위하여, 법률에 의하여 규정되고 민주사회에 있어서 필요한 경우 외에는 이러한 권리의 행사에 어떠한 제한도 부과할 수 없다. 이 조는 국가의 군대, 경찰 또는 행정부의 구성원에 의한 이러한 권리의 행사에 합법적 제한을 과하는 것을 금하는 것은 아니다.

(1) 침해행위가 있었는지

제10조의 경우처럼, 독일정부는 제11조의 적용문제에 이의를 제기하지는 않았으나 신중하게 심리할 것을 요구하였다.

이 사건에서 제11조 역시 제10조에 비추어 심의할 수 있다. 제10조에 의하여 보장되는 개인의 의견의 보호는 제11조에 구현된 집회 및 결사의 자유의 목적중의 하나이다. 제10조에 규정된 원칙을 참조하면, 정년보장공무원으로서 보그트 씨는 제11조의 보호를 받을 자격을 갖는다. 청구인은 그 의견에 의하면 DKP의 당원이 충성의무에 반하지 않는다는 이유로 DKP의 탈당을 완강하게 거부하였다는 이유로 공무원직에서 해임되었다.

따라서 제11조에 의하여 보호되는 권리의 행사에 침해가 있었다.

(2) 침해행위가 정당화되는지

이러한 침해행위는 제10조 제2항에 규정된 것과 동일한, 제11조 제2항의 요건을 충족하지 못하면 제11조의 위반을 구성한다.

교사들은 제11조 제2항의 취지상 “국가행정부”의 일부로 간주된다 하더라도, 보그트 씨의 해임은 제10조에서 내린 이유로 추구하는 합법적 목적에 비례성이 없다.

따라서 제11조의 위반이 있었다.

다. 제50조의 적용

협약 제50조에 의하면, 법원이 체약당사국의 국내당국의 결정이나 조치가 협약상 의무와 전면적적으로 또는 부분적으로 충돌하고, 그 국내법이 그러한 결정이나 조치의 결과에 대해 부분적인 보상만을 허용한다고 보는 경우, 법원은 필요하다면 피해당사자에게 정당한 보상을 제공하도록 하여야 한다고 규정한다.

보그트 씨는 금전 및 정신적 손해에 대한 배상 및 그 비용과 경비의 보상을 요구하였다. 법원은 이 문제에 대한 결정의 준비가 되어 있지 않다. 응소국 독일과 청구인간의 합의의 가능성을 고려하여 이 사항은 유보하고 추후 별도의 절차를 갖는 것이 필요하다.

이러한 이유로 법원은

이 사건에 협약 제10조가 적용된다는 점은 17대2로, 제10조의 위반이 있다는 점은 10대9로,

이 사건에 협약 제11조가 적용된다는 점은 만장일치로, 제11조의 위반이 있다는 점은 10대9로 인정한다.

4. 반대 의견

BERNHARDT, GÖLCÜKLÜ, MATSCHER, LOIZOU, MIFSUD BONNICI, GOTCHEV, JUNGWIERT AND KÜRIS 재판관

보그트 씨에 대해 독일당국이 취한 징계조치는 협약 제10조나 제11조에 위반되지 않는다. 즉 보그트 씨에 대한 해직은 법률에 규정된 사항이고 합법적 목적을 추구하고, 비례성을 갖고 민주사회에서 필요하다. 징계조치는 국내당국에 남겨져야 할 재량의 범위에 속

한다.

1. 보그트 씨는 1972년부터 DKP 당원이었으나 그럼에도 불구하고 1979년 정년보장 공무원직에 임명되었다. 이 사실은 극단주의적 정당의 형식적 가입여부 그 자체로는 일반적으로 공무원이 되거나 공무원의 자격을 유지하는데 장애가 되지 않는다는 독일의 관행으로 쉽게 설명된다. 보그트 씨가 DKP를 위한 활동을 강화한 것은 임명 후의 일이다. 이러한 종류의 활동은 관계 교사가 학급에서 자신의 정치적 신념을 보급하지 않는다하더라도 학교와 학생들에 곧 알려진다는 것은 분명한 것이다.

DKP의 강령과 기본법에 구현되어 있는 독일연방공화국의 헌법질서는 상호 양립될 수 없다는 것은 의심의 여지가 없다. 보그트 씨와 같은 사람이 DKP 강령의 모든 점을 지지한다고 고백하고 동시에 헌법질서에 대한 존중을 확언한다면, 이러한 주장은 상호 평행하여 양립될 수 없는 것이다.

2. 보그트 씨에 대한 징계절차의 개시에서 해직까지의 전 기간 중에, DKP는 동독의 공산주의 정권의 및 정당(동시에 독일민주공화국)의 지지를 받고, DKP 자체는 항상 동독의 헌법 및 정치질서가 기본적으로 독일연방공화국의 질서와 근본적으로 다르고 오히려 더 우월하다고 봤었다. 당시에 공산주의 체제와 서독의 민주체제간의 동서대결과 적대관계는 일방으로는 민주질서의 강화를 요청하면서 또한 이를 잠식하는 것을 허용하지 않도록 할 필요가 있었다는 점은 거의 부정할 수 없다. 이러한 상황과 독일의 특수한 역사, 즉 바이마르공화국의 민주적 헌법의 파괴를 고려하면, 국가는 반민주적 정당을 위한 활동에 적극적으로 관여하는 공무원은 학교교사를 포함하여 이를 해직할 권원을 가져야만 한다. 이것은 정당의 정치적 스펙트럼이 좌에 속하든 우에 속하든 모든 극단주의적 정당에는 타당하다.

3. 그러므로 보그트 씨의 해임은 제10조 및 제11조에 따라 민주사회에서 필요한 것으로 간주된다. 공무는 민주적 기본질서의 적절한 기능발휘를 위하여 거의 모든 국가에서 가장 중차대한 중대성을 지니고 국가들은 공무원을 채용하고 해직할 때 상당한 정도의 재량의 여지를 가져야한 한다. 국가들은 공무원들이 극단주의적 정당을 위해 적극적 지원행위나 현저한 지원행위를 단념하도록 하거나 아니면 공무원직을 떠나도록 할 권한을 가져야만 한다.

[68] 행정벌의 부과 Amihalachioaie v. Moldova

Application no. 60115/00, 2004. 4. 20. 선고

제10조 (표현의 자유) 위반

변호사들의 변호사협회 가입강제는 몰도바 헌법상 위헌이라는 몰도바 헌재의 결정이 있자 몰도바 변호사협회회장인 청구인은 신문과의 인터뷰에서 헌재의 결정을 비판하였고, 이 내용이 신문에 기사화되자, 몰도바 헌재는 헌법소송법에 근거하여 청구인에게 행정벌을 과하게 되었고, 청구인은 표현의 자유에 대한 침해라며 이를 유럽인권법원에 제소하였다.

1. 주요 사실

청구인은 몰도바 국민으로 변호사이며 몰도바 변호사협회 회장이다. 2000년에 몰도바 의회의원 일부와 몰도바 옴부즈맨이 변호사법이 위헌이라는 취지의 헌법소원을 제기하였다. 이 법은 몰도바에서 개업하는 모든 변호사들은 변호사협회의 회원이 되도록 규정한다. 그들은 변호사협회의 강제가입이 몰도바 헌법이 보장하는 결사의 자유에 대한 권리에 반한다고 주장하였다.

변호사협회는 동법이 헌법에 부합한다는 견해를 표명하였으나, 헌법재판소는 2000. 2.15. 결정에서 몰도바 변호사협회에 가입을 강제하는 규정은 위헌이라고 판시하였다.

청구인은 일간지와의 전화 인터뷰에서 헌재의 결정을 비난하였다. 이 일간지는 이 인터뷰 내용을 기사화하였다.

> "헌재의 결정은 법조직역에서 일대 혼란을 야기할 것이다…. 지금부터 향후 우리는 직업을 조직화하거나 또는 단일 국가를 위한 단일의 체계를 더 이상 갖지 못하게될 것이다. 우리는 이러한 것에 익숙해왔다. 세금도 납부되지 않고, 어떤 감독도 없어지고 결과적으로 윤리, 규율 및 책임도 없다…" 이 점에 비추어, 그가 자신에게 던지는 물음은 헌재가 헌법적이냐 하는 것이다. 1990년에 국제연합은 변호사협회의 역할에

관한 기본원칙을 채택하였는데, 이는 우리 법률에 의하여 충분히 보증되었다. 법조직업은 전 세계에서 독립되어 있다. 몰도바에서 법조는 행정부, 즉 법무부에 예속되어 있다. 이것은 민주적 기본원리에 대한 심각한 침해행위이다. 헌재는 변호사협회가 참조한 유럽인권법원의 판례를 고려하지 않았다. 헌재법관들이 유럽인권법원의 권위를 존중하지 않는 듯하다. 아미할라치오아이에 의하면 변호사들은 법조직업의 최전선에 있는 것으로 간주되어 왔다. 헌재의 결정이후에도 변호사단체는 여전히 힘을 갖고 남을 것이다.

2000.2.18. 헌법재판소장은 위 일간지에 게재된 인터뷰 기사가 헌법소송법상 헌재에 대한 존중결여를 구성할 수 있다고 통지하고 이 점에 관해 서면 답변하도록 요구하였다. 헌재는 2000.3.6. 헌법소송법에 의거 약 36 유로에 달하는 금액을 행정벌로 부과하는 결정을 하였다(위 기사 중 밑줄부분이 헌재에 대한 존중결여로 인정됨).

2. 청구 요지

청구인은 이러한 행정벌 부과가 유럽인권협약 제10조의 표현의 자유에 대한 침해라고 주장하며 유럽인권법원에 제소하였다.

3. 법원의 판단

가. 일반원칙

제10조 제2항의 "법률"은 시민들이 어느 정도자신의 행동을 규율할 정도의 충분한 엄밀성을 갖고 예측할 수 있는 규범이다. 그러나 이러한 규범은 변화하는 사정과도 보조를 맞추어야 하는 것이므로 확실하게 예측 가능할 필요는 없다. 따라서 많은 법률들은 다소간

보호하고 그 해석과 적용이 문제되는 경우도 있다.

엄밀성의 정도는 계쟁된 문서(법률)의 내용, 그 대상 영역, 그 대상이 되는 사람의 숫자와 지위에 따라도 상당부분 좌우된다.

변호사라는 특별한 지위는 그들에게 공중과 법원간의 매개자로서 사법행정에서의 중심적 지위를 부여한다. 이러한 지위는 변호사협회 구성원의 행동에 대한 통상의 제약을 설명해준다.

그러나 변호사 역시 표현의 자유 및 사법행정에서의 공적인 코멘트를 할 자유가 있다. 또한 제10조는 표현되는 사상과 정보의 내용만이 아니라 그것이 전달되는 형태도 보호한다. 이와 관련하여 사법적 결정에서 불거지는 문제에 관해 정보를 입수할 공중의 권리를 포함한 다양한 관계 이익, 적절한 사법행정의 요구 및 법조의 품위 등간에 정당한 균형을 지킬 필요도 고려해야 한다.

체약국은 그러한 요구가 존재하는지 이를 평가함에 있어서는 상당한 정도의 재량여지를 갖지만 법률과 이를 적용하는 판결들을 포함하여 유럽적 감독과 함께 보조를 맞추어야 한다.

이러한 감독적 기능을 수행함에 있어서, 법원은 청구인의 청구취지 그 문맥을 포함해 전체로서 사건에서 제기된 침해행위를 보고 그러한 침해행위가 "강력한 사회적 요구에 부응하는지", "추구하는 합법적 목적에 비례성을 갖추는지" 그리고 국내당국이 침해행위를 정당화하기 위한 이유가 "적절하고 충분한지"를 결정한다.

나. 이 사건에서 일반원칙의 적용

청구인은 헌재의 결정이 "법조직역에서 일대 혼란을 야기할 것이다" 또한 헌재가 헌법적인지의 문제가 발생했다고 한 신문과의 인터뷰에서의 발언으로 유죄 인정되었음을 주목한다. 그는 또한 헌재 재판관들이 "유럽인권법원의 권위를 존중하지 않는다."고 한 진술도 유죄로 인정되었다.

이러한 유죄인정은 협약 제10조에 의하여 보장되는 표현의 자유에 대한 청구인의 권리에 대한 침해가 될 수 있다. 법원은 문제의 침해행위가 협약 제10조의 "법률의 규정에 의하여" 된 것임을 인정한다. 이와 관련하여 이 사건에서 당사자간의 쟁점은 행정벌을 과할 수 있도록 하는 헌법소송법의 관계규정(제82조)이 넓게 또는 좁게 해석되어야 하는가이다.

법원은 헌법소송법의 관계규정의 문언이 헌재에 대한 명백한 존중의 결여를 보여주는 경우에 헌재가 벌금을 과할 수 있도록 하는 일반규정임을 주목한다. 책임을 발생시키는 행위가 법률에 엄격하게 정의되어 있거나 규정되어 있지는 않지만, 청구인의 변호사협회 회장으로서의 법적 소양과 직업적 경험에 비추어 자신의 표현이 헌법소송법의 관계규정에 따라 책임질 수 있었음은 합리적으로 예견할 수 있었던 사항이다.

나아가 협약 제10조 제2항에 의미내에서 사법부의 권위와 불편부당성을 유지할 필요성에 의하여 침해가 정당화되는 것처럼 그 침해행위가 합법적 목적을 추구한다고 본다.

이제 남은 것은 그 침해행위가 "민주사회에서 필요한" 것이냐를 결정하는 것이다. 법원은 그 비판이 헌재에 대한 일종의 존중결여를 나타내는 것으로 볼 수 있지만, 헌재 재판관들을 공격하는 것으로 볼 수 없다. 더욱이 청구인이 추후에 부정하였던 논평을 보도한 것은 신문사였기 때문에, 법원은 기사화된 인터뷰에 나타난 모든 것에 대해 청구인에게 책임을 지우는 것은 가능하지 않다. 끝으로 36 유로 정도의 벌금액이지만, 그럼에도 불구하고 상징적 가치를 지니며, 헌법소송법상 부과할 수 있는 최대금액에 육박하는 것이어서 헌재가 청구인에게 중한 처벌을 가하려는 의도를 볼 수 있다.

이러한 점을 고려하여 법원은 청구인의 표현의 자유를 제약할 정도의 "압도적인 사회적 요구"가 존재하지 않으며 또한 국내당국이 그러한 제약을 정당화하기 위한 "적절하고 충분한" 이유를 제공하지 않았다는 점을 인정하다. 따라서 청구인은 협약 제10조에 의한 수용 가능한 비판의 한계를 넘지 않았기 때문에 이러한 침해행위는 "민주사회에서 필요한" 것으로 볼 수 없다.

결과적으로 협약 제10조의 위반이 있었다.

다. 보상

이 사건에서 청구인의 정신적 손해에 관하여는, 법원은 협약위반의 인정 자체로 충분한 보상이 된다고 보아 이를 기각하였고, 비용 및 경비에 관해서는 입증자료 미제출로 이를 기각하였다.

[69] 징계벌 부과의 필요성 Stambuk v. Germany

Application no. 37928/97, 2002.10.17. 선고

제10조 (표현의 자유) 위반

스탐버크 씨는 엑시머 레이저를 이용한 시력회복에 정통한 안과의사로 레이저를 통한 시력회복술에 관해 기자와의 인터뷰에서 레이져 시술을 통해 자신이 100%의 성공률을 기록했다는 점을 이야기 했고, 얼마 후 발간된 지역신문에서 그러한 기사와 함께 의사가운을 입고 모니터 앞에서 설명하는 모습의 사진이 크게 게재되었는바, 독일 징계법원은 이러한 기사가 스탐버크 씨의 의료윤리에 반하는 광고에 해당한다고 판시하여 징계벌로 벌금 2천 마르크를 부과하자, 스탐버크 씨는 유럽인권법원에 제소하여 독일당국의 벌금부과행위는 표현의 자유에 대한 침해라고 주장하였다. 유럽인권법원은 징계벌의 부과는 합법적 목적을 위해 적합한 것도 아니고 "건강의 보호"와 "타인의 권리보호"를 위해 "민주사회에서 필요한" 것이 아니라고 판시하였다.

1. 주요 사실

청구인 스탐벅 씨는 안과개업의로 개업의 직업윤리규칙 및 의료협회법의 관련규정에 의한 광고 금지를 무시했다는 이유로 튀빙겐지방 징계법원이 2천 마르크의 벌금을 과하였다. 청구인은 진찰실에 엑시머레이저센터를 운영하였다. 1994. 5월 Schwäbische Zeitung 紙 기자가 방문하여 새로운 레이저시술 기술에 관해 인터뷰하였다. 1994.9.26.자 위 신문에 "레이저 각막시술이 시력을 회복한다"라는 기사가 게재되었다. 각막절개술이 3년 전부터 시술되었고, 시술상의 위험은 적고, 시술비용은 부분적으로 보험처리 된다는 부제가 붙

었다. 동 기사에서 청구인이 레이저기술로 400명 이상의 환자를 시술하였고, 현재까지 어떤 경우에도 후속적 교정조치를 한 사례가 없었으며 따라서 100%의 성공률을 기록했다는 내용, 시술이 장기간에 걸쳐 계속 성공한 것은 의료진의 경험과 환자의 선택에 따른 것이라는 청구인의 진술도 인용하였다. 동 기사에는 또한 레이저 시술이 가능한지 여부를 진단하기 위해 컴퓨터 모니터를 응시하는 청구인의 사진을 12×19 센티미터 크기로 실었다.

징계법원은 청구인이 이렇게 함으로써 의료직업규범규칙을 무시했다고 보았다. 동 규칙 제25조 제2항에 의하면 의료인에게는 광고적 성격을 갖거나, 그 이름을 거명하고 사진을 보여주는 자신의 직업 활동에 관한 사진과 글의 출간이 허용되지 않는다. 제27조에 의하면, 정보 제공적 성격의 간행물에서의 의료인의 협력은 이러한 간행물이 객관적 정보에 한정되고 의료인 자신과 그 활동이 광고형태로 나타나지 않는 경우에만 허용된다. 신문 인터뷰에서 의료인은 "책임 있는 객체"로 평가된다.

징계법원은 청구인이 인터뷰에서 400명 이상의 환자를 시술한 점을 강조하고 성공률 100%를 기록했다는 점에서 이러한 규칙을 무시했다고 보았다. 따라서 그 목적이 주로 자신을 탁월한 존재로 부각하는 것이었다. 또한 청구인이 의료가운을 입고 컴퓨터 앞에서 강연자처럼 포즈를 취한 큰 사진은 객관적 정보의 제공한계를 넘어선 것이었다. 청구인은 신문 기자와 광고금지규정을 준수하기 위해 기사의 객관적 성격 및 사진 크기에 관해 협의했어야 마땅했다.

항소법원 역시 동료사회의 이해관계를 고려한 광고금지행위는 청구인의 직업행사의 자유보다 우위에 있는 것임을 확인하였고, 연방헌법재판소는 헌법소원을 기각하였다.

2. 청구 요지

청구인은 튀빙겐 지방징계법원의 징계벌이 협약 제10조의 표현의 자유에 대한 청구인의 권리를 침해한 것이라고 유럽인권법원에 제소하였다.

3. 법원의 판단

가. 권리침해의 존재

청구인에 대한 징계벌이 표현의 자유의 행사에 대한 방해에 해당한다는 점에는 양당사자가 동의했다. 따라서 법원이 달리 결론을 내릴 이유는 없다.

나. 권리침해의 정당성

권리침해행위는 "법률에 의하여 규정" 되고, 제10조 제2항에 규정된 합법적 목적의 하나 이상을 추구하고 그러한 목적을 달성하기 위하여 "민주사회에서 필요한" 것이 아닌 한 제10조에 위반된다.

(1) "법률에 의하여 규정된"

독일정부는 그 침해행위는 법률의 규정에 의한 것인 바, 의사협의회직업윤리에 관한 바덴비르템베르크 규칙 제25조 및 제27조와 의료직업협의회에 관한 바덴비르템베르크법 제55조 및 제58조의 규정에 의한 것이라고 하고, 법원은 이 규정들이 의사의 직업윤리규범을 정하고 그 위반시 징계벌을 과하도록 하여 튀빙겐 징계법원이 이에 근거하여 판단한 것임을 확인한다. 따라서 그 침해행위는 "법률에 의하여 규정"된 것이었다.

(2) 합법적 목적

청구인은 광고금지규정은 건강의 보호를 그 합법적 목적으로 추구한다는 점을 인정하지만 그러한 금지행위가 경쟁자들을 보호하는 목적으로만 작용한다면 허용될 수 없다고 주장한다.

독일정부는 청구인에게 과한 징계조치는 공중의 건강과 타인의 권리를 보호하기 위한 것이라고 주장하였다. 즉 의사는 개인의 건강보호에 제1차적 책임이 있어, 그의 행위는 전형적인 이윤창출의 수단인 광고행위와 양립할 수 없다는 것이다. 의료직업의 상업화는 환자와 그들의 건강의 보호를 위하여 반드시 회피되어야 한다. 이 사건의 판결은 의료정책에 대한 이러한 일반적 고려요인들에 기인한 것이었다. 경쟁자들의 이익을 보호하는 것은 항소법원 판결에서의 보충적 요소였을 뿐이다.

법원은 징계법원이 의료행위에 관하여 공중에게 정보를 제공함에 있어 객관성의 요건을 언급하고 청구인이 자신을 탁월하다고 한 행위를 비난한 점을 유념한다. 따라서 독일 국내법원은 항소법원의 판결에서 명시된 것처럼 청구인은 동료 의사들의 이익, 즉 동료들의 권리가 합법적 목적을 가진다는 점이 나타났다.

법원은 자유직업의 행사에 있어서 의사는 각 개인 및 공동체 전체의 건강을 돌본다(연방의사법 제1조 제1항)는 점을 인정한다. 이 사건에서 관련 州法인 의사협의회에 관한 바덴비르템베르크법 및 의사의 지위와 전문직 행동에 관한 특수한 면을 정한 직업행위규칙은 "건강"을 보호하기 위하여 제정된 것이다. 따라서 이러한 고려요인이 징계조치의 필요성을 평가하는데 중요하다.

따라서 문제의 침해행위는 합법적 목적을 추구하는 것이다.

(3) "민주사회에서 필요한"

가) 일반원칙

감독적 관할권을 행사함에 있어서, 법원은 청구인 관련 기사의 내용 및 기사의 일반적 맥락을 포함하여 사건을 전체적인 관점에서 독일정부의 침해행위를 보아야 한다. 특히 문제의 침해행위가 "추구하는 합법적 목적에 적합한지" 그리고 독일 당국이 정당화하기 위하여 추론한 이유가 "타당하고 충분한지" 이를 결정해야 한다.

법원은 광고하는 것은 시민의 입장에선, 시민에게 제공되는 서비스 및 재화의 특징을 밝히는 수단임을 상기한다. 그럼에도 불구하고 불공정 경쟁과 신뢰할 수 없거나 내용을 호도하는 광고를 방지하기 위하여는 때로 이를 특별히 제한할 수 있다. 매우 객관적이고 신뢰할 수 있는 광고라 하더라도 타인의 권리에 대한 존중을 확보하기 위하여 또는 특정 사업활동과 직업의 특수한 사정을 고려하여 제한할 수 있다. 그렇지만 이러한 제한행위는 법원에 의하여 면밀히 심사되어야 한다. 법원은 문제의 광고를 금지하는 특별한 측면에 대한 요건을 비교 교량해야 한다. 이러한 목적을 위하여 법원은 사건을 전체적으로 보아 그 징계벌을 고려해야 한다.

법원은, 법률가의 경우에 있어서 일반공중과 법원간의 중개자로서 사법행정에서의 중심적 역할이 변호사협회구성원의 행위에 대한 통상적인 제한을 설명한다고 판시한 바 있다. 유럽이사회 가맹국가에서 발생하는 다양한 유형의 규제와 변화를 고려하면, 다양한 관계 이익에 대한 정당한 균형을 어떠한 방법으로 이룰 수 있는지 이를 판단하기에는 변호사 감독관청과 국내법원이 국제법정보다 더 나은 위치에 있다.

나) 위 원칙의 이 사건에의 적용

의사의 경우에 개인 및 전체로서의 공동체의 건강을 보호하는 직업상의 일반적 의무는 공중에 대한 의사소통 또는 직업상 이슈에 관한 공중과의 의사소통의 참여에 대한 규칙을 포함하여 그들의 행위에 대한 제한을 설명할 수 있다. 언론과의 관계에서 이러한 행위규칙들은 공중의 합법적 이익과 균형을 이루어야 할 것이고 또한 직업 전체로서의 순기능을 유지하도록 제한되어야 한다. 규칙들은 언론 간행물의 내용을 규제하기 위하여 의사에게 과도한 부담을 주는 것으로 해석되어서는 안 될 것이다.

이러한 점에 관한 법원의 평가에 있어서 중요한 한 요소는 민주사회에 있어서 언론이 수행하는 긴요한 기능인 것이다. 언론의 임무는 공적 관심의 대상이 되는 모든 사항에 관해 정보와 사상을 전파하는 것이다.

법원은 계쟁의 징계절차에서 레이저 시술에 관해 인터뷰를 한 이유로 청구인인 안과의사에게 징계절차에서 2천 마르크의 벌금형이 선고됐음을 유념한다. 징계법원은 신문에 게재된 기사가 객관적 기사의 한계를 벗어났고 따라서 바덴비르템베르크 의사협의회 직업윤리규칙상 금지된 광고행위를 구성한다고 보았다.

독일 징계법원은 객관적 정보의 한계를 유월한 청구인을 사실상 징벌한 것이다. 독일 징계법원은 청구인의 인터뷰에서 특히 100%의 성공률, 큰 크기의 사진으로 청구인을 표현한 방식을 고려하여 청구인이 자신의 탁월성을 보여주는 데 그 목적이 있었다고 이유에서 밝히고 있다.

법원은 이러한 이유는 타당하다고 본다. 그렇다면 청구인에게 징계벌을 과하는 것이 정당화될 정도로 충분하지를 확인하는 일이 남아있다.

법원은 기사물이 환자의 시력을 교정하기 위한 새로운 레이저 시술에 관련된 것이고 따라서 일반 의학적 관심사항에 관해 일반에 정보를 제공하는 것이었다고 본다. 기자의 주도로 이루어진 청구인과의 인터뷰 후에 그 기자는 일반인에게 정보를 제공하기 위한 방식으로 지역 신문에 이 기사를 게재하였다.

해당 기사는 시술상의 위험성 및 성공률에 관한 안내를 포함하여 특수한 시술기술에 대해 전반적으로 균형 있는 설명을 하였다. 독일법원들은 이 점에 관한 청구인의 진술이 그러한 침해행위의 필요성이나 바람직성에 관해 부정확하다거나 또는 독자들을 호도하고 있다는 점은 인정하지 않았다. 새로운 시술의 등장에 있어서 중요한 요소인 성공률에 관한 진술은 청구인의 과거 경험을 분명하게 언급한 것이었다. 더욱이 이러한 정보는 기사 제목에서 시술의 위험이 낮다는 표현에 의하여 보완되었다.

더욱이 법원의 견해에 의하면 직업적 맥락에서 청구인을 등장시키는 사진이 실린 기사는 금지되거나 또는 비객관적이거나 호도적인 광고에 해당하는 것으로 간주할 수 없다. 사진은 기사의 내용과 밀접히 관련되었으며 단순히 공익성을 위하여 축소될 수는 없다.

법원은 직업상 의무위반을 이유로 징계조치를 취할 필요성을 논하기 위하여는 레이저 시술상 청구인의 과거 성공률에 관한 기사와 이에 수반된 사진을 전체로서의 기사에서 이를 분리하는 것은 가능하지 않다고 본다. 동 기사는 청구인과 청구인의 활동을 드러내놓는 효과를 가졌을 수는 있으나 기사의 주요 내용을 고려한다면 이러한 효과는 부차적 성질을 갖는 것으로 판명되었다.

사건의 이러한 정황에 비추어, 의료직업의 광고금지 및 관계 의료인을 드러내놓는 부차적 효과의 가능성을 고려하여 진술과 관련 삽화를 금지하도록 하기 위한 정보의 객관성에 관한 독일 징계법원의 엄격한 해석은 표현의 자유와 조화를 이루지 않는다. 이러함으로, 청구인이 기사의 공개 전에 그 기사를 검증할 권리를 마땅히 가졌어야 한다는 정부의 주장을 심리할 필요는 없다.

법원은 자유직업의 맥락에서 그리고 가능한 벌칙의 범위를 고려하여 벌금을 과하는 것은, 그것이 아무리 하한선의 벌칙이라도 무시할 수 있는 징계벌은 아니라는 점을 부언한다.

그러므로 법원은 주장되는 침해행위는 건강의 보호와 기타 의료인의 이익, 그리고 청구인의 표현의 자유와 언론의 필수적 역할 간에 공정한 균형을 이루지 못했음을 인정한다.

이러한 상황에서, 주장되는 침해행위는 합법적 목적을 위해 적합한 것이 아니었고 따라서 "건강의 보호"와 "타인의 권리보호"를 위해 "민주사회에서 필요한" 것이 아니었다.

협약 제10조 위반이 있었다.

[70] 공적인물의 보도 Mgn Limited v. the United Kingdom

Application no. 39401/04, 2011.1.18. 선고

제10조(표현 및 정보의 자유) 비위반(사생활과 관련한 Mgn 社의 주장)

제10조 위반(Mgn 社의 "성공 보수" 에 관한 부분)

공적 인물(나오미 캠벨)의 마약 복용 치료에 대한 기사와 사진을 게재하는 등 사생활에 대한 상세한 보도의 목적이 특정 구독자의 호기심만을 충족시키는 것이라면 이는 사회의 일반적 이익에 대한 토론에 기여를 하지 못하며, 이러한 맥락에서는 표현의 자유는 낮은 수준의 보호를 받음.

한편 변호인의 성공보수금을 패소 피고에게 부담시킴으로써 미디어 보도 및 표현의 자유에 대한 위협이 될 수 있고, 특히 명예훼손이나 사생활 침해사건에서는 피고 측이 매우 불리하게 작용할 수 있는데, 고액의 성공보수금을 패소 피고가 부담하도록 하는 것은 성공보수금 제도의 도입취지상 달성하고자 하는 목적에 비례하지 않음.

1. 주요 사실

청구인 Mgn 社는 영국 일간지 데일리 미러의 출판인이다. 2001.2.1. 데일리 미러는

"나오미, 나는 마약 중독자이다"라고 1면에 기사를 게재하고 다른 면에는 나오미 캠벨의 마약 중독 치료에 대한 장문의 기사를 게재하였다. 이 기사에는 당시에 그녀가 참석하고 있었던 마약치료센터 인근에서 몰래 찍은 사진도 함께 실려 있었다.

이 기사와 사진에 대해 캠벨의 변호인은 이 기사가 나오미의 사생활을 침해하였다고 Mgn 社에 편지를 보내고 향후 사생활 정보를 게제하지 말라고 요구하였다. 데일리 미러는 캠벨에 관한 다른 두 개의 기사를 계속하여 게재하였다. 이 기사에는 그녀가 마약중독치료 미팅에 참석한 상세한 내용과 그 미팅 장소로 가고 있는 새로운 사진도 실렸고, 또 한 기사에는 그녀의 사생활의 일간지에 의하여 침해됐다는 그녀의 불평을 비난하는 내용이었다.

캠벨은 비밀침해에 대해 신문사를 상대로 손해배상 청구소송을 제기했고 승소하였다. 지방법원에서는 캠벨이 승소하고, 항소법원에서는 신문사가 승소했고, 최종적으로 상원에서는 캠벨이 승소했다. 특히 상원은 이 기사들의 공표행위는 만약 캠벨이 과거에 공개적으로 마약 복용을 부인하고 그녀가 마약 중독으로 치료받고 있음을 공개한 경우라면 공적 관심사(a matter of public interest)로서 정당활 될 수 있다고 보았다. 그러나 상원은 기사와 함께 게재한 사진의 공표는 그녀에 대해 공격적이고 그녀를 비참하게 하는 것이어서 사생활을 존중받을 그녀의 권리를 침해했다고 결론을 내렸다. 항소법원은 또한 Mgn 社가 캠벨과 그의 변호인간에 보수약정으로 합의한 금액을 포함해서 총액 1백만 파운드를 넘는 금액을 법률비용으로 지급하도록 하였다.

Mgn 社는 상원 앞에서 "성공보수금"에 대해서 그 비용의 지급은 캠벨이 손해로 배상받는 금액에 비해 매우 불공정하다면 이는 표현의 자유권을 침해하는 것이라고 주장하면서 이의를 제기했다. 상원은 변호인 보수 약정에 관한 현재의 법제도는 협약과 양립한다고 하면서 Mgn 社의 이의를 기각하였다.

Mgn 社는 상원 앞에서 상고에 관해 제기한 성공보수금의 적절성에 대해 상원 사법조세 공무원에게 이의를 제기하였다. 그러나 결정 전에 Mgn 社는 8%의 일일 이자의 발생을 피하기 위해 지급할 비용에 대한 조정에 합의하였다.

사법조세 공무원은 Mgn 社가 상원의 두 번째 상고에서 지급해야 할 성공보수금을 승인하고 아주 경미하게 시간에 따른 요율만을 감하였다. 상원 앞에서의 Mgn 社의 그 이후 상고는 기각되었다.

2. 청구 요지

Mgn 社는 협약 제10조를 원용하여 자사가 캠벨의 프라이버시를 침해했다는 판시 및 캠벨과 그의 변호인간에 약정된 고액의 성공 보수금을 부당히 지급해야 하는 것에 대해 제소하였다.

3. 법원의 판단

가. 프라이버시 침해

법원은 국가 내에서 법의 지배에 의하여 규율되는 언론의 현저한 역할을 상기한다. 그리고 캠벨의 기사와 사진의 공표에 있어서의 공공의 이익과 그녀의 사생활을 보호할 필요성 간에 균형이 잡혀야 한다. 공적 인물의 사생활의 상세에 관해 특정 구독자의 호기심을 충족하는 것이 사진과 기사의 공표의 유일한 목적이었다면, 그러한 보도는 사회의 일반적 이익의 토론에 기여하지 못한다. 그러한 맥락이라면 표현의 자유는 낮은 수준의 보호를 받는다.

더욱이 상원은 결정에 대해 설득력 있는 이유를 제시하였다. 특히 일간지에 게재된 정보는 캠벨에게는 사적인 것이고 위해를 주는 것이었으며 또한 동 기사에 첨부된 사진들은 은밀히 촬영되어 그녀를 고민스럽게 만들었다. 끝으로 비난의 대상이 되는 해당 기사의 게재는 그녀에 대해 출간된 이야기(마약 중독)의 신뢰성을 확보하기 위해서는 필요하지 않은 것이었다. 그녀의 마약 중독과 치료에 관한 핵심 사실에 대한 기사의 게재로 인하여 공적 관심사는 이미 충족되었으며 사진을 첨부한 것은 따라서 캠벨이 자신의 사생활을 존중받을 권리에 대한 불공정한 침해였다.

그러므로 Mgn 社에 관해서는 협약 제10조의 침해가 없었다.

나. 성공 보수금

법원은 Mgn 社가 캠벨과 그의 변호인간에 약정한 "성공보수금"을 지급하도록 되어있음을 본다.

이러한 보수를 지급하도록 하는 요구는 국내 법제, 특히 1990년과 1999년 법, 1995년과 2000년의 조건부 보수 약정 칙령, 민사소송규칙 및 관련 비용지침에 기초한 것이었다. 법원은 또한 "성공보수금" 약정은 달리 변호인을 쓸 수 없는 사람을 포함하여 민사소송을 위한 법적 서비스에 대한 가장 광범한 가능한 공적 접근권을 확보하기 위한 것임을 인정하였다.

법원은 민사소송에서 패소 피고인에게 부담지우는 "성공보수금"은 합리적이고 비례성에 어긋나지 않는지를 심사하였다.

법원은 일반적인 "성공보수금" 제도가 2003년 이래 영국 법무부가 주도하는 세부적이고 장기에 걸친 국내에서의 공적 자문의 주제가 되었던 사실에 각별한 관심을 갖는다. 동 자문의 결론에 대한 어떤 입법적 후속조치는 없었지만, 특히 이 사건의 경우에 있어서 "성공보수금" 제도의 근본적 결함을 확인하였다. 이 자문(및 유명한 잭슨 보고서)은 성공 보수금 청구인의 요건을 명시하지 않은 것을 비판하였다. 즉, 승소한 경우에만 지급할 수 있으며 또한 종종 패소 당사자가 지급하도록 하는 "성공보수금"에 대한 인센티브의 결함, 패소 당사자가 훌륭히 승소할 수 있음에도 불구하고 유례없는 "성공보수금"을 피하기 위해 조기에 조정을 할 수 밖에 없는 사실 및 변호인이 성공 보수금 제도에서 승소가능성이 적은 건을 피하고 성공가능성이 있는 사건을 엄선할 수 있는 기회의 결여 등이다.

변호할 수 있었던 사건을 해결하기 위해 피고 측(다른 미디어와 출판사 포함)에 대한 압력에 관해서 보건대, 이는 미디어 보도 및 표현의 자유에 대한 위협이 된다. 법무부는 구상할 수 있는 성공 보수금이 민사 소송에서 비용 부담을 과도하게 만들고 있으며 청구인에게는 매우 유리하고 특히 명예훼손 사건이나 사생활침해 사건에 있어서는 피고 측에 매우 불리하게 작용한다는 자문을 인식하고 있었다.

캠벨은 부유하고 따라서 금전적 문제 때문에 법원에 접근하지 못할 위험을 가진 사람도 아니었으며 성공 보수금 제도가 애초에 그녀를 위해 만들어진 것도 아니었다. Mgn 社

의 사건은 항소법원과 상원 5인중 2인이 국내 소송절차에서 청구인에 유리하게 판시하였다면 이는 본안판단이 충분한 것은 아니었다. 더욱이 동 소송절차는 장기에 걸쳤고 어느 면에서는 복잡하였지만, 상원 앞에 제기된 2개의 상고에서 제기된 "성공 보수금"은 36만 5천 파운드 이상이었다.

법원은 캠벨과 그의 변호인간에 약정한 "성공 보수금"을 Mgn 社가 지급해야 한다는 것은 "성공보수금" 제도의 도입취지상 달성하고자 하는 목적에 비해 비례성에 어긋나는 것이라고 결론짓는다.

그러므로 제10조 위반이 있었다.

[71] **공적인물의 보도** Axel Springer AG v. Germany

Application no. 39954/08, 2012. 2. 7. 선고

협약 제10조(표현의 자유) 위반

독일의 유명 배우가 공개된 축제장소의 텐트에서 코카인 소지 혐의로 체포되었다는 기사 및 동 배우의 사진도 함께 게재하고, 과거 마약소지 혐의 및 최종적으로 벌금형 선고를 받은 두 번째 기사도 실렸던 바, 동 배우의 인격권 보호 요청이 독일 법원에서 받아들여진 결과, 이 기사를 실은 스프링거사는 표현의 자유에 위반된다고 하면서 이를 법원에 제소하게 됨.

법원은 동 배우가 이미 국내에서는 공적인물의 자격이 있고 일반 공중은 이에 대한 공적관심을 가질 수 있다고 보고, 동 기사의 사실 역시 관련 경찰과 검찰에서 확보된 자료에 기초한 것이었고, 이를 공표하는 이익과 사생활을 존중받을 배우의 권리 간에 어떤 정확한 이익형량이 이루어지지 않은 점, 그리고 배우의 사생활에 대해 상세한 내용을 밝히지 않고 체포시 사정과 형사절차의 결과에 관심을 두었다는 점에서 스프링거 사에 대한 제재는 합리적인 것이라 보지 않아 표현의 자유에 대한 침해를 구성한다고 판단함.

1. 주요 사실

청구인 Axel Springer AG 社(이하 스프링거 社)는 독일에 등록되어 있다. 동 社는 전국 일간지 the Bild의 출판사이다.

2004. 9월, 빌트지는 제1면에 유명한 티브이 배우 X씨가 뮌헨 맥주 축제시 텐트 안에서 코카인 소지 혐의로 체포되었다는 기사를 게재하였다. 이 기사는 다른 면에서 더욱 상세히 취급되었고 3장의 X씨 사진이 함께 실렸다. 이 기사에서 X씨는 1998년부터 인기 TV 시리즈에서 경찰서장 역을 맡았고 과거 2000. 7월, 마약 소지로 집행유예의 경력이 있다고 언급하였다. 신문사는 2005. 7월에 두 번째 기사를 실었는데 X씨가 마약 불법 소지로 벌금형의 선고를 받았다고 전했다.

최초 기사가 나간 직후 X씨는 스프링거 社를 상대로 함부르크 지방법원에 금지처분을 제기하였다. 이 금지처분 청구는 받아들여져서 동 기사와 사진의 더 이상의 발행을 금지하였다. 이 기사의 공표 금지처분은 2005. 6월 항소법원에서도 인정되었고 사진에 관한 판결은 스프링거 社가 문제 삼지 않았다.

2005. 11월 함부르크 지방법원은 불이행시 위약금을 예정하고 관련된 거의 전체 기사의 추후 공표를 금지하고 스프링거 社가 합의된 위약금을 지급하도록 명하였다. 법원은 X씨의 인격권의 보호에 대한 권리는 비록 관련 사실의 진실성이 다투어지지 않았지만 일반 공중의 이익에 비해 우선한다고 판시했다. 이 사건은 중대한 범죄에 관한 것도 아니었으며 X의 범행에 관해 이를 알고자하는 특별한 공적인 관심사가 없었다. 이 판결은 함부르크 고등법원에서도 인정되고 2006. 12월 연방대법원도 인정하였다.

X씨의 유죄선고에 대한 두 번째 보도에 관한 다른 소송에서도, 함부르크 지방법원은 최초 기사에 대한 판결과 기본적으로 동일한 이유로 X씨가 승소하고 항소법원 및 연방대법원에서도 원판결은 유지되었다.

2008. 3월 연방헌법재판소는 청구인 회사가 위 판결에 대한 헌법소원을 기각하였다.

2. 청구 요지

스프링거 社는 자신의 기사의 추후 공표 금지처분에 대해 이것이 협약 제10조를 위반한다고 주장한다.

이 건은 2008.8.18. 유럽인권법원에 접수되었다.

3. 법원의 판단

독일 각급 법원의 결정이 협약 제10조상의 표현의 자유에 대한 스프링거 社의 권리에 대한 침해를 구성한다는 점에는 당사자 간에 어떤 논란도 없다. 동 침해행위는 독일 법률에 규정되어 있으며 또한 다른 사람의 명예의 보호를 위한 합법적 목적을 추구한다는 일반적 근거가 있다.

동 침해행위가 민주사회에서 필요한 것인지의 문제에 대해서, 법원은 문제된 기사들은 그 배우의 체포 및 유죄선고에 관한 것으로, 공중이 이를 알고자 하는 관심사인 공적 사법적 사실에 관한 점이라는 점을 주목한다. 관련된 배우가 국내에서 매우 잘 알려진 인물인 경우에 그 사람에 대해 얼마나 잘 알려져 있는지 이를 평가하는 것은 원칙적으로 국내법원이다. 항소법원은 상당히 오랜 기간 경찰서장 역으로 출연하였던 배우가 잘 알려져 있고 또한 매우 인기인이라는 점을 확인하였다. 따라서 법원은 그는 공적 인물로서의 자격을 갖출 수 있는 매우 잘 알려진 사람으로서 그의 체포와 그의 형사절차에 대해 공중이 이를 알려고 하는 공적 관심을 가질 수 있다고 보았다.

법원은 해당 기사를 공표하는 스프링거 社의 관심은 범행을 한 유명한 배우라는 사실 —만약 공중에 알려지지 않은 사람이 범행했더라면 보도하지 않았을 사실— 에 기인하였다는 독일 각급 법원의 평가에 전체적으로 동의할 수 있지만, 그 배우가 뮌헨 맥주 축제시 공개적으로 체포되었다는 사실을 강조한다. 그의 사생활은 효과적으로 보호받아야 한다는 기대는 그 자신이 과거 수많은 인터뷰에서 자신의 사생활에 관해 상세히 털어 놓았다는 사실로 의해서 반감되었다. 관련 기자 중의 한 사람의 진술에 따르면, 그 사실의 진위에 대해서 독일 정부는 이를 다투지 않았는데, 2004. 9월, 빌트지에 게재한 정보는 경찰과 뮌헨 검찰청에서 확보한 것이었다. 그러므로 충분한 사실적 토대를 갖추고 있었으며 두 개 기사와 관련된 정보의 진실성은 당사자 간에 다툼이 없었다.

스프링거 社가 그 정보를 공표하는 이익과 사생활을 존중받을 배우의 권리간에 이익형량을 하지 않았다고 하는 어떤 것도 제시되지 않았다. 스프링거 社가 검찰당국이 전해준 정보를 확인하였다면, 배우의 익명성을 유지해야 한다고 믿을 만한 충분한 근거가 없었던 것이다. 그러므로 신의칙에 반하여 행동하였다고 말할 수 없다. 그러한 맥락에서 법원은 또한 최초의 기사에 게재되어 밝혀진 정보들은 검찰에 의해서 다른 잡지와 TV들에도 확인해준 것임을 주목한다.

더욱이 법원은 그 기사들은 배우의 사생활에 대해 상세한 내용을 밝히지 않고 주로 그의 체포시 사정과 그에 대한 추후 형사절차의 결과에 관심을 두었음을 주목한다. 그 기사들에는 비난의 표현이나 근거 없는 주장을 싣지 않고 있으며 독일 정부 또한 이 기사의 공표로 인해 그 배우에게 심각한 결과가 초래되었다는 점을 입증하지도 않았다. 스프링거 社에 대한 제재 처분이 관대한 편이었지만 동 처분은 회사에 냉담한 효과를 줄 수 있었다. 법원은 스프링거 社에 부과한 제제 처분은 배우의 사생활 보호라는 합법적 목적에 합리적으로 비례하지 않은 것이라고 결론을 내린다. 그러므로 협약 제10조의 위반이 있었다.

법원은 독일이 스프링거 社에 재산상의 손해로 17,734.28 유로를 그리고 비용과 경비로 32,522.80 유로를 지급할 것을 명한다.

[72] 도덕의 개념 Akdas v. Turkey

Application no. 41056/04, 2010. 2. 16. 선고

협약 제10조 (표현의 자유) 위반

프랑스에서 1세기 전에 출간하였던 에로틱 소설을 터키어로 번역하여 1999년 출간하면서, 동 소설의 외설적 표현을 문제 삼아 터키당국은 동 출판물을 압수 및 폐기하고 벌금형을

선고하였다.

법원은 1세기 전에 이미 출간되고 여러 언어로 이미 여러 나라에서 출간된 사실 및 벌금형 선고와 출판물 압수는 유럽의 문화유산에 속하는 작품에 대한 공적 접근을 방해한 것으로서 추구하는 합법적 목적에 비례하는 조치도 아니고 민주사회에서 필요한 것이 아니라는 점에서 표현의 자유에 대한 침해가 된다고 판시함.

1. 주요 사실

청구인 라미 아크다스 씨는 1958년생으로 반디르마에 거주한다. 그는 출판인이고 프랑스 작가 기욤 아폴리네르의 에로틱 소설 Les onze mille verges ("The Eleven Thousand Rods")의 터키 번역본을 1999년 출간하였다. 이 소설에는 갖가지 가학적 피학적 및 흡혈적 성교 장면에 대한 그래픽 묘사가 포함되어 있다.

아크다스 씨는 외설적이고 비도덕적 자료를 출판하여 사람들에게 성적 욕구를 일으킨다는 이유로 형법에 의하여 유죄선고를 받았다. 청구인은 그 책은 과장이나 메타포 등의 문체를 이용한 픽션물로 출간 후기에는 전문가의 문학적 평가가 실려 있다고 주장한다. 그는 그 책은 어떤 폭력적 내용도 담고 있지 않으며 유모러스하고 과장된 성격은 오히려 성적 욕구를 잠재울 것 같다고 주장한다.

출간된 이 책 모두에 대한 압수 및 폐기하도록 했고 청구인은 약 1,100 유로의 벌금형을 받았다. 2004.3.11. 파기원의 최종 판결은 2003년 법률 개정을 고려하여 그 책의 폐기명령 부분에 대해서는 이를 파기하고 하급심의 나머지 부분에 대해서는 이를 인정하였다.

아크다스 씨는 2004년 벌금을 납부하였다.

2. 청구 요지

제10조에 근거하여, 청구인은 소설 출판에 대한 유죄 부분과 압수에 대하여 이를 제소

하였다.

이 건은 2004.9.2. 유럽인권법원에 접수되었다.

3. 법원의 판단

침해행위는 법률에 규정된 것이며 또한 도덕의 보호라는 합법적 목적을 추구하였기 때문에 침해행위가 있었다는 사실에는 논란의 여지가 없다. 나아가 법원은 예술적 작품을 홍보하는 사람들은 또한 "의무와 책임"을 지는데 그 범위는 상황과 사용된 의미에 좌우된다고 하였다.

도덕성 요구는 같은 국가라도 시대와 장소에 따라 변화한다. 그러므로 그러한 요구의 정확한 내용 및 이를 만족하기 위한 "제한"의 "필요성"에 대한 의견을 주기에는 국제 법원의 법관보다도 국내 당국이 더 좋은 위치에 있다.

그럼에도 불구하고 법원은 이 사건에서 그 책이 프랑스에서 1세기 이전에 최초 발간되었고(1907년), 많은 나라에서 여러 언어로 출간되었으며 또한 유명한 "라 쁠레이아드" 시리즈 출간을 통해 인식되고 있었다는 점을 고려하였다.

그러므로 이 사건 발생 당시에 시행되었던 법률의 적용은 압도적인 사회적 요구를 만족하지 못했다. 또한 고액의 벌금형 부과 및 동 출판물의 압수는 추구하는 합법적 목적을 위해 비례하는 조치가 아니었으며 따라서 협약 제10조의 의미상 민주사회에서 필요한 것은 아니었다. 그러므로 동 규정의 위반이 있었다.

법원은 청구인의 다른 제소 내용은 심사할 필요가 없다고 보았다. 청구인은 보상 청구는 하지 않았으므로 별도의 보상은 필요가 없다.

[73] 사생활 보도 Aleksey Ovchinnikov v. Russia

Application no. 24061/04, 2010.12.16. 선고

제10조 (표현의 자유) 비위반

아동에 대한 성적 학대의 가해 아동들의 부모가 고급 공무원이라는 사실이 알려지면서 기자는 최초에는 가해 아동과 부모들의 실명은 게재하지 않았으나, 추후 그 공식직위를 밝히고, 수사과정에서 그들이 압력을 행사하려 했다는 기사를 게재하면서, 동 부모들의 민사상 명예훼손소송 제기로 사과문 게재 약 55유로의 손해배상금의 지급이 확정되었다.

동 기자는 이러한 판결이 표현의 자유에 대한 침해임을 주장한 것에 대해, 법원은 특정 독자층의 호기심을 만족시킬 목적으로 개인의 사생활을 세세히 공표하는 경우에는 개인의 권리가 표현의 자유에 우선한다고 보고, 또한 동 기사가 사회에 일반적 이익을 위한 토론에 기여했는지를 판단함에 있어서 일반 독자는 가족의 정보는 어떤 기여도 하지 않는다고 보았으며, 국내 법원의 확정 판결에서 기자에게 선고된 배상액은 과도하지 않은 점 등으로 국내 법원이 그 재량의 여지를 넘어서지 않았고, 또한 민주사회에서 필요한 것으로 볼 수 있다고 판시함.

1. 주요 사실

청구인 알렉세이 오브치니코프는 1974년생의 러시아인으로 러시아내 이바노포에 거주한다. 그는 이바노프 신문사 기자이다.

2002년 9세의 아동이 여름 캠프에서 같은 룸메이트인 12세의 2명의 아동에 의해서 폭행당하고 성추행 당한 사실을 부모에게 알렸고, 그 부모의 요구로 경찰이 범죄 증거를 확보했으나 가해자가 미성년자라는 사실로 기소하지 않았다.

청구인은 한 가해자의 부모가 지역에서 유명한 연방법관이고 또 다른 가해자의 부모는 지역 교통국 부국장의 손자였기 때문에 신문사는 지대한 관심을 갖고 2002.8.26. 주간지에 이를 기사화했다.

다시 2002.9.3. 동 기자는 일간지에 기사화했고, 당시 언론법 때문에 가해 아동과 그 부모의 실명을 게재하지 않았으나, 추후에 신문과 인터넷 상에 가해 부모들의 공식 직위를 밝혔다.

청구인은 아동들의 여름 캠프에서 다른 아동에 의해 성적으로 학대받은 한 아동에 관해서 2002년도에 기사를 썼고 이때 2명의 가해자의 부모들의 신원(2명의 연방 법관 및 이바노포 지역교통국 부국장)도 언급한 기사로 인해 제기된 민사소송에서 명예훼손의 책임을 지게 되었다.

명예훼손으로 인한 민사소송

가해 아동의 한 부모가 자신들 및 미성년 자녀를 위해 명예훼손 및 개인적 정보의 공개에 대해 신문사 설립자, 기자 및 청구인 등을 포함해서 그들을 상대로 비재산적 손해에 대한 보상 및 신문사에 사과기사의 게재를 요구하는 민사소송을 제기하였다. 지방법원은 해당 아동을 비난하는 글은 그 아동의 행위가 경찰의 증거로 사실임이 입증되고, 젊은 악당 등과 같은 모욕적 언사는 검증할 수 없는 가치 판단의 문제이기 때문에 소송대상이 되지 않는다고 했다. 또한 비밀 정보나 개인 정보의 공개와 관련하여 언론법에서 발생하는 기자의 책임 위반 주장에 대해서는 동 언론법이 형사상 규정만 두고 있기 때문에 민사소송 대상이 되지 않는다고 하였다. 그러나 법원은 원고들이 수사에 압력을 가하려고 했다는 내용과 관련해서는 언론사가 어떤 증거도 제시하지 않았기 때문에 그 기사의 취소요구는 받아들이고 동 신문사와 청구인은 원고들에 대한 사과기사를 공표하도록 하고 약 85 유로에 해당하는 금액을 손해배상으로 지급하도록 하였다.

또 다른 부모도 명예훼손 및 사생활 정보의 공개 등에 대해 민사소송을 제기하였다. 위 지방법원과 마찬가지로 이 소송에서도 사과문의 게재와 약 55유로의 손해배상액이 선고되었다.

2. 청구 요지

청구인은 자신의 명예훼손 인정이 협약 제10조의 표현의 자유에 반한다고 주장한다.

3. 법원의 판단

가. 일반원칙

법원의 확립된 판례법에 따르면, 표현의 자유는 민주사회의 근본적 토대중의 하나이고 그 진전을 위한 기본 조건중의 하나이다. 제10조 제2항에 의하면 표현의 자유는 호의적으로 수용하거나 또는 공격적이지 않거나 또는 무관심한 사항으로 보이는 "정보" 또는 "사상"에만 적용되는 것이 아니라 공격적이고, 쇼킹한 것 또는 혼란스럽게 하는 그러한 것에도 적용된다. 이러한 것은 다원주의, 관용 및 폭넓은 수용성의 요구에 따른 것이다. 이러한 것의 수용 없이는 "민주사회"가 될 수 없다.

법원은 공적 관심사에 대한 정치적 발언이나 토론에 대한 제약을 위해서는 협약 제10조 제2항의 적용 여지가 거의 없음을 반복한다.

언론은 민주사회의 필수적 기능을 이행한다. 언론은 특히 타인의 명예와 권리 그리고 비밀스런 정보의 공개를 방지할 필요와 관련하여 일정 범위를 넘어서서는 안 되지만, 그럼에도 불구하고 그 의무는 그 책무에 일치하는 방법으로 공적 관심사의 모든 사항에 대해 정보와 사상을 제공하는 것이다. 언론은 그러한 정보와 사상을 제공할 임무를 가질 뿐만 아니라, 대중 역시 이를 전달받을 권리를 갖는다. 그렇지 않다면 언론은 "공공에 대한 감시견"이라는 사활적 역할을 수행할 수 없을 것이다. 언론의 자유는 어느 정도의 과장과 심지어 도발 까지도 포함한다. 이러한 자유에는 협약 제10조 제2항의 예외가 있다. 그렇지만 그 예외 조항은 엄격하게 해석해야 한다. 그 제약의 필요성은 설득력을 가져야만 한다.

협약 제10조는 언론인들이 선의로 그리고 정확한 사실적 기초에서 행동하고 언론 윤리에 따라 "신뢰할 수 있고 엄밀한" 정보를 제공하는 경우, 일반적 이해관계의 쟁점에 대해 정보를 보급할 권리를 보호한다. 협약 제2항에 의하면 표현의 자유는 "의무와 책임"을 수반하는데 이 역시 중대한 공적 관심사항에 관한 경우에도 언론에 적용된다. 더욱이 이러한 "의무와 책임"은 거명되는 개인의 명예 및 "타인의 권리"를 침해하는 문제가 발생하는 때에는 중요성을 갖게 된다. 따라서 사 개인의 명예를 훼손하는 사실적인 기사를 입증해야 하는 통상적인 의무에서 언론이 면책되기에 앞서 특별한 사유가 요구된다. 그러한 사유가 존재하는지 여부는 문제된 명예훼손의 성질과 정도, 그리고 언론이 자신의 주장에 관해 신뢰할 수 있는 소스에 관해 합당하게 고려할 수 있는 범위에 의존하게 된다.

공무원은 자신들의 모든 말과 행동에 대해 정치인들에 비해 엄격한 심사기준에 노출되어 있음을 알고 있다고 말을 할 수는 없지만, 공무원이 공적 자격에서 행동하는 경우 정치인들처럼 사 개인에 비해 그 비판 수용의 정도가 보다 높아지게 된다. 나아가 법관을 직접 겨냥한 비판에 관해 보면, 법원은 정의의 보증자로서 그리고 법률의 지배에 의하여 규율되는 국가 내에서의 근본적 역할을 하는 법원의 업무는 공적 신뢰를 향유할 필요가 있음을 인정한다. 그러므로 근거 없는 공격으로부터 법관은 보호되어야 하는 것이다. 비판과 모욕을 명확히 구분하는 것은 중요하다. 어떤 형태의 표현의 유일한 의도가 법정이나 법관을 모욕하는 것이라면, 원칙적으로 이에 대한 적절한 처벌은 협약 제10조 제2항의 위반이 되지 않는다.

나. 이 사건에 원칙의 적용

청구인에 대한 판결이 협약 제10조 제1항에 의하여 보호되는 표현의 자유에 대한 침해를 구성한다. 당 법원의 임무는 그 침해가 동 조 제2항의 의미 내에서, 즉 "법률에 의하여 규정된 것"인지, 합법적 목적을 추구하는 것인지 그리고 "민주사회에서 필요한 것" 인지를 판단하는 것이다.

법원은 그 침해행위가 민법 제151조 및 제152조에 근거한 것이며 타인의 명예와 권리 보호라는 합법적 목적을 추구하는 것임을 인정한다. 사과하라는 법원의 명령이 국내법상 법률적 근거가 없다는 청구인의 주장에 관해서, 법원은 국내 법원이 철회의 관념에 가능한 한 사과를 포함하는 것으로 합리적으로 해석하였다고 본다.

법원은 이 사건에서 다른 결론에 도달할 이유가 없다고 본다. 그러므로 그 침해행위가 "민주사회에서 필요한 것"인지를 심사할 문제만 남는다.

법원은 "민주사회에서의 필요성" 테스트에는 주장하는 "침해행위"가 "압도적인 사회적 필요"에 부응하는 것인지, 추구하는 합법적 목적에 비례하는 것인지, 그리고 국내 당국이 정당하다고 소명하는 이유가 타당하고 충분한지 이를 판단할 것을 요구한다. 그러한

"필요"가 존재하는지 그리고 이를 다룸에 있어서 어떠한 조치가 적합한지를 평가함에 있어서 국내 당국은 일정한 정도의 재량권을 갖는다. 그러나 이러한 재량권은 무제한은 아니며, 법원에 의한 유럽차원의 감독에 보조를 맞춰야 하는 것이고, 법원은 어떤 제약이 협약 제10조에 의하여 보호되는 표현의 자유와 양립할 수 있는지 이를 최종적으로 결정하는 것이 그 임무이다. 법원이 그 감독적 기능을 수행함에 있어서는 국내 당국을 대신해서 하는 것이 아니라 전체로서의 사건에 비추어 국내 당국이 취한 결정이 재량범위 내에서 한 것인지를 제10조에 의하여 판단하는 것이다. 이렇게 함에 있어서 법원은 국내당국이 협약 제10조에 구현된 원칙에 순응한 기준들을 적용하였는지, 나아가 국내 결정이 관련 사실에 대한 수용 가능한 평가방식에 기초하여 했는지를 보는 것이다.

이 사건 사실로 돌아가 보면, 지방 신문사 기자인 청구인은 2명의 고위 공무원의 미성년 자녀들이 여름방학 캠프에서 더 어린 같은 룸메이트를 괴롭힌 폭행사건에 관해 2개의 기사를 실었다. 국내 법원은 폭행에 대해 공표한 모든 정보가 공식적 수사의 결과물에 기초하고 있었으며 따라서 진실한 것임을 인정한 것은 중요하다. 그럼에도 불구하고 범행자들 및 그 친족에 관한 사적 정보를 공개한 행위 및 범행자들의 친족이 수사에 개입하려 했다는 취지의 입증되지 않는 기사를 전파한 것에 대해 책임이 있다고 보았다.

법원은 가해자의 조부인 고위직 경찰관의 사생활에 관한 정보를 공개한 것에 대해 청구인은 민사적인 책임이 있다고 본다.

2002.9.3. 청구인은 일반적인 방식으로 참가자들을 거명하거나 기술하지 않고 여름캠프에서 발생한 폭력사건의 개요를 기사화하였다. 청구인이 소년범의 이름을 거명하면서 그 조부의 이름을 함께 언급한 것은 2002.9.17. 이었다. 그러나 9월 17일 이전에 그 이름 등은 다른 신문에서 이미 공개되었고 이 사건 관련 상세한 내용이 언론과 인터넷상에서 널리 논점화 되었다. 국내 소송절차에서나 법원 앞에 청구인이 공표한 기사가 일반이 과거에 몰랐던 새로운 인적 사항을 소개했다는 내용은 없었다. 두 번째 기사가 나갈 때는 가해자의 인적 정보는 이미 비밀성을 상실하고 공적 영역에 위치하게 되었다. 따라서 소년범 및 그 친족의 신원을 보호하려는 이익은 근본적으로 소멸되었다. 따라서 이 건의 경우 비밀성의 유지는 더 이상 중요한 요소가 될 수 없다.

법원은 일정한 상황에서, 이미 공적 영역에 들어가버린 정보를 재생산하는 것에 대한 금지는 정당화 될 수도 있다고 본다. 예를 들면 일반적 중요성을 갖는 사안에 대한 어떤 정치적 또는 공적 토론의 범위 내에 들어오지 않는 개인의 사생활에 대한 상세한 내용의 더 이상의 공표를 금지하는 것은 정당화될 수 있다. 법원은 특정 독자층의 호기심을 만족시킬 것을 목적으로 하여 개인의 사생활의 세세한 내용의 공표시에는, 개인 사생활의 효과적 보호에 대한 개인의 권리는 기자의 표현의 자유에 비해 우위에 있음을 재차 반복한다. 법원은 그러므로 청구인이 쓴 기사가 사회에 일반적 이익을 위한 토론에 기여했는지 여부를 판단해야 한다.

법원은 이 폭력 사건에서 가족의 정보는 어떤 기여도 하지 않았다고 본다. 일반 대중은 가해자 가족의 공적 지위와 전혀 연관이 없는 가족 사항에 관해 이를 알아야 한다는 어떤 합법적 이익도 가지고 있지 않다. 공무원이 그 가족 관련 사항 때문에 치욕에 노출되어야 한다는 것은 받아들일 수 없다는 점을 재확인한다. 또한 가해자가 미성년자이기 때문에 러시아 법률상 기소할 수 없었다는 점도 중요하다.

법원의 견해에 의하면, 형사 책임을 물을 수 있는 법률상 연령에 도달하지 아니한 미성년자가 범행한 이 사건에서, 중대한 범죄행위에 관한 정보를 알릴 언론인의 권리는 사생활의 효과적 보호라는 미성년자의 권리에 양보해야 한다. 여름 캠프에서 발생한 비난 들어 마땅한 사건과 관련하여 이름을 반복하여 거명하는 것은 특히 당해 아동의 도덕적 및 심리적 발달과 사생활에 특히 해롭다는 것에는 의문의 여지가 없다.

법원은 청구인이 소년범의 이름을 공표하고 그 친족의 공식 직위를 공개한 것은 합법적인 공적 관심사에 대한 토론에 어떤 기여도 하지 못한다고 결론을 내린다. 아무리 그 정보가 다른 신문에서 과거에 공개되었다 하더라도 청구인에게 국내 법원이 인정한 민사적 책임은 언론에서 더 이상의 공표를 방지할 필요가 있다는 정황에 의하여 정당화된다.

한편 법관 부부가 수사에 개입하려고 시도했다는 기사를 작성한 것에 대해, 법원은 그 문구는 청구인이 작성한 기사에 실제로 포함되어 있지 않음을 보게 된다. 그렇지만 2002년 9월 17일 기사는 "수사 과정에 압력을 행사하려는 시도가 진행되고 있다"라고 기술하고 있다. 그 기사는 관련자의 이름을 언급하지 않은 것은 사실이다. 그러나 가해자의 부모가 고위급으로 거명되고 일반 독자들에게 그들이 누구인지를 알 수 있는 문맥을 사용하였으므로 국내 법원이 그 책임을 인정한 것이라고 볼 수 있다.

나아가 법원은 러시아 각급 법원이 수사에 영향력을 행사하려 했다는 그 기사를 사실로 간주하고 그 진실성을 입증하지 못했기 때문에 책임이 있다고 판시한 점을 주목한다. 법원은 청구인이 중대한 사실상의 주장을 공표하고 그 주장이 의심의 여지가 있다는 것에 동의한다. 그렇지만 청구인은 자신의 주장을 입증하려 하지도 않았으며 또한 그 주장이 충분히 정확하고 신빙성 있는 사실적 토대에 기초하고 있음을 제시하지 못했다.

끝으로 침해행위의 비례성을 평가함에 있어서는 과해진 벌칙의 성격과 중대성을 함께 고려해야 한다. 이와 관련하여 법원은 청구인에게 명해진 배상은 과도한 금액이 아님을 인정한다.

위와 같이 고려한다면, 국내 법원의 결정은 해당 법원의 재량의 여지를 넘었다고 말할 수는 없다. 따라서 법원은 주장하는 침해행위는 추구하는 합법적 목적에 비례하지 않았다고 할 수 있는 정도는 아니었으며 그러므로 협약 제10조 제2항의 의미상 "민주사회에서 필요한 것"으로 볼 수 있다는 점을 수긍한다.

따라서 협약 제10조의 위반행위는 없었다.

*동지 의견으로 KOVLER 판사는 "사과"는 협약 제10조상 "필요한 것"으로 간주될 수 없다고 법원이 판시한 점을 지적한다(Kazakov v. Russia, no. 1758/02. 참조).

[74] 공적토론을 위한 정보의 공개 Szabadságjogokért v. Hungary

Application no. 37374/05, 2009. 4. 14. 선고

제10조 (표현의 자유) 위반

공적인 관심사가 된 헌법소원 건에 대해서 헌법재판소에 인권단체가 정보공개를 청구했으나, 원자료 생산자의 동의 없이 공개할 수 없다고 하면서 기각한 사건에 대해, 법원은 원자료 생산자의 사적 정보라고 하여 이를 공개하지 않는다면 이는 사실상 언론과 공적토론을 검열할 수 있는 결과를 가져 온다면서 청구인들의 표현의 자유에 대한 이 같은 제한은 민주사회에서 필요한 것이라 볼 수 없다고 판단하였다.

1. 주요사실

청구인 헝가리 시민자유연맹은 1994년 설립된 단체로 부다페스트에 사무소를 두고 있는 헝가리에 등록된 단체이다. 동 단체는 기본적 권리의 증진과 헝가리 시민사회 및 법의 지배를 강화하기 위한 비정부단체이며 마약 정책 분야에서도 활동한다.

2004년 의원 1인과 개인들이 헌법재판소에 추상적 심사를 위해 헌법소원을 제기하였다. 이 헌법소원은 마약 관련 범죄와 관련한 형법의 일부 개정의 위헌심사를 요청한 것이었다.

2004. 7월, 위 의원은 동헌법소원에 관해 언론 인터뷰를 하였다. 2004.9.14. 청구인은 헌법재판소 앞에 계류중인 위 헌법소원에 대한 정보공개를 청구하였으나, 2004.10.12. 헌법재판소는 위 의원에게 확인하지 않고 계류된 헌법소원 건은 원자료 생산자의 동의 없이는 외부에 공개될 수 없다고 하면서 비공개 하였다.

2004. 10월 헌법재판소가 위에 언급한 신청 건에 대한 청구인 단체의 접근을 거부하자, 동 단체는 헌법재판소가 그 결정을 번복하도록 부다페스트 지방법원에 제기했다. 이 절차가 진행되던 중, 2004.12.13. 헌법재판소는 동 헌법소원의 합헌여부에 대한 결정을 하였다. 그 결정은 헌법소원 자체의 요지를 담고 있었다.

헌법재판소의 결정이 있은 지 한 달 후에 청구인 단체가 제기한 정보공개 요구 건에 대해 지방법원은 이를 기각하였다. 이 기각 건은 상급심에서 확정되었다. 법원들은 청구인 단체가 요청한 정보는 개인적인 것이고 자료생산자의 동의 없이는 공개될 수 없다고 한 점을 특히 고려하였다. 개인적 정보의 이러한 보호는 다른 합법적 이익에 의해서 무시될 수 없다는 것이었다.

2. 청구 요지

협약 제10조(표현의 자유)에 근거하여 헝가리 시민자유연맹은 헌법소원 건에 대한 접근 거부는 공공의 이해관계가 있는 정보에 대한 접근권을 침해한 것이다.

이 건은 2005.10.11. 접수되고 2008.11.13. 허용되었다.

3. 법원의 판단

가. 제10조의 침해 여부

법원은 일반 공중은 일반적 이해관계가 있는 정보를 취득할 권리를 가진다는 점을 지속적으로 인정하여 왔다. 이 분야에 대한 법원의 판례법에서 이러한 사항에 대한 정보와 사상을 보급하는데 기여하는 언론의 자유와 관련하여 발전이 있었다. 이와 관련하여 국가당국이 취한 조치가 사회의 감시견 중의 하나인 언론의 참여를 꺾는 것일 때, 또한 심지어 정보에 대한 접근을 보다 번거롭게 하는 것일지라도 이는 법원의 입장에서는 매우 신중한 검토를 요청하게 된다.

제10조에 의해 보호되는 이익의 관점에서 법률은 일종의 간접적 검열이 될 수 있는 자의적 제한이 정보수집에 대한 장애를 설정하도록 이를 허용할 수 없다. 언론의 기능은 공적 토론의 장을 만드는 것도 포함한다. 그렇지만 이러한 기능의 실현은 언론매체나 직업적인 기자들에게만 한정된 것은 아니다. 이 건에서 공중의 토론의 장의 준비는 비정부단체가 수행하였다. 법원은 민간단체가 공적 사안의 토론에 중대한 기여를 한다고 거듭 인정하여 왔다. 청구인은 정보의 자유를 포함한 여러 목적을 갖는 인권 쟁송에 관여하는 단체이다. 그러므로 언론과 마찬가지로 사회의 "감시견"이다. 이러한 상황에서 법원은 그 단체의 활동이 언론에 제공되는 보호에 유사한 협약상 보호를 받아야 된다고 본다.

이 건의 주된 쟁점은 마약 관련 범죄의 형사법제의 합헌성 여부이다. 법원의 견해로는 의회 의원에 의한 이 법률의 추상적 심사청구는 의심의 여지없이 공적 관심사항을 구성한다. 결과적으로 법원은 청구인 단체가 공적 중요성을 갖는 사안에 대한 정보의 합법적 수집에 관한 것임을 인정한다. 헝가리 국내당국은 행정적 장애를 설정함으로써 이를 침해하였다. 더욱이 청구인의 의도는 문제의 헌법소원에서 수집된 정보를 일반에 보급하고 그럼으로써 마약 관련 범죄의 입법에 관한 공적 토론에 기여하는 것이어서, 그러한 정보를 보급하는 권리가 분명히 침해되었다.

그러므로 협약 제10조 제1항의 규정된 청구인의 권리에 대한 침해가 있었다.

나. 침해의 정당성 여부

법원은 제10조 제1항에 의한 청구인의 권리에 대한 침해가 제10조 제2항의 요건을 충족하지 못하는 경우에는 협약 침해로 인정하여 왔다. 그러므로 침해행위가 "법률의 규정에 의한" 것인지, 합법적 목적을 추구하는지, 그러한 목적을 추구함에 있어서 "민주사회에서 필요한" 것인지를 판단해야 한다.

법률의 규정에 의한 것인지

청구인은 공공의 관심사가 되는 데이터에 대한 접근을 보장하는 데이터보호법에 근거하여 정보공개를 청구하였고, 헝가리 정부는 관련 법률이 공공의 관심사를 무시할 수 있는 개인 정보가 청구인의 표현의 자유에 대한 침해의 법적 근거를 규정한다고 주장한다. 법원은 이 침해행위는 협약 제10조 제2항의 의미상 "법률의 규정에 의한" 것임을 확인한다.

합법적 목적

법원은 문제의 침해행위는 협약 제10조 제2항의 의미상 타인의 권리의 보호라는 합법적 목적을 추구하는 것으로 볼 수 있다고 본다.

민주사회에서 필요한 것인지

법원은 애초부터 "제10조는… 개인에게 사적 지위에 관한 정보를 포함하는 기록에의 접근권을 부여하는 것도 아니며 또한 정부에 대해 개인에게 그러한 정보를 보급할 의무를 규정한 것도 아니다"라는 점을 상기한다. 또한 "행정 정보와 문서에 대한 일반적 접근권을 협약으로부터 도출하는 것은 곤란하다"고 하였다. 그럼에도 불구하고 법원은 "정보 취득의 자유"의 개념에 대해 보다 폭넓은 해석 방향으로 최근 진전을 이룩하여 정보접근권을 승인하는 방향으로 진전이 있었다.

법원은 "정보를 취득할 자유에 대한 권리는 기본적으로 정보를 취득하고자 하는 사람으로부터 타인이 이를 그에게 전달하기를 희망하거나 전달하고자 하는 정보를 취득하는 것에 제한을 두는 것을 금지한다"(Leander v. Sweden 사건 참조)고 판시한 점을 주목한다. 이 사건은 본질적으로 공용문서에의 일반적 접근권의 부인이라기보다는, 언론과 마찬가지로 사회적 감시견의 기능행사의 침해에 관한 것이다. 이와 관련하여, 언론 기능의 수행에 있어서 국내 당국이 설정한 예비적 장애는 엄격심사를 요청한다는 법원의 과거의 관심사와 비교해볼 수 있다. 더욱이 언론의 자유와 관련한 사안에 있어서의 국가의 의무에는 언론기능의 행사에 대한 장애의 제거도 포함한다. 특히 공공의 관심사와 관련하여 그러한 장애가 오직 자료를 생산한 사람에 의한 정보독점에 기인한 것이라면 그렇다. 법원은 이 사건에서 청구인이 구하고자 하는 정보는 준비가 되어 있고 이용 가능한 그러한 시점에 있음을 주목한다. 그러므로 법원은 국가는 청구인이 구하고자 하는 정보의 유통을 방해하지 않을 의무를 갖는다고 본다.

법원은 청구인이 그 정보의 원생산자의 개인적 데이터 없이 헌법소원에 관한 정보를 요청한 것이라고 본다. 동 국회의원이 헌법소원을 제기한 사실을 언론에 이미 알렸고 그러므로 공적 관심사에 대한 그의 의견은 원칙적으로 그 자신과 동일시 할 수 있음은 사실이다. 그러나 법원은 정치적 인물이 자신의 사적 권리라는 이름하에 공적 사안에 대한 자신의 의견이 개인과 관련된 것이고 따라서 동의 없이는 공개할 수 없는 사적인 정보를 구성한다고 주장하면서 언론과 공적 토론을 검열할 수 있다면 이는 정치 영역에 있어서 표현의 자유에 대한 치명상이 될 것이라고 본다. 그러므로 법원의 견해로는 그 침해를 정당화할 수 없다.

법원은 공공의 관심이 되는 정보에 대한 접근을 거부하기 위해 만들어진 장애는 그러한 사안을 추구하는 매체나 관련 영역에서 활동하는 사람들을 배제할 수 있다고 본다. 그 결과 그들은 더 이상 "공적 감시견"으로의 사활적 역할을 수행할 수도 없고 또한 정확하고 신뢰할 수 있는 정보를 제공하는 그들의 능력은 역영향을 받을 수 있다.

이 사건에서 청구인의 표현의 자유에 대한 침해행위는 민주사회에서 필요한 것이라고 볼 수 없다. 그러므로 협약 제10조의 위반이 있었다.

[75] 공공질서의 보호를 위한 포스터 전시 금지

Mouvement Raëelien suisse v. Switzerland

Application no. 16354/06, 2012. 7. 13. 선고

제10조 (표현의 자유) 비위반

인간복제를 중시하고 민주주의제도를 비난하는 천재정치를 전파하는 내용을 담고 있고, 그 창시자는 소아성애와 근친상간을 옹호한다는 점에서 이러한 내용의 포스터를 공공장소에 전시하지 못하게 하자 문제된 건으로, 법원은 공공질서, 도덕의 보호 등에 근거한 포스터의 전시 금지는 표현의 자유에 대한 침해가 아니라고 판단하였다.

1. 주요 사실

청구인 협회는 1977년 설립된 비영리 단체로 렌나즈에 등록되어 있다. 동 단체는 제네바에 소재한 조직인 랠리안 무브먼트 전국 지부로서 외계인과의 최초 접촉 및 선린 관계 개발을 목적으로 1976년 설립되었다. 2001년 동 단체는 포스터 캠페인을 위해 노이체텔 경찰서에 허가를 요청하였다. 붙이고자 했던 포스터는 외계인의 얼굴과 날아다니는 접시, 랠리안 운동의 인터넷 주소와 전화번호 그리고 "외계인으로부터의 메시지"와 "마침내 과학이 종교를 대체하고 있다"는 구절 들이다. 랠리안 무브먼트가 비도덕적이고 공공질서에 반하는 활동에 관여한다는 이유로 포스터 게재 허가는 거부되었다.

청구인 단체의 이의신청은 노이체텔 주 관리부에서도 기각하였다. 포스터는 어떤 쇼킹한 내용도 담고 있지 않다는 것을 알면서도 동 관리부는 천재정치홍보 —지적 계수에 기반을 둔 정치 모델— 및 인간 복제를 중시했다. 또한 이 단체가 "공론으로" 그 창시자인 라앨의 출판물 중의 소아성애와 근친상간을 옹호한다는 프라이부르크 캔톤 법원의 사실인정을 그 근거로 삼았다. 끝으로 클론에이드 웹사이트는 동 단체의 웹주소에서 접근할 수 있도록 되어 있는데 복제와 우생학 관련 특수 서비스를 제공하는 곳이었다. 관리부는 이에 따라서 포스터 캠페인은 도덕과 타인의 권리에 대한 위협을 내포하고 있으며 동 단체는 자신의 견

해를 보급할 다른 수단도 갖고 있다고 하였다.

2005.4.22. 판결에서 행정법원은 동 단체는 의견을 가질 자유 및 종교적 자유 모두 받을 자격이 있음을 인정했으나 동 단체의 청구를 기각하였다. 법원은 "천재정치"라든지 "감각적 명상"에 관한 일정한 출판물에서 아동들이 "제1차적 성적 대상"으로 기술되었음을 주목하고 동단체가 아동들을 포함한 일정한 성적 실행에 대한 형사고소의 원인이었음을 지적하였다. "천재정치"라는 말과 현대 민주주의에 대한 비판 역시 법원의 견해로는 공공질서, 안전 및 도덕을 잠식할 가능성이 있다. 2005.9.20. 청구인 단체의 항소는 연방법원에서 기각되었다. 동 법원은 이러한 유형의 포스터 캠페인을 공공의 공간에 붙이도록 하는 것은 국가가 그러한 행위를 용인하거나 승인하는 인상을 줄 수 있다고 판시했다.

2. 청구 요지

제9조(사상, 양심 및 종교의 자유) 및 제10조(표현의 자유)에 근거하여 청구인은 스위스 당국의 포스터 게시 거부에 대하여 청구하였다.

이 건은 2006.4.10. 접수되었다.

3. 법원의 판단

법원은 포스터 캠페인을 통해 자신의 사상을 전파하고자 하는 단체에 공공의 공간을 이용할 수 있도록 국내당국이 이를 허용해야 하느냐의 문제를 심사한 최초의 사례임을 주목한다.

법원은 그러한 포스터의 게시를 허용한다면 국내 당국이 문제된 건에 대한 의견과 행동을 승인하거나 아니면 이를 묵인한다는 인상을 줄 우려가 있다는 스위스의 의견에 동감을 표한다. 그러므로 국내당국은 캠페인을 제지하는 것이 필요한지 이를 평가하는데 있어 넓은 재량권을 가진다는 점을 법원은 인정한다.

문제된 포스터는 그 문구나 그림에는 불법적이거나 쇼킹한 것이 없다는 것에는 논란이 없지만, 그럼에도 불구하고 특수한 복제 서비스를 제공하는 클론에이드 사이트와 링크시킨 웹주소가 그 특징으로 나타난다. 법원은 그 포스터에서 보여지는 전체적인 맥락, 특히 이러한 웹사이트로 전달되는 사상 및 그 단체의 간행물을 고려하지 않을 수 없다고 본다. 정보를 전달하는 현대적 수단 및 문제의 웹사이트가 아동을 포함한 누구에게나 접근가능하고 또한 포스터 캠페인의 영향력을 배가 시킬 수 있음을 고려하지 않을 수 없다.

나아가 법원은 스위스 당국이 복제회사가 제공하는 복제 서비스, 낮은 연령의 아동이 포함된 성적으로 이상한 실행의 가능한 존재 및 천재정치로 야기될 수 있는 공공질서, 안전 및 도덕에 대한 위협 및 현대 민주주의에 대한 비난 등을 고려한 결정이 사려있는 것이었음을 보게 된다. 법원은 청구인 단체의 일부 회원들의 미성년과의 성적 행위에 대한 고소를 고려하고 스위스 당국이 그 포스터의 게시를 거부한 것이 필요하다고 볼 충분한 근거를 가졌다고 본다.

법원은 포스터 게시 금지는 공공의 공간에서의 포스터의 전시에 엄격하게 한정되었으며 단체 자체 또는 그 웹주소를 금하는 문제는 결코 아니었음을 인정한다.

그러므로 스위스 당국이 공공의 공간의 사용에 대해 자신에게 제공된 광범한 재량의 여지를 남용하지 않았고 또한 그 거부 결정에 대해 충분한 이유를 제시하였기 때문에 청구인 단체의 표현의 자유의 본질을 손상시키지 않았다. 따라서 법원은 제10조의 위반이 없었다고 판시한다.

[76] 국가의 적극적 의무 Centro Europa 7 S.r.l. and Di Stefano v. Italy

Application no. 38433/09, 2012.6.7. 선고

제10조 (표현의 자유) 위반

제1의정서 제1조 (재산권의 보호) 위반

전국 지상파 방송허가를 받고 시설 등을 갖추어 송출조건을 갖췄으나 당국의 주파수 배정

계획이 계속 미루어져 10여 년 간 방송 불가 상태에 있었다. 이는 국내의 입법적 조치가 기존 사업자에게 유리하게 전개된 탓이었는데, 이는 국가가 효과적인 미디어 다원주의를 보장하기 위한 입법적 및 행정적 조치를 취해야 할 협약상 적극적 의무를 이행하지 않음으로써 표현의 자유를 침해하였다.

1. 주요 사실

청구인 Centro Europa 7 S.r.l. 는 로마에 주소지를 갖는 이탈리아 회사이다. 1999.7. 28. 이탈리아 당국은 이 회사에 법률 제249/1997호에 따라 아날로그 TV 네트워크를 가설하고 이를 운영할 수 있도록 하면서 전국 지상파 방송 허가를 내주었다. 이 허가는 동 社가 전국의 80% 이상을 커버할 수 있는 3개의 주파수를 배정받는다고 되어 있었다.

주파수 할당을 위해서는 1998년 주파수 전국 할당계획에 명시된 조건에는 24개월 이내에 회사는 통신규제당국이 작성한 "배정계획" 및 "조정 프로그램"의 요구조건에 따라서 그 장비를 설치하도록 되어 있었다.

2000년에 시작하여 동 社는 주파수가 할당되지 않는다고 행정법원에 수차례 제소하였다. 최초 소송은 2008. 5월에 종결되었고 이 판결은 동 社의 주파수 할당을 당국이 위에 언급한 조정계획을 채택할 때까지 연기하는 것이었다.

그러나 그 계획은 2008. 12월까지도 이행되지 않았다. 그 이전에는 잠정적인 계획으로 기존의 TV 채널이 자신들의 주파수 사용을 연장하는 것으로 전국수준에서 적용되었다. 그 결과로서 비록 센트로 오이로파 社가 라이선스를 획득했지만 2009.6.30.까지는 방송을 할 수 없었다.

그러는 중에 2003. 11월, 센트로 오이로파 社는 지방행정법원에 두 번째 소송을 제기했다. 이 소송은 주파수를 할당받지 못하여 입게 된 피해를 청구하는 것이었다. 최고행정법원은 유럽사법재판소(CJEU)가 유럽연합조약의 관련규정, 관련 EU 지침 및 유럽인권협약 제10조를 해석할 때까지 동 절차를 유예시켰다. 유럽사법재판소는 2008. 1월 판결을 선고하였다. 특히 동 재판소는 협약 제10조에 대해서 문제의 기간 중 채택한 국내 법률은 기존 TV 채널에 유리하게 적용되어 이미 방송허가를 받았으나 주파수를 배정받지 못한 신규 방송사들에게는 손해를 주고 있다고 판시하였다.

유럽사법재판소의 판결이 있은 후 최고행정법원은 자신이 이탈리아 정부 대신에 주파수를 배정할 수 없다고 하고 이 문제를 이탈리아 정부가 처리해 줄 것을 명하였다. 또한 관계 부처에는 동 社에 센트로 오이로파 社가 주파수를 배정 받았다면 얻었을 합리적 기대이익을 기초로 1,041,418 유로를 지급할 것을 명하였다. 최고행정법원은 센트로 오이로파 社가 당국의 과실로 주파수 배정을 받지 못해 손해를 입었다고 하였다. 그러나 재산상 손해는 이탈리아 헌법재판소의 판시를 좇아 라이선스 소유자들이 방송을 실시하도록 이를 허용하는 법률이 채택된 날인 2004.1.1. 이후에 대해서만 인정한다고 판시하였다.

2. 청구 요지

청구인들은 제10조에 의하여 자신들이 정보를 제공할 권리가 침해당했으며 제14조(차별금지)에 의하여 메디아세 그룹에 비교하여 차별을 당했다고 주장했다. 그들은 나아가 주파수 비배정을 연장시킨 법률로 인하여 자신들이 제기한 소송이 불공정했다고 주장하였다. 끝으로 그들은 1999년 센트로 오이로파 社에 내준 허가는 "고유한 이익"을 구성하기 때문에 제1의정서 제1조의 의미내의 재산권을 구성하나 협약의 요건과는 반대로 이를 보호받지 못했다고 주장하였다.

이 건은 2009.7.16. 법원에 접수되고 2009.11.10. 이탈리아 당국에 송달되었다. 지정재판부는 이를 대재판부로 넘기고 비정부조직인 Open Society Justice Initiative가 제3자로서 서면 의견서를 제출하였다.

3. 법원의 판단

가. 허용성 판단

이탈리아 정부는 이 청구건을 허용할 수 없다는 취지의 다수의 반박 의견서를 제출했다. 법원은 이 점에 대해 다음과 같이 인정하였다.

1) 센트로 오이로파 社는 여전히 협약 침해의 피해자임을 주장할 수 있다.

이탈리아 정부가 비록 침해를 명시적으로 인정하지는 않았으나 주파수를 배정하지 않음으로써 부주의하게 행동했다는 최고행정법원의 주장은 이를 인정하고 있다는 점이 그러하다. 센트로 오이로파 社에 대한 보상은 그 자체로는 충분하지 않았다. 또한 2009.6.30.의 주파수 배정이 센트로 오이로파 社가 제기하는 불만 상황을 종식시킬 수 있었지만 동 社가 방송을 하지 못한 기간에 대한 묵시적 구제는 아니었다.

2) 프란세스칸토니오 디 스테파노 씨는 피해자임을 주장할 수 없다.

동 社 홀로는 방송 라이선스를 얻었고, 디 스테파노 씨는 그 회사의 독자 주주가 아니었다는 점에서 그렇다. 더욱이 주파수 배정 거부 및 법원에의 제소는 센트로 오이로파 社의 이익에만 영향을 주는 것이었다. 그러므로 법원은 그 개인의 이름으로 한 청구는 허용할 수 없다고 선언하였다.

3) 센트로 오이로파 社는 법원에 대한 개인 청구권을 남용하지 않았다.

그 청구는 법원을 호도시킬 목적으로 하는 거짓에 근거한 것은 아니었기 때문이다.

4) 센트로 오이로파 社는 자신의 불만 상황이 막 종결된 지 20일 이후인 2009.6.30.에 당 법원에 청구하였다. 이 일자는 동 社가 TV 채널 하나의 주파수를 배정받은 때였다. 동일 이전에 여러 국내 기관의 결정들은 종국적인 것이 아니었다. 즉 동 기관들이 동 社의 청구를 해결하지 못한 때였다. 그러므로 동 社는 협약 요건에 따라 이 사건에 대한 국내의 최종결정이 있은 후 6월 이내라는 기간 내에 당 법원에 청구하였다.

5) 센트로 오이로파 社는 법원에 청구 전에 국내적 구제절차를 완료하지 못했다. 동 社가 주파수 배정 문제를 다투고 있었던 절차는 여전히 계속중이었지만, 동 社는 본 청구 건의 목적을 위한 절차의 결과를 기다릴 수만은 없었다. 따라서 법원은 동 社를 위한 이 청구건이 허용된다고 선언하였다.

나. 표현 및 정보의 자유 (제10조)

당 법원이 강조하는 것처럼 시청각 미디어에서 다원주의에 대해 잘 확립된 판례법의 취지처럼 다원주의 없이는 민주주의도 없다. 더욱이 당 법원은 국가가 운영자에게 시청각 시장에의 접근에 대해 이론적 가능성을 제공하는 것만으로는 충분하지 않음을 강조하였다. 매체 제공자가 그러한 시장에 효과적으로 접근할 수 있도록 하여 가능한 한 사회의 서로 다른 의견들을 반영할 수 있는 프로그램 내용의 다양성을 보장할 수 있도록 하는 것이 필수적이다.

만약에 이와는 달리 즉각적 효과를 갖는 메시지를 잘 전달할 수 있는 강력한 경제 집단이나 정치 집단이 시청각 매체의 지배를 허용하도록 한다면, 이는 표현의 자유 및 정보 전달 및 수령의 자유를 잠식하게 될 것이다. 그러한 지배적 지위는 하나의 집단이 방송사업자들에게 압력을 행사하고 결과적으로 방송사업자들의 편집의 자유도 차단하게 되는 상황에 이르게 할 수도 있는 것이다.

센트로 오이로파 社의 상황에 대해서, 이탈리아 당국이 주파수를 배정하지 않은 것은 동 社에 부여한 라이선스를 박탈한 것이었다. 즉 동 社는 거의 10여 년 동안 방송 불가상태에 있었다. 그러므로 근원적 장애가 존재하였으며 센트로 오이로파 社가 정보 및 사상을 전달할 권리의 행사를 침해한 것이었다.

보다 면밀히 보면, 1999. 7월, 방송을 허용한 이후 센트로 오이로파 社는 24개월 이내에 관계 당국이 그 지상파 방송을 규율하는 것으로 합리적인 기대를 가질 수 있었던 점을 법원은 주목하였다. 지상파 방송을 위해 필요한 설비들을 업그레이드 하였다면 센트로 오이로파 社는 텔레비전 프로그램을 마땅히 송출할 수 있어야 했다.

그러나 2008. 12월까지 주파수 배정계획이 시행되지 않았고 센트로 오이로파 社는 2009.6.30.부터 1개 채널을 배정받을 수 있을 뿐이었다. 그러는 중에 기존의 몇몇 채널 보유자들은 전국 계획에 따라 신규 회사에 배당할 예정이던 주파수를 사용함으로써 방송을 계속할 수 있었다.

최고행정법원은 그러한 상황은 근본적으로 입법적 요인에 원인이 있다는 점을 인정하였다. 법원은 그러한 요인들은 다음과 같이 심사하였다. 연속된 법률들이 계속해서 기존의 채널들이 전국 및 지방 수준 양쪽에서 방송을 지속하도록 이를 연장하였다. 그러한 법률들의 연속적 적용은 기존 채널 이외의 다른 사업자가 초기 디지털 텔레비전 시장에 참입하는 것을 방해하고 주파수를 봉쇄하는 효과를 가졌었다. 특히 문제의 법률들은 예측 불가능한 장래의 일자에 발생할 사항을 언급하면서 과도계획의 기간을 연장하였다. 동 법률들은 충분하게 정의되지 않은 모호한 용어를 사용하고 과도 계획의 범위나 기간에 대해서도 그러하였다.

더욱이 CJEU는 이탈리아 법률에 의한 조치들은 기존 네트워크에 유리하게 짜여진 과도 조치를 계속 적용하는 것이었음을 인정했다. 유럽사법재판소는 또한 이러한 것이 센트로 오이로파 社와 같이 방송 주파수를 배정받지 못한 사업자들이 이미 허가를 받았음에도 텔레비전 방송시장에 접근을 막는 결과를 가져왔다는 점을 인정했다.

법원은 이탈리아 국내법제가 명료성과 엄밀성을 결여했으며 또한 센트로 오이로파 社가 충분히 확신을 갖고 방송을 할 수 있는 주파수를 배정받을 시점을 예견할 수 없게 하였다고 결론을 내린다. 그러므로 문제의 법률들은 법원이 확립한 예측가능성 요건을 충족하지 못하였다.

끝으로 이탈리아 당국은 허가서에 적시된 데드라인을 준수하지 않아 센트로 오이로파 社의 기대를 좌절시켰다. 이탈리아 정부는 동 社가 효과적으로 관계당국으로 하여금 법률을 준수하고 헌법재판소의 판결을 따르도록 할 수가 있었다고 이를 입증하지 못했다. 그러므로 이탈리아 정부는 자의성에 대해 충분한 보증을 제공하지 못했다.

위와 같은 결함은 무엇보다도 시청각 영역에서 경쟁력의 감퇴를 초래했다. 이것은 국가가 효과적인 미디어 다원주의를 보장하기 위한 적절한 입법적 및 행정적 조치를 취해야 하는 협약상 적극적 의무를 이행하지 않은 것에 다름 없었다.

그러므로 협약 제10조 위반이 있었다.

다. 재산권의 보호 (제1의정서 제1조)

법원은 허가조건 및 당시의 입법상태에 비추어 센트로 오이로파 社는 허가를 받고 24개월 이내에 관계 당국이 자신의 지상파 방송활동을 규율할 것이라는 합리적 기대를 가질 수 있었다. 그러므로 동 社는 방송개시에 대한 "합법적 기대"를 가졌었다.

수년간 동 社는 지상파 방송을 할 수 없었으므로, 법원은 이탈리아 당국이 센트로 오이로파 社의 재산권의 평온한 향유를 침해했다고 본다. 법원은 제10조의 맥락에서 센트로 오이로파 社의 권리에 대한 이탈리아 당국의 침해는 충분히 예견할 수 있는 법적 기초를 갖고 있지 못하였음을 이미 인정하였다. 법원은 재산권과 관련한 청구에 대해서도 동일한 결론에 도달하여 제1의정서 제1조의 위반이 있었다고 결론을 내린다.

라. 다른 조항들

법원은 센트로 오이로파 社의 제14조에 기한 청구를 별도로 심사할 필요가 없다고 보며 제6조 제1항에 기한 청구는 이를 각하한다.

마. 보상 (제41조)

법원은 재산 및 비재산상의 손해로 이탈리아가 1천만 유로를 센트로 오이로파 社에게 지급하고 비용과 경비로 100,000 유로를 지급하도록 판시한다.

제10장 집회 및 결사의 자유

유럽인권협약 제11조 (집회 및 결사의 자유)

1. 모든 사람은 자신의 이익의 보호를 위해 노동조합을 조직하고, 이에 가입할 권리를 포함하여 평화적 집회의 자유 및 타인과의 결사의 자유를 향유하는 권리를 갖는다.
2. 국가안전, 공공의 안전을 위하거나, 무질서나 범죄의 진압을 위하거나, 건강과 도덕의 보호를 위하거나, 타인의 명예와 권리의 보호를 위하여, 법률에 의하여 규정되고 민주사회에 있어서 필요한 경우 외에는 이러한 권리의 행사에 어떠한 제한도 부과할 수 없다. 이 조는 국가의 군대, 경찰 또는 행정부의 구성원에 의한 이러한 권리의 행사에 합법적 제한을 과하는 것을 금하는 것은 아니다.

B규약 제21조 (집회의 자유)

평화적인 집회의 권리가 인정된다. 이 권리의 행사에 대하여는 법률에 따라 부과되고 또한 국가안보 또는 공공의 안전, 공공질서, 공중보건 또는 도덕의 보호 또는 타인의 권리 및 자유의 보호를 위하여 민주사회에서 필요한 것 이외의 어떠한 제한도 과하여져서는 아니된다.

B규약 제22조 (결사의 자유)

1. 모든 사람은 자기의 이익을 보호하기 위하여 노동조합을 결성하고 이에 가입하는 권리를 포함하여 다른 사람과의 결사의 자유에 대한 권리를 갖는다.
2. 이 권리의 행사에 대하여는 법률에 의하여 규정되고 국가안보 또는 공공의 안전, 공공

질서, 공중보건 또는 도덕의 보호 또는 타인의 권리 및 자유의 보호를 위하여 민주사회에서 필요한 것 이외의 어떠한 제한도 과하여져서는 아니된다. 이 조는 군대와 경찰의 구성원이 이 권리를 행사하는 데 대하여 합법적인 제한을 부과하는 것을 방해하지 아니한다.

3. 이 조의 어떠한 규정도 결사의 자유 및 단결권의 보호에 관한 1948년의 국제노동기구 협약의 당사국이 동 협약에 규정하는 보장을 저해하려는 입법조치를 취하도록 하거나 또는 이를 저해하려는 방법으로 법률을 적용할 것을 허용하는 것은 아니다.

[77] 결사의 자유 Maestri v. Italy

Application no. 39748/98, 2004.2.17. 선고

제11조 (결사의 자유) 위반

특별한 성격을 갖는 프리메이슨이라는 특수한 조직에의 가입이 법관의 직무수행과 양립할 수 없다는 이유로 징계조치한 행위는, 그 징계조치의 근거가 되는 법률에서 행위결과 예견성 등에 대해 엄밀히 정하지 않음으로써 이러한 법률에 의한 징계조치가 청구인의 결사의 자유에 대한 침해를 구성한다.

1. 주요 사실

청구인 마에스트리 씨는 이탈리아 국민으로 이탈리아에 거주한다. 청구인은 이 건 청구를 할 때 법관이었고 라 스페찌아 지방법원장 대리였다.

1993. 11월 청구인을 상대로 징계절차가 개시되었고, 프리메이슨(Freemason)이라는 이유로 기소되었다. 청구인이 1981년부터 1993년까지 Grande Oriente d'Italiadi Palazzo Giustiniani와 연계된 프리메이슨 조직의 회원으로 이는 1946.5.31. 칙령 제18조 위반이라는 것이었다.

1995.10.10. 결정에서 국가사법평의회 징계부는 청구인이 기소 범죄를 범했음을 인정하고 징계하였다. 징계부는 프리메이슨의 선서와 법관으로서의 선서는 양립할 수 없다는 이유로 법관이 프리메이슨이 된 것은 징계규칙에 위반한다고 하였다. 즉 프리메이슨은 상호간에 계급적 관계를 맺고, 프리메이슨적 정의와 프리메이슨 상호간 해체할 수 없는 성격의 유대성을 우선하여 국가 정의를 거부한다는 것이었다. 징계부는 또한 프리메이슨 구성원 자격과 법관자격간의 충돌을 강조했던 1990. 3월 및 1993. 7월 국가사법평의회가 공포한 지침도 인용하였다.

청구인은 법률적 관점에서 파기원에 상고하였으나 1996.12.20. 기각되었다. 마에스트리 씨는 징계로 인해 정직상태였다.

2. 청구 요지

청구인은 자신이 프리메이슨의 일원이라고 하여 제재한 조치는 사상, 양심 및 종교의 자유를 규정한 협약 제9조 위반이며, 표현의 자유를 규정한 제10조 위반이며, 집회 및 결사의 자유를 규정한 협약 제11조 위반이라고 제소하였다.

3. 법원의 판단

법원은 청구인의 주장은 협약 제11조의 범위 내에 해당하는 것이라고 보고 동 규정에 따른 주장만을 심의하였다.

가. 협약 제11조 위반 주장에 관하여

(1) 침해가 있었는지

협약 제11조가 보장하는 청구인의 결사의 자유에 대한 권리에 대한 침해가 있었다는 점에는 다툼이 없다.

그 침해가 협약 제11조와 양립하기 위하여는 세 가지 조건을 충족해야 한다. 첫째, 그 침해행위가 법률에 의하여 규정된 것이어야 하며, 둘째, 제2항에 의한 합법적 목적을 추구하는 것이어야 하고, 셋째, 목적을 달성하기 위하여 "민주사회에서 필요한" 것이어야 한다.

(2) 침해행위가 법률의 규정에 의한 것인지

법원은 프리메이슨 조직의 일원이라는 이유로 이탈리아 1946년 칙령 제18조에 근거하여 법관에게 징계조치를 부과한 행위는 협약 제11조와 양립한다고 판시한 적이 있다(N.F. v. Italy 사건). 동 판결에서 법원은 징계조치는 이탈리아 법률에 그 근거를 갖고 있고, 또한 그 징계조치의 근거가 된 법률을 접근할(알) 수 있었다고 판시하였다. 그러나 예견가능성의 요건은 충족하지 못했음도 지적한 바 있었다.

법원은 협약 제8조 내지 제11조에 "법률에 의하여 규정된"이라는 표현과, "법률에 따른" 표현은 계쟁의 조치가 국내 법률에 일정한 근거를 갖고 있어야할 뿐만 아니라 문제된 법률의 특성까지도 언급하는 것임을 재차 강조한다. 법률은 관계인들이 접근할 수 있어야 하고, 또한 관계인들이 특정의 행위가 내포할 수 있는 결과를 상당한 정도 이를 예견할 수 있도록 충분히 엄밀하게 구성되어야 한다.

국내 법률이 이러한 요구를 충족하기 위해서는, 협약이 보장하는 권리에 대한 공적 당국의 자의적 침해에 대하여 상당한 법률적 보호를 제공해야 한다. 기본권에 영향을 미치는 사안에 있어서 그 침해행위는 협약에 구현된 민주사회의 기본원리의 하나인 법의 지배에 반하는 것이다. 결론적으로 법률은 재량의 범위와 그 행사의 방식을 충분히 명료하게 표시하여야 한다.

국내법제에 있어서 요구되는 엄밀성의 정도는 문제된 법률의 내용이라든지, 그 대상으로 삼고자 하는 영역, 그 대상이 되는 사람들의 수 및 그들의 지위에 좌우된다.

이 사건에서, 법원은 1946년 칙령 제18조가 청구인에게 대한 제재의 근거로 이용된 법률규정임을 확인한다. 그러므로 징계조치는 국내 법률에 그 기반을 두고 있었다.

다음으로 법원은 사건의 특별한 사정에 비추어 동 법률의 특성에 관련된 요건이 충족되고 있는지 이를 판단해야 한다. 따라서 동 법률이 그 법률적용의 효과에 대해 이를 알 수 있었고 또한 예견 가능하였는지(accessible and foreseeable) 확인해야 한다.

입수가능성에 관해 보건대, 법원은 1946년 칙령 제18조는 공개되었고 더군다나 청구인이 전문직이라는 이유로 쉽게 입수할 수 있었다는 점에서 그 요건을 충족하였다고 본다.

예견가능성에 관해 보건대, 법관이 프리메이슨 조직에 가담하지 못하도록 하는 조건을 충분히 엄밀하게 국내법제가 규정하고 있었는지 이를 판단해야 한다. 이와 관련하여 징계규칙의 특별한 요건도 고려해야 한다.

법원은 1946년 칙령 제18조는 법관이 결사의 자유를 행사할 수 있는지 어떻게 이를 향유할 수 있는지 규정하고 있지 않다는 점을 지적한다. 더욱이 이탈리아 헌법재판소는 제18조가 이탈리아 헌법과 상충되지 않는다고 하였다.

법원은 이 사건에서 두 기간을 구분해야 한다고 본다. 청구인이 프리메이슨에 가입한 1981년부터 국가사법평의회가 첫 번째 지침을 채택한 1990.3.22. 까지, 그리고 동일자로부터 청구인이 프리메이슨 조직을 떠난 1993. 3월까지의 기간이다. 1990년 국가사법평의회가 채택한 지침에서 프리메이슨처럼 특수한 규범규칙에 의하여 규율되는 합법적 결사에 법관이 가담하는 것은 법관에게 문제의 소지가 될 수 있음을 천명하였다.

첫 번째 기간 중에, 법원은 칙령 제18조 자체는 예견가능성을 충족시킬 수 있는 충분한 정보를 담고 있지 않았음을 인정한다. 이탈리아가 1982년에 결사의 권리에 관한 법률(이 법률은 헌법의 결사의 권리에 관한 규정으로 "P2" 로지의 해체에 관한 규정을 포함하고 있고, 동법 제2조는 비밀조직의 가입을 범죄로 규정한다. 아울러 제4조는 공무원의 경우 징계절차를 반드시 개시하도록 규정)을 통과시켰다는 사실에서 법관이 합법적 매소닉 로지(프리메이슨의 일종의 집회소) 가입이 청구인의 징계문제를 야기시킬 수 있는 것으로 예견될 수는 없었다.

두 번째 기간을 보면, 법원은 칙령 제18조가 1990년 지침과 결합함으로써 문제의 제재조치가 예견 가능하였다는 주장을 지원할 수 있는지 이를 결정해야 한다.

이와 관련해서, 문제의 지침은 법관의 프리메이슨 가입이라는 특정 문제와 관련하여 공포되었다. 1990.3.22. 국가평의회 주최로 개최된 프리메이슨과 법관직의 저촉에 관한 토론은 문제의 해결보다는 처방을 추구하였다.

이는 비밀 P2 로지의 불법성에 관한 이탈리아에서의 대토론 이후 지침이 채택되었다는 사실로 증명된다. 더욱이 동 지침에 단순히 다음과 같이 규정하였다. "사법부 구성원은 당연히 1982년 제17호 법률에 의하여 규정된 결사에 가입하는 것이 법률로 금지된다." 다른 결사에 관해서, 동 지침은 다음의 문장을 포함시켰다. "국가사법평의회는, 법관의 결사의 자유에 대한 제한을 하는 것의 바람직성에 대하여 이를 고려하도록 법무장관에게 제안하고, 그 구성원들이 특히 강력한 위계성과 연대성을 갖는 모든 조직도 이를 포함하도록 하는 것이 필요하다고 본다."

끝으로, 법원은 1990.3.22. 토론이 법관에 대한 징계적 감독 맥락에서 실시된 것이 아니고 법관의 능력 개발이라는 맥락에서 이루어진 것이라는 점에 중점을 둔다. 그러므로 토론을 전반적으로 살펴볼 때 국가사법평의회는 법관이 프리메이슨이 되는 것이 바람직한지 의문을 갖고 있었으나 이 토론에서 프리메이슨 가입이 모든 경우에 징계상의 범죄를 구성할 수 있다는 어떤 함의도 없었다는 점이 명백해진다.

따라서 1990.3.22. 지침의 문언은 청구인이 매소닉 로지에 가입한 것이 자신에게 어떤 제재를 가하게 될 수 있다는 것을 알 수 있을 정도로 충분히 명료한 것이 아니었다.

이와 같은 법원의 평가는 국가평의회 자신이 1993.7.14. 지침(이 지침에서 프리메이슨 가입과 법관직의 수행이 저촉된다고 명시함)에서 분명하게 법관직과 프리메이슨 가입은 저촉된다고 명시한 사실로 확인된다.

법원은 따라서 1990. 3월 이후의 기간 중에 예견가능성이라는 요건이 충족되지 않았고 동 침해행위가 법률에 의하여 규정된 것도 아니었다고 결론을 내린다. 그러므로 협약 제11조의 위반이 있었다.

나. 제11조 제2항의 다른 요건의 준수여부

동 침해행위가 법률에 의하여 규정된 것이 아니라는 결론에 이름에 따라, 법원은 협약 제11조 제2항의 다른 요건이 이 사건에서 충족되었는지, 즉 동 침해행위가 합법적 목적을 추구하고 있는지 그리고 민주사회에서 필요한 것이었는지 이를 확인할 필요가 없다고 본다.

이 사건에서 유럽인권법원은 정신적 손해로 1만 유로를 비용과 경비로 1만4천 유로를 청구인에게 지급하도록 명했다.

[78] 경찰관의 정당가입 금지 Strzelecki v. Poland

Application no. 26648/03, 2012. 4. 10. 선고

제11조 (집회 및 결사의 자유) 비위반

이 건은 법률에 의해 정당가입이 금지된 경찰관의 청구건이다. 법원은 이 금지조치는 국가안전, 공공질서 및 타인의 권리와 자유의 보호를 위한 합법적 목적에 부적절하다고 볼 수 없어

협약 제11조와 상충되지 않는다고 판단했다.

1. 주요 사실

청구인 스트르제레키 씨는 1953년생의 폴란드 인으로 바르샤바에 거주한다. 이 건 관련 시점에 그는 시 경찰관이었다. 1997.8.29. 관보에 공포된 시 경찰법에 의하면 시 경찰 공무원은 정당가입이 금지된다. 1999.12.8. 청구인은 자신의 정당활동이 허용되지 않고 이는 차별임을 주장하면서 옴부즈만에게 제소하였다. 그는 시 경찰 공무원을 포함하여 여러 유형의 공무원의 지위를 규율하는 18개 법률의 규정들이 정당 가입을 금지하는 것에 대해 이를 헌법재판소에 헌법소원을 내면서 옴부즈만의 참여를 요청하였다.

2002.4.10.의 판결에서 헌법재판소는 그 금지는 헌법에 부합한다고 선언하였다.

2. 청구 요지

청구인은 제11조에 근거하여 자신의 정당가입을 금하는 법률이 협약에 의하여 보장되는 결사의 자유에 대한 권리를 침해했다고 제소하였다.

이 건은 2003.8.10. 접수되었다.

3. 법원의 판단

법원은 집회 및 결사의 자유에 대한 권리는 민주사회의 근본적 권리이며 또한 결사의 자유는 "법률이 정하는 바에 의하여", 합법적 목적을 추구하고 또한 그러한 목적을 추구함에 있어서 "민주사회에 필요한" 것일 때에는 제한을 받을 수 있다고 재차 강조한다.

시 경찰공무원의 정당가입 금지가 합법적 목적을 추구하는지에 대해, 법원은 폴란드 헌법재판소의 판결에 근거해서 그러한 금지는 공무원의 정치적 중립성과 공정성을 담보하기 위한 것이라는 의견을 갖는다. 공무원이 정당의 직접적 영향력 하에 놓이지 않도록 하고 그 정치적 중립성을 보장함으로써 시민들의 정당한 신뢰를 유지하기 위하여 필요하다.

법원은 폴란드 헌법재판소에 따르면 일정 범주의 공무원의 정치적 중립성을 보증하기 위한 조치는 그 나라의 역사와 관련한 점을 고려함으로써 정당화될 수 있음을 주목한다. 그러한 고려를 하는 것이 국가 및 그 국가의 제도에 대한 시민들의 신뢰의 유지를 위해 타당하다.

따라서 법원은 공직이 공정하고, 정치적으로는 중립성을 유지하고자 하는 바람은 민주사회에서 합법적 목적을 갖는다는 견해를 갖는다.

문제의 금지조치가 민주사회에 필요한지 그리고 추구하는 합법적 목적에 비례하는지에 대해서, 확립된 판례법은 공법에 의하여 부여된 권한 행사에 직접적으로 관여하는 국가 공무원의 지위와 경력 등의 조건을 규제하고 또한 국가의 일반적 이익의 보호를 위해 마련된 의무를 규율하는 경우, 확립된 판례법은 국내 당국에 광범한 재량의 여지를 제공한다는 점을 법원은 지적한다.

공무원의 결사의 자유에 관해 유럽이사회국의 여러 국가들이 채택한 해결책은 나라마다 다르며 또한 법원은 민주사회의 적절한 기능수행을 위한 일정 유형의 공무원의 중요성으로 인해 그들의 정당 가입을 금지하는 등의 조치를 통해 그 정치적 중립성을 확보할 필요가 있게 한다는 점을 재차 부언한다. 정당 간 분쟁에 그러한 유형의 공무원의 관여가능성은 공직의 안정성, 객관성 및 연속성을 잠식하여 국가와 시민에 해가 될 수 있다.

이 사건에서, 시 경찰이 비록 군대는 아니지만 경찰 조직은 상명하복의 원칙, 질서 준수 및 내부 규칙 존중 등의 원칙에 기반하고 있다. 그 의무의 행사에 있어서 시 경찰관은 시민의 권리와 자유를 침해할 수 있을 억제적 조치를 적용받을 수 있는 것이다.

법원은 시 경찰과 지방당국 간에는 특별한 관련이 있음을 주목한다. 그 임명과 해임을 할 권한을 갖고, 그 조직에 대한 결정을 내리고 그 활동을 감시하는 시 당국에 대해 그러한 경찰관은 보고를 한다. 폴란드 정부가 강력하게 추진한 지방분권화 과정 이후에 지방 당국은 정치 생활에서 주요한 역할자가 되었으며, 정치와 관련 공무원 간의 간섭을 배제할 수 없다.

그러므로 시 경찰의 지역적 기반과 지방 주민과의 근접성을 고려하여 공무원과 시민간의 관계는 상호 신뢰 위에 구축되어야 하며 그러한 신뢰는 공무원의 정치로부터의 분리를 통해서 제고될 것임은 명백하다.

청구인의 결사의 자유에 대해 가해지는 제한의 정도에 관해서, 법원은 폴란드 헌법재판소의 의견과 같다. 법원은 시 경찰 공무원의 지위를 규율하는 규정들에서, 그들은 노동조합에 가입하고, 의회 선거나 지방 선거에 투표하거나 입후보 할 수 있으며 시장으로도 선출될 자격이 있기 때문에 그들은 정치적 견해 및 선호를 표명할 권리를 유지하고 있음을 주목한다.

결과적으로 이러한 사안에 대해서 국내 당국에 부여된 재량의 여지를 고려하여 법원은 청구인의 정당 가입을 금하는 조치는 협약 제11조를 침해하지 않는다고 판시한다.

제11장 혼인할 권리

유럽인권협약 제12조 (혼인할 권리)

혼인 적령기의 남자와 여자는 관련 국내 법률에 따라 혼인할 권리 및 가정을 창립할 권리를 갖는다.

B규약 제23조 (혼인할 권리)

1. 가정은 사회의 자연적이며 기초적인 단위이고 사회와 국가의 보호를 받을 권리를 가진다.
2. 혼인적령의 남녀가 혼인을 하고 가정을 구성할 권리가 인정된다.
3. 혼인은 양당사자의 자유롭고 완전한 합의 없이는 성립되지 아니한다.
4. 이 규약의 당사국은 혼인기간중 및 혼인해소시에 혼인에 대한 배우자의 권리 및 책임의 평등을 확보하기 위하여 적절한 조치를 취한다. 혼인해소의 경우에는 자녀에 대한 필요한 보호를 위한 조치를 취한다.

[79] 혼인할 권리 O'Donoghue and Others v. the United Kingdom

Application no. 34848/07, 2010.12.14. 선고

제9조 (종교의 자유) 위반

제12조 (혼인할 권리) 위반

제12조와 관련한 제14조 (차별금지) 위반

영국 난민 및 이민법에 의하면 이민 규제를 받는 외국인이 영국에서 결혼하려면 영국교회에서 결혼식을 치르거나 그렇지 않으면 약 330유로의 수수료를 지급하고 내무부에 혼인 승인 증명서를 신청해야 가능했다. 또한 영국교회에서 결혼식을 올리는 커플의 경우에는 체류자격에 아무런 제한이 없으나, 그렇지 않은 경우에는 일정한 장기체류자격을 가진 자에 한정됐다.

법원은 이것이 궁핍한 커플에게 혼인할 권리를 침해하는 것이며, 한편 종교의 자유 및 혼인할 권리에 있어서 협약 제14조의 차별행위도 구성하는 것이라 판시함.

1. 주요 사실

청구인들은 나이지리아 국민인 오시타 크리스 이우 및 3명의 영국 및 아일랜드 복수 국적자인 시니드 오도노휴, 아쉬톤 오시타 이우(오도노휴의 아들) 및 티라난 로버트 오도노휴(오도노휴의 아들)이다. 그들은 각 1974년, 1979년, 2006년 및 2000년 출생자들이며 런던데리(북아일랜드)에 거주한다. 그들은 가톨릭 종사자들이다.

이우 씨는 2004년 북아일랜드에 입국하여 2006년 난민신청을 하였다. 2009. 11월 그는 2011. 11월까지 효력이 있는 임시체류자격을 획득하였다. 그는 노동권은 부여받지 못했다. 오도노휴 씨는 장애인 부모가 있으며 연금과 소득 지원을 받고 있다. 그들은 2004. 11월에 만나서 2005. 12월에 동거 생활을 시작하였다. 2006. 5월, 이우 씨는 오도노휴에게 청혼하고 그녀는 수락하였다.

2005년 영국에 최초로 도입된 규정에 의하면, 이우 씨는 이민규제를 받는 사람으로서 ("이민규제를 받는 사람"의 정의는 유럽 경제 지역 국민 및 무기한 체류허가를 받은 사람들을 제외한

다), 혼인할 목적이 명시적으로 허가된 입국 승인서를 받거나 또는 2004년 난민 및 이민법 제19조에 따라 발부된 승인서를 보유했어야 했다. 이러한 증명서를 취득하기 위해서 그는 295 파운드의 신청 수수료와 함께 내무장관에게 신청서를 제출해야 했다. 더욱이 입국하거나 체류하는데 어떤 지장도 없는 외국인들만이(6개월 이상의 기간 입국하거나 체류가 허용되는 자들과 신청할 당시에 남아 있는 체류기간이 최소 3 개월 이상인 자들) 그 증명서를 받을 자격이 있었다. 위 규정은 영국의 교회 의식에 따라 혼인을 하려는 커플에게는 적용되지 않았다.

유럽협약이 보장하는 혼인할 권리에 대해 위 규정이 이를 침해한다는 2006년의 국내 법원의 판결이 있은 후에 동 규정은 개정되었다. 새로운 절차에 의하면 입국이나 체류자격이 충분하지 않은 사람들은 혼인이 진정성을 갖는다고 내무부를 만족시키기 위해 자신들의 신청서를 보강하기 위한 별도의 자료들을 제출하도록 요구받을 수 있었다.

그렇지만 이우 씨와 오도노휴 씨는 동 규정의 개정에도 불구하고 혼인할 수 없었다. 이우 씨는 당시에 영국에 체류자격이 없었기 때문에 증명을 신청할 자격이 없었다.

2007.6.19. 동 규정의 3번째 개정에서는 체류허가 신청의 결과를 기다리는 사람들에게 승인서를 받을 자격을 부여하는 것으로 확대되었다.

이우 씨는 이렇게 하여 그 때로부터 증명서를 받을 자격을 갖게 되었지만, 그는 신청수수료를 낼 수가 없었다. 그럼에도 불구하고 그는 노동이 허용되지 않고 따라서 곤궁한 상태이고 자신의 배우자가 돌봄 수당과 소득 지원으로 생활하고 있다는 점을 소명하면서 동 수수료의 면제를 요청하면서 2007. 7월 신청서를 제출하였다. 동 신청은 수수료 예외조항이 없는 것으로서, 바로 미납으로 거부되었다.

이 커플은 나중에 친구들이 수수료를 지원하여 2008.7.8. 승인서를 취득하였다. 그들은 2008.10.18. 결혼하였다.

2. 청구 요지

청구인들은 이민규제에 따르는 사람들의 경우 혼인하기 위해서는 수수료를 내도록 하는 혼인인증서 규정 및 동 규정이 자신들에게 적용된 것에 대해 제소하였다. 청구인들은 특히 제12조(혼인할 권리) 및 제14조(차별금지)를 원용하였다. 나아가 제9조(종교의 자유) 자체 및 제14조와 관련한 문제 및 제8조(사생활 및 가족생활을 존중받을 권리) 자체 및 제14조와 관련한 문제에 대해서도 이를 원용하면서 영국교회에서 혼인하지 않는 한 결혼 할 수 없었다는 점에 대해서도 제소하였다.

3. 법원의 판단

가. 제12조

법원은 체약국이 외국인의 결혼 자격에 합리적인 조건을 부여한다고 하여 바로 제12조를 위반하는 것은 아니라는 점을 상기한다. 그러나 법원은 영국에서 시행되는 관련 규정에 대해 지대한 관심을 갖고 있다. 첫째, 혼인인증서를 해줄 것이냐 여부의 결정이 오직 예정된 결혼의 진정성을 근거로 하지 않았고 계속해서 그렇게 하여왔다. 두 번의 개정을 거친 위 규정에 의하면 청구인은 혼인의 진정성에 관한 자료를 제출하라는 명백한 요건이 없는 상태에서 충분히 승인서를 받을 자격이 있었다.

둘째, 법원은 최초 규정 및 1차 및 2차 개정된 규정은 특정 범주의 사람들에 대해서는 혼인할 권리의 행사에 있어서 백지식 금지권을 부여하고 있는 점에 특별히 관심을 두었다.

셋째, 법원은 이 문제에 대한 국내 판결에서 상원처럼, 궁핍한 청구인이 부담할 수 없는 수준의 확정 수수료는 혼인할 권리의 본질을 침해할 수 있으며, 특히 이민규제에 따른 다수의 사람들은 이우 씨처럼 영국 내에서 일할 수도 없고 저소득 계층의 사람들이라는 점을 인정하였다. 더욱이 2010년에 도입된, 궁핍한 청구인들에게 수수료를 되돌려주는 제도는 혼인에 대한 강력한 저해요소로 작용하는 수수료 지불 요건으로서 협약 제12조 위반상태를 제거하는 효과적 수단이 아니다.

결론적으로 장기에 걸쳐서 영속적인 관계에 있는 것이 분명한 청구인 커플의 혼인할 권리는 2006. 5월(청구인들이 혼인할 의사를 형성했던 일자)부터 2007.6.19.까지(두 번째 규정 개정이 있었던 일자) 침해되었다. 즉 이우 씨는 혼인승인서를 받을 자격이 없었으며

2007.6.19.~2008.7.8.까지는 혼인할 권리는 부과된 수수료의 수준에 의해서 침해되었던 것이다. 그러므로 협약 제12조 위반이 있었다.

나. 제9조 및 제12조와 관련한 제14조

제14조에 의한 문제가 있느냐를 보기 위해서는 비교적 유사한 상황에 있는 사람들의 취급에 있어서 차이가 있느냐 하는 것이다. 체류허가 없이도 영국 교회에서 혼인할 의사가 있고 혼인할 능력이 있는 사람의 경우에는 혼인하는데 아무런 장애요소가 없었다. 이우 씨는 위와 같은 사람과 비교할 때 그러한 혼인식을 할 의사도 없었고(종교적 신념 때문에) 또한 할 수도 없었다(북 아일랜드 거주를 이유로). 결과적으로 이우 씨는 영국 내에서의 혼인은 원래부터 금지되었었던 것이며 위 관련 규정의 개정 이후에도 인증을 얻기 위하여 필요한 상당한 액수의 수수료 때문에 혼인할 수 없었다. 그러므로 이우 씨의 경우와 영국 교회에서 혼인을 할 의사가 있고 혼인할 수 있는 사람 간에는 처우에 있어서 분명한 차이가 존재하였다. 영국 정부는 그러한 차이를 합리적으로 또는 객관적으로 그 정당성을 입증하지 못했으므로, 법원은 제12조와 관련하여 제14조의 위반이 있었다고 판시한다. 위 혼인 관련 규정이 다른 근거에서(예컨대 국적) 차별적인지를 심사할 필요는 없다.

종교에 기초한 차별과 관련하여, 법원은 영국 교회에서 혼인할 의사를 갖는 사람들이 따르지 아니할 제도에 청구인이 이를 따라야 하였기 때문에 이우 씨의 협약상 권리의 침해가 있었다는 점을 영국 정부가 인정한 점을 유념하였다. 그러므로 협약 제9조와 관련하여 제14조의 위반도 있었다고 판시한다.

다. 기타 조항

제12조에 기한 판시가 있었으므로, 법원은 제8조에 기한 청구인의 청구내용을 독자적으로 또는 제14조와 함께 이를 심사할 필요가 없다.

라. 제41조

법원은 영국이 청구인에게 비재산적 손해에로 8,500 유로, 재산상 손해로 295 파운드 및 비용 및 경비로 16,000 유로를 지급할 것을 명한다.

[80] 동성간 혼인 Schalk and Kopf v. Austria

Application no. 30141/04, 2010. 6. 24. 선고

제12조 (혼인할 권리) 비위반

제8조 (사생활 및 가족생활을 존중받을 권리)와 관련하여 협약 제14조(차별금지) 비위반

오스트리아에서 혼인은 이성 간에만 가능하다는 이유로 동성 커플의 혼인신고가 거부되었다. 이에 헌법소원을 통해 동성간 혼인 불허는 사생활 및 가족생활을 존중받을 권리와 비차별 원칙에 반하는 것이라 주장하였고, 유럽인권법원에는 자신들의 성적 지향을 이유로 차별당했다고 주장함.

유럽사회에서 동성 커플에 대해 혼인과는 다른 법적 승인화가 부상하고는 있지만, 모든 측면에서 혼인에 상응하는 지위를 부여할 의무는 협약상 발생하지 않는다고 판단. 선고 직전 오스트리아에서 배우자등록법이 시행되었는데 혼인과는 달리 입양, 인지 및 인공수정은 허용하지 않음.

1. 주요 사실

청구인 호르스트 마이클 샤크 씨와 요한 프란츠 코프 씨는 각 1962년과 1960년 출생자들로 비엔나에 거주하는 오스트리아 사람들이다. 그들은 동성 커플이다. 2002. 9월 청구인들은 관계 당국에 자신들의 혼인을 허용해줄 것을 신청하였다. 이 신청은 혼인은 이성 간에만 될 수 있다는 이유로 비엔나 시청이 이를 거부하였다. 청구인들은 비엔나시 총독에게 이의를 제기하였다. 그 후 오스트리아 헌법재판소의 헌법소원에서 자신들의 혼인을 법

적으로 불용하는 것은 사생활 및 가족생활을 존중받을 권리와 비차별의 원칙에 위반된다고 주장하였다. 헌법재판소는 2003. 12월 그들의 소원을 기각하였다. 오스트리아 헌법이나 유럽인권협약은 혼인의 개념은 부모의 가능성과 결부된 것으로서 상이한 성격의 관계로 확장될 것을 요구하고 있지 않으며 또한 협약상 동성간 관계의 보호는 혼인법을 변경시킬 의무를 발생시키지 않는다는 것이 그 이유였다.

2010.1.1. "배우자 등록법"(the Registered Partnership Act)이 시행되었는데, 이는 동성간 커플에 대해 배우자 관계를 인정하고 이에 대해 법적 효력을 부여하는 공식화하는 것이었다. 이 법은 등록한 파트너들에게는 배우자와 동일한 정도의 많은 권리와 의무를 부여하는 것으로, 특히 입양, 인지 또는 인공수정은 허용하지 않는다.

2. 청구 요지

제12조에 근거하여 청구인들 관계당국의 혼인신고 거부행위를 제소하였다. 제8조와 관련하여 제14조 위반도 원용하면서 그들은 자신들이 혼인할 권리를 부인당했고 배우자 등록법 시행 이전에 법률에 의하여 인정된 관계를 가질 가능성이 없었기 때문에 성적 지향 이유로 차별 당했다고 제소하였다.

이 건은 2004.8.5. 인권법원에 접수되어 2010.2.25. 심리가 있었다.

3. 법원의 판단

가. 제12조

법원은 첫째로 협약상 "남자와 여자"에게 부여된 혼인할 권리가 청구인들의 상황에 적용될 수 있는지를 심사하였다. 현대사회에서 자녀의 출산은 이제는 더 이상 일반 혼인에 있어서 결정적 요소가 아니라는 주장에 대하여, 법원은 다른 사건에서 자녀를 임신할 수 없다는 불임은 그 자체로서 혼인할 권리를 배제할 수 있는 것으로 간주될 수 없다고 판시한 것을 고려하였다. 그러나 협약이 오늘 날 상황에서 해석되어야 한다는 법원의 판례법은 청구인들이 제시한 결론, 즉 제12조는 당사국이 동성간 커플에 대해 혼인의 길을 열어주어야 하는 것으로 해석해야 한다는 결론을 허용하지 않는다.

법원은 유럽 이사회 회원국 간에 동성간 혼인에 관해 어떤 합의점도 없다는 점을 확인하였다. 오스트리아 정부가 변론서에서 인용한, 유럽 연합의 기본권 장전을 고려하더라도, 법원은 혼인할 권리를 부여하고 있는 관련 조문에 남자와 여자를 언급하고 있지 않는 점을 유념하지만, 이것이 모든 경우는 아니지만 혼인할 권리를 상이한 성(性)을 갖는 두 사람 간의 혼인에 한정되어야 한다는 결론을 허용한다. 동시에 위 헌장은 당사국이 국내법으로 동성간 혼인을 어떻게 허용할 것인지에 대한 여지를 남겨 두었다. 혼인이 사회마다 크게 차이가 나는 뿌리 깊은 사회적 및 문화적 함의를 가진다는 점에서, 법원은 국내 당국이 이 분야에서 사회의 필요를 평가하고 이에 대응하는 데 가장 적합한 위치에 있다는 점을 강조한다.

결론적으로, 법원은 제12조는 오스트리아 정부에 대해 청구인들처럼 동성간 커플에 대해 혼인의 길을 허용할 의무를 부과하고 있지 않다는 점을 인정한다. 그러므로 만장일치로 제12조의 위반이 없음을 선고한다.

나. 제8조와 관련한 제14조

법원은 먼저 청구인들과 같은 동성 커플의 관계는 "사생활"의 관념에 해당하는지 또한 제8조의 의미상 "가족생활"을 구성하는지에 대한 쟁점을 보았다. 지난 10년간 동성 커플에 대한 사회의 급격한 태도 변화가 여러 많은 회원국가에서 발생하였고 상당수의 국가들이 그들에게 법적인 인정을 제공하기 시작했다. 그러므로 법원은 청구인들의 관계는 안정적 파트너십 속에서 함께 살아가는 동성 커플은, 동일한 상황에서 상이한 커플 관계의 가족생활과 마찬가지의 "가족생활" 관념에 해당하고 결론을 내린다.

법원은 성적 지향에 기한 상이한 취급은 그 정당화를 위하여는 특히 중대한 이유가 필요하다고 거듭 천명하여 왔었다. 이성 커플이 안정적 관계를 맺는 것과 동일하게 동성 커플도 그러한 자격이 있다는 점을 수긍해야 한다. 즉 동성 커플은 자신들의 관계에 대한 법적 승인의 필요성에 관하여 유사한 상황에 있다는 것이다. 그러나 협약 전체의 해석으로 볼 때, 협약 제12조가 국가에 대해 동성 커플에게 혼인의 길을 열어 줄 의무를 부과하고 있지 않다는 결론을 고려한다면, 법원은 그러한 의무는 제8조와 관련한 제14조에서 유래할 수 있다는 청구인들의 견해에는 공감할 수 없다.

오스트리아의 배우자 등록법의 시행으로 청구인들의 관계가 공식적인 것으로 인정될 여지가 있다는 점에서, 동성 커플에 대한 어떤 종류의 법적 승인의 결여가 여전히 지속된다 하더라도, 제8조와 관련하여 제14조 위반을 구성하는 지 여부를 확인하는 것은 법원의 책무가 아니다. 오스트리아 정부가 청구인들에게 그 파트너십에 대한 법적 승인을 대체적 수단으로 제공했어야 하는 지의 문제가 남아 있다. 법원은 동성 커플에 대한 법적 승인화가 유럽의 콘센서스로 부상하고는 있지만, 그렇다고 하여 아직은 대다수 국가가 그러하지 못하다는 점을 인정한다. 오스트리아 법은 이러한 변화를 반영하였다. 선도적 위치에 있지는 않지만, 오스트리아 입법자들이 더 일찍이 배우자 등록법을 도입하지 않은 것을 비난할 수 없다.

법원은, 국가가 동성 커플에 대해 대체적인 승인 수단을 제공할 선택권을 가지고 있다면, 모든 측면에서 혼인에 상응하는 지위를 그들에게 부여할 의무가 있다는 주장을 인정할 수 없다. 배우자 등록법이 부모의 권리에 관해서 혼인과 비교할 때 일부 근본적 차이를 남겨 두고 있다는 사실은 다른 회원국가의 경향과 대체로 일치한다. 더욱이, 이 사건에서 법원은 이러한 차이점의 어느 한 가지도 이를 상세히 심리할 수 없다. 청구인들은 부모의 권리에 대한 제약으로 인해 직접 영향을 받는다고 주장하지는 않았으므로, 이러한 차이점이 정당화되는 지의 문제를 확인하는 것은 본 건의 심리 범위를 벗어날 것이다. 이러한 사실인정을 토대로, 법원은 4대3으로 제8조와 관련하여 제14조의 위반이 없었다고 결론을 내린다.

제12장 차별금지

유럽인권협약 제14조 (차별금지)

협약에 규정된 권리와 자유의 향유는 성별, 인종, 피부색, 언어, 종교, 정치적 또는 기타 의견, 민족적 또는 사회적 출신, 민족적 소수자, 재산, 출생 또는 기타 지위를 이유로 하는 차별 없이 보장되어야 한다.

B규약 제26조 (차별금지)

모든 사람은 법 앞에 평등하고 어떠한 차별도 없이 법의 평등한 보호를 받을 권리를 가진다. 이를 위하여 법률은 모든 차별을 금지하고 인종 피부색 성 언어 종교 정치적 또는 기타의 의견 민족적 또는 사회적 출신 재산 출생 또는 기타의 신분 등의 어떠한 이유에 의한 차별에 대하여도 평등하고 효과적인 보호를 모든 사람에게 보장한다.

[81] 성적 지향 Karner v. Austria

Application no. 40016/98, 2003. 7. 24. 선고

제8조 가정을 보호받을 권리와 관련하여 제14조 (차별금지) 위반

이 건은 청구인이 소송계속중에 사망하고, 상속인도 상속을 포기한 사건이나, 법원은 유럽 협약가입국의 일반적 이익을 위해 중대한 문제로 보고 이에 대해 본안 판단을 하였다.

법원은 성적 지향에 기한 차별행위는 그 정당화를 위해서는 특히 중대한 이유가 요구되는데, 오스트리아 임대법상 동거하는 가족의 보호에서 동성관계에 있는 사람의 보호를 배제할 정당한 이유를 제시하지 못했다고 하여 차별을 인정.

1. 주요 사실

청구인 카르너 씨는 동성애 관계에 있었던 한 남자와, 그가 임차한 공동주택에서 살았고, 임차인이 에이즈에 감염된 사실을 알았을 때도 청구인은 함께 동거하였고 그를 간호하였다. 임차인은 청구인을 임차권의 상속인으로 지정한 후 사망하였다. 그 후 임대인은 청구인인 카르너를 상대로 임차계약의 해지를 구하는 소송을 제기하였다.

지방법원은 임대법 제14조 제3항의 규정은 갑작스런 주거상실에 대비하여, 결혼을 하지 않은 채 장기간 함께 생활한 사람을 보호하는 것이 그 의도라고 하면서, 임차권을 상속받는 가족구성원의 법률상의 권리는 동성애 관계에 있는 사람에게도 적용된다고 하면서 그 소송을 기각하였다(1996.4.30).

그러나 그 판결은 항소법원에서 파기되었는데(1996.12.5), 이는 1974년에 제정된 임대법의 제14조 제3항에 대한 당시 입법자의 의도는 동일한 성을 가진 사람을 여기에 포함시키지 않았다는 이유였다.

청구인은 사건이 계속중인 2000년 사망했고, 청구인의 어머니는 그 상속권을 포기했다.

2. 청구 요지

청구인은 자신의 동료 사망 후 임차권을 상속받을 권리를 대법원이 인정하지 않은 것은 협약 제8조와 관련해 협약 제14조를 침해하는 성적 지향에 근거한 차별에 해당한다고 주장한다.

3. 법원의 판단

청구인이 이미 사망했고 그 청구를 계속해서 추구하고자 하는 어떤 상속인도 없기 때문에 협약 제37조 제1항에 의하여 사건목록에서 제외해야 한다는 오지리 정부의 주장을 법원은 인정하지 않았다.

> 협약 제37조 제1항: 법원은 절차의 어느 단계에서도 사정상 다음의 결론에 이르게 될 경우에는 청구를 사건 목록에서 삭제하는 결정을 할 수 있다.
> (a) 청구인이 청구를 추구할 의도를 갖지 않는다.
> (b) 사안이 이미 해결되었다.
> (c) 법원이 정하는 다른 이유로 신청의 심리를 지속할 정당성이 없어졌다.
> 그러나 법원은 협약과 각 의정서에 규정된 인권의 존중을 위하여 필요한 경우에는 청구의 심리를 계속해야 한다.

법원은 청구의 본안이 오지리를 위해서만이 아니라 협약을 비준한 다른 국가들의 일반적 이익에 관련된 중대한 문제임을 지적하였다. 청구에 대한 심리는 유럽인권협약상 보호기준을 명료화하고 이를 보장하고 발전시키는데 기여할 것이라고 보았다(상속인이 없는 경우 또는 청구를 계속 추구하고자 명시적으로 의사를 밝힌 가까운 친족이 없는 경우에는 사건목록에서 이를 삭제하는 것이 법원의 관행이었다. Scherer v. Switzerland, 1994.3.25. 판결 등. 또한 이 사건에서 그라벤바르터 판사는 제37조 제1항의 해석에 대해 반대의견을 내었다.). 더 나아가 법원은 "판결은 법원 앞에 제기된 사건을 결정하는 역할을 할 뿐만 아니라 더욱 일반적으로는 협약의 규칙들을 명료화하고, 이를 보장하고 개발함으로써 체약국들 간에 약속한 이행의 준수에 기여하게 될 것이다"라고 하는 과거 여러 사례의 논리를 재차 천명하였다.

법원은 성적 지향에 기한 차별행위는 그 정당화를 위해서는 특히 중대한 이유가 요구된다고 판시했다. 오지리 정부는 계쟁의 법률규정은 전통적 가족단위를 보호하는 것이 그 목적이라고 변론하였다. 법원은 이러한 이유는 원칙적으로 그 처우에 있어서 차별을 정당화할 수 있는 중요한 합법적 이유가 될 수 있다는 점은 인정하였다. 그러나 해당 법률규정이 다소 추상적인 목적을 지니고 있고, 이를 시행함에 있어서는 다양한 형태의 구체적인 조치들이 이용될 수 있다고 보았다. 이 사건에서처럼 당사국의 판단의 여지가 협소한 경우에는 채용된 수단과 실현시키고자하는 목적간의 비례원칙은 그 목적을 실현하는데 적합하게 선택된 조치를 요구할 뿐만 아니라, 그 법률의 목적을 달성하기 위하여 동성애 커플을 그 범위에서 제외해야 할 필요성이 보여져야 한다고 하였다. 오지리 정부는 문제된 규정의 해석을 정당화하기 위한 어떤 이유도 제시하지 못했다.

[82] 미혼부와 이혼부의 차별취급 Sommerfeld v. Germany

Application no. 31871/96, 2003.7.8

제8조 (가족생활에 대한 권리) 와 관련한 제14조 (차별금지) 위반

독일 민법은 혼인하지 않은 동거상태에서 출생한 자녀의 父와 혼인관계에서 출생한 자녀의 父는 동거해소시 또는 이혼 후 자녀와의 면접교섭권을 다르게 규정하여 취급하고 있으나 (독민법 제1711조 제2항, 제1634조 제1항), 이렇게 다르게 취급할 때는 중한 이유가 제시되어야 하는데, 독일당국이 그러한 이유를 제시하지 못하자, 법원은 가족권과 관련하여 차별이 있었음을 인정하고, 청구인의 정신적 피해에 대해 2만 유로의 보상을 명하였다.

1. 주요 사실

좀머펠트 씨는 1953년생 독일인으로 1981년 혼외 출생한 아동 M의 父이다. 그는 M의 친부임을 인정했다. 1986. 9월 별거시까지 청구인은 아동의 母와 함께 살았다. 별거 후 母는 M과 父와의 접촉을 금지시켰으나, 청구인은 M과의 접촉이 불가능해질 때까지는 M이 다니는 학교에서 여러 차례 M을 만났다. 이후 M의 母는 W씨와 결혼하여 W의 자녀 A와 함께 가족을 이루었다.

1차 방문면접 신청

1990.10.2. 좀머펠트 씨는 로스톡지방법원에 자녀와의 면접교섭을 신청하였다. 동 법원은 로스톡 소년조정부로 사건을 이관했고, 동 소년조정부는 관계인을 심리한 후, 1991.4.11. 의견서에서 면접교섭에 불리한 의견을 냈다. 즉 아동 M은 양부인 W와 긴밀한 관계를 형성했고 生父와의 면접교섭으로 이 관계는 역효과를 가져올 수 있다고 하였다. 또한 母가 없는 상태에서 심리했을 때에도 M은 청구인을 만나길 원치 않았고 청구인의 집요한 노력으로 고통을 당하고 있다고 했다.

1991.6.27. M은 당시 10살로 로스톡 지방법원 판사 앞에서, 청구인이 학교 운동장 담벽에 늘 대기하고 있어 자신을 혼란스럽게 하고 있고, 설령 법원이 면접교섭을 명하더라도 자신은 청구인을 방문하고 싶지 않다고 진술했다.

1991.7.31. 로스톡 지방법원 심리에서 청구인과 M의 母는 로스톡 소년조정부의 조정하에 이루어지는 방문면접 조정을 시도하겠다고 했다. 1991.9.30. 조정은 성립되지 않았고 M은 만날 의사가 없다는 사실을 확인하고, 동 조정부는 로스톡 지방법원에 이를 통지했다.

1991.12.12. 로스톡 지방법원은 심리전문가의 의견을 준비할 것을 명했다. 1992.4.9. 로스톡 지방보건국의 심리학자는 청구인과 M과의 접촉은 지난 6년간 단절됐기 때문에 그들의 현재 관계에 대하여는 어떤 진단도 가능하지 않다는 소견서를 보냈다. 심리학자는 청구인과 M이 장래의 접촉 문제에 대해 표명한 의견들이 매우 다르다는 점을 고려했다. M

은 가정 내에서 성장하고 있어 청구인과는 달리 그러한 점에서 어떤 결핍으로 고통을 당하지는 않으며 청구인과 어떤 접촉도 원하지 않았다. 청구인은 M이 자발적으로 접촉하고자 할 때까지 필요한 시간을 주어야 한다고 지적했다. 또한 심리학자는 M이 청구인과 한차례 만나기로 했으나 M의 양부가 이를 취소한 점도 거론하였다.

1992.6.24. 지방법원 판사는 심리전문가의 출석하에 청구인과 M을 심리하였다. M은 청구인과의 접촉을 원치 않는다고 거듭 주장했고, 청구인은 면접교섭권 신청을 철회한다고 이를 확인하고, 1992.7.1. 그 신청은 철회되었다.

2차 면접교섭 신청

1993.9.13. 청구인은 딸과의 면접교섭을 위해 다시 지방법원에 신청하였다.

1994.2.15. 지방법원 판사는 13세 된 M을 심리하였다. M은 청구인과 말하는 것, 청구인이 자신 면전 앞에 출석하는 것도 원치 않으며 청구인이 더 이상 괴롭히지 않았으면 하며, 생부는 아니지만 자신을 사랑하는 父가 있다고 진술했다.

1994.4.26. 청구인과 M의 母에 대해서도 심리가 있었고, 1994.6.1. 지방법원은 신청을 기각하였다.

지방법원은 1994.1.6.자 로스톡 소년조정부의 의견서, 부모와 아동의 진술서를 주목했다. 물론 법원은 1991. 4월 소년조정부의 의견서와 1992. 4월 심리학자 소견서도 고려했다.

지방법원은 청구인에게 아동과의 접촉을 허가하지 않았다. 지방법원은, 양육권을 갖는 母는 父의 접촉을 결정하고, 후견법원은 이러한 접촉이 아동의 최선의 이익을 위한 것일 때에만 부의 접촉을 허용할 수 있다는 독일민법 제1711조를 인용하였다.

1994.6.17. 로스톡 지방법원은 다음의 이유로 신청을 기각했다.

> "… 지방법원은 청구인에게 〔M〕에 대한 모든 접근을 거부할 권리가 있다. 이것이 아동의 최선의 이익을 위하는 것이 아니기 때문이다(민법 제1711조 및 제1634조). 이 법원은 생활의 특정 영역에 대해서만 예외를 인정할 아무런 이유도 찾지 못한다는 견해

를 갖는다. 계쟁된 결정에서 제시된 논거는 정확하다고 본다. 13세인 M이 생부와 접촉을 원치 않는다고 분명히 진술했고 오랫동안 그러했다는 점을 중요한 것으로 고려한다. 청구인은 청년기 딸의 이익과 자신을 위하여 분명하게 표명된 의지를 수용해야 할 것이다. M에 대한 압력을 중단해야만 어느 날인가 그들이 재회할 가능성이 있을 것이다. 법원은 또한 법원의 명령에 의한 M에 대한 접근은 아동의 의지에 반하여는 집행될 수 없다는 점도 지적하고자 한다."

1994.7.22. 청구인은 연방헌법재판소에 헌법소원을 제기하였고 1996.1.19. 연방헌재는 이를 각하했다.

2. 청구 요지

청구인은 혼인외 출생한 자녀에 대한 면접교섭신청을 각하한 법원의 결정은 협약 제8조(가족생활을 존중받을 권리) 위반이며 이 점에서 차별적 취급의 희생자라고 주장한다. 또한 공정한 재판을 받을 권리의 침해도 주장한다. 청구인은 협약 제6조, 제8조 및 제14조를 원용하였다.

3. 법원의 판단

가. 협약 제8조 위반주장

청구인은 혼인외 출생한 자녀에 대한 면접교섭신청을 각하한 법원의 결정은 협약 제8조의 규정(가족생활을 존중받을 권리)을 위반한 것이라 주장한다. 청구인은 자녀에 대한 접근을 거부하는 법원 결정은 제8조 제1항에 보장된 가족생활을 존중받을 권리에 대한 방해에 해당하는 것이며, 이러한 방해 행위는 이것이 "법률에 의한" 것이 아니고, 제8조 제2항에 의하여 합법성을 갖는 목적을 추구하는 것도 아니고 민주사회에서 필요한 것이 아니므로 제8조 제1항의 위반을 구성한다는 것이다.

법원의 판단

면접교섭의 거부가 "민주사회에서 필요한" 것인지를 결정함에 있어서, 법원은 사건 전체의 맥락에 비추어, 이러한 조치를 정당화하기 위한 추론이 협약 제8조 제2항의 목적상 충분한 것인지를 심리했다. 의심의 여지없이, 아동의 최선의 이익을 위한 것이라는 고려는 이런 유형의 모든 사건에서 결정적 중요성을 갖는다. 국내당국이 모든 관계인들과의 직접 접촉에 유리한 점을 유념해야 한다. 이러한 점에서 법원이 양육권이나 면접교섭권에 관해 국내당국을 대신하는 것이 아니라 국내당국이 그 재량권을 행사하여 내린 결정을 협약차원에서 심리하는 것이다.

국내 당국의 재량의 여지는 해당 쟁점의 성격과 그 이해관계의 중요성에 따라 다르게 될 것이다. 그러나 부모의 면접교섭권에 대한 제약이나 부모와 자녀의 가족생활 존중에 대한 각각의 권리의 효과적 보호를 위하여 마련된 법적 안전장치에 관해서는 한층 엄격한 심사가 요청된다.

제8조는 국내당국이 아동의 이익과 부모의 이익 간에 공정한 균형을 이룰 것을 요구하며, 이렇게 균형을 이루는 과정에서 아동의 최선의 이익에 각별한 중요성이 더해져야 한다. 특히 부모는 아동의 건강과 발전에 해를 줄 수 있는 조치를 할 권한이 제8조에 의하여 부여되지 않는다.

이 사건에서 독일 법원은 당시 13세 여아가 부를 만나지 않겠다는 명백한 의사를 표명하고, 청구인을 수년간 만나지 않은 상태에서 M을 강요해서 부를 만나게 하는 것은 M의 정서적, 심리적 균형을 혼란에 빠뜨리게 할 수 있다는 이유로 면접교섭을 거부하였다. 이러한 상황에서 독일법원의 결정은 자녀의 이익을 위한 것이었다.

법원은 독일법원의 의사결정 과정이 청구인의 이익보호에 필요한 수단을 제공했는지 이를 판단하지 않고는 그러한 이유가 협약 제8조 제2항의 목적상 "충분한" 것인지 만족스럽게 판단할 수 없었다.

법원은 독일 지방법원에서의 절차에서 청구인은 면접교섭을 위해 유리한 일체의 주장을 다 제시할 수 있는 위치에 있었고 또한 법원이 의존했던 모든 관련 정보도 청구인이 접근할 수 있어서 청구인이 법원의 의사결정과정에서 부모의 이익이 충분히 보호되었다고 판시했다. 이러한 점에서 청구인과 자녀와의 관계에 관해 심리전문가의 소견을 별도로 듣지 않은 것이 절차상의 瑕疵를 구성하는 것은 아니므로, 협약 제8조의 위반이 아니라고 하였다.[3)]

나. 제14조 위반주장, 제8조(가족생활) 관련

청구인은 적출자의 부와 비적출자의 부를 다르게 취급함으로써 협약 제8조와의 관련하에서 제14조를 위반한 차별적 취급의 피해자라고 주장했다.

> 제14조: 협약에 규정된 권리와 자유의 향유는 성별, 인종, 피부색, 언어, 종교, 정치적 또는 기타 의견, 민족적 또는 사회적 출신, 민족적 소수자, 재산, 출생 또는 기타 지위를 이유로 하는 차별 없이 보장되어야 한다.

협약 제14조는 권리와 자유의 향유에 관련해서만 그 효력을 갖기 때문에 독자적 존재의미는 없다. 그렇다고 제14조의 적용이 다른 규정의 위반을 전제로 하는 것은 아니지만

3) 유럽인권법원의 재판부는 7~10인으로 구성되는 지정재판부(Chamber)와 17인으로 구성되는 대재판부(Grand Chamber, 법원장, 부법원장, 5개 지정 재판부 재판장, 피소국가 재판관 및 나머지는 추첨으로 선임)의 2심 구조로 구성되어 있다. 모든 사건은 1심격인 지정 재판부에서 심리되고, 협약의 해석 및 적용에 영향을 미칠 수 있는 중대한 문제가 발생하는 경우나 일반적 중요성을 갖는 중대한 문제가 제기되는 경우에 대재판부가 이를 심리한다(협약 제43조 참조).
이 사건은 대재판부의 판결이다. 1심격인 지정재판부는 국내당국(로스톡 지방법원)이 그 재량의 여지를 일탈함으로써 협약 제8조의 청구인을 권리를 침해했다고 판시했다. 즉 청구인과 M과의 부자관계, 시일의 경과, 로스톡 보건국 심리전문가가 낸 의견의 피상성 등을 고려하였다면, 독일 법원이 아동의 의사만을 확인한 것으로 만족하지 않았을 것이라고 하면서, 자녀를 보고 싶어하는 청구인과 자녀의 관계에 대한 정확하고 완벽한 정보는, 아동의 의사를 확인하고 그럼으로써 계쟁된 이익 간에 공정한 균형을 이루기 위한 불가결한 전제요건이라고 하였다.
따라서 아동과 청구인 간에 장래 접촉할 가능성에 관해, 심리전문가의 소견서를 작성하지 않도록 한 점에서 이는 의사결정과정에 있어서 청구인이 충분히 관여하지 못하였다고 하는 점에서 협약 제8조를 위반하는 것이라 판시했다.

-그 범위에서 자율성을 갖는다- 다른 규정의 다툼이 문제되지 않는 한 별도로 적용할 여지는 없다.

법원은 이 사건이 협약 제8조(가족생활을 존중받을 권리)의 범위에 해당하고 따라서 제14조가 적용될 수 있다고 보았다.

독일민법 제1711조 제2항

독일민법은 혼인중 출생자에 대해 양육권을 갖지 않는 부모에 적용되는 규정(제1634조 제1항)과 혼외 출생자에 대해 양육권을 갖지 않는 父에 적용되는 규정(제1711조 제2항)이 다른 기준을 채택하고 있다. 전자의 경우에는 면접교섭권은 아동의 복리를 위해서 필요한 경우에만 제한·정지될 수 있으나, 후자의 경우는 母의 결정이나 법원의 결정에 좌우된다.

법원은 청구인의 가족생활권에 대한 관여 내지 방해가 제8조 제2항에 의하여 허용되지만, 이것이 차별적 방법으로 발생했는지를 심리했다.

이 사건에서 독일법원은 당시 13세 아동이 청구인과의 접촉을 분명히 거부하는 법정진술을 고려하고, 동 아동의 의사에 반하여 강제로 父를 만나게 하는 것이 아동의 정서적, 심리적 균형을 심각히 교란시키게 되므로 이를 불허한다는 결론에 이를 때, 동 법원은 이혼한 부에게 적용되어야 할 기준(독일민법 제1634조 제1항)을 여기에 적용하였던 것이다. 그럼에도 불구하고 접촉이 "아동의 최선의 이익"을 위하는 것인지 여부의 기준을 고집하였다. 이렇게 함에 있어서 아동을 양육하는 母의 접촉금지행위에 결정적 비중을 주었고 청구인인 父에게는 민법 제1634조 제1항의 규정에 따른 이혼한 부에 부과되는 입증책임에 비해 과중한 입증책임을 부과했다.

동거하는 상태에서 출생한 자녀의 父에 대한 취급이 혼인관계에서 출생한 자녀의 父에 대한 취급과 달라져야 한다고 할 때는 매우 중한 이유가 제시되어야 하는데 이 사건에서는 그러한 이유가 제시되지 않았다. 따라서 독일민법 제1711조 제2항의 적용에 있어서 협약 제8조와 관련하여 제14조의 위반을 인정하였다.

다. 제6조(공정한 재판) 위반 주장 및 제14조(비차별)와 관련하여 제6조 위반 주장

M에 대한 면접교섭요구에 대한 독일법원의 결정에 대해 청구인은 제6조 제1항의 위반도 주장했다.

> 제6조 제1항: 민사적 권리 및 의무의 결정에 있어서… 모든 사람은 독립되고 공정한 재판소에 의하여… 공정한 재판을 받을 권리를 갖는다.

법원은 제8조 및 제14에 대한 사실인정에 비추어, 법원은 협약 제6조 및 제14조에 기한 청구인의 진정을 별도로 심리할 필요가 없다고 했다.

라. 협약 제41조의 적용

> 제41조: 법원이 협약 또는 협약의정서 위반을 인정하는 경우 그리고 관련 당사국의 국내법이 부분적인 복구만을 허용하는 경우에, 법원은 필요하다면 피해 당사자에게 정당한 보상(just satisfaction)을 제공하여야 한다.

법원은 협약 제8조의 가족생활을 존중받을 실체적인 권리의 침해는 없다고 보고 제8조와의 관련하에서 제14조 위반을 인정하고, 가족생활을 존중받을 청구인의 권리향유에 대한 차별로 인해 고통과 좌절감을 주었으므로, 이 위반행위 인정만으로는 충분히 보상할 수 없다고 보아 20,000 유로의 보상을 명하고, 기타 비용 등으로 2,500 유로의 지급을 명하였다.

[83] **주권면제에 의한 법원 접근권 제한** Fogarty v. the United Kingdom

Application no. 37112/97, 2001. 11. 21. 선고

제6조 제1항 (재판을 받을 권리) 비위반

제14조 (차별금지) 비위반

런던주재 미국대사관에서 채용한 현지고용인이 성차별을 이유로 국내에서 제소하자, 미국이 소송에서 국가면제를 주장하고, 영국이 이를 허가함으로써, 동 고용인은 국내에서의 구제수단이 상실되자 영국을 상대로 협약상 재판을 받을 권리 및 차별금지를 이유로 유럽인권법원에 제소했으나, 유럽인권법원은 고용관련 성차별소송에서 미국에 주권면제를 허용하는 영국의 결정은 국가 간 국제예양의 합법적 목적을 추구하는 것이므로 이는 국가의 재량에 속하는 것임을 인정했다.

1. 주요 사실

청구인 포가티는 런던 주재 미대사관에서 행정보조로 근무하다 해고된 이후 1975년 성차별금지법상 성차별을 당했다는 이유로 미국을 상대로 런던산업관계심판소에 제소하였다. 그녀는 자신의 상급자로부터 지속적인 성폭력을 당해왔고 그 결과로 근로관계에 제동이 걸렸다고 주장했다. 미국정부는 청구에 대해 방어는 했으나 소송의 어느 단계에서도 국가면제(State Immunity)를 주장하지 않았다. 1996. 3월 동 심판소는 청구를 받아들이고 당사자 간에 1만 2천 파운드에 합의되었다. 이후 청구인은 대사관에 행정보조직의 12개월 계약을 신청하고 그 자리를 얻게 되었다. 이 직위가 계약 만료되면서 청구인은 다시 고용을 요구했으나 실패하자, 자신이 성차별금지소송에 승소했기 때문에 대사관이 고용을 거부한 것이라고 주장하면서, 성차별소송을 제기한 사람에 대한 차별을 금지하는 1975년 성차별금지법의 위반을 이유로 산업심판소에 2차 제소하게 되었다.

이렇게 되자 미국은 영국의 관할권으로부터 면제를 위해 영국의 1978년 국가면제법에 의해 동 심판소의 관할로부터의 면제를 공식적으로 통보하였다. 동 법은 "외교사절의 구성원의 고용에 관한 소송"에서의 면제를 제공하였다. 따라서 면제가 일단 주장되면 영국의 법원이나 행정심판소에서는 이에 대한 관할권을 행사하지 못하여 국내적으로는 어떤 구제수단도 제공되지 않는다.

2. 청구 요지

청구인은 유럽인권법원에, 재판받을 권리를 확보하고 차별을 금지하기 위하여 유럽인권협약 제6조 제1항 및 제14조의 위반을 주장하였다.

3. 법원의 판단

제14조가 규정하는 차별로부터의 보호는 청구의 실질이 협약의 다른 규정의 범주 내에 포섭되는 경우에만 적용된다. 그러므로 제14조에 의한 차별주장은 반드시 다른 조문과 관련하여 나타나야 한다.

이 사건에서 청구인은 재판을 받을 권리를 보장하는 제6조 제1항과 관련하여 제14조의 위반을 주장하였다. 제6조 제1항은 국내법원에 의하여 재판을 받을 권리를 보증한다. 법원은 우선 주권면제를 허여하는 행위는 국내법상 보장되는 실체적 권리를 제한하는 것으로 작용하는 것이 아니라 청구인으로 하여금 청구의 주장을 방해하는 절차적 장애라는 점을 유념한다. 또한 법원은 재판을 받을 권리는 절대적인 것이 아니고 국가의 규제에 따를 수 있다는 사실도 지적하였다. 하지만 국가는 "권리의 본질이 침해되는" 정도인 경우에는 개인의 그러한 권리를 제한하지 못한다. 법원은 다음의 기준을 정립한다. "합법적 목적을 추구하지 않는 경우 또한 채용된 수단과 달성하고자 하는 목적 간에 합리적인 비례관계가 없는 경우 그러한 제한행위는 제6조 제1항과 양립할 수 없다." 법원은 이 사건에서 주권면제의 부여는 "국가 간의 예양과 선린관계를 증진하기 위하여 국제법에 따르는" 합법적 목적을 추구하고 또한 재판을 받을 권리를 부당히 제한하는 것이 아니라고 보았다.

법원은 고용관련 분쟁에 있어서 국제법상으로 또한 비교법상으로 국가면제를 제한하려는 경향도 지적했지만, 이러한 흐름이 외교사절의 직원 충원의 문제에 적용되지 않는다고 보았다.

동지의견으로 일부 법관은 국가가 자신의 외교직원 및 영사직원의 선발에 있어서 다른 나라의 법률과 기준을 채용하도록 하는 것은 "수용할 수 없는 것"이라는 별도 의견을 내었다. 국가 및 그 재산의 관할권면제에 관한 국제법위원회(ILC) 초안을 인용하면서, 국가는 외교 및 영사직원의 선발에 있어서 완전한 면제를 부여받으나 개인이 고용되는 경우에는 그 면제는 완전한 것은 아니라는 점을 지적하였다.

반대의견을 낸 루카이드 법관은 우선 청구인의 청구가 민사적 권리인지 여부의 쟁점을 언급하였다. 그는 이 사건은 청구인의 고용에 관한 것이라기보다는 성차별 주장이며, 인권침해의 주장이라고 보았다. 또한 다른 공적 이익에 대한 고려보다 중요한 것이 있을 때는 재판을 받을 권리를 방해하기 위하여 면제가 허용되어서는 안 된다는 점을 지적했다. 따라서 이 사건에서 법원은 경합하는 두 가지 이익을 형량하지 못했다. 끝으로 그는 주권면제에 관한 확립된 관습국제법의 존재를 입증하지 못했다고 지적하였다.

[84] 성적 지향(동성애) B.B. v. the United Kingdom

Application no. 53760/00, 2004.2.10. 선고

제8조 (사생활을 존중받을 권리)와 관련하여 제14조(차별금지) 위반

18세 미만의 남자와의 동성 간 성행위를 범죄로 규정하면서, 이성 간 성행위의 동의연령을 16세로 하는 성폭력법의 위반으로 기소한 행위는 협약 제8조(사생활을 존중받을 권리)와 관련하여 제14조(차별받지 아니할 권리)를 위반한 행위라고 한 판례로, 손해배상의 범위 및 산정을 둘러싼 유럽인권법원의 법리가 전개된다.

1. 주요 사실

청구인은 1956년 성폭력법 제12조 제1항 및 부칙 제2조에 위반하여 16세 소년과 소위 동성 간 성행위를 한 혐의로 체포되었다. 청구인은 샘플 채취에 동의하고 의료검사를 받았다. 그는 다음 날 석방되었고 곧 기소되었다.

청구인은 4개의 이유로 치안법원에 출석하고 매시기마다 재출석을 담보하기 위해 보증 석방되었다. 이때 청구인은 국왕검찰청(Crown Prosecution Service, CPS)과 기타 정부 공무원들에게 자신에 대한 형사절차가 자신의 인권을 침해하는 것이라고 하는 편지를 보냈다.

청구인은 자신을 기소한다는 CPS 결정에 대한 사법적 심사의 신청을 위한 허가를 구하였으나 그 신청은 거부되었고 다시 신청했으나 기각되었다. 치안법원의 심리후, 공판을 위해 청구인 사건은 중앙형사법원에 회부되었다. 그는 공판 준비를 위한 공판연기를 포함한 요청을 포함하여 여러 사안에 대한 심리 및 답변을 위해 중앙형사법원에 출석하였다.

CPS는 뒤늦게 서한으로 그에 대한 사건을 진행하지 않기로 결정했으며 특정 일자에 중앙형사법원에 출석해야 한다고 안내하였다. 그 일자에 청구인은 동 법원에서 정식으로 무죄 석방되었다. 판사는 청구인에게 비용을 청구할 것인지 물었으나, 청구인은 CPS가 보상될 총액에 관해 쓸데없는 논의를 유발할 수 있다는 생각에서 어떤 청구도 하지 않기로 결정했다.

관련 국내법

– 1956년 성폭력법

제12조 제1항은 다른 사람과의 계간을 범죄로 규정. 동법 제13조에 의하면 다른 사람과의 “추잡한 외설행위”를 범죄로 규정.

제14조 제1항은 여성에 대한 외설적 공격을 범죄로 규정하고, 제14조 제2항은 16세 미만의 여자는 이에 대해 어떤 동의도 할 수 없는 것으로 규정.

– 1967년 성폭력법

제1조에 의하면 (1)제정법상 또는 보통법상 규정에도 불구하고, 비공개의 동성 간 성행위는 당사자가 여기에 동의하고 또한 21세에 달한 경우에는 범죄가 아니다. (7)이 조의 목적상 남자가 다른 남자와 계간을 하거나 또는 다른 남자와 추잡한 외설행위를 하거나 또는 그러한 행위를 하는 남자의 상대방이 되는 경우에는 이를 동성 간 성행위로 본다.

– 1994년 형사사법 및 공중질서법

1967년 성폭력법의 21세를 18세로 개정.

– 2000년 성폭력법

1956년 성폭력법에서 16세를 18세로 개정.

2. 청구 요지

(법원의 판단 부분 참조)

3. 법원의 판단

가. 협약 제8조(사생활을 존중받을 권리)와 관련하여 제14조(차별금지) 위반의 주장

청구인은 이성 간 성행위의 동의연령이 16세인데 비해, 18세 미만 남자와의 동성 간 성행위를 범죄로 하는 법률의 존재에 의하여 또한 그 법률에 의한 기소에 의해 자신의 성적 지향을 이유로 차별받았다고 주장하였다. 또한 그는 동일한 범죄의 죄책이 있는 16세 소년을 기소하지 않으면서 자신을 기소하는 결정은 연령을 이유로 한 차별이라고 주장하였다.

나. 당사자들 주장

청구인은 자신에 대한 형사절차는 인권을 침해하고, 자신에 대한 기소는 유럽인권법원 판례에도 반하는 것이라는 자신의 거듭된 경고를 CPS 및 국내법원이 무시한 사실을 포함해 매우 많은 주장을 하였다. 그는 자신에 대한 기소의 중단이 협약을 존중해서 그렇게 된 것이 아니라 상대방이 진술을 거부했기 때문임을 강조하였다. 그는 다른 많은 사람들이 자신이 기소되었던 범죄로 유죄 선고되고 복역하고 있음을 지적했다. 청구인은 자신이 상대방의 공격을 받아 이를 신고하여 경찰의 주의를 끌게 된 사건인데 자신은 국가의 보호를 받지 못하고 기소되었음을 상기시켰다. 또한 그는 CPS가 의도적으로 치안법원 심리에 출석하지 않아도 된다고 하면서도 법원이 그 절차를 진행하도록 요구한 의혹이 있고, 상대방이 증언을 거부하기로 결정한 사실을 자신에게 의도적으로 뒤늦게 통보한 의혹도 있다고 주장했다.

영국정부는 이 청구의 사실중 동성 간 성행위와 이성 간 성행위의 동의연령을 서로 다르게 정한 법률의 존재, 그 법률에 따른 청구인에 대한 기소가 협약 제8조와 관련하여 제14조의 위반이 된다는 것을 인정하였다.

영국정부는 성적 지향에 따라 동의연령을 서로 다르게 유지하는 정책을 펴온 것이 유감임을 표명했다. 영국정부는 동성 간 성행위나 이성 간 성행위의 동의연령이 법개정을 통해 2001년부터 동일하게 되었고 성별이나 성적 지향을 이유로 불요불급하게 법률이 차등을 두지 않도록 하기 위해 성폭행관련 법에 대해 전반적으로 심의하고 있다고 하였다. 나아가 영국정부는 이 건 청구인에 대하여 기소가 제기되었지만 CPS는 이를 더 이상 추급하지 않기로 하고 정식으로 무죄선고 되었음을 상기시켰다.

다. 법원의 판단

(1) 성적 지향에 근거한 차별주장

Sutherland v. the United Kingdom 사건에서 유럽인권위원회는 양 당사자가 동의하고 또한 18세에 달하지 않는 한, 남자 간의 동성 간 성행위를 범죄로 하는 반면 이성 간 성행위의 동의연령은 16세로 하는 법률의 존재는 협약 제8조와 관련하여 제14조의 위반이라고 했었다. 나아가 14세에서 18세 남자와의 동성 간 성행위를 범죄로 하면서 그 연령의 이성 간 성행위나 여성 간 성행위는 범죄로 하지 않는 법률의 존재 및 그 법률에 의한 개인의 처벌로 인해 협약 제8조와 관련하여 제14조의 위반이라는 유럽인권법원의 판시도 있었다.

영국의 국내법이 그간 개정되었지만, 청구인의 경우 18세 미만의 남자와의 동성 간 성행위를 범죄로 하는 반면, 이성 간 성행위의 동의연령을 16세로 하는 법률에 의하여 기소당했음을 법원은 주목한다. 영국정부는 차별적 법률의 존재 및 그에 따른 기소사실 등을 시인하였으나, 법원은 이 사건의 사정상 청구인의 제소사실을 심리하였다.

법원은 이 사건이 법원의 과거 사례(S.L. v. Austria and L. and V. v. Austria 사건 등)와 다른 결론을 내릴 이유는 없다고 본다. 그러므로 이 사건 발생 당시 적용할 수 있었던 법률의 존재 및 동 법률에 의한 청구인에 대한 기소는 협약 제8조와 관련하여 제14조의 위반을 구성한 것임을 인정한다.

(2) 연령에 근거한 차별주장

성적 지향에 근거한 차별이 제8조와 관련하여 제14조 위반이라고 인정한 점에 비추어 법원은 연령을 근거로 한 청구인의 차별주장을 별도로 심리할 필요가 있다고 보지 않는다.

(3) 협약 제41조의 적용

제41조

협약 또는 협약의정서위반이 발생하였고 관련 체약당사국의 국내법이 일부의 배상만을 허용하는 경우라고 법원이 인정하는 경우, 법원은 필요하다면 피해당사자에게 정당한 보상이 제공되도록 하여야 한다.

손해

청구인은 정당한 보상에 대한 상세한 준비서면을 제출하였다. 그는 자신에 대한 기소의 결과로 당한 금전상손실에 대한 보상으로 2,400 파운드를 청구했다. 청구인은 프리랜서 주류관리자로 일했고 경찰서와 법원 출석 및 그로 인한 정신적 혼란 등으로 24일간 근로할 수 없었다고 하면서 자신은 매일 100 파운드를 벌 수 있었다고 주장한다.

청구인은 동성 간 성행위를 이유로 해고된 군인이 정신적 손해로 받았던 30,300 유로에 인플레이션을 감안해 31,000 유로를 청구했다(Perkins and R. v. the United Kingdom, nos. 43208/98 and 44875/98, 2002.10.22, Beck, Copp and Bazely v. the UnitedKingdom, nos. 48535/99, 48536/99 and 48537/99, 2002.10.22. 사건에서 청구인에게 각 30,300 유로 배상을 명함).

청구인은 특히 자신이 경험한 굴욕과 불안, 징역형에 처해질 수 있다는 공포, 언론매체의 관심, 이로 인한 자신의 명예에 대한 손상을 포함해 자신에 대한 기소로 야기된 정신적 손해를 주장했다. 청구인은 정신적 손해배상액의 기준으로 협약의 여러 판례를 원용하면서, 특히 S.L. v. Austria 사건에서 동 청구인이 기소당하지 않았음에도 불구하고, 유사한 차별법률의 존재 자체로 인해 5,000 유로를 배상받은 사실, A.D.T. v. the United Kingdom 사건에서 남자 간의 추잡한 외설행위로 유죄선고를 받았던 청구인에게 제8조의 위반을 인정하여 1만 파운드의 배상을 명했던 사실을 적시했다.

끝으로 청구인은 금전상 손실과 정신적 손해배상 외에 가중적 손해배상의 명목이나 징벌적 손해배상의 명목으로 50%의 가중을 요구했다. 또한 그는 법원이 영국 정부의 자신에 대한 사죄, 모든 동성애자에 대한 보상을 제공하고 협약을 구체화하는 국내입법을 강화하도록 하는 명령을 내려야 한다고 주장했다.

이러한 주장에 대해 영국 정부는 청구인이 그러한 일을 했다거나 아니면 예시한 보수액을 받았을 것이라는 어떤 증거도 제시하지 못했으므로 법원은 금전상 손해배상을 명해서는 안 된다고 주장했다. 정신적 손해배상에 대하여, 영국정부는 청구인에 대한 형사절차는 중단되었고 유죄가 인정되거나 형의선고가 이루어지지 않았다는 사실을 강조했다. 영국정부는 협약위반의 인정만으로 충분한 보상이 된다고 주장했다. 정신적 손해배상에 대해 법원이 보상을 명하더라도 영국정부의 견해로는 그 금액은 2,000 파운드를 넘지 않아야 한다고 주장했다.

영국정부는 청구인이 원용한 판례들은 청구인 사건에 비해 훨씬 심각한 사건이었다고 하면서, L. and V. v. Austria 사건이나 A.D.T. v. the United Kingdom 사건의 경우 청구인들은 유죄가 인정되어 형의선고까지 있었다. S.L. v. Austria 사건에서 청구인은 성적 발전에 지장이 있었고 그의 청년시절 내내 고민과 굴욕감으로 고통을 당했던 경우임을 예시하였다.

금전상손실에 대한 청구인의 청구에 관해, 법원은 확인된 협약위반과 청구인이 청구한 손해 간에 분명한 인과관계가 존재해야 한다는 판례법이 확립되었음을 인정한다.

법원은 청구인이 프리랜서 직업을 갖고 있으나, 청구인이 주장하는 바와 같이 일을 하지 못했다거나 또는 벌 수 있었다고 하는 일실이익의 총액을 증명할 어떤 증거도 제시하지 못했음을 인정한다. 이러한 상황에서 금전상 손실에 대해 어떤 보상도 할 수 없다.

정신적 손해에 대한 청구인의 배상청구에 관하여, 법원은 상호 동의한 성인들 간의 동성 간 성행위를 처벌하는 법률의 유지와 관련한 다수의 판례에서, 협약 위반 그 자체의 인정만으로도 정신적 손해에 대한 충분한 보상이 된다고 하였다(the Modinos v. Cyprus judgment of 22 April 1993, Series A no. 259, p. 12, § 30). 그러나 최근의 S.L. v. Austria 사건에서 법원은 18세에 달하지 않는 남자와의 성적관계를 금하는 차별적 법률의 시행만으로 청구인에게 5,000 유로를 배상하도록 했다. 또한 차별적 법률로 청구인을 기소하는 결과를 가져온 경우에도 정신적 손해에 대한 배상을 하도록 하였다.

그러나 법원은 청구인이 원용했던 두 사건에서 각 15,000 유로 및 10,000 파운드를 배상하도록 한 것은 기소만이 아니라 유죄인정과 그에 따른 형벌이 부과된 사례임을 유념한다.

또한 동성애를 이유로 한 군인해고 사건의 경우, 그 수사가 예외적으로 거칠었고, 해고는 청구인들의 경력과 장래에 심대한 영향을 미치고 또한 그러한 정책은 절대적이고 일반성을 갖는 것이어서 청구인들이 업무 점수에 관계없이 타고난 개인적 특성에 기해 해고된 것임을 유념한다.

이 사건에서 청구인은 협약위반으로 인정된 관련 법률에 의하여 기소되었다. 그는 또한 재판에 회부되었다. CPS가 후에 공판 개시 전에 사건을 중단시키고 청구인은 정식으로 혐의에 대해 무죄가 인정되었지만, 법원은 기소행위가 청구인에게 야기할 수밖에 없는 불안과 스트레스를 인정한다. 형평스러운 토대에서 이를 평가한다면, 법원은 청구인에게 7,000 유로의 배상을 하도록 한다.

법원은 가중적 손해배상이나 징벌적 손해배상을 명하지 않는다. 또한 법원은 청구인이 요청한 정부의 사죄는 이를 명할 수 없다.

비용 및 경비

청구인은 국내의 형사 및 사법절차와 관련한 5,000 유로 및 협약의 절차와 관련한 5,000 유로 등 총 10,000 유로의 법률비용을 청구했다. 또한 변호인과의 상담비, 법원의 비용, 국내절차와 서류준비비용, 복사비, 전화비, 우편요금, 법률도서관에 자전거로 출입한 여행비용 기타 경비 800 유로를 청구하고, 가중적 손해배상 또는 징벌적 손해배상으로 50%의 증액을 요구했다.

영국정부는 청구인이 자신의 청구를 위해 들인 시간에 대한 비용이나 자전거 여행비용 등은 청구할 권원이 없다고 주장하였다. 그러한 비용은 현실적으로 반드시 들어가는 비용은 아니라는 것이었다. 다른 나머지 사항에 관해, 영국정부는 청구인이 자신의 청구를 증빙할 증거를 제시하지 못했고 국내 형사절차에서 비용에 대해 그 청구를 포기한 점에 비추어 400 파운드 이상의 보상을 명해서는 안 된다고 주장했다.

법원은 실제로 그리고 불요불급하게 발생한 비용 및 총액에 관해 합리적인 수준의 법률비용 및 경비만을 보상한다는 점을 상기한다.

그렇다면 국내소송절차 및 협약절차를 위한 준비과정에 청구인이 소비한 시간에 관해 청구인이 주장한 금액은 청구인이 자신의 사건을 위해 한 것이므로 이를 고려할 수 없다. 국내소송절차에 든 비용에 관해, 법원은 청구인이 무죄 선고된 이후의 비용에 관해 이를 청구하도록 권유받았으나 이를 청구하지 않기로 결정한 사실을 유념한다. 이러한 상황에서 법원은 이러한 비용에 관해 어떤 보상을 하도록 하는 것은 적절한 것이라 보지 않는다. 그러나 청구인이 유럽인권법원에 자신의 사건을 제소하기 위한 서류의 취득에 비용이 들어가고 복사비, 팩시밀리 전송비 및 우편요금 등을 포함한 기타 여러 경비도 들어갔음은 분명하다. 이러한 모든 사정을 고려할 때, 법원은 그 비용 및 경비로 청구인에게 600 유로의 보상을 명한다.

이러한 이유로, 법원은 협약 제8조와 관련하여 제14조의 위반이 있었음을 인정한다.

응소국 영국정부는 정신적 손해배상으로 7,000 유로, 비용과 경비로 600 유로를 청구인에게 지급하도록 한다.

청구인의 보상관련 나머지 청구는 이를 기각한다.

[85] 과거 경력에 의한 취업제한 Sidabras and Džiautas v. Lithuania

Application nos. 55480/00 and 59330/00, 2003. 7. 1. 선고

협약 제8조 (사생활을 존중받을 권리)와 관련하여 제14조(차별금지) 위반

리투아니아는 1990년 구소련에서 독립한 후 1999년의 법률에 의해 구소련의 KGB 등의 요원으로 근무한 자에 대해, 공직취임은 물론 상당히 광범위하게 사부문의 취업도 제한하게 되었는바, 청구인들은 자신들의 과거 KGB 근무경력으로 인한 취업제한이 사생활의 자유를 침해하는 것이고 협약 제14조의 차별금지원칙에 반하는 것이라 제소한 사건에서, 리투아니아 정부는 청구인들이 국가에 대한 충성심이 결여되어 있어, 공직 및 국가의 안보, 경제 등과 관련한 중요 사부문에의 취업을 제한하는 것이라 항변했으나, 유럽인권법원은 사부문에 대한 과도한 취업제한은 법률에 의한 금지에 의하여 추구하고자 하는 목적에 비하여 비례성이 없다고 보고, 사생활의 자유와 관련하여 차별이 있음을 인정하였다.

1. 주요 사실

청구인, 시다브라스와 드찌아우타스는 모두 리투아니아 국적으로, 그들은 각각 1975년에서 1986년, 1985년에서 1991년까지 구소련 정보기관인 KGB의 리투아니아지부의 "전 KGB 기관원"이었다.

1990년 리투아니아가 독립한 이후 시다브라스 씨는 국세청의 세무조사관으로 일하고, 드찌아우타스는 조직범죄와 부패를 전담 수사하는 리투아니아 검찰청 검사로 근무했다.

1999.5.31. 리투아니아 국가보위부와 '리투아니아 국민의 학살 및 저항연구소'는 시다브라스 씨는 "구소련 국가보안위원회(NKVD, NKGB, MGB, KGB) 평가 및 동 조직의 영구취업자의 현재 활동에 관한 법"(the Law on the Evaluation of the USSR State Security Committee and the Present Activities of Permanent Employees of the Organization(1999.1.1. 시행) 이하 "1999년법")상 "전 KGB요원"으로 인정되어 제2조의 취업제한규정의 적용대상자임을 확정하였고, 1999.6.2. 세무조사관직에서 해직되었다.

시다브라스 씨와 마찬가지로 드찌아우타스 씨도 1999.5.26. 위 양기관이 "전 KGB 요원"으로 인정하고 1999년법 제2조의 적용대상자임을 확정하였고, 검사직에서 해직되었다.

해직과 아울러 청구인들은 1999~2009년까지 공공부문과 여러 사부문의 취업이 금지되었다. 청구인들은 자신들의 해직은 불법이라고 주장하면서 행정소송을 제기했으나 패소하였다.

시다브라스 씨는 KGB 근무중 반정보 및 이데올로기 업무에 관여했을 뿐 결코 KGB의 인권침해에 관여하지 않았다고 주장하였으나, 1999.9.9. 상급행정법원은 시다브라스 씨에 대한 해직은 정당하다고 판시했다. 동 판결에 대한 항소는 기각됐다.

드찌아우타스 씨는 1985~1990년에 오직 모스크바의 KGB 특수학교에 유학했을 뿐이고, 1990~1991년 사이에는 리투아니아 보안정보당국을 위한 비밀의 정보제공자로서 KGB에서 근무했던 것으로 1999년법에 의하여 허용된 예외조항의 적용을 받을 자격이 있다고 주장했다. 1999.8.6. 드찌아우타스 씨의 청구는 상급행정법원이 받아들여 복직되었으나, 1999.10.25. 국가정보국의 항소에 의한 항소심에서 리투아니아 당국을 위한 비밀정보원으로 활동한 사실이 확인되지 않는다는 이유로 1심판결은 파기되었고, 이에 대한 대법원 상고는 각하되었다.

가. 관련국내법

1) 1999년법

제1조 구소련국가보위위원회를 범죄조직으로 인정함

구소련국가보위위원회(NKVD, NKGB, MGB, KGB)는 구소련이 점령한 리투아니아 영토에서 전쟁범죄, 집단학살, 진압행위, 테러 및 정치적 박해를 행한 범죄조직으로 인정한다.

제2조 구소련국가보위위원회의 상근직원의 현재 활동의 제한

구소련국가보위위원회의 전 직원들은 이 법률이 공포된 후 10년간 정부, 지방자치체 또는 국방부서, 국가보안부서, 경찰, 검찰, 법원, 외교, 관세, 공공기관을 감독하는 국가규제 또는 기타 기관의 공무원이나 그러한 직책을 수행하거나 또는 은행 기타 금융기관, 전략적 경제계획, 보안회사, 기타 흥신소, 커뮤니케이션 시스템의 변호사 및 공증인으로, 그러한 기관의 장, 교사, 교육자로 근무할 수 없다. 또한 무기를 소지하는 어떤 직종도 수행할 수 없다.

제3조 직업제한을 적용하지 않는 예외

1. 제2조에 규정된 제한은 구소련국가보위위원회에서 오직 범죄만을 수사한 직원 및 1990.3.11 이전까지 근무했던 자에게는 적용하지 않는다(이 조문은 1999.5.5. 1990.3.11. 이후에 KGB에 근무했던 자도 예외를 인정할 수 있도록 개정).

2. 리투아니아 국민의 집단학살 및 저항연구소와 국가보위부는, 이 법이 시행된 후 3월 이내에 국가보위부에 신고하고… 국가보위위원회에서의 과거 활동 및 과거 국가보위위원회의 직원과 자신들의 현재 관계에 관하여 알고 있는 모든 것을 밝힌 과거 국가보위위원회의 직원에게 이 법상의 제한을 부과하지 않도록 권고할 수 있다. 공화국대통령이 임명하는 3인의 위원회는 이에 대하여 결정한다.…

2) 헌법재판소의 1999년법의 합헌결정

1999.3.4. 헌법재판소는 1999년법의 위헌여부를 심사했다. 헌법재판소는 리투아니아국에 대한 충성심결여로 간주되는 구소련 보안기관요원들에 대한 숙청 조치를 실행하기 위한 것임을 인정한다. 헌법재판소는 구KGB 요원에게 공직을 금하는 것은 헌법에 상충되지 않는다고 결정했다. 나아가 헌법재판소는 구KGB 요원이 특정 사부문에의 취업을 법률상 금지하는 것은 국가가 안보, 교육제도 및 금융제도의 원활한 기능수행을 확보하기 위하여 가장 중요한 경제부문에서 일정한 근로요건을 설정할 권원을 갖는다는 점에서 헌법상

직업선택의 자유와 충돌하지 않는다고 판시했다.

1999년법은 위 권한당국의 결정을 다툴 수 있도록 법원에 이를 청구할 수 있는 권리를 명시적으로 보장하지는 않지만, 실제에 있어서 위의 결정에 기해 공직에서 해직되는 경우 행정법원에 제소할 수 있다.

나. 정치적 이유에 의한 취업제한의 국제법 규정 및 각국의 법체계

공산주의를 벗어난 다수 국가에서는 구체제 보안기관원들이나 적극적 협력자들의 취업을 거를 목적으로 취업을 제한하는 조치를 취했다. 이 점에서 국제인권기구들은 이러한 유사입법들이 엄밀성이나 비례성이 결여되었을 때는 그러한 룰이 취업이나 직업실현에 있어서 정치적 의견을 이유로 한 차별에 해당하는 것으로 보아왔다. 이러한 경우에 법원에 대한 상소가능성은 입법상의 흠결을 치유하기에는 충분하지는 않지만 그래도 중대한 안전장치로 보아왔다.

유럽사회헌장 제1조 제2항은 취업권의 효과적 행사를 각국이 보장하도록 규정한다. 과거 전체주의 정권하에서의 활동을 이유로 한 해직 문제가 독일의 경우에 있었다. 유럽사회권위원회는 구동독의 보안을 위하여 일했다는 이유로 공직에서의 해직을 허용하는 독일통일조약의 규정에 주목했다. 유럽사회권위원회는 과거의 정치적 활동 또는 보안에 관해 책임 있는 구동독기관 내에서의 활동을 근거로 채용의 거부 또는 해직의 형태로 배제되는 직능에 대해 엄밀한 정의가 존재하지 않는다는 점을 지적하였다. 동 위원회는 법률에 의하여 규정되고 민주사회에서 필요하고 국가의 안전을 도모하기 위한 것이라면 이러한 제한은 허용되나, 법과 질서의 분야, 국가안보분야 또는 그러한 책무에 관계된 기능에 책임 있는 직책에만 적용되는 것이 아니라는 점에서 이는 유럽사회헌장상 필요한 제한범주에 해당하지 않는다고 보았다.

고용차별을 금하는 ILO조약 제111호(1958)와 관련해 ILO조약 및 권고의 적용에 관한 전문가위원회의 1996년 일반조사에서 표명한 의견에 의하면, 정치적 성질에 기한 직업요건 제한은 특정 직업에 대해 설정할 수 는 있으나 ILO조약에 반하지 않도록 해야되며, 일정 직책에 한정되어야 하고 비례성을 갖추어야 한다고 보았다. 또한 동 위원회는 특정 직업, 기능 또는 업무가 아닌, 공무원 경찰 등으로 광범위하게 제한하는 규정은 ILO조약 제111호 제1조 제2항에 규정된 정당화사유를 벗어나는 것으로 보았다.

2. 청구 요지

청구인들은 구KGB 요원이었다는 이유로 1999~2009년까지 사부문에서의 취업을 금하는 것이 협약 제8조 및 제14조에 위반하는 것이라고 한다. 또한 그들은 자신들에게 부과한 취업제한과 해직에 관하여 제10조 및 제14조 위반을 주장한다.

특히 청구인들은 1999년법이 시행되기 수년 전에 KGB를 떠났음을 강조하였다. 시다브라스 씨는 리투아니아 독립을 위해 적극적으로 여러 활동에 관여했고 드찌아우타스 씨는 반국가적 범죄 등 여러 범죄를 수사한 공로로 훈장을 받았다고 주장한다. 나아가 그들은 소위 "KGB법"의 채택과 자신들에 대한 이 법의 적용으로 인한 부정적 세평으로 인해 자신들의 과거로 인한 일상의 곤란에 직면해 있다고 주장하였다.

3. 법원의 판단

가. 제8조 단독 및 제14조 관련 위반주장에 대하여

(1) 제14조의 적용가능성

협약 제14조는 협약상 권리 및 자유의 향유에 있어서 정당화 사유 없이 유사한 상황에 있는 개인을 차별적으로 취급하지 않도록 이를 보호한다. 이 규정은 협약 및 협약의정서의 실체규정에 의하여 보장되는 권리 및 자유에 영향을 주기 때문에 그 자체로 독자적 존재의미는 없다. 그러나 제14조의 적용은 협약의 다른 규정의 위반을 전제하지는 않으므로 그 범위 내에서는 독립적이다. 제14조를 적용하기 위하여는 사건의 사실이 협약 또는 협약의

정서상의 다른 실체 규정 내에 포섭되는 것으로 족하다.

따라서 법원은 우선 청구인들에 대한 처우에 있어서의 차별이 존재했는지, 차별이 있었다면 이것이 협약 제8조의 범주에 속하는지를 확인해야 한다.

(가) 처우에 있어서의 차별이 있었는지

법원은 1999년법은 구소련 보안기관의 모든 협력자들의 취업을 금하지는 않는다고 보았다. 첫째, 1999년법에 규정된 직책에 있었던 자만이 "구KGB 기관원"의 지위를 갖는 것으로 보았다. 둘째, 1999년법의 해당 직책에 있었던 것으로 추정되는 사람도 KGB 근무시 정치적인 목적에 대응이 되는 범죄수사에 관여한 경우에는 동법 제3조의 적용예외규정의 적용을 받을 수 있었다. 셋째, 1999년법이 시행된 후 3월 이내에 법률상의 제한을 제거할 수 있는 구제수단을 두었었다. 끝으로 국내법원이 청구인들에 대한 취업제한을 구제해주기 위한 근거로서 1990년 독립직후 청구인들이 리투아니아 당국을 위한 정보제공자였는지를 심의한 바 있다.

청구인들은 KGB를 위해 근무하지 않았던 리투아니아의 다른 사람들과 다르게 취급되었다. 리투아니아 정부는 1999년법의 목적은 국가에 대한 충성심 결여를 이유로 취업을 규제하였다. 따라서 이 점에서 청구인들과 다른 사람들 간에 처우에 있어서 차별이 존재하였다.

(나) 제8조의 해당여부

1999년법 제2조에 의하여 청구인들이 사부문에서의 다양한 직업을 선택할 수 없는 것이 협약 제8조에 의하여 보호되는 "사생활"을 침해하는 것인지의 문제가 남는다.

법원은 "사생활" 개념이 매우 넓어 이를 완전하게 정의내리기는 어렵다고 본다. 그럼에도 불구하고 법원은 제8조가 원치 않는 관심에서 벗어나, 사적으로 삶을 영위하는 권리를 포함해 개인의 정신적 및 육체적 완전성을 보호하는 것이라고 보았다.

법원은 사부문에 대한 취업을 광범위하게 금하는 것은 "사생활"에 영향을 준다고 본다. 이 점에 관하여는 유럽사회헌장 제1조 제2항에 특히 비중을 둔다.

이 사건에서 법원은 1999년법 제2조의 적용에 의해 1999~2009년까지 청구인들이

"전 KGB 요원"이라는 신분 때문에 여러 사부문에서의 직업활동이 금지되었다. 이 금지 조치는 청구인들이 일정한 직업활동을 추구할 가능성에 영향을 주지는 않으나, 외부 세계와의 관계를 발전시킬 청구인들의 능력에 상당한 정도로 영향을 주어 삶을 영위할 가능성에 대해, 사생활의 향유에 대해 명백한 반응을 줌으로써 심각한 곤란을 초래하였다.

1999년법의 적용으로 인한 전력의 공표로 일상의 방해에 직면해 있다는 청구인들의 주장에 대해 법원은 그러한 사실 자체가 외부세계와의 교류에 장애를 일으키고 그들의 명예 이상의 것에 영향을 주는 것은 틀림없으며 또한 "사생활"의 향유에 영향을 준다는 점을 인정한다. 법원은 예컨대 범죄행위와 같은 자신의 행위에 대한 예측 가능한 결과로서의 명예의 손상에 관해여는 제8조를 원용할 수 없다고 본다. 더욱이 구소련 해체에서 1999년법 시행 사이의 상당한 기간 동안 청구인들은 구KGB 취업으로 자신들을 포함할 수 있다는 결과를 예측할 수 없었다는 점이 합리적으로 추정된다. 청구인들은 억압체제와의 과거의 관련 때문에 사회의 눈에 각인되었다. 따라서 청구인들이 감내해야 할 매우 광범위한 취업제한에 비추어, 청구인들이 통상적인 사생활을 영위하는 데 있어서 가능한 피해는 협약 제8조의 해당여부를 판단하는 데 중요한 요소로 간주된다.

(2) 제14조 준수여부

법원의 판례법에 의하면, 처우의 차이는 그것이 객관적이고 합리적 정당화사유가 없으면 이는 차별적인 것이다. 다시 말하면 이는 합법적 목적을 추구하지 않거나 채용된 수단과 실현하고자 하는 목적간에 상당한 정도의 비례성이 없다면 이러한 조치는 차별적이다.

리투아니아 헌법재판소는 구KGB 요원의 취업을 제한하는 법률은 국가안보, 교육 및 재정시스템의 원활한 기능수행을 확보하기 위한 것이라고 판시했다. 리투아니아 정부는 1999년법에 의해 그러한 사람의 취업을 금하는 이유는 청구인들의 구KGB 전력 자체가 아니라 구KGB 취업으로 증명되는 국가에 대한 충성심 결여 때문이라고 그 정당성을 항변한다.

법원은 이점에 관하여는 1990년 리투아니아의 독립선언으로 종식된 구소련 지배하의 리투아니아의 경험을 고려하지 않으면 안 된다. 청구인들은 구KGB의 활동이 리투아니아 헌법이나 협약이 보장하는 원칙들에 반하는 것이라는 것에 대해 어떤 점도 다투지 않았다. 리투아니아는 자신의 국가를 수립함에 있어서 민주주의를 방어할 수 있는 국가가 되어야 한다는 신념에서 과거 경험의 반복을 피하고자 하였다. 이러한 맥락에서 1999년법처럼 구정권의 보안기관 요원이나 구정권의 적극적 협력자들의 취업을 제한하는 유하한 시스템이 전체주의 통치를 성공적으로 벗어난 다수 체약국에서 수립되었음을 주목한다.

이러한 점을 고려하여, 법원은 청구인들에 대한 취업의 제한과 처우에 있어서의 차별이 국가의 안전, 공공질서, 경제적 안녕 및 타인의 권리와 자유의 보호를 위한 합법적 목적을 갖는다는 점을 인정한다.

그러면 그러한 차별행위가 비례성을 충족하는지의 문제가 남는다. 청구인들은 이러한 제한이 추상적이고, 또한 자신들 사건의 특수한 면에 대한 고려 없이 구KGB 요원으로서의 신분만을 근거로 처벌받는 것이라고 주장한다.

청구인들의 국가에 대한 충성심 결여의 문제가 다툼이 없다고 하더라도, 청구인들은 국가의 역무만이 아니라 사부문의 다양한 영역에서 그 취업이 제한되었다. 국가에 대한 충성심은 국가의 일반이익을 보호하고 이를 확보해야 할 책임이 있는 국가 기관의 취업에 있어서는 본질적인 조건이다. 하지만 이러한 요건은 사기업 취업의 경우는 필연적인 것이 아니다. 사부문 주체의 경제활동은 국가의 기능수행에 의심할 여지없이 영향을 미치고 이에 기여를 하지만, 사기업은 국가에 부여된 주권의 보관소가 아니다.

국가에 대한 충성심 결여를 이유로 사기업에서의 취업할 가능성을 국가가 제한하는 행위는 그 사기업이 국가의 경제, 정치 및 안보이익에 대한 중요성 여하에 불구하고, 공적 역무에 취업을 제한하는 것과 동일한 방법으로 협약상 정당화될 수 없다.

또한 이러한 제한조치가 비례성을 갖추었는지를 결정함에 있어서 법원은 1999년법이 일면으론 청구인들의 충성심 결여를 다루고 타면으론 일정한 사부분의 직업에 대한 취업 제한을 적용시킬 필요성을 다룸에 있어서의 모호성을 간과할 수 없다. 특히 1999년법 제2조는 국가에 대한 충성심을 이유로 취업을 제한하는 사부문 활동을 매우 간단하게 적시하고 있다. 그러나 변호사, 공증인처럼 특정 직종을 명시하기도 했으나 청구인들이 취업해서는 안 되는 특정 직업, 기능 또는 업무에 대해 전혀 정의규정을 두지 않고 있다. 이러한 결과로서 법률에 기재된 직종과 금지에 의하여 추구하고자 하는 합법적 목적간에 어떤 합리적인 연결점을 확인하는 것이 불가능하다. 법원의 견해에 의하면 이러한 입법은 차별을 피하고 제한부과에 대한 충분하고 적절한 사법적 통제를 보장하기 위한 필요한 안전장치를 결여하고 있는 것으로 볼 수밖에 없다.

끝으로 법원은 1999년법이 1999년에 발효하였고, 이는 리투아니아가 1990.3.11. 독립을 선포한 지 근 10년이 경과한 때였으며, 그 결과로 청구인들의 직업활동에 대한 제한은 청구인들이 구KGB를 떠난 지 각 13년, 9년이 지나서 부과되었다. 이러한 뒤늦은 시간적 요소는 그럼에도 불구하고 해당조치의 비례성에 대한 전반적 평가에 있어서 중요한 것으로 볼 수 있다.

이러한 점들을 고려하여 법원은 여러 사부문 영역에서의 직업을 구하는 청구인들에게 1999년법 제2조를 적용하여 이를 금지하는 행위는 그것이 그 금지행위로서 추구하고자 하는 목적의 합법성을 고려하더라도 이는 비례성이 없는 조치를 구성하는 것으로 판단한다.

따라서 협약 제8조와 관련하여 협약 제14조의 위반이 있었다.

나. 보상

법원은 리투아니아에 대해 청구인들의 금전상 및 정신상 손해에 대해 각 7,000 유로를, 기타 소송비용으로 시다르바스 씨에게는 2,681.37 유로, 드찌아우타스 씨에게는 2,774.05 유로를 배상하도록 명하였다.

[86] 종교적 신념에 의한 차별금지 Thlimmenos v. Greece

Application no. 34369/97, 2000.4.6. 선고

제9조(사상, 양심 및 종교의 자유)와 관련한 제14조 (차별금지) 위반

제6조 제1항(합리적 기간내에 재판을 받을 권리) 위반

공인회계사 자격부여에 있어 국가는 일부 범법자를 배제할 합법적 이익을 갖지만 중한 범죄의 유죄판결과는 달리 종교적 또는 철학적 근거로 군복착용을 거부한 청구인에 대한 군사법원의 유죄판결이 있다고 하여 이것이 공인회계사 직업의 수행에 있어서 부정직함이나 도덕적 비열성을 내포하는 범죄행위가 아니기 때문에, 이를 이유로 공인회계사직에서 청구인을 배제하는 것은 정당화되지 않는다.

1. 주요 사실

청구인 트리메노스 씨는 그리스 국민으로 여호와의 증인이다. 1983.12.9. 상설군사법원은 종교적 이유로 군명부에의 등록을 거부한다는 이유로 항명죄로 청구인을 유죄 선고하였다. 1989. 2월, 그리스 공인회계사협회의 집행이사회는 그가 시험에 통과되었지만 범죄경력이 있다는 이유로 공인회계사로 임명을 거부했다. 트리메노스 씨는 이 결정에 항소하였으나 1996.6.28. 최종적으로 기각되었다.

청구인의 사건은 유럽인권위원회에서 심의되었고, 유럽인권위원회는 1998.12.4. 협약 제14조와 관련하여 제9조의 위반 및 제6조 제1항의 위반이 있었다는 보고서를 채택한 바 있다. 이 사건은 1999.3.22 유럽인권법원에 회부되었다.

2. 청구 요지

청구인은 종교의 자유에 대한 권리, 이 점에 관해 차별받지 아니할 권리 및 협약 제9조, 제14조 및 제6조 제1항에 의하여 보장되는 자신의 시민적 권리 및 의무의 결정에 있어서 상당한 기간 내에 재판을 받을 권리, 그리고 제1의정서 제1조에 의하여 보장되는 소유권의 평화로운 향유권의 침해가 있었다고 주장한다.

3. 법원의 판단

가. 제9조 관련 제14조

여호와증인 신도로, 청구인이 자신의 종교가 그로 하여금 금지한다고 믿기 때문에 군복착용을 거부하였다는 주장을 반증할 아무 것도 없다. 청구인의 주장은 자신이 유죄로 인정된 범행이 종교적 신념에 의하여 촉발된 것이라는 사실임에도 불구하고 공인회계사 임용의 취지상 반역죄를 범한 사람으로 취급되고 있다는 것이다. 이러한 일련의 사실들은 협약 제9조의 범위내 들어온다. 따라서 제14조도 발동하였다.

협약상 보증된 권리향유를 차별받지 아니할 권리도 그리스가 객관적이고 합리적 정당화 사유 없이 그 사정이 매우 다른 사람을 다르게 취급하지 아니할 때에는 침해되었다.

국가는 공인회계사 직업에서 일부 범법자를 배제할 합법적 이익을 가졌다. 하지만 중한 범죄의 유죄판결과는 달리 종교적 또는 철학적 근거로 군복 입기를 거부하는 것에 대한 유죄판결은 회계사 직업을 수행할 범법자의 능력을 잠식할 것 같은 부정직이나 도덕적 비열을 내포할 수 없을 것이다. 따라서 부적당한 사람이라는 이유에서 청구인을 배척하는 것은 정당화되지 않는다. 청구인은 군복착용을 거부한 이유로 수형생활을 하였다. 그에게 또 다른 제재를 과하는 것은 적절하지 못하다. 공인회계사직에서 청구인을 배척하는 것은 합법적 목적을 추구하지 못한다. 청구인을 중죄의 유죄판결을 받은 다른 사람들과 다르게 취급하지 않는 것은 객관적이고 합리적인 정당화 사유가 존재하지 않는다. 그리스는 협약 제9조와 관련하여 제14조에 대한 준수를 확보하기 위하여는 중죄의 유죄판결을 받은 사람을 공인회계사직에서 배제하는 규칙에 적절한 예외규정을 도입했어야 한다.

나. 제6조 제1항

행정적 법률에 의하여 규율되더라도, 공인회계사직업은 그리스에서 자유직업중의 하나이다. 그 결과 그를 공인회계사직에 임용하지 않은 당국의 행위를 다투기 위한 절차는 협약 제6조 제1항의 의미상 그의 시민적 권리의 결정을 포함하는 것이다.

그 절차가 7년 이상 소요되었다. 청구인은 어떤 지연사유도 제공하지 않았다. 더욱이 거의 3년간은 국가평의회의 사건 과중이라는 이유 외에는 어떤 사유도 제공되지 않고 심리되지 않았다. 자국 법원이 상당한 기간 내에 최종결정에 이를 수 있도록 자국 법체계를 조직하는 것이 체약국의 책임이라면 이러한 장기의 절차는 상당한 기간이라는 요건에 부합하지 않는다.

이러한 이유로 법원은 제9조와 관련하여 제14조의 위반이 있었고, 제6조 제1항의 위반이 있었음을 인정한다.

다. 보상

청구인에게 금전상 손해배상으로 6,000,000 GRD, 비용과 경비로 3,000,000 GRD를 지급하도록 한다.

[87] **국적차별** Koua Poirrez v. France

Application. no. 40892/98, 2003. 9. 30. 선고

제1의정서 제1조(재산의 보호) 와 관련한 제14조 (차별금지) 위반

아이보리코스트 국민으로 프랑스인에게 입양된 청구인은 80% 비율의 장애인으로 프랑스에서 인정되었으나, 성인이 된 후 장애수당 지급이 거절되자, 그 지급거절이 재산권 유사의 수당을 받을 권리에 대한 침해이며 국적에 기한 차별임을 주장한 사건으로, 유럽인권법원은 협약 제1조에 규정된 권리 및 자유를 프랑스가 보장할 것을 약속했다는 점에서 청구인에게 재산권 유사의 수당을 받을 권리를 인정하고, 그 지급거절은 "객관적이고 합리적 정당성" 없는 국적에 기한 차별이라고 보았다.

1. 주요 사실

청구인은 1966년생의 아이보리코스트 국민으로 파리에 거주하고 있으며 7세부터 신체적으로 불구상태였다. 청구인은 1987년 프랑스 국민 포이레즈 씨에 의하여 입양되었다. 1987년 청구인은 프랑스 국적취득 허가신청을 하였다. 이 신청은 청구인이 18세가 넘었다는 이유로 거부되었다. 한편 청구인은 프랑스 당국으로부터 80%의 장애인이라는 증명을 발급받은 바 있었고, 1990년 청구인은 성인 장애인 수당을 신청하였다. 신청시 자신은 아이보리코스트 국민으로 프랑스 거주자이며 프랑스에 거주하고 프랑스에서 근로하는 프랑스 국민의 입양자임을 증빙하는 서류도 함께 제출하였다.

이 신청은 청구인이 프랑스 국민도 아니고 성인 장애인 수당에 관해 프랑스와 상호협정을 체결한 국가의 국민이 아니라는 이유로 거절되었다. 청구인은 프랑스 사회보장법상 요건을 충족하지 못했다는 것이다.

1990.6.13. 청구인은 가족수당위원회에 조정신청을 냈고, 동 위원회는 청구인이 사회보장법 L. 821-1 조 소정의 요건을 충족하지 못했다는 이유로 가족수당국의 결정을 재차 확인하였다. 양 기관은 청구인의 국적국인 아이보리코스트가 프랑스와 가족수당연금에 관해 상호협정을 체결하지 않았다는 점에 주목하였다.

1991.2.26. 청구인은 위 결정에 대해 사회보장심판소에 재심을 구하였다. 동 심판소는 1991.6.12. 예비결정을 위해 유럽사법재판소(ECJ)에 이 문제를 회부하기로 결정했다. 양부가 유럽공동체에 속하는 국가의 국민으로서, 그 가족의 일원인 청구인에게 성인 장애인 수당을 부지급한다는 결정이 유럽경제공동체를 수립하는 조약(EEC 조약)의 규정과 조화되는지 하는 문제였다. 유럽사법재판소는 1992.12.16. 판결에서 청구인에 대한 수당지급거부는 EEC 조약의 관련규정에 저촉되지 않는다고 판시하였다.

청구인은 1991.12.17. 최저 복지급여를 받기 시작했다.

1993.3.31. ECJ의 회신에 의거, 사회보장심판소는 청구인의 청구를 이유 없다고 기각했다. 청구인은 1993.7.27. 동 결정에 대해 상소하고 1993.11.23. 법률구조를 신청하였다. 1994.1.14. 파리 소재 법률구조국은 청구인의 청구는 명백히 근거 없다는 이유로 구조신청을 거절하였다. 1994.2.21. 청구인은 동 결정에 대해 이의를 제기하고, 1994.5.5. 법

률구조국장은 동 이의신청을 허용하였다.

1995.6.19. 판결에서 파리항소법원은 수당에 관해 청구인의 국적국과 프랑스 간에 상호협정이 없다는 이유로 사회보장심판소의 결정을 지지하였다.

1996.5.2. 청구인은 법률상 쟁점에 관해 파기원에 상고하였다. 청구인은 시민적 및 정치적 권리에 관한 국제인권규약 제26조는 출신민족(경우에 따라서는 출신국가)에 기한 차별을 금지하고 있는데, 자신에 대한 성인 장애수당 지급거절은 국적을 이유로 한 것으로 이는 위 규정의 기속적 성격을 항소법원이 무시했다는 점을 그 상고이유로 하였다.

이에 대해 파기원은

"시민적 및 정치적 권리에 관한 국제규약 제26조는 출신민족(국가)에 기한 차별을 금지하고는 있으나, 국내법에서 일정한 권리의 이용가능성에 조건을 붙이는 행위에 대해 일체의 국적 기준을 금지하는 것으로 해석될 수 없다. 사회보장법 L 821-1조는 성인 장애수당을 프랑스 국민 및 상호 협정을 체결한 국가의 국민에게 지급하도록 규정하고 있는 바, 항소법원은 아이보리코스트 국민인 포이레즈 씨는 프랑스와 아이보리코스트간 상호협정이 체결되어 있지 않으므로 이를 청구할 수 없다고 한 것은 적절히 판단한 것이다.…"

1998.5.11. 법률은 비각출제 수당의 지급에 있어서는 국적요건을 삭제하였다. 청구인은 1998.6.1. 성인 장애수당을 재신청하였다. 동 신청은 가족수당국에 의하여 거절되었다. 이에 대해, 다시 사회보장심판소에 이의신청하였다. 1999.6.11. 결정에서 동 심판소는 이를 기각하였는데 청구인이 자신의 재정 상황에 대한 증거자료를 제출하지 아니하여 형식적 조건을 준수하지 못했다는 것이었다. 청구인은 다시 이의신청을 하고 최종적으로 청구인에게 1998. 6월부터 2000. 11월까지의 기간 중 수당을 지급하기로 하였다.

2. 청구 요지

청구인은 성인 장애 수당 지급 거절 및 후속 절차의 장기화를 이유로 협약 제6조 제1항의 침해 및 제1의정서 제1조와 관련하여 협약 제14조의 침해를 주장한다.

3. 법원의 판단

가. 협약 제1의정서 제1조와 관련한 협약 제14조 위반 주장에 관하여

청구인은 협약 제1의정서 제1조와 관련하여 협약 제14조 위반을 주장하였다. 이 규정은 다음과 같다.

> 제14조(차별금지)
> 이 조약에 규정된 권리 및 자유의 향유는 성별, 인종, 피부색, 언어, 종교, 정치적 또는 기타 의견, 출신민족이나 사회적 출신, 민족적 소수자에의 소속, 재산, 출생 또는 기타 지위에 의한 차별 없이 보장되어야 한다.

> 제1의정서 제1조(재산의 보호)
> 모든 사람 또는 법인은 재산(possessions)을 평화적으로 향유할 권리를 갖는다. 어느 누구도 공적 이익 및 법률에 규정된 조건 및 국제법상 일반원칙에 의하지 아니하고는 자신의 재산을 박탈당하지 아니한다. 다만 전술한 규정은 일반적 이익을 위하여 재산의 이용을 규제하거나 세금, 기타 기여금이나 범칙금의 징수를 확보하기 위해 국가가 필요하다고 보는 법률을 집행하는 권리를 침해하는 것은 아니다.

(1) 협약 제1의정서 제1조와 관련한 협약 제14조 적용여부

협약 제14조는 협약 및 의정서의 다른 실체적 규정을 보완하는 규정이다. 동 규정은 별도로 독립하여 존재하는 것은 아니다. 즉 동 규정은 협약과 의정서 규정에 의하여 보호받는 "권리 및 자유"와 관련하여서만 그 효력을 갖는다.

법원은 또한 긴급구호에 대한 권리 —준거 법률에 규정되어 있는 한도에서— 는 제1의정서 제1조의 목적상 재정상의 권리임을 이미 판시한 바가 있음을 밝힌다. 그 규정은 따라서 긴급구호를 받을 자격과 "세금 기타 부담"을 해야 할 의무 간의 관계에 의지할 필요 없이 적용가능하다.

이 사건에서, 청구인이 80%의 장애인으로 등록되고 지체부자유자 카드를 발급받은 사실에는 다툼이 없다. 청구인의 성인 장애수당 청구는 그가 프랑스 국민도 아니고 성인 장애수당에 관한 상호협정을 체결한 국가의 국민도 아니라는 이유만으로 거부되었다. 따라서 법원은 동 수당이 프랑스 국민 및 프랑스와 상호 협정을 체결한 국가의 국민에게 지급되는 것을 확인한다.

법원의 판단에 의하면, 청구인의 본국은 이러한 협정에 서명하지 않았지만, 청구인은 프랑스에 거주하면서 지체부자유자 카드를 발급받았고, 프랑스에 거주하고 프랑스에서 근로하는 프랑스 시민의 양자로서 최근까지 최저 복지급여를 수령하였다는 사실 그 자체로 볼 때 청구인에게 문제의 수당을 지급거절하는 정당성을 찾을 수 없다. 더욱이 장애인을 위한 수당이기 때문에, 법원은 장애인의 수용에 적합한 정책과 조치의 채택을 목표로 하는 1992.4.9. 각료위원회 권고 R (92) 6호를 참조한다.

나아가 법원은 수당지급에 있어서 국적 요건이 1998.5.11. 법률에 의하여 폐지된 사실을 유념한다. 따라서 동법이 시행된 때부터는 국적에 근거한 구분 없이 성인 장애수당이 지급되어 왔고, 청구인은 동법이 통과된 직후인 1998. 6월부터 이를 수령하였다.

법원은 끝으로 1998. 6월 이전에 청구인에게 수당지급을 거부한 것은 프랑스 국적 보유여부에 기한 기준으로서 이는 협약 제14조의 취지상 구분에 해당한다고 본다.

전술한 점을 고려하여 법원은 청구인이 제1의정서 제1조의 취지상 재정상의 권리를 갖고 협약 제14조가 이 사건에 적용된다고 본다.

(2) 제1의정서 제1조와 관련한 협약 제14조 준수여부

법원의 판례법에 의하면 제14조의 목적상 구분은 차별적이다. 다만 그러한 구분이 "객관적이고 합리적 정당성을 가지지 않는 경우"이다. 이것은 그 구분이 "합법적 목적"을 추구하지 않는다거나 아니면 "채용된 수단과 실현하고자 하는 목적 간에 합리적 비례관계"가 존재하지 않는다는 것이다. 더욱이 체약당사국들은 유사한 상황에서 어느 정도의 차이가 상이한 처우가 되는지 이를 판단하는 데 있어 일정한 재량의 여지를 갖는다.

이 사건에서 법원은 우선 청구인이 프랑스에 합법적으로 거주하고, 국적 요건을 요구하지 않는 최저 복지 급여를 수령한 점을 유념한다. 그에게 프랑스 당국이 해당 수당의 지급을 거절한 유일한 이유는 당시 적용되었던 사회보장법 제 L. 821-1조에 의한 수당을 받기 위한 전제 조건으로서 요구되는 국적을 갖지 않았다는 사실이었다.

더욱이 청구인에게 문제의 사회 급부를 제공할 수 있는 법률상의 다른 요건들을 충족하지 않았음은 확인되지 않았다. 이와 관련하여 법원은 청구인이 1998.3.11. 법률이 국적 요건을 폐지한 이후에 성인 장애수당을 수령하였음을 확인할 수 있을 뿐이다. 따라서 청구인은 프랑스 국민과 같은 입장 또는 동 수당을 받을 권리에 관한 상호 협정에 서명한 국가의 국민의 입장에 서게 되었다. 법원은 파기원도 —외국 국적이라는 이유만으로— 프랑스 연금제도상 지체부자유자 수당을 수령하던 프랑스 거주 청구인에게 국가연대기금에서 지급되는 보조수당의 지급을 거절한 행위는 협약 제14조 및 제1의정서 제1조를 위반한 것이라고 판단했던 점을 유념한다.

그러므로 법원은 프랑스 정부의 주장이 설득력이 없음을 인정한다. 프랑스 국민 또는 상호 협정을 체결한 국가의 국민 및 다른 외국인 간에 사회급부를 받을 자격에 관해 그 취급을 달리하는 것은 "객관적이고 합리적인 정당성"에 근거하지 못한 것이었다. 당시 프랑스가 아이보리코스트와의 상호 협정에 기속되지는 않았지만, 프랑스는 협약을 비준할 때, 협약 제1조에 규정한 권리 및 자유를 "그 관할권내에 있는 모든 사람에게" 이를 보호할 것을 약속했던 것이다.

따라서 제1의정서 제1조와 관련하여 협약 제14조 위반이 있었다.

나. 협약 제6조 제1항 위반주장에 관하여

청구인은 제1의정서 제1조의 취지상 재정상 권리인 성인 장애수당을 받을 자격이 있음을 인정한다. 따라서 법원은 이 권리가 "시민적" 권리라고 본다.

따라서 협약 제6조 제1항은 이 사건에 적용할 수 있다.

법원은 이 사건이 조정위원회에 회부되었던 1990.6.13.에 시작하여 파기원 판결이 있었던 1998.1.22.에 종결되었음을 확인한다. 그러므로 3단계의 관할을 거치는 동안 7년 7

개월 9일이 소요되었다.

법원은 절차의 장기화의 타당성은 사안의 사정 및 판례법상 정립된 기준, 특히 사안의 복잡성이라든지 청구인 및 관련 기관의 행위를 참고하여 평가되어야 한다는 점을 계속 반복하고 있다.

법원은 이 사건이 어느 정도 복잡한 양상을 갖고 있다는 프랑스 정부의 의견에 동의한다.

법원은 청구인은 자신이 이용할 수 있는 구제조치를 완벽하게 이용했다는 이유로 비판받을 수 없다는 점을 인정한다. 프랑스 국내당국에 관하여 보면, 그들에게 책임을 돌릴 수 있을 정도로 상당기간 대응을 하지 않았다는 점도 보이지 않는다. 법원은 유럽사법법원 앞에서 18개월 이상 진행된 절차의 장기화도 고려요인이 될 수 없다는 점을 인정한다.

끝으로 국내절차에서 재정상 위기가 실재했지만 청구인이 1991.12.17.부터 최저복지급여를 받았기 때문에 이 사건에서 결정적인 것은 아니다.

전술한 점을 고려하여 법원은 이 사건의 절차의 장기화는 제6조 제1항이 요구하는 "합리적 기한"을 도과한 것은 아니라고 본다.

그러므로 협약 제6조 제1항의 위반은 없었다.

다. 보상

이 사건에서 법원은 재산상 및 정신적 손해로 20,000 유로를, 기타 비용과 경비로 3,000 유로를 인정했다.

4. Mularoni 판사의 반대의견

협약 제8조와 관련한 제14조 위반이다

물라로니 판사는 협약 제1의정서 제1조의 적용과 관련한 협약 제14조 위반을 인정한

다수의견에 반대의견을 내었다.

동 판사는 제1의정서 제1조는 재산권을 보호하는 것이고, 유럽인권법원의 판례법상으로도 재산의 "보유(possession)"를 보호하는데 중점을 두고, 기존의 보유관계에만 적용된다고 보았다.

연금을 받을 권리에 관해서 유럽인권법원은 이 권리가 재산권에 유사하다고 인정했지만 협약 자체에 의하여 보장되는 권리가 아니라는 점을 명시한 적이 있음을 들었다.

이러한 점에 비추어, 제1의정서의 제1조를 적용한 판단에 반대하였다. 즉 성인 장애인에 대한 수당이 비각출적 사회급부인 한에 있어서는 제1의정서 제1조의 의미상 "소유"로 볼 수 없다는 것이다.

동 판사는 이 사건은 협약 제8조(사생활 및 가족생활의 보호)로 처리했어야 한다고 보았다. 동 조항에 대하여 법원은 체약당사국은 그 관할 내에 있는 사람의 사생활과 가족생활을 보호하는 것은 물론이고 인격의 자유로운 발전을 방해하는 장애와 제한도 역시 제거해야 하며, 보다 폭넓고 적극적인 국가의 의무를 규정하고 있다(Bensaid v. the United Kingdom, no. 44599/98, § 47, ECHR 2001-I, 이 사건에서 법원은 협약 제8조는 아이덴티티와 개인의 개발에 대한 권리를 보호하고 사람과 외부세계와의 관계를 창설하고 이를 발전시키는 권리도 보호한다고 판시)고 판시한 적이 있음을 주목하였다.

청구인은 프랑스 시민에게 입양되었다. 따라서 프랑스는 청구인과 프랑스 국적의 그의 부간의 가족생활의 존재를 인정한 것이고 이러한 가족생활은 협약 제8조에 의하여 보호받는다.

그러므로 이 사건에서 사생활이건 가족생활이건 어떤 관점이든 제8조가 적용될 수 있다고 보았다.

또한 제14조의 경우 동 조는 협약상 국가가 보장할 의무가 있는 권리의 향유에 대해서만이 아니라 협약의 실체규정의 범주 내에 들어오는 권리 및 자유, 그리고 국가가 협약의 요구를 넘어 더욱 확보하고 이를 보장하고자 하는 권리 및 자유에 대하여도 적용될 수 있다고 보았다.

이 사건에서 협약 제8조가 성인 장애인 수당의 권리와 같은 것을 직접 보장하고 있지는 않지만 동 조의 범주 내에 들어와서 제8조를 적용할 수 있다고 본 것이다. 즉 프랑스의 법률체계가 성인 장애인이 수당을 받을 권리를 부여하고 있는 한, 차별적 기초에서 이를 운영할 수 없다는 것이다.

[88] 외국인 자녀급부의 차별 Niedzwiecki v. Germany

Application. no. 58453/00, 2005.10.25. 선고

제8조 (가족생활을 존중받을 권리)와 관련하여 제14조 (차별금지) 위반

폴란드 국적으로 독일에 임시 거주허가를 받아 생활하던 중 딸을 얻은 청구인은 노동청에 연방자녀급부법에 따라 자녀급부를 신청하였으나, 한시적 거주허가를 받은 체류외국인의 경우 항구적 기초에서 거주하는 외국인과 달리 동법상 급부의 대상이 아니라고 거부처분하자 이것이 차별, 인종주의 및 비인간적 처우에 해당한다는 이유로 제소한 사건으로, 유럽인권법원은 안정적인 거주허가를 받았느냐 여부에 따라 외국인에 대한 자녀급부를 달리 취급할 이유를 발견하지 못한다고 하여 가족생활을 존중받을 권리에 대해 차별적 취급이 있었음을 인정하였다.

1. 주요 사실

청구인 니드쯔비에키 씨(1961년생)는 제소 당시에는 독일 에어렌바흐에 거주하였고 현재 폴란드에 거주한다.

청구인은 1987. 2월 독일로 이주하였다. 그의 망명 신청은 기각되었다. 하지만 폴란드인을 국외추방하지 않는다는 주내무장관 간 협정에 의해 추방은 중지되었다. 1989. 11월 청구인은 임시거주허가를 받았다. 1991. 1월 외국인법 개정 후, 청구인은 예외적 목적을 위한 한시적 거주허가를 받았다. 이 거주허가는 매 2년마다 갱신되었고, 마지막 기간은 1995. 1월에서 1997. 1월까지였다. 1997. 4월 청구인은 무기한 거주허가를 받게 되었다.

1995. 7월 청구인의 딸이 출생했다.

1995.7.28. 청구인은 노동청에 연방자녀급부법 제1조에 따라 자녀급부를 신청하였으나, 1995.8.18. 노동청은 동법 제1조 제3항에 의해 동 신청을 거부했다. 청구인은 단지 예외적 목적을 위한 제한된 거주허가를 받았을 뿐이며 법 제1조 제3항이 요구하는 무기한 거주허가 내지 임시거주허가를 받지 않았기 때문이라는 것이었다. 그 이의신청도 1995.10.12. 기각되었다.

청구인은 1987년부터 독일에 거주하여 왔고 따라서 자녀급부를 받을 권리를 가져야 한다고 주장하면서 뷔르츠부르크 사회법원에 제소하였다. 동 법원도 이를 기각했다. 사회법원의 판결에 의하면 동 법은 항구적 기초에서 독일에 정주하고자 하는 외국인에게 자녀급부를 하는 데 목적이 있으므로, 예외적 기초에서 제한된 기간 거주하는 외국인은 정주목적이 없다고 본 것이다. 바바리아주 고등사회법원에의 항소도 동일한 이유로 기각되었고, 연방사회법원도 기각하였다.

청구인은 잠정조치를 요구하면서 헌법소원을 제기하였다. 청구인은 연방자녀급부법의 관련 조항이 차별적이고 인종주의적이며 가족생활을 존중받을 권리를 위반했다고 주장하였다. 나아가 청구인은 자녀급부청구에 대한 거부는 독일기본법 제20조 제4항에 규정된 사회국가원리(Sozialstaatsprinzip)를 침해하는 것이라 주장하였다. 연방헌법재판소는 1999.10.21. 기각 결정을 하였다.

이에 청구인은 1999.10.27. 유럽인권법원에 제소하였다.

관련 국내법

1994년 연방자녀급부법은 1995.12.31.까지 효력이 있었고 연방이 재정 지원하는 자녀급부를 규정하였다. 제1조의 해당 부분은 다음과 같다.

> (1) 이 법의 규정에 따라 누구나 자신의 자녀를 위한 자녀급부를 받을 수 있다.…
>
> 1. 이 법의 적용 범위 내에 주소를 갖거나 거소를 갖는 자.…
>
> (3) 외국인은 거주허가를 받거나 임시거주허가를 받은 경우에 이 법상 자녀급부를 받을 수

있다.

연방헌법재판소는 2004.7.6. 결정으로 위에 적시한 자녀급부법 제1조 제3항의 부분이 기본법 제3조의 평등대우를 받을 권리와 저촉한다고 판시하였다. 이에 따라 입법부는 2006.1.1.까지 법을 개정해야 한다.

연방헌법재판소는 안정된 거주허가를 받지 아니한 부모를 달리 취급하는 것은 충분한 정당성이 결여되어 있다고 보았다. 자녀급부의 제공이 제6조 제1항에 따른 가족생활의 보호와 관련이 있기 때문에, 그 불평등한 취급을 정당화하기 위해서는 매우 중한 이유가 제시되어야 한다고 본 것이다. 독일에 항구적으로 체재하고자 하는 외국인들에게 자녀급부를 제한하는 목적을 가진 한에서, 그 기준은 그러한 목적을 달성하는 데 절절하지 않다. 제한된 거주허가를 보유하고 있다는 사실이 그의 독일체류의 향후 계속 여부를 예측하는 충분한 기초자료가 되지 못한다. 헌법재판소는 이러한 불평등한 취급을 정당화시킬 어떤 다른 이유도 찾지 못했다.

2. 청구 요지

청구인은 1995. 7~12월까지 자녀급부 거부가 가족생활을 존중받을 권리의 행사에 있어서 차별에 해당한다고 주장한다.

3. 법원의 판단

가. 협약 제8조와 관련한 제14조 위반 주장

청구인은 1995. 7~12월까지의 기간 중 독일 정부가 자녀급부를 거부한 것은 차별, 인종주의 및 비인간적 처우에 해당한다고 제소하였다.

독일 정부는 자녀급부는 협약 제8조의 범주에 해당하는 것이 아니라고 주장했다. 가족생활을 증진시킬 국가의 일반적 의무는 특정의 급부에 대한 구체적 권리를 창설하지 못한다는 것이었다. 자녀급부법 제1조 제3항의 규정과 이 사건에서 동 조항의 적용은 청구인에 대하여 그의 가족생활을 존중받을 권리의 행사를 차별하지 않았다고 주장하였다.

법원의 확립된 판례법에 따르면, 제14조는 계쟁의 사실이 협약이나 협약 의정서상 하나 이상의 실체적 규정의 범주 내에 해당하는 경우에만 적용될 수 있다.

자녀급부를 함으로써, 국가는 협약 제8조의 취지상 가족생활에 대한 존중을 현실화 할 수 있다. 즉 국가에 의한 급부는 동 규정의 범위에 들어온다. 따라서 제8조와 관련하여 제14조가 적용될 수 있다.

법원의 판례법에 의하면, 취급의 차이가 "객관적이고 합리적 정당화 사유가 없는 경우", 즉 "합법적 목적"을 추구하지 못하거나 또는 "채용된 수단과 실현을 위해서 추구하고자 하는 목적 간에 합리적 비례관계"가 없는 경우에는 협약 제14조의 목적상 차별적이다. 체약 당사국은 유사한 상황에서 어느 정도의 차이에 대해 다른 취급을 정당화 하느냐 하는 것에 대해 일정한 재량의 여지를 갖는다.

법원은 상이한 유형의 거주허가 보유자들간에 사회급부 영역에서 어느 정도로 구분하는 것이 정당한지에 대해 이를 일반적으로 판정할 것을 요구받는 것은 아니다. 오히려 이 사건에서 자녀급부에 관한 독일법률이 협약상 청구인의 권리를 침해했느냐의 문제에 한정해야 한다. 이점에 관해, 법원은 동일한 쟁점에 관해 독일 연방헌법재판소의 결정(2004.7.6)을 주목한다. 연방헌법재판소와 마찬가지로, 당 법원은 안정적인 거주허가를 받았느냐 여부에 따라 외국인에 대한 자녀급부를 달리 취급하는 충분한 이유를 식별하지 못한다. 따라서 협약 제8조와 관련하여 협약 제14조의 위반이 있었다.

나. 보상

비금전적 손해로 청구인은 16,000 유로를 청구했으나, 법원은 제8조와 관련한 제14조의 위반의 인정이 그 자체로 청구인이 입은 비금전적 손해에 관해 충분한 보상이 된다고 판단한다.

기타 비용과 경비로 1,400 유로의 지급을 명한다.

[89] 미혼부와 이혼부의 자녀관계 차별 취급

P. M. v. the United Kingdom

Application. no. 6638/03, 2005.7.19. 선고

제1의정서 제1조 (재산의 보호) 와 관련 제14조 (차별금지) 위반

협약 제13조 (효과적 구제를 받을 권리) 비위반

혼인하지 아니한 상태에서 출생한 딸의 부로서 딸의 모와 별거하면서 그 딸의 양육비를 지급했던 청구인은 지급한 양육비에 대한 세금감면을 청구했으나, 청구인이 혼인한 사실이 없었다는 이유로 이혼한 부부가 양육비에 대한 세금감면을 받는 혜택을 받을 수 없다는 국세청의 처분에 대해, 유럽인권법원은 혼인의 지위에 기초한 상이한 취급이 객관적이고 합리적인 정당화 사유를 가질 수는 있지만, 혼인하지 아니한 부도 자녀와 가족 생활관계를 창설하였다면, 혼인한 부와 같은 교섭 및 후견권을 가질 수 있는 바, 이 건에서 청구인은 부로서 인지되었고 부의 역할을 행하고, 자신의 딸에게 양육비를 지급했고, 이를 충실히 이행하였으므로, 혼인하였다가 이혼한 부와 청구인의 지위를 달리 취급할 이유가 없다고 보았다.

1. 주요 사실

청구인 P.M.은 1956년생의 영국민이고 영국에 거주한다. 1987~1997년까지 청구인은 D와 안정적 관계를 유지하며 살았다. 그들은 결코 결혼하지는 않았다. 1991.6.18. D씨는 딸을 갖게 되었고, 청구인은 그 딸의 출생등록부에 父로 등재되었다.

1997. 10월 청구인과 D씨는 결별하게 되었다. 1998.6.29. 청구인이 그의 딸의 양육비로 매주 25 파운드를 지급하기로 하는 별거 계약을 맺었다. 1998~1999년의 세금년도에

약정에 따라 1,300 파운드를 지급했다. 청구인의 수입증가에 따라 그 금액도 증가하였는데, 2002. 4월부터는 청구인이 매주 35 파운드의 양육비를 지급했다.

1997~1998년도에 청구인은 약정에 따른 양육비지급에 대해 세금감면을 받았다. 영국정부는 세금감면이 국세청의 착오에 의한 것임을 천명하였다. 1998~1999년 중에 청구인은 소득세 195 파운드를 감하기 위해 양육비 세금감면을 청구했다. 2000.12.21. 회신에서 국세청은 "귀하는 귀하의 딸의 모와 결혼한 사실이 없기 때문에" 양육비 세금감면청구를 거부하였다.

청구인은 2002.8.15. 이의신청하였으나 1998년 인권법이 문제의 조세기간 이후인 2000.10.2.에야 발효되었기 때문에 이 사건에 적용되지 않는다는 이유로 기각되었다.

D씨는 1999~2000년 조세년도중인 1999.7.24. 혼인하였다.

청구인은 결혼하지 아니한 아버지로서 자기 딸에게 지급한 양육비에 대해 세금감면을 받을 수 없음을 이유로 영국정부를 제소하였다.

2. 청구 요지

청구인은 자신의 딸에 지급한 양육비에 대해 세금 감면을 받지 못한 것은 차별이라고 하면서 협약 제1의정서 제1조 및 협약 제13조와 관련하여 협약 제14조를 원용했다.

3. 법원의 판단

가. 제1의정서 제1조와 관련한 협약 제14조 위반 주장

협약 제14조(차별금지)

이 조약에 규정된 권리 및 자유의 향유는 성별, 인종, 피부색, 언어, 종교, 정치적 또는 기타 의견, 출신민족이나 사회적 출신, 민족적 소수자에의 소속, 재산, 출생 또는 기타 지위에 의한 차별 없이 보장되어야 한다.

제1의정서 제1조(재산의 보호)

모든 사람 또는 법인은 재산(possessions)을 평화적으로 향유할 권리를 갖는다. 어느 누구도 공적 이익 및 법률에 규정된 조건 및 국제법상 일반원칙에 의하지 아니하고는 자신의 재산을 박탈당하지 아니한다. 다만 전술한 규정은 일반적 이익을 위하여 재산의 이용을 규제하거나 세금, 기타 기여금이나 범칙금의 징수를 확보하기 위해 국가가 필요하다고 보는 법률을 집행하는 권리를 침해하는 것은 아니다.

청구인은 자신의 전 배우자와 결별한 결혼하지 아니한 父로서, 별거 · 이혼한 후 자녀와 별도로 사는 결혼한 父와 다르게 취급되고 있다는 점을 주장하였다. 양자의 경우 모두 양육비를 지급할 의무가 있고, 자녀의 부모이다. 청구인은 단지 혼인 여부만으로 혼인한 父와 달리 취급받았으나 유사한 지위를 갖고 있음을 주장한다.

영국 정부는 배우자간 결합을 선택한 당사자들에게 특별한 권리와 의무를 부여하는 혼인제도의 특수성이 그 취급을 달리하는 정당화 근거라고 주장한다.

제14조의 목적상 유사한 지위나 비교적 비슷한 지위에 있는 사람들 간에 그 취급을 달리하는 것은 그것이 객관적이고 합리적인 정당화 사유가 없는 경우, 즉 합법적 목적을 추구하지 않는다거나 아니면 채용된 수단과 추구하고자 하는 목적 간에 합리적인 비례관계가 없는 경우에는 차별적이다.

나아가, 체약당사국은 유사한 상황에서 상이한 취급을 할 것인지 그리고 어느 범위에서 그렇게 할 것인지 이를 평가하는데 있어 재량여지를 갖는다.

법원은 이 사건이 父의 권리 · 母의 권리에 관한 것이 아니라 부모의 혼인지위에 관한 것이라는 영국 정부의 주장에 주목한다. 자녀의 母와 결혼하지 아니한 사람은 이미 지급한 양육비에 대해 세금면제를 구할 자격이 없음은 사실이다. 그러나 혼인한 父나 혼인하지 아니한 父 모두 양육할 자녀에 대한 부모이고 양육비를 지급할 의무가 있음에도 불구하고, 청구인은 혼인한 父와는 달리 취급됨을 주장하고 있다.

청구인은 혼인하여 살아가는 부부에 자신을 비교하자고 하는 것이 아니라, 혼인하였던

父가 별거 · 이혼하여 그 가족의 자녀와 별도로 살아가고 있는 사람과 비교하고자 했다.

부모가 아닌 다른 사람은 일반적으로 다른 상황에 있다. 이 건 청구인은 혼인의 지위라는 관점에서만 혼인한 父와 다를 뿐, 매우 비슷한 지위에 있음을 청구할 수 있다.

영국 정부가 달리 취급하는 것에 있어서 원용하는 정당화 사유는 혼인하기로 선택한 자들에게 특별한 권리와 의무를 부여하는 혼인제도의 특수성이다. 법원은 혼인의 지위에 기초한 상이한 취급이 객관적이고 합리적인 정당화 사유를 가질 수 있다고 일부 사건에서 판시한 적이 있다. 하지만, 일반원칙으로서 혼인하지 아니한 父도 자녀들과 가족 생활관계를 창설하였다면 혼인한 父와 같은 교섭 및 후견권을 주장할 수 있음도 유념해야 한다. 이 사건에서 청구인은 父로서 인지되었고 父의 역할을 행했다. 청구인이 자신의 딸에 대한 금전지원 의무가 있고 이를 충실히 이행한 경우에, 법원은 현재 母와 별거 · 이혼한 혼인한 父와 청구인을 달리 취급할 어떤 이유도 찾을 수 없다. 세금감면은 혼인한 父가 새로운 가족을 지원하기 쉽게 해주는 데 그 목적이 있었다. 즉 유사한 새로운 관계를 떠안는 혼인하지 아니한 父가 동등하게 경감을 요구하는 유사한 재정적 요구를 할 수 없는 이유는 쉽게 이해할 수 없다.

법원은 따라서 제1의정서 제1조와 관련하여 협약 제14조의 위반이 있었다고 결론을 내린다.

나. 협약 제13조(효과적 구제를 받을 권리) 위반 주장

청구인은 차별에 관해 국내당국 앞에서 어떤 효과적 구제수단도 없었다고 제소하였다.

> 협약 제13조
>
> 모든 사람은 협약에 규정된 권리와 자유가 침해된 경우에 그 침해행위가 공적자격에서 행동하는 사람에 의해 일어났는지 여부에 관계없이 국내 당국 앞에서 효과적 구제를 받아야 한다.

청구인은 동 차별행위가 입법에서 발생한 것이지만, 분별력 있는 구제의 제공도 가능할 것이라면서 EC법과 충돌하는 국내 법률을 파기하는 효과를 갖는 EU규정과 국내법제와의 저촉선언을 규정하고 있는 1998년 인권법을 제시하였다.

영국 정부는 청구인의 제소는 제13조에 관한 국내 법제를 대상으로 하는 것으로 유럽인권법원의 판례법에 따르면 그 구제가 보증되지 않는 것이라고 하였다.

법원은 협약 제13조가 협약에 반한다는 이유로 체약당사국의 국내법제에 대해 국내당국 앞에서 이의제기 가능한 구제수단을 보장하는 수준까지는 가고 있지 않음을 재차 천명한다. 이 사건의 차별은 영국의 1988년 소득세 및 법인세법에 기인하였다. 그러므로 이 사건 사실은 협약 제13조의 위반을 밝히지 못한다.

다. 보상

이러한 이유로 법원은 195 파운드의 세금면제의 이익 상실은 이 사건에서 인정된 위반행위에서 발생한 재산상 손해로 볼 수 있어 292 유로의 지급을 명하고, 소송비용으로 7,900 유로의 지급을 명했다.

[90] 상급학교 진학 차별 D.H. and Others v. the Czech Republic

Appplication no. 57325/00, 2006.2.7. 선고 (지정재판부 판결)

제1의정서 제2조 (교육을 받을 권리)와 관련한 차별금지 (유럽인권협약 제14조) 비위반

* 청구인들은 지정재판부 판결에 불복하고 대재판부의 심리를 요구하고 대재판부가 이를 받아들이고 심리하여 13대4로 교육을 받을 권리와 관련한 차별금지 위반을 인정함(2007.11.13. 선고).

체코 학교법에 의하면 중등학교에 입학하기 위해서는 초등학교를 졸업하고 일종의 수학능력테스트를 거치도록 하는데, 상당수의 집시출신 체코인들은 학습장애 아동을 위한 특별학교에 배정되어 사실상 상급학교 진학이 불가능하여 교육을 받을 권리의 향유에 있어서 차별

을 당했다는 이유로 제소한 사건으로, 유럽인권법원은 특별학교제도가 집시계 체코인들만을 위한 교육과정이 아니고, 청구인들이 제시한 집시출신들에 관한 학교교육의 통계수치 자체는 어떤 관행이 차별적인 것이라 단정할 수 있을 정도로 충분하지 않다는 것과, 특별학교 학생의 선정기준이 인종이나 출신민족이 아니라 심리테스트를 통한 결과로 드러나는 학습장애에 기초하고 있다는 이유 등으로 6대1로 이를 기각하였다.

이 사건에서 반대의견을 낸 카브랄 바레토 재판관은 위 특별학교에서 집시아동이 80~90%를 차지한다는 통계수치는 사실상 체코정부의 차별적 관행을 보여주는 것이라 하면서, 이들 대부분이 상급학교에 진학할 가능성이 전무하다고 지적하면서, 협약상 보장된 권리의 향유를 차별받지 아니하고 향유할 권리는 그 상황이 현저하게 다른 사람들을 다르게 취급하지 아니하는 경우에도 침해된다면서, 이는 분명히 다른 상황에 처해있는 집시출신의 체코인은 일반 체코인과 달리 취급해야 한다는 것으로 다른 것을 동일한 기준으로 취급하는 것에 대한 문제점을 지적하고 있다.

***대재판부의 판결 요지**

대재판부는 집시 출신 아동의 거친 역사 및 집시를 늘 뽑아내겠다는 그러한 결과로서 그들은 특별한 유형의 불이익을 받는 취약 소수자가 되었다는 점을 유념하였다. 따라서 그들은 교육 영역을 포함해서 특별한 보호를 필요로 한다.

간접 차별의 추정

청구인들은 객관적이고 합리적 정당화 사유 없이 비 집시출신 아동에 비해 덜 우호적으로 취급되는 특수학교에 배치되었다. 이러한 청구를 증빙하기 위해 그들은 오스트라바 지역에 있는 특수학교의 과반 이상의 학생이 집시 출신임을 보여주는 자료에 근거한 통계 데이터를 제공하였다.

법원은 그 자료에서 1999년 체코 당국이 일부 특수학교의 경우 학생의 80 % 내지 90%가 집시출신으로 구성되어 있음을 인정하고 있다는 사실을 보게 된다. 또한 인종주의 및 비관용에 대한 유럽위원회(ECRI)가 간행한 보고서에 따르더라도 특수학교에 집시 출신들이 너무 분포도가 높다고 되어 있었다.

법원은 청구 당시 특수학교 내 집시출신 아동의 정확한 수치를 확인하기는 어렵지만 그 수치가 너무 높으며 집시 출신 아동이 특수학교의 대다수를 차지하고 있었다는 사실을 확인한다.

청구인들이 제출한 증거는 간접 차별에 대한 강력한 추정을 불러일으킬 정도로 충분히 신빙성이 있고 중대한 것으로 간주될 수 있으므로 체코 당국의 제도가 민족과 무관하다는 것을 입증할 책임이 체코 정부로 넘어간다.

객관적이고 합리적인 정당화 사유

법원은 특수학교 체계를 유지시키려는 체코의 결정은 특별한 교육적 수요를 필요로 하는 아동들을 위한 해결책을 찾으려는 열망에서 비롯되었음을 인정한다. 그렇지만 이러한 학교에서의 기본적 교과과정에 대해 관심을 표하고 특히 그러한 제도가 유발한 분리 상황에 대해 유럽이사회 각 기관들의 표하는 우려를 우리도 갖게 된다.

평가에 관해서 보면 모든 아동이 출신 민족에 관계없이 동일한 시험을 보았다. 체코 당국은 평균적 또는 그 이상의 지적 능력을 갖는 집시 출신 아동은 심리 테스트 결과를 갖고 종종 학교에 배치되고 그 테스트는 다수 인구를 위해 예비된 것이며 집시 출신을 고려하지 않고 있다고 이를 인정한 바 있다.

법원은 그러한 테스트는 편견에 기초하고 있고 그 결과는 집시 출신 아동의 개성과 특수한 면을 고려하지 않는 위험이 있다고 본다. 이와 관련해 무엇보다도 ECRI가 집시 출신 아동을 정신 발달이 느린 아동을 위한 특수학교로 보내는 것이 종종 반자동적으로 되고 있고 사용되는 테스트 방식의 공정성을 확보하고 있는지 또한 개별 아동의 진정한 능력이 적절히 평가되고 있는지 이를 심사할 필요가 있다고 보고하고 있다는 점을 주목한다. 한편 유럽이사회 인권판무관도 집시 출신 아동들이 충분한 평가 없이 오직 출신 민족을 기준으로 빈번히 특별한 수요를 요하는 아동을 위한 학급에 배정되고 있다고 보고하였다. 이러한 상황에서 학교 진학을 위한 테스트의 결과는 그러한 차별적 취급의 정당화 사유로서 작동할 수 없는 것이다.

부모의 동의에 관해서 보건데, 이에 대해서 체코 정부는 이것이 결정적 요소라고 보고 있으나 법원은 그들 부모들은 불이익 취급을 당하는 집단의 일원이고 대개 교육을 받지 못한 사람들로서 그러한 상황과 동의의 결과를 알 수 없다는 점이다. 인종차별금지의 근본적 중대성에 비추어 대재판부는 인종차별을 받지 아니할 권리의 어떠한 포기도 이를 수용할 수 없다고 본다.

결론적으로 ECRI의 보고서와 유럽이사회 인권판무관의 보고서에서 명확히 드러나는 것처럼 체코만 집시 출신 아동을 위한 학교 교육을 제공함에 있어서 어려움에 홀로 봉착하고 있다는 것은 아니다. 다른 유럽 국가들도 유사한 어려움을 안고 있다. 법원은 다른 나라들과 달리 체코가 이 문제 해결을 위해 열심히 노력하고 있다는 점은 고무적이다. 그렇지만 집시 출신 아동과 그렇지 않은 아동을 취급함에 있어서 차이를 두는 것이 객관적이고 합리적이라고 하는 점에는 동의하지 못한다. 그리고 채용한 수단과 추구하는 목적 간에 합리적 관계가 존재하지 않는다. 이와 관련하여 체코의 새로운 법제가 특수학교를 폐지하고 특별한 교육적 수요를 필요로 하는 아동이 일반 학교에서 교육을 받을 수 있도록 하는 점을 주목한다.

이 건 청구 당시 체코 법제는 집시 출신 아동에게 부당하게 불리한 효과를 갖고 있었으므로 청구인들은 차별적 취급으로 당연히 고통을 받았다. 이에 따라서 제1의정서 제2조와 관련하여 협약 제14조의 위반이 있었다.

1. 주요 사실

청구인들은 1985년부터 1991년 사이에 출생한 18명의 로마출신 체코인들로서 체코 내에 거주하고 있다.

1996년에서 1999년 사이 청구인들은 일반초등학교의 수업을 따라갈 수 없다는 학습장애로 인해 처음부터 특별학교에 들어가거나 아니면 일반초등학교에서 일정 기간 이수 후 특별학교로 오게 된 사람들이다. 아동을 특별학교로 보내는 결정은 교육심리 및 아동지도센터에서 시행하는 아동의 지적 능력을 측정하는 테스트 결과를 기초로 주임 교사에 의하여 이루어지고 당해 아동의 법정대리인의 동의를 요한다.

당 법원 앞에 제출된 자료에는 청구인들의 부모들이 동의를 했었고 일부의 경우는 명시적으로 자녀의 특별학교 배정을 요구했음도 나타난다. 특별학교 배정의 서면결정은 관계 학교의 주임교사가 발행하고 청구인들의 부모들은 이를 통지받았다. 동 결정서에는 이의신청권의 안내도 포함되어 있었다.

1999.6.29. 청구인들은 학교당국으로부터 특별학교에서 일반학교로 전학할 수 있음을 알려주는 서신을 받았다. 이에 따라 청구인 중 4명은 적성검사를 통과하여 일반학교에 재학중인 것으로 드러났다.

청구인들 중 14명은 수행된 테스트가 신빙성이 없고 부모들이 그 동의의 결과를 충분히 고지 받지 못했다는 이유로 오스트라바 교육청에 재심을 구하였다. 동 교육청은 특별학교 배정이 제정법상의 규정에 따른 것임을 인정하였다.

한편 청구인 중 12명은 1999.6.15. 헌법재판소에 이를 헌법소원하였다. 특별학교에의 배정은 2개의 상이한 교육제도, 즉 로마 출신인들을 위한 특별학교와 인구의 대다수를 점하는 사람들을 위한 "일반 학교"의 공존을 통해 인종격리 및 인종차별을 발생시키는 일반적 관행에 해당하는 것이 아니냐는 것이 청구인들의 주장이었다. 이러한 처우의 차이는 객관적이고 합리적 정당화사유에 기초한 것이 아니어서 비하적 처우에 해당하고 청구인들의 교육받을 권리를 박탈한 것이라고 주장하였다(특별학교에서의 학업과정은 일반학교에 비해 열악하고 그 학생들은 일반 초등학교로의 전학이나 상급학교로 진학이 불가능하다는 것이다). 또한 청구인들은 충분치 않은 교육을 받고 존엄성에 대한 모욕을 느끼고 있어 헌법재판소가 자신들의 권리침해 상태를 인정하고 향후 침해를 방지하고 아울러 보충적 교육을 제공하여 상태를 개선해줄 것을 요구하였다.

이러한 주장에 대해 체코 교육부는 차별이 없다고 하고 로마출신 아동의 부모들이 학교의 일에 대해 비교적 부정적 태도를 견지하는 경향이 있다고 항변하였다. 또한 특별학교에의 배정은 아동의 지적 능력평가가 선행되고 아울러 학부모의 동의가 결정적 요소로 작용한다고 하였다. 나아가 오스트라다 지역의 학교에는 로마출신들을 위해 18명의 교육 조력자들이 활동하고 있음을 지적하였다.

체코 헌법재판소는 1999.10.20. 관련 규정에 위헌성이 없고 동청구인들의 학교배정에 대한 결정에 위법이 없고. 한편 청구인들이 자신들의 주장을 보강하는 구체적 증거가 부족했고 학교배정 결정에 대해 동 배정결정에 대한 정상적인 불목절차를 거치지 않은 점도 아울러 지적하면서 명백히 근거 없는 주장이라 하여 이를 기각하였다.

청구인들은 자신들이 로마출신인들이라는 이유로 교육받을 권리의 향유에 있어서 차별을 당했다고 하면서 협약 제1의정서 제2조 단독 및 협약 제14조에 의하여 제소하였다.

가. 관련 국내법

(1) 2005.1.1. 시행된 학교법

2000.2.18. 이전에 학교법 제19조 제1항은 중등학교에 진학하기 위해서는 초등학교를 졸업해야 한다고 규정했다.

2000.2.18. 개정된 학교법 제19조 제1항은 중등학교에 진학하기 위해서는 의무교육을 이수하고 입학지원과정에서 중등학교 과정을 위한 자격조건 충족여부를 제시해야 한다고 규정하였다.

제31조 제1항에서 특별학교는 일반 초등학교나 지각장애, 질병 또는 장애를 가진 아동을 위한 특별 초등학교에서 수업을 소화하지 못하는 학습장애아를 위한 학교라고 규정하였다.

(2) 2005.2.17. 시행된 특수학교 폐지령

폐지령 제2조 제4항은 다음의 학교들이 정신장애를 가진 아동과 학생에게 이용된다고 규정한다: 특수보육학교, 특별학교, 보조학교, 직업학교센터 및 실무훈련학교.

제6조 제2항은 아동이나 학생의 학업 중 장애정도에 변화가 있거나 또는 특수학교가 해당 장애의 수준에 더 이상 적합하지 아니하게 되는 경우, 해당 아동이나 학생이 등교하는 학교의 장은 학생의 법정대리인과 인터뷰를 한 후 다른 특수학교나 일반학교로의 전학을 권고할 수 있다.

제7조는 아동이나 학생을 등록 또는 전학시키는 결정은 교장이 한다고 규정한다. 다만 교장이 학부모나 후견인, 학생의 등교학교, 교육심리 및 아동지도센터, 병의원, 가족아

동 복지 및 건강센터 담당기관 등과 협의할 수 있도록 했다. 교육 심리 및 아동지도센터는 전학 등 결정을 하고 학교배정에 관해 학교장에게 권고를 하기 위하여 필요한 모든 서류를 수집할 책무가 있었다.

나. 유럽심의회의 자료들

(1) 인종주의와 비관용에 대한 유럽위원회(ECRI)

1997. 9월 공표된 체코공화국에 관한 보고서

동 보고서 중 교육훈련의 정책적 측면을 다룬 부분에서 ECRI는 여론은 일정 집단, 특히 집시인(Roma/ Gypsy community)들에게는 종종 비교적 부정적 경향을 보이고 있다고 천명했고, 인종주의와 비관용 문제에 대한 공적 경각심을 환기시키고 또한 사회 내 모든 집단에 대한 관용을 개선하기 위하여 추가적 조치들이 필요하다고 제안하였다. 또한 소수자 집단, 특히 집시인들의 교육과 직업훈련에 특별한 조치가 있어야 한다고 지적되어 있었다.

2004. 6월 공표된 체코공화국에 관한 보고서

집시아동의 교육권에 관해, ECRI는 동 보고서에서 집시아동들은 주류사회와의 격리가 영속화되는 외에도 생활에 있어서도 심각한 정도의 불이익을 받고 있음이 우려스럽다고 기재하고 있었다. 아동의 지적 수준을 테스트하기 위해 체코 교육부가 개발한 표준테스트는 강제성을 띤 것은 아니었고 다만 심리상담센터에 권장되는 테스트 방법의 하나였다. 특정 아동을 특별학교로 보내기 위해서, 부모 또는 후견인의 동의를 요하는 한에 있어서 ECRI는 이러한 결정을 하는 부모들은 자신의 자녀를 그러한 학교로 보내는 것에 대한 장기적인 부정적 결과에 관한 정보가 부족하다고 밝히고 있다. ECRI는 또한 집시아동들이 정규학교에서 외면당하고 있다는 집시 부모들의 보고서도 접수했음을 밝혔다.

또한 ECRI는 학교법이 2000. 1월 시행되고 특별학교 졸업생들이 중학교 입학허가를 신청할 기회를 규정하고 있음을 주목하였다. 여러 자료에 의하면 특별학교들은 아동들에게 정규학교에 진학하기 위하여 필요한 지식을 가르쳐주지 않으므로 그러한 기회는 주로 이론적인 가능성으로만 남았다. 특별학교 재학생에게는 정규 중학교를 위해 충분히 준비할 정도의 추가 교육기회를 제공한다는 어떠한 조치도 없었다.

ECRI는 정규학교에 출석하는 집시 아동들이 증가하는 데 있어서 학교 전 단계에서 준비반과정의 성공에 관해 매우 긍정적인 반응을 접수한 바 있다. 하지만 새로운 형태의 분리교육체계를 유지하려는 새로운 경향 –주류학교에 특별학급을 설치함– 에 대해 유감을 표명하였다. 그러한 맥락에서 대다수의 관계자들이 새로 입안되는 학교법이 "사회적으로 불이익을 받는 계층"을 위한 새로운 유형의 특별 프로그램의 도입으로 집시들의 본격적인 격리 가능성을 낳게 되었다는 우려가 있다.

끝으로 ECRI는 교육부가 보조교사제, 교사 훈련프로그램개발, 초등교과과정 개선 등의 제안을 내놓고 있음에도 불구하고 집시 아동들이 중등교육과정 이상의 재학율이 저조한 문제는 지속되고 있음을 지적하였다.

민족적 소수자 보호를 위한 기본협약(Framework Convention for the Protection of National Minorities) 제25조 제1항에 의하여 체코공화국이 제출한 보고서

1999.4.1. 제출 보고서

이 보고서에서 체코 정부는 초등학교와 특별학교에서의 준비과정반을 개설함으로써, 사회문화적으로 불이익을 당하는 환경에 처한 아동, 특히 집시 아동을 위하여 적합한 조건을 제공하는데 중점을 두는 교육영역에서의 조치를 채택하였다고 밝혔다. "평균 이상의 지적능력을 갖는 집시 아동들이 심리테스트 결과에 기초해 종종 특별학교에 배정되고 있고, 이러한 테스트는 주류 구성원들을 위한 것이지 집시아동들을 고려한 것은 아니다. 때문에 이러한 테스트를 재구성하는 작업이 진행되고 있다."는 점도 밝히고 있다. 일부 특별학교에서 집시 학생들이 전체 학생의 80~90%를 점하였다.

2004.7.2. 제출 보고서

체코공화국은 집시들이 차별 내지 사회적 배제상태에 노출되어 있음을 인정하고 평등 처우의 원칙을 시행하기 위한 EU 협의회 지침의 집행과 관련한 포괄적인 반차별 기제를 도입하는 준비를 하고 있었다고 말했다.

집시 교육 분야에서, 동 보고서는 집시아동의 현 상황을 획기적으로 개선하기 위한 다양한 적극적 조치를 취했다고 하였다. 체코 정부는 대다수 집시 아동을 특별학교로 보내는 관행이 더 이상 유지될 수 없는 것으로 보았다. 적극적 조치를 위한 필요성은 집시아동들의 사회문화적 핸디캡에 기인할 뿐만 아니라 전체 교육 체계의 성격, 문화적 다양성을 충분히 반영하지 못하는 등의 문제에 기인하였다. 새롭게 제안된 학교법은 사회문화적 핸디캡을 갖는 아동들을 지원할 수 있도록 특별교육제도에 전환(특별학교를 특별초등학교로 전환)을 가져오게 될 것이다. 여기에는 준비과정의 설치, 특별학교 내 아동을 위한 개별 학습프로그램의 설치, 집시아동에 대한 확대지원책 및 전문화된 교사연수 프로그램 신설 등이 포함되었다.

집시 학생들이 당하는 주요 문제 중의 하나는 체코어의 구사능력이기 때문에 교육부는 불이익을 받는 사회문화적 배경을 갖는 아동들을 위해 학교 전 단계에서의 준비교육과정을 개설하는 것이 최선의 해결책이며 유일한 해결책이라고 보았다.

2. 청구 요지

청구인은 협약 제1의정서 제2조 단독 및 제14조와 함께 자신들이 집시 출신이라는 이유로 교육받을 권리를 향유하는데 차별을 당했다고 주장한다.

3. 법원의 판단

당 법원의 판례법은 차별은 객관적이고 합리적 정당화 사유 없이 유사한 사정에 있는 사람을 다르게 취급하는 것을 말한다고 확립되어 있다. 당사국들은 유사한 상황에서의 다른 취급이 처우의 상이를 정당화할 수 있는지 그리고 어느 정도의 상이한 취급이 처우의 상이를 정당화할 수 있는 지 이를 평가하는데 있어서 일정한 재량 여지를 갖는다. 그러나 협약 요건의 준수 여부에 대한 최종 판단권은 당 법원에 있다.

법원은 제1의정서 제2조와 함께 협약 제14조에 따른 청구인의 제소가 다수의 중대한 주장에 기초를 두고 있음을 유념한다. 또한 당 법원은 유럽협의회 기구를 포함한 여러 조직들이 체코 거주 집시 아동들이 특별학교에 배정되고 있고 일반학교에의 접근권에 어려움이 있다는 우려를 표명한 점도 주목한다.

하지만 법원은 그 역할이 위에 언급한 기관들의 역할과 다르고 체코 헌법재판소와 마찬가지로 전반적인 사회적 맥락을 평가하는 것이 그 임무가 아니라는 점을 지적하고자 한다. 이 사건에서 법원의 유일한 임무는 법원 앞에 제기된 개별 제소건을 심리하고 청구인들을 특별학교에 배정한 이유가 출신민족이나 인종에 따른 것인지를 관련 사실에 기초하여 이를 확인하는 것이다.

이와 관련하여 당 법원은 정책 내지 일반적 조치가 일단의 사람들에게 불균형적으로 편파적인 효과를 가져오는 경우에, 그러한 정책 내지 조치가 특별히 일단의 집단을 목표로 하고 있지 않더라도 그러한 정책 내지 조치가 차별적인 것으로 간주될 가능성이 배제될 수 없다고 본다. 하지만 통계수치 자체는 어떤 관행이 차별적인 것이라고 분류할 수 있을 정도로 이를 드러낼 정도로 충분하지 않다(Hugh Jordan v. the United Kingdom, no. 24746/94, § 154).

이 사건의 예비심리 결정에서, 법원은 또한 교육과정을 계획 수립하는 것은 원칙적으로 체약 당사국의 권능에 포함되는 사항임을 반복하였다. 특별한 수요를 요하는 학생에 관해, 법원은 모든 사람을 위한 단일형태의 학교를 갖는 것과 고도로 전문화된 구조 또는 이러한 전문영역을 갖는 통합구조를 갖는 학교를 갖느냐의 선택은 쉬운 것이 아니고 이상적인 해결책이 있다고 보이지도 않는다. 여기에는 당양한 경쟁적 이익관계를 비교교량하는 어려운 작업이 있다. 법원은 교육영역에서 수업에 곤란을 겪는 아동을 위한 학교나 특별한 수요에 부응하여 특별한 교육 프로그램을 이행하기 위한 별도 유형의 학교를 설립하는 것에 대해 이를 금지할 수 없는 국가의 재량영역에 속해있음을 반복하고자 한다.

법원의 견해로는, 그럼에도 불구하고 체코 정부는 자국의 특별학교 제도가 집시 아동을 위해서만 도입된 것이 아니고 일정 부류 학생들의 기초 교육 습득을 지원하기 위한 상당한 노력이 특별학교제도 내에서 이루어지도록 하는 데 있어 성공을 거두었다. 체코 정부는 특별학교 학생의 선정 기준은 인종이나 출신민족이 아니라 심리테스트 결과로 드러나 학습장애라고 말한다.

법원은 특별학교에의 아동 배정을 규율하는 규칙이 학생의 출신민족을 언급하지 않고 있고 아동의 필요, 성향 또는 장애에 교육제도를 적응시키는 합법적 목적을 추구하고 있다고 본다. 이러한 것들은 법적 개념이 아니기 때문에 교육심리의 전문가들이 아동들을 평가하는 데 책임을 지도록 하는 것은 적절하다. 전문가들이 사용하는 테스트 종류의 선택이나 그 결과의 해석을 규율하는 어떤 통일적 규칙이 없다는 청구인들의 주장에 대하여 보건데, 법원은 이 사건에서의 테스트들이 자격 있는 전문가들에 의하여 관리되었고 그들은 자신들의 직업규칙을 따르고 적절한 방법을 선택할 것으로 예상되었다는 점을 인정한다. 법원이 이러한 사실관계의 인정을 넘어서 체코 정부에 대하여 청구인들을 심사하였던 심리학자들이 특정의 주관적 태도를 채택하지 않았다고 하는 점을 입증하라고 요구하는 것은 무리이다.

일례로, 청구인 중 1명은 당시 등교하고 있었던 일반학교의 요청에 따라 특별학교로의 전학가능성에 관하여 1998.11.23. 심리테스트를 받았다. 하지만 테스트 결과에서 나온 나쁜 결과는 잦은 결석, 수업 동기의 결핍, 가정의 지원 결핍에 기인한 것이므로 일반 학업과정이 계속되어야 한다는 심리학자의 권고가 있자, 동 청구인은 일반학교에 계속하여 그 적을 유지할 수 있었다. 특별학교로 전학을 요청한 것은 그의 어머니였다.

또한 염두에 두어야 할 것은 청구인들의 법적 대리인으로 청구인들의 부모들은 자신의 자녀들의 특별학교 배정을 문서로 통보받았음에도 어떠한 조치도 취하지 않았다는 점이다. 일부의 경우에는 자신의 자녀들을 특별학교에 배정해달라고 하거나 그대로 특별학교에 다니게 해달라고 하였던 부모도 있었다. 역으로 청구인 중 한명의 부모는 자녀의 일반학교로의 전학을 요청하였다. 이 요청의 경우 해당 아동이 심리테스트를 통과하지 못했다는 사실에도 불구하고 수용된 사실이 있었다.

청구인들 중 일부가 일반 학교로 전학한 사실에 비추어 본다면 청구인들이 주장하는 것과는 반대로 그 상황이 역전될 수 없는 것은 아니었다는 점이 입증된다.

부모의 동의권의 존재에 대하여 고지되지 않았다는 청구인들의 주장에 관하여는 법원은, 자신의 자녀가 교육을 받도록 이를 확보하고, 국가가 제공하는 교육기회를 확인하여, 자신의 자녀의 특정 학교 배정에 관해 동의를 하고 필요하다면 그러한 배정 결정에 대해 적절히 이의를 제기하는 것이 부모의 자연스러운 의무의 한 부분으로서 부모의 책무인 점은 당 법원은 유념한다.

따라서 체코 거주 집시아동 교육에 관한 일반적 사정이 결코 완벽하지 못하다거나 통계수치가 우려스러운 면을 보여주고 있음을 인정하기는 하지만, 당 법원은 청구인들에 대해 취한 체코 정부의 조치들이 차별적이었다라고 인정할 수는 없다. 청구인들이 체코 국내 교육제도에 관해 정보를 잘 파악하지 못하고 있었다거나 또는 교유체계에 대한 의혹의 분위에 있었다고 하더라도, 이 사건에서 법원 앞에 제출된 분명한 증거는 청구인들의 특별학교 배정, 일부의 경우 계속된 배정이 청구인들이 주장하는 바의 인종적 편견의 결과라고 결론지을 수 없게 하고 있다.

제1의정서 제2조와 함께 협약 제14조의 위반행위가 확인되지 않는다.

이러한 이유로, 법원은 6대1로 제1의정서 제2조와 함께 협약 제14조 위반이 없었다고 선고한다.

4. 반대의견 (JCABRAL BARRETO 법관)

유감스럽게도 본인은 제1의정서 제2조와 관련하여 협약 제14조의 위반이 없었다는 다수의견에 동의할 수 없다.

본인은 다음과 같이 전적으로 반대의 결론에 도달하였다.

1. 첫째, 본인은 체코 공화국이 집시들은 사회 속에 통합하고, 처우평등에 관한 유럽지침을 수용하여 차별과 사회적 배제를 축출하고자 경주하였던 노력을 인정하는 바이다. 둘째, 본인은 체코 공화국내에서 집시들을 위한 생활 여건에 관해 어떤 가치판단도 원치 않으며 그렇게 할 수도 없거니와 특히 그들이 다른 회원국가에서 더 잘되고 있는지 못되고 있는지에 관해 어떤 의견도 피력하고자 하지 않는다. 이 사건의 사정에 관한 법원의 역할 및 본인의 역할은 이 사건에서 피소국가에 의한 청구인들의 처우의 결과로서 협약 위반이

발생했는지 이를 심의하고 판단하는 것에 국한이 된다.

2. 청구인들은 1996년부터 1999년 중에 오스트라다 지역의 "특별학교"에 배정되었다. 동 배정은 아동 심리테스트 후에 정해지며 일부의 경우 부모의 허락 또는 동의가 있은 후에 이루어진다. 1984년 학교법(No. 29/1984법) 제31조 제1항에는 특별학교는 일반 초등학교 또는 지각 장애, 질병 또는 장애가 있는 아동을 위한 특수 초등학교의 교과과정을 따라갈 수 없는 학습장애가 있는 아동을 위하여 개발된 학교라 규정하고 있었다. 판결문에 인용된 민족적 소수자 보호를 위한 기본협약 제25조 제1항에 의하여 체코 정부가 1999.4.1. 제출한 보고서에서 명시적으로 인정하는 것처럼, "평균적 또는 평균 이상의 지적 능력을 갖는 집시 아동들이 종종 심리테스트의 결과에 기초하여 특별학교에 배정되는 경우가 있다. 이러한 테스트는 인구의 다수를 점하는 사람들을 위한 것으로 관념되고 있지 집시를 특별히 고려하는 것은 아니다"라고 되어 있다. 당시에 이러한 유형의 학교에 집시 학생들이 총 학생수의 80% 내지 90%를 점하고 있었다. 본인의 의견으로는 이러한 통계수치는 청구인들이 주장하는 바의 차별적 관행을 체코 정부가 명시적으로 인정하고 있다는 것으로 보인다. 1996년부터 1999년 중에 청구인들은 정신적 장애를 이유로 정신장애아 학교에 배정된 것이 아니었다. 거꾸로 그들은 평균적 또는 평균 이상의 지적 능력을 갖고 있었다.

3. 이 판결은 세밀한 심사를 요하는 최우선의 쟁점들이 있는 데, 즉 청구인들의 학교 배정이 테스트로 정해졌고 그 배정에 부모들의 동의가 있었다는 것이다. 하지만 체코 정부는 판결문에 인용된 1999년 보고서에서 동 테스트는 집시아동을 특별히 고려한 것은 아니라고 인정하고 있었다. 부모의 동의에 관해서는 본인은 2004.6.8. 공표된 체코 공화국에 대한 ECRI의 세 번째 보고서를 언급하고자 한다: "특정 아동을 특별학교로 보내기 위해서, 부모 또는 후견인의 동의를 요하는 한에 있어서 이러한 결정을 하는 부모들은 자신의 자녀를 그러한 학교로 보내는 것에 대한 장기적인 부정적 결과에 관한 정보가 부족하다." 실제에 있어서 특별학교에서 교육받는 학생들은 중학교에서 학업을 계속할 가망성이 거의 전무할 정도로 본다는 것이었다.

4. 본인은 "교육영역에서 수업에 곤란을 겪는 아동을 위한 학교나 특별한 수요에 부응하여 특별한 교육 프로그램을 이행하기 위한 별도 유형의 학교를 설립하는 것에 대해 이

를 금지할 수 없는 국가의 재량영역에 속해있다"고 하는 다수 의견에 동의한다. 본인은 다음을 추가하고자 한다: "국가는 학생들의 특수한 사정을 이유로 특별한 형태의 교육을 요하는 학생들을 고려하여야 한다." 문화적, 언어적 기타의 이유에 기한 다양한 여러 이유로 통상의 학교교육을 추구하기 곤란하다고 보이는 학생들은 국가에 대해서 그들의 핸디캡을 극복하고 그들에게 통상적 수업과정을 다시 시작할 수 있는 방안을 제공해주는 적극적 조치를 기대할 자격이 부여되어야 함은 마땅한 것이다. 하지만 그러한 조치가 학습장애가 있는 아동을 위한 학교에 배정되는 결과가 증가하여서는 아니 될 것이다. 법원은 2000.4.6. Thlimmenos v. Greece 사건의 판결에서 다음과 같이 설시하였다. "법원은 지금까지 협약에서 보장되는 권리의 향유가 차별받아서는 안 된다는 제14조에 의한 권리는 객관적이고 합리적인 정당화 사유를 제공하지 아니하고 유사한 상황에 있는 사람들을 국가가 다르게 취급하는 경우에 침해된다고 하였다. 하지만 법원은 이것은 제14조의 차별금지의 하나의 양상일 뿐이라고 보고 있다. 협약상 보장된 권리의 향유를 차별받지 아니할 권리는 또한 국가가 객관적이고 합리적인 정당화 사유 없이 그 상황이 현저하게 다른 사람을 다르게 취급하지 아니하는 경우에도 침해되는 것이다."

5. 청구인의 사정을 보건대, 협약 제14조의 준수를 위하여는 그 차이점을 고려하는 조치를 필요로 하였다. 하지만, 체코 정부의 청구인들에 대한 "상이한 취급"은 본인이 보기에는 집시 아동과 일반학교에 다니는 학생들 간의 차이를 악화시키는 데 작용하였다. 특별학교에 배정된 학생들을 일반학교에 다니는 학생들과 비교할 때 그중 대다수는 평균적 또는 평균이상이라는 사실로 볼 때 지각 능력의 관점에서는 매우 불공정하고 이해할 수 없는 조치로 보이는 것이다. 특별학교의 집시 아동들이 필요한 자격을 보유하고 있기 때문에 체코 정부는 그들의 지적 능력의 향상을 방해하였던 것이다. 청구인들의 상황을 위해서는 어떠한 유형의 적극적 조치가 요구되느냐 하는 것이 아니라, 학습장애를 갖는 아동을 위하여 고안된 학교에 집시 아동을 등록시키는 것이 이러한 아동들의 어려움을 해소하기 위한 적절한 수단으로 보이지 않는다는 것이다. 본인은 체코국이 현재 변화하고 있고 차별폐지를 위한 기제를 도입하기 위한 준비 작업을 진행하고 있으며 "집시 아동 대부분을 특별학교로 보내는 관행을 유지할 수 없는 것으로 보고 있다"는 점에 주목한다. 체코 정부는 집시 아동의 사회문화적 핸디캡을 극복하기 위하여 그들을 대상으로 하는 지원책을 제공하기 위하

여 "특별학교"를 "특별초등학교"로 변경시키고자 한다. 본인은 이러한 신제도가 모든 아동과 그들의 부모가 교육영역에서 국가로부터 기대할 수 있는 원칙에 따라 사회의 통합과 사회적 지적 발전의 가망성을 제공할 수 있을 것이라 희망을 갖게 된다. 하지만 본인은 판결문 중에 언급된 ECRI의 권고를 언급하고자 한다. "ECRI는 체코 당국이 개정학교법에서 집시아동을 위해 새로운 형태의 분리교육제도를 만들지 못하게 하도록 권고한다."

6. 끝으로 "all different, all equal"라는 표현은 소극적 차별 및 이 사건에서처럼 적극적 차별 모두를 포괄하는 협약 제14조의 모든 측면을 준수하여 차별에 대한 끊임없는 투쟁 속에서 지도원칙이 되어야 할 것이다.

[91] 출신민족에 근거한 차별 Timishev v. Russia

Application. nos. 55762/00 and 55974/00, 2005.12.13. 선고

제4의정서 제2조 (이전의 자유)와 관련한 제14조 (차별금지) 위반

제1의정서 제2조 (교육을 받을 권리) 위반

체첸거주 청구인은 군사작전으로 인한 재산파괴로 러시아내 다른 공화국으로 강제 이주되어 거주하게 되었으나, 구 체첸거주민에게는 거주허가증이 나오지 않았고 청구인이 다른 공화국으로 여행했다. 귀경중에 공화국 검문소에서 체첸인은 입경시키지 말라는 지시에 따라 입경이 거부되자 300㎞ 떨어진 다른 검문소를 통해 입경할 수 있었던 것은 이전의 자유를 침해한 것이고, 또한 출신민족을 이유로 이전의 자유를 제한하였으므로 이는 이전의 자유에 대한 차별이고, 정식의 거주등록자가 아니라는 이유로 청구인 자녀에 대한 입학거부는 교육받을 권리에 대한 침해이다.

1. 주요 사실

가. 입경거부

청구인 티미쉐프 씨는 체첸계 러시아인(1950년생)으로 체첸에 거주하였으나 1994. 12.31. 그로즈니 시에 있는 그의 재산이 군사작전으로 파괴되었고, 1996.8.15.부터 강제이주가 시작되어 러시아 카바르디노-발카리아 공화국의 날칙에 거주하게 되었다.

1997년 청구인은 날칙에서 거주허가를 신청했으나 구 체첸거주민에게는 카바르디노-발카리아 공화국내에서의 거주허가를 금지하는 지방법률 때문에 거절당했다. 이 행정처분은 1997.10.23. 카바르디노-발카리아 공화국 최고법원에 의하여 지지되었다.

1999.6.15. 티미세프 씨와 그의 운전사는 러시아 인구세티아 공화국의 나즈란에서 날칙으로 자동차를 이용하여 여행중이었다.

위 당사자들은 그 이후의 사건에 대해 상이한 내용을 진술하였다.

청구인에 의하면 그들의 자동차는 인구세티아와 카바르디노-발카리아 간 접경의 우루크 검문소에 정차하였다. 카바르디노-발카리아 공화국 교통안전공무원이 카바르디노-발카리아 공화국 내무장관이 체첸계의 누구도 입경을 허용하지 말라는 구두지시를 내렸다고 하면서 그의 입경을 거부하였다. 이로 인하여 청구인은 300㎞ 떨어진 다른 검문소를 통해 입경하였다.

러시아 정부에 의하면, 청구인은 검문소 통과 대기중에 새치기를 시도하여 우선 처리가 거부되자 그 자리를 떠났다는 것이며 당일 70여대 이상의 체첸인 소유 버스가 입경되었다고 주장했다.

청구인은 경찰관의 불법행위에 대해 법원에 제소하였고 비금전적 손해에 대해 보상을 청구하였다. 체첸인이라는 이유로 입경이 거부되었다는 증거를 청구인이 보여주지 못했다는 이유로 그의 청구는 법원에서 기각되었다.

청구인은 또한 이를 러시아 연방검찰총장에게 탄원하였다.

2000.2.1. 러시아 연방검찰청은 카바르디노-발카리아 내무장관에게 교통안전공무원이 행한 행위가 러시아연방헌법 제27조에 위반함으로 이를 시정하고 또한 향후 유사 위반행위의 재발방지 조치를 하라고 명하였다. 2000.3.3. 동 내무장관은 공화국의 각급 법원이 어떤 위반행위도 발생하지 않았음을 인정하였기 때문에 동 위반행위를 시정하라는 명령을

집행할 수 없다는 취지로 이를 연방검찰청에 통보하였다.

동 내무장관은 또한 청구인을 검문한 공무원이 승용차로 여행하는 체첸인들의 카바르디노-발카리아 공화국 입경을 허용하지 말라는 구두지시를 전달받았고, 동 지시는 그의 교체 상관에게서 전달되고, 동 상관은 이 지시를 내무부 공공안전국 부국장에게서 전달받았다고 주장하였다는 내부 조사결과 자료를 제공하였다. 최종적으로 동 내무장관은 공화국 법원의 판단을 존중하고 범죄 발생지역의 검문소에서의 특별한 사정을 고려하여 한다고 하였다.

나. 등교거부

1998. 9월에서 2000. 3월 사이에 청구인의 9세 된 아들과 7세 된 딸은 카바르디노-발카리아의 날칙시 소재 제8학교에 다녔다.

1999.12.24. 청구인은 체첸공화국에서 소실된 재산에 대한 보상금을 수령하였다. 보상을 받은 이유로 청구인은 날칙시의 거주를 확인하고 체첸에서 온 강제이주자임을 증명하는 지방당국 발행 증명카드를 포기하였다.

2000.9.1. 청구인의 두 자녀는 청구인이 이주자 카드를 제출하지 않는다는 이유로 등교가 거부되었다. 학교장은 비공식적으로 등교를 허용하는데 합의했으나 날칙 교육청이 이를 알게 되면 자녀의 등교는 즉시 중단될 것이라고 청구인에게 조언하였다.

2000.9.4. 청구인은 날칙 교육청의 입교거부에 대하여 법원에 제소하였다. 동 교육청은 1999.12.24. 이후 청구인은 날칙에 잔류할 어떤 합법적 근거가 없으며 또한 제8학교는 그들의 자녀가 없더라도 심각한 과밀학급이라는 이유로 그의 요구는 다른 아동의 합법적 권리에 대한 침해를 구성한다고 항변하였다.

2000.11.1. 날칙시 법원은 청구인과 그 가족들이 적절한 거주등록 없이 날칙시에 거주하고 있어, 이러한 사정상 제8학교에 대한 그 자녀들의 입교 허가 요구는 근거 없다고 하고, 동 학교 2000.10.11. 현재 정원 230명인데 459명의 학생이 재학하고 있다는 이유로 청구를 기각하였다. 이에 대한 카바르디노- 발카리아 공화국 최고법원에의 항소 역시 기각되었다.

다. 관련 국내법

(1) 1993 러시아 연방헌법

러시아 연방헌법 제19조는 법률과 법원 앞에서의 모든 사람의 평등 및 권리와 자유에서의 평등을 규정한다.

제27조는 러시아연방 영토 안에 합법적으로 거주하는 모든 사람은 자유롭게 이동하고 체류지 거주지를 선택할 권리를 갖는다고 규정한다.

제43조는 교육을 받을 권리를 규정하고 있고, 초등교육은 모든 사람에게 무료로 제공한다고 하고 학부모는 자녀들이 교육을 받도록 하여야 한다고 규정한다.

제56조는 긴급사태시에는 권리와 자유는 국가안전 및 헌정 토대를 보호하기 위하여 제한될 수 있다고 규정한다. 이러한 긴급사태는 연방헌법에 따라서만 선언될 수 있다.

(2) 1991년 경찰법

경찰법 제11조는 경찰관은 거리나 도로의 자동차나 보행자의 통행을 일시적으로 제한 또는 금지할 수 있으며 특정 지역이나 장소에의 접근을 거부할 수 있으며, 시민의 건강, 생명 또는 재산의 보호를 위하여 또는 수사·압수를 위하여 특정 지역이나 장소에 머물도록 할 수 있다고 규정한다.

라. 관련 국제문서

1969. UN 인종차별철폐협약 제1조는 다음과 같다.

> 이 협약에서 "인종차별"이라 함은 인종, 피부색, 가문 또는 민족이나 종족의 기원에 근거를 둔 어떠한 구별, 배척, 제한 또는 우선권을 말하며 이는 정치, 경제, 사회, 문화 또는

기타 어떠한 공공생활의 분야에 있어서든 평등하게 인권과 기본적 자유의 인정, 향유 또는 행사를 무효화시키거나 침해하는 목적 또는 효과를 가지고 있는 경우이다.

2002년 유럽심의회의 인종주의 및 비관용에 철폐 유럽위원회는 인종주의와 인종차별을 철폐하기 위한 국내입법에 관한 일반정책권고 제7호를 채택한 바 있다. 동 권고의 "인종차별"은 다음과 같다.

이 권고에서 다음의 정의를 적용한다.

(b) "직접적 인종차별"은 인종, 피부색, 언어, 종교, 국적 또는 민족적 기원처럼 어떤 객관적이고 합리적인 정당화 사유를 갖지 아니한 근거에 기한 상인한 취급을 말한다.

(c) "간접적 인종 차별"은 규정, 기준 또는 관행과 같이 분명히 중립적 요소이지만 그 요소가 객관적이고 합리적 정당화 사유를 갖지 않는 한, 인종, 피부색, 언어, 종교, 국적 또는 민족적 기원과 같은 근거에 의하여 특정되는 집단에 속하는 사람이 쉽게 준수할 수 없거나 불이익을 주는 경우를 말한다.

2. 청구 요지

청구인은 체첸 민족 출신이라는 이유로 카르바르디노-발카리아 공화국 입경허가를 거부당하고 자녀의 입학도 거절당했다. 청구인은 협약 제4의정서 제2조, 제1의정서 제14조 및 제2조의 침해를 주장한다.

3. 법원의 판단

청구인은 우르크 검문소에서 카바르디노-발카리아 공화국에의 입경허가가 거부된 것을 제소하였고 유럽인권협약 제4의정서 제2조를 원용하였다.

유럽인권협약 제4의정서 제2조

1. 합법적으로 국가의 영토 내에 있는 사람은 동 영토 내에서 이동의 자유에 대한 권리 및 자신의 주거지 선택의 자유를 갖는다.

3. 법률에 따른 경우 그리고 국가안보, 공공의 안전, 공공질서의 유지, 범죄의 예방, 건강 또는 도덕의 보호 또는 타인의 권리와 자유의 보호를 위하여 민주사회에서 필요한 경우 외에는 이러한 권리의 행사에 어떠한 제약도 해서는 안 된다.

4. 제1항에 규정된 권리는 특정 지역에서 법률에 따라서 부과되고 또한 민주사회에서 공공의 이익에 의하여 정당화되는 제약이 있으면 이를 따르도록 할 수 있다.

가. 청구인의 이동의 자유권에 대한 제한이 있었는지 여부

1999.6.19. 사건의 정확한 전말에 관해 다툼이 있음을 인정한다. 그러므로 양 당사자가 제출한 증거를 토대로 판단해야 한다. 법원 앞에서의 절차에서 증거의 증명력이나 그 평가를 위한 기준 등에 절차적 장애는 없다. 법원은 사실 및 당사자 제출증거에서 나오는 추론 등을 포함해 모든 증거의 자유로운 평가에 의하여 나오는 결론을 채택한다. 법원의 확립된 판례법에 따르면 사실에 대하여 충분히 강력하고, 명백하고 또한 일치된 추론의 존재 또는 사실에 대한 유사한 반박할 수 없는 추정의 존재로부터 증명력을 가질 수 있다. 더욱이 특정한 결론에 도달하기 위하여 필요한 설득의 수준 및 이와 관련하여 입증책임의 분배는 본질적으로 사실의 특성, 주장내용의 성격 및 협약과 본질적으로 연결되어 있다.

청구인은 자신과 자신의 운전자 모두 체첸인으로 우루크 검문소를 통한 카바르디노-발카리아 입경이 거부되었는데 이는 검문경관이 승용차로 입경하는 체첸인을 통과하지 않도록 한 상부의 구두지시 때문이었다.

청구인의 진술서는 첨부된 2000.2.1. 검찰청 서신에서 헌법상 권리침해에 관한 보고서로 확인되었으며, 문제의 구두지시는 카바르디노-발카리아 내무부의 공안경찰국장에게서 나왔으며 검문경관들에게 전파되었음이 확인되었다.

러시아 정부는 청구인이 차량 새치기를 시도했으나 우선적 처리가 거부당하자 청구인이 임의로 그 자리를 떠났다고 주장하였다. 청구인들은 1999.8.25. 날칙시 법원의 판결을 구하였고, 최종적으로 카바르디노-발카리아 최고법원에 의해서도 기각되었다.

하지만 당 법원은 시법원의 판결이 사실관계에서 일관되지 않고 모순으로 가득차 있어서 신뢰할 수 있다고 보지는 않는다. 예컨대, 시법원은 1999.6.19. 강화된 자동차 규제가 경찰령으로 도입되었다고 하나, 동령은 1999.6.21. 발표되었음이 확인된다. 또한 시법원은 청구인이 여권이나 다른 신원증명서를 제시하지 않았다고 한다. 그렇지만 청구인이 자기 차례를 기다리며 줄서 있지 않고 임의로 자리를 벗어났다면, 그에 대한 여권 등 제시 불응이 있을 수 없었을 것이다. 만약에 경찰관이 신분증명서를 요구하였다면 이것은 역으로 청구인의 차례가 되었다는 말이며 적어도 그에게 우선적 처리가 허용되었다는 것을 암시한다. 카바르디노-발카리아 최고법원의 1999.9.21. 판결은 이러한 불일치를 제거하려는 어떤 행위도 하지 않았다.

이러한 사정에 비추어 당 법원은 연방검찰이 수행한 독립적 조사로 확인되고 있는 청구인의 사건진술을 신뢰한다. 우르크 검문소에서의 검문경관은 청구인에게 러시아 경계(인구세티아공화국과 카바르디노 공화국)의 행정구역을 넘지 못하게 방해하였다. 그러므로 유럽인권협약 제4의정서 제2조 제1항의 영역 내에서의 청구인의 이동의 자유권에 대한 제약이 있었다.

나. 동 제약이 정당화되는지 여부

당 법원은 제4의정서 제2조의 구조는 협약 제8조 내지 제11조의 구조에 유사하다고 본다. 제4의정서 제2조의 보장과 저촉되지 않기 위해서는 그 침해행위는 "법률에 의한 것"이어야 하고, 제3항에 규정된 합법적 목적을 추구하며 또한 "민주사회에서 필요한" 것이어야 하며, 동침해가 특정 지역에서만 적용되려면 제4항에 규정된 것처럼 "민주사회에서 공공의 이익에 의하여 정당화 될 수 있는" 것에 한정되어야 한다.

러시아 정부는 동 침해행위는 범죄를 방지하고 공공의 안전을 보호하기 위한 경찰법 제11조 제22항의 규정에 따라 부과된 것이라고 항변하였다. 청구인은 동 침해행위는 불필요하게 광범위하고 그 목적이 너무 추상적이라고 반박하였다.

당 법원은 이 사건 발생당시에 인구세티아공화국과 카바르디노-발카리아 공화국의 정치 사회적 상황이 검문소 설치를 필요로 했는지 여부에 대한 일반적 문제에 대해 이를 판단하도록 요청받고 있지는 않다. 이 법원이 결정해야 하는 쟁점은 이 사건의 특정한 사정에 한정된다. 즉 카바르디노-발카리아 국경을 통과하려는 청구인을 거부한 행위가 합법적 토대 위에서 이루어졌는지 하는 것이다.

러시아 연방검찰이 행한 조사와 카바르디노-발카리아 내무부가 행한 조사는 문제의 침해행위가 카바르디노-발카리아 내무부 공안국의 구두지시에 의한 것임을 확인하였다. 동 지시는 달리 적절하게 공식화되거나 기록되지 않은 것으로 보여 당 법원이 그 내용이나 법적 근거를 평가할 수 없었다. 경찰법 제11조 제22항은 당 법원 앞에서의 절차에서 러시아 정부가 처음으로 인용한 것이었다. 어떻든 검찰청의 의견으로는 동 지시는 러시아 헌법 제27조에 규정된 이전의 자유에 대한 헌법상 권리를 침해하는 것이었다.

당 법원은 청구인의 이전의 자유에 대한 침해는 법률에 따른 것이 아니었음을 확인한다. 이러한 사실로 인해 동 침해행위가 민주사회에서 필요한 것이었는지 여부에 관해서는 이를 별도를 심사할 필요가 없다.

협약 제4의정서 제2조의 위반행위가 있었다.

다. 협약 제1의정서 제2조와 관련한 협약 제14조 위반여부

청구인은 이전의 자유에 대한 자신의 권리에 대한 침해가 자신의 출신민족에 근거하여 차별적 방법으로 이루어졌다고 하였다. 그는 협약 제14조를 원용하였다.

"이 협약에 규정된 권리 및 자유의 향유는 성별, 인종, 피부색, 언어, 종교, 정치적 또는 기타 의견, 출신민족이나 사회적 출신, 민족적 소수자에의 소속, 재산, 출생 또는 기타 지위에 의한 차별 없이 보장되어야 한다."

청구인은 자신이 체첸인이라는 사실을 숨겼더라면 검문소 통과시 방해받지 않았을 것이라고 한다. 1999.6.24. 동일 검문소에서 그는 아바르인(아바르 지역은 체첸에 인접한 러시아 영토이고, 아바르인은 다케스탄의 주요 민족집단)이라고 말하자 통과시에 아무 문제가 없었음을 진술하였다. 그러나 1999.6.19. 청구인은 자신의 출신민족을 얘기하지 않을 수 없었는데, 그 이유는 자신의 여행 동반자가 체첸 억양의 러시아어로 말하였고 승용차의 번호판이 체첸국 허가번호판을 달고 있었기 때문이었다.

러시아 정부는 러시아 헌법이 시민들로 하여금 자신의 출신민족을 밝히지 못하도록 하고 있고 개인 신분증명서에도 적시되지 않는다는 이유로 청구인의 차별주장이 근거 없는 것이라고 하여 무시하였다.

법원은 협약 제14조는 그 자체로는 독립적으로 존재할 의미가 없으나 협약 제14조 규정은 협약의 다른 조항에 규정된 권리의 향유에 있어서 어떤 유사한 상황에 처한 개인을 어떤 차별로부터 보호해주는 데 있기 때문에 협약 및 부속의정서의 다른 규정을 숙고함에 있어서 중대한 역할을 한다는 점을 여러 차례 설시하여왔다.

협약 또는 부속의정서의 실체규정이 독자적으로 그리고 제14조와 함께 원용되고 실체규정에 대한 위반행위가 인정되는 경우, 문제된 권리의 향유에 있어서의 명백한 처우의 불평등이 그 사건의 본질적인 측면이라면 달라지겠지만 법원은 일반적으로 제14조에 의거하여 사건을 심리할 필요는 없다.

이 사건에서 법원은 카바르디노-발카리아 공화국의 상급경찰관이 검문경관에게 체첸인은 입경시키지 말라고 지시한 점을 주목한다. 러시아 정부의 답변서에 나타나는 것처럼 특정인의 출신민족이 러시아의 신분증명서 어디에도 기재되지 않으므로, 그 명령은 실제 체첸인만이 아니라 체첸인에 속하는 것으로 보이는 사람의 입경도 막으라는 것이었다. 다른 민족집단에 속하는 사람들이 이와 유사한 침해를 당했다는 주장은 제기되지 않았다. 법원이 보기에 이러한 사실은 특정인의 출신민족을 이유로 이전의 자유에 대한 권리의 향유에 있어서 명백한 처우의 불평등이다.

민족과 인종은 연관되어 있고 중복적인 개념이다. 인종의 관념은 피부색, 안면 특성 등과 같은 형태학적 특징에 따른 亞種에 속하는 인종의 생물학적 분류의 개념인데, 민족은 공통의 국적, 부족적 연계, 종교적 믿음, 공통의 언어, 문화적 및 전통적 기원과 배경으로 특징되는 사회적 집단의 개념에 그 근원을 갖는다.

객관적이고 합리적 정당화 사유 없이 유사한 상황에 있는 사람을 달리 취급하는 것은 차별에 해당한다. 어떤 사람의 실제의 출신민족이나 외견상 보이는 출신민족에 따른 차별은 인종차별의 한 형태이다. 인종차별은 특히 불공정한 형태의 차별이며, 그에 따르는 위험한 결과로 보건데 각 당국의 특별히 주의하고 단호한 조치를 요하는 것이다. 이러한 이유로 모든 관청은 이용가능한 모든 수단을 이용하여 인종주의에 대항해야 한다. 그럼으로써 다양성이 위협으로 감지되는 것이 아니라 풍요의 원천으로 감지되어 사회의 민주적 비전을 강화하게 되는 것이다.

청구인이 처우상의 차이가 있었음을 보여줬다면 러시아 정부는 그 처우상의 차이가 정당화될 수 있는 것인지 여부를 입증해야 한다. 법원은 청구인이 우선적으로 처리 받고자 시도하였다는 러시아 정부의 주장이 이 사건의 사실에 비추어 유지될 수 없다는 점을 이미 확인하였다. 그러므로 청구인은 카바르디노-발카리아 공화국의 행정경계를 통과하려고 하는 다른 사람들과 동일한 상황에 있었던 것이다.

러시아 정부는 체첸인과 비체첸인 간에 이전의 자유권의 향유에 있어서 그 처우의 상이에 대해 어떤 정당화 사유도 제시하지 못했다. 법원은 오직 또는 결정적일 정도로 출신민족에 근거한 처우에 있어서의 어떠한 다른 취급도 다원주의 원칙과 서로 다른 문화에 기초한 현대 민주사회에서 객관적으로 정당화될 수 없다고 본다.

결론적으로 청구인의 이전의 자유에 대한 권리가 오직 그의 출신민족에 근거하여 제한되었으므로 처우에 있어서의 그러한 다른 취급은 협약 제14조의 인종차별을 구성한다.

그러므로 협약 제4의정서 제2조와 관련하여 협약 제14조의 위반이 있었다.

라. 제1의정서 제2조 위반주장

청구인은 날칙에 거주등록을 하지 않았고 이주자 카드를 소지하지 않았다는 이유로 청구인 자녀의 교육받을 권리가 교육당국에 의하여 거부되었다는 사실을 이유로 제1의정서 제2조에 기하여 이를 청구하였다. 제1의정서 제2조의 관련 부분은 다음과 같다.

> "어느 누구도 교육받을 권리를 부인당하지 아니한다.…"

청구인은 자녀의 학교 입학거부가 자신이 등록된 거주인이 아니고 이주자 카드(이 이주자카드는 구체첸 거주민만이 소지할 것을 요하고 있었다)도 소지 않은 이유에만 근거하고 있다고 지적하였다. 학생의 과밀수용 때문이라는 항변은 추후에 제시되었다.

이에 대해 러시아 정부는 청구인 자녀의 교육받을 권리는 불법적으로 제한 당했음을 인정했다. 러시아 국내법상 그러한 권리와 자유는 등록된 거주지를 이유로 제한당하지 아니하며, 교육법은 거주지에 관계없이 교육받을 권리를 보장하고 있다고 하였다.

체약국들이 의정서 제1조 제2항에 의한 "교육받을 권리"를 부인당하지 아니할 권리에 기속 당함으로써, 체약국들은 자신들의 관할권내에서 교육기관에의 접근권 및 자신이 수행한 학업에 대한 공식적 승인에 의하여 받은 교육에 대한 이익을 얻을 가능성을 누구에게나 보장해야 함을 법원은 재차 반복한다.

제1의정서 제2조는 교육을 받을 권리에 대한 부정을 금지한다. 이 규정은 어떠한 명시적 예외도 없으며 그 규정의 구조는 협약 제2조, 제3조, 제4조 제1항 및 제7조의 규정구조에 유사하다. 이러한 규정들 모두 유럽평의회를 구성하는 민주적 사회의 최선의 근본적 가치들을 담고 있다. 민주사회에서, 인권의 증진을 위해 불가결한 교육을 받을 권리는 제1의정서 제2조 제1문의 제한적 해석이 동 규정의 목표와 양립하지 않는다는 기본적 역할을 수행한다. 이러한 권리는 또한 세계인권선언(제26조), A규약(제13조), 인종차별철폐협약(제5조(e)(v)) 및 아동권리협약(제28조)과 같은 여타 국제문서에서도 유사한 형태로 나타나고 있다. 교육을 받을 권리는 아동 발달을 위한 원초적 중요성을 갖는 초등교육에 대한 접근권을 보장하는 것임에 의문의 여지가 없는 것이다.

법원은 청구인의 자녀들이 과거 2년간 등교했던 학교에의 등교가 거부된 점을 인정한다. 러시아 정부는 그 등교 거부의 진정한 사유가 청구인이 이주자 카드를 포기하였고 그럼으로써 날칙시에서의 거주 등록이 박탈된 점 때문이라는 청구인의 주장에 항변하지 아니하였다.

위에서 상술한 것처럼, 협약과 부속 의정서들은 교육을 받을 권리의 부정을 용납하지 않는다. 러시아 정부는 러시아 법률이 아동의 교육받을 권리의 행사를 부모의 거주등록 여부에 좌지우지되지 않게 하고 있음을 인정하였다. 청구인의 자녀들은 국내법상 규정된 교육받을 권리를 부인당하였다. 등교거부는 따라서 제1의정서 제2조의 요구에 저촉된다.

그러므로 제1의정서 제2조의 위반행위가 있었다.

마. 보상

이 사건에서 유럽인권법원은 비금전적 손해의 보상으로 5,000 유로, 비용과 경비로 950 유로를 지급할 것을 명했다.

[92] **사생아와 적자간 취급 차별** Fabris v. France

Application no. 16574/08, 2011. 7. 21. 선고

제1의정서 제1조 (재산의 보호)와 관련하여 협약 제14조 (차별금지) 비위반

프랑스의 구법에 의하면 혼외자는 혼인중의 자의 절반만을 상속받을 수 있다고 규정하였으나, 2001년 동일한 권리를 갖는 것으로 개정되었다. 혼외자인 청구인은 1998년 혼인중의 자녀들을 상대로 재산상속에 대해 무효소송을 제기했으나 프랑스 법원은 종국적으로 구법의 적용이 이미 취득한 권리를 보호하고 가족의 평화적 관계를 보호한다고 하여 그 소를 기각함.

이에 청구인은 재산권 보호 및 차별적 취급을 근거로 유럽인권법원에 제소하게 되었는 바, 법원은 프랑스의 관련법 특히 이미 유증이 이루어진 1970년 이후 1972년 법개정에 의해 과거의 유증행위를 다툴 수 없도록 한 경과규정은 그 법적 안정성을 보장할 필요가 있다고 보고 청구를 기각함.

1. 주요 사실

청구인 헨리 파브리스 씨는 1943년 출생하였고 프랑스 오를리앙에 거주하고 있다. 그는 이미 결혼해서 두 자녀를 가진 혼인한 여성과 자신의 父 간의 혼외관계로 출생하였다. 1970년 파브리스의 母와 그녀의 남편 M씨는 자신들의 사망시까지 자신들이 생애중 재산을 보유하는 조건으로 2명의 혼인중의 子에게 재산을 분배하였다. M씨는 1981년 사망하

고 파브리스 씨의 母는 1994.7.28. 사망하였다. 1983.11.24. 몽펠리에 지방법원은 파브리스 씨가 M씨 부인의 혼외자임을 선언하였다.

1998년 파브리스 씨는 母의 상속 재산 분배를 청구하기 위해 母의 혼인중의 2명의 자녀를 상대로 베이어 지방법원에 무효소송을 제기하였다. 당시 1972.1.3.자 법률은 혼외자는 자신의 父 또는 母의 상속재산중 혼인중 출생한 子 몫의 절반을 청구할 수 있다고 규정하였다.

당 법원이 Mazurek v. France 사건(1972.1.3. 법률에 따라서 혼외자의 경우 혼인중의 자에 비해 재산상속을 감한다는 것은 차별적 침해이다)에서 2000년 판결한 이후, 프랑스는 2001.12.3. 법률을 개정하여 혼외자의 경우도 혼인중의 子와 동일한 권리를 부여하도록 하였다.

2004.9.6.의 판결에서 베이어 지방법원은 파브리스 씨는 1970년의 사전 재산상속에 대해 유효하게 중지를 구할 수 있고 또한 본안에 대한 청구를 유지할 수 있다고 하였다.

M 부인의 혼인중 출생자들은 항고하였다. 2006.2.14.의 판결에서 몽펠리에 항소법원은 베이어 지방법원의 판결을 번복했다. 동 항소법원은 그 판결의 기초를 특히 1972년법 제14조에 근거하였는데 이는 동 법 시행전의 유증은 이를 다툴 수 없도록 규정하고 있었다. 법원의 의견은 파브리스 씨의 모친의 유산은 1970년에 상속예정자간에 분배되었기 때문에 이 사건에 적용된다는 것이었다. 항소법원은 그 규칙은 추구하는 합법적 목적에 비추어 객관적이고 합리적인 것으로 보이는데 이는 이미 취득한 권리를 보호함으로서 가족의 평화적 관계를 도모하는 것이라고 하였다.

청구인은 동 법률의 문제점에 대해 항소하였다. 2007.11.14. 판결에서 파기원은 항소법원의 이유를 지지하면서, 2001년 법률이 시행되기 이전인 1998년 母의 사망시 혼인중 출생자간에 재산분배가 완료되었는데 이는 2001년 법률의 규정이 혼인외 출생자의 새로운 상속권과 관련해서는 파브리스 씨에게 적용될 수 없는 것이라고 부언하였다. 2001.12.3. 법률 제25조는 동 법률의 규정은 동 법률 시행전 이미 재산분배하기로 약정한 상속재산 분배약정에는 적용할 수 없다고 규정하고 있었다.

2. 청구 요지

파브리스 씨는 상속권에 관해서 협약 제1의정서 제1조(재산의 보호)와 함께 협약 제14조(차별금지) 및 제8조(사생활 및 가족생활을 보호받을 권리)를 주장하였다.

3. 법원의 판단

법원은 프랑스 법원들이 파브리스 씨에게 혼인중 출생자에 대한 재산상속을 다툴 수 있는 권리를 부인한 것은 1972년 법률 및 2001년 법률의 경과조항에 기초한 것이라고 보았다. 양 법률들은 이미 이행된 상속약정의 적용에 관해 특별한 규정을 두고 있었다.

법원은 국내 당국은 여러 가지의 경합하는 권리와 이익을 심사할 때 광범위한 재량권을 향유하며 또한 순전히 사적인 성질의 분쟁을 해결하는 데 있어서는 재량권은 요구되지 않는다는 점을 다시 상기하였다. 유럽 차원의 감독권을 행사함에 있어서 법률행위에 대한 국내 법원의 해석이 부당하거나, 자의적이라거나 차별적인 경우로 보이는 경우 그 감독권은 피동적으로 남아 있을 수 없다는 것이다.

파브리스 사건을 보건데, 법원은 항소법원과 파기원의 경우처럼, 청구인이 1998년 중지소송을 제기했을 때 1970년부터 이미 확립된 법적 상황(M씨와 M씨의 부인의 재산을 2명의 혼인중 자녀에게 상속하는 행위)이 이미 존재하고 있음을 유의하였다.

국내 법원들은 1972년 법률이 발효하기 전에 작성된 재산상속행위를 다툴 수 없음은 동 유증행위에 대한 법적 안정성 원칙을 보장할 필요성에 의해 이는 정당화된다고 판시했다. 따라서 항소법원은 1972년 법률 제14조는 객관적인 합리적인 정당화사유가 된다고 하였다. 이는 2001년 법률에 의해서도 폐지되지 않았는데 이는 추구하는 합법적 목적에 비추어 이미 취득한 권리를 보증함으로써 가족 간의 평화적 관계를 도모하는 것이었다. 파기원 또한 모친 사망시 두 명의 혼인중 출생자에 대한 재산상속은 2001년 법률이 시행되기 전에 발생하였고 동 법률에서 혼인외 출생자에게 새롭게 상속권을 부여하는 규정은 파브리스 씨에게 적용되지 않는다고 하였던 것이다.

법원의 의견은 경과규정의 해석은 법적 안정성 원칙을 보장하는 합법적 목적을 추구한다는 것이다.

Mazurek v. France 사건(이 사건에서는 재산이 분할되지 않았었다)과 달리, 법원은 파브리스 씨와 그의 생모의 혼인중 출생자간의 취급의 차이는 적절한 것이라 인정하였다.

법원은 1972년법과 2001년법의 경과규정을 적용함에 있어서 프랑스 국내법원은 한편으론 혼인중 출생자들이 오랫동안 가졌던 권리와 다른 한편으로 파브리스 씨의 특정한 이익 간에 올바르게 균형을 이루었다고 보았다. 따라서 제1의정서 제1조와 함께 볼 때 협약 제14조의 침해는 없었다.

[93] 성적 지향에 근거한 차별 J. M. v. the United Kingdom

Application no. 37060/06, 2010. 9. 28. 선고

제1의정서 제1조(재산의 보호) 관련 제14조(차별금지) 위반

이혼한 부부중 아동과 함께 살지 않는 비동거 부모는 영국 법률상 아동에 대한 양육비를 지급하도록 규정하고 있고, 그러한 비동거 부모가 혼인 여부에 관계없이 새로운 가족관계를 창설하는 경우에는 양육비를 감하도록 되어 있는데, 문제의 비동거 부모는 여성으로서 남성이 아닌 다른 여성과 동거관계를 형성하였기 때문에 동 법률에 따라 양육비를 감해주어야 하는데 이것이 영국 법원에서 인정되지 않음.

이에 청구인은 이것이 "성적 지향"에 근거한 차별이라고 주장하였고, 유럽인권법원은 동거하지 않는 부모에게 새로운 상황에서 과도한 경제적 부담을 지우지 않게 하기 위한 국내 법률의 취지를 고려해볼 때 이성과 동거관계를 유지하든 아니면 동성과 동거관계를 유지하든 이러한 차별적 취급에 대해 어떤 정당한 근거도 없다고 보고 재산권 보호와 관련하여 차별금지 규정에 위반했다고 보았다.

1. 주요 사실

청구인 J.M.은 영국 국민으로 1991년과 1993년에 출생한 두 자녀의 어머니이다. 그녀와 남편은 이혼하였고 청구인은 가정을 떠났다. 영국의 아동 지원 법제의 취지상, 그녀의 전 남편은 자녀들의 양육권을 갖게 되었으며 청구인은 비동거자로서 자녀 양육비를 금전적으로 지원하는 것으로 되어있다. 1998년 청구인은 친밀한 관계의 다른 여자와 함께 살게 되었다. 청구인의 자녀 부양 의무는 당시 적용된 규정에 따라서 2001. 9월 심사받았다. 이 규정에서는 비동거 부모가 혼인을 하건 안하건 새로운 가족관계(동성간 가족관계를 고려하지는 않음)를 맺는 경우에는 부양비용을 감하도록 되어 있었다. 이에 따라 청구인은 매주 대략 47 파운드를 부담하도록 되어 있는데, 남자와 가족관계를 구성하는 경우에 그 금액은 14 파운드로 떨어진다고 하면서 그러한 차이는 상당한 것이라고 주장하였다.

그녀의 주장은 하급 법원에서 인정되었으나 2006년 상원의 판결에서 번복되었다. 청구인은 협약 제8조, 특히 가족생활을 존중받을 권리는 기각되었다. 다수 의견 중 2인의 위원은 해당 규정과 그녀의 파트너와의 관계를 맺는 연결고리가 너무 희박하기 때문에 협약 제8조의 범주에 포함시킬 수 없다고 판시했다. 만약에 동 범주에 포함된다 하더라도 위원들은 2004년 배우자동거법(Civil Partnership Act)이 청구인 주장의 차별취급 내용에 있어서 차별성을 제거할 때 까지는 영국이 재량권을 행사할 수 있는 여지가 있었다고 보았다. 다수 의견 중 다른 2인의 위원은 동성간 가족관계는 당시에는 협약 제8조의 의미상 일종의 가족 형태의 생활로서 유럽인권법원 판례법에서도 인정되지 않았다고 판시하였다. 다수의견 모두 동 상황이 제1의정서 제1조에 해당한다는 주장을 배척하였다. 그들은 그 규정은 기본적으로 공적 목적을 위한 재산의 박탈에 관련된 것이지 부재중인 부모의 개인적 의무의 집행과 관련된 것은 아니라고 보았다. 아동 양육비용의 지급이 함께 동거하지 않는 부모의 재산의 박탈로 본다는 것은 인위적이라는 것이었다.

2. 청구 요지

J.M.은 지급해야 할 아동 양육 수준을 정할 때 관계 당국이 자신의 성적 지향에 근거해서 자신을 차별했다고 주장했다. 그녀는 제14조를 원용하였고, 동 조 적용 시 제8조(개인 가정생활을 존중받을 권리) 및(또는) 제1의정서 제1조(재산의 보호)가 적용되어야 한다고 주장하였다.

3. 법원의 판단

법원은 이 사건은 대체로 그 성격상 제1의정서 제1조의 범위에 해당하는 것이라고 판단했다. 청구인이 자녀의 양육비로 자신의 재원으로 지급한 금액은 "기여금"(사회보장 급부 또는 세금과 동일)으로 간주되는데 동 지급은 관련 법령상 요구되는 것이며 아동지원기관을 통해 집행되고 있었기 때문이다. 따라서 제14조는 청구인이 주장하는 상황에 적용될 수 있다. 법원은 이 사건의 사실관계가 제8조의 범위에 해당하는지 여부는 별도로 이를 판단할 필요가 없다고 보았다.

가. 제1의정서 제1조와 관련한 제14조

제14조에 의한 쟁점이 되기 위해서는 비교적 비슷한 상황에 있는 사람들의 취급에 있어서 차이가 존재해야 한다. 청구내용이 성적 지향에 근거한 차별의 한 유형이라고 할 때, 국가는 그 취급에 있어서 그러한 차이를 정당화 할 수 있는 설득력 있고 유력한 근거를 제시해야 한다. 법원은 J.M.의 상황을, 이성의 사람과 새로운 가족관계를 형성한 비동거 부모의 상황을 비교할 수 있다고 보았다. 동성의 가족관계를 창설한 그녀의 상황과 이성과 가족관계를 창설한 사람의 상황 간에 유일한 차이는 성적 지향성이었다. 그러므로 그녀의 자녀에 대한 부양 의무는 그녀의 새로운 가족관계의 성격을 고려할 때 다르게 평가되었다.

동거하지 않는 부모에게 새로운 상황에서 과도한 경제적 부담을 지우지 않게 하기 위한 국내 법규정의 취지를 고려해볼 때, 법원은 취급에 있어서 그러한 차이에 대한 어떤 이유도 찾을 수 없었다. 참으로 청구인의 주거비용이, 청구인이 만약 남자와 가족관계를 형성했었을 때와는 다르게 취급되어야 하는지 그 이유가 분명하지 않았다. 그러므로 법원은 2001~2002년에 있어서 그러한 차별을 충분히 정당화시키지 못했다고 결론을 내렸다. 수년 후 나온 동성간 혼인법에 의하여 도입된 개혁은 긍정적이라 하더라도 이 문제에 대해서는 고려할 점이 없었다.

그러므로 법원은 제1의정서 제1조와 관련하여 협약 제14조의 위반이 있었다고 판시하였다.

나. 보상

협약 제41조에 의하여 법원은 영국이 청구인에게 비재산적 손해로 3,000 유로, 비용과 경비로 18,000 유로를 지급할 것을 명한다.

[94] 성적 지향에 근거한 입양차별 Fretté v. France

Application. no. 36515/97, 2002. 2. 26. 선고

제8조와 관련한 제14조 (차별금지) 비위반

제6조 (공정한 재판을 받을 권리) 위반

제41조 (정당한 보상)

입양에 대한 권리는 그 자체 협약이 보장하지는 않지만, 가족생활을 존중받을 권리와 관련하여 가족의 존재를 예정하고 있기 때문에 이 권리와 관련하여 충분히 보호의 대상이 되지만, 단순히 가족 창설의 희망만으로는 부족. 또한 입양에 있어서 동성애자에 의한 입양의 판단에 대해서 유럽 차원의 공통적인 기준이 없고, 과도기에 있는 상황에서 입양을 받고자 하는 자와 대상 아동의 이익을 충분히 고려하여 대상 아동의 이익을 우선시 한 판단에 위반을 논할 수 없음.

1. 주요 사실

청구인 필립 프레타 씨는 프랑스 국민으로 1954년 출생하였고 파리에 거주한다. 1993년 파리 사회서비스청의 결정으로, 청년보건부는 아동 입양에 대한 청구인의 사전 인정 신청을 거절하였다. 1993.5.21. 청구인이 제기한 이의신청은 청구인의 "라이프스타일의 선택"은 교육적, 심리학적 및 가족적 관점에서 아동에게 적합한 가정을 제공할 수 있는 충분한 보증을 할 수 있는 그런 상태가 아니라는 이유로 1993.10.15.의 결정으로 기각되었다.

1995.1.25.의 판결에서, 파리 행정법원은 청구인에게 아동입양 사전 인정을 거부한 결정을 파기하였다. 행정법원은 "프레타 씨의 라이프스타일이 도덕적인 엄격성이나 정서적 안정성의 결여를 나타내거나 또는 입양 절차를 남용할 위험이나 또는 입양 계획이 현재 입양될 아동에게 현재 어떤 위험을 내포하고 있다는 어떤 행동을 나타낸다"고 이를 입증하거나 제시할 어떤 증거도 없음을 주목하였다.

파리 사회서비스청은 동 판결에 불복하여 파기원에 상고하고, 대법원은 행정법원 판결을 파기하였다. 청구인의 사전 인정 신청을 기각하였다. 대법원은 "청구인의 라이프스타일을 고려하고 또한 아동을 부양하려는 개인적 자격과 성향에도 불구하고, 교육적, 심리학적 및 가정적 배경으로 볼 때 아동을 입양하기 위한 필수적 보증장치를 제공하지 못한다"고 판시하였다.

2. 청구 요지

이 건은 1997.4.1. 유럽인권위원회에 제기되었고, 1998.11.1. 유럽인권법원에 회부되었다.

청구인은 입양에 대한 사전 인정 신청을 기각한 결정은 이것이 자신의 성적 지향에 관한 비우호적인 편견에 극도로 기초한 것이기 때문에 자신의 사생활과 가족생활에 대한 자의적인 침해에 해당한다고 주장하였다. 그는 제8조와 관련하여 제14조를 원용하였다. 나아가 그는 협약 제6조 제1항에 위반하여 대법원의 심리에 소환되지 않았다고 주장하였다.

3. 법원의 판단

가. 제8조와 관련한 제14조

법원은 이 사건의 사실관계가 제8조의 범위에 해당하는지 또한 제14조에도 해당하는지를 먼저 심리하였다.

법원은 협약이 입양권을 그 자체로 보증하지 않는다는 점을 확인한다. 가족생활을 존중받을 권리는 가족의 존재를 사전에 예정하고 있다. 제8조는 가족을 시작하려는 단순한 희망을 보호하지 않는다. 그러나 프랑스 국내법은 남자나 여자나 혼인하지 않은 사람에게도 입양신청권을 부여하고 있다. 프랑스 당국은 암묵적이긴 하지만, 청구인의 성적 지향성만을 근거로 사전 인정 신청을 거부하였다. 따라서 법원은 의심할 여지없이 제14조에 해당하는 개념인, 청구인의 성적 지향성을 근거로 취급에 있어서 달리 처리하였다고 결론을 내린다. 프랑스 민법 제343-1조에 기한 청구인의 권리는 협약 제8조의 범위에 해당하며 따라서 그의 성적 지향성에 기한 결정적 기초에서 침해되었으며 제14조가 적용가능하다.

사건의 본안을 살피면, 법원은 우선 그 사전 인정을 거부한 결정이 합법적 목적을 추구하는지, 즉 입양절차에 관련된 아동의 건강과 권리를 보호하기 위한 것임을 유념했다. 법원은 당사국들이 다른 유사한 상황에서 법률에 의해서 다른 취급을 하는지 그리고 얼마나 다르게 취급하고 있는지를 평가함에 있어서 일정한 정도의 재량을 갖고 있음을 본다. 유럽이사국들 간에 거의 공통적 기초가 없는 이 사건과 같은 경우에 그리고 일반적으로 법률이 과도기에 진입하고 있는 것으로 보이는 경우, 상당한 정도의 재량의 여지가 각 국에 맡겨져 있으며, 해당 국가는 자국의 중요한 세력과의 직접적이고 지속적으로 접촉하게 되고 그 나라의 수요와 상황을 평가하는데 있어서 국제 법원 보다 원칙적으로 훨씬 좋은 위치에 있다.

이 사건에서 청구인과 입양될 아동간의 경합하는 이익에 관해서, 법원은 현재까지 동 주제에 대한 과학적 연구결과가 아주 제한적임을 고려한다면, 과학 공동체 특히 아동 보호 전문가, 정신병리 학자와 심리학자는 동성 부모에 의해 양육되는 아동의 가능한 성장 결과에 대해 논의가 양분되어 있음을 주목할 수 있을 뿐이다. 더욱이 각 국내에서도 큰 의견 차이가 있었다. 사정이 이러하므로, 국내 당국은 민법 제343-1조에 의하여 청구인이 주장하는 입양 받을 수 있는 권리가, 청구인의 합법적 열망에도 불구하고 또한 그의 개인적 선택이 문제를 야기하지 않음에도 입양될 아동의 이익에 의하여 제한하는 것을 합법적으로 그리고 합리적으로 고려할 수 있다.

나. 제6조

법원은 무기평등의 원칙 ―공정한 재판의 넓은 개념요소 중의 하나― 은 각 당사자가 상대방에 비해 근본적으로 불이익한 상태에 놓이지 않는 조건에서 자신의 사건을 변론할 합리적인 기회를 제공받을 것을 요구한다는 점을 상기한다. 이것은 원칙적으로 재판의 당사자들은 제시된 일체의 증거나 제출된 모든 의견서에 대해 알 권리를 가져야만 한다는 것을 의미한다. 법원은 청구인이 수차례 대법원 서기에게 전화를 하여 심리 일자를 확인하려고 했으나 명확한 답변을 듣지도 못했고 또한 서면으로 심리 일자 확인을 요청할 수 있다는 점에서도 통지받지 못해 대법원의 심리에 출석하지 않은 점을 주목한다. 그 결과, 그는 정부 대리인의 변론서의 내용을 알 기회도 없었다. 변호인이 대리하지도 않은 상태로 그는 심리에 앞서 그 내용에 대한 일반적 사고를 얻을 수 없었다. 그것은 법원의 심사단계에서 답변서를 제출할 기회를 박탈한 것이었다. 그러므로 그는 대심절차 속에서 협약 제6조 제1항에 위반되게 자신의 사건에 대한 공정한 심리가 거부되었다.

[95] 성적 지향에 근거한 입양차별 E.B. v. France

Application no. 43546/02, 2008.1.22. 선고

제8조와 관련한 제14조 (차별금지) 위반

제41조 정당한 보상

비재산적 손해로 10,000 유로, 비용과 경비로 14,528 유로를 프랑스 지불하도록 명함.

프랑스에서 입양허가 신청중에 관할 관청에 자신이 동성과 동거하고 있다는 성적 지향성을 밝히고 상대방과의 관계에 대해서도 이야기 하였고, 결과적으로 입양에 대해 불허결정이 확정되었다.

청구인은 자신의 성적 지향성 때문에 입양이 불허된 것으로 보고, 이는 차별적 취급에 기해 가족생활을 존중받을 권리가 침해된 것이라 주장함. 법원은 국내에서의 입양 불허 판단 과정에서 동성애성의 영향이 그 결정의 결정적 요소로 인정하여 가족생활을 받을 권리와 관련하여 차별금지 위반으로 판단함.

1. 주요 사실

E.B.는 45세의 프랑스 국민이다. 그녀는 간호학교 교사로서, 심리학자인 다른 여성 R과 1990년부터 동거하여 왔다. 청구인은 자신의 성적 지향성을 이유로 아동 입양에 대한 프랑스 당국의 불허를 문제 삼았다.

1998. 2월 청구인은 쥬라 사회복지부에 아동 입양허가를 신청하였다. 입양 절차 중에, 그녀는 자신의 성적 지향성을 언급하고 R과의 안정적 관계에 대해서도 이야기 하였다. 사회복지사와 심리학자가 작성한 보고서들을 토대로 입양위원회는 1998. 12월, 동 신청을 불허하는 권고를 하였고, 사회복지부는 바로 불허결정을 하였다. 청구인이 이의신청을 하자 사회복지부는 1999. 3월 불허결정을 확정하였다. 2개의 결정에 대한 이유는 부성(父性) 이미지나 언급의 결여 및 청구인의 파트너의 입양계획 약속에 대한 불명료성을 이유로 하는 "정체성"이었다.

청구인은 위 결정에 대한 취소를 구하고자 브장송 행정법원에 제소하였고, 위 결정은 2000.2.24. 취소되었다. 이에 쥬라 사회복지부는 항소를 하였고, 낸시 고등행정법원은 2000.12.21. 행정법원의 판결을 파기하였다. 동 법원은 청구인에 대한 입양불허는 그녀의 생활스타일 때문에 그랬던 것은 아니며 따라서 협약 제8조(사생활 및 가족생활을 존중받을 권리) 및 제14조(차별금지)에 위반되지 않는다고 판시하였다. 청구인은 자신의 입양 신청이 자신의 성적 지향성 때문에 거부된 것이라는 점을 특히 주장하면서 법률적인 부분에 대해 상고하였다. 대법원은 고등행정법원의 결정이 청구인의 성적 지향성에 관한 부분에 근거한 것이 아니라 입양될 아동 측면에서의 필요와 이익을 고려했다고 하면서 E.B.의 상고를 기각하였다.

2. 청구 요지

이 청구는 2002.12.2. 유럽인권법원에 제기되었다. 협약 제36조 제2항(제3자 참여) 및 법원규칙 제44조 제2항에 따라 여러 관련 단체들이 참여하였다. 2006.9.19. 협약 제30조에 의거 지정 재판부는 관할권을 포기하고 대재판부로 이 사건을 넘겼다.

협약 제8조와 관련한 제14조에 근거하여 청구인은 자신의 입양허가 신청의 모든 단계에서 자신의 성적 지향성 때문에 차별적 취급으로 고통을 받았으며 자신의 가족생활을 존중받을 권리가 침해당했다고 주장한다.

3. 법원의 판단

가. 허용성 여부

법원은 프랑스 법률과 제8조는 가족을 창설할 권리 또는 입양할 권리를 보증하지 않으며 제8조의 의미상 "사생활" 개념은 일정한 권리들을 포괄하는 광범한 것임을 반복한다. 청구인의 동성애성에 근거한 차별 주장에 관하여, 법원은 또한 제14조(차별금지)는 별도의 독립적 존재 의미를 갖지 않음을 반복한다. 제14조의 적용은 제8조의 위반을 불가결한 것으로 예정하지 않는다. 사건의 제 사실이 동 조의 "범주내"에 해당하는 것으로 충분하다. 이것은 프랑스 법률이 입양 허가 신청의 권리를 독신자에게도 명백히 부여하고 있고 그러한 목적을 위해서 절차를 확립했기 때문에 이 사건의 경우가 그러하다.

결과적으로 법원은 그러한 입양의 권리를 창설함에 있어서 제8조상의 의무를 뛰어 넘은 국가는 이를 적용할 때 차별적 조치들을 취할 수 없다는 점을 고려한다. 청구인은 국내법상 자신의 권리를 행사함에 있어서 제14조의 대상이 되는 개념인 성적 지향성을 이유로 차별 당했다는 것이다.

그러므로 제8조와 관련하여 제14조가 이 사건에 적용될 수 있다.

나. 제8조와 관련한 제14조

과거 사건들을 견준 후, 법원은 국내 행정당국 그리고 청구인의 이의신청을 심리한 각급 법원들이 두 개의 주요 근거에서 입양허가에 대해 불허결정을 내린 점을 지적한다. 즉 청구인의 세대에서의 부성의 결여와 청구인이 지목한 파트너의 태도가 그것이다.

법원은 청구인 파트너의 태도가 입양허가 신청건을 판단함에 있어서 어떤 이해관계나 중요성이 없다고 보지는 않는다. 특히 한 사람이 아닌 두 성인이 한 가계에 살고 있음을 알게 된 경우, 아동이 가정에 입양되기 전에 모든 안전장치가 준비되도록 이를 확인하는 것이 관계당국의 합법적 권한 내에 있다는 것이 법원의 의견이다.

가계 내에 부성이 결여되어 있다는 것과 관련되어 국내 당국이 의존한 근거에 관해서, 법원은 이것이 그 자체로 반드시 문제를 야기하는 것이 아님을 고려한다. 그러나 이 사건에서 그 입양 신청자는 커플이 아닌 한 사람이 했다는 근거에서 본안의 문제를 보는 것은 허용된다. 법원은 따라서 그 근거는 자의적 불허를 유도할 수 있었으며 청구인의 동성애성을 이유로 그 신청을 거부하기 위한 하나의 구실로 작용할 수 있었다고 본다. 또한 프랑스 정부는 국내적 차원에서 그러한 근거를 이용한 것이 차별을 유도하지 않았다고 입증하지 못했다. "부성"의 결여에 대한 체계적인 언급에 관해서 법원은 이 쟁점을 다루는 것이 바람직 하느냐의 문제가 아니라, 혼자인 사람에 의한 입양의 측면에서 국내 당국이 이것에 쏟은 중요성을 논하였다.

청구인이 동성애성이 국내 당국의 불허 이유에서 어느 정도 드러났다는 사실은 프랑스 각급 법원이 행정 당국의 불허가 그러한 이유에 기한 것이 아니라고 본 사실에도 불구하고 중요하였다. 청구인의 "생활스타일"을 중시한 것 이외에도, 본 건에 대한 국내 심사과정에서의 행정부에 대한 불허 권고 의견에 2개의 비판의 여지가 있는 사유가 제시된 점이다. 즉 그 권고 의견에는 청구인의 동성애성, 한편으론 프랑스 국내법이 독신에게도 입양할 신청권을 명시적으로 규정함에도 불구하고 동 불허에 있어서 결정적인 요소로서 독신자인 그녀의 신분에 대하여 일정한 의견이 있다는 점이다.

법원은 청구인의 동성애성에 대한 언급이 명시적이진 않지만 적어도 묵시적으로 드러나 있고, 그녀의 입양 신청에 대한 심사에서 동성애성의 영향이 확인될 뿐만 아니라 불허 결정을 함에 있어서 결정적 요소가 되었다는 점을 고려한다.

따라서 청구인은 취급에 있어서의 차별로 고통을 받았다고 본다. 취급에 있어서 그렇게 차이를 둔 이유가 오직 청구인의 성적 지향성에 관한 고려 때문이었다면, 이것은 협약상 차별에 해당한다. 어떤 경우에도 협약 제8조의 범주에 해당하는 권리의 취급에 있어서 그러한 차이를 정당화시키기 위해서는 특히 설득력 있고 비중 있는 이유가 제시되어야 한다. 프랑스 법률은 독신자에게도 입양을 허용하고 있고, 그럼으로써 혼자인 동성애자에 의한 입양 가능성도 열려 있기 때문에 그러한 설득력 있고 비중 있는 이유들이 존재하지 않는다. 나아가 프랑스 민법은 다른 성의 참조의 필요성 여부에 대해서 침묵을 지키고 있고 더욱이 현재 청구인은 프랑스 대법원 판결의 말을 빌리면 "자녀를 양육하는데 있어서 의심할 여지없는 개인적 자질과 태도"를 제시하였다. 법원은 청구인의 상황은 국내 당국의 결정이 하나의 근거만이 아니라 "모든" 요소를 근거로 평가된 것임을 주목하고 또한 2개의 주요 불허 이유가 동시에 심사된 것을 고려하였다. 결과적으로 그 근거중의 하나(부성의 결여)의 위법성이 전체 결정을 비난받게 하는 효과를 가져왔다.

법원은 청구인의 입양 불허 결정은 협약과 양립하지 않으며 또한 협약 제8조와 관련하여 제14조를 위반한 것이라고 결론을 내린다.

[96] 기자의 공판 접근권 Axel Springer AG v. Germany

Application 44585/10, 2010. 3. 13 결정

제10조 (표현의 자유) 와 관련한 제14조 비위반

소년 형사사건의 공판에서 재판장은 공판참석 기자 수를 9인으로 제한하고 이를 초과할

때는 매체별로 3인의 기자를 추첨하는 방식을 채택하였다. 이 추첨에서 탈락한 신문사가 추첨 선발 방식에 문제를 삼은 사건으로, 법원은 추첨에 의한 선발 절차는 특정 언론 매체를 선호하는 식이 아니며 또한 이해관계 있는 모든 기자들에게 중립적 절차에 기하여 동등한 접근권을 확보하였으므로 이는 표현의 자유와 관련한 차별이 아니라고 판단하였다.

1. 주요 사실

청구인 악셀 스프링커 AG사는 함부르크에 등록사무소가 있는 독일법상 유한책임회사이다. 여러 활동 중에서도 동 社는 일간지 빌트의 출판사이다.

2009. 4월, 부부와 그들의 두 딸이 아이스링겐에서 살해되었다. 울름 검찰청은 그 부부의 아들을 포함해 2명의 남자를 살인 및 절도죄로 기소하였다. 울름 지방법원에서 공판이 시작되었다. 소년법원법에 따라 피고인들이 당시 범행시 소년들이었기 때문에 공판은 일반에 비공개되었다.

2009.9.16. 동 지방법원의 소년형사부장은 이 공판에 참석할 수 있는 기자 수를 9명으로 제한하였다. 동 부장은 만약 참석 요청 기자가 9명이 넘을 때에는 지역 인쇄 매체, 전국 인쇄 매체 및 언론 기관 그리고 티브이 및 라디오 3그룹으로 나누어 각 3명의 기자를 선발할 것이라고 하였다.

소년 법정 참석을 위해 40개의 언론사가 신청하였다. 추첨에서 빌트지 기자가 탈락하였다. 동 社는 기자 선발시 이용된 방식에 대해 동 부장에게 이의를 제기하고 풀제가 좋은 해결방식임을 제시하면서 재할당을 요구했다. 2009.10.16. 동 부장은 제한된 숫자의 기자들만 참석이 허용되고 선발절차는 필요한 것으로 판명된다고 하면서 그 요청을 거부하였다.

2009.10.23. 스튜트가르트 항소법원은 동 부장의 명령을 심사할 관할권이 없다고 하면서도 이를 직접 연방헌법재판소에 헌법소원은 제기할 수 있다고 하면서 이 항고를 기각하였다. 그럼에도 불구하고 동 고등법원은 소년형사재판부장은 소년범 절차를 규율하는 원칙들과 언론 및 방송매체의 자유 및 그 취급에 대한 원칙들을 비교형량 했다고 덧붙였

다. 동 법원은 추첨에 의한 선발방식은 여기에 모두 참여 가능하였기에 어떤 차별적 효과가 없는 중립적 기준에 근거한 것이라는 의견을 냈다.

2010.1.20. 연방헌법재판소는 동 신문사는 특별히 심각한 불이익을 당하지도 않았고 이 헌법소원은 사건의 사정에 비추어 근본적 중요성을 갖지 않는다고 하면서 이를 기각하였다.

2. 청구 요지

청구인은 제10조(표현의 자유)와 관련하여 제14조(차별금지)에 근거하여 기자들이 공판에 출석할 수 있도록 소년형사재판부장이 불허하여 형사재판에 대한 정보에의 직접적 접근권이 없다고 하고 또한 그러한 선발절차의 결과로 심각한 취급상의 불평등의 피해자가 되었다고 주장한다.

3. 법원의 판단

제10조와 관련한 제14조

법원은 협약으로부터 언론사가 정보의 일정한 원천에 접근할 권리를 도출할 수 없다고 인정한 바 있다.

법원은 제10조에 의하여 당사국이 표현의 자유에 대한 침해의 필요성과 그 정도를 평가함에 있어서 일정한 재량의 여지를 갖고 있으며 제14조는 협약상 권리 및 자유의 행사에 있어서 그 취급상의 모든 구분을 금지하는 것은 아니라고 누차 반복하여 왔다. 취급에 있어서의 구분은 그것이 객관적이고 합리적인 정당성을 갖지 않거나 또는 추구하는 목적과 채용된 수단 간에 합리적인 관계가 없는 경우에만 차별적인 것이며 평등취급원칙을 침해한다. 국가는 또한 다른 유사한 사정에 있어서의 차이가 그 취급에 있어서의 특별한 차이를 정당화시키는지를 평가함에 있어서 재량의 여지를 갖는다.

문제된 공판에서의 피고인들이 범행 당시 소년들이었다는 사실은 그 공판이 비공개로 진행되어야 한다는 것을 의미한다. 협약 제6조 제1항은 언론과 일반인은 소년의 이익상 필요한 경우에는 법정에 출석을 제한할 수 있다고 명시하고 있다.

지방법원의 소년범죄재판부장은 그럼에도 불구하고 살인으로 빚어진 특별한 관심의 차원에서 그리고 피고인들이 당시 소년들이었다는 사실에서 법정에 제한된 숫자의 언론사 대표만을 허용하였던 것이다. 그는 언론매체는 공판을 보도할 합법적 이익을 갖는다는 점을 인정했다. 동 재판부장은 그 사건 공판 이후 언론의 관심 및 이를 전해 듣게 될 일반의 이익을 충분하게 인식했었다. 동 신문사는 법정에의 출입제한을 문제 삼는 것이 아니라 단지 입장 가능한 기자를 선발하는 방법만을 문제 삼았다. 다른 해결방법을 선택했다면 이러한 문제를 회피할 수 있었다고 주장하면서, 동 신문사는 선발되지 못한 기자에 대해서는 차별이라는 관점에서 문제를 삼았다.

법원은 방청 좌석수의 제한 및 이에 따라 일부 기자는 출입을 할 수 없다는 가능성은 범행 당시 소년이었던 피고인들의 이익을 보호하기 위한 합법적인 목적을 갖고 추구했음을 인정한다. 이에 사용된 방법이 추구하는 목적에 대해서 합리적인 비례관계를 가졌는지의 여부에 대해서, 법원은 추첨에 의한 선발절차는 다른 언론사 대표에 비해 특정 언론사 대표를 선호하는 식이 아니었다는 사실을 지적한다. 이러한 방법은 이해관계 있는 모든 기자들이 수용 가능한 좌석을 할당받기 위한 중립적 절차에 동등한 접근권을 확보하였었다.

끝으로 법원은 동 신문사는 지방법원이 매일 매일 공판 종료시에 보도자료를 배포했기 때문에 문제의 공판에 관한 기사작성을 방해하였던 것도 아니라는 점을 인정한다. 법원은 공판에 출입이 허용된 기자들 중에는 모든 매체가 쓸 수 있는 정보를 제공하는 것을 목적으로 하는 통신원들도 포함되었음을 주목한다.

법정에의 접근이 필요성 때문에 제한되었고 또한 추첨방식이 언론사에 공평하게 제공되었음을 보게 되고 또한 협약 제10조에 의한 표현의 자유 영역에서 국가가 갖는 재량을 여지를 고려할 때 법원은 동 신문사는 그 취급에 있어서 부당한 차별을 받지 않았다고 본다.

[97] 외국인에 대한 연금차별 Gaygusuz v. Austria

Application no. 17371/90, 1996. 9. 16. 선고

제1의정서 제1조 (재산권) 와 관련한 제14조 (차별금지) 위반

터키 국민으로 10여년 이상 오스트리아에서 합법적인 고용관계가 유지되었으나 실업상태가 되면서 일정 기간 이를 수령했으나 그 자격이 상실되면서 긴급지원 연금을 신청하게 되었다. 오스트리아 당국은 그가 오스트리아 국적을 갖지 않았다는 이유만으로 이를 거부하였다.

법원은 청구인이 오스트리아에서 합법적으로 근로를 하고 오스트리아 국민과 동일한 자격으로 기여금을 납부했다면, 오스트리아 국적을 갖지 않았다는 이유만으로 긴급지원 연금을 거부한 행위는 "객관적이고 합리적인 정당한 사유"에 근거한 것이 아니라고 판단하였다.

1. 주요사실

청구인 세바트 가이구스즈 씨는 1959년생의 터키 국민으로 회어싱에 1973.~ 1987. 9월까지 거주하였다. 그 이후로 터키의 이즈미르에서 거주한다.

청구인은 1973.~1984. 10월까지 오스트리아에서 일하였다. 그로부터 1986.7.1.까지는 실업상태로 있었으며 그 기간에는 의료상의 이유로 작업 불가 판정을 받은 기간으로 대체되어 이에 해당하는 급부를 수령하였다.

1986.7.1.~1987.3.15.까지 그는 실업급여의 형태로 퇴직연금 선급금을 수령하였다. 그의 자격이 상실되자 1987.7.6. 린츠 고용노동청에 긴급구호 형태의 연금 선급금을 신청하였다. 1987.7.8. 동 청은 청구인이 오스트리아 국적을 갖지 않는다는 이유로 동 신청을 기각하였다.

이 기각 결정에 대해 청구인은 상급 고용관청에 불복신청을 하였다. 그는 관련 법률에서 오스트리아 국민과 외국인을 구분하는 것은 부당하며 위헌적이며 유럽인권협약에 반한다는 취지의 주장을 하였으나 역시 오스트리아 국적이 없다는 이유로 기각 당했다. 헌법소원을 하였으나 헌법재판소는 행정법원의 관할에 속한다고 하여 이를 행정법원에 이송하

였다.

행정법원 역시 1989.9.19. 이 청구에 대해 관할권이 없다는 이유로 이를 기각하였다.

2. 청구요지

이 건은 1990년 5월 19일 협약 제6조 제1항 및 제8항을 근거로 유럽인권위원회에 제소되었다. 동 위원회는 이 청구건을 허용하고, 제6조 제1항 부분에 대해서는 위반이 없으나, 제1의정서 제1조와 관련하여 협약 제14조의 위반은 인정하였다.

(청구 요지는 법원의 판단 부분 참조)

3. 법원의 판단

가. 제1의정서 제1조와 관련한 협약 제14조 위반 여부

제1의정서 제1조와 관련한 협약 제14조의 적용가능성

법원의 확립된 판례법에 따르면 협약 제14조는 협약 및 의정서의 다른 실체조항을 보완한다. 동 조항은 "권리 및 자유의 향유"와 관련해서만 효력을 갖기 때문에 별도로 독립된 존재 의미는 갖지 않는다. 제14조의 적용은 그러한 실체조항의 침해를 미리 예정하지는 않지만 문제된 사실들이 실체조항의 어느 하나에 속하지 않는 한은 그 적용의 여지는 없다 (특히 the Karlheinz Schmidt v. Germany 사건 참조).

법원은 이 사건 당시 긴급 지원은 실업급여의 자격이 소진되고 다른 법률상의 조건을 충족시키는 사람에게 지급되었던 점을 주목한다.

이러한 사회급부를 받을 자격은 그러므로 실업보험기금에의 기여금 납부와 연결되어 있다. 그러므로 그러한 기여금을 납부하지 아니한 경우에는 긴급 지원을 받을 자격이 없다는 것이다.

이 사건에서 청구인이 그러한 조건을 충족하지 못한 것에는 논란의 여지가 없다. 그에 대한 긴급지원 거부는 오직 오스트리아 국적을 갖지 않고 그러한 조건의 면제 대상에 해당하지 않는다는 것이다.

법원은 긴급지원을 받을 권리는 제1의정서 제1조의 취지상 금전상의 권리임을 고려한다. 동 조항은 따라서 긴급지원을 받을 자격과 "세금 또는 기타 기여금"을 납부할 의무 간의 관계에만 의지할 필요 없이 적용가능하다.

그러므로 청구인이 제14조, 즉 국적에 의한 차별에 근거해 긴급지원이 거부되었으므로 제14조는 적용가능하다.

제1의정서 제1조와 관련한 제14조의 준수 여부

법원의 판례법에 따르면, 취급의 차이는 "객관적이고 합리적인 정당화 사유가 없는" 경우 즉 "합법적 목적"을 추구하지 못하거나 또는 "채용된 수단과 추구하는 목적 간에 합리적인 비례관계"가 없는 경우에는 제14조의 취지상 차별이다. 더욱이 체약당사국은 다른 유사한 상황에서 차이를 둘 것인지 어느 정도로 차이를 두는 것이 상이한 취급을 정당화할 수 있는 지 이를 평가함에 있어서 일정한 정도의 재량권을 향유한다. 그러나 오직 국적에만 근거하여 취급에 차이를 두는 것은 협약에 반하므로 매우 비중 있는 사유가 제시되어야 한다.

법원은 우선 가이구스즈 씨가 오스트리아에 합법적으로 거주하고 있고 일정 기간 일을 하고 실업보험기금에 오스트리아 국민과 동일한 자격과 동일한 기초에서 기여금을 납부한 사실을 주목한다.

법원은 긴급지원 거부는 그가 실업보험법상 요구되는 오스트리아 국적을 갖지 않았다는 사실에만 근거했음을 보게 된다. 한편 실업보험법에 구제에 관한 예외조항을 두고 있기는 하지만 청구인은 여기에 해당하지 않았다.

그러므로 법원은 오스트리아 국민과 비국민 간에 긴급지원 자격에 관해 상이하게 취급을 한 것은 "객관적이고 합리적인 정당화 사유"에 근거한 것이 아니라고 판단한다.

당시 오스트리아는 청구인의 국적국인 터키와의 상호협정에 구속되지 않았지만, 오스트리아는 협약 비준시에 "자신의 관할권 내의 모든 사람에게" 협약이 정하는 권리와 자유를 보장할 것을 약속하였다.

그러므로 제1의정서 제1조와 관련하여 협약 제14조의 위반이 있었다.

나. 협약 제6조 제1항 위반 주장

법원은 협약 제14조 위반을 결정하였기에 이 사항을 별도로 심리하지 않는다.

다. 협약 제8조 위반 주장

법원은 협약 제8조와 관련하여 별도의 쟁점이 발생하지 않는다고 본다.

라. 보상(제50조)

재산상 손해로 오스트리아 정부에 20만 오스트리아 실링, 비용과 경비로 10만 오스트리아 실링의 지급을 명한다.

[98] **남자 군인에 대한 양육휴직 배제** Konstantin Markin v. Russia

Application no. 30078/06, 2012. 3. 22. 선고

제8조 (사생활 및 가족생활을 보호받을 권리)와 관련한 제14조(차별금지) 위반

이 건은 러시아 당국이 여성 군인과는 달리 청구인의 양육휴직을 거부한 건에 대한 것이다.

법원은 협약이 군병영 안에서도 그 적용을 중단하지 않는다고 판시했다. 청구인의 자리는

군에서 그 기능을 수행하는 여성으로 쉽게 대체될 수 있었으므로 양육휴직 허가를 배제한 것에 대해 어떤 정당화 사유도 없다. 그러므로 청구인은 성별에 근거한 차별을 당했다.

1. 주요 사실

청구인 마킨 씨는 1976년생의 러시아인으로 러시아 노브고로드에 거주한다.

2004년 그는 "법률이 정한 조건에 따라 복무"할 것을 서약한 군복무계약에 서명하였다. 그는 무선 정보 오퍼레이터로 복무를 시작하였으며 종종 그의 업무는 여성 군요원이 대신하기도 하였다.

그가 세 자녀의 엄마와 이혼한 후, 그는 자녀들을 홀로 양육하게 되었다. 그는 셋째 아이가 태어난 직후 3년의 양육휴가를 신청하였다. 그러나 법률에 따르면 그 기간 중의 양육휴가는 여성 군인에게만 허용되기 때문에 그의 신청은 기각되었다.

최초로 3개월의 휴가가 허용되었을 때, 그는 수 주간 일을 하도록 요청 받았고 이에 대해 이의를 제기했으나 군사법원에서 인정되지 않았다.

2006. 10월, 그의 부대는 그의 막내아들이 3세가 될 때가지 총 5,900 유로에 달하는 금전 지원을 하면서 거의 2년간의 양육휴가를 허용하는 명령을 내었다. 그 직후 군사법원은 동 명령의 불법성에 주의를 환기시키면서 양육허가를 거부한 러시아 법원 판결을 무시했다고 하여 동 부대를 비난하였다.

2009. 1월, 헌법재판소는 군복무법상의 양육허가에 관한 조항이 헌법과 상충되지 않는다고 판시하면서 3년간의 양육허가 거부에 대한 마킨 씨의 소원을 기각하였다.

2011. 3월, 군검찰은 마킨 씨의 집을 방문하였다. 러시아 당국에 의하면 그것은 정부가 법원에 의견서를 제출할 목적으로 가정 상황에 관한 정보를 수집하기 위한 것이었다고 한다. 마킨 씨는 전화로 변호사의 자문을 받은 후 어떤 질문에 대한 답변이나 문서 제출을 거절하였다. 그가 그러한 취지의 서면 진술서에 서명을 하자 검찰관은 즉시 그 집을 나갔다. 검사는 이웃들에게 그와 그의 전처가 함께 살고 있는지 질문하였다.

러시아 정부에 의하면 그 조사결과 마킨 씨와 전 부인이자 자신의 자녀의 엄마와 2008

년 재혼하였고 2010. 8월, 4번째 자녀를 가졌다는 것을 확인하였다.

2008. 12월, 마킨 씨는 건강상의 이유로 군복무를 끝냈다. 그와 처는 당시에 4번째 아이와 장인장모와 함께 살고 있었다.

2. 청구 요지

협약 제8조와 관련하여 제14조(차별금지)를 근거로 청구인은 자신에 대한 양육휴가의 거부행위는 성별에 근거한 차별에 해당한다고 주장한다.

이 건은 2006.5.21. 유럽인권법원에 접수되었다.

2010.10.7.일의 지정 재판부 판결에서 법원은 여성이라면 얻을 수 있었던 양육휴가를 마킨 씨에게 거부한 것은 차별적인 것임을 인정하였다. 동 재판부는 다수결로서 제8조와 관련하여 제14조의 위반이 있었다고 선고하였다.

2010.12.20. 러시아 정부는 협약 제43조 규정에 의거 이를 대재판부로 회부할 것을 요청하였으며 2011.2.21. 대재판부는 이를 받아들여 2011.6.8. 심리를 개최하였다.

3. 법원의 판단

법원은 성평등의 발전은 오늘날 유럽이사국 및 협약의 모든 당사국의 주요 목표가 되었음을 주목한다. 따라서 그러한 처우의 구별이 협약과 합치하는 것으로 간주되기 위해서는 매우 무게 있는 이유가 제시되어야 한다. 특히 특정국가내에 있어서의 전통, 일반적 추정 또는 지배적인 사회적 태도 등에 대한 인용은 성별을 이유로 하는 처우에 있어서의 구별의 정당성을 충족시키지 못한다.

군이라는 특수한 사정을 고려하더라도, 그 적절한 기능수행은 이를 훼손하지 못하도록 하는 법적 규칙 없이는 거의 상상할 수 없다. 그러나 국내 당국은 군대의 개별 구성원에게 사생활을 존중받을 권리의 행사를 좌절시키는 그러한 규칙에 의존할 수 없다.

제8조는 양육 휴가의 권리를 규정하지도 아니하고 또한 국가에 대해 양육휴가 수당을 지급할 의무를 부과하는 의무도 지우지 않고 있다. 그러나 양육휴가 및 이와 관련한 수당은 이것이 가족생활을 증진시키고 또한 필연적으로 그에 영향을 준다면 제8조의 범위 내에 포함된다.

양육 휴가는 부모가 유아를 직접 돌보기 위해 가정에 있다는 것을 의미하기 때문에 양육휴가의 목적상 어머니의 휴가와 대비해볼 때 마킨 씨도 여성과 유사한 처지에 있는 것이다.

그러나 군대라는 특수한 맥락을 고려해볼 때, 법원은 군인의 권리는 민간인의 권리에 비해 더 큰 정도로 제한될 수 있다고 이전에도 이를 수용하였다. 당시에 협약은 군병영 문에서 그 적용을 멈추지 않았다. 군인은 협약 가입국의 다른 모든 사람들처럼 그들의 권리를 보호받을 자격을 갖는다. 그들의 권리에 제한을 가하기 위해서는 군대의 작전 효율성에 대한 현실의 위협과 같이 각별히 중대한 사유가 있어야 한다.

협약당사국들의 상황을 보면서, 법원은 대부분의 유럽 국가는 러시아 자신을 포함해서 법률은 민간인에 대해서는 남녀 동등하게 양육허가를 허용하고 있다. 더욱이 상당수 국가의 경우에도 군인과 여군 모두 동등하게 양육휴가를 허용하고 있다. 결과적으로 현대 유럽 사회는 자녀 양육에 대한 책임이 남성과 여성 간에 동등한 방향으로 이동하고 있음이 보여진다.

또한 법원은 군인과 여군의 처우에 있어서의 구별이 여성을 우선시하는 적극적 차별로 설명된다는 점도 수용하지 않는다. 사실상 법원은 그러한 처우에 있어서의 구별은 성에 대한 고정관념을 지속시키는 효과를 갖고 또한 여성의 경력 및 남성의 가족생활 모두에 관한 것임을 인정한다. 마찬가지로 처우에 있어서의 구별은 지배적인 전통을 얘기한다고 하여 정당화되지도 않는다.

양육휴가를 남성 군인에게 이를 확대하는 것이 군전력과 군대의 작전의 효율성에 부정적 영향을 미칠 것이라는 점에도 법원은 동의하지 않는다. 러시아 당국은 남성군인의 3년간의 양육휴가가 군대의 작전 효율성에 어떻게 영향을 미치는지 이를 평가하기 위해서 그러한 양육휴가를 얻고자 하는 남성 군인의 숫자 파악을 위한 전문적 연구나 조사도 하지 않았다. 모든 군인이 "가임 연령층"이라는 러시아의 주장은 군에 복무하는 남성과 여성 간에 처우에 있어서의 구별을 정당화시키기에는 부족하다.

더욱이 법원은 양육휴가를 규율하는 러시아의 법률이 너무 엄격하다고 보았다. 남자 군인은 어떤 상황에서도 양육휴가를 받을 자격이 없다. 또한 러시아 정부는 케이스 바이 케이스 평가가 있었다거나 또는 가능했다고 하는 점을 보여주는 어떤 사례도 제시하지 않았다. 또한 남성 군인이 그들이 처한 특별한 사정상 양육휴가를 허용하였다는 그런 예시도 제시하지 않았다.

앞의 서술에도 불구하고, 법원은 국가안전의 보호를 위한 군대의 중요성을 고려하여 양육휴가를 받을 수 있는 자격에 대한 일정한 제한은 그것이 차별적이지 않다면 정당화될 수 있음을 수용한다. 예컨대, 군인은 여성이건 남성이건 그들이 맡은 특별한 위계질서상의 지위, 아주 드문 기술 자격 소지자, 적극적 군사행동의 관여 등을 이유로 쉽게 대체할 수 없다면 양육휴가가 배제될 수도 있을 것이다.

러시아에서는 위와는 대조적으로 양육휴가에 대한 권원은 오직 사람의 성에만 근거한다. 그러한 권리에서 남자를 배제함으로써 법규정은 백지규정에 의한 제한을 부과하고 있다. 법원은 일반적이고 자동적인 제한이 그 성별을 기초로 일단의 사람에게 적용되기 때문에 그것은 국가의 수용 가능한 재량 여지 밖에 있음을 인정한다.

마킨 씨는 그 직무상 다른 여성 군인으로 쉽게 대체될 수 있었으므로 그에게 양육휴가를 박탈하는 것에 대해 어떤 정당성도 없었다. 그러므로 그는 성별을 이유로 하는 차별을 당했다. 군과의 계약에 서명을 함으로써 그는 차별받지 않을 자신의 권리를 자발적으로 포기했다는 러시아 정부의 주장에 대해서, 법원은 차별을 받지 아니할 권리의 포기는 이것이 중요한 공적 이해관계를 갖기 때문에 수용될 수 없다고 판시한다.

이상의 이유로 법원은 제8조와 관련하여 제14조의 위반이 있었음을 인정한다.

[99] **외국인에 대한 취급 차별** Mümtaz Karakurt v. Austria

Communication no. 965/2000, 2000.12.13. 인권위원회 결정

이 사건은 유럽 인권법원에서는 명백히 근거 없는 고소라 하여 각하되었으나, 인권위원회는 이 사항이 현재 다른 국제적 조사 또는 해결방법에 의하여 심리중인 사안은 아니라는 판단에서 이 사건을 처리함(B규약 선택의정서에 의하면, 동일사안이 다른 국제절차에서 심리중인 경우 이를 심리하지 않는다고 규정, 제5조 제2항 제1호).

1. 주요 사실

통보인 카라쿠르트 씨는 터키 국민으로 오지리에서 무기한 거주 자격을 취득하였다.

통보인은 린쯔 지방의 총인원 10명인 "외국인지원협회"에 고용되어 있었다. 1994. 5.24. 동 협회의 노동평의회를 위한 선거가 있었다. 동 평의회는 직원 이익을 증진하고 근로조건의 준수여부를 감독하는 법률상의 권리와 의무를 갖는다.

19세 연령기준과 6개월 이상의 재직기간에 따른 자격기준을 충족한 통보인과 다른 피용자 1인이 동 평의회에 할당된 두 자리에 선출되었다.

오지리 법원의 판단

1994.7.1. 동 평의회 위원으로 선출된 폴락 씨는 린쯔 지방법원에 카라쿠르트 씨는 동 평의회 후보 자격을 가질 수 없다는 이유로 동 선출이 무효라고 제소하였다. 1994.9.15. 동 법원은 노동기본법 제53조 제1항은 오지리국민과 유럽경제지역(EEA)의 구성원들에게만 그러한 노동협의회의 선출자격을 한정하고 있다고 보아 신청을 인용하였다. 이에 따라 진정인은 그 기준을 충족치 못하게 되어 노동평의회 자격이 박탈되었다.

통보인이 항소하자 1995.3.15. 린쯔 고등법원도 이를 기각했다. 동 고등법원은 노동조합에 가입하는 권리는 방해받지 않았다고 하면서 유럽인권협약 제11조(집회, 결사의 자유, 노조가입의 자유 등)의 위반도 없다고 판시했다. 1995.4.21. 진정인은 헌법재판소에 의한 노동기본법 제53조 제1항의 위헌제청을 요구하면서 대법원에 이를 상고했다.

1995.12.21. 대법원은 위헌제청요구는 기각하고, 노동평의회는 임의적, 사적 토대에

서 구성된 유럽인권협약 제11조에 해당하는 "결사"가 아니고, 그 조직과 기능은 법률로 정해지는 것이라고 판단했다.

외국인에 대한 차별주장에 관해, 대법원은 인종차별철폐협약 당사국의 의무를 원용하면서, 유럽국가간의 경제관계조약들에서 국민과 비국민간에 노동관계에서의 구분 및, 국민과 그 본국과의 특별한 관계를 고려하여 오지리 국민과 외국인 간에 처우의 상이가 정당화될 수 있는지 검토하였다. 더욱이 외국인의 체류는 행정적 결정에 따라 제한될 수 있는 것이어서, 노동협의회 구성원의 법률상 임기는 잠재적으로 충돌할 수 있다고 보았다.

1996.7.24. 통보인은 유럽인권법원에 제소했다. 1999.9.14. 유럽인권법원 제3부는 다수결로 동제소가 명백히 근거 없는 것이라고 보아 이를 각하하였다. 유럽인권법원은 노동협의회는 직원의 참여기능을 수행하는 선출조직으로 유럽인권협약 제11조의 "집회"로 볼 수 없다고 하였다.

2. 통보 요지

통보인은 오지리 노동기본법 제53조 제1항과 오지리 법원의 판결이 B규약 제26조의 법 앞의 평등 및 차별금지에 관한 자신의 권리를 침해한다고 진정했다.

3. 당사자 주장

가. 통보인

통보인은 노동협의회 선출자격을 오지리(유럽경제관계조약체결국) 국민과 기타 국민으로 구분하는 행위는 합리적 또는 객관적 근거가 없다고 주장하였다.[4)]

---

4) 오지리는 1978.9.10. B규약 비준시, "인종차별철폐협약(CERD) 제1조 제2항에 의하여 허용가능한 범위에서, B규약 제26조가 오지리 국민과 외국인을 상이하게 취급하는 것을 배제하는 것은 아니라는 의미로

통보인은 피용자가 노동협의회에서 자신의 이익을 대표할 동료 피용자를 투표의 형식으로 신임을 얻어 선출되었을 때 그 선택이 국적만을 이유로 법률에 의해 거부되어서는 안 되며, 또한 오지리 국민(유럽경제관계조약당사국국민 포함)이 피용자의 이익을 더 잘 대표할 수 있다고 하는 법률의 가정을 정당화할 수 있는 어떤 근거도 없다고 하였다.

나아가 통보인은 노동기본법은 산업평의회 평의원의 임기 중 유효한 거주기간이 도과하거나 독일어에 능통하지 않은 비국민의 배제만을 규정할 뿐이라고 하면서, B규약 제26조에 대한 오지리의 유보가 국민과 비국민간에 불평등한 처우를 합법화하는 것으로 해석될 수 없는 것이라 주장했다.[5)]

나. 오지리 정부

오지리 정부는 다음과 같이 항변하였다.

첫째, 노동평의회에 선출될 수 있는 권리는 규약 제25조에 의한 공공사항을 수행하는 정치적 권리이므로, 당사국이 국적을 이유로 이를 차별하는 것은 제25조의 해석상 인정된다.

둘째, 오지리는 규약 제26조에 유보를 했으므로 인권위원회는 이를 심리할 수 없으며 또한 국민과 비국민을 동등하게 취급할 의무가 발생하지 않는다.

셋째, 오지리 국민(유럽경제관계조약 당사국국민 포함)과 진정인의 처우에 있어서의 구분은 합리적이고 객관적인 근거를 갖는다. 유럽경제관계조약 당사국 국민에게 부여되는 특권은 상호주의에 입각하여 당사국이 부담하는 국제법상 의무의 결과이며, 유럽공동체 회원국 내에서 노동자의 취급에 있어 차별을 철폐하려는 합법적인 목표를 추구하고자 하는 것이다. 따라서 국제조약에 의하여 창설된 특정국 국민에 대한 우대적 지위는 제26조에 의하여 허용될 수 있다는 것이 인권위원회의 법리이다.

이해한다"는 유보를 붙였다.

5) CERD 제1조 제2항은 국민과 비국민을 구별하여 어느 한쪽을 우대하거나 배제하는 행위를 부인하지 않는다.

4. 인권위원회의 판단

가. 절차상 쟁점

오지리 정부는 B규약 제26조(법 앞의 평등 및 차별금지)의 규정을 유보하였다.

동 유보에 의하면 오지리는 이 규정이 "인종차별철폐협약 제1조 제2항에 의하여 허용가능한 것으로, 오지리 국민과 외국인을 서로 다르게 취급하는 것을 배제하는 것이 아니라는 의미를 갖는 것으로" 이해한다는 것이다.

인권위원회는 오지리 법률이 오지리 국민과 통보인을 부당하게 구분하는 한에서는 동 통보에 대한 심의가 차단된다고 보지만, 유럽경제관계조약 당사국 국민으로서의 외국인과 여기에 해당하지 않는 외국인인 통보인을 법률로 세부적으로 구분하는 문제와 관련된 진정은 심의할 수 있다고 보았다.

나. 본안

이 통보가 B규약 제25조에 해당하는 것이라는 오지리의 주장에 대해, 인권위원회는 동 조문은 국가의 공적 정치적 생활에의 참여를 보호하는 것이지 피용자를 기업의 노동평의회에 선출하는 것과 같은 사적 고용관계에 적용되는 규정이 아니라고 판단했다. 따라서 제25조는 이 사건에 적용되지 않는다.

제26조의 관점에서 구분을 평가하는데 있어서, 인권위원회는 당사국의 법률이 정하는 일체의 구분행위가 합리적이고 객관적 이유를 갖는 한에 있어서는 이 규정에 배치되는 것은 아니라는 일관된 법리를 주장한다.

이 사건에서 당사국은 오지리 국민도 아니고 유럽경제관계조약 당사국 국민도 아닌 통보인에게 동 영토에서 무기한의 노동권을 부여하였다. 따라서 문제는 당사국 국민뿐 아니라 유럽경제관계조약 당사국 국민에게도 개방된 고용에 있어서 그 고용과 긴밀하게 자연스럽게 결부된 자리, 즉 노동평의회 후보로 선출되는 권리를 국적만을 근거로, 진정인을 배제할 수 있는 합리적이고 객관적인 근거가 있느냐 하는 것이다.

인권위원회는 1995년의 한 사건에서, 당사국 국민에게 우대조치를 부여하는 국제조약은 차별의 객관적이고도 합리적인 근거를 구성할 수 있다고는 했지만, 조약 그 자체로 B규약 제26조의 규정에 관하여 충분한 근거를 제공한다는 취지의 일반적 원칙을 그 결정에서 도출할 수는 없다.

이 사건에서 인권위원회는 노동평의회가 직원의 이익을 증진하고 노동조건의 준수여부를 감독하는 것이 그 기능이라는 점을 고려해야 한다. 이러한 점에서, 노동평의회의 구성원 자격에 대해, 외국인간에도 그 국적에 따라 차이를 두는 것은 합리적인 것이 아니다.

따라서 인권위원회는 통보인이 제26조 위반의 차별을 당했다고 본다.

B규약 제2조 제2항 제1호에 따라, 당사국은 통보인과 같은 상황에 있는 사람과 유럽경제관계조약 당사국 국민들 간에 부적절한 차별취급이 발생하지 않도록 관계 법률의 개정을 포함하여 통보인 본인에게 효과적 구제조치를 부여할 의무가 있다.

[100] 외국적 재향군인 연금차별 Ibrahima Gueye et al. v. France

Communication no. 196/1983, 1989. 4. 3. 인권위원회 결정

차별금지(규약 제26조) [6)]

이 사건은 과거 프랑스 식민지인으로 프랑스군에 복무했던 세네갈 국적 재향군인들이 프랑스 국적의 재향군인과 동일한 수준의 재향군인연금혜택을 받았으나, 프랑스 법률의 개정으로 그 연금수준이 떨어지자, 진정인들은 프랑스의 그러한 행위는 인종차별에 기한 행위라 주장하고, 프랑스는 군인연금에 있어 세네갈인과 프랑스인을 구별하는 근거는 오직 국적이고, 이것은 규약 제26조의 차별금지 사유에 해당하지 않는다고 주장하였다.

6) 決定文 다음 참조
http://www1.umn.edu/humanrts/undocs/session44/196-1985.htm

선택의정서 제5조 제4항에 의한 견해

〔1.〕 통보인은 일브라히마 외 742명으로 세네갈에 거주하는 전직 프랑스군 세네갈 재향군인들이다.

〔1.2.〕 통보인은 세네갈이 1960년 독립하기 이전에 프랑스군으로 복무하고 프랑스 국적의 프랑스 재향군인이 향유하는 것보다 낮은 연금을 수령하는 것이, 세네갈 국적의 재향군인에 대한 연금결정에 있어서 차별적 대우를 규정하고 있는 프랑스 법률의 소위 인종차별 때문에 발생한 것으로 프랑스의 규약 제26조(법 앞의 평등 및 차별금지) 규정 위반의 희생자라고 주장한다.

〔1.3.〕 1951.5.18 법률 제51-561호와 1951.5.23. 명령 제51-590호에 따르면, 프랑스군의 재향군인은 프랑스 국적이든 세네갈 국적이든 동등하게 취급한다고 천명되어 있다. 세네갈국적의 재향군인들이 취득한 권리는, 1974. 12월 재정법 제74.1129호가 세네갈 국민에 대한 다른 취급을 규정하기 전까지는 독립한 이후에도 계속 존중되었다. 동법 제63조에서 세네갈군인연금에는 1951년 군인연금법 총칙 규정을 적용하지 않는다고 규정한다. 1975.1.1.자로 프랑스법률은 세네갈 재향군인의 연금수준을 동결하였다.

〔1.4.〕 통보인은 문제의 법률이 포이티어 행정재판소 앞에서 다투어지고, 동 재판소는 1980.12.22. 판결로 세네갈 재향군인 디아 아브도우라마네 씨에게 1975.1.2.부터 완전한 보상을 위하여 이를 프랑스 재정부장관에게 이를 이송하라는 승소 판결을 하였다. 통보인은 다른 세네갈 재향군인에 대한 1982.6. 22. 파기결정의 유사결정을 첨부하였다. 그러나 이 결정은 1981.12.31. 프랑스 재정법 제81.1179호(이 법은 1975.1.1. 자로 소급효를 가지고, 프랑스 사법부나 행정재판소 앞에서 더 이상 소구하는 것을 막는 것이었다)로 인해서 이행되지 않았다.

〔1.5.〕 사건의 본안에 관하여 통보인은 아프리카 재향군인들(세네갈 군인만이 아님)에 대해, (a)독립으로 인한 프랑스 국적 상실, (b)아프리카 제국에 거주하는 퇴역 군인들의 신원과 그 가족 상황을 프랑스 당국이 확인하는 것의 곤란성, (c)프랑스와 구 식민지국의 경제적, 재정적 및 사회적 상황의 차이 등을 사유로 소위 차별적 취급을 정당화한다는 프랑스 당국의 주장을 반박하였다.

〔1.6.〕 통보인은 동일 사안을 다른 국제적 조사 또는 해결의 절차에 회부하지 않았다고 진술한다.

〔2.〕 1986.3.26. 결정으로 인권위원회는 인권위원회 잠정절차규칙 제91조에 의해 본 통보의 허용문제에 관해 당사국에 정보와 의견을 요구하기 위해 당사국에 통보하였다.

〔3.1.〕 잠정절차규칙 제91조에 의한 1986.11.5.자 최초 준비서면에서 당사국은 상세하게 사실에 관한 상황을 기술하고 동 통보는 규약 규정(의정서 제3조)과 양립하지 않는 것으로 "비허용" 된다고 주장하며, 추가적으로 규약 범위 밖에 있는 권리를 다루고 있으며 규약 제26조의 의미상 어떤 차별적 규정도 내포되어 있지 않기 때문에 "근거 없는" 것이라고 항변한다.

〔3.2.〕 1987.4.8.자로 규칙 제91조에 의하여 보낸 추가 답변에서, 당사국은 1984.2.17. 프랑스 정부가 선택의정서 비준시 행한 선언을 원용하면서 이 통보는 다음의 시간적 관할권(*ratione temporis*)을 이유로 허용할 수 없는 사건이라 주장한다.

"프랑스는 〔선택의정서〕 제1조는 '의정서가 프랑스에 발효한 날 이후에 발생한 작위, 부작위 또는 동일자 이후의 작위, 부작위와 관련한 결정에서 발생하는' 규약에 규정된 권리의 침해를 주장하는 통보를 이사회가 접수하는 권한을 부여하는 것으로 해석한다."

"프랑스를 상대로 한 통보는 프랑스가 전술한 의정서 제9조 제2항에 의해 프랑스에 대해 동 의정서가 발효한 1984.5.17. 이후에 발생한 작위 또는 사건에서 연유하는 침해주장에 근거하는 경우에만 허용한다는 것은 이러한 해석적 선언상 명백하다."

"그러나 본 통보나 프랑스 정부의 최초답변서에 기재된 사실의 진술에는 통보인이 주장하는 침해행위가, 과거 프랑스 연합에 속하였던 4개국 국민에게도 1961.1.1.부터 이미 적용하였던 군인연금의 '정예화'로 알려진 제도인, 1979.12.21.자 법률 제79.1102호에서 발생한다는 것을 지적하고 있다."

"프랑스의 선택의정서 비준전에 발생한 이 행위는 따라서 본 통보가 개인신청권을 승인한 시간적 관할권을 무시하지 않는 한, 규약과 양립불가능성을 이유로 통보의 근거를 제공할 수 없는 것이다."

〔4.1.〕 1986.12.22. 답변에서 통보인은 본 통보는 규약규정과의 양립불가를 이유로 선택의정서 제3조에 따라 비허용으로 선언되어서는 안 된다고 주장한다. 즉 규약 제26조의 해석상 이 사건에서 주장하고 있는 차별이 존재하는 경우에는, 연금수급권의 문제를 인권위원회가 심리하는 것을 허용한다.

〔4.2.〕 1987.6.6. 보충답변에서, 통보인은, 관련 프랑스법률이 선택의정서 발효일보다 먼저 발효됐지만, 통보인이 1984. 5월 이후에도 협상을 계속했고 1984.11.12.자 경제, 재정 및 예산장관이 통보인에게 보낸 서한에서 이에 대한 최종적 문구가 있었다는 사실을 언급한다.

〔5.1.〕 통보에 기술된 청구내용을 심의하기에 앞서, 인권위원회는 잠정절차규칙 제87조에 따라 통보가 규약선택의정서상 허용되는지 여부를 결정해야 한다.

〔5.2.〕 선택의정서 제3조에 따라 규약과 양립할 수 없는 것으로 허용되어서는 안 된다는 당사국의 주장에 대하여, 인권위원회는 규약 제26조의 범위에는 연금수급권에 대한 것이라도 차별주장에 대한 심리를 허용한다는 사례는 이미 과거 통보사례(Nos. 172/1984, 180/1984 and 182/1984)가 있음도 상기하였다.

〔5.3.〕 인권위원회는 1979년 제정된 법률에서 발생했다고 주장하는 인권침해에서와 같이, 프랑스가 선택의정서 비준시 행한 해석적 선언은 동 의정서가 프랑스에 대해 발효한 일자인 1984.5.17. 이전에 발생한 작위 또는 사건에서 유래하는 침해주장을 인권위원회가 심리하는 것을 차단한다는 근거에서 이를 비허용해야 한다고 하는 당사국의 항변을 유념하였다.

인권위원회는 초기의 여러 사건들(Nos. 6/1977 and 24/1977)에서 당사국에 대해 규약이 발효하기 전에 발생한 인권침해주장은 그것이 발효 이후에도 지속되거나 아니면 그 자체로 규약 위반을 구성하는 효과를 갖지 않는 한, 이를 심리할 수 없다고 선언한바 있었다는 점을 주목했다. 나아가 프랑스의 해석적 선언은, 프랑스에 대해 "의정서가 발효한 날 이후 발생한 작위, 부작위, 진전 또는 사건"에서 유래하는, 규약에 규정된 권리의 위반에 대해 시간적관할권에 기해 위원회의 권능을 한정하려는 목적을 가지고 있었다. 인권위원회는 통보인이 1984.5.17. 이전에 차별의 희생자였는지 문제를 심리할 권능을 갖지 않는다는 견해를 밝혔다. 그렇지만, 동일자 이후에도 청구인의 권리에 대해 법률과 판례의 지속적인 적용과 관련된 작위 또는 부작위의 결과로서 규약위반이 발생했는지를 결정해야 한다.

〔6.〕 따라서 1987.11.5. 인권위원회는 통보를 허용한다고 결정했다.

〔7.1.〕 선택의정서 제4조 제2항에 따른 1988.6.4.자 답변서에서 당사국은 규칙 제91조에 의한 답변서를 상기한다. 즉 a/ 프랑스 국적을 취득하고 또한 세네갈 독립 이후에도 계속해서 국적을 보유하는 세네갈 국민은 프랑스 전 군대구성원과 동일한 연금수급을 받을 자격을 가진다는 답변서를 상기한다. 국적법 제97조 제2항에서 제97조 제6항까지의 규정은 특정 시점에 프랑스 국적을 보유하였던 어떠한 외국인에게도 국적회복 가능성을 제공한다. 당사국은 이러한 가능성은 과거 매년 약 2,000명의 개인이 프랑스 국적을 회복했기 때문에 이론적인 것만은 아니라고 항변한다.

〔7.2.〕 당사국은, 세네갈 독립 이후에 프랑스 국적을 상실했고 다시 프랑스 국적을 회복한 세네갈의 前군대구성원은 프랑스 국민이 연금법에 의하여 수급받을 수 있는 권리를 사실상 회복한다고 설명한다. 동법 제56조에 다음과 같이 규정되어 있다. "연금과 장애급부를 받을 권리는 프랑스 국민의 지위를 상실케 하는 사정, 즉 국적상실 상태에서만 정지된다." 이것은 국적이 회복되면 연금수급권은 다시 발생한다는 것을 의미한다. 당사국은 통보인이 제기한 대우차별의 유일한 기준이 국적이라고 주장한다.

〔8.1.〕 당사국의 답변서에 대해, 통보인은 1988.7.21.자 답변에서 당사국이 선택의정서 제4조 제2항에 의한 제출기한에서 12일을 도과했다고 주장한다. 이와 관련하여, 통보인은 "(b)인권위원회 절차규칙의 기한도 도과하고, 이사회의 최종결정을 지연하기 위한 책략을 충분히 이용하고 이를 지연시킴으로써, 당사국은 통보인이 한명씩 죽기를 기대하고 당사국이 지급해야 할 금액이 현저히 줄어들기를 기대하는 것이 아닌가" 하는 의심을 한다. 또한 이미 제출한 답변서에서 충분히 논의한 주장들을 당사국이 재탕하는 답변서를 다시 검토해서는 안 되고 따라서 그러한 것은 지연적 성격을 갖는 것으로 간주되어야 한다고 주장한다.

〔8.2.〕 사건의 본안에 관하여, 통보인은 국적문제에 관한 당사국의 주장은 현혹적인 것이라고 한다. 당사국은 세네갈인들이 이미 취득한 권리를 박탈하기 위해 하나의 구실로 국적주장을 이용하는 것이라 한다. 통보인은 나아가 다음의 1951년 군연금법 제71조를 원

용한다.

"외국 국적을 보유하고 군인으로 복무하거나 제대한 자는 프랑스에 대해 적대행위에 참여한 경우를 제외하고는 프랑스 국적을 보유하고 군인으로 복무하거나 제대한 자와 동일한 권리를 갖는다."

통보인들에 의하면 그들은 위 법률에 의하면 "양도할 수 없고 축소할 수 없는 연금권"을 갖는다는 것이다. 통보인중 누구도 프랑스를 상대로 한 적대행위에 참여하여 기소당한 사실이 없으므로, 그들은 국적문제는 완전하고 확실히 해야 한다고 주장한다.

〔8.3.〕 통보인은 다음의 취지에서 피부색에 기한 인종차별의 희생자라고 주장한다.

(a) 세네갈에서 관청기록은 잘 보관되지 않고 기망적인 경우가 많다.

(b) 연금을 받은 사람, 즉 통보인은 저개발국에 거주하는 흑인들이므로, 그들은 프랑스와 같은 선진국에 거주하는 연금수급권자처럼 많은 돈을 필요로 하지 않는다.

통보인인 채권자는 부자가 아니고 가난한 나라에서 거주하기 때문에 채무자는 그 채권자의 수요나 곤궁의 정도에 따라 자신의 채무를 축소할 수 있다고 하는 주장 및, 법의 기본적 원칙만이 아니라 도덕적 기준 및 형평에도 반하는 것으로 보이는 주장에 경악을 금치 못한다.

〔9.1.〕 인권위원회는 선택의정서 제5조 제1항에 규정된 대로 당사자들이 이용할 수 있는 모든 정보를 판단하여 이 건 통보를 심리하는 바, 다툼이 없는 다음의 사실을 기초로 위원회의 견해를 형성하였다.

〔9.2.〕 통보인은 1960년 세네갈 독립 이전에 프랑스군에서 복무하였던 세네갈 국적의 제대군인들이다. 1951년 군연금법에 따라, 프랑스인이건 세네갈인이건 관계없이 프랑스군에서 제대하였던 재향군인들은 동등하게 취급되었다. 세네갈 군인들의 연금수급권은 세네갈인을 달리 취급하였던 1974.12. 제정된 신법까지는 프랑스 군인들과 동일하였다. 1979. 12월 법률 제79/1102호는 세네갈을 포함해 프랑스연합에 속하였던 4개국 국민에게도 적용되었다. 동 제도는 1961. 1월부터 관련국가의 국민에게 이미 적용하였던 군연금의 "정예화"로 지칭되었다. 세네갈의 다른 퇴역군인들은 문제의 법률에 이의를 제기하려

고 했으나, 1981.12.31. 프랑스 재정법 제81.1179호는 1975. 1월까지 소급효를 갖는 것으로 프랑스의 각급 재판소 앞에 이를 소구하는 것은 무익하였다.

〔9.3.〕 인권위원회에서의 주요 문제는 통보인들이 규약 제26조의 의미상 차별의 희생자인가 아니면 프랑스 국민여부에 근거한 프랑스 퇴역군인에 대한 연금취급의 차별이 규약과 양립할 수 있는 것으로 간주되어야 하는 것인가였다. 이 문제를 결정함에 있어 이사회는 다음 사항을 고려하였다.

〔9.4.〕 인권위원회는 제26조에 명시된 근거중의 하나인 인종적 근거에 의하여 차별 당했다는 통보인들의 청구를 유념한다. 당사국이 통보인에 대해 인종적으로 차별적인 행위에 관여했다는 주장을 지지할 어떤 증거도 없다는 점을 확인한다. 그러나 통보인에게 닥친 상황이 제26조의 범위에 들어오는지 이를 결정해야 한다. 인권위원회는 통보인들이 자신들의 연금수급권과 관련해 프랑스법률에 의지하지 않는 한, 일반적으로는 프랑스 관할권에 복하지 않는다는 점을 상기한다. 이사회는 국적 그 자체는 제26조에 게기된 금지된 차별사유로 보이지는 않으며 또한 규약은 연금을 받을 권리 그 자체를 보호하는 것도 아니라는 점을 유념한다. 제26조에 의하면, 법 앞의 평등한 보호에 있어서의 차별이 인종, 피부색, 성별, 언어, 종교, 정치적 또는 기타 의견, 민족적 또는 사회적 출신, 재산, 출생 또는 기타 지위와 같은 근거에 의하는 경우 금지된다. 독립시 취득한 국적을 참조함으로써 차이가 발생했다. 인권위원회의 견해에 의하면, 이것은 제26조 제2문의 "다른 지위"에 해당한다. 인권위원회는 "법 앞에서 평등할 권리와 차별 없이 법의 평등한 보호를 받을 권리는 모든 처우상의 차이를 차별적으로 만드는 것은 아니며, 합리적이고 객관적인 기준에 근거한 차이는 제26조의 금지된 차별에 해당하지 않는다고 한 통보 제182/1984의 이사회결정을 고려한다."

〔9.5.〕 통보인에 대한 처우가 합리적이고 객관적인 기준에 근거한 것인지 여부를 결정함에 있어서 인권위원회는 통보인에게 연금수급권을 주느냐 하는 것은 국적의 문제가 아니라 과거에 통보인에게 행한 서비스의 문제라는 점을 주목한다. 통보인은 프랑스 시민과 동일한 조건으로 프랑스군에 복무했었다. 즉 세네갈 독립 이후 14년간 통보인의 국적은 프랑스가 아닌 세네갈이었지만 연금수급권의 취지상 프랑스인과 동일하게 취급받았었다. 국적의 추후 변경 그 자체는 상이한 처우의 충분한 정당화근거로 고려될 수 없다. 즉 연금을

부여받는 권리의 토대는 프랑스에 잔존했던 통보인과 군인들 모두에게 제공했던 것과 동일한 서비스였기 때문이다. 프랑스인과 세네갈인간의 경제, 재정 및 사회적 조건의 차이는 합법적 정당화 사유로 원용될 수 없다. 세네갈에 거주하는 프랑스 국적의 퇴역군인의 경우와 세네갈에 거주하는 세네갈 국적의 퇴역군인의 경우를 비교한다면, 그들은 동일한 경제 사회적 조건을 향유하는 것으로 보일 것이다. 하지만 연금수급권의 취지상 그들의 처우는 상이하다. 끝으로 당사국이 연금행정의 남용을 방지하기 위해 신원 및 가족상황을 더 이상 체크하지 않는다고 주장하는 사실이 처우에 있어서의 차이를 정당화시키지 못한다. 인권위원회의 견해는 단순한 행정적 불편 또는 연금권의 남용가능성이 불평등한 처우를 정당화하기 위해 원용할 수 없다는 것이다. 이사회는 통보인들에 대한 처우의 상이는 합리적이고 객관적인 기준에 근거한 것이 아니고 규약이 금하는 차별을 구성하는 것이라 결론을 짓는다.

〔10.〕 선택의정서 제5조 제4항에 따라 기능하는 인권위원회는 이 건은 1984.5.17. (선택의정서가 프랑스에 발효한 일자) 이후 효력을 가진 한에 있어서는 규약 제26조의 위반을 드러내는 것이라는 견해를 갖는다.

〔11.〕 따라서 인권위원회는 당사국은 규약 제2조의 규정에 따라 희생자가 당한 침해에 대해 이를 구제할 효과적 조치를 취할 의무를 부담한다는 견해를 갖는다.

[101] 대체복무기간의 과다 Mare Venier and Paul Nicolas v. France

Communication no. 690/1996 & 691/1996, 2000. 8. 1. 인권위원회 결정

규약 제18조 (사상·양심 및 종교의 자유) 위반

제26조 (차별금지) 위반

프랑스 병역법상 의무 군복무기간은 10개월이나, 양심적 병역거부자의 대체복무 기간은 이보다 2배인 20개월로 양심적 병역 거부자인 피해 주장자들은 이것이 B규약 제26조 차별금지, 제18조의 양심의 자유 등에 위배된다고 인권위원회에 통보한 사건으로, 프랑스는 20개월

의 기간을 부과하는 것이 양심적 병역거부에 대한 행정적 심사가 없는 상태에서 이 정도의 기간이 양심적 병역거부자의 진지성, 즉 양심적 거부의 확신에 대한 유일한 테스트 방법이라고 반박했으나, 인권위원회는 프랑스가 제시한 논거가 복무기간의 차이가 합리적이고 객관적인 근거를 제시하지 못한다고 본 사건으로, 인권위원회는 통보인들에게는 규약 제26조 위반의 인정만으로도 충분한 구제가 된다고 함.

1. 주요 사실

가. 프랑스 국내에서의 사건의 경과

통보인 니콜라스 씨와 베니어 씨는 프랑스 국민으로 양심적 병역거부에 따라 각 1988.6.23, 1989.11.16.부터 군복무에 갈음해 대체복무에 들어간 후 1년이 지나, 각각 1989.7.1, 1991.2.1. 그 복무기간을 종료하고자 한다고 관계당국에 이를 통지하고 복무 이탈하였다.

양심적 병역거부자들에게 24개월간 대체복무를 규정하고 있는 반면, 군복무는 12개월을 초과하지 않도록 규정하고 있는 병역법 제116조 제6항 규정이 차별적이라고 통보인들은 주장하였다.

통보인들은 군형법에 따라 평시 복무이탈죄로 각각 형사법원에 기소되어 징역형에 처해졌고, 항소심에서 니콜라스 씨는 징역 1년 2개월, 베니어 씨는 징역 8개월을 선고 받았다. 1994.12.14. 파기원은 병역법 제116조 제6항은 차별적이지 않으며, 유럽인권협약 제9조, 10조, 제14조에 반하지 않는다고 하면서 상고를 기각하였다.

나. 통보인의 주요 통보내용

양심적 병역거부자의 대체복무를 규정한 1983년 병역법 제116조 제6항(24개월 대체복무)과 1992년 개정된 병역법 제L.2조(20개월 대체복무)는 군복무 기간에 비해 거의 2배의 기간을 규정함으로써 B규약 제8조와 관련해 제18조, 제19조 및 제26조에 위반한다는 것이다.

병역법 제116조 제2항에서 제4항에 의하면 양심적 병역거부자로 인정받기 위한 신청은 국방장관의 승인을 받아야 하고, 승인을 거부할 때는 제16조 제3항에 의하여 행정재판소에 제소할 수 있다. 군복무의 2배 기간에 해당하는 대체복무는 징벌적 성격을 갖는 것일 수밖에 없고, 합리적이고 객관적인 기준에 근거한 것이 아니다.

참고로 이탈리아 헌법재판소는 1989. 7월, 군복무에 비해 8개월이 긴 대체복무를 규정한 조항은 이탈리아 헌법에 불합치한다는 결정을 한 사실, 유럽의회가 1967년, 유럽인권협약 제9조에 근거해 대체복무기간은 군복무기간과 동일해야 한다고 제안했던 사실, 더욱이 유럽이사회 각료위원회가 대체복무는 징벌적 성격을 가져서는 안 되며 또한 군복무기간과의 관계에서 합리적인 한계를 가져야 한다고 했던 사실(권고 No. R(87)8 of 9 April 1987), UN 인권위원회가 1987.3.5. 채택한 결의에서 양심적 병역거부는 규약에서 인정되는 사상, 양심 및 종교의 자유에 대한 권리의 합법적 행사로 간주되어야 한다고 한 사실이 원용되었다.

따라서 통보인들은 군복무에 비해 2배에 가까운 기간을 대체 복무하도록 요구하는 것은 의견에 기초한 불법적이고 금지된 차별행위를 구성하고, 군복무기간에 해당하는 기간을 초과하는 대체복무를 거부하는 행위에 대해 이를 징역형으로 처벌하는 행위는 규약 제18조 제2항 및 제26조 제1항을 위반한다고 주장한다.

2. 인권위원회의 판단

가. 프랑스의 주요 항변

본안 전 항변으로 프랑스는 규약이 양심적 병역거부에 대한 권리를 규정하지 않거니와 또한 규약 제18조나 제19조 어느 규정도 동 권리를 내포하고 있는 것으로 해석될 수 없다는 과거 인권위원회 결정(communication no. 185/1984, L.T.K. v. Finland), 또한 규약 제8조

제3항(c)(ii)에 의하면 "국민적 역무"에 대한 규제, 즉 양심적 병역거부가 인정되는 국가에서의 양심적 병역거부자에 대한 규제는 규약의 범위에 들어오는 것이 아니라 국내입법의 문제로 남는 것이어서, 규약규정과 양립할 수 없다고 주장했다.

본안과 관련하여 프랑스는 통보인들이 규약위반의 희생자가 아니고 통보내용이 근거 없는 것이라며 기각을 주장했다.

1983년 병역법 제116조는 병역거부의 진실성이 법률적 요건(무기사용에 반대한다는 청구인의 확인을 요함)에 따라 신청서상에서 밝혀지면 이것에 대한 어떤 심사행위도 수반하지 않는 진정한 병역거부의 권리를 규정한다.

1992. 1월부터 군복무기간은 10개월이었지만, 또 다른 형태의 국가역무는 12개월(과학자의 군복무)과 16개월(기술조력자의 민간복무)이었고, 양심적 병역거부자의 경우는 20개월이었다. 프랑스는 그 기간의 장기가 징벌적 또는 차별적 성격을 갖지 않는다고 하면서, 양심적 병역거부는 행정부에 의해 심사되지 않기 때문에 그 거부의 진실성을 입증하는 유일한 방법이라고 항변하였다.

프랑스는 양심적 병역거부 시스템이 규약 제18조, 제19조 및 제26조의 요건을 따르고 있으며, 인권위원회의 일반논평 제22호를 준수하고 있다고 주장했다. 프랑스는 신념에 근거한 차별도 없고, 청구인이 제출한 사유에 대한 검증절차도 없다고 주장했다.

프랑스는 통보인들이 양심적 병역거부자로서 국가역무를 이행하기 위한 자신들의 선택에 기초했기 때문에 차별의 희생자가 아니라고 주장했다. 즉 통보인들은 자신들이 임의로 선택한 대체복무에 따른 의무를 이행하지 않았기 때문에 유죄판결이 난 것이라고 주장했다. 유죄판결은 통보인들의 신념 때문도 아니고, 대체복무를 선택했기 때문도 아니고 국가역무의 조건준수를 거부했기 때문이라고 주장했다. 한편 구체적으로 통보인들이 대체복무를 신청할 당시에 복무기간에 대해 어떤 이의도 제기하지 않았고, 베니어 씨의 경우에 대체복무를 중단한 이유가 "프랑스의 제3세계에 대한 태도" 때문이라는 이유는 양심적 병역거부자의 복무기간의 장기라는 차별적 성격 주장과는 아무 관련이 없음을 지적했다.

나. 통보인의 주요 항변

통보인 측은 군복무에 비해 2배나 되는 대체복무 기간은 공공의 질서를 이유로 정당화될 수 없고 이것과 관련하여, 개인의 종교 또는 신념을 표명하는 권리가 공공의 안전, 질서, 건강, 도덕 또는 타인의 기본적 권리와 자유를 보호하기 위하여 필요한 경우에만 제한할 수 있다는 규약 제18조 제3항을 언급하였다. 또한 제한은 차별적 목적을 위해 부과할 수 없고 차별적 방법으로 적용할 수 없다는 인권위원회 일반논평 제22호를 언급하였다. 무기를 휴대하지 않겠다는 확신의 표명 그 자체는 법률이 명시적으로 양심적 병역거부의 권리를 인정하는 것으로, 공공의 안전, 질서, 건강, 도덕 또는 타인의 기본적 권리와 자유에 영향을 주는 것이 아니기 때문에 양심적 병역거부자에게 군복무에 비해 2배의 기간을 부과하는 것은 차별적 제한행위를 구성한다는 것이다.

양심적 병역거부자에 대해 심사를 하지 않는다는 주장에 대해, 통보인 측은 병역거부 신청서는 군역에 편입되는 달의 15일 이전에 제출되어야 하고 그것이 이유를 갖추어야 한다는 법률적 요건을 들면서, 국방장관은 그 신청을 거부할 수 있고 양심적 병역거부자의 지위가 자동적으로 발생하는 권리가 아니기 때문에 양심적 병역거부자가 제출하는 이유는 심사되는 것이 자명하다고 주장했다.

통보인은 자신들이 수행할 대체복무의 종류에 관해 선택할 것을 통지받는 프랑스의 주장에 대해, 자신들은 확신에 기초하여 선택을 하는 것이지 대체복무 기간에 따라 선택한 것이 아님을 강조하면서, 동 역무에는 어떤 선택의 여지도 없다고 하면서, 군복무에 비해 2배나 되는 대체복무의 기간을 정당화할 어떠한 공공질서의 이유도 존재하지 않는다고 주장했다.

통보인들은 역무기간의 장기는 의견에 기초한 차별행위를 구성하는 것임을 주장했다.

민간 대체복무의형태중, 국제협력역무를 수행하는 사람들의 경우는, 어려운 조건 속에서 역무를 수행한다는 프랑스의 주장에 대해, 통보인들은 그러한 역무는 프랑스 밖의 유럽지역에서 이행되고 유쾌한 조건 속에서 수행된다고 반박한다. 또한 그 역무를 수행하는 사람들은 전문적 경험까지 얻게 되는 반면, 양심적 병역거부자는 대체복무에서 어떤 이득도 취하지 못한다고 주장한다. 양심적 병역거부자의복무기간의 장기는 병역거부의 진지성에 대한 테스트라는 프랑스의 주장에 대해서는, 양심적 병역거부자의 진지성을 테스트하는 행위는 그 자체로 심각한 차별행위를 구성한다고 반박하였다.

다. 인권위원회의 판단

양심적 병역거부자에 대한 규제는 규약의 범위에 들어오는 것이 아니라 국내입법의 문제로 남는 것이어서 규약규정과 양립할 수 없다는 프랑스의 본안 전 항변에 대해, 인권위원회는 통보인이 제기한 쟁점은 양심적 병역거부의 권리 그 자체의 위반문제를 다루는 것이 아니고 규약의 다른 규정과의 문제를 야기하는 것이어서 그 관할 내에 있는 사항이라고 하여, 본안 전 항변을 기각하였다.

통보인들이 자신들의 신념 때문에 유죄선고된 것이 아니라 자신들이 자유롭게 선택한 역무를 이탈했기 때문에 유죄 선고되었기 때문에 규약위반의 희생자가 아니라는 주장에 대해, 인권위원회는 프랑스 국내법원 앞에서 통보인들이 자신들의 복무이탈행위를 정당화하기 위한 사유로서 양심적 병역거부자와 징병자간에 대우에 있어서 평등한 권리를 주장하였고, 프랑스 법원은 그 주장을 언급한 점을 지적하고, 통보인들은 양심적 병역거부자로서 자신들이 수행해야 할 역무에 있어서 어떤 자유로운 선택권이 없다는 사실을 인정했다. 따라서 인권위원회는 통보인들이 선택의정서상 희생자 자격을 갖는 것이라 보았다.

통보인들이 수행해야 했던 대체복무의 특정 조건이 규약위반에 해당하는지와 관련하여, 규약 제8조는 당사국은 군사적 성격의 역무를 요구할 수 있고, 양심적 병역거부의 경우에 차별적이지 않는 한, 대체적 국가역무를 요구할 수 있다고 규정한다. 프랑스 병역법상 통보인들은 12개월의 군복무에 비해 2배나 긴 24개월의 대체복무기간은 차별적이며 규약 제26조의 법 앞의 평등, 법의 평등한 보호원칙을 침해한다고 주장하는 것에 대해, 인권위원회는 제26조가 처우에 있어서의 모든 차별을 금하는 것은 아니나 그러한 차별이 합리적이고 객관적 기준에 근거해야 한다는 점을 누누이 강조해왔다.

이러한 맥락에서 인권위원회는 법률과 관행이 군복무와 대체적 역무 간에 차이점을 발생시킬 수 있으며, 그러한 차이는 대체역무의 장기화를 정당화할 수 있으나 다만, 그러한 차이는 관련된 특정 역무의 성격이나 당해 역무를 수행하기 위한 특별한 훈련의 필요여부 등과 같은 합리적이고 객관적 기준에 근거해야 한다.

그러나 이 사건에서 프랑스가 제출한 이유는 그러한 기준이 적시되지 않았고 또한 이 통보사건에 대한 특별한 언급 없이 일반적 기준만을 언급하고 있어 대체복무기간이 군복무에 비해 2배나 부과하는 것이 개인의 확신의 진지성을 테스트하는 유일한 길이라는 논거에 기초하고 있다.

인권위원회는 그러한 논거는 이 사건에 있어서 처우의 차이가 합리적이고 객관적 기준에 근거해야 한다는 요구를 충족시키지 못한다는 견해를 갖는다. 따라서 인권위원회는 통보인들이 양심의 확신에 기초해 차별을 당하고 있으므로 제26조 위반을 인정했다.

인권위원회는 프랑스가 장래 이와 유사한 위반행위가 재발하지 않도록 법률을 개정한 사실에 만족하며 이 사건에서 위반행위의 인정이 통보인들에게 충분한 구제를 구성한다고 보았다.

[102] 법 앞의 평등 Alzbeta Pezoldova v. The Czech Republic

Communication no. 757/1997, 2002. 10. 5. 인권위원회 결정

규약 제26조 (차별금지)

체코에 공산정권이 들어선 후, 일련의토지 국유화조치로 보상없이 몰수당했던 토지에 대해, 체코 정부가 몰수되었던 토지의 반환 또는 보상을 실시하는 내용의 재산권 회복법률을 1991년 제정하여 그 반환 등을 실시하였으나, 몰수되었던 토지 소유자의 상속인인 통보인의 경우 그 적용이 배제된 것은 체코 정부가 법률을 차별적으로 입법하고, 차별적으로 적용했다는 것으로서, 몰수과정에 대한 주요 입증자료가 체코 정부에 의하여 상당기간 접근이 불가했다는 사실이 인정되고, 아울러 입증된 자료에 의하면, 체코의 재산회복법률에 의하여 충분히 구제될 수 있었던 조치에 의한 것임이 추후 확인됨에 따라, 규약 제26조의 법 앞의 평등에 대한 위반을 인정하여 적절한 구제가 필요하다는 의견을 제시함.

1. 주요 사실

통보인이자 피해자인 페졸도바 씨는 쉬바르젠베르크 씨의 딸이자 법정 상속인이었다. 나치 독일정부는 통보인의 조부가 나치의 반대자라는 이유로 오지리, 독일, 체코에 소재했던 조부의 재산(특히 1940년 "the Stekl"로 불렸던 체코내 부동산)을 몰수했다. 조부는 1939년 체코를 떠났고 1950년 사망하였으며, 통보인의 父 진드리히는 1943년 독일군에 체포되어 1944년 석방될 때까지 부켄발트에 수용되었고, 석방된 후 미국으로 망명하여 종전 후에 체코에 귀환하지 않았다.

2차 대전 후, 1945년 체코정부는 통보인 가족의 재산을 국유조치했다. 당시 체코 베네스 대통령의 1945.6.1. No.12 명령과 1945.10.2 5. No.108 명령으로 게르만계 민족과 헝가리계 민족의 집과 농토가 몰수되었다. 이 명령은 통보인의 가문이 체코국민이었음에도 불구하고 독일계라는 이유로 통보인 가족의 부동산에도 적용되었다.

1947.8.13. 몰수법 No.142/1947이 제정되어, 50헥타르 이상의 농지, 200명 이상 고용하는 공장을 보상조건으로 국유화할 수 있게 되었다. 그러나 이 법은 통보인 가족 부동산에는 적용되지 않았다. 왜냐하면 같은 날 쉬바르첸베르그의 재산은 보상 없이 국유화한다고 규정한 특별법인 No.143/1947(소위 "쉬바르첸베르크 법")이 공포되었기 때문이다.

1948.1.30. 위 두 명령에 의한 쉬바르첸베르크 씨의 농지몰수는 취소되었다. 1948.2.12. 이 내용이 통지되었고 15일 이내에 이의제기할 수 있도록 되었던 바, 1948.2.27. 이후에만 그 취소가 효력을 갖는 것이라는 주장을 했다.

통보인에 의하면 재산권의 이전은 No.143/1947에 의하여 자동적으로 효력을 갖는 것은 아니고 부동산 등기부에 소유권 이전이 표시되어야 하는 것이라고 하면서, 따라서 No.143/1947 법률은 즉각 권리이전의 효과를 갖는 것으로 볼 수 없다고 주장한다.

1989년 공산정권 붕괴 후, 수 개의 권리회복 법률들이 제정되었다. No. 229/1991 법률에 의하면, 통보인은 지방토지당국에 그 권리회복을 신청할 수 있었으나, 동 법률은 1948.2.25. 이후에 국유화된 재산에만 적용한다는 이유로 그 신청들은 모두 기각되었고 헌법재판소에 대한 헌법소원 역시 기각되었다. 헌법재판소는 동 소유권은 No.143/1947 법률에 의하여 동 법률의 발효일자인 1947.8.13. 자동적으로 국가로 이전되었다고 하여 이를 기각하고, 동 법률의 위헌여부의 심리는 거부하였다.

2. 통보 요지

통보인은 체코 당국과 체코 헌법재판소가 No.143/1947 법률이 차별적인 특별법으로 그 자체 당연무효라는 점을 인정하지 않고 있으며, 이러한 행위가 통보인의 재산상속과 재산권의 평화적 향유의 권리에 대한 자의적이고, 차별적이고 위헌적인 개입행위를 구성하며, 더욱이 No.229/1991 재산권회복 법률은 과거의 재산몰수 피해자들과 달리 자신의 권리구제는 배제하는 것으로 이것은 자의적이고 불공평한 차별행위이기 때문에 규약 제26조를 위반한다는 것이다.

또한 No.229/1991 법률은 No.142/1947 법률에 의한 재산몰수를 무효화하는 조치를 취하나, No.143/1947 특별법에 의한 재산몰수는 이를 무효화조치를 취하지 않은 것은 차별취급이고, 더욱이 No.142/1947 법률에 관하여, 헌법재판소는 보상자격을 확인하는 일자로 실제 등기일자를 기준으로 하면서도, No.143/1947 법률의 경우에는 법률의 공포일자를 그 기준으로 삼은 것은 잘못이라고 한다.

또한 과거 공산주의 시절의 재산몰수과정에 관한 농업부 및 다른 국가 문서처의 기록파일에 대하여 통보인은 접근이 차단당했고, 2001년에서야 비로소 자신과 관련된 슈바르첸베르크 파일이 있음을 확인하고 통보인의 변호인이 이를 볼 수 있도록 허용되었다.

숨겨졌던 서류들은 쉬바르첸베르크의 부동산이 베네스 대통령의 명령 No. 12/1945에 따라 몰수된 것임을 입증하고 있다. 체코 정부는 통보인의 토지 권원에 대한 사실을 추적하고 이를 토지 당국과 법원에 신고하려는 행위를 방해하고 1991년의 재산권 회복법률에 따른 시한에 청구하는 것을 방해했을 뿐만 아니라 의도적으로 토지당국과 인권위원회를 기망했다고 주장한다.

3. 인권위원회의 판단

인권위원회는 No.143/1947 법률과 관련한 통보인의 청구는 시적 관할권(ratione temporis)의 범위 밖에 있는 것이라 판단하여 이를 기각하고, 통보인이 차별적 방법으로 효과적 구제를 받을 수 있는 접근권을 배제 당했는지, 즉 규약 제26조의 법 앞의 평등 및 법의 평등한 보호를 받을 권리가 침해되었는지를 심의하였다.

인권위원회는 통보인의 조부의 재산이 No.143/1947 법률에 의하여 몰수된 것이지 베네스 대통령의 No.12 및 No.108/1945 명령에 의한 것이 아니어서 1991년의 재산회복 법률 등이 적용되지 않는다고 하면서 체코 정부가 통보인의 권리를 자의적으로 차단함으로써 평등한 취급을 받을 권리를 침해했다는 것이 통보의 핵심임을 유념한다.

인권위원회는 당사국 체코가 2001년까지 지속적으로 관련 기록 및 문서고에 대한 통보인의 접근을 차단했고, 이후 입수할 수 있었던 기록에 의하여 입증된 사실에 의하면, 통보인 조부의 재산을 몰수한 근거가 되는 것은 No. 143/1947 법률이 아니라 베네스 대통령의 1945년도 위 2개의 명령에 의한 것이므로, 통보인은 1991년 재산회복 법률에 의하여 이를 회복할 권한이 있다는 점을 유념했다.

인권위원회는 국내법률의 해석과 그 적용은 본질적으로 관계 당사국의 법원 및 당국의 소관사항이라는 것이 인권위원회의 법리라는 점을 상기하면서도, 국내법상의 청구를 추구함에 있어서 각 개인은 구제절차에 동등한 접근권을 가져야 하는 바, 그 확인이 없으면 법원에 오판을 일으키게 되는 통보한 사실을 확인하고 이를 제시하는 기회를 가져야 한다고 하였다.

관계당사국이 해명하지 못하는 한, 통보인의 주장에 적정한 고려를 하는 것은 당연하다고 보았다.

인권위원회는 체코국의 법률에 관한 문제에 대해 이를 판단하는 것은 체코 국내법원의 몫이지 인권위원회의 몫은 아님을 인정한다. 그러나 통보인이 자신의 재산권 회복 청구를 입증할 수 있었던 관련 서류에 접근하는 것이 반복적으로 거부되는 상태에 있었음을 인정할 수 있으므로 규약 제2조와 관련하여 제26조에 의한 통보인의 권리가 침해되었다.

따라서 당사국은 재산권의 회복 또는 보상을 위한 새로운 청구를 제기할 기회를 포함하여 통보인에게 효과적 구제조치를 제공할 의무를 진다.

당사국은 모든 사람이 법 앞의 평등 및 법의 평등한 보호를 향유할 수있도록 자신의 입법과 행정관행을 재심사해야 한다.

[103] 간접적 차별 C. Derksen v. The Netherlands

Communication no. 976/2001, 2004. 4. 30. 인권위원회 결정

차별금지(제26조)

혼인한 부부와 혼인하지 않은 동거 부부를 달리 취급하는 것은 규약 제26조의 차별에 해당하지 않으나, 부모의 혼인에 영향을 줄 수 없는 그 자녀의 경우에는 부모의 법적지위에 따른 차별은 B규약 제26조 위반이다.

1. 주요 사실

네덜란드 국민인 더커슨 씨는 자신 및 두 자녀를 위해 인권위원회에 B규약 제26조의 위반을 통보하였다.

통보인은 결혼하지 않은 상태로 바커 씨와 동거하고, 바커 씨가 생업에 전념하고 통보인은 가정을 돌보고 파트타임 잡을 가졌다. 이들은 동거계약을 맺고 이 당시 통보인이 임신하게 되었고, 바커 씨가 자신의 자녀로 인지했다. 그들은 결혼하기로 했으나, 1995. 2.22. 바커 씨는 사고로 사망하게 되었다.

1995.6.6. 통보인은 "미망인 및 고아법"(이하 "구법")에 의한 연금을 청구했다. 1995. 8.1. 이 청구는 통보인이 바커 씨와 결혼하지 않았기 때문에 동 법상 미망인으로 볼 수 없다는 이유로 거부되었다. 동 법에 의하면 반고아를 위한 연금은 미망인의 연금에 포함되어 있다.

1996.7.1. 잔존가족부양법(이하 "신법")이 위 법을 대체하였다. 이 법에 의하면 혼인하지 않은 동반자들 역시 이 연금을 수급할 권리가 부여되었다. 1996.12.9. 통보인은 이 법에 따른 연금신청을 했으나 "1996.6.30. 현재 미망인 및 고아법에 의하여 연금을 받을 자격이 있는 자 및 1996.7.1. 이후 미망인이 된 자만이 신법에 의한 연금을 받을 자격이 있다"는 이유로 거부되었다.

통보인의 이의신청 역시 기각되었고, 법원에서도 역시 기각되었다.

2. 통보 요지

통보인에 의하면 그 부모가 결혼한 반고아의 경우와 그 부모가 결혼하지 아니한 반고아의 경우를 차별함으로써 B규약 제26조를 위반했다. 혼인한 부모에게서 출생한 자녀와 혼인하지 않은 부모에게서 출생한 자녀를 구분하는 것은 객관적이고 합리적인 근거로 정당화될 수 없다.

잔존가족부양법에 의하면 그 부모가 1996.7.1. 이후에 사망한 반고아는 그 부모의 혼인여부에 관계없이 수급권을 갖게 됨으로써 이것은 위에 기술한 불평등한 처우를 제거하는 것임을 지적한다. 통보인에 의하면 1996.7.1. 이전에 그 부모가 사망한 반고아의 경우에 불평등한 처우를 유지하는 것은 수용할 수 없다.

통보인은 자신도 차별의 피해자라고 주장한다. 통보인은 과거에 자신에게 구법에 의한 수급권을 부여하지 않은 결정은 수용하지만, 현재 법률이 개정되어 혼인하지 않은 배우자에게도 수급권을 허용하기 때문에, 자신이 계속하여 자신의 배우자가 1996.7.1. 이전에 사망한 것을 이유로 연금수급권을 배제하는 것은 수용할 수 없다.

통보인은 결혼한 배우자와 결혼하지 아니한 배우자를 동등하게 취급하기로 결정한 한에 있어서 배우자의 사망일자에 관계없이 적용되어야 하며 이렇게 하지 않는 것은 규약 제26조를 위반하는 것이라 주장한다.

3. 인권위원회의 판단

가. 당사국의 주장

이에 대해 네덜란드는 항소법원이 통보인의 항소를 기각함에 있어서는 규약 제26조의 차별금지 규정은 법률의 개정에 수반하는 시간적 제약에 의하여 야기될 수도 있는 불이익을 보호하기 위한 의도를 갖는 것은 아니라는 점을 부연했다. 항소법원은 새로운 권리가 제공될 때, 그 변화 이전의 사건에 신권리를 확대 적용할 의무는 존재하지 않는다고 했다.

당사국은 구법이 신법으로 대체될 때, 신제도는 구 권리에 대한 존중을 기초로 했고 신법이 발효되기 이전에 사망한 경우에는 어떠한 새로운 권리도 청구되지 않도록 했다고 한다.

당사국은 신법이 과거 사건에도 적용되어야 한다는 통보인의 의견을 반박한다. 신법은 혼인 이외의 다른 방법으로 동반자들과 함께 살아가는 것이 일상적이 된 사회에서의 변화를 반영하기 위해 도입되었다.

경과제도의 필요성을 판단하는 것은 입법부의 몫이라는 것이 당사국의 의견이다. 당사국은 신법에 의하여 현재 연금을 받을 자격을 갖는 사람들은 창설적 권리를 가진 사람들임을 강조한다. 이것이 신법에 의하여 수급권을 갖는 사람과 통보인처럼 창설적 권리를 갖지 않는 사람들을 구분하는 것이다.

1996.7.1. 이전에 혼인은 구법상 연금을 받기 위한 중대한 요소였고, 사람들은 혼인을 함으로써 동 연금을 받거나 아니면 혼인을 하지 않음으로써 동 혜택을 받지 않는 것은 선택이었다. 이제 신법이 혼인한 사람과 혼인하지 않은 상태로 동거하는 사람의 차별적 대우를 폐지했다는 사실이 이러한 기존의 지위를 변경하지 않는다. 당사국은 경과제도는 통보인에게 차별을 구성하지 않는다고 결론을 내린다.

반고아 상태의 통보인의 자녀에 대해서도 당사국은 통보인 본인에 대한 것과 마찬가지의 입장을 견지한다.

나. 통보인의 주장

통보인은 주요 문제는 시간이라는 요소 때문에 동등한 사안이 달리 취급될 수 있느냐의 여부라고 지적한다.

통보인은 신법에 의하여 창설된 연금은 모든 납세자가 참여하는 전국적인 연금제도임을 강조한다. 통보인은 다른 연금제도의 연혁을 참조하여 다른 연금제도들이 법제정일 이후에 자격이 생긴 사람만을 대상으로 하는 것이 아니라 자격 있는 사람에게 적용한다는 점을 지적한다.

신법의 경과규정에 대해, 통보인은 최초에 법률은 남녀 간의 평등을 규정하기 위하여 제정된 것이고 또한 혼인한 배우자와 혼인하지 않은 배우자간의 평등은 의회에서의 토의 후에 비로소 첨가된 것임을 지적한다. 경과규정을 둔 이유는 신법은 구법에 비하여 보다 엄격한 요건을 정하였으나, 법적 안정성 때문에 구법에 의하여 수급권을 가졌던 사람들이 신법에 의하여 그 자격을 가지게 한 것이고, 반면 더 엄격한 요건을 새롭게 자격을 갖게 된 사람들에게 적용하기 위한 것이다.

통보인은 그 경과규정이 차별적이라는 점을 주장하면서 만약 자신의 배우자가 17개월 이후에 사망했다면 자신과 자녀는 연금을 받을 자격이 생겼을 것이라고 한다. 그들은 현재 그 배우자나 부모가 1996.7.1. 이후에 사망한 부양가족의 경우와 동일한 사정에 처해있다. 동일한 상황에 처한 사람을 불평등하게 취급하는 것은 명백히 규약 제26조에 반한다.

통보인의 딸의 경우 그 父가 母와 결혼하였거나 또는 그 부가 1996.7.1. 이후 사망한 경우의 자녀와 달리 취급되고 있음을 지적한다. 자녀가 자신의 부모의 혼인여부에 대해 어떠한 영향력도 가질 수 없는 것이기에 이러한 것이 금지된 차별에 해당한다고 주장한다.

다. 인권위원회의 판단

인권위원회 앞에 제기된 첫 번째 문제는 통보인이 규약 제26조 위반의 피해자인지 여부를 가리는 것이다. 왜냐하면 그 배우자가 사망한 경우에 혼인한 피부양자와 혼인하지 않은 피부양자를 동등하게 취급하여 연금을 급여하는 신법이 혼인하지 않은 배우자가 신법의 발효일 이전에 사망한 사건에 적용되지 않기 때문이다.

인권위원회는 혼인한 부부와 혼인하지 않은 부부를 달리 취급하는 것은 규약 제26조의 위반에 해당하지 않는다고 한 점을 상기한다. 즉 혼인한 부부와 혼인하지 않은 부부는 상이한 법적 체계에 따라야 하고 혼인에 의하여 법적 지위를 취득하느냐의 여부의 결정은 전적으로 당사자 간에 있기 때문이다.

신법을 제정함으로써 당사국은 잔존가족에 대한 급여에 있어서 혼인한 경우와 혼인하지 않은 동거자를 동일하게 취급하였다. 혼인한 부부와 혼인하지 않은 부부를 차별하는 과거의 관행이 금지된 차별을 구성하지 않는다는 점을 고려하여, 인권위원회는 당사국이 신법을 소급 적용시킬 의무가 없다는 의견을 갖는다. 인권위원회는 새로운 사건에만 신법을 적용하는 것이 규약 제26조의 위반을 구성하는 것은 아니라고 본다.

두 번째 문제는 통보인의 자녀에 대한 연금의 거절이 규약 제26조의 금지된 차별을 구성하느냐 하는 것이다. 당사국은 급부여부를 결정하는 것은 아동의 지위가 아니라 아동의 잔존 부모의 지위이며, 연금은 아동에게 지급되는 것이 아니라 부모에게 지급되는 것이라 주장한다.

하지만 통보인은 배우자간의 혼인여부에 따라 상이한 법적 체계가 적용되고 혼인하느냐 않느냐의 그 선택은 전적으로 당사자들에 있기 때문에 혼인한 부부와 혼인하지 않은 부부의 구분이 차별을 구성하지 않는다 하더라도, 혼인을 하지 않기로 하는 결정이 자녀에 대한 부모의 의무에 영향을 줄 수 없는 것이고 자녀는 부모의 결정에 전혀 영향을 주지 않는다고 주장한다.

인권위원회는 제26조가 직접적 차별과 간접적 차별 모두를 금지하는 것이며, 간접적 차별은 표면상 중립적이고 차별할 의도는 없으나 특정 범주의 사람들에게 배제효과나 불균형적 역효과를 가져오기 때문에 결과에 있어서 차별을 초래하는 규칙이나 조치에 관계된 것임을 상기한다. 그러나 객관적이고 합리적인 기준에 근거하지 않는 구분은 그 자체로 규약 제26조의 의미상 금지된 차별행위를 구성한다. 이 사건에서 인권위원회는 구법에 의하면 자녀에 대한 급부는 부모의 지위에 좌우되고 있었고, 따라서 그 부모가 혼인하지 않은 경우에 그 자녀들은 동급부를 받을 자격이 없었음을 인정한다. 그러나 신법에 의하여도 1996.7.1. 이전에 혼인하지 않은 부모에게서 출생한 자녀에게 동급부가 배제되는가 하면, 동일자 이후에 출생한 동일한 상황에 처한 자녀의 경우에 동급부가 지급된다.

인권위원회는 혼인중 출생자 또는 1996.7.1. 이후 출생자와 한편으론 1996.7. 1. 이전의 혼외 출생자에 차이를 두는 행위는 합리적인 사유에 근거한 것이라 볼 수 없다.

이러한 결론을 내림에 있어서 인권위원회는, 상황을 개선할 목적으로 신법을 제정하기로 결정했을 때 구법의 차별적 효과를 네덜란드 당국이 잘 인식하고 있었으며 또한 1996.7.1. 이전에 출생한 혼외자에 대하여 신법을 확대 적용함으로써 차별을 쉽게 종식시킬 수도 있었을 사안임을 인정한다.

자신의 부모가 혼인을 선택하건 선택하지 않건 이에 대해 아무런 이야기를 할 수 없었던 자녀에 대해 계속되고 있는 차별의 중단은 소급효를 인정하여 해결할 수도 있고 아니면 이를 인정하지 않고서도 해결할 수 있었다. 그러나 통보는 1996.7.1. 이후의 기간에 관해서만 허용된다고 선언했으므로, 위 일자 이후에 당사국이 차별을 중지시키지 못한 것에 국한하여, 인권위원회는 모를 통한 반고아 급부가 신법에 의하여 거부된 자녀에 관해 규약 제26조의 위반을 구성한다고 본다.

인권위원회는 통보인 자녀와 관련된 사실이 규약 제26조 위반을 드러낸다고 본다. 당사국은 그 자녀에 대해 반고아 급부를 지급하거나 아니면 이와 동등한 구제를 제공할 의무가 있고 또한 유사한 위반행위를 방지할 책무를 진다.

제13장 재산권

유럽인권협약 제1의정서 제1조 (재산의 보호)

모든 사람 또는 법인은 재산을 평화적으로 향유할 권리를 갖는다. 어느 누구도 공적 이익 및 법률에 규정된 조건 및 국제법상 일반원칙에 의하지 아니하고는 자신의 재산을 박탈당하지 아니한다. 다만 전술한 규정은 일반적 이익을 위하여 재산의 이용을 규제하거나 세금, 기타 기여금이나 범칙금의 징수를 확보하기 위해 국가가 필요하다고 보는 법률을 집행하는 권리를 침해하는 것은 아니다.

B규약 (A규약에도 해당 조항 없음)

[104] 상속분의 차별 Mazurek v. France

Application no. 34406/97, 2000.2.1. 선고

제14조 (차별금지)와 관련하여 제1의정서 제1조 (재산권) 위반

프랑스 법률상 사생아와 적출자 간에는 재산상속에 있어 상속분의 차등을 두고 있었다.

법원은 어떤 경우에도 자신의 과실이 아닌 출생으로 인해 사생아가 비난받을 수 없다고 보고, 프랑스 재산상속에 있어서 채용된 수단과 추구하는 목적간에 합리적인 비례성이 없다고 하면서 차별금지와 관련하여 재산권의 침해를 인정하였다.

1. 주요 사실

청구인 클로드 마주렉 씨는 1942년생으로 프랑스 라 그렁드 모트에 거주한다. 그의 어머니가 1990년 사망한 후, 마주렉 씨는 사생아로서 그녀 재산의 일정한 상속분을 받을 자격이 있었다. 그 상속분에 대해서는 그와 적출자간에 분쟁이 있었다. 적출자들의 요청에 의해 민사법원은 청구인 상속분에 대해서는 그가 간통으로 출생하지 않았다면 받았을 절반의 몫 대신에 4분의 1로 정하였다.

프랑스 민법 제760조에 의하면 사생아는 그 부모 재산에 대해 적출자와의 관계에서 문제가 될 때는 그가 적출자였다면 받을 몫의 절반만을 받을 수 있다.

2. 청구 요지

이 건은 1996.12.13. 유럽인권위원회에 접수되었다. 1998.11.1. 이 건은 유럽인권법원에 회부되었다. 1999.5.4. 허용 판단되었고 1999.10.12. 공개심리가 개최되었다.

청구인은 협약 제8조상의 가족생활을 존중받을 권리의 침해 및 협약 제14조상의 출생신분에 의한 차별을 문제 삼았다. 나아가 그는 협약 제1의정서 제1조에 의한 재산의 평화

로운 소유권의 침해 문제도 제기하였다.

3. 법원의 판단

가. 제1의정서 제1조 및 협약 제14조

법원은 프랑스 민법의 관련 조항상으로 두 형제가 그들의 어머니의 재산에 대해 동일한 상태에 있지 않다는 사실에 대해 프랑스 정부가 어떤 반론도 제기하지 않은 것을 우선 유념한다.

법원은 청구인이 사생아이기 때문에 그가 출생할 당시에 어머니가 혼인하지 않았거나 또는 그가 적출자였다면 받았을 몫은 형들에 비해 절반의 몫이며 그러한 상속분의 차이는 민법 제760조에 명시되어 있음을 주목한다.

법원은 협약에 의하여 확보되는 권리와 자유의 향유에 있어서 제14조는 객관적이고 합리적인 정당화 사유가 있는 경우를 제외하고는 비교할 수 있는 상황에서 사람을 서로 다르게 취급하는 것을 금지한다.

그러므로 법원은 이러한 다른 취급 주장이 정당성을 갖는지 여부를 결정해야 한다.

프랑스 정부 측 답변은 소위 전통적인 가족제도의 보호가 합법적인 것으로 간주될 수도 있다는 점을 배제할 수는 없다고 본다.

사생아와 적출자간의 취급에 있어서 구분하는 행위는 그 부모의 재산과 관련해서 추구하는 목적에 비례하고 적절한 것인지의 문제가 남는다.

법원은 가족제도는 역사적으로나, 사회학적으로나 또는 법률적으로 엄격하게 고착된 것은 아니라는 점을 유념한다. 유럽 이사국의 다른 국가의 상황을 보면, 프랑스 정부의 주장과는 반대로 사생아에 대한 관계에서 그 차별을 폐지하는 분명한 경향이 있음을 목격한다. 협약의 관련 규정의 해석시 그러한 발전 진행사정을 무시할 수는 없다.

도덕적 이익에 관한 프랑스 정부의 주장에 관해 보건대, 법원은 당시 사회인구학적 지표로 제공되는 큰 그림, 모든 차별을 종식시키기 위해 1991년 제출된 법안을 주목할 수 있다.

법원에 제기된 유일한 쟁점은 어머니의 재산을 사생아와 적출자 자녀 간에 배분하는 방식이다. 법원은 이 사건에서 사생아로서의 출생에 근거한 차별에는 어떤 선량한 이유가 없다고 본다. 어떤 경우에도 자신의 과실이 아닌 출생으로 인해 사생아가 비난받을 수 없다. 청구인이 사생아 신분이기 때문에 그는 재산 분배에 있어서 불리하였다.

법원은 재산 상속을 함에 있어서 채용된 수단과 추구하는 목적 간에 어떤 합리적인 비례성을 찾을 수 없다고 결론을 내린다. 따라서 협약 제14조와 함께 고려해볼 때 제1의정서 제1조의 위반이 있었다.

나. 제8조 및 제14조

당사자들이 제출한 항변이 제14조와 함께 고려한 제1의정서 제1조와 관련해서 심리한 것과 동일한 점을 고려해서 법원은 이 부분의 심리는 필요하지 않다고 판단한다.

다. 보상

청구인은 자신이 상속받은 금액과 그 재산을 절반으로 분배했을 경우 자신이 받았을 금액간의 차액에 대해 재산상의 손해보상을 청구하였다. 프랑스 정부는 이에 이의를 제기하지 않았다. 법원은 청구인에게 재산상의 손해로 376,034 프랑의 지급을 명하였다.

청구인은 100,000 프랑의 비재산적 손해의 보상도 청구하였다. 프랑스 정부는 이에 반대의견을 내었다. 형평의 기초에서 법원은 비재산적 손해로 청구인에게 20,000 프랑의 지급을 명하였다.

법원은 프랑스 각급법원 및 협약 제도상 발생한 비용은 협약상의 위반행위를 구제할 목적을 갖는다고 본다. 형평의 기초에서 법원은 100,000 프랑의 지급을 명한다.

[105] 수용된 건물의 보상액 Kozacioğlu v. Turkey

Application no. 2334/03, 2009. 2. 19. 선고

제1의정서 제1조 (재산권) 위반

비재산적 손해에 대해서는 협약 위반 인정 그 자체로 충분하고 정당한 보상이 된다고 하고, 특별 손해에 대해서는 75,000 유로를 그리고 비용과 경비로 1,000 유로의 지급을 명함.

터키의 문화적 유산으로 지정되어 보상 · 수용된 청구인의 건물의 낮은 보상액이 문제된 건으로, 법원은 보상금액을 결정함에 있어서 그 건물의 희귀성, 건축학적 및 역사적 특성 등이 합리적인 정도로 고려되지 않고, 청구인의 권리와 공공의 이익간에 비례성의 요건이 충족되지 않았기 때문에 재산권을 침해한 것이라 판단하였다.

1. 주요사실

코자씨오그루 씨는 터키 국민으로 2005년에 사망했다. 그의 상속인이 청구를 승계하였다.

2000. 4월, 청구인 소유의 건물이 "문화재"로 지정되어 문화부에 의하여 수용되었다. 청구인은 재산 이전시 대략 65,326 유로를 지급받았다.

2000. 10월, 청구인은 새로운 전문가단이 재감정하여 건물의 역사적 가치를 고려할 것을 요청하면서 증액 신청을 하였다. 그는 특히 문제의 건물이 유럽이사회의 문화 및 자연유산 목록에 기술되어 있다고 주장하면서 추가 보상으로 1,728,750 유로를 요구하였다.

2개의 서로 다른 전문가단은 2001년에 동 건물의 특징에 비추어 그 가치는 100% 증액되어야 한다고 하였다. 2001.6.15. 국내법원은 청구인 주장의 일부를 인용하고 당국에 대해 추가 보상으로 139,728 유로를 지급할 것을 명했다. 그러나 2001.11.19. 파기원은 원판결을 파기했다. 파기원은 문화 및 자연 유산(보호)법(법률 제2863호) 제15조 d항에 의하면 건물의 희귀성 과 건축학적 및 역사적 특색은 그 가치 평가의 고려 요인이 아니라고 판시하였다. 2002. 5월 국내법원은 청구인에게 추가 보상으로 대략 45,980 유로의 최종

금액을 판정하였다.

2. 청구 요지

협약 제1의정서 제1조에 근거하여 청구인은 재산의 평화적 향유권의 침해를 주장한다. 또한 제6조(공정한 재판을 받을 권리)에 근거하여 국내법원 앞에서의 절차가 불공정했는데 이는 수용된 건물의 문화적 및 역사적 특징을 평가하기 위한 자격 있는 역사 예술가의 선임을 거부했다는 것이다.

이 건은 2002.11.11. 접수되었다.

2007.7.31. 지정 재판부 판결에서 법원은 4대3으로 협약 제1의정서 제1조의 위반이 있었다고 판시했었다. 법원은 수용된 건물의 역사적 가치가 수용보상 결정시 또는 증액 요구 소송중 반영되지 않았음을 주목한다. 법원은 그러한 요소를 전혀 고려하지 아니한 것은 청구인에게서 수용된 재산의 가치를 박탈한 것이라고 본다. 또한 법원은 판결 자체로 청구인이 입은 비재산적 손해에 대해 충분한 보상이 된다고 하고 재산상 손해로 75,000 유로 및 비용과 경비로 1,000 유로의 지급을 명한다고 판시했다.

2007.10.31. 터키 정부는 이 건을 대재판부로 회부할 것을 요청하고 2008.3. 31일 대재판부는 이를 받아들였다.

3. 법원의 판단

법원은 제1의정서 제1조의 의미상 재산권의 박탈이 있었다는 지정 재판부의 판시에 동의한다. 나아가 법원은 그 수용행위는 "법률이 정하는 조건에 따라서" 명해진 것이며, 정부가 보호하고 촉진할 중요한 가치를 지닌 것으로 보이는 터키 문화유산의 보호라는 합법적 목적을 추구하고 있다는 점에 당사자 간에 논란이 없음을 주목한다.

법원은 수용이 합법성의 요건을 충족하는 경우 완전한 시장 가격의 보상을 안 해준다는 것 그 자체로는, 수용당하는 사람이 과도한 그리고 불공정한 부담을 지우지 않는 한, 제1의정서 제1조에 반하는 수용이 아니라고 한 점을 주목한다. 관련 국내 법제상 보상조건은 계쟁의 조치가 필수적인 공정한 균형을 준수하는지 그리고 특히 청구인에게 불균형한 부담을 지우지 않는지 이를 평가 가능하게 한다. 법원은 일전에 그 가치에 합당한 금액의 지불 없는 재산의 수용은 통상적으로 불균형한 침해가 된다고 판시했었다. 제1의정서 제1조는 그렇다고 하여 모든 경우에 완전 보상의 권리를 부여하는 것은 아니다. "공공의 이익"이라는 합법적 목적은 그것의 완전한 시장 가격 보다 덜 주고도 재산을 수용할 수 있다. 법원은 역사적 및 문화적 유산의 보호라는 명분은 그러한 목적이 된다고 본다.

이 사건에서 청구인에게 지급할 보상액을 결정함에 있어서 국내 당국은 그 건물의 희귀성, 건축학적 및 역사적 특징 어느 것도 고려하지 않았다. 법원은 지표가 되는 건물의 시장 가격 산정이 곤란할 수도 있다는 점을 인정한다. 그러나 터키 법률에 의하면 그러한 건물의 특수한 측면들이 그 소유자의 이익을 위해 전혀 고려되지 않을 수도 있지만 수용 당국의 편의를 위해서 국내법원이 부동산 가치를 평가절하 하곤 하였음에도 주목한다.

법원은 국가 측에 분명히 어드밴티지를 부여하는 제도는 불공정하다고 판단한다.

그러므로 법원은 수용된 건물의 특수한 측면이 청구인에게 가야할 보상액을 결정함에 있어 "합리적인 정도"로 고려되지 않았기 때문에 청구인의 권리와 공공의 이익 간의 비례성 요건이 충족되지 않았다. 따라서 제1의정서 제1조를 위반했다.

제1의정 제1조에 의한 판시를 고려하여 법원은 제6조 위반 여부를 별도로 심리할 필요는 없다고 본다.

[106] **징계로 인한 연금수급권 박탈** Azinas v. Cyprus

Application no. 56679/00, 2002. 6. 20. 선고

제1의정서 제1조 (재산권)

2002.6.20. 지정재판부 판결에서는 재산권 침해 인정

2004.4.28. 대재판부 판결에서 국내적 구제절차 미완료로 기각됨.

절도, 배임 및 직권남용으로 유죄판결을 받은 공무원이 징계절차로 해직되면서 퇴직급여와 연금수급권이 박탈된 사건에서, 법원은 퇴직급여의 박탈은 재산권 침해로 보고, 징계조치는 공공을 보호하고 행정의 신뢰를 보호하는 것을 목적으로 하지만, 개인연금의 박탈은 어떤 적절할 목적에도 기여하지 않으며 또한 청구인과 그 가족의 생계수단의 박탈을 가져오기 때문에 재산권침해로 인정된다고 판단하였다.

이 판결은 후에 싸이프러스의 대재판부 이송요청에 따라 대재판부에서 심리되었고, 국내적 구제절차 미완료로 사건이 종결됨.

1. 주요 사실

청구인 안드리아스 아지나스 씨는 1927년생의 싸이프러스 국민으로 니코시아에 거주한다. 그는 1960년 싸이프러스 공화국이 탄생된 후, 해고 시까지 공무원으로 근무하였다.

1982.6.28. 공무원위원회는 그에 대한 징계절차를 개시하고 1981.4.8. 니코시아 지방법원이 절도, 배임 및 직권남용 혐의에 대해 유죄를 인정하자 이를 근거로 소급하여 그를 해고하기로 결정하였다. 그는 징역 18개월의 선고를 받았다. 유죄인정 부분과 형량에 대한 청구인의 상고는 1981년 대법원에 의해 기각되었다. 공무원위원회는 청구인 소속의 부처 자원을 사유재산처럼 이를 관리하였다고 보았다. 징계절차에서 청구인의 연금을 포함한 퇴직 혜택을 박탈하였다.

대법원 판결에서 동일한 행위로 거듭 처벌받지 아니할 권리에 관해서 “형사절차와 징계절차는 별개의 분명히 다른 목적을 추구”하며 또한 “동일한 행위는 형사적인 범죄도 구성하고 징계상의 대상 행위도 될 수 있어서 징계절차의 개시에 형사절차가 장애가 되지 않는다”고 판시하였다.

2. 청구 요지

청구인은 자신의 해고 및 연금권의 박탈과 관련하여 협약 제6조 제1항(합리적 기간) 및 제1의정서 제1조(재산의 보호)의 위반을 주장한다.

3. 법원의 판단

제1의정서 제1조

청구인은 자신의 퇴직 급부와 연금은 제1의정서 제1조의 의미상 소유권에 해당한다고 주장한다.

제1조의 의미상 "소유권" 존재 여부

연금에 대한 권리는 협약상 보장되는 그러한 권리는 아니다. 그러나 법원은 협약의 판례법에 따르면 취업에 근거한 연금권을 일정한 상황에서 재산권에 유사할 수 있다는 점을 거듭 천명하여 왔다.

법원은 사회연금에 대한 권원은 기여금의 납부와 연결되어 있고 그 기여금을 납부했을 때 그에 대한 급부는 부정할 수 없다고 판시하였다(Gaygusuz v. Austria, 1996.9.16.).

법원은 싸이프러스 연급법의 관련 조항을 고려하여, 싸이프러스에서 청구인이 공무원이 되었을 때 제1의정서 제1조의 의미상 "소유권"을 구성하는 권리를 취득한다는 점을 주목한다. 이것은 공무원법에서 연금이 해직된 공무원의 처와 자녀에게 지급된다고 규정하고 있다는 점에서 그렇다.

침해가 정당화되는지 여부

법원은 퇴직급부의 상실은 청구인의 재산권에 대한 침해를 구성한다고 본다. 문제의 침해행위는 몰수도 아니고 재산의 이용을 규제하는 조치도 아니었다. 이는 그러므로 제1

조 첫째 문장으로 다룰 사항이다. 그러므로 공동체의 일반적 이익의 요구와 개인의 기본적 권리의 보호 요구 간의 공정한 균형이 유지되었는지를 판단해야 한다.

법원은 싸이프러스 당국이 청구인에 대한 유죄 이외에 징계조치를 취하는 것이 필요하다고 본 점에 의심을 갖지 않는다. 청구인은 고위직의 공무원으로 공화국의 사회 경제생활의 핵심 부분의 책임을 맡았던 자로서 자신의 역할 및 충성의무에 반하는 중대한 범죄로 유죄가 인정되었다. 공무원위원회는 가장 적절하다고 판단하는 징계조치를 선택할 수 있고 해직 결정을 하였다. 그러나 이러한 징계조치는 법률에 의하여 자동적으로 청구인의 퇴직 급부의 상실을 초래하였다. 징계조치는 공공을 보호하고 행정의 고결성에 대한 신뢰의 보호를 목적으로 하고는 있지만 개인연금의 소급적 상실은 어떤 적절한 목적에도 이바지한다고는 볼 수 없다는 것이 법원의 입장이다.

법원은 청구인이 그의 직책에서 해직되었을 뿐만 아니라 직무수행 관련 중대한 범죄로 18개월의 형이 선고되었음을 주목한다. 횡령금액이 자선 목적 및 공화국 지원기금 위원장에게 사용되었지만, 국내 법원은 그에게 상당한 벌금형을 명할 수도 있었지만 그렇게 하지 않았다. 국내법원은 청구인의 해직 및 연금을 포함한 퇴직 급부를 상실시키는 공무원위원회의 결정을 유지하였다. 그럼으로써 그는 고통과 스트레스에 노출되었다.

따라서 청구인과 그 가족이 어떤 생계수단도 박탈되었다. 결과적으로 싸이프러스 입법자들은 적어도 해직된 공무원의 가족이 청구인의 행위로 고통 받지 않도록 결과적으로 법률을 개정하였던 것이다.

법원은 개인의 재산권의 보호와 공공이익의 필요 간에 균형이 이루어져야 한다고 본다.

그러므로 제1의정서 제1조의 위반이 있었다.

제14장 교육에 대한 권리

유럽인권협약 제1의정서 제2조 (교육에 대한 권리)

어느 누구도 교육을 받을 권리가 부정되어서는 안 된다. 국가는 교육 및 교수와 관련된 어떤 임무를 행하는 데 있어서도 부모가 자신의 종교적 및 철학적 신념에 일치하는 교육 및 교수를 확보하는 권리를 존중하여야 한다.

경제적 사회적 및 문화적 권리에 관한 국제규약 제13조 (교육에 대한 권리)

1. 이 규약의 당사국은 모든 사람이 교육에 대한 권리를 가지는 것을 인정한다. 당사국은 교육이 인격과 인격의 존엄성에 대한 의식이 완전히 발전되는 방향으로 나아가야 하며 교육이 인권과 기본적 자유를 더욱 존중하여야 한다는 것에 동의한다. 당사국은 나아가서 교육에 의하여 모든 사람이 자유사회에 효율적으로 참여하며 민족간에 있어서나 모든 인종적, 종족적 또는 종교적 집단간에 있어서 이해 관용 및 친선을 증진시키고 평화유지를 위한 국제연합의 활동을 증진시킬 수 있도록 하는 것에 동의한다.
2. 이 규약의 당사국은 동 권리의 완전한 실현을 달성하기 위하여 다음 사항을 인정한다.

(a) 초등교육은 모든 사람에게 무상 의무교육으로 실시된다.

(b) 기술 및 직업 중등교육을 포함하여 여러 가지 형태의 중등 교육은 모든 적당한 수단에 의하여 특히 무상교육의 점진적 도입에 의하여 모든 사람이 일반적으로 이용할 수 있도록 하고 또한 모든 사람에게 개방된다.

(c) 고등교육은 모든 적당한 수단에 의하여 특히 무상교육의 점진적 도입에 의하여 능력에 기초하여 모든 사람에게 동등하게 개방된다.

(d) 기본교육은 초등교육을 받지 못하였거나 또는 초등교육의 全 기간을 이수하지 못한 사람들을 위하여 가능한 한 장려되고 강화된다.

(e) 모든 단계에 있어서 학교제도의 발전이 적극적으로 추구되고 적당한 연구 장학제도가 수립되며 교직원의 물질적 처우는 계속적으로 개선된다.

3. 이 규약의 당사국은 부모 또는 경우에 따라서 법정후견인이 그들 자녀를 위하여 공공기관에 의하여 설립된 학교 이외의 학교로서 국가가 정하거나 승인하는 최소한도의 교육수준에 부합하는 학교를 선택하는 자유 및 그들의 신념에 따라 자녀의 종교적, 도덕적 교육을 확보할 수 있는 자유를 존중할 것을 약속한다.

4. 이 조의 어떠한 부분도 항상 이 조 제1항에 규정된 원칙을 준수하고 그 교육기관에서의 교육이 국가가 결정하는 최소한의 기준에 일치한다는 요건 하에서 개인과 단체가 교육기관을 설립, 운영할 수 있는 자유를 간섭하는 것으로 해석되지 아니한다.

[107] 자녀의 종교교육 Lautsi and Others v. Italy

Application no. 30814/06, 2011. 3. 17. 선고

협약 제1의정서 제2조(교육을 받을 권리) 비위반

이 건은 이탈리아 공립학교 교실 내에 걸려 있는 그리스도 수난상에 관련된 것으로, 청구인들은 교육, 교수와 관련하여 수난상 설치는 자신들의 종교적 및 철학적 신념에 따라 교육 및 교수를 확보해야 하는 부모들의 권리를 존중하도록 작용해야 한다는 점에서 협약상 국가의 의무에 저촉된다는 것이다.

이에 대해 법원은 그리스도 수난상이 학급에 있어야 하느냐의 결정은 원칙적으로 이것에 대해서 유럽국가들 간 어떤 콘센서스도 없어 해당국가의 재량범위내에 해당하는 사항이며 또한 기독교 정신의 강제적 교육과 관련되어 있지 않다고 하여 본 청구를 배척함.

1. 주요 사실

청구인은 3인으로, 소일레 라우치 씨와 그의 두 아들이다. 두 아들은 이탈리아의 아바노 테르메 소재 공립학교 재학중이었으며 그 학교 각 학급에는 벽에 그리스도 수난상이 부착되어 있었다. 2002.4.22. 위 아들의 학부모는 학교 운영위원회 회의시 종교적 상징물의 부착에 대해 문제점을 제기하면서 그 제거를 요구하였으나, 운영위원회는 학급내 설치된 종교적 상징물을 계속 존치하기로 결정했다. 이에 청구인은 2002.7.23. 베네토 행정법원에 비종교주의 원칙에 대한 침해를 이유로 제소하였다.

2003.10.30. 교육·대학 및 연구장관(2002. 10월에 동 설치물의 보존에 대해 각급 학교운영위원회에 교시하는 지침을 채택하였음)은 이 소송에 참가하면서 공립학교 학급내 그리스도 수난상 설치는 1924년과 1928년, 2개의 왕령에 근거한 것이라는 이유로 동 주장은 근거 없는 것이라 항변하였다.

2004년 헌법재판소는 행정법원이 회부한 동 건에 대한 위헌여부에 대해서는 위 왕령이 법률의 지위를 갖지 않고 오직 규칙이라는 이유로 위헌심사대상이 되지 않는다고 판시

했다.

2005.3.17. 행정법원은 위 청구를 기각했다. 문제의 왕령이 여전히 유효하며 또한 공립학교 학급내 그리스도 수난상의 설치가 국가의 비종교성 유지 원칙을 침해하지 않는다는 것이다. 즉 이것은 유럽의 법적 유산이며 서구 민주주의의 일부분이라고 보았던 것이다. 특히 법원은 동 수난상은 가톨릭교회 자체 보다는 기독교신앙 일반의 심볼로 작용하였고, 이탈리아 국민의 "동질성이 연계된 가치"를 포함하는 역사적 및 문화적 심볼이라고 하였다. 따라서 이것은 이탈리아 헌법의 지주가 되는 가치체계의 심볼로 볼 수 있다고 하였다.

2. 청구 요지

청구인은 협약 제1의정서 제2조(교육을 받을 권리) 및 제9조(사상, 양심 및 종교의 자유)에 근거해, 공립학교 학급의 그리스도 수난상에 대해 제소하였다. 또한 청구인들 모두 가톨릭 신자가 아니라서 가톨릭 신자인 부모 및 자녀들과의 관계에서 차별적 취급을 받았다고 주장한다.

이 청구는 2006.7.27. 유럽인권법원에 제소되어 2009.11.3. 유럽인권법원은 협약 제9조와 함께 제1의정서 제2조(교육을 받을 권리)의 침해를 구성한다고 판시했다. 2010.1.28. 이탈리아 정부는 협약 제43조에 의해 동 사건의 대재판부로의 이관을 요구하고, 대재판부는 동 요구를 받아들였다.

3. 법원의 판단

가. 제1의정서 제2조

부모의 종교적 및 철학적 신념을 존중하도록 하는 유럽이사회 회원국의 의무는 교육의 내용과 방법에만 적용되는 것은 아니라는 것이 지금까지의 법원의 판례법에서 볼 수 있다.

그 의무에는 교육과 교수와 관련한 모든 기능의 행사에 있어서도 국가들을 기속하며 국내법이 그러한 기능을 공공당국에 귀속시킨 그 학교 환경의 조직도 포함한다.

그리스도 수난상이 공립학교 학급에 게시되어야 하느냐에 대한 결정은 이탈리아가 책임져야할 기능의 한 부분을 형성하므로 이것은 제1의정서 제2조의 범위에 해당한다. 동 규정은 교육과 교수와 관련한 기능의 행사시에 국가에게는 부모 자신의 종교적 및 철학적 신념에 일치되게 아동에 대한 교육과 교수가 이루어질 수 있도록 이를 보증하도록 하는 학부모의 권리를 존중하는 의무를 부과한다.

법원은 그리스도 수난상이 무엇보다도 종교적 상징이기는 하지만, 학급의 벽에 이를 부착해놓는다고 하여 학생들에게 영향을 미칠 수 있다고 하는 어떤 증거도 없다고 판단했다. 더욱이 학부모인 청구인은 자녀가 출석하는 공립학교의 학급에 있는 그리스도 수난상의 전시로 인하여 자녀 교육과 교수에 있어서 청구인의 철학적 신념에 따라 이루어지도록 이를 보장받을 학부모의 권리에 대해 국가측이 이를 존중하지 않는다고 볼 수는 있겠으나, 학부모의 주관적 인식은 제1의정서 제2조 규정의 침해를 구성한다고 보기에는 충분치 않다고 보았다.

이탈리아 정부는 공립학교 학급에 설치된 그리스도 수난상은 이제 이를 영속시켜야 할 전통이 되었다고 한다. 아울러 그 종교적 의미를 떠나 동 수난상은 민주주의와 서구 문명의 토대를 형성하는 여러 원칙과 가치들을 형상화한 것이고 또한 그러한 이유로 학급내 설치는 정당화된다고 항변하였다.

법원은 그러한 전통을 유지하느냐 하는 문제는 유럽이사국의 재량 범위 내에 속하는 것이나, 그러한 전통을 언급함으로써 협약과 의정서상에 구현된 권리와 자유를 존중할 의무를 면제케 할 수는 없다는 견해를 피력하였다.

이탈리아 국가협의회와 파기원은 동수난상의 의미에 대해 다르게 보고 있고 헌법재판소는 판단을 하지 않은 점에 유념하면서, 법원은 국내 법원간의 국내적 논쟁에 관해 어떤 입장을 취할 바는 아니라고 하였다.

국가는 교육과 교수와 관련한 기능의 행사와 학부모의 종교적 및 철학적 신념에 일치하도록 하는 학부모의 권리에 대한 존중이 조화를 이룰 수 있도록 하는 노력에 있어서 재량의 여지를 갖고 있다.

따라서 국가의 결정이 일정한 형태의 교조적 효과를 갖지 않는 한 그러한 사항에 대한 국가의 결정을 존중하는 것이 원칙적으로 당 법원의 의무다. 그리스도 수난상이 학급에 있어야 하느냐의 결정은 원칙적으로 거기에 대해서 유럽국가들 간 어떤 콘센서스도 없는 경우라면 국가의 재량 범위 내에 해당하는 사항인 것이다.

그러나 그러한 재량범위는 그러한 선택이 일정한 형태의 교의 주입에 해당하지 않도록 해야 하는 당 법원의 감독에 부응하는 것이었다. 이러한 점에서 학급내 그리스도 수난상이 있음으로 해서 이탈리아의 관련 규정들이 학교 환경에서 국가의 다수를 차지하는 종교에 대해 이를 표현할 수 있도록 하고 있다는 점을 당 법원은 확인하였다.

그러나 이탈리아 측에서 교의 주입 과정을 표시하는 것 그 자체로는 제1의정서 제2조 요건의 침해를 구성할 정도로 충분하지 않다는 것이 당 법원의 의견이다.

그점에 관해, 법원의 초기의 판례법을 보면 일국의 全 역사를 통해서 한 종교가 우세하다고 하여 학교 교과과정이 동 종교에 대해 다른 종교보다 더 큰 지위를 부여한다고 해서 이것을 그 자체로 교의 주입의 한 과정으로 볼 수 없다고 하였다. 벽에 걸린 그리스도 수난상으로 인해 이로 인한 학생에 대한 영향력이 설교 또는 종교 활동의 참여에 해당하는 영향력에 필적할 수 없는 수동적인 상징물이라는 점이 인정된다.

또한 법원은 교내에 기독교 정신을 심는 그리스도 수난상의 존재로 인한 가시적 효과는 다음과 같은 점들을 고려함으로써 보다 심층적으로 볼 필요가 있다고 하였다. 그리스도 수난상의 존재는 기독교 정신의 강제적 교육과 관련되어 있지 않다. 이탈리아 정부에 의하면 이탈리아는 다른 종교에 대해서도 학교 환경을 개방하였다(학생들은 종교적 의미가 담긴 심볼의 착용이나 의복을 입을 수 있도록 허용되었으며, 소수의 종교적 행사도 고려되며, 승인된 모든 종교적 신조를 위해서 학교에는 선택적인 종교 교육이 구성되었으며 또한 라마단의 마지막 날의 축제가 학교에서 종종 거행되었다는 등). 다른 종교를 믿는 학생들이나 비신자들 또는 무신론적 철학적 신념을 가진 학생들에게 이를 허용하지 않았다는 어떤 증빙도 제시되지 않았다. 아울러 청구인들은 학급내 그리스도 수난상이 존재함으로써 개종을 장려하는 것이라고 주장하지도 아니하였고 두 자녀가 교사에 의해 그리스도 수난상에 대해 어떤 경향성을 띠는 말을 하는 것을 보았다고 하지도 않았다. 끝으로 법원은 학부모인 청구인이 자신의 철학적 신념에 따라서 자녀들을 지도하는 부모로서의 권리를 완벽하게 보유하고 있음을 유념하였다. 학부형인 청구인의 자녀가 등교하는 공립학교의 학급내에 그리스도 수난상을 계속해서 존치되도록 하는 결정을 함에 있어서 법원은 이탈리아 당국이 교육과 교수와 관련된 기능을 행사함에 있어서 부모의 종교적 및 철학적 신념에 일치되게 그러한 교육과 교수를 확보토록 요구하는 부모의 권리를 존중해야 한다는 맥락에서 이탈리아는 재량의 범위내에서 행동한 것이라고 결론을 내린다. 그러므로 학부형인 청구인의 주장에 대해서는 제1의정서 제2조의 위반이 없다. 나아가 법원 제9조와 관련한 문제에 대해서 별도 쟁점이 없다고 본다. 법원은 마찬가지로 청구인 자녀의 청구건에 대해서도 동일하게 결론을 내린다.

나. 제14조

지정 재판부 판결에서 법원은 협약 제9조와 함께 제1의정서 제2조의 위반이 있었다는 결론을 고려하면 제14조에 관한 사항을 별도로 심리할 이유가 없다고 판시했다. 협약과 의정서상의 다른 실체규정에 의해 보장되는 권리와 자유의 향유와 관련해서만 협약 제14조는 효과를 갖는 것이기에 이는 독립적으로 존재할 이유가 없음을 재설시하면서, 법원은 청구인들이 협약 제9조와 제1의정서 제2조에 의해서 보장되는 권리의 향유에 관해 차별문제를 다루기를 희망한다는 가정에서 출발하더라도, 제1의정서 제2조에 의하여 이미 결정된 것과는 확연히 구분되는 어떤 쟁점을 볼 수 없다고 판시했다.

[108] **교육의 일시적 배제** Ali v. the United Kingdom

Application no. 40385/06, 2011.1.11. 선고

협약 제1의정서 제2조(교육을 받을 권리) 비위반

학교에서의 방화사건의 용의자로 청구인이 지목되어 관련 수사중에 학교장은 청구인의 등교를 금지시키고 대신에 전국학생평가시험에 응시를 위해 일정기간만 출석이 허용되었고 학교 측은 일부 과목의 자습과제만을 부여하고 있었다. 방화사건이 청구인에 대한 증거부족

으로 종결되자 학교장은 재등교를 서면으로 요청했으나 청구인의 부모는 학교 복귀에 대해 확신을 못하는 중 학교장은 청구인을 제적시켰다.

청구인은 학교 등교 금지조치가 교육을 받을 권리를 부인했다고 주장한 것에 대해 법원은 청구인에 대한 그러한 등교금지 조치는 범죄수사라는 합법적 목적을 추구한 결과에 기인한 것이기에 합법적이라고 보고, 그 부모가 학교장의 요구에 응하지 않았기에 출석일수 부족에 따른 제적조치는 교육을 받을 권리에 침해하지 않는다는 것임.

1. 주요 사실

청구인 압둘 하킴 알리 씨는 1987년생의 영국인이며 현재 영국내 밀톤 키이네스에 살고 있다.

2001.3.8. 학교 쓰레기통에서 불이 난 후, 소방단이 화재사고가 고의로 낸 것임을 경찰에 알렸다. 압둘 알리 씨는 불이 날 당시에 학급 가까운 곳에 있었기 때문에 경찰 조사가 끝날 때까지 학교에 출석하지 못했다. 당시 출석 금지에는 특정의 기간도 명시되지 않았다.

학교는 압둘 알리의 부모에게 수차례에 걸쳐 출석금지가 연장되고 얼마동안 계속될지를 서면으로 통보하였다. 그는 모든 학생들이 치러야 하는 표준평가시험에 응시하도록 2001. 5월에 학교 출석이 허용되었다. 동 평가시험이 있기 전까지, 학교는 그에게 자습 과제를 보내주어 계속 학업을 하도록 하였다. 물론 그 자습과제는 전체의 필수 과목을 다 커버하는 것은 아니었다. 압둘의 부모는 다른 학습과제를 얻기 위해 학교 측과 접촉하지 않았다. 그리고 2001.5.14. 이후에는 어떤 학습과제도 보내주지 않았다.

평가시험 관련 법률 규정은 최대 결석 일수를 45일로 규정하고 있었다. 압둘 알리의 경우 그 기간은 2001.6.6.에 초과하였다.

2001.6.19. 학교 화재 관련 압둘 알리에 대한 형사절차는 충분한 증거의 부족으로 종결되었다. 같은 날 형사절차가 종결된 사실을 모르고, 지방 교육청은 결정이 있을 때까지 압둘 알리에게 제공될 수업은 향후 학교에서 받도록 권고하였다. 학교장은 그의 부모에게

자녀의 재등교를 지원할 목적으로 2001.7.13. 면담할 것을 서면으로 요청하였다. 만약 면담에 응하지 않으면, 학교장은 압둘 알리를 학생 명부에서 제적할 것이라고 고지하였다. 압둘 알리는 2001. 9월에 학교로 돌아오지 않았으며 2001. 10월 중순 그의 부모는 여전히 학교 복귀에 대해 학교가 원하는 것인지를 확신하지 못했다. 학교는 부모에게 신속히 결정하도록 충고하였다. 압둘은 그 기간 중 전혀 교육을 받지 못했다. 2001.11.6. 압둘의 아버지가 압둘의 복학을 요청하는 편지를 쓸 때, 학교는 압둘을 제적시키고 그의 자리에 다른 학생을 배정하였다. 압둘 알리는 유럽인권협약에 의하여 보호되는 교육을 받을 권리가 침해되었다고 국내 법원에 제소하였다. 이 사건이 최종심인 상원에서 심리될 때 압둘 알리는 2001.3.9.부터 2001.6.6.까지의 학교 출석 금지기간이 협약상 교육을 받을 권리를 침해하지 않았다는 하급법원의 판시는 다투지 않았다. 상원은 2001.6.6. 이후의 기간 중에 교육을 받을 권리의 침해가 없었다고 판시했다.

2. 청구 요지

협약 제1의정서 제2조에 근거하여, 압둘 알리는 학교 등교 금지조치가 교육을 받을 권리를 침해한 것이라 주장한다.

이 건은 2006.9.12. 인권법원에 접수되었다.

3. 법원의 판단

가. 허용성 판단

압둘 알리는 2001.3.9.부터 2001.6.6.까지의 등교 금지 기간에 대한 하급법원의 기각 이유에 대해 다투지는 않았으므로, 법원은 협약상 청구허용요건에 반하여 국내 구제를 완료하지 않은 것이라 본다. 따라서 법원은 2001. 6월 이후의 기간에 대해서만 청구내용이 허용된다고 판시한다.

나. 본안

법원은 협약상 교육을 받을 권리는 각국의 규칙에 따라서 완결된 학습에 대해 이를 승인 받을 권리뿐만 아니라 교육 기관에 대한 접근권도 포함한다는 점을 주목한다. 이에 대한 어떠한 제한도 관계인들에 대해 예측 가능해야 하고 합법적 목적을 추구해야 한다. 동시에 교육받을 권리는 반드시 특정 교육 기관에 대한 접근권을 갖는 것을 말하는 것이 아니며 원칙적으로 교육기관의 내부 규칙을 준수하기 휘한 정학조치나 퇴학조치 같은 징계적 조치를 배제하는 것도 아니다.

법원은 압둘 알리의 정학 조치가 교육을 받을 권리의 부정에 해당하는 것은 아니라고 본다. 특히 그것은 진행중인 범죄수사의 결과였었고 또한 이것은 합법적 목적을 추구했던 것이다. 더욱이 압둘 알리는 학교 방화에 대한 범죄 수사의 종료시까지 일시적으로 정학조치 되었던 것이다. 그의 부모는 복학을 위한 면담을 요청받았지만 응하지 않았다. 만약에 면담에 응했다면 그 아동은 복학되었을 것이다. 그렇지만 그들은 2001. 10월 중순까지도 학교와 접촉하려 하지 않았다. 당시 압둘의 이름은 학생명부에서 제적되었고 대기 명단의 다른 학생이 그 자리를 차지하게 되었던 것이다.

그러므로 법원은 압둘 알리의 제적조치는 추구하는 합법적 목적에 비례하는 조치였으며 교육을 받을 권리에 대한 침해는 없었다고 본다. 그러므로 협약 제1의정서 제2조의 위반은 없었다.

[109] 자녀의 종교교육 Erkki Hartikainen v. Finland

Communication no. 40/1978, 1981. 4. 9. 인권위원회 결정

B규약 제18조 제4항 (부모의 신념에 따른 자녀의 종교 교육) 비위반

1. 주요 사실

핀란드 학교 교사인 통보자는 1968년 핀란드 학교제도법 제6조에서 그 학부모가 무신론자인 학생들은 종교수업은 받지 않지만, 종교사 및 윤리수업을 의무적으로 수강하도록 규정하였기 때문에 규약 제18조 제4항(당사국은 부모가… 그들의 신념에 따라 자녀의 종교적, 도덕적 교육을 확보할 자유를 존중할 것을 약속한다)의 규정을 위반했다고 하면서, 수업의 기초가 되는 교재를 기독교인이 저술했기 때문에 종교사 및 윤리수업이 종교적 성격을 가질 수밖에 없다고 하면서 문제가 된 수업이 중립적 또는 비의무적인 것으로 될 수 있도록 법률 개정을 요구하였다.

학교제도법 제6조는 다음과 같다.

> 종합중등학교의 교과과정은 법령에 규정된대로 종교교육, 사회연구, 모국어, 외국어 1개, 제2외국어, 역사, 공민, 수학, 물리, 화학, 자연사, 지리, 체육, 미술, 음악, 공예, 가정학 및 경제와 밀접하게 관련되어 직업선택에 도움이 되는 과목과 실습 등을 포함한다. 종교자유법에 의해 종교수업을 면제받으면서, 학교 밖에서 이에 상응하는 교육을 받지 않는 5인 이상의 학생은 종교수업 대신에 종교사와 윤리수업을 받아야 한다. 종교자유법에 따라 같은 종교를 가진 5인 이상의 학생이 일반적인 학교종교수업에서 면제되고 그 학생의 보호자들이 그 종교의 수업을 요구할 때는 해당학교에서 그러한 수업을 하여야 한다.

통보인의 이러한 주장에 대해 핀란드 정부는 핀란드 헌법상의 종교의 자유, 그리고 종교자유법 제8조의 규정을 원용하였다.

> 정부의 보조를 받는 초등학교나 기타 교육기관에서 어느 특정종교에 따른 종교수업을 할 때, 다른 종교를 믿는 학생 또는 종교를 믿지 않는 학생에게는 후견인의 요구가 있으면 그러한 종교수업을 면제해야 한다.

핀란드 정부는 종교자유법에 따라 종교수업을 면제받은 학생들이 종교사와 윤리수업을 받았을 가능성은 있음을 인정하고, 그 수업은 절대다수의 사람들이 하나의 종교를 믿는 사회에서 기본적인 교육의 일부로써 유용한 일반적 성격의 지식을 학생들에게 주기 위한 것이며 종교적 성격을 갖는 것이 아니라고 지적하였다. 그러나 핀란드 정부는 약간의 사례에서는 이러한 수업계획을 실제 적용하는데 문제가 있어, 1979. 1월, 국가교육위원회는 교과과정을 검토하기 위해 종교인 및 비종교인 양자를 대표하는 실무작업반을 설치했다고 하였다.

통보자는 이 실무작업반원 중 1명만이 무신론자여서 사실상 그 실무작업반의 일에 어떤 영향도 미칠 수 없었다는 주장을 하였으나, 핀란드 정부는 통보인 하리카이넨 씨가 실무작업반의 자문을 요청받은 전문가의 한 사람이었고, 통보인을 대리인으로 내세운 핀란드 자유사상가연맹 구성원들에게 실무작업반이 준비중이었던 교사지침서 안에 대해 비평을 하도록 요청하려고 한다는 진술을 하였다.

국가교육위원회가 설치한 실무작업반의 1980.10.16.자 보고서는 다음과 같은 목적에 따라서 그 과목의 교육내용을 분류하였다.

1. 윤리원칙에 따라 기능하는 인간관계를 촉진하는 교육.
2. 개인의 인격의 전면적 발달을 촉진하는 교육.
3. 핀란드의 문화적 유산 및 현재의 문화에 대하여 특히 상이한 신앙과 관련하여 이해를 촉진하기 위한 교육.
4. 여러 나라의 문화적 유산에 대하여 특히 현대 세계의 상이한 신앙에 대한 이해를 촉진하기 위한 교육.

핀란드정부는 이를 토대로, 인권위원회가 핀란드 학교의 교과과정의 구성을 검토하는 것은 그 권한을 일탈하는 것이고 핀란드 법률이 규약과 충돌하지 않는다고 거듭 주장하였다.

2. 인권위원회의 결정

인권위원회는 학교에서 부모나 법정후견인이 종교수업에 반대하는 학생들에게 종교수업대신 종교사와 윤리수업을 받도록 하는 핀란드 법률의 관계조항 자체는, 그런 대체 수업을 중립적이고 객관적 방법으로 진행하고 종교를 믿지 않는 부모와 후견인들의 신념을 존중한다면, 규약 제18조 제4항에 상반되지 않는다고 보았다. 이사회는 핀란드 학교제도법 제6조에서 학생들에게 종교수업이나 종교사와 윤리수업을 받게 하고 싶지 않은 부모나 후견인들은 학교 밖에서 이에 상응하는 수업을 받도록 조정함으로써 위의 수업을 면제받을 수 있다고 보았던 것이다.

보충적으로 인권위원회는 당사국이 이런 문제를 해소하기 위해 현재 교육계획의 어려움이 있음을 시인하고, 핀란드 정부가 이런 어려움을 해소하기 위한 적절한 조치를 진행중이라고 보고, 이 문제가 규약 제18조 제4항의 요구에 부응하여 현행법의 범위 내에서 해결될 수 있다고 보았다.

제15장 선거권

유럽인권협약 제1의정서 제3조 **(자유 선거의 권리)**

체약당사국은 입법부의 선출에 있어서 사람의 자유로운 의견의 표명을 확보하는 조건하에서 합리적인 기간 내에 비밀투표에 의한 자유선거를 행할 책무를 진다.

B규약 제25조 **(자유선거의 권리)**

모든 시민은 제2조에 규정하는 어떠한 차별이나 또는 불합리한 제한도 받지 아니하고 다음의 권리 및 기회를 가진다.

(a) 직접 또는 자유로이 선출한 대표자를 통하여 정치에 참여하는 것.

(b) 보통, 평등 선거권에 따라 비밀투표에 의하여 행하여지고 선거인의 의사의 자유로운 표명을 보장하는 진정한 정기적 선거에서 투표하거나 피선되는 것.

(c) 일반적인 평등 조건하에 자국의 공무에 취임하는 것.

[110] 피선거권 제한 Zdanoka v. Latvia

Application. no. 58278/00, 2010. 3. 16. 선고

제1의정서 제3조 (자유로운 선거에 대한 권리) 비위반

라트비아가 1990년 5월 독립한 이후 라트비아 공산당은 두 차례의 쿠데타를 기도한 후 위헌정당으로 선언되어 1991년 9월 해산되었다. 라트비아 선거법은 1991년 1월 특정 기일 이후 구공산당의 활동에 적극 참여했던 사람에게는 의회 및 시의회의 입후보 자격을 박탈하여, 피선거권이 박탈된 청구인이 제기한 건으로, 법원은 라트비아에서의 과거의 전체주의적 체제를 부활시킬 수 있는 사조의 부상으로 야기될 수 있는, 새로운 민주 질서에 대한 위협에 비추어 그러한 입후보 자격 박탈 조치는 정당하다고 판단하였다.

1. 주요 사실

청구인 즈다노카 씨는 55세의 라트비아 국민으로 리가에 거주한다. 그녀는 현재 유럽의회 의원이다.

그녀의 청구는 자신이 과거에 위헌으로 선언된 정당의 당원이었다는 것과 그 정당에서 활동했다는 이유로 라트리아에서의 선거에 입후보할 수 없다는 사실에 관한 건이다.

1971년 즈다노카 씨는 소련연방공산당의 지역 브랜치인 라트리바 공산당(CPL) 당원이 되었다. 1990년 그녀는 라트비아 소비에트 사회주의공화국 최고평의회 의원으로 선출되었다. 라트비아가 1990. 5월 독립한 후 CPL은 두 차례의 쿠데타를 시도했다는 이유로 위헌으로 선언되었고 1991.9.10. 최고평의회에 의하여 해산되었다.

1993년 청구인은 "라트비아에서의 사회정의 및 평등권 운동"의 의장이 되었다. 이 조직은 후에 평등권이라는 정당으로 전환되었다. 그녀는 1997년 리가市 평의회 의원으로 선출되었고 1998년에 의회선거에 입후보하기로 하였다. 그러나 중앙선거위원회는 1991.1.13. 이후 CPL의 활동에 "적극적으로 참여했던" 사람은 입후보 자격을 부여하지 않도록 하는 선거법에 따라 그 후보 자격이 없다고 결정하였다. 청구인은 후보신청을 철회

하였다.

검찰청의 청구에 대해 리가 지방법원은 청구인이 1991.1.13. 이후 CPL의 활동에 참여했다는 판결을 내렸다. 1999.12.15. 이 판결은 대법원에서도 유지되었다. 이 판결은 직접 집행될 수 있었으므로 청구인은 후보 자격이 상실되고 시협의회 위원직도 상실하였다. 이에 그녀는 대법원 파기부에 법률상의 쟁점에 대해 상고했으나 이는 기각되었다.

청구인은 2002년 의회선거에 입후보하려고 하였다. 다른 2개 정당과 함께 그녀의 정당은 통합 라트비아의 인권을 위하여라는 선거연합을 조직하였다. 그러나 위 지방법원의 1999년 판결을 언급하면서 중앙선거위원회는 후보명부에서 그녀의 이름을 삭제하였다.

즈다노카 씨는 2004. 6월 유럽의회 선거에 위 선거연합 명부를 제출하고 이 명부에서 그녀는 유럽의회 의원으로 선출되었다.

2. 청구 요지

청구인은 자신의 입후보 자격의 침해를 주장한다. 청구인은 이것이 협약 제1의정서 제3조의 위반이라고 주장하는데 1995년 라트비아 의원선거법 제5조 제6항에 따라 자신이 1991.1.13. 이후 CPL의 활동에 "적극적으로 참여했다"는 이유로 라트비아 의회 의원후보 자격이 배제되었다는 것이다.

청구인은 나아가 라트비아 의회 및 지역 평의회 양 기관의 입후보자격 박탈이 협약 제10조 및 제11조에도 반하는 것이라 주장한다.

이 건은 2000.1.20. 접수되었다.

2004.6.17. 판결에서, 법원은 제1의정서 제3조(자유선거의 권리) 및 제22조(집회 및 결사의 자유) 위반이 있었다고 판시했다. 한편 협약 제10조(표현의 자유)에 기한 청구는 별도로 심리할 필요가 없다고 했다.

라트비아 정부는 이 사건을 대재판부로 회부할 것을 요청하고 대재판부는 이를 수용하였다.

3. 법원의 판단

가. 제1의정서 제3조

법원은 문제된 의회선거법의 의도가 CPL에서 활동한 사람을 처벌하기 위한 것이라기보다는 새롭게 형성된 민주체제를 폭력으로 전복하려는 시도와 직접적으로 연관이 있었던 당에서 적극적이고 지도적인 역할을 한 개인들에 대해서 민주적 의회 내에서의 참여를 배제함으로써 민주적 과정의 통합성을 보호하려고 하는데 있다는 점을 고려하였다.

1991.1.13. 이후에 발생한 라트비아에서의 민주주의의 생존을 위한 결정적 사건에 비추어 라트비아 의회가 CPL의 지도적 인물들이 반민주주의적 자세를 견지한다고 가정한 것은 합리적이었다. 다만 당시에 CPL에서 적극적으로 이탈함으로써 이러한 가정을 논박할 수 있는 행동이 있었다면 사정은 다르다. 그렇지만 청구인은 CPSU/CPL에서 탈퇴하는 등의 어떤 진술도 한 적도 없고 그 이후에도 그러했다.

청구인은 현재에도 과거 CPL의 지위와 1991년 사건 중에도 그녀의 행보와도 연계되어 의회 입후보 자격을 배제한 라트비아 당국의 입장은 제1의정서 제3조의 요건과 노선을 같이할 수 있다고 보는 것이 법원의 의견이다.

법원은 1995년 의회선거법 제5조 제6항이 1991.1.13.부터 CPL이 해산된 날까지 이곳에 적극적으로 참여했던 개인에 대해 입후보 자격을 박탈하도록 규정한 것이 청구인에 대해서 자의적이라고 하거나 비례에 어긋난다고 하는 점을 발견할 수 없다고 본다. 나아가 즈다노카의 현재 및 최근의 행위는 중요한 고려요인이 될 수 없다. 즉 문제된 조치는 1991년에 "독립과정에서의 민주주의"를 위해 라트비아 투쟁의 결정적 기간 중의 그녀의 정치적 입장에만 관련된 것이다.

그러한 조치는 예컨대, 수십 년 수백 년 전에 민주적 제도가 확립된 그러한 국가들에 있어서는 거의 수용될 수 없는 것으로 보이지만, 그럼에도 불구하고 라트비아에서는 그것이 가능하다고 보이는데 이는 이러한 조치를 취할 수밖에 없었던 역사적 및 정치적 맥락 및 전체주의적 체제를 부활시킬 수 있는 사조의 부상으로 야기되는 새로운 민주 질서에 대한 위협에 비추어 보면 그러하다. 법원은 이 사건의 맥락을 고려하였다. 특히 법원은 라트비아가 다른 발틱 국가들과 함께 히틀러의 독일과 스탈린의 소비에트 연방간에 일반적으로 인정된 국제법원칙에 반하는 조약인 모로토프-리벤트롭 협정의 비밀의정서 방식으로 합의한 중부유럽과 동유럽의 분할 결과로 1940년에 독립성을 상실한 점을 주목하였다.

이에 따라서 법원은 라트비아의 입법부 및 사법부가 민주적 질서를 확립하고 이를 확보하는 데 있어서 당면한 난관을 평가하는 데 더욱 적절한 위치에 있다는 점을 이 사건에서 인정하였다. 국내 당국은 그러므로 의회를 포함하여 새로운 민주적 제도의 신뢰 형성에 있어서 그들 사회의 요구를 평가하고 또한 당 법원에서 문제된 조치가 그러한 목적을 위해 여전히 필요한지 여부에 대한 문제에 답변하는 데 있어 충분한 재량의 여지가 남아 있어야 한다. 물론 법원이 그러한 평가가 자의적이라거나 불균형적인 것이 아니라고 판단하는 한에서는 그렇다. 이 점에 관하여 법원은 또한 라트비아 의회가 1995년법 제5조 제6항을 정기적으로 재심리하고 또한 최근 2004년에도 재심리 한 사실에 비중을 두었다. 더욱이 법원은 라트비아 헌법재판소가 2000.8.30.의 결정에서 라트비아에서 동 법률을 제정하게 된 역사적 및 정치적 사정을 세심히 심리한 바 있는데 문제의 사건이 9년이 지난 당시 그러한 제약이 자의적이라거나 불균형하다고 보지 않았다는 점도 주목하였다.

헌법재판소는 2000.8.30. 결정에서 라트비아 의회는 그러한 법률상의 제한에 대해 일정한 시한을 설정하려고 했던 점도 주목하였다. 이러한 경고에 비추어 라트비아가 협약 제1의정서 제3조상의 광범위한 재량의 범위를 아직은 넘었다고 보지는 않지만, 그럼에도 불구하고 라트비아 의회는 이를 근시일내 종식시키기 위해 법률상의 제한을 늘 리뷰할 의무가 있다. 이와 같은 결론이 무엇보다도 라트비아의 완전한 유럽 통합을 이유로 지금 향유했던 보다 큰 안정의 견지에서 정당성을 갖추게 될 것으로 보인다. 따라서 라트비아 의회가 이와 관련한 적극적 조치를 아직 취하지 아니한 것이 당 법원의 판단과 다른 결과를 가져올 수 있을 것이다.

법원은 제1의정서 제3조 위반이 없었다고 결론을 내린다.

나. 제10조 및 제11조

이 사건의 사정상 법원은 제11조에 기한 청구인의 청구를 별도로 심리할 필요가 없다고 본다. 더욱이 법원은 협약 제10조의 관점에서 청구인의 입후보자격 박탈에 대해서 별도 심리를 할 어떤 근거도 찾지 못한다.

제16장 이전의 자유

유럽인권협약 제4의정서 제2조 (이전의 자유)

1. 합법적으로 한 국가의 영역내에 있는 사람은 이전의 자유 및 주거 선택의 자유를 향유할 권리를 갖는다.
2. 모든 사람은 자국을 포함한 국가를 떠나는 데 있어서 자유롭다.
3. 이러한 권리의 행사에 대해서는 국가의 안전 및 공공질서를 위하거나, 범죄의 방지, 보건 및 도덕의 보호를 위해서, 또는 타인의 권리 및 자유의 보호를 위해서 법률에 의해서 또한 민주사회에서 필요한 경우 이외에는 어떠한 제한도 있어서는 안 된다.
4. 제1항에 규정된 권리는 법률에 따라서 과해지고 또한 민주사회에 있어서 공적인 이익에 의해서 정당화되는 제한에 의해 특정 범위에서 제한할 수 있다.

B규약 제12조 (이전의 자유)

1. 합법적으로 어느 국가의 영역내에 있는 모든 사람은 그 영역내에서 이동의 자유 및 거주의 자유에 관한 권리를 가진다.
2. 모든 사람은 자국을 포함하여 어떠한 나라로부터도 자유로이 퇴거할 수 있다.
3. 상기 권리는 법률에 의하여 규정되고 국가안보, 공공질서 공중보건 또는 도덕 또는 타인의 권리와 자유를 보호하기 위하여 필요하고 또한 이 규약에서 인정되는 기타 권리와 양립되는 것을 제외하고는 어떠한 제한도 받지 아니한다.
4. 어느 누구도 자국에 돌아올 권리를 자의적으로 박탈당하지 아니한다.

[111] 압수여권의 반환 지체 Napijalo v. Croatia

Application. no. 66485/01, 2003. 11. 13. 선고

제6조 제1항 (상당한 기간내에 재판받을 권리) 위반

이전의 자유(제4의정서 제2조) 위반

해외에서 귀국시 관세법위반으로 현장에서 범칙금 납부를 하지 않은 이유로 대신 여권을 압수했으나, 여권반환방법 등을 알리지 않았고, 동 세관당국이 등록주소지의 경찰관서에 여권을 송부하고 동 경찰관서에서 여권을 찾아가라고 등록주소지에 안내문을 보냈으나, 실제 거주지가 달라 약 2년 후 여권을 찾게된 사건에서 크로아티아 정부가 여권의 압수를 장기화함으로써 청구인이 해외로 출국할 수 없었으므로 이는 이전의 자유를 침해한 것이다.

1. 주요 사실

크로아티아 국민인 청구인 나피잘로 씨는 1999.2.6. 크로아티아 인접국(보스니아 헤르체코비나)에서 자동차로 육로입국 시, 반입물건을 신고하지 않았다는 이유로 현장에서 200 크로아티(약 30유로)를 지급할 것을 요구했으나, 가진 돈이 없어 즉시 지급할 수 없다고 하자, 세관원이 여권을 압수하면서 벌금지급 시 반환하겠다고 하자, 현장을 떠나 거주지인 카를로박으로 귀환하였다. 이러한 청구인의 주장에 대해 크로아티아 정부는 세관원이 여권을 확인하고, 벌금을 통지하는 서류에 청구인이 서명하는 중에 여권을 세관원이 보유하게 되었고 이를 청구인에게 돌려주려고 하였으나 청구인이 시위하듯 여권을 놔둔 채 현장을 빠져나갔다고 하였다.

1999.2.10. 청구인은 여권 반환을 요구하는 서신을 세관당국 앞으로 보냈고, 동년 2.22. 세관당국은 청구인이 세관신고를 하지 않은 행위(크로아티아 관세법 제153조 위반행위)에 대해 벌금지급을 거부하여 청구인의 여권을 압수한 것은 법에 따른 행위였다고 회신하였다. 이 회신문에는 청구인의 여권을 어떤 방법으로 반환해줄 것인지 어떤 내용도 없었다.

관세당국은 1999.3.4. 동 여권을 자그레브 관세경찰청으로 넘겼다. 이곳에서 1999. 3.5. 청구인에게 동 여권을 찾아가도록 청구인의 등록 주소지인 자그레브의 주소지로 안내문을 보냈으나, 주소불명으로 두 차례나 반송되어 왔다.

2001.3.23. 동 여권은 실제 거주지 관할 카를로박 경찰서로 넘어왔다. 이렇게 하여 청구인은 2001.4.4. 동 여권을 회수하였다.

이와는 별도로 청구인은 1999.3.2. 자그레브 시법원에 재무부를 상대로 여권 반환 및 여권이 없어 크로아티아를 출국할 수 없다는 이유로 손해배상을 청구하였다. 아울러 청구인은 여권의 즉각적인 반환을 위한 임시조치도 신청하였다. 법원에서의 절차에서 최종적으로 2002.9.10. 소의 이익이 없다는 이유로 본안 판단 없이 사건은 종결되었다.

청구인은 자신의 여권 회수를 위한 민사소송절차의 장기화를 이유로 협약 제6조 제1항 위반을 주장하고, 여권 압수는 결과적으로 제4의정서 제2조에서 보장하는 이전의 자유를 침해했다고 주장하였다.

2. 청구 요지

청구인은 자신의 여권 반환을 위한 소송 절차의 장기화에 대해 협약 제6조 제1항(합리적 기간 내에 심리 받을 권리) 위반을 주장하고 또한 여권의 압수로 인해 제4의정서 제2조에 의하여 보장되는 이전의 자유의 침해가 초래되었다고 주장한다.

3. 법원의 판단

가. 제6조 제1항 (상당한 기간 내에 재판받을 권리) 위반주장

청구인의 소송은 3년 6개월 8일 걸렸고, 그 기간은 협약 제6조 제1항의 "상당한 기간" 요건을 준수하지 못하였으므로 제6조 제1항의 위반이 있었다.

나. 협약 제4의정서 제2조(이전의 자유) 위반 주장

관세당국은 청구인에게 보내는 안내문에서 여권이 법률에 따라 압수한 것이라고 소명하였으나, 압수행위가 없었다는 크로아티아 정부의 주장은 이유가 없다.

청구인의 여권을 보관하였던 관세당국은 청구인에게 이를 돌려주지 못하여 이를 스런지 경찰서로 송부하고, 동 경찰서는 자그레브 경찰서로 송부했으나, 이곳에서 카를로박 경찰서로 넘기기까지 근 2년간 보관되어 있었다. 관세법위반에 대해 청구인에 대한 어떤 후속절차도 제기되지 않았으므로, 청구인에게 여권을 반환하지 못한 이유들이 분명하지 않았다.

신원증빙문서의 사용이 거부되었기 때문에 청구인은 자국을 출국할 수 없었다. 이렇게 하여 청구인에게 과해진 이전의 자유에 대한 제약은 협약 제4의정서 제2조에 의하여 청구인에게 보장되는 권리를 제한한 것에 상당하였다.

법원은 관세당국의 여권반환 거절의 정당화 사유나 임시조치 신청에 대한 자그레브 시법원의 거부의 정당화 사유를 발견할 수 없었고, 두 경우의 결정이 여권 압수를 장기화시켰고 이동의 자유권을 침해하였다. 그러한 침해행위는 추구하는 목적에 비례하지 아니하였고 민주사회에서 필요한 조치도 아니었다. 따라서 법원은 협약 제4의정서 제2조의 위반이 있었음을 선언한다.

제17장 기타

[112] 피해자 개념 Shirin Aumeeruddy-Cziffra etc. v. Mauritius

Communication no. 35/1978, 1981. 4. 9. 인권위원회 결정

국제절차에 있어서 피해자 개념과 관련한 사안으로 구체적인 피해자 또는 현실의 피해 위험에 있는 사람만이 절차를 이용할 수 있는 피해자로 인정함.

1. 주요 사실

이 건 통보의 제출자들은 20명의 모리셔스 여성들(17명은 미혼이었고, 3명은 외국인 남성과 결혼한 기혼자였다)로 모리셔스의 1977년 개정이민법과 개정추방법이 여성을 차별하고, 가족을 가질 권리를 침해하고, 법원의 보호를 배제하는 것으로 B규약 제2조, 제3조, 제4조, 제17조, 제23조, 제25조 및 제26조를 위반한 것이라 주장했다.

문제된 위의 양 법률이 제정되기 전에는 모리셔스 국민과 결혼하는 외국인 남성이나 여성은 동등한 거주자격을 향유하였으나, 신법 하에서는 모리셔스 여성의 외국인 남편은 모리셔스에서의 거주자격을 상실하고 내무장관이 언제라도 철회할 수 있는 "거주허가"를 신청해야 하나, 모리셔스 남성과 결혼한 외국여성이 거주하는 데는 아무 문제가 없었고, 모리셔스 여성의 외국인 남편은 사법심사나 이의절차 없이 내무장관의 명령만으로 추방될 가능성이 상존하는 것이 문제라고 주장했다.

2. 인권위원회의 결정

피해자임을 주장하는 통보만을 심리.
B규약 규정과 국내법의 일반적 양립성 문제를 추상적으로 심리할 수 없음.

B규약 인권위원회는 선택의정서 제1조에 따라, 규약에 규정된 권리에 대한 당사국의 "침해의 피해자"임을 주장하는 개인통보만을 심리할 권한을 갖는다는 점을 밝히고, 통보자는 실질적으로 영향을 받았을 때만 선택의정서 제1조에 의한 피해자라고 주장할 자격을 갖는다고 보고, 20인의 통보자중 17인의 미혼여성들의 경우에는 실질적인 간섭이나 법에 의한 동등한 보호 문제가 제기될 수 없으며, 규약에 규정된 권리향유를 방해하는 개인적 위험에 실질적으로 처해있다고 볼 증거가 없다고 하였고, 실정법이 추상적으로 규약에 위반된다는 이유로 이를 민중쟁송(*actio popularis*)을 통해 그 실정법위반을 주장할 수 없다고 천명하였다.

인권위원회는 모리셔스에 거주하는 외국인 남편들에 대해서는 그 추방가능성 뿐만 아니라 불안정한 거주사정을 고려하면, 모리셔스인 아내와 외국인남편들의 가족생활을 당사국이 침해하는 것이라고 판단하였다. 즉 외국인 남편들에게 거주허가를 부여하는 내무장관의 결정이 수년간 지연된다든지, 거주허가를 받지 않는 기간 중에는 언제든지 사법심사 없이 추방이 가능하다는 사실은 인정하고, 외국인 남편과 결혼한 기혼여성인 3명의 통보자들은 B규약 제17조 제1항의 가족, 가정에 대한 불법적 간섭을 받지 않을 권리, 제23조 제1항의 가정은 사회와 국가의 보호를 받는다는 규정, 그리고 남녀평등조항인 제3조 및 제2조 제1항의 규정을 당사국이 위반했다고 인정했는데 이는 1977년의 개정이민법과 개정추방법이 성에 의한 차별을 초래하기 때문이라고 보아, 당사국에 대해 규약에 따른 의무이행을 위해 위 양개정법의 규정을 수정하고, 3명의 피해자들에 대해 조속한 구제조치를 제공해야 한다는 견해를 표명하였다.

가정적 부수효과에 따른 규약위반 주장 불인정

통보인 중 기혼여성이면서, 당시 국회의원으로 정치활동을 하고 있던 아우메루디-찌프라 씨는 가설적으로 본인이 가족사정에 대한 모리셔스 당국의 불법적 내지는 자의적인 간섭의 결과로 모리셔스를 떠날 수밖에 없다면 모리셔스에 거주함으로써 가지는 기회와 혜택인 참정권 등 정치적 권리를 규정한 제25조의 권리를 침해당할 수 있다는 주장에 대해서, 인권위원회는 제17조의 침해와 관련해서 발생할 수 있을 제25조 위반의 가설적인 부수효과에 대해서는 그 위반을 인정하지 않았다.

B규약 제2조 제1항

이 규약의 각 당사국은 자국의 영토내에 있으며, 그 관할권 하에 있는 모든 개인에 대하여 인종, 피부색, 성, 언어, 종교, 정치적 또는 기타의 의견, 민족적 또는 사회적 출신, 재산, 출생 또는 기타의 신분 등에 의한 어떠한 종류의 차별도 없이 이 규약에서 인정되는 권리들을 존중하고 확보할 것을 약속한다.

제3조

이 규약의 당사국은 이 규약에서 규정된 모든 시민적 및 정치적 권리를 향유함에 있어서 남녀에게 동등한 권리를 확보할 것을 약속한다.

제17조 제1항

어느 누구도 그의 사생활, 가정, 주거 또는 통신에 대하여 자의적이거나 불법적인 간섭을 받거나 또는 그의 명예와 신용에 대한 불법적인 비난을 받지 아니한다.

제23조 제1항

가정은 사회의 자연적이며 기초적인 단위이고, 사회와 국가의 보호를 받을 권리를 가진다.

[113] 확정판결의 의미 T. Irving v. Australia

Communication no. 880/1999, 2002.4.1. 인권위원회 결정

B규약 제14조 제6항 (형사보상을 받을 권리) 비위반

B규약 제14조 제6항의 규정에 의하면 유죄의 확정판결을 받은 경우, 추후에 동 판결이 새로 발견된 사실에 의하여 오심이 있었음을 결정적으로 입증하여 파기되거나 사면된 경우 형벌을 받은 자는 법률에 따라 보상을 받도록 되어 있는데, 이 사건에서 무엇을 국내의 "확정판결(final decision)"로 볼 것인지에 대해 다수의견은 그 상고가 매우 어려운 최고법원의 판결만을 확정판결로 보는 매우 엄격한 해석을 취하였으나, 반대의견은 사례별로 접근해야 할 것이라는 의견을 내었다.

오지리 국적의 청구인 테리 어빙 씨는 호주의 B규약 제14조 제6항 위반의 피해자라고 주장한다.

B규약 비준시 호주는 제14조 제6항에 대해 "오심에 대한 보상규정은 법률규정에 의하지 아니하고 행정적 절차로 할 수 있다"는 취지로 유보하였다.

1. 주요 사실

1993.12.8. 카이른 지방법원은 카이른 소재 ANZ 은행지점을 무장 강탈한 혐의로 통보인에게 8년의 징역형을 선고했다. 통보인은 이 판결에 항소하기 위해 법률구조를 요청했으나, 퀸스랜드 법률구조담당부서는 그 요청을 거부했다. 1994.4.20. 퀸스랜드 항소법원은 변호인 없는 상태에서 그의 항소를 기각했다.

1994.5.3. 통보인은 호주 최고법원에 상고하기 위한 특별 허가신청을 위해 법률구조를 요청했으나, 1994.5.28. 퀸스랜드 법률구조국은 이 요청을 기각했다. 1994. 7월, 통보인은 법률구조국의 법률구조 거부결정의 재심을 위해 법률구조재심위원회에 이를 신청했으나, 동 위원회는 이를 기각했다. 이렇게 되자 통보인은 다른 유관기관에도 법률구조를 신청했으나 성공하지 못했다.

통보인은 다시 상고의 특별허가신청을 위한 법률구조를 모색하면서 법률구조재심위원회에 재차 신청하였다. 1995. 1월, 동 위원회는 상고의 전망에 관한 조언을 위해 변호인에게 이 사안을 의뢰하기로 하는 법률구조를 허하였다. 1995.4.1. 통보인은 추가로 법률구조를 요청했으나 거부당했다. 1995.7.17. 퀸스랜드 수형자법률서비스국은 통보인의 지원요청을 거부하였다. 1995.8.28. ACT 법률구조국은 통보인의 법률구조요청을 거부했다.

1995. 8월 통보인은 ANZ 은행의 3개 지점 출납원들이 자신을 피고로 하여 제기한 손실보상소송 서류를 송달받았다. 1995.9.22. 통보인은 이 소송에 출석하여 자신에 대한 유죄선고는 오심이라고 진술했다. 1995.11.24. 통보인은 이 소송에서 추가적인 동일성인정에 관한 증거를 제출하기 위한 허가가 거부되었고 손실을 보상하라는 명령이 내려졌다.

통보인은 자신이 할 수 있었던 모든 구제수단을 거친 후, 호주 최고법원에서 자신을 더 이상 변호할 수단이 없다고 판단했다. 1996.5.2. 최고법원은 상고를 위한 특별허가를 위한 신청으로서 구금중인 통보인이 수집한 서류를 접수했다. 1997.12.8. 1심의 유죄선고일로부터 4년이 경과한 날, 최고법원은 청구인의 상고를 위한 특별허가신청을 허용하고, 동 상고를 인정하여 그 유죄판결을 파기하고 재심을 명했다. 최고법원은 심리에서 통보인의 원심재판이 불공정했었다는 국왕의 인정을 수용했다. 최고법원은 "이 사건의 상황에 관한 심각한 우려"가 있고 "그 상황은 매우 혼란스러운 정황"이고 "이 사건의 모든 면에서 피고인은 상소에 대하여 법률구조가 거부당했다"는 것을 인정했다. 1997.12.11. 통보인은 보석으로 석방되었다. 1998.10.2. 퀸스랜드주 검찰총장은 통보인은 재심되지 않으며 공소취하한다고 하였다.

1998.7.6. 통보인은 퀸스랜드주 검찰총장에게 오심으로 인하여 4년 반 이상의 불법적 구금으로 발생한 손실에 대한 금전적 보상을 요구하였다. 또한 그는 자신에 대한 잘못된 유죄선고와 구금에 대한 독립적인 조사위원회의 설치를 요구하였고 1998.8.10.에 재차 이를 요구했다.

1999.1.11. 퀸스랜드 법무부는 이 사건의 공식적 과실주장을 퀸스랜드 형사위원회에 회부하였다. 1999.3.19. 통보인은 수사관 및 퀸스랜드주를 상대로 퀸스랜드 대법원에 부당 기소에 대한 손해배상 및 징계적 손해배상을 구하는 소송을 제기하였다.

1999.7.25. 통보인은 퀸스랜드주 검찰총장에게 재차 보상을 구하였다. 1999. 8월, 형

사위원회는 통보인의 사안은 공식적 과실에 대한 상당한 혐의를 둘 수 있는 사안이 아니라고 회신했다. 이에 대해 통보인은 다시 검찰총장에게 보상을 요구했다. 1999. 10월, 법무장관의 정책자문역이 통보인에게 "형사위원회로부터의 자문에 비추어, 검찰총장은 귀하의 금전적 보상신청을 더 이상 고려하지 않을 것이나, 귀하의 법률적 소송의 결과를 기다릴 것이다"라고 통보하였다. 2000.8.15. 통보인은 퀸스랜드 주의회 형사위원회에 청원하였다. 2002. 2월, 통보인의 청원에 대해 주의회위원회로부터 어떤 반응도 나오지 않고 다만 현재 조사중이라는 말만 들었다.

2. 통보요지

통보인은 일체의 이용 가능한 국내적 구제절차를 완료했으나 퀸스랜드주 검찰총장에 대해 불법 구금에 대한 보상을 받기 위한 모든 노력이 성공하지 못했다고 주장한다.

통보인은 규약 제14조 제6항의 문언에 의한 보상을 받기 위한 모든 조건을 충족하고 있다고 주장한다. 첫째, 그는 1993.12.8. 유죄선고를 받았다. 둘째, 유죄선고는 1997.12.8. 호주 최고법원에 의하여 파기되었다. 셋째, 최고법원의 판결은 종국적이다. 넷째, 통보인은 새롭게 발견된 사실에서, 특히 통보인이 공정한 재판을 받지 못했고 최고법원은 사건의 사정에 관해 중대한 의심이 있다고 한 사실들이 오판이 있었다는 점을 결정적으로 보여준다는 이유로 유죄선고가 파기되었음을 진술한다. 끝으로, 통보인은 계쟁의 문제중 알지 못하는 사실을 자신이 밝히지 못하는 것은 전적으로나 부분적으로나 자신에게 귀책됨을 입증하지 못하였다고 주장한다. 제14조 제6항에 의한 보상의 요건이 충족되었으므로 퀸스랜드 주는 자신에게 보상하여야 하는데 보상이 없었으므로 제14조 제6항의 위반이 있었다.

3. 인권위원회의 판단

가. 당사국의 본안전 항변

통보인은 이용가능하고 효과적인 국내의 구제절차를 거치지 않았다. 통보 제출시에 통보인은 2개의 소송을 진행하고 있었는데 하나는 부당기소에 대한 것으로 퀸스랜드 주 및 수사관을 상대로 한 징계적 손해배상소송이었고 다른 하나는 퀸스랜드 주 검찰총장의 불법 구금에 대한 보상을 구하는 것이었다. 이 두 소송에 대해 현재 적극적인 고려를 하고 있고 따라서 이 절차는 효과적인 것이라 말할 수 있다. 통보인에게 이러한 구제절차를 면제할 특별한 사정도 존재하지 않는다. 당사국은 위의 두 소송의 종국적 결정에 이르기까지는 12개월 내지 18개월 소요될 것으로 추산하고 있으며 통보인의 권리구제가 퀸스랜드주 법원에서 부당히 지연되고 있다는 사실을 부인한다.

호주 최고법원의 통보인 사건에 대한 확정판결이 원심의 유죄선고를 확인하는 것이 아니므로 통보인이 제14조 제6항의 위반을 입증하지 못했다. 즉 규약 제14조 제6항의 목적상 확정판결은 형의선고를 확정하는 것이고 또한 이 사건에서 최고법원의 판결은 정확히 그 반대의 효과를 갖는 것이어서, 제14조 제6항은 이 사건에 적용되지 않고 따라서 물적 관할권의 흠결로 비허용해야 한다.

나. 당사국의 본안에 관한 항변

규약 제14조 제6항의 의미상 통보인은 "확정판결"에 의하여 유죄선고를 받은 것이 아니므로 제14조 제6항의 위반은 없었다. 당사국은 "확정판결"은 더 이상 상소의 대상이 되지 않는 판결임을 주시한다. 통보인의 유죄선고는 호주 사법체계 내에서 아직 상소할 여지가 남아 있었다. 일반적으로는 호주에서, 특별하게는 퀸스랜드주에서 유죄선고를 하는 사실심법원의 판결은 확정판결은 아니다. 즉 유죄선고를 받은 자는 동 판결에 대해 상소할 권리를 갖고 있다. 통보인이 최고법원에 상소했다는 사실은 퀸스랜즈주 대법원의 판결이 확정판결이라는 주장을 반박하는 사실임을 주목한다.

다. 당사국 의견에 대한 통보인의 의견

통보의 허용성과 관련하여, 통보인이 제기한 불법행위법상의 구제수단은 이것이 효과적인 것이 아니므로 선택의정서 제5조 제2항b의 의미상 이용 가능한 구제절차가 될 수 없다. 더욱이 불법구금에 대한 금전적 보상의 가능성은 이것이 기각되는 경우에는 선택의정서 제5조 제2항(b)의 의미상 구제절차가 된다고 말할 수 없다. 즉 이 절차는 당사국 주무관청의 재량에 의존하기 때문이다. 끝으로 퀸즈랜드주 사법당국의 구제절차는 "부당하게 지연"되었다.

제14조 제6항과 관련한 통보인의 최초주장에 대한 또 다른 의견으로, 통보인은 현재 호주 최고법원의 판결은 이 규정의 의미상 "확정판결"이 아니나, 이에 대한 파기는 확정판결이라고 주장한다. 통보인은 최고법원에의 상고를 위한 특별허가의 부여는 전적으로 재량적인 사항이고 그 신청이 법률문제와 관련되거나 또는 공적 중요성이 있다고 최고법원이 판단하는 경우에 한하여 얻을 수 있다는 점을 지적한다. 최고법원에의 상고권이 제한적이기 때문에 통보인이 퀸스랜드주 항소법원의 "확정판결"에 의하여 유죄선고 되었다고 주장한다. 최고법원에의 상고는 통상적인 상소로 볼 수 없다. 상고를 위한 특별허가 신청의 통상적 제기기일을 2년이 경과한 시점에서 제기된 상고허가신청이 있은 후에 최고법원이 파기했기 때문이다.

당사국이 법률구조를 거부했기 때문에 통상적 기일내에 상고할 수 없었다. 따라서 이러한 특별한 사정이 있는 경우 제14조 제6항의 의미상 통보인의 유죄선고를 확정했던 것은 퀸스랜드주 항소법원의 판결이다.

라. 당사국의 견해

허용성에 관한한, 당사국은 통보인이 제기한 소송의 지연문제는 원칙적으로 통보인에게 귀책사유가 있지 당사국에 있지 않다. 더욱이 퀸스랜드주의회 사법위원회가 통보인에게 회답을 지연한 것은 당사국에 책임을 물을 수 있는 것이 아니다. 즉 의회위원회는 퀸스랜드주 행정부의 지휘 하에 움직이지 않는다.

본안에 관하여, 당사국은 통보인 사건의 경우 규약 제14조 제6항이 요구하는 "확정판결"로써 유죄선고된 것이 아니다. 최고법원이 퀸스랜드주 항소법원의 판결에 대한 상고를 위한 특별허가를 거부할 수 있는 재량권을 갖는다는 사실이 상고절차의 통상성을 부인하지 못한다. 상소권은 종종 기한이나 당사자적격의 조건 등에 좌우된다. 즉 최고법원에의 상고를 위한 특별 허가요건은 호주 헌법에서 보장한 상소권을 유효하게 하기 위하여 채택된 통상적 방법의 일부이다.

상고를 위한 특별허가 신청에 법률상의 제척기간이 존재한다고 하여 다른 결론이 나오는 것은 아니다. 즉 28일로 정해진 기한 내에 신청을 하지 못해도 이것이 최고법원이 동 신청을 심리할 것인지 여부를 확정하는 것은 아니다. 법률구조 문제가 걸려있는 때에는 특별허가 신청은 기일이 도과되기 일쑤이고 최고법원은 그러한 경우에 기한의 연장을 자주 해왔다. 그러므로 1994. 4월, 항소법원의 판결이 규약 제14조 제6항의 목적상 "확정판결"이 된다는 통보인의 추가 주장은 인정할 수 없다.

마. 통보인의 최종 답변서

변호인은 2002.2.5. 보충서면으로, 체포 수사관 및 퀸스랜드주를 상대로 한 소송(1999. 3.) 및 퀸스랜드주 검찰총장을 상대로 한 소송(1999. 12.)은 제14조 제6항에 의한 의무 이행을 퀸스랜드주가 거부한 연후에 제기되었음을 강조한다. 더욱이 퀸스랜드주는 이 문제에 관해 화해도 하지 않을 것이라고 주장한다. 끝으로 국내적 구제의 추구는 "부당하게 지연"된 것으로 볼 수밖에 없다. 통보인에 대한 불법구금이 있은 지 7년 이상 경과했다는 사실만이 아니라 모든 상소수단의 종결시까지 금전적 보상의 고려도 확고하게 거절하는 태도에 비추어서도 그렇다.

변호인은 최고법원에의 상고를 위한 특별허가를 헌법상 보장된 권리라고 하는 당사국의 주장에 이의를 제기했다. 변호인은 최고법원 자신이 다른 사건에서 그 특별허가 신청이 정규적인 소송절차가 아니라고 이미 천명한 사실을 지적한다. 따라서 특별허가를 위한 권리라는 것은 없으며 퀸스랜드주에서의 형사소송은 퀸스랜드주 항소법원이 판결할 때 확정된 것이다.

제14조 제6항에 당사국이 유보한 쟁점에 관하여, 변호인은 유보의 문언은 단지 당사국과 퀸스랜드주가 제14조 제6항에 의한 의무를 실현하기 위한 입법적 조치에서 면제된다고 하는 것이지 규약이 정하는 권리를 실현하기 위한 여타 수단을 채택하기 위한 필요한 조치를 취하도록 하는 제2조의 의무에서 면제되는 것은 아니라고 지적한다. 그러한 맥락에서, 변호인은 퀸스랜드주는 제14조 제6항에 의한 의무를 실현하기 위한 어떤 행정적 가이드라인도 공포하지 않았으며, 당사국에 의하여 수사당국의 중대한 불법행위로 밝혀지는 "예외적 사정"의 존재를 피고인이 반드시 밝혀야 한다는 당사국의 추가적인 요구는 제14조 제6항에서 예정하지 않는 전제조건이라고 지적한다.

바. 인권위원회의 판단

통보사실중 당사국이 다투지 아니한 사실은 어빙 씨가 명백한 오심의 피해자였다는 것이다. 그러한 사실은 규약 제14조 제3항d에 대한 당사국의 준수의무에 관해 중대한 문제를 야기한다. 어빙 씨는 호주 최고법원자신이 그러한 경우에 법률구조를 하도록 한 경우에서 조차 거듭 법률구조를 거부당했다. 따라서 어빙 씨는 보상을 받을 자격이 있는 것으로 보인다. 통보인의 유일한 주장은 규약 제14조 제6항에 기한 통보였으므로 위원회 앞에서의 문제는 이 청구가 허용되느냐 하는 것이다.

제14조 제6항은 다음과 같다.

> 확정 판결에 의하여 유죄판결을 받았으나, 그후 새로운 사실 또는 새로 발견된 사실에 의하여 오심이 있었음을 결정적으로 입증함으로써 그 유죄판결이 파기되었거나 또는 사면을 받았을 경우에는, 유죄판결의 결과 형벌을 받은 자는 법률에 따라 보상을 받는다. 다만, 그 알지 못한 사실이 적시에 밝혀지지 않는 것이 전체적으로 또는 부분적으로 유죄판결을 받았던 자에게 책임이 있었다는 것이 증명된 경우에는 그러하지 아니하다.

1993.12.8. 카이른 지방법원에서의 통보인에 대한 유죄판결은 1994.4.20. 퀸스랜드주 항소법원에 의하여 확정되었다. 어빙 씨는 호주 최고법원에 이 판결에 상고하기 위한 허가

를 신청했었다. 동 상고허가신청은 허여되었고 1997.12.8. 최고법원은 통보인에 대한 재판이 불공정했다는 이유로 유죄판결을 파기하였다. 퀸스랜드주 항소법원의 판결에 대하여는 비록 허가를 받아야 하는 사항이지만 통상적으로 상고의 대상이 되는 것이었으므로, 호주 최고법원의 판결시까지 통보인의 유죄판결은 제14조 제6항의 의미상 "확정판결"이 될 수는 없다. 그러나 제14조 제6항의 목적상 퀸스랜드주의 판결을 "확정판결"이 된다고 하더라도, 호주 최고법원에 대한 통보인의 상고는 원심재판이 불공정하였다는 이유로 받아들였지 새로운 사실 또는 새로 발견된 사실이 오심이 있었다는 사실을 결정적으로 밝혀서 그랬던 것은 아니었다. 이러한 상황에서 위원회는 제14조 제6항은 이 사건에 적용되지 않아 선택의정서 제3항에 의해 사물관할권의 흠결로 이를 기각하기로 한다.

4. 반대의견

루이스 헨킨과 샤이넌 위원은 다수의견과 달리 제14조 제6항의 위반을 인정한다.

〔가〕 어빙 씨에 대한 유죄판결은 "확정적"이다. 제14조 제6항의 "확정적"이라는 문언은 파기될 수 없는 상태의 유죄판결만을 의미하는 것으로 이해할 수 없다. 그렇게 이해한다면 파기된 확정판결은 아무런 의미가 없게 될 것이다. 법체계간의 상위로 인해 무엇을 확정판결로 보아야 하는지 단일의 기준이 있을 수 없다. 따라서 어떤 유죄판결이 확정적이 되었는지에 대한 평가는 사례별(case by case)로 보아야 한다.

이 사건에서 어빙 씨는 1993. 12월, 카이른 지방법원에서 유죄선고를 받았다. 퀸스랜드주 항소법원은 1994. 4월, 그 항소를 기각했다. 더욱이 호주 최고법원에 대한 상고는 특별상고허가에 의해서만 이용될 수 있었다. 상고허가신청을 위해 어빙 씨는 법률구조를 구했지만 이마저 실패했다. 상소의 전 기간 동안 어빙 씨는 복역중이었다.

우리 의견으로는 어빙 씨에 대한 유죄판결은 상고허가신청기간이 만료되었을 때 "확정"되었고 법률구조의 거부로 인해 어빙 씨는 상고허가신청을 할 수 없었다. 통상적인 절차라면 1994년 중의 일정시점이 유죄판결이 "확정"된 날이 된다. 최고법원이 원심판결을 파기하고 재심을 명한 것은 1997. 12월이었다.

〔나〕 "새로운 사실 또는 새로 발견된 사실"이라는 어구가 사면에만 관련되는지 아니면 파기의 경우도 관련되는지 이에 대해 제14조 제6항의 문언은 불명하다. 이 사건에서 위원회의 다수의견은 제14조 제6항은 새로운 사실 또는 새롭게 인정된 사실이 파기 및 사면 양자에 관련되는 것으로 본다.

이것은 사면에만 관련되는 것이지 파기에는 관련되지 않는다.

〈기본권 대비표〉

헌법	시민적 및 정치적 권리에 관한 국제규약(B규약)	유럽인권협약
제10조 인간의 존엄성 기본적 인권의 보장	제6조 생명권 제10조 자유박탈자의 인간의 존엄성 존중 제16조 법 앞에서 인간으로서의 존엄성 인정 제24조 아동의 경우 차별 없이 특별한 보호조치를 받음	제1조 협약상 기본적 권리와 자유에 대한 국가의 보장의무 제2조 ① 생명권 제18조 권리와 자유는 협약에 규정된 이외의 목적으로 제한될 수 없다
	B규약 제2선택의정서 – 사형폐지 (제1조) – 전시 중범죄는 예외이나 유보선언필요(제2조)	협약 제6의정서 제1조 – 사형 폐지(전시 범죄는 예외이나 유보 선언필요(제2조)) – 협약 제13의정서 (제1조에서 완전 폐지됨)
제11조 평등권, 특수계급제도의 부인	제2조 ① 인종, 피부색, 성, 언어, 종교, 의견, 민족, 재산, 출생 등 기타 신분의 차별금지 제3조 남녀평등권 제26조 법 앞의 평등, 인종, 피부색, 성, 언어, 종교, 의견, 민족, 재산, 출생 등 기타 신분의 차별금지 제27조 종교적, 언어적, 종족적 소수자들의 고유문화 향유권	제14조 차별금지(성, 인종, 피부색, 언어, 종교, 의견, 민족적 또는 사회적 출신배경, 민족적 소수자, 재산, 출생 또는 기타 신분) 제7의정서 제5조 배우자 평등권 제12의정서 제1조 국내법상 차별의 일반적 금지
제12조(신체의 자유, 자백의 증거능력) ① 신체의 자유, 법률에 의한 구속	제9조 ① 신체의 자유, 법률에 의한 자유박탈 제11조 계약상 의무불이행으로 인한 구속금지	제5조 ① 신체의 자유, 법률에 의한 자유박탈 제4의정서 제1조 계약상 의무불이행으로 인한 자유박탈 금지
① 강제노역금지	제8조 ① 노예제금지 ③ 강제노동금지	제4조 ① 노예제금지, ② 강제노동금지
② 고문금지, 불리한 진술의 강요 금지	제7조 고문금지, 잔혹한 처우금지 제14조 제3항 제7호 유죄자백강요금지	제3조 고문금지, 잔혹한 처우금지
③ 영장주의	–	–
④ 변호인의 조력권	* 법관 앞에 신속 회부, 재판절차에서 조력권	* 법관 앞에 신속 회부, 재판절차에서 조력권
⑤ 체포이유 등 고지	제9조 ② 체포이유의 신속한 통지	제5조 ②체포이유의 신속한 통지
⑥ 구속적부심사 청구권	제9조 ③ 체포시 법관 앞에 신속 회부/ 불구속재판 원칙 ⑤ 불법체포, 구금시 형사보상	제5조 ③ 체포시 법관 앞에 신속회부 ⑤ 불법체포, 구금시 형사보상
⑦ 자백의 증거 제한	–	–

제13조 형벌불소급 · 일사부재리, 소급입법의 금지 연좌제금지	제14조 ⑦ 일사부재리 제15조 ① 죄형법정주의, 형벌불소급	제7조 ① 죄형법정주의, 형벌불소급 제7의정서 제4조 일사부재리
제14조 거주 · 이전의 자유	제12조 ① 국내에서의 거주이전의 자유 ② 국외이주의 자유 ③ 국가안보, 공공질서, 보건, 타인의 권리 보호 한도에서 제한 가능 ④ 귀국권 제13조 외국인의 추방제한	제4의정서 제2조 ① 국내에서의 거주이전의 자유 ② 국외이주의 자유 ③ 제한원칙– 민주사회에서 필요한 경우, 법률에 의해서 가능, 다만 국가안보, 공공안전, 공공질서, 범죄방지, 건강과 도덕의 보호, 타인의 권리와 명예보호 제3조 자국민 추방금지 제4조 외국인의 집단적 추방금지 제7의정서 제1조 합법거주 외국인 추방시 절차적 보호
제15조 직업선택의 자유	(A규약 제6조 제1항 참조)	규정 없음
제16조 주거의 자유	제17조 ① 주거의 불간섭	제8조 ① 주거의 불간섭
제17조 사생활의 비밀과 자유 *제36조 혼인과 가족생활의 보호	제17조 ① 사생활, 가정, 주거의 불간섭, 명예와 신용의 보호	제8조 ① 사생활, 가정의 존중 ② 간섭금지, 국가안보, 공공안전, 무질서와 범죄, 건강과 도덕, 타인의 권리 및 자유의 보호를 위한 제한
제18조 통신의 자유 (통신비밀보장)	제17조 ① 통신에 대한 간섭금지	제8조 ① 통신에 대한 간섭금지
제19조,제20조 양심 및 종교의 자유	제18조 ① 사상, 양심 및 종교의 자유 ② 표명의 자유	제9조 ① 사상, 양심 및 종교의 자유 ②표명의 자유
제21조 언론 · 출판의 자유 – 타인의 명예, 권리, 공중도덕, 사회윤리 보호	제19조 ① 의견을 가질 권리 ② 표현의 자유 ③ 제한원칙– 타인의 권리, 명예, 국가안보, 공공질서, 보건 또는 도덕의 보호	제10조 ① 표현의 자유 ② 제한원칙– 법률에 의하여 민주사회에 필요한 경우로, 국가안전, 영토적 완전성, 공중안전, 무질서, 범죄, 건강과 도덕, 타인의 권리와 명예의 보호
집회 · 결사의 자유(허가제 금지) 제33조 근로자의 단결권	제21조 ① 평화적 집회의 권리 제22조 ① 노조설립권	제11조 ① 집회결사의 자유, 노조설립의 자유

제22조 학문 · 예술의 자유 등	–	–
제23조 재산권의 보장과 공공필요에 의한 제한	–	협약 제1의정서 제1조 – 재산권의 평화적 향유 – 일반의 이익에 따른 침해가능 및 세금 납부 및 기타 벌과금 확보를 위한 침해가능
제24조 선거권	제25조 자유 선거권	제1의정서 제3조 자유 선거권
제25조 공무담임권	제25조 c호 공무담임권	–
제27조 재판을 받을 권리, 형사피고인의 무죄추정, 진술권	제14조 – 공정한 공개 심리를 받을 권리 – 무죄추정 – 기소 내용의 상세를 신속히 통보받을 권리 – 방어를 위한 충분한 시간과 편의 제공 – 무자력의 경우 무료 법률구조 – 증인에 대한 반대신문 및 자신을 위한 증인을 세울 권리 – 무료 통역 지원 – 불리한 진술 및 유죄의 자백을 강요당하지 아니함	제6조 – 합리적 기한내 공정한 공개 심리를 받을 권리 – 무죄추정 – 기소 내용의 상세를 신속히 통보받을 권리 – 방어를 위한 충분한 시간과 편의 제공 – 무자력의 경우 무료 법률구조 – 증인에 대한 반대신문 및 자신을 위한 증인을 세울 권리 – 무료 통역 지원 제7의정서 제2조 – 형사 상소권 보장
제28조 구금자의 무죄시 형사보상	제14조 ⑥ – 유죄확정판결 후 새로운 사실에 의한 무죄시 형사보상	제7의정서 – 유죄확정판결 후 새로운 사실에 의한 무죄시 형사보상(제3조)
제31조 교육을 받을 권리	* 경제적, 사회적 및 문화적 권리에 관한 국제규약(A규약) 제13조 – 교육을 받을 권리, 초등무상교육, 부모의 종교적 신념을 확보할 수 있는 권리 보호	협약 제1의정서 제2조 – 교육을 받을 권리 – 부모의 종교적 철학적 신념을 확보할 수 있는 권리 보호
제33조 근로자의 단결권 등	제22조 – 노조결성권(군대, 경찰 제한 가능)	–
* 제37조 제2항 (자유와 권리는 국가안전보장, 질서유지 또는 공공복리를 위하여 필요한 경우에 한하여 법률로써 제한)	* 일반조항으로 자유와 권리를 제한하지 아니하고 개별 권리 및 자유에 대해 제한 가능 사유 명시(국가안전, 공공의 안전, 무질서 범죄방지, 건강 및 도덕의 보호, 타인의 권리 및 자유의 보호 등의 사유로, 개별 기본권 마다 약간씩 상이)	* 일반조항으로 자유와 권리를 제한하지 아니하고 개별 권리 및 자유에 대해 제한 가능 사유 명시(국가안전, 공공의 안전, 무질서 범죄방지, 건강 및 도덕의 보호, 타인의 권리 및 자유의 보호 등의 사유로, 개별 기본권 마다 약간씩 상이)

김성준

동국대학교 법학과 졸업
동국대학교 대학원 석사 및 박사(국제법 전공)
1985~2002. 법무부 전문위원
대한국제법학회 이사
2002~ 현재 국가인권위원회 부이사관

논문 및 집필서

유럽인권협약상 국내적 구제완료 원칙 (1992년 박사논문)
국제인권규약과 개인청원 (1995, 법무부)
조약의 국내적 수용 비교연구 (1996, 법무부)
한반도 비핵지대화와 국제법 (공저, 1999, 소화)
제2차 세계대전 전후보상 (2000, 법무부)

기본적 인권 및 자유의 국제적 해석
-유럽인권법원 판례를 중심으로-

| **발행일** 2013년 6월 24일 |
| **저자** 김성준 | **펴낸이** 이정수 | **책임 편집** 최민서·신지항 |
| **마케팅 총괄** 박정상 | **펴낸곳** 연경문화사 | **등록** 1-995호 |
| **주소** 서울시 강서구 양천로 551-24 한화비즈메트로 2차 807호 |
| **대표전화** 02-332-3923 | **팩시밀리** 02-332-3928 | **이메일** ykmedia@naver.com |
| **값** 35,000원 | ISBN 978-89-8298-147-0 (93360) |

이 도서의 국립중앙도서관 출판시도서목록(CIP)은 서지정보유통지원시스템
홈페이지(http://seoji.nl.go.kr)와 국가자료공동목록시스템(http://www.nl.go.kr/kolisnet)에서
이용하실 수 있습니다.(CIP제어번호: CIP2013009144)